Huckemann · Seiler · ter Weiler
Messen messbar machen
Vierte, überarbeitete und erweiterte Auflage

Ausfürliche Abhandlung

von den berümten

zwoen Reichsmessen

so in der

Reichsstadt Frankfurt am Main

järlich gehalten werden

worinnen

gar viele wigtige und merkwürdige materien vorkommen und gründlich ausgeführet werden

welche auch zugleich

zu besserer erkäntnis und erleuterung der deutschen geschichte, stats- und bürgerlichen rechte, samt gewonheiten älterer, mitlerer und neuerer zeiten überhaupt, dienen können

mit

beilagen, vieler und zum teil noch ungedruckten Kaiserlichen freiheitsbriefe, urkunden und anderer nachrichten.

gedruckt mit Brönnerischen schriften 1765.

Matthias Huckemann · Urs Seiler
Dieter S. ter Weiler

Messen messbar machen

Mehr Intelligenz pro m²

Vierte, überarbeitete und erweiterte Auflage

Mit 103 Abbildungen und 26 Checklisten

 Springer

Dr. Matthias Huckemann
Mercuri International
Theodor-Hellmich-Straße
40677 Meerbusch
huckemann_matthias
@mercuri-international.de

Professor Dieter S. ter Weiler
Olaf-Gulbransson-Straße 25
83684 Tegernsee
weiler_ter_Marketing-tegernsee
@t-online.de

Dr. Urs Seiler
Expodata
Molkenstraße 21
8026 Zürich
expodata@bluewin.ch

Sponsored by
Deutsche Messe AG, Hannover
EXPOdata, Zürich; Koelnmesse; Messe München;
Messe Schweiz AG; Reed Exhibitions, Uniplan

Die Auflagen 1 – 3 sind bei Luchterhand
unter dem Titel „Messen Messbar Machen" erschienen

Bibliografische Information Der Deutschen Bibliothek
Die Deutsche Bibliothek verzeichnet diese Publikation in der Deutschen Nationalbibliografie;
detaillierte bibliografische Daten sind im Internet über <http://dnb.ddb.de> abrufbar.

ISBN 3-540-23556-6 Springer Berlin Heidelberg New York

Dieses Werk ist urheberrechtlich geschützt. Die dadurch begründeten Rechte, insbesondere die der Übersetzung, des Nachdrucks, des Vortrags, der Entnahme von Abbildungen und Tabellen, der Funksendung, der Mikroverfilmung oder der Vervielfältigung auf anderen Wegen und der Speicherung in Datenverarbeitungsanlagen, bleiben, auch bei nur auszugsweiser Verwertung, vorbehalten. Eine Vervielfältigung dieses Werkes oder von Teilen dieses Werkes ist auch im Einzelfall nur in den Grenzen der gesetzlichen Bestimmungen der Urheberrechtsgesetztes der Bundesrepublik Deutschland vom 9. September 1965 in der jeweils geltenden Fassung zulässig. Sie ist grundsätzlich vergütungspflichtig. Zuwiderhandlungen unterliegen den Strafbestimmungen des Urheberrechtsgesetzes.

Springer ist ein Unternehmen von Springer Science+Buisness Media
springer.de
© Springer-Verlag Berlin Heidelberg 2005
Printed in Germany

Die Wiedergabe von Gebrauchsnamen, Handelsnamen, Warenbezeichnungen usw. in diesem Werk berechtigt auch ohne besondere Kennzeichnung nicht zu der Annahme, dass solche Namen im Sinne der Warenzeichen- und Markenschutz-Gesetzgebung als frei zu betrachten wären und daher von jedermann benutzt werden dürften.
Trotz größter Sorgfalt konnten die Urheber des Bildmaterials und der Texte nicht in allen Fälen ermittelt werden. Wir bitten gegebenenfalls um Mitteilung

Einbandgestaltung: design & production GmbH, Heidelberg · Idee: ter Weiler
Satz: Steingraeber Satztechnik GmbH, Dossenheim
Umschlagbild: Bundeskanzler Gerhard Schröder bei der offiziellen Eröffnung der Hannover Messe 2004 Foto: Deutsche Messe AG.

SPIN 11337027   42/3153-5 4 3 2 1 0 – Gedruckt auf säurefreiem Papier

Geleitwort

Der Maßstab ist der Besucher

In den stolzen Abschlussberichten der einzelnen Messegesellschaften findet sich der Besucher bereits im Titel - aber nur wenn er „gesteigert" werden konnte. Falls nicht, darf er sich einen Platz im Rahmen eines Satzes wie „Qualität der Veranstaltung gehalten" oder „Messe XY setzt positive Signale für den Markt" aussuchen.

Die Messe als Selbstzweck für Veranstalter, Aussteller und Presse? Zum Glück findet hier so langsam ein Wandel statt. Aber leider noch nicht ganz überzeugend und noch lange nicht überall.

Kehren wir für einen Moment zu den Anfängen des Messewesens zurück. Auf Geheiß des jeweiligen Landesfürsten wurde willigen Händlern erlaubt, an gewissen Tagen ihre Waren (damals noch weitgehend ohne Dienstleistungen) dem nach existenziellen Bedürfnissen und etwas Abwechslung trachtenden Volk feil zu bieten. Für die Besucherwerbung reichte ein Erlass des Fürsten, angebracht an einem prominenten Ort. Dies war zu Zeiten, als die Nachfrage das Angebot bestimmte.

In unserer technologisierten Zeit hat sich dieses System radikal verändert. Messen - und mit ihnen die Aussteller - müssen sich in Zukunft noch viel stärker mit den Bedürfnissen der Besucher auseinandersetzen. Er oder sie wird zur Schlüssel-Person jedes künftigen Messe-Erfolgs.

Aus diesem Grunde schießen alle möglichen Events von der Hausausstellung bis zur Road Show wie Pilze aus dem Boden. Nur: An wie vielen Firmenpräsentationen kann unsere Schlüsselperson jährlich teilnehmen? An 20 oder sogar 50? Kommt er dann noch dazu, das in Angriff zu nehmen, wofür er eigentlich bezahlt wird, seine Arbeit? Die Messe ist eine unvergleichliche, einmalige und höchst effiziente Plattform, jenseits jedes Trendgemunkels oder oft nur schwach verhüllter Vorurteile.

Aber wir, die Veranstalter, sind gefordert. Der moderne Messebesucher verlangt nach Wissenstransfer, Visionen und Lösungsangeboten, durchaus garniert mit etwas Unterhaltung. Verantwortlich für deren Bereitstellung sind wir, die Messe-Macher. Wir müssen die Messevorbereitung unserer Besucher-Kunden, das Follow-Up und den Besuch zu einem nicht nur angenehmen, sondern erfolgreichen Erlebnis programmieren. Instrumente hierfür sind auf dem Markt vorhanden. Das Angebot für „Appointment Setting" wird zukünftig ein Standard sein, ebenso wie strategische Kooperationen, die den Wissenstransfer sicherstellen.
Der Besucher wird zum Dreh- und Angelpunkt.

Urs A. Ingold, President Reed Exhibitions Germany/Switzerland

Grußwort

Manfred Wutzlhofer

Vorsitzender der Geschäftsführung der Messe München GmbH

„Mehr Intelligenz pro m²", der Untertitel dieses Buchs, charakterisiert die Suche nach praktischen Wegen zur erfolgreichen Messeteilnahme. Mittels quantifizierbarer Ziele und durchdachter Konzeption wird das Projekt eines Messeauftritts für Aussteller erfolgreicher und zugleich meßbarer. Notwendige Voraussetzung des erfolgreichen Bestehens auf dem globalen Marktplatz in Zeiten schrumpfender Marketingbudgets und zunehmenden Wettbewerbs ist hierbei eine intelligente Planung von Ressourcen, deren Einsatz sich am Ergebnis messen lassen muß.

Ein intelligenter Einsatz von Ressourcen bedeutet, seine Ziele unter Knappheitsbedingungen zu erreichen. Eine Messeteilnahme wird umso intelligenter umgesetzt, je höher der messbare Nutzen des Einsatzes ist. Dazu bietet dieses Buch durch anschauliche Beispiele aus der Praxis Anregungen zur Optimierung und Kontrolle des Nutzens einer Messebeteiligung.

„Intelligente" Ausstellungsflächen müssen so konzipiert sein, daß Unterschiede zwischen den Zielen der Aussteller und jenen der Besucher überbrückt werden. Der Schlüssel hierzu heißt Kundenorientierung. Voraussetzung ist die zielgerichtete Planung, Durchführung und Nachbereitung des Messeauftritts. Im Mittelpunkt steht dabei ein Kommunikationsprozess, der lange vor dem Messeauftritt beginnt und lange danach andauert.

Fehler in einer unzureichenden Vor- und Nacharbeit führen zu Effizienzeinbußen, die sich Firmen heute weniger denn je leisten können. Umgekehrt bedeutet dies aber, dass eine *intelligente* Nutzung von Messeauftritten die Beteiligungen an Messen zu einem unschlagbaren Marketingmittel macht. Gut konzipierte Messeteilnahmen führen zu Wettbewerbsvorteilen für die Aussteller, die sich in Umsätzen und Marktanteilen messen lassen.

„Mehr Intelligenz pro m²" erfordert aber auch von den Veranstaltern, Rahmenkonzepte für Besucher und Aussteller zu entwickeln, die den Messenutzen beider Gruppen optimieren. Ein solches Instrument beschreibt der in diesem Band enthaltene Beitrag über „intelligente" Besucherregistrierung, wie sie beispielsweise die Messe München anbietet. Sie steigert die Informationstiefe für Besucher und Aussteller. Zugleich schafft dieses neue System ein Höchstmaß an Transparenz durch Messbarkeit.

Damit verfügen Messen erstmals über ein Mittel zur Evaluation der eigenen Leistung sowie zur Erfolgskontrolle und Beteiligungsplanung für die Aussteller, das den Vergleich mit anderen Marketinginstrumenten nicht scheuen muss.

Short Cuts - Statt eines Vorwortes der Autoren zur 4. Auflage

Die deutschen Messegesellschaften befinden sich in einem schwierigen Gemengelage: Sie stehen im Kreuzfeuer zahlreicher Interessenskonflikte.

Denn: Vor dem Hintergrund der Globalisierung -, des 11.09.01 und des Seebebens- vollzieht sich eine radikale Neuordnung von Wirtschaft und Gesellschaft. Zentrales Strukturmerkmal der Globalisierung ist, dass in einer Weltgesellschaft geschlossene Räume fiktiv geworden sind.

Folgen: nationale Entscheidungszentren verlieren zunehmend an Macht. Unter dem Einfluss einer globalisierten Ökonomie lösen sich lokale Wirtschaftsformen & Lebenszusammenhänge auf.

Merke: 20 % der Hallenkapazitäten liegen in Deutschland. Der Rest verteilt sich auf Europa: Mailand, Paris, Birmingham und inzwischen Zürich/Basel und Wien. In den USA gibt es Hallenkapazitäten in Chicago, Las Vegas, New York und Orlando; in Asien in Tokio, Osaka und Singapur. In den Wachstumsmärkten sind die deutschen Messen unterrepräsentiert. „Leider", so Robert Sturm, „wird dabei vergessen, dass der Inlandserfolg im wachsenden Maße die Präsenz im Ausland bedingt." Denn die Ausstellerfirmen, also die Kunden der Messe, globalisieren und können deshalb erwarten, dass ihnen die Messen als verlängerter Vertriebsarm folgen. Messen, die das versäumen, verlieren den Anschluss. Das wissen auch die Messemanager.

Aber: Den deutschen Messegesellschaften sind die Hände gebunden, weil sie in aller Regel dem Staat, der Stadt und dem Land gehören. Denen ist der Beschäftigungseffekt, sprich die Umweg-Rentabilität, wichtiger als ein nach Gewinn strebendes Wirtschaftsunternehmen. Sie positionieren Ausstellungen verständlicherweise eher als regionales Wirtschaftsförderungsinstrument - als Schaufehler sozusagen. Das Ifo-Institut rechnet vor, dass der Produktionseffekt einer Messe fast 10mal größer als der eigentliche Umsatz ist. Der Beschäftigungseffekt übersteigt die eigene Mitarbeiterzahl sogar um das 20fache. Aber die neu erstellten Hallenkapazitäten kämpfen um eine „vernünftige" Auslastung ... und es wird nicht leichter: Im Frühjahr 2001 haben die Messen Basel und Zürich kooperiert und bieten 13 Hallen auf insgesamt 167 000 qm in der Schweiz an.

Zukunft: Privatisierung der Messegesellschaften ist im Gespräch ... Über das Engagement von Bertelsmann in Düsseldorf wird spekuliert. Im Ausland haben Verlagshäuser wie auch Mack Broocks eigene Töchter. Stuttgart baut am Flughafen „Die Messezukunft der Landeshauptstadt" - mit flacheren Hierarchien.

Deutsche Dienstleister werden den Auslands-Expansionen deutscher Messegesellschaften folgen (neue Märkte in Asien - speziell China - + 18 % Wachstum zum Vorjahr - und Osteuropa). Auf die BAUMA 2004/China kamen 50.000 Besucher = 50 % mehr als 2002, der ersten Ausstellung. Fernreise gespart. Und die Koelnmesse veranstaltet die Intersource Hardware Asia in Hongkong mit Erfolg und Vice Versa: „Mit den Aktivitäten in China hat sich die Anzahl chinesischer Aussteller auf der Mutter-CeBIT in Deutschland mehr als verdreifacht."

Und: Trotz aller sonstigen Sparansätzen erhöhte die Bundesregierung 2004 erneut die Förderbudgets für Auslandsmessen auf 265 (!) Beteiligungen.

Trend: Auf dem Weg vom Produkt zur geschlossenen Problemlösung ist der Trend zum Dienstleistungs-Generalunternehmen mit hohem Outsourcing-Grad durch Einsatz von Subunternehmen deutlich erkennbar.

Der Trend zur Interaktivität hat der Live-Kommunikation in den letzten Jahren zusätzlich Auftrieb verschafft. In den USA sind die Ausgaben für Live-Kommunikation, darunter sind Messen, Events, Promotionen und Directmarketing zu verstehen, bereits höher als für Print- und TV-Werbung. Währenddem früher „Event-Euphorie" herrschte, wird Event heute viel strategischer einsetzt.

Zukunft: Wer wissen möchte, wie Messen in fünf bis zehn Jahren aussehen, der vergegenwärtige sich die radikale Neupositionierung von Shopping-Zentren, wie dem Centro in Oberhausen, Bluewater in London oder von so genannten „Flagship-Stores" wie Sony am Potsdamer Platz in Berlin. Von Nike oder Puma in London. Oder von Brand Lands wie der Autostadt Wolfsburg oder den Svarowski-Kristallwelten bei Innsbruck, die sich von ehemaligen „Abholzentren" zu sinnlichen, multimedialen Erlebniswelten neu erfanden. Oder von Lifestyle-Hotels wie dem Raffles in Singapur oder von St. Martins Lane in London. Ziel müsse es sein, eine nachhaltige, emotionale Kunden-Erinnerung (biografische Station) auszulösen, eine BRAND EXPERIENCE. Brand-Experience ist ein Megatrend für alle Formen der erlebbaren dreidimensionalen Live-Kommunikation mit Messen & Events als deren wichtigster Ausprägung. Brand-Experience wird in den nächsten Jahren einen Bedeutungszuwachs erleben. „A brand is a friend" (Udo Wittmann)

Warten wir ab, wie es weitergeht. Eines ist jedenfalls klar: Früher war es einfacher, heute spannender! Über zwei Parameter wird man sich - nach Auffassung der Autoren - im Klaren sein müssen: Erstens: Der Wettbewerb um den Anteil am gesamten Kommunikationsbudget wird härter, denn die Zahl der Instrumente wächst stärker als die zur Verfügung stehenden Etats (Kresse) und Zweitens:

*Eine Messe ist ein Erlebnis -
Das Leben ist langweilig genug.*

Aber: Bei der Erfolgskontrolle müssen auch die Messegesellschaften über praxisnahe Modelle nachdenken, wie man die ausgegebenen Etats in einen Return on Investment überführen kann. Nach denen wird ausschließlich berechnet, nicht nach Kommunikationsleistungen. Wäre doch mal interessant zu untersuchen, ob sich Messestände auch nach Kontakten, Mediencoverage et cetera verkaufen ließen. Das geht über die immer noch stattfindende Quadratmeter-Diskussion weit hinaus. Das wird auch eine Lösung zu der Frage beitragen, wem eigentlich beim Kampf um die Werbegelder die Zukunft gehört. Die Messlatte heißt für Aussteller und Messegesellschaften: Messen messbar machen und mehr Intelligenz pro m².

Viel Erfolg!

Matthias Huckemann   Urs Seiler   Dieter S. ter Weiler (Autor u. Hrsg.)
Düsseldorf/Zürich/Tegernsee
März 2005

Das Fachbuch enthält einen Gutschein für eine Kurz-Beratung durch die Autoren

Wie viel Wert ist ein hochkarätiger Geschäftkontakt?

Internationale Leitmessen weisen auch in der heutigen, schwieriger gewordenen Wirtschaftslage eine hohe Kontinuität in der Ausstellerzahl auf. Das lässt sich anhand der einschlägigen Messe-Kennzahlen leicht nachweisen. Auch 2005 ist mit einem Wachstum der Ausstellerzahlen zu rechnen. An der CeBIT und der Hannover Messe werden auch im Jahr 2005 jeweils über 6000 Aussteller teilnehmen.

Allerdings müssen wir jedes Jahr jedes Unternehmen erneut von der Effektivität der Messeteilnahme überzeugen. Es gibt darüber hinaus firmenindividuelle Überlegungen oder andere strategische Ansätze, die aber in der Regel nach kurzer Zeit wieder zur Teilnahme an der Leitmesse der Branche zurückführen.

Es reicht heute nicht mehr, einen Stand zu mieten und auf Kunden zu warten. Auch der aussteller muss vor der Messe seine Ziele formulieren und die Messebeteiligung als einen Teil einer Gesamtstrategie, eingebunden in ein eigenes Kommunikationskonzept, planen. Erst wenn beide Seiten, Aussteller und Messegesellschaft, kompetent ihre Aufgabenstellung aufeinander abstimmen und konsequent umsetzen, wird das angestrebte Ziel erreicht.

Auch in diesem positiven Fall ist eine erfolgreiche Messeteilnahme von vielen Faktoren abhängig: Messevorbereitung, Standpersonalschulung und systematisches Leadmanagement sind nur einige Stichworte. Entscheidend sind letztlich die Kosten pro hochkarätigem Geschäftskontakt. Die Kontaktkosten auf einer internationalen Leitmesse bewegen sich nach neutralen Untersuchungen deutlich unter denen aller anderen Marketinginstrumente.

Die umfassende Präsentation eines Unternehmens auf einer Leitmesse zeigt in einzigartiger Weise die Positionierung im Wettbewerb – vom Erscheinungsbild über die Produkte und Dienstleistungen bis zu den Mitarbeitern und der Unternehmenskultur. Dazu gibt es keine Alternative. Es gibt kein in Effizienz und Imagewirkung effektiveres Marketing- oder Kommunikationsinstrument.

Sepp D. Heckmann, Vorsitzender des Vorstandes der Deutschen Messe AG, Hannover

Inhaltsverzeichnis

Geleitwort zur 4. Auflage Urs A. Ingold V
Grußwort Manfred Wutzlhofer VII
Short Cuts IX
Prolog Sepp D. Heckmann XII
Inhaltsverzeichnis XIII

Teil 1 - Von der Messe zur Kundenmesse

I - Wege zur Kundenmesse für Aussteller 03
Messen für das 21. Jahrhundert 03
Kundendenken ist Partnerdenken 05

II - Wege zur Kundenmesse für Veranstalter 07
Intelligente Messen: Für Kunden des Kunden denken 08
Der Aussteller im 3. Jahrtausend: 09
Hände weg vom fremden Geschäft 11
Vom Immobilienhandel zum M-Commerce 12
Kundendenken und Kundenbindung 16
Von der Exponate zur Lifestyle-Messe 20
Kundenorientierung als Geisteshaltung 22
Intelligente Messen: Kommunikation mit Mehrwert 24
Messe & konsequentes Marketing 29
Mehr Intelligenz pro m² 32

III - Wege zur Kundenmesse für Messebauer und Dienstleister 36
Kommunikation ist Storytelling 37
Wege für Messebauer aus der Wirtschaftsfalle 42
Messe - Kommunikation für das 3. Jahrtausend 43
Internationalisierung und Diversifikation 45

Hinweise für den Nutzer des operativen Teils 47

Teil 2 - Messemüde?

I.   Messen - eine nachdenkliche Betrachtung 55
II   Auswahl der richtigen Messen 63
III. Messen aus einem neuen Blickwinkel 80
IV. Grundsätzliche Perspektiven der Messen und dieses Fachbuches 84

Teil 3 - Messen und konsequentes Marketing

I. Messen als trojanisches Pferd 87
II. Trojanisches Pferd für grundsätzliche Marketingentscheidungen
   ....Das 1.Geschenk ..92
   1. Trojanisches Pferd für Unternehmensziele....................................92
   2. Trojanisches Pferd für Marketing- & Vertriebskonzeption............99
   3. Trojanisches Pferd für Führungsverhalten..................................113
   4. Trojanisches Pferd für Unternehmensphilosophie......................115
   5. Trojanisches Pferd für Unternehmenskultur 119
III. Trojanisches Pferd für Marketingsysteme ....Das 2.Geschenk 123
IV. Trojanisches Pferd für die Marketingorganisation Das 3.Geschenk 127
V. Trojanisches Pferd für die Marketinginstrumente Das 4.Geschenk 131
   1. Produktpolitik 132
   2. Distributionspolitik 137
   3. Preispolitik 139
   4. Kommunikationspolitik 141
VI. Trojanisches Pferd für den Vertrieb ....Das 5.Geschenk 144
VII. Die virtuelle Herausforderung oder Messestände im www 152
VIII. Event-Marketing, ein taugliches Mittel? 167
IX. *Das Wesentliche auf einen Blick* 180

Teil 4 - Messe-Aktionsprogramme

I. Die Erfolgsfaktoren eines Aktionsprogramms....................................183
II. Überblick zum Aufbau eines Messe-Aktionsprogramms 186
III. Die Etappen eines Messe-Aktionsprogramms...................................188
   1. Planung 188
      1.1 Die Sensibilität für messbare Ziele erhöhen 188
      1.2 Kosten und der Return on Investment 190
      1.3 Die Messeziele festlegen..202
      1.4 Wie Strategien zum Erreichen der Ziele definiert werden ..208
      1.5 Marketingmaßnahmen für die Messe gestalten 215
         ☞ Produktpolitische Maßnahmen..215
         ☞ Distributionspolitische Maßnahmen...................................219
         ☞ **Standbau I**..220
         ☞ Preispolitische Maßnahmen...257
         ☞ Kommunikationspolitische Maßnahmen 260
         ☞ Keine Messe ohne Presse..277
      1.6 Den Vertrieb ausrichten 299
      1.7 Planung des Follow-up und der Projektsteuerung................311
   2. Durchführung auf dem Messestand 319
      2.1 Verhalten auf dem Messestand / Besucherhandling 324
      2.2 Führung der Mannschaft auf dem Messestand 339
      2.3 Separate Kundenveranstaltung 348

2.4 Der konzeptionelle Messestand (**Standbau II**) 353
2.5 Urheberrecht im Messebau 355
2.6 Eine Demonstration braucht Dramaturgie & den Dialog 356
    ⌲Konzeptionelle Vorbereitung in sechs Schritten 358
    ⌲Ablauf einer Demonstration 359
2.7 Follow-up auf dem Messestand 366
3. Die Ernte einfahren durch konsequente Nachmessearbeit.......... 367
IV. *Das Wesentliche auf einen Blick* 383

Teil 5- Erfolgreiche Messe-Aktionsprogramme aus der Praxis

I.   GKN-Service GmbH 389
II. Time/system GmbH 404
III. Pfiffig AG 411
IV. EMO - Agie Charmilles Group 415

Gedanken eines erfahrenen Ausstellers 422
Ein Nachwort: Messepolitik- eine kindliche Betrachtung 423

Teil 6 - Service

I.   Key-Words 427
II. Gebräuchliche englische u../o. amerikanische Fachausdrücke 437
III. Kaleidoskop 449
IV. Infothek 450
    ⌲Messeorganisationen u.a.m., s.a. CD-ROM 450
    ⌲Externe Anbieter von Instrumenten zur PR-Wirkungskontrolle... 457
    ⌲Internationale Organisationen s.a. CR-ROM 458
    ⌲Prüfung von Messezahlen, international 459

Teil 7 - Anhang

I.   Literaturempfehlungen, s.a. CD-ROM (350 Hinweise) 463
II. Online 469
III. Verzeichnis der Checklisten 470
Autoren-Kurzbiographie 471
Inhaltsverzeichnis der CD-Rom 473

Voice of the customer 477

CD-Rom (270 Seiten)

Ihre Rechte als Leser

Das Recht, nicht zu lesen..

Das Recht, Seiten zu überspringen.............................

Das Recht, noch einmal zu lesen ....

Das Recht, die Autoren zu fragen................................

Das Recht, irgendwas zu lesen und das kritisch..........

Das Recht, überall zu lesen ....

Das Recht, herumzuschmökern ....

Das Recht und die Pflicht, zu lernen............................

Das Recht, die Inhalte zu vermitteln ....

Das Recht, zu schweigen..

Das Recht, das Buch nicht zu Ende zu lesen ....

Nach einer Idee aus: „Wie ein Roman" von Daniel Pennac,
Verlag Kiepenheuer & Witsch

„Lest mit einem Bleistift oder Rotstift in der Hand, und wenn Ihr an eine Stelle kommt, die eine Euch nützlich erscheinende Anregung enthält, so streicht sie an der Seite an. Ist es eine Anregung allererster Güte, dann unterstreicht den Satz. Durch <u>Unterstreichen</u> wird ein Fachbuch wie dieses nicht nur interessanter, sondern auch leichter verständlich."

Der Herausgeber

Teil 1

Von der Messe zur Kundenmesse

Wir geben Ihrem Geschäft Impulse

Koelnmesse bringt Sie mit den Märkten der Welt in Kontakt. Mit unseren Messen und Veranstaltungen sind wir Forum für Information und persönlichen Austausch. So helfen wir Ihnen weltweit, die Menschen zu treffen, auf die es für Sie ankommt und geben Ihnen entscheidende Impulse für Ihr Geschäft.

Wann nutzen Sie Ihre Zukunftschancen?

Koelnmesse GmbH
Messeplatz 1
50679 Köln, Deutschland
Telefon + 49 221 821-0
Telefax + 49 221 821-2574
info@koelnmesse.de

www.koelnmesse.de

I - Wege zur Kundenmesse für Aussteller

Messen für das 21. Jahrhundert

- Kundendenken ist Partnerdenken

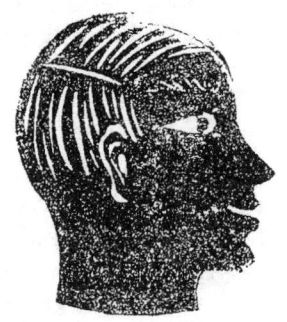

Unternehmen, die den Mut und den Veränderungswillen aufbringen, das Kundenzeitalter erfolgreich zu meistern, haben beste Chancen, auch **in den Kundenmärkten von morgen erfolgreich zu sein**. Jene, die diesen Prozess verdrängen, wird auch eine allmähliche wirtschaftliche Erholung keine spürbare Erleichterung der weitergehenden Kontraktion der Weltwirtschaft, des Zeit-, Preis- und Margen- und des Wettbewerbsdrucks bringen.

Der Wandel zur Kunden-Ökonomie stellt an alle Messeteilnehmer, die Veranstalter, die Aussteller- und Besucherkunden und die Messe-Dienstleister neue Anforderungen. Der Übergang von der Produkte- zur Kunden-Ökonomie bedeutet, dass der Aussteller des 21. Jahrhunderts sich nicht mehr mit der Miete von Hallenfläche oder eines Messestandes zufrieden gibt, sein Wunschobjekt ist der Messe-Erfolg: neue Kunden, Budgets und Aufträge.

Der CEO respektive Controller verlangt dies von ihm. Jenes des Besuchers liegt nicht mehr im Finden eines Produktes, das er einfacher und über die weltweite Suchmaschine Internet bekommt, sondern einer Problemlösung, die ihm der Aussteller anbieten kann und das Worldwide Web nicht bietet. Auch wenn solche Forderungen nicht überall manifest und zur Zeit noch eher latent vorhanden sind, sie bieten jenen Messe-Machern einen Wettbewerbsvorteil, die solche Zeichen Ernst nehmen und heute reagieren.

Messen haben dank ihrer heute und in Zukunft unerreichten Multifunktionalität und aus naheliegenden Gründen des Direkt-Kontaktes die vielleicht größten Chancen aller Marketing-Instrumente, den Übergang in die Kunden-Ökonomie erfolgreich zu vollziehen, ja vielleicht sogar den Weg vorzugeben. Voraussetzung ist, dass sie sich von Produktmessen oder von Messe-Produkten zu Mehrwert-Messen entwickeln. Der Mehrwert wird nicht mehr auf der Ebene des Quadratmeters zu suchen sein. Immer und immer wieder wird sich der Veranstalter und der Dienstleister fragen müssen, wo der Benefit des Aussteller- und Besucher-Kunden jenseits der

Von der Messe zur Kundenmesse

Messe-Meile und jenseits des Exponate-Parks liegt. Wer Antworten findet und Lösungen bereit hält, der kreiert Messen für das 3. Jahrtausend.

Die Messe der Zukunft, ist eine **Messe mit mehr Intelligenz**. Wir haben diesen Sachverhalt auf den plakativen Slogan „mehr Intelligenz pro m²" gebracht. Er besagt, dass Messen in Zukunft vermehrt **Kunden-Messen** sein müssen, das heißt Anlässe, mit mehr Wert - Messen mit Mehrwert .

Nach unserer Überzeugung ist nur mit einem solchen kundenzentrierten Mehrwert-Denken der Rückgang des Messegeschäfts auf globaler Ebene zu stoppen. An Stelle des quantitativen Wachstums der Vergangenheit muss ein qualitatives folgen - als Voraussetzung für eine Erneuerung des Zyklus von 50 Jahren ungebrochenen Wachstums.

Es ist auch ein Ausweg aus der Billig-Preis-Falle. Die Messe der Zukunft muss wie jedes andere Produkt auch ein adäquates PreisLeistungs-Verhältnis als Grundlage des Kundenproduktes bieten. „Billig" ist hier, wie in unzähligen wirtschaftlichen Sektoren, ein Basis-Argument, aber nur eines. Kunden von Easyjet oder Ryanair, den „Erfindern" und Marktführern des Billig-Fliegens in Europa, sind heute so konsumemanzipiert, dass sie trotz Billig-Preis bereits einen Mehrwert fordern: Wiedereinführung einer kostenlosen Verpflegung, Zuweisung eines reservierten Sitzes bis hin zu einem Flugersatz bei Zuspätkommen wie bei Linienflügen.

Dabei geht es nicht darum, wahllos alle Kundenwünsche zu erfüllen, sondern jene, maßgeschneiderte Lösungen jenen Partnern anzubieten, mit denen ein qualitativer Dialog besteht. Die Autoren des Buches „Vom Unternehmen zum Kundenunternehmen" machen diesbezüglich einen interessanten Hinweis. „Unternehmen, die allen Kunden sämtliche Wünsche zu jeder Zeit erfüllen, werden mit Sicherheit nicht überleben" (Seite 50). Notwendig ist also eine Selektion. Die Lufthansa bedient ihre besten Kunden künftig mit einem außergewöhnlichen Service. Passagiere der 1. KL und ausgesuchte Vielflieger werden in einem eigens für sie gebauten Terminal eingecheckt. Das Ambiente entspricht dem eines Luxushotels. Das neue Kundendenken ist deshalb auch eine Herausforderung an eingespielte Muster im Umfang mit Problemfällen. Sie müssen rational bedient und im Extremfall verabschiedet werden, weil ein übermäßiger Aufwand mit ihnen zu teuer zu stehen kommt. Die Zeit, um sich den bestehenden und potentiellen Kunden zu widmen, ist zu wertvoll.

Die Messe der Zukunft könnte vereinfacht und unter Betrachtung der Problemlösung, die sie dem Besucher anbieten muss, auf die einfache Formel gebracht werden:

Produkt + Produktmehrwert (Nutzen) + Preis + Erlebnis + Problemlösung = Kundennutzen

Kundendenken ist Partnerdenken

Das neue Kunden-Denken ist keine Einbahnstrasse, es ist ein Partner-Denken. Ansatzpunkt einer echten Kunden-Ökonomie ist nie jener, bei der alle Macht beim Kunden liegt, es ist die Vision einer neuen Partnerschaft. Messe-Veranstalter oder Messe-Dienstleister, welche ihren Aussteller-Kunden mehr als Quadratmeter und mehr als Standtechnik anbieten können, dürfen mit Recht den Anspruch erheben, als Partner ernst genommen zu werden und nicht als Lieferant einer Billig-Ware. Gemeinsam arbeiten sie an neuen Erfolgsparametern aus der Sackgasse obiger Negativ-Trends der Überdrussgesellschaft.

Eine partnerschaftliche Beziehung basiert auf einem Gleichgewicht von Geben & Nehmen. Wenn ein Kunde vom Veranstalter Preisnachlässe oder Rabatte fordert, dann muss er bereit sein, eine entsprechende Gegenleistung zu erbringen, zum Beispiel in Form einer mehrjährigen anstatt bloß einer einmaligen Verpflichtung, an einer Messe als Aussteller teilzunehmen. Wir haben uns stets gewundert, weshalb gewisse Veranstalter ihre Kunden für deren Loyalität (und zur Absicherung des eigenen Veranstalter-Risikos) keine Boni anbieten, so wie dies jede Autoversicherung tut.

Wissen Sie, weshalb nicht? Ein Messeleiter hat es uns erklärt: Sein Unternehmen sei zwar in der Lage, Mehrfach-Rabatte für Aussteller an verschiedenen ihrer Messen auszurichten, nicht aber für Aussteller, die während Jahren am gleichen Event teilnehmen, weil die jeweiligen Messeleiter häufig wechselten und ein Bonus organisatorisch deshalb nur schwer nachzuverfolgen sei.

Die gute Absicht, ein Kundenunternehmen mit Gleichberechtigung zu sein, scheitert hier schlicht an den personellen Gegebenheiten der Branche. Das ist natürlich nicht kundenorientiert. Eine entsprechende CRM-Lösung lässt sich allerdings heute als Software-Lösung leicht implementieren. Man stelle sich auch vor, was man mit derart professionell geführten Kundendaten viel mehr unternehmen könnte: Kundendialog, Kundenanalyse, Kundenpflege, Vermieten von Datenbanken ...Bei Messerückkehrern, welche ihre Ausstellungs-Aktivitäten während einem oder mehreren Jahren aussetzten, würde der Bonus nach oben gehen - was sich natürlich nur durchsetzen ließe bei einem verbindlichen Branchen-Code. Dessen Etablierung könnte eine Verbandsaufgabe der Messe-Lobby sein.

Partner-Denken zeichnet sich aus durch Gleichberechtigung, es wertet je-nen Anbieter mit einem Mehrwert-Produkt auf es könnte ein Ansatzpunkt für den Ausweg aus dem Teufelskreis der Billig-Preis-Spirale sein. Preisdumping wird es immer geben, aber für Mehrwert-Produkte fehlt dem Kunden dafür das rationale Argument. Ein Aussteller, der einen Billig-Stand will, bekommt ihn auch. Er läuft aber Gefahr, dass dieser beschränkte Etatposten in den Sand gesetzt ist, weil das aufgewendete Budget keinen Marketing-Wert erarbeitet.

Ein rational denkender Aussteller muss hingegen alles Interesse haben, an einer Messe nicht einfach dabei zu sein, sondern Erfolg zu haben. Dienstleister, das gilt für Veranstalter und Messebauer gleichermaßen, dürfen mit dem berechtigten Anspruch an eine würdige Honorierung ihrer Leistung auftreten, wenn sie am Messe-Erfolg ihrer Kunden mitarbeiten und mitdenken. Machen Sie die Probe aufs Exempel: Wie viel Wert ist Ihrem Unternehmen ein Anbieter oder Lieferant, der Ihnen nicht nur eine Ware, sondern Lösungen für Budget- und Kundengewinne bietet? Wie viel sind sie bereit für die Möglichkeit einer Neukundengewinnung in unserer Zeit der gesättigten Märkte und des bedingungslosen Verdrängungswettbewerbs auszugeben? Wie viel für ein Unternehmen mit Kunden-Denken, das Sie für Ihre eigenen Kunden anwenden können?

Der Gedanke der Kunden-Messe steht am Ende einer wirtschaftlichen Entwicklung, die mit der Händler-Messe des Mittelalters begann. Sie könnte rasterhaft folgendermaßen zusammengefasst werden:

FOKUS

Von der Produkt- zur Kundenmesse

Mittelalter:	→ Händler-Messe
Industriegesellschaft	→ Produkt-Messe
Dienstleistungsgesellschaft	→ Dienstleistungs-Messe
Kommunikations-Gesellschaft	→ Dialog-Messe
Traum-Gesellschaft[1]	→ Storyboard-/Entertainment-Messe
Überdruss-Gesellschaft / Werte-Gesellschaft	→ Kundennutzen-Messe = Mehrwert-Messe

[1] Rolf Jensen: The Dream Society

Die einzelnen Stufen lösen einander nicht ab. Sie werden aufaddiert als erwartetes Mehr-Wert-Paket des Messe-Besuchers. Sie sind nicht unbedingt revolutionäre Errungenschaften, sie widerspiegeln aber die konsequente Kunden-Orientierung, welche schon heute die Leader-Unternehmen von den übrigen unterscheidet.

II - Wege zur Kundenmesse für Veranstalter

– Intelligente Messen: Für Kunden des Kunden denken

– Der Aussteller im 3. Jahrtausend: Mehrwert für den Kunden schaffen.

– Hände weg vom fremden Geschäft

– Vom Immobilienhandel zum M-Commerce

– Kundendenken und Kundenbindung

– Von der Exponate zur Lifestyle-Messe

– Kundenorientierung als Geisteshaltung

– Intelligente Messen - Kommunikation mit Mehrwert

– Messe & konsequentes Marketing

– Mehr Intelligenz pro m²

Im März 2004 wurde das neue Konzept einer internationalen Leitmesse der Metallindustrie in Deutschland vorgestellt. Den Anwesenden wurde der Relaunch als vom Markt erwünscht dargestellt. Durch die neu beschlossene Austragung an zwei Plätzen - an zwei der größten Standorten Deutschlands, verkürze man für die Aussteller-und Besucher-Kunden den Weg hin zum (Messe)Markt. Die Begründung stimmte allerdings nicht. Auf die Fragen der Journalisten, was denn mit marktnah gemeint sei, wenn man aus einer nun zwei Anlässe mache, ließ es sich nicht mehr verheimlichen, dass die neue Kooperation eigentlich eine Gegenstrategie gegen eine dritte Messe eines privaten Veranstalters war.

Anstatt sich mit Partner und Konkurrenten zusammen zu setzen und sich möglichst für einen einzigen Anlass stark zu machen (an dem dann natürlich alle Partner partizipieren), fand sich die Metallbranche plötzlich mit drei Messen konfrontiert. Der private Organisator reagierte übrigens mit einer Vorverlegung seines Messetermins... Der Zeitstress für Aussteller und Messebauer wurde noch größer ...

Das war nicht vom Markt, respektive vom Kunden her gedacht. Es ist nichts dagegen einzuwenden, wenn ein Marktleader mit fairen Mitteln seine Dominanz für seine eigene wirtschaftliche Prosperität einsetzt. Kleine, private Unternehmen waren schon immer gezwungen, der Größe Kreati-vität und Marktnähe entgegen zu setzen. Nicht immer genügt aber Größe und Marktmacht, um sich durchzusetzen. Anstatt „mehr vom Guten" hieß für den Metallmesse-Organisator die Devise „mehr vom Gleichen". Wir sind der Überzeugung, dass reine Verdrängungsstrategien, gerade im Messegeschäft, in Zukunft immer weniger erfolgreich sind. Wir vertreten die Überzeugung, dass die erfolgsversprechendere Antwort darauf die Kundenmesse, eine Messe für den Markt ist. Das Argument eines Messe-veranstalters oder -platzes „wir sind die besten Veranstalter" oder „wir sind der größte Messeplatz" wird im Kundenmarkt der Zukunft keine Überzeugungskraft mehr haben.

Besser machten es rund zwei Monate später die Messe Schweiz AG und Reed (Messen) Schweiz, die sich nach Jahren der Kundenunzufriedenheit und dem dramatischen Niedergang der Telekommunikationsmesse Orbit zusammen rauften und sich trotz Konkurrenzsituation auf eine kundennahe Lösung mit einem Anlass einigten. Das Beispiel des „vom Markt her denken" ist im Fall 3 beschrieben.

Intelligente Messen: Für den Kunden des Kunden denken

Zu den kundenorientierten Unternehmen zählt mein (Urs Seiler - d. Hrsg.) lokaler Brillenhändler in England, Wilson, Wilson & Hancock. Er verwandelt mein Trauma mit dem ungeliebten Leseglas in ein absolutes Feelgood-, das heißt Kunden-Erlebnis. Gehört die folgende Erfahrung zu Ihrem Erlebnisschatz als Messebesucher?

Ohne meine Brille kann ich zwar nicht lesen. Aber mit der aufgesetzten Brille kann ich mich nicht ohne Schwindel frei bewegen. Da im Alltag, im Beruf, beim Shopping, in der Freizeit und natürlich an Messen stets irgendwie Lesen mit im Spiel ist, macht mich meine Kurzsichtigkeit gelegentlich zu einer komischen Figur. Brille auf, Brille ab, wer kennt das unangenehme Hin und Her nicht.

Trotzdem gibt es kaum einen Gang des täglichen Lebens, den ich lieber unternehme, als jenen zu Wilson & Co., weil sich mein Trauma im Brillengeschäft in einer Art märchenhafter Metamorphose in ein Happy-End verwandelt. Denn gelegentlich löst sich eine Schraube, ein Glas fällt heraus oder der Rahmen hat sich ausgeweitet. Wegen meiner Kurzsichtigkeit kann ich die Schraube nicht selber anziehen - und weil ich dazu ja meine Brille benötigen würde ... Auch das Gestell gerade zu biegen, käme mir für meine Brille, die mir teuer ist, obwohl sie nicht mehr gekostet hat als anderswo, nicht in den Sinn.

Auf also zu meinem Fachgeschäft mit vielleicht 18 Mitarbeitenden. Das in jeder Lebenssituation willkommene „Can I help You?" empfängt mich, kaum habe ich die Türe hinter mir geschlossen. Irgendwie schafft es Wilson & Co. stets - ich habe nie analysiert wie - trotz normalerweise vollem Geschäft, mich unmittelbar zu bedienen. Ich schildere mein Anliegen. Auf das Bejahen der Frage, ob ich ein existierender Kunde sei, werde ich in das Hauptgeschäft geführt, wo man mich nochmals nett empfängt. Der

Herr oder die Dame kennt anhand meiner Kundenkarte bereits meine Eckwerte und aufgrund der perfekten Kommunikation mit der Empfangs-Dame mein Anliegen. Meine Betreuerin repetiert es, ohne dass ich danach gefragt werde. Das Einzige was ich zu sagen habe ist „Yes".

Es folgt eine zweite, typisch englische Höflichkeit: „Would you like to take a seat, while we see after your glasses"? Und ob, Sie können Ihr Vermögen drauf wetten, dass ich will! Hier fühle ich mich zu Hause, nur besser. Und wenn ich keine Lust zum Sitzen habe, dann schaue ich mir die neusten Modebrillen - oder aktuelle Wirtschaftsmagazine - an.

Ich habe meine Brille vor sechs Jahren gekauft. Seither bin ich jährlich etwa drei Mal für dieses Feelgood-Erlebnis mit Problemlösung zurückgegangen. Nach wenigen Minuten macht die Dame wieder ihre Aufwartung. Ich probiere das Glas, es sitzt perfekt. Ich bedanke mich und - Achtung - das Kunden-Erlebnis ist noch nicht beendet, jetzt kommt noch mein großer Auftritt: In England benutzt man jede alltägliche Situation, um Höflichkeiten auszutauschen. Anstelle eines einfachen „thank you very much" sage ich: „Is there a charge for your service"? Ich weiß zwar, dass dieser Dienst am Kunden genau so kostenlos wie die letzten 17 Male sein wird und so sagt die nette Dame auch dieses Mal erwartungsgemäß: „Not at all, Sir". Nun fühle ich mich vollends wie ein Lord im englischen Oberhaus! Der Dienst war kostenlos, wahrscheinlich deshalb, weil man als Kunde von Wilson & Co. einen adelsähnlichen Status besitzt.

Mein Initialkauf vor sechs Jahren hat mich, was mir damals nicht bewusst war, zu einer ganzen Reihe von Mehrwerten, Feelgood-Erlebnissen und Problemlösungen verholfen und das alles ohne Kostenfolge. Dazwischen werde ich jedes Jahr schriftlich zu einem aktuellen Augentest eingeladen. Sie können drei Mal raten, ob ich diesen Traum-Termin bei meinem Business-Partner jeweils wahrnehme.

Übrigens: Meine Brillengläser kommen jeweils gereinigt zurück. Wahrscheinlich kennen Sie auch einen solchen Einzelhändler. Für kein Geld in dieser Welt würden Sie ihn gegen ein anderes Geschäft eintauschen.

Der Aussteller im 3. Jahrtausend: Mehrwert für den Kunden schaffen

Die Erfahrung bei meinem Optiker sollte uns an unseren letzten Messebesuch erinnern. Sie tut es natürlich nicht, weil Messen erst im Begriff sind, den notwendigen Wandel zur Kundenmesse zu vollziehen. Der bekannte Zukunftsforscher Horst Opaschowski führte einmal eine Befragung unter Messe-Besuchern durch. Als eines der vernichtendsten Qualitätsurteile gab ein junger Mensch folgendes zu Protokoll. „Das schönste Erlebnis an Messen? Sie wollen mich wohl auf den Arm nehmen? Daran kann ich mich nicht erinnern."

Wege zur Kundenmesse für Messeplätze und -Veranstalter

Der Wandel zur Kundenmesse kann nicht über Nacht erfolgen. Die künftige Erwartungshaltung des Messebesuchers des 3. Jahrtausends wird aber ähnlich hoch sein, wie jene der Kunden von Wilson & Wilson, denn der Aussteller-Kunde nimmt für seinen Messebesuch in der Regel in Bezug auf räumlichen, zeitlichen und finanziellen Aufwand höhere Strapazen auf sich.

Buser/WelteWiederkehr sagen in ihrem Buch „Vom Unternehmen zum Kundenunternehmen": „Das Phänomen der Kundenökonomie ist nicht ein kurzfristiges, konjunkturbedingtes. Die herausfordernden Bedingungen für die Unternehmen (...) werden so lange bestehen bleiben, bis das (Anm.: globale) Angebots-/Nachfrageverhältnis wieder im Gleichgewicht ist und die Unternehmen ihren Preisgestaltungsspielraum wiedererlangen" (S. 38).

Die Feststellung trifft haargenau auch die aktuellen Entwicklungen in der Messewirtschaft. Es ist offensichtlich, dass Billig-Preise keinen Ausweg aus den Negativ-Tendenzen der globalen Messe-Wirtschaft darstellen. Welches Profil lässt sich also für eine Kundenmesse des 3. Jahrtausends skizzieren, welche dem Besuch beim kundenorientierten Fachhändler gleicht und welche den Messebesuch zu einem ähnlich nachhaltigen Positiv-Ereignis werden lassen?

Buser/Welte/Wiederkehr geben für das neue Kundendenken einen Denkanstoss, den sich zu vergegenwärtigen lohnt, weil er am Anfang jeder künftigen Kundenbeziehung steht. Sie postulieren: „... die entscheidende Frage lautet nicht mehr: Wie viel Profit kann ich als Unternehmen aus der Beziehung zum Kunden ziehen, sondern ganz im Gegenteil: Welchen Mehrwert kann der Kunde aus der sich oftmals über Jahre entwickelnden Beziehung zum Unternehmen für seine geschäftlichen und/oder privaten Ziele erzielen (S. 30)?"

Die Konsequenz für die Messewirtschaft ist einleuchtend: Intelligente Messen sind keine reinen Produkt-Messen, keine temporären Warenlager mehr. Ein Aussteller fragt, sich nicht mehr, wie er seine Produkte am wirkungsvollsten zur Schau stellen, sondern wie er deren Wert und Mehrwert für seinen Besucher/Kunden am besten kommunizieren kann. Natürlich werden auch in Zukunft eine CeBit, eine Funkausstellung oder der Genfer Automobilsalon mächtige Brands sein. Ihr Inhalt ist aber nicht mehr determiniert durch die Bedeutung eines kollosalen Warenparks, der Kunde von heute wird sie mit einem Lösungsangebot (an einer Fachmesse) oder einem Lifestyle-Gewinn (an einer Verbraucher-Messe) assoziieren wollen.

Norbert Stoeck, Leiter der Practise Group „Trade Fairs and Events" der renommierten Unternehmensberatung Roland Berger im München, zieht aus dieser Entwicklung folgende Folgerung: „Der isolierte Verkauf von

Standfläche ist zukünftig ein nur eingeschränkt tragfähiges Geschäftsmodell" (Handbuch Messe-Management, S. 764).

Die bisherige Antwort der Messeveranstalter in Deutschland und der Schweiz auf die neue Kundenmacht ist ein Aufrüsten im Bereich von Serviceleistungen, welche unter dem Titel „Non-Space-Produkte" sowohl dem Aussteller als auch dem Besucher angeboten werden. Es ist dies ein Zeichen, dass ein Umdenken weg vom Produkt und hin zum Kunden bereits eingesetzt hat! Unter dem Titel „Düsseldorf startet Serviceoffensive" verkündete der Vorsitzende des Vorstandes des Messeplatzes Düsseldorf, Werner Dornscheidt im Düsseldorfer Handelsblatt vom 7. Januar 2004, man müsse „mit einem immer breiteren Dienstleistungsspektrum Plattformen für internationale Treffen schaffen".

Dornscheidt steht mit dieser Strategie nicht allein. Im Zentrum stehen Zusatz-Leistungen zur Vermietung von Quadratmetern wie günstigere Beteiligungsbedingungen, Reise-Packages, schlüsselfertige Messestände, Checklisten oder Kommunikations-Dienstleistungen aus einer Hand als so genannte „One-Stop-Shopping"-Leistungen. Solche Zusatz-Leistungen jenseits des Quadratmeters sind zweifellos ein erster (!) Schritt im Bestreben, Kundenmessen zu etablieren und diese damit als Mehr-Wert-Events aufzuwerten.

Hände weg vom fremden Geschäft

Sie sind allerdings falsch verstandene Mehrwert-Leistungen, wenn ihr Primärziel in der Ausweitung der eigenen Wertschöpfung besteht, denn das wäre immer noch produkt- anstatt kundenorientiert. Trotz Einkauf aus einer Hand erscheint es uns problematisch, wenn Messeveranstalter auch als Messebauer auftreten werden. Abgesehen vom Umstand, dass sie auf diesem Gebiet mit Branchenprofis konkurrenzieren, was sowohl von der Know-How-Kompetenz und von einem fairen Preiswettbewerb (Gefahr der Preis-Quersubventionierung) als auch vom Verlassen des Kerngeschäfts aus gesehen kaum Sinn macht. Das Kerngeschäft liegt unserer Meinung nach auch nicht der Summe von möglichst vielen „Services", denn was der Aussteller-Kunde heute sucht, sind ja nicht periphere Leistungen, die ihm ein spezialisiertes Reisebüro gerade so gut oder besser erbringen kann. Messeveranstalter sollten sich auf Leistungen konzentrieren, die unmittelbar und direkt den Nutzen der Messeteilnahme des Ausstellers erhöhen. Entsprechende Mehrwert-Leistungen sind stets die Antwort auf die Frage, welchen Nutzen der Aussteller durch ein Angebot erhält. Die Antwort muss immer die Befriedigung der Bedürfnisse des Ausstellers und jene seines Kunden, dem Besucher, erfüllen.

Dass in diesem Job noch viel zu tun ist, zeigt unter anderem das Thema der Hotelpreise. Die Frankfurter Hotellerie hat sich gegenüber der Buchmesse erwartungsgemäß nicht um ihr Zusagen vom Vorjahr gekümmert und sich weiter ihrem Lieblingssport, der surrealen Preisgestaltung, gewidmet.

Vom Immobilienhandel zum M-Commerce

In Zukunft werden wir anders einkaufen, anders verkaufen, anders arbeiten und anders leben. Dieser Satz war nicht einfach ein Slogan zur Weltleitmesse der Informations-, Telekommunikations- und Kommunikations-industrie CeBit 2004 in Hannover. Ernst Raue, Vorstandsmitglied der Deutschen Messe AG formulierte mit denselben Worten, dass auch für Messe-Veranstalter neue, zu den letzten 50 Jahren grundsätzliche verschiedene Herausforderungen für die erfolgreiche Bewältigung des künftigen Messegeschäfts gelten.

Die Deutsche Messe veranstaltet in Hannover 5 der 10 größten Messen Deutschlands. Trotzdem muss sich auch dieser erfolgreiche Player den sich verändernden Formen, wie Aussteller heute und in Zukunft an Messen Marketing betreiben, anpassen. Anders einkaufen, anders verkaufen, anders arbeiten bedeutet, dass Messeveranstalter in Zukunft mehr für „Communities", sprich Kunden, und nicht mehr nur „für den Quadratmeter" arbeiten müssen. War früher der Aussteller das Maß aller Dinge, bedeutet der Paradigmawandel im Veranstaltungsgeschäft heute eine vermehrte Auseinandersetzung und Befriedigung auch der Besucher. Kamen sie früher auf die CeBit, um die neusten Hardware-Innovationen zu sehen, wollen sie heute erfahren und erleben, was ein Laptop für sie tun kann.

Mit diesem anderen Blickwinkel verändert sich die Einstellung vom Vermietgeschäft auf die Fokussierung der jeweiligen Branche einer Messe selber.

Das Messegeschäft wird damit komplexer.

FOKUS

1. Der heutige und künftige Markt ist ein Kundenmarkt.
2. Nicht „was kann ich meinem Kunden heute verkaufen?", sondern „wie kann ich mit unseren Produkten die Profitabilität unseres Kunden - und deren Kunden (!) - verbessern?"
3. Partnerdenken ist besser als Konkurrenzdenken.
4. Non-Space-Produkte bedeutet mehr Serviceleistung, weniger Produktfokus.
5. Besuchermarketing an Messen gewinnt an Momentum.

Was der notwendige Übergang vom Quadratmeter- zur Kundenfokus respektive vom quantitativen zum qualitativen Denken für moderne, erfolgreiche Messen bedeutet, sollen die folgenden Praxis Beispiele aufweisen.

Fall 1: *„Guten Morgen, meine Damen und Herren. Es ist einfach phantastisch, wieder in Basel zu sein". Derjenige, der diesen begeisterten Satz ausgestoßen hat, ist Frederick Lam, Executive Director einer der wichtigsten Aussteller-Gruppen an der Uhren- und Schmuckmesse Basel'04. Sein Kommentar über die Qualität der Messe ist typisch für die Zufriedenheit der meisten Aussteller. Sie hängt mit deren Erfolg an diesem weltweit führenden Orderforum zusammen. Es gibt Aussteller, die bis zu 70% ihres Jahresumsatzes als Folge ihrer Messeteilnahme in Basel generieren. Genau das ist es, was Aussteller suchen, Messe-Erfolg, der Messebau und die Exponate gehören zu den Hausaufgaben.*

Der Veranstalter, die Messe Schweiz, fördert diesen Erfolg durch gezielte Qualitätsmaßnahmen, welche diese Messe einzigartig machen. Etwa im extra etablierten messeinternen Schiedsgericht. Fälschungen und Nachahmungen verursachen der Uhren- und Schmuckbranche Jahr für Jahr einen riesigen wirtschaftlichen Schaden. Messen sind - leider - leichte Beute für Kopierer. Das hochkarätige Schiedsgericht wacht darüber, dass keine Nachahmungen oder Fälschungen an der Messe als Exponate auftauchen. Entsprechende Aussteller werden im Kurzverfahren ausgeschlossen. Die Entscheide des Panels haben ihre Wirkung häufig über die Messe hinaus und es agiert damit nicht nur für den Veranstalter, sondern für die gesamte Luxusgüterindustrie.

Die Uhren- und Schmuckmesse ist ein gutes Beispiel da-für, was es für Veranstalter in Zukunft bedeuten könnte, nicht mehr den Handel mit temporär zu mietenden Immobilien, den Quadratmeterver-kauf, als Kerngeschäft zu definieren, sondern den Erfolg der Aussteller-Kunden und der entsprechenden Branche. Das ist es, was Ernst Raue mit dem Arbeiten für die „Communities" gemeint hat.

Ist das Beispiel auf jede Messe übertragbar? Oder sogar jede Ausstellung? Ja. Auch wenn sich nicht bei jeder nationalen oder regionalen Messe derselbe Aufwand wie jener der Messe Schweiz als Veranstalterin der Uhrenmesse rechtfertigt, so plädieren wir doch für eine Änderung der Optik beim Messemachen. Die Gründung von Schiedsgerichten oder Qua-litätsausschüssen mit mehr Kompetenzen, Einfluss und Entscheidungsge-walt als in vielen Beiräten, ist nachahmenswert. Wahrscheinlich auch der Beizug von externen, nicht unternehmensgebundenen Messe-Spezialisten.

Voraussetzung ist ein Wandel des Selbstverständnisses der Messemacher vom Immobilienverwalter zum Branchen- respektive Marketingdienstleister. Gemäß den Worten ihres CEO, René Kamm, strebt die Messe Schweiz einen Wandel von einer Produkte- zu einer Marketingorganisation an. Er ist sich bewusst, dass die entsprechende Neuausrichtung nicht einfach einen administrativen, sondern einen mentalen Veränderungsprozess erfordert, der von höchster Ebene initiiert werden muss. Er sei, sagt er in einem Gespräch, nicht aufwändiger, aber anspruchsvoller zu vollziehen, als einfach im herkömmlichen Geschäft zu verweilen. Wir plädieren für eine griffige Formel, die diesen notwendigen Wandel etwas überspitzt fasst: Vom Immobilienhandel zum M-Commerce. M steht für Messen, der Begriff müsste zum - patentierten - Markenzeichen für Messe-Kundenunternehmen werden.

Side-Step

Das Wort Messe ist zu traditionell besetzt: Dauer 4 bis 5 Tage. Hoher Personal- und Finanzaufwand, stressig, Branchen- und Kundentreff. Also: Routine auf hohem Niveau. Wir aber definieren mit M-Commerce den Höhepunkt des Verkaufsjahres, der die Zukunft des Unternehmens sichern.... und das dauert 360 Tage. Im Mittelpunkt steht der (potentielle) Kunden und der Kunde dieses Kunden. Eine Win-Win-Situation.

Wege aus der Preisfalle

Fall 2: *Dass Messen sich in Zukunft stärker mit der ausstellenden Branche, anstatt bloß mit dem Immobilien-Handel auseinandersetzen müssen, sagt auch Ernst Raue. Das sei eine neue Geisteshaltung, die in der Messe-Wirtschaft integriert werden müsse. Messe-Leute müssten sich in Zukunft vermehrt für Fach-Trends Ihrer Branchen-Messen interessieren. Die Mitarbeiter würden damit Co-Unternehmer für Messe-Kommunikation und nicht mehr einfach Angestellte einer Messe-Gesellschaft: CeBit-Mitarbeitende müssen heute nicht mehr bloß in der Lage sein, den Aussteller-Kunden einen optimalen Messe-Standplatz anzubieten. Sie müssen über die reine Branchenkenntnis hinaus nicht nur verstehen, was ein Laptop ist, sondern welche Problemlösungen dieser dem Besucher-Kunden offeriert. Am Beispiel der CeBIT sind das E-Banking, E-Government, E-Health, Wissensmanagement, IT-Sicherheit, Mobile- und Wireless-Anwendungen. Aus solchen Anwendungsgebieten werden dann Messe-Themenschwerpunkte gebildet. Die CeBit gibt eine gute Anschauung davon, was es heißt, für den Kunden des Kunden anstatt den Quadratmeter zu denken.*

Billig, billiger, am Billigsten: Lassen Sie sich auch durch den Mega-Trend „billig" nicht irre machen. Er funktioniert im Massengeschäft von Fluglinien, im Handel oder bei Telefondienst-Anbietern, wo der direkte Kundenkontakt für den Verkauf nicht an oberster Stelle steht. Aber versuchen Sie einmal mit „Easyjet" oder mit „Coca-Cola" oder mit „Orange" zu sprechen. Die meisten Billig-Carrier verweigern den Kunden das direkte

Gespräch. Wenn Sie Glück haben, können Sie via Webpage ein E-Mail an den Kundendienst absenden - eine Standartantwort mit dem ungefähren Wortlaut „Wir haben Ihr E-Mail erhalten, können aber eine Antwort nicht garantieren" ist Ihnen sicher. Die Antwort blieb bei unseren Versuchen jeweils aus.

Laut Buser, Welte, Wiederkehr rangiert der Preis nicht an vorderster Stelle bei den Argumenten für einen Kauf. Was Kunden heute von Messen wirklich wollen, sind Anlässe, die von der Aussteller- und Besucher-Beteiligung und vom Angebot repräsentativ für die jeweiligen Branche sind. Sie wollen eine reelle Chance auf Erfolg haben und einen Veranstalter, der sie auf dem Weg dahin coacht.

Fall 3 *Im Mai 2004 verkündeten die Messe Schweiz und Reed Messen (Schweiz) die Zusammenlegung der Telekommunikationsmesse Orbit und der Internet-Messe IEX. Nach Jahren der gegenseitigen Konkurrenzierung, die schließlich zu Gunsten der Internet-Expo auszugehen drohte und zu einem dramatischen Niedergang der Orbit von ehemals 90'000 m2 und 110'000 Besuchern auf noch etwas über 20'000 m2 mit 15'000 Besuchern führte, entschlossen sich die beiden Konkurrenten, nur noch einen - gemeinsamen - Anlass durchzuführen. Auch wenn dieser Zusammenschluss auf den Druck großer und wichtiger Aussteller zu Stande kam, so belegte er doch die Weitsicht der beiden Konkurrenten, sich für den Markt zu entscheiden und damit einen Weg einzuschlagen, der noch ein Jahr früher fast unaussprechbar gewesen war. Mit der Zusammenlegung konnten auch konzeptionelle Schwächen behoben werden. Wusste der Markt von der Orbit nie so genau, ob es sich um eine Fach- oder eine Publikumsmesse handelte, wurde die neue IEX-Orbit von Anfang an klar als Business-to-Business-Anlass positioniert.*

Aus Zwei mach Eins, diese Kooperation ist die praktische Demonstration, was „mehr vom Guten" für Messeveranstalter in Zukunft bedeutet und dass Auswege aus einer antiquierten Konkurrenz-Strategie möglich sind. Die Fusionen von IEX und Orbit ist symptomatisch dafür, dass im Zuge der Bereinigung von Überkapazitäten, das heißt, zu vielen themen-gleichen Messen, ein globaler Bereinigungsprozess im Gange ist, der erst begonnen hat. Ein Ende noch nicht absehbar. Wer in Zukunft Messen ohne die Kunden macht, der tut es auf eigene Gefahr. Wir wür-den diese Entwicklung, etwas überspitzt, mit den Worten des ehemaligen amerikanischen Präsidenten, wenn auch in anderem Zusammenhang geäußert, beschreiben:

„You ain't seen nothing yet - Das war noch gar nichts!"

Wege zur Kundenmesse für Messeplätze und -Veranstalter

Kundendenken und Kundenbindung

Am internationalen Messeseminar 2004 in Genf bildete Kundenbindung ein Schwerpunktthema. Thomas Berger von Reed Messen Schweiz eröffnete seinen Workshop mit der Aussage „Der Kunde erwartet heute mit Recht mehr von uns". Zusammen mit René Zürcher von der Beaexpo Bern gab er zahlreiche Tipps, was innovative Kundenleistungen von Veranstaltern, jenseits des Quadratmeters, sind.

Mehr vom Guten: Kundenleistungen jenseits der m2

Checkliste

- Betreuung durch das Projektteam
- 2-Jahres-Ausstellervertrag zu Sonderkonditionen (FIBO/IMA)
- Ausstellerstammtisch (6 x im Jahr, wechselnde Örtlichkeiten)
- Messeletter (E-Mail)
- Appointment Setting System auf der Messe-Webseite Messezeitung
- Autobahnvignette für alle Early Bird Anmelder (Ablauf Ende Februar)
- Sugus in der Ausstellerdokumentation (nach dem Motto: „Wir versüßen Ihnen die Arbeit")
- Essens- oder Getränkegutschein für Aussteller, einlösbar während den Messeaufbauzeiten
- Presseservice / Medienpartnerschaften
- Vergünstigte Services über Partnerfirmen (Standpersonal, Übersetzungen, Hotelangebote etc.)
- Rebooking und Early Bird Angebote
- Ausstellerdokumentation (Servicemappe) auf CD Rom oder im Internet
- Kooperationswerbung (Ausstellerlogos auf der Besucherwerbung)
- VIP Package für die Top Buyers unserer Aussteller

Während der Messe

- Betreuung durch das Projektteam
- Willkommensgeschenk auf jedem Messestand (Schokoladenherzen, Kleiderroller, Pfefferminzbonbons - passend zum Ereignis - etc.)

- ✓ VIP Lounge
- ✓ Ausstellerabend
- ✓ Besucherbefragung
- ✓ Messezeitung
- ✓ Pressekonferenz / Pressezentrum
- ✓ Erfrischungen und Snacks im Messebüro

Nach der Messe

- ✓ Betreuung durch das Projektteam
- ✓ Messeletter (E-Mail)
- ✓ Ausstellerbefragung 8 Wochen nach der Messe
- ✓ Präsentation der Ergebnisse der Ausstellerbefragung
- ✓ Präsentation der Ergebnisse der Besucherbefragung
- ✓ Schlussbericht an Aussteller, Ausblick auf die Folgemesse

Messeunabhängig

- ✓ Persönlicher Kontakt zu den Ausstellern
- ✓ VIP & MIP Karten
- ✓ Händler- und Hersteller Club (PSI)
- ✓ Adrenalin-Wochenende: Formel fahren auf dem Nürburgring
- ✓ Messebeirat / Advisory Board
- ✓ Einladung an andere Reed Messen
- ✓ Mitgliedschaft bei Branchenverbänden
- ✓ Teilnahme und Präsentationen an offiziellen Versammlungen dieser Branchenverbände
- ✓ Weihnachtskarten
- ✓ Gratulationsbriefe zu Beförderungen, positiven Geschäftsberichten oder Ähnliches
- ✓ CRM Tool im Einsatz (segmentierte Datenbank)
- ✓ Kostenlose Messeseminare für Aussteller und Prospects
- ✓ Einladungen zu Branchenanlässe (Presseball, Awardverleihungen etc.)

Abb. 01 Auszug Kundenbindungsinstrumente. Produkt-Messen sind Push-Messen, Kundenmessen mit Entertainment sind Pull-Messen

Eine Messeteilnahme generiert, wie Abb. 2 zeigt, signifikanten und messbaren Nutzen. Und in dieser Berechnung sind Umsätze, die dank einer Messeteilnahme eingespielt wurden, noch nicht mit eingerechnet. Im Vergleich zu anderen Kommunikationsmitteln ist der generierte Nutzen signifikant, vielfältig und berechenbar. Deshalb sollte vor allem in Zeiten limitierter Budgets der Kommunikationsplattform Messe ein besonderes Augenmerk gewidmet werden.

Lassen Sie Ihre Kunden am Messe-Konzept mitarbeiten - sie werden es Ihnen danken. Eine Messe steht und fällt mit einem marktnahen Konzept. Ein solches zu entwickeln ist im Zeitalter der Kundenökonomie nicht mehr ein monologisches Selbstgespräch über Branchen, Themen, Produkte oder Aussteller, sondern eine dialogische, kundenorientierte offene Kommunikation. Die thematische Entwicklung kann und muss dabei weit über den Dialog mit Beiräten oder Expertenpanels hinausgehen bis hin zum Endkunden und der entsprechenden „Community". Was es heißt, schon bei der Messe-Konzeptionierung für den Kunden des Kunden zu denken, zeigt das folgende Beispiel.

Fall 4: *Die Systems München stand vor einer Neupositionierung, die Besucherzahlen waren rückläufig und ein Preisnachlass für Besucher war lediglich eine kurzfristige Maßnahme. Bei der Neukonzeptionierung führte die Veranstalterin, die Messe München, bei potentiellen Besuchern eine Umfrage durch, welche Messe-Bereiche sie in Zukunft am meisten interessierten. Das Zielpublikum fand sie bei den Lesern der Mitglieder-Zeitschriften von verschiedenen IHK-Handelskammern. Damit konnte sie einen potenziellen Besucher- respektive Branchenspezialisten-Kreis von rund 100'000 Abonnenten und Lesern ansprechen. Die Antworten wur-den in Themen-Cluster zusammengefasst. Diese bildeten schließlich die wichtigsten Messebereiche wie Digital Media & Technology, IT-Security, Software, Systeme & Integration, Telekommunikation & Networking etc.*

Eine weitere Säule bei der Neulancierung der Systems bestand im vorbereiteten Zusammenführen von Ausstellern und Besuchern mittels des so genannten Match-Makings. Es wurde im Jahr 2003 für Mittel-Osteuropa eingeführt und im 2004 auf die ganze Messe ausgedehnt. Über ein webbasiertes Tool werden registrierte Besucher und Aussteller im Messe-Vorfeld miteinander in Kontakt gebracht. Im Sinne einer Partnerbörse stellt jeder Teilnahme dar, was er anbietet und was er sucht. Über das Match-Making können Besucher und Aussteller ihre Termine und Ressourcen besser planen und bereits im Vorfeld erste Informationen austauschen.

Kein Zweifel, solche multilateralen Kundenkommunikations-Systeme für den Dialog zwischen Ausstellern und Besuchern oder zwischen den jeweiligen Gruppen untereinander sind wichtige Argumente für moderne Messe-Veranstalter, die sich als Kundenunternehmen verstehen. Sie geben

Wege zur Kundenmesse für Messeplätze und -Veranstalter

	Herleitung	Grundlagen	Berechnung
Kontaktnutzen/ Kundenkontakte	Differenzierung zwischen A, B und C-Kontakten: A-Kontakt entspricht einem persönlichen Kundenbesuch, B-Kontakt einem telefonischen Kundenkontakt, ein C-Kontakt, dem Wert eines erfassten, potenziellen Kunden	A: CHF I'000.- B: CHF 200.- C: CHF 50.- Im Durchschnitt schafft ein Mitarbeiter 10 Kundenkontakte pro Tag. Da- von sind erfahrungsgemäß 20% A -, 30% B- und 50% C-Kontakte.	15x10= 150 Kontakte A: 30 B: 45 C: 75 A: 30 x 1 000 B: 45 x 200 C: 75 x 50 CHF 42'750.-
Kontaktnutzen/ Branchen-kontakte	Der obere Kader schafft es, sich mit diversen Branchenkontakten zu etablieren. Darunter fallen strategische Marktpartner, Medien, etc.	Pro Tag schafft ein Kadermitglied 2 Meetings. Gegenwert: CHF I'500.- (Kosten, die sonst anfallen würden, um das gleiche Meeting an einem anderen Ort abzuhalten).	6x2= 12 Kontakte 12 x I'500.- CHF 18'000.-
Werbenutzen	1 Stand 100 m2 entspricht einem ganzseitigen Inserat in einer Fachzeitung. Kosten ca. CHF 10'000.-, Reichweite 10'000 Leser. Zusätzlich werden durch die Messebeteiligung noch 5 Presseartikel generiert. Der durchschnittliche Wert beläuft sich auf CHF 3'000.-.	Messe bringt 40'000 Besucher, das entspricht 4 Anzeigen, um die gleiche Reichweite zu erzielen 5xCHF 3'000.-	CHF 40'000. CHF 15'000.-
Innenwirkung	Anstelle einer aufwändigen Mitarbeiterinformation her die Ausrichtung des Unternehmens übernimmt die Messevorbereitung in den einzelnen Teams und die Messe selbst diese Kommunikationsaufgabe.	Kosten, die sonst für eine sorgfältige Mitarbeiter-kommunikation anfallen würden. Die Geschäftsleitung informiert in Gruppen 20 Personen, um die Qualität sicher zu stellen. Aufwand 2 Stunden pro Gruppe. Kosten-punkt CHF 250.- pro Stunde.	100 Mitarbeiter in Gruppen max. 20 Personen, entsprechen 5 Gruppen. 5x 2 Std. 10 Std. x 250.- CHF 2'500.-
Weiterer Nutzen	An Foren können bestehende Kunden rückversichert und neue Kunden gewonnen werden. Als Gegenwert wird hier der fehlende Aufwand aufgeführt, der sonst bei einer Organisation eines solchen Anlasses anfallen würde.	Kosten pro Forumteilnehmer CHF 100.-	4x4 Foren 16x 10 Teilnehmer 160 Teilnehmer CHF 16'000.-

Abb. 02 Berechnung des Messenutzens

beiden Kundengruppen ein starkes Werkzeug im Umgang mit der knappen Ressource Zeit in die Hand. Kein Zweifel auch, dass dabei das Internet den maßgebenden Kommunikations-Kanal darstellen wird. Es wird zwar die Messe nicht substituieren, wie man zu Zeiten der Internet-Euphorie zu wagen glaubte. Es wird langfristig, wie in allen anderen Wirtschaftsbereichen, zum wichtigsten Kanal in der Professionalisierung des Messe-Marketings.

Von der Exponate- zur Lifestyle-Messe

Auch Messen müssen sich laufend neu erfinden und veränderten Marktbedingungen anpassen. In der Überdruss-Gesellschaft vollziehen namentlich Verbraucher- oder Konsumgütermessen einen Wandel von einem reinen Exponate- zu einem Lifestyle-Event. Letztlich lässt sich dieselbe Entwicklung bis hin zu Fachmessen verfolgen. Business ohne Entertainment, man mag es gerne hören oder nicht, und ohne Inszenierung findet kaum mehr statt. Kein Mensch geht heute noch an eine Internationale Automobilausstellung in Frankfurt oder einen Autosalon in Genf, um nur Autos zu sehen. Dieses Unterfangen kann ihm sein lokaler Händler in ungestörterer Ambiance offerieren. Es ist die Faszination des Ereignisses, gewissermaßen die Erfahrung des Gesamtkunstwerkes Messe, mit dem Produkt als Hauptdarsteller. Wer die „Faszination Automobil" erleben will, der erwartet ein inszeniertes Lifestyle-Erlebnis mit dem emotionalen Gut des Automobils als Superstar: Hollywood pur.

Dieser Wandel hat mit dem Wandel vom Bedürfnis-Kauf zum Ereignis-Konsum zu tun. Der erfahrene Messemacher Hans Biland, Veranstalter von regionalen Fachmessen zu Themen wie Bauen, Waffen/Jäger/Schützen, Forsten, Antiquitäten, Fahrzeuge in der Schweiz, gab ein anschauliches Beispiel, was Lifestyle für Messen bedeutet: „Wir haben Unternehmen, welche die Einbruchsicherheit ihrer Fenster demonstrieren, indem der Besucher Steine darauf wirft. Oder ein Unternehmen, welches Fenster herstellt, die in 10 Minuten ausgewechselt sind. Das ist sexy und das können sie sonst nirgends eindrücklicher als an einer Messe vorzeigen. Das ist sehr emotional, bestens Ereignis-Marketing".

Fall 5: *Die Berliner Trendmesse Bread & Butter ist kein Nahrungsmittel- sondern ein Mode-Event. Sie läuft großen, etablierten Modemessen langsam aber sicher den Rang ab. Der Veranstalter benutzt das Wort Messe kaum. Bread & Butter sei die Lobby für „Contemporary Urban Culture." Neben Mode spielen auch Musik und Architektur eine Rolle, die in der Trendlocation des alten Siemens Kabelwerks stattfindet. Kultstatus genießt der Anlass nicht zuletzt deshalb, weil der Kunde hier auch Karussell fahren oder Schlittschuh laufen kann.......*

Wer hätte das gedacht: anstatt der bekannten Exponate-Schau ein Lifestyle-Event für den modernen Konsumenten, das herkömmlichen, etablierten Messen den Rang ablaufen könnte. Der CEO der Messe Schweiz AG sagte in einem Vortrag im Jahr 2004, Messe-Veranstalter befänden sich in einem Mehrfrontenwettbewerb, einerseits mit anderen Marketing-Instrumenten, andererseits mit Messegesellschaften und -standorten. Wir meinen: Zusätzlich auch mit Shopping-Centers oder Lifestyle-Events wie Bread & Butter. Auch diese sind heute alles andere als reine Produktparks, sie sind Themen- und Erlebniswelten.

Fall 6: *Die Interzum in Köln, weltgrößte Messe für die Themen Möbelfertigung und Innenausbau, bietet in ihrem Relaunch nicht einfach Hallenfläche, sondern themengebundene, organische Hallenlayouts an, die sich an einer gewachsenen Stadtteil-Architektur orientiert. Kommunikativer Mittelpunkt ist eine „Piazza" als Ort der Begegnung, die über einen Boulevard erreicht wird.*

Mittels eines „All in - Konzeptes" wird den Ausstellern ermöglicht, sich mit geringem Aufwand, aber hoher Effizienz auf der Messe zu präsentieren. Der Messe-Veranstalter unterstützt den Messe-Erfolg seiner Aussteller-Kunden mit verschiedenen Maßnahmen: ein weltweites Besucherakquisitionskonzept in den wichtigsten Abnehmermärkten, neue Besucherregistrierungssysteme (CRM!) ermöglichen allen Kundengruppen eine optimale Vor- und Nachbereitung des Messe-Besuchs. Zu diesem Zweck werden die Ausstellerdaten laufend aktualisiert und Online geschaltet. Der Schlüssel für diese Mehr-Wert-Leistungen liegt auch hier im Internet.

Für den Kunden des Kunden denken und arbeiten

Die Service-Offensive ist bloss der erste Schritt in Richtung einer konsequenten Kundenorientierung. Messeveranstalter, die sich als moderne kundenorientierte Unternehmen verstehen, werden sich deshalb zwangsläufig verstärkt dem Kunden des Ausstellers, also dem Messebesucher zuwenden. Ihm kommt in neuen Kunden-Oekonomie eine erhöhte Wichtigkeit zu. Wurde er früher als Umweg zum Messe-Erfolg des Ausstellers gesehen, den man über perfekte Service-, Infrastruktur- und Werbeleistung zum Messe-Besuch ermunterte, steht er in Zukunft im Zentrum der Kunden-Hierarchie.

Im Rahmen des Wandels vom Produkte- zum Kundendenken bekommt der Messebesucher einen viel höheren Stellenwert als früher. Denn die Erkenntnis, dass er letztendlich der ausschlaggebende Faktor für den Erfolg einer Veranstaltung, ist die logische Folgerung eines kundenori-entierten Denkens. Man könnte die neue Denkweise auch als Übergang vom Wertschöpfungs- zum Kundendenken beschreiben.

Ulrich Kromer, Geschäftsführer der Stuttgarter Messe- und Kongressgesellschaft, räumt ein, „dass das Besuchermanagement bisher eher stiefmütterlich behandelt wurde" (Messehandbuch, S. 775). Das wird sich u.a. ändern, wenn ab Frühjahr 2007 das Messegelände am Flughafen über das „am besten angeschlossene Messegelände der Welt verfügt". (O-Ton Kromer) Auch Ernst Raue erkennt, dass auf diesem Gebiet noch Nachholbedarf besteht. Er sagt: „War früher der Aussteller das Maß aller Dinge, bedeutet der Paradigmenwechsel heute eine vermehrte Auseinandersetzung und Befriedigung der Bedürfnisse auch des Besuchers des Kunden (Jahrbuch Messen + Events 2004, S. 18)". Der Besucher-Kunde und seine Zufriedenheit ist letztendlich das ausschlaggebende Erfolgs-Kriterium zum Messe-Erfolg sowohl für den Veranstalter als auch den Aussteller.

Auch Messe-Dienstleister werden ebenso in diesen Prozess einbezogen. Ernst Raue formuliert die Konsequenzen: „Mit solchen veränderten Rahmenbedingungen auseinandersetzen müssen sich nicht nur die Veranstalter, sondern auch die Messe-Dienstleister. Messebauer werden in Zukunft mehr tun müssen, als Messestände zu bauen. Auch sie müssen sich vermehrt mit dem Kunden des Kunden auseinandersetzen, dem Besucher ... Sie müssen, genau wie wir, mehr Dienstleistung und weniger Hardware kreieren. (...) Messe-Veranstalter müssen sich in Zukunft noch vermehrt mit den Fachtrends ihrer Branchen-Messen auseinander setzen" (Jahrbuch Messen und Events 2004).

Norbert Stoeck erkennt ähnliche Auswirkungen auf ein künftiges Anforderungsprofil von Messe-Veranstaltern: „Zukunftig werden sich Messeteams zu ausgeprägten Branchenspezialisten entwickeln müssen, das Markt-Know-How löst das Organisations-Know-How als Kernkompetenz ab. Sehr viel stärker als in der Vergangenheit müssen sie in eine Branche „abtauchen" und sich als umfassender Marketingpartner der Branche verstehen" (Handbuch Messemanagement, S. 237). Auch Messebauer müssen, könnte man übersetzen, nicht mehr bloß Messen, Wände und Dächer zimmern, sondern am Markterfolg ihrer Kunden mitbauen.

Kundenorientierung als Geisteshaltung

Ein weiteres Beispiel, worum es in der Kundenbindung im 3. Jahrtausend geht, trug ein Seminar-Referent vor. Er sagte: „Ich bestellte am Vorabend für den folgenden Tag um 0700 Uhr ein Taxi zum Flughafen. Der Fahrer kam extra etwas früher, weil er meinte, er könne mir sicher mit dem Gepäck helfen. Auch das Taxiauto machte einen guten Eindruck. Es war blitzblank geputzt und als ich einstieg, roch es auch im Auto selber sehr frisch. Als das Gepäck verstaut war und der Fahrer vor mir seinen Sitz einnahm, teilte er mir mit, dass in einer Hängetasche zwei frische Tageszeitungen seien. Ich solle mich bedienen, da ich sicher noch keine Zeit gefunden hätte, die aktuelle Zeitung zu lesen. Dann machte er mich auf ein kleine Box am Boden aufmerksam. Darin habe es einen Thermoskrug mit heißem Kaffee und daneben einige Becher. Wenn ich wolle könne ich mich gerne bedienen. Dann fragte er noch, ob er sich beeilen müsse oder ob ich genügend Reservezeit eingerechnet habe. Daraufhin fuhr er los und meinte nur, er lasse mich jetzt in Ruhe Zeitung lesen und wenn ich etwas möchte, so solle ich ihn fragen."

Darauf sagte der Erzähler: „Und dann bin ich aus meinem Traum aufgewacht."

Als wir aufwachten, fuhr Albert von zu Hause weg und kam wie üblich 15 Minuten vor der vereinbarten Abfahrtszeit an, um uns zum Flughafen zu bringen. Albert ist unser Taxifahrer. Für ihn ist das Einplanen einer Zeitreserve eine Selbstverständlichkeit. Er wartet 15 Minuten, bis ich auftauche, klingelt nicht vorher an der Haustür' und erspart mir damit einen Zeitstress. Beim Einsteigen erkundigt er sich, ob ich denn auch nichts vergessen hätte: Pass, Mobiltelefon, Akten, Geschenk an den Geschäftsfreund. Er trägt einen Schlips und gibt uns dadurch das Gefühl, auch als One-Man-Show ein Geschäftsmann, nicht ein Tagelöhner, zu sein. Albert kennt die Flug- und Bahnpläne, die er im Wagen mitführt und weiss, in welchem Terminal mein Flug abhebt. Ich nutze die Zeit im Auto entweder, um den kommenden Tagesablauf oder die Geschäfte vorzubereiten, zur Ruhe oder für einen Schwatz. Wir fühlen uns aufgrund seiner Einstellung als Kunde, nicht als Übergangsstation zum nächsten Job.

Das Beispiel Albert zeigt: Kundenorientierung ist wie Customer Relationsship Management kein System, schon gar keine Hardware, sondern eine strategische Aufgabe. Strategien lassen sich verändern.

FOKUS

1. Produkt-Messen sind Push-Messen, Kundenmessen mit Entertainment sind Pull-Messen.
2. Kundenmessen bedeuten qualitativen Dialog anstatt Massenmarketing.
3. In gesättigten Messe-Märkten ist Qualität, auch im Marketing, der Ausweg aus der Quantitäts-Falle.
4. Kunden-Messen ändern den Blickwinkel von der Hardware- zur Software-Messe.

Intelligente Messen

Kundenorientierte Messen gehen, wie Fall 3 zeigte, radikale Wege, wenn es um den Aufbau eines partnerschaftlichen anstatt eines egozentrischen Anlasses geht. Das Hinterfragen von Messerhythmen gehört dazu. Uns sind zahlreiche Messen bekannt, bei denen namhafte Aussteller-Gruppen seit längerem anstelle des jährlichen einen größeren Turnus fordern. Eine jährliche Präsenz bindet gerade bei Klein- und Mittelbetrieben einfach zu viele Ressourcen.

Ein größerer, zum Beispiel ein zwei- oder dreijähriger Rhythmus, stellt zwar die Veranstalter vor Probleme in der Wertschöpfung und die Halleneigner vor terminliche Schwierigkeiten. Da der Markt in der Regel mit sei-nen Anliegen obsiegt, ist es jedoch zwecklos, entsprechende Signale zu ignorieren. Vielmehr läuft ein Veranstalter, der einen Anlass gegen die Intentionen wichtiger Aussteller-Gruppen durchführt Gefahr, dass sein Branchen-Event letztlich zu Grunde geht. Die wenigsten Weltleitmessen am Messeplatz Deutschland finden jedes Jahr statt. Aus gutem Grund.

Wie also lässt sich eine messefreie Zeit in eine der Kundenbindung und der Wertschöpfung nutzen? Wie Ernst Raue von der Deutschen Messe AG sagt, müssen sich Messen in Zukunft vermehrt mit Fachtrends auseinandersetzen, um die Nachfrage ihrer Aussteller-Kunden nach Branchen-Know-how zu befriedigen. Hier liegt ein Potential brach, mit dem Veranstalter die messefreie Zeit zum Nutzen ihrer Kunden nutzen können: mit qualitativ hochwertigen Konferenzen zwischen den Messen oder mit der Bereitstellung von neuen Brancheninformationen wie Studien, technologische Entwicklungstrends, Foren oder von Marktforschungs-Analysen von wirtschaftlichen Rahmenbedingungen und Entwicklungen.

Fall 7: *Die Hannover Messe, Weltmesse für Technologien, Innovationen und Automation ist nicht mehr bloß der bedeutendste Produkte-Event der Branche, sondern gleichzeitig eine der direktesten Plattformen für Branchen-Kontakte. Die Online-Jobbörse bietet Ausstellern gegen einen Aufpreis eine Internet-Präsenz vor, während und nach der Messe durch einen Auftritt in Online-Bereich Job & Career. Durch die Einbindung in die offizielle Website der Hannover Messe ist das Internet-Portal einer der wichtigsten Online-Stellenmärkte für Ingenieure und technische Berufe. Die Preise für Aussteller starten bei 300 Euro für vier Wochen Laufzeit. Das ist vom Markt gedacht.*

In der Aufmerksamkeits-Oekonomie ist nicht mehr das Produkt, sondern der Kundenkontakt, das rare Gut. Kundenmessen werden deshalb nicht mehr wie früher an der Hardware der Standfläche und des gebauten Messestandes gemessen. Was der zeitknappe Besucher immer mehr nachfragt, das sind zeiteffiziente Kontakte, die ihm vom Veranstalter oder Aussteller geliefert werden. Das persönliche Zusammenbringen von Nachfrager

Wege zur Kundenmesse für Messeplätze und -Veranstalter

und Anbieter ist unter dem Namen „Match-Making", genau so wie bei einem Partner-Institut oder Appointment-Setting System bekannt. Heute will man auf der Messe nicht mehr viele, sondern wenige, aber die richtigen Leute treffen.

Veranstaltern kommt beim Match-Making eine zunehmend bedeutungsvolle Aufgabe zu, sie ist eine echte Kundenleistung, jenseits des reinen Quadratmeters. Es versteht sich von selbst, dass ein so eingefädelter Kontakt seinen Wert nicht bloss während der Dauer der Messe hat, sondern darüber hinaus. Messen werden damit immer mehr zu 365-Tage-Anlässen. Auch hier hat das Internet eine unterstützende Funktion.

Netzwerk-Events haben aus dem genannten Grund und zu Recht Hochkonjunktur. Kaum ein Branchen-Anlass, kaum ein Seminar, das heute nicht explizit ein Networking-Fenster anbietet oder sich gleich Networking-Event oder ähnlich nennt. An diese kommen die teilnehmenden Personen nicht nur neuer Kunden wegen. Nein. Sie sind auch auf der Suche nach Lieferanten, aber nicht nach Produkte-Suppliern, sondern nach Firmen, die ihnen eine Aufgabenlösung offerieren, ein Geschäftsmodell, kurz: Wege, um erfolgreich zu sein. An solchen Events wird den Teilnehmenden nicht nur die Möglichkeit gegeben, sich und ihre Unternehmen vorzustellen, sondern auch ihr Beziehungsnetz.

Was aber tut ein Veranstalter in den Zwischenjahren, an denen keine Messe stattfindet? Er sollte wie gesagt etwas für die Branche, aber auch etwas für das Image seiner Messe und wenn möglich die eigene Wertschöpfung tun. Möglichkeiten sind Studien, Erhebungen und weitere Fachinformationen zur Branche mit Exklusivcharakter. In den Zwischenjahren könnten unter der Messe-Marke gleichlautende Fachkongresse, kombiniert mit Netzwerk-Events stattfinden. Für Aussteller bindet eine Teilnahme an einem solchen Event viel weniger Mittel als eine Messe-Präsenz und der Veranstalter könnte auch in den messefreien Jahren ein Zusatzgeschäft öffnen unter Nutzung des eigenen Messegeländes. Ein Veranstalter kann sich damit nicht mehr als bloßer Vermieter, sondern als Branchen-Player profilieren.

Die zur Pressekonferenz und den Fachseminaren eingeladene Presse würde zu einem Multiplikatoreffekt für diese Branchenleistung. Und es besteht kein Zweifel: bei einem Zwei- oder Dreijahresrhythmus sind Aussteller, Besucher, die ganze Branche „hungriger" auf Neuigkeiten als bei einem jährlichen Event. Wir haben Kongresse beobachtet, die weniger Besucher anziehen, obwohl die Referenten besser (und teurer!) sind als bei ihrer Vorveranstaltung. Aus dem einfachen Grund, weil die Kongressbesucher einen Zweijahres-Rhythmus bevorzugen und ihn - unabhängig von der Qualität des Programms - selber bestimmen!

Kommunikation mit Mehrwert

Unsere Gesellschaft wird gelegentlich mit dem Begriff Kommunikationsgesellschaft beschrieben. Er unterstellt einen Bedeutungswandel von der Produkte- zur Kommunikations- oder Informationsökonomie. Es besteht kein Zweifel, dass Kommunikation in Zeiten der gesättigten Märkte wichtiger wird. Sie kann aber selber zum „überflüssigen" Gut werden, wenn anstelle von qualitativer bloß quantitative Kommunikation betrieben wird. Es ist naheliegend, dass gerade in einer durch Informationsflut gekennzeichneten Gesellschaft „mehr vom Guten" anstatt bloß „mehr vom Gleichen" die notwendige Aufmerksamkeit erhält. Was gute Kommunikation, die gelesen wird ist, zeigt das folgende Beispiel, das uns per E-Mail erreicht hat, der aufgrund der Spam-Problematik stark um Wahrnehmung kämpfen muss.

Fall 8: Telemarketinganbieter Netcall: *„Mit wenig viel bewegen". Sehr geehrter Herr Buchautor: Es sind die kleinen aber stetigen Schritte, die uns ans Ziel führen. Was meinen Sie zu dieser Idee: Sie oder jemand in Ihrer Firma telefoniert täglich nur einer Neukundenadresse und führt ein Erstgespräch. Das sind pro Jahr ca. 250 Akquisitionsgespräche und wir muten Ihnen absolut zu, dass sie daraus zusätzlich 10 bis 20 neue Kunden gewinnen. Wenn Sie von dieser Maßnahme überzeugt sind, aber intern nicht über die geeigneten personellen Resourcen verfügen, nehmen Sie mit uns Kontakt auf oder informieren sich weiter auf www.usw.*

P.S. In den nächsten Tagen schicke ich Ihnen passende Fallbeispiele zu.

Das ist ein guter, weil kurzer, prägnanter und stilistisch sicherer Brief. Er hat aufgrund dieser Qualitäten größere Chancen, wahrgenommen zu werden, als unpersönliche Direkt-Mails. Der Adressat spricht nicht zuerst von seinem Produkt, sondern vom Nutzen, den sein System zu generieren vermag. So oder ähnlich sollten Briefe oder Produkte-Prospekte in der Messe-Kommunikation lauten. Was eine produkte- und was eine kundenzentrierte Kommunikation ist, das zeigen die folgenden Beispiele:

Fall 9: *Aus dem Prospekt der Fachmesse KMU: Der Aufschwung hat begonnen. Wer jetzt nicht anpackt, muss hinterher rennen. Führende Anbieter drängeln schon jetzt auf die Spitzenplätze. Diese haben ihren Stand schon wieder gebucht, weil sie wissen: Die Fachmesse KMU ist die einzig richtige Plattform. Es gibt keine andere Messe. So viel Marktpräsenz genießt Ihr Unternehmen nur einmal im Jahr.*

Der Prospekt enthält auf 12 Seiten weitere leere Behauptungen, nutzlose Drohungen oder Angst-Machereien und die Irreführung oder Unterstellungen, dass eine Messe ein punktueller Höhepunkt sei, nach dem der ganze Aufwand wahrscheinlich verpufft, anstatt eine 365-Tage-Messe. Unser Briefvorschlag hätte demgegenüber etwa so gelautet:

Fall 10: *Ihr Erfolg jenseits des Quadratmeters. Sehr geehrter Kunde: Danke für Ihre Treue zur KMU-Messe. Ihr Unternehmen mit seinen Business-Kompetenzen ist prädestiniert, auch am diesjährigen Branchengipfel erfolgreich neue Kunden zu gewinnen. Als Messe-Veranstalter unterstützen wir Sie dabei auf verschiedenen Ebenen. Kennen Sie zum Beispiel unsere Online-Leistungen, mit der Sie Ihre Messe-Präsenz zur 365-Tage-Schau verlängern? Unser beider Kunde ist der Besucher. Er wird von uns ebenfalls während des ganzen Jahres mit neusten Informationen über die Messe bedient. Viele nutzen inzwischen als Inhaber einer Kundenkarte die zahlreichen Zusatzleistungen. Vielleicht möchte Ihr Unternehmen potentielle Neukunden speziell ansprechen mit einem Workshop oder Vortrag in einem unserer Konferenz-Zimmer. Die Fachpresse führt übrigens an jeder KMU-Messe neutrale Interviews durch. Der Messe-Mehrwert für Aussteller kommt in ihnen Jahr für Jahr zum Ausdruck. Überzeugen auch Sie sich, weshalb Abwesende Unrecht haben. Für Ihre Entscheidungsfindung legen wir den Media-Argus mit einer re-präsentativen Auswahl der Interview bei. Das Paket der vorteilhaften Anmelde-Konditionen ist im beiliegenden Aussteller-Prospekt in allen De-tails beschrieben. Es wird auch Ihr Unternehmen überzeugen.*

P.S. Als Veranstalter der KMU-Messe zielen wir darauf ab, nicht einfach Quadratmeter zu vermieten, sondern Aussteller-Kunden an unserem Messe-Know-how partizipieren zu lassen.

Messe & konsequentes Marketing

Was dem kleinen Optikergeschäft in Südengland und Albert, dem Taxifahrer, gelingt, das können auch Sie - nämlich aus einem Unternehmen ein kundenorientiertes Unternehmen machen. Notwendig sind weder große Budgets, noch ein revolutionärer Ideologiewandel in Ihrer Firma, aber eine Neufokussierung Ihrer Messe-Perspektive.

Machen Sie bei der Planung Ihres nächsten Messe-Auftritts den Kopf frei von organisatorischen Aufgaben wie Standgröße, Standdesign, Catering, Logistik, Mitarbeitertransfer, Hotelreservation. Das sind das zwar alles notwendige Standardaufgaben - aber egozentrisch, nicht für den Kunden gedacht.

Richten Sie zuerst Ihren Blick auf Fragen, was Ihr Produkt, sei das eine Maschine für industrielle Produktion, sei das eine Dienstleistung, für Ihren Kunden tun kann, welches Lösungsangebot und damit welchen Mehrwert sie ihm bringt und wie sich diese Optik an einer Messe am besten darstellen lässt. Unsere Frage muss also lauten: „Wie machen wir unser Produkt für ihn profitabel?"

Xerox hat an der Drupa 2004 eine perfekte Anschauung gegeben.

Fall 11: *Das Messekonzept von Xerox Europa hatte einen eindeutigen Fokus: Anstatt mit Pomp wie andere Aussteller mächtige Druck-Maschinen zu exhibitionieren, fokussierte sich Xerox auf die Demonstration von Kunden-Lösungen, welche diese Maschinen bieten. Hier wurden nicht mehr Druckmaschinen gefeiert, sondern deren Produkte für die Kunden. Wunderschöne Broschüren in den schönsten Farben für sämtliche Kundengruppen konnten durch den Besucher interaktiv und bedarfsgerecht (Print-on-demand) geprüft und getestet werden.*

Diese Einstellungsänderung von der Maschine auf das Produkt wurde schon in der speziell eingerichtete Zone I mit den Namen „Profit Accelerator Zone" sichtbar. Xerox reservierte ganz bewusst einen speziellen, wie wir wissen an einer Leitmesse nicht billigen Standbereich, an dem im Dialog mit dem Kunden Modelle aufgezeigt wurden, wie er die Xerox-Lösungen der übrigen Standzonen gewinnbringend einsetzen kann.

Das geschah ganz konkret und mit entsprechender Print-Dokumenten. Der Prospekt „Profit Quick - Ertragsplanung leicht gemacht" enthielt einen Business Planner mit Programmen zur Ertrags- und Cash Flow-Analyse für Xerox-Produkte oder ein Arbeitsablaufkosten-Schätzung- und Vergleichsprogramm.

Grafisch attraktiv präsentiert und inhaltlich hervorragend war der „Xerox Profit Accelerator". Hier waren konkrete Wege beschrieben, wie man mit den Xerox-Produkten am besten und wirkungsvollsten kommuniziert: in der grafischen Gestaltung von Broschüren oder Prospekten, in deren Kreation, in deren Druckprozess. Es war dies ein weiteres Werkzeug, das sowohl Kaderleuten, als auch Verkaufs- und Marketingprofis oder -Assistenten Wege aufzeigte, wie sie Digitaldruck erlernen, vermarkten und verkaufen und ihn für ihr eigenes Unternehmen profitable machen. „Xerox Profit Accelerator"ist - natürlich - eine eingetragene Trade-Mark.

Dieser ganz bewusste Kunden-Fokus, der Konsequenzen bis auf die Zoneneinteilung am Messestand hatte, war einzigartig und ist uns noch bei keinem anderen Aussteller so offensichtlich ins Auge gesprungen. Tony Seaford sagte dazu: „Es ist leicht zu vergessen, dass es bei einem solchen Grossanlass wie der Drupa im Wesentlichen auf die Kundenerfahrung mit einem Unternehmen drauf ankommt, nicht nur während, sondern auch vor und nach der Messe."

Der Fall von Xerox Europe ist repräsentativ für die Entwicklung der Messewirtschaft als Ganzes und für ein modernes Messe-Marketing im Besonderen. Xerox Europa hat im 2004 nach der Drupa-Teilnahme radikal alle anderen Messeteilnahmen gestrichen, Events, an denen man teilweise während der letzten 15 Jahre regelmäßig teilgenommen hat. Marketing-Leiter Europa, Tony Seaford sagt, dass diese Politik nicht der generellen Zusammenstreichung von Werbe- oder Promotionsbudgets in einer wirt-

schaftlich rezessiven Zeit gehorchte, sondern einer stärkeren Hinterfragung des Return-on-Investment von Messen, sogar in bezug auf wenig greifbare Resultate wie eine erhöhte Wahrnehmung dieses globalen Players. Er drückt dies so aus: „Xerox is reviewing its marketing budget and making tough decisions. In some cases these decisions are based upon reduced budget, but frequently it's because the spend is not delivering instant ROI and not even achieving the less tangible marketing returns, such as increased awareness".

In der Terminologie der Autoren dieses Buches bedeutet das, dass Dabeisein und Mitmachen nicht mehr genügt, gesucht wird heute der Erfolg, auch mit neuen, auch unpopulären Mitteln. Den fand man an der globalen Leitmesse der Druckindustrie. Dies zeigt dass Messen als Marketing-Instrument nach wie vor eine wichtige Bedeutung in den Marketing-Strategien von wichtigen Firmen inne haben, aber die richtigen. Ein Auslaufmodell aber sind blos Nachahmer- oder schlecht fokussierte - wir ahnen es schon - egozentrische Events.

Als Aussteller an einer grossen oder kleinen Messe sind Sie in der Pole-Position. Sie entscheiden über den Einsatz Ihres Marketing-Budgets, über flankierende Kommunikations-Massnahmen, über die Grösse des Standplatzes. Nutzen Sie Ihre Kunden-Rolle, nicht indem sie kleinlich um Preisnachlässe oder Rabatte feilschen, sondern indem Sie den Veranstalter fordern, Ihnen „intelligente" Marketing-Unterstützungen zukommen zu lassen. Die meisten Veranstalter sind heute in der Lage, Ihnen nicht nur Hallenflächen zu vermieten, sondern weiterführende, zum Messe-Erfolg notwendige Marketing-Unterstützung als „One-Stop-Shopping" zu geben.

Und bringen Sie den Mut auf, den Exponate-Park von früher in eine Kunden-Erlebniswelt zu verwandeln.

Konsequentes Marketing

Messebesuche, wenigstens solche von Anlässen mit hochemotionalen Lifestyle-Produkten, sind heute zu einer Freizeitaktivität geworden, wie der Besuch im Einkaufszentrum. Im Zentrum steht das Produkt und seine Fähigkeit, dem Besucher eine Lösung für seinen ganz individuellen Lebensentwurf anzubieten. Dass es sich darin um eine kommunikative Aufgabe handelt, die vom Aussteller eine entsprechende Spitzenleistung abverlangt, ist mittlerweile unbestritten. Den Internationalen Automobilsalon in Genf besuchen jährlich über 700'000 Autobegeisterte. Die wollen erst einmal am Stand empfangen und angesprochen werden. Danach folgt der Follow-Up, ohne den ein Messekontakt keinen Sinn machen würden.

Fall 12: *Der französische Hersteller Peugeot hat am Genfer Autosalon 2003 nicht nur durch einen spektakulären Messestand (mit viel Hardware)*

> Wege zur Kundenmesse für Messeplätze und -Veranstalter

Aufsehen erregt. Wenn der kommunikationsgeneigte Kunde am Stand eine Frage klären wollte, wurde er vom Standpersonal mit einem Schiefertafel-PC empfangen. Auf diesem konnten von Hand die Adress- und übrigen Daten von Peugeot-Interessierten aufgenommen werden. Dadurch wurde eine Datenbank generiert, welche es erlaubte, dem Kunden via Firmenzentrale schon ab der Messe Post zukommen zu lassen, die er am nächsten Tag im Briefkasten fand. Für das Handling der entsprechenden individualisierten Mailings Messen mit dem großen Besucherzustrom einer führenden Automobilmesse wird mit der Direktmarketing-Agentur Künzler-Bachmann zusammengearbeitet.

Das ist modernes Messe-Management, denn ein Lead, der nach der Messe nicht verfolgt wird (und das kommt sehr häufig vor), ist nicht nur kaum etwas Wert, sondern stellt auch einen nutzlosen Verschleiß der für den Messe-Auftritt investierten Mittel dar. Notwendig für eine modernes Messe-Management ist natürlich eine Mailing-Aktion schon im Vorfeld des Events. Kundenunternehmen gehen mit Ihren Partnern schon zu diesem Zeitpunkt auf Dialog-Tuchfühlung, die Zeiten, wo man sich auf Spontanbesucher verließ, müssen endgültig der Vergangenheit angehören.

FOKUS

Das Ende vom Hardware-Mythos: Marketing-Trends auf Messen

In	Out
Mittelfristige strategische Planung →	hektische Planung von Messe zu Messe
Verhaltenstraining →	nur Produkttraining
Aufmerksamkeits-Ökonomie →	Produkt-Ökonomie
Kunden-/Noch-Nicht-Kunden-Fokus →	Stand-/Produkt-Fokus
Entmaterialisierung →	Materialisierung, Kulissenschieberei
Kommunikationsplattform →	Exponate-Park
Dialog mit dem Besucher →	Monolog der Verkäufer
Messe-Aktivität (Aktionsprogramm mit einem Überraschungs-Service) →	Messe-Passivität „Kann ich Ihnen helfen?"

Mehr Marketing (the client is the hero)	→	Technik pur (the product is the hero)
kommunizieren/inszenieren	→	präsentieren/exponieren
Kunden-Fokus	→	Stand-/Produkt-Fokus
teilnehmen, gewinnen, kontrollieren	→	auspacken, ausstellen, abbauen
Return-on-Investment-Optik	→	Teilnehmen ist wichtig
Besucher interessieren (Ergebnisorientiert)	→	Besucher voll informieren (Produktorientiert)
Qualität	→	Quantität
Dialog mit den Besuchenden	→	Monolog
Messen Messbar Machen	→	L'Art pour l'Art
Synchronisiert mit Internet-Auftritt	→	ohne Internet-Link
Gewichtete Wertpapiere generieren	→	keine Besuchsberichte
Stehtische	→	Kabinen
Stringentes Nachfassen nach der Messe	→	kein Follow-Up
Call Center Marketing	→	gelegentliches telefonisches Nachfassen einer anderen Abteilung
365-Tage-Messe	→	4-Tage-Messe

Bibliographie

Seth Godin: Permission Marketing. Turning Strangers into Friends and Friends into Customers. New York: 1999 Simon & Schuster.

Seth Godin: Purple Cow. Transform your Business by Being Remarkable. 2003.

John Grant: After Image. Mind altering Marketing. London: Profile Books 2003.

Don Peppers/Martha Rogers: The One to One Future. New York: Bantam Dell Doubleday Publishing Group 1993.

Werner M. Dornscheidt, Wilhelm Giese, Manfred Kirchgeorg Norbert Stoeck: Handbuch Messe-Management. Wiesbaden: Gabler 2003.

Jahrbuch Messen + Events 2004. St. Gallen: Künzler-Bachmann Direct AG/EXPODATA.

> Wege zur Kundenmesse für Messeplätze und -Veranstalter

Der beste Weg, die Zukunft vorauszusagen ist, sie zu kreieren
Peter F. Drucker

Mehr Intelligenz pro m²

Rund zwei Monate vor dem Beginn der ITK-Messe Systems im München, der Nummer zwei in Deutschland nach der CeBit, lässt eine kleine Meldung einer Nachrichtenagentur aufhorchen:

Der Software-Gigant Microsoft verkleinert seine Präsenz auf der Systems 2004 vom Oktober deutlich und tritt auf reduzierter Standfläche mit seinen wichtigsten Partnern auf. Das Beispiel ist symptomatisch für einen generellen Trend der Messewirtschaft in den führenden Messeländern. Unternehmen setzen zwar auch in Zukunft auf die unbestreitbaren Qualitäten einer Messe-Präsenz als Marketing-Instrument. Sie tun dies aber gezielter und intelligenter, das heißt, mit kleineren Messe-Etats als früher.

Die Meldung spiegelt einen Branchentrend, der sich durch die Kennzahlen des Ausstellungs- und Messe-Ausschusses der deutschen Wirtschaft AUMA nachvollziehen lässt.

Neben dem rückläufigen Gesamtmarkt wird ein zweiter Faktor zu tendenziell rückläufigen Erträgen im Messebau führen. Aufgrund der wirtschaftlichen Rezession am Ende der 90er Jahre und der zunehmenden Zahl an Werbe- und Kommunikationsmitteln, unter denen Internet-Auftritte und E-Mail-Marketing zu den Gewinnern gehören, verteilen sich die Marketing-Etats der Wirtschaft auf zusätzliche Disziplinen. Obwohl Messen in der Beliebtheitsskala zulegen konnten (u.a. GfK-Werbestudie 2004) stehen einem Aussteller nicht nur weniger Mittel zur Verfügung. Vielmehr kam es angesichts von nominal schrumpfenden Messeetats auch zu einem Zerfall des Preisniveaus. An der Weltleitmesse Telecom vom Oktober 2003 in Genf waren die Etats für Standbau von Aussteller-Ländern wie den USA unüblich bescheiden oder praktisch eingefroren (United Kingdom). Der „Billig"-Trend hat in gewissen Bereichen also auch die Messewirtschaft erfasst. Nicht zufällig zieht sich die Effizienz-Debatte wie ein roter Faden durch die Messe-Seminare der letzten Jahre.

Tony Seaford, Event-Marketing Manager von Xerox Europa machte im August 2004, nach einer für sein Unternehmen erfolgreichen Messe-Kampagne an der Drupa in einem Gespräch die bemerkenswerte Aussage: „Ich habe größere Etats als je zur Verfügung, aber wir stellen an weniger Messen als früher aus". Wie er in der Zeitschrift für Brand-Experience STYLE 2004/05 sagt, war der Entscheid, sich von gewissen Messen zurück zu ziehen, in einigen Fällen durch reduzierte Budgets in Werbung und

Promotion begründet, aber nicht nur. „Wir taten es auch, weil gewisse Ausgaben zu keinem unmittelbaren Return-on-Investment führen".

Die geschilderten Entwicklungen lassen sich auf folgende allgemeine Grundzüge zusammenfassen: Der Beliebtheitsgrad von Messen nimmt im Vergleich mit den anderen Marketing-Instrumenten zu, die Etats für Messe-Auftritte werden tendenziell stagnieren bei gestiegener Preis-Sensibilität der ausstellenden Wirtschaft.

Marketing-Leiter werden in Zukunft ihre Messe-Etats vermehrt für das Kundenmanagement und weniger für die Standbau-Hardware einsetzen, weil ersteres unmittelbarer dem Messe-Erfolg dient - und auch direkter messbar ist.

Die neue Messe-Intelligenz: Marketing und Kommunikation

Lange hat die klassische Messebau-Intelligenz ausgereicht, um an Fach- oder Verbraucherausstellungen erfolgreich Absatz zu betreiben. Dies ist heute kaum mehr der Fall. Zahlreiche Unternehmen können oder wollen aber die radikale Konversion zur Kundenmesse nicht eingestehen. Viele Leute konnten sich vor 20 - 30 Jahren auch den Einzelhandel nicht vorstellen, so wie er sich heute präsentiert. Wer wissen möchte, wie Messestände in 5 - 10 Jahren aussehen, der vergegenwärtige sich die radikale Neupositionierung von Shopping-Zentren wie dem Centro in Oberhausen, Bluewater in London oder von so genannten „Flagship-Stores" wie Sony am Potsdamer Platz in Berlin, von Nike oder Puma in London. Oder von Brand Lands wie der Autostadt Wolfsburg oder den Svarowski-Kristallwelten, die sich von ehemaligen „Abholzentren" zu sinnlichen, multimedialen Erlebniswelten neu erfanden. Oder von Lifestyle-Hotels wie dem Raffles in Singapur, St. Martins Lane in London.

Und Messen? Sie sind die letzten Glieder in der Kette von Verkaufspunkten mit direktem Kundenkontakt, die sich in den letzten 25 Jahren kaum verändert haben.

Dies gilt nicht nur für Verbraucher- sondern auch für Fachmessen. Obwohl gewisse Anlässe wie Bread + Butter oder Leitmessen wie eine IAA in Frankfurt Trends setzen, steht dem größten Teil der Branche der notwendige Wandel noch bevor: zu einem Freizeit-Erlebnis, an welches Kunden gerne hingehen, weil es so attraktiv ist. Permission Marketing pur. René Kamm, CEO der Messe Schweiz AG gab in einem Referat im Juni 2004 dem Wandel einen Namen: Messen müssten sich zu Themenparks entwickeln. In solchen „weichen" Themen wird die künftige Messe-Intelligenz zu suchen sein: für Veranstalter, für Aussteller, für Messebauer.

Messen sind Marketing

Marketing-Leiter Künzli schläft in letzter Zeit schlecht. Er spürt, dass die enormen Messe-Investitionen seiner Firma kaum zu nachvollziehbaren Resultaten führen. Sein Chef hockt ihm schon auf der Pelle. Ja lohnt sich denn der Aufwand überhaupt? Die Stunde der Wahrheit scheint gekommen. Oder lässt sich die quälende Ungewissheit ein weiteres Jahr verdrängen? Es ist doch noch gar nicht so lange her, dass sich CEO und Marketing-Leitung auf der Messe erhaben zunickten, im Wissen, dass man allein für multimediale Spektakel in den schönsten Farben wieder einmal hunderttausende von Euro eingesetzt hat. Dass seine ganze Firma stolz auf den preisgekrönten Messe-Stand war. Oder wie praktisch die gesamte Presse hymnisch davon berichtete, wie der weltberühmte Illusionist David Moneymaker am Firmenstand zum Messe-Events Nummer eins wurde?

Gut, der Managing Director ist heute ein anderer. Und der neue Chef hat ausdrücklich festgehalten, er wolle nicht in Glanz und Gloria untergehen. Sein Sprachgebrauch ist geprägt von Ausdrücken wie Effizienz, Kommunikationswert, Marketing-Return, Erfolgskontrolle, Messbarkeit, Messbarkeit, Messbarkeit*. Nun, was ist denn plötzlich so grundverschieden zu früher? Die Wirtschaft, mein Lieber!

In England rüttelte der neu ernannte CEO von Nestlé-Rowntree, Chris White, die Werbe- und Marketingwelt mit seiner polemischen Anklage auf, Nestlé Werbekampagnen seien fokussiert auf Preisgewinne anstatt darauf „mehr Produkte mehr Leuten zu höheren Preisen zu verkaufen".

Ähnliches spielt sich zur Zeit in den Büros der Messeleiter großer und kleiner Unternehmen ab und wer sich darauf verlässt, dass die anziehende Konjunktur die neue Kostenwahrheit in der Messewirtschaft wieder beiseite schieben wird, der macht sich Illusionen. So sehen das auch viele Exponenten auf der Vorstands-Etage großer Messeplätze, auch wenn sie es nicht so gerne laut sagen.

In der Werbewelt haben wir in den letzten Jahren nicht die erste Krise erlebt, während der wirtschaftliche Rückgang für die Messewirtschaft bisher praktisch unbekannt war.

Für den Messestand der Zukunft gibt es eine einfache Faustregel, nach welchen Gesichtspunkten er gebaut werden wird: reine Hardware-Orientierung ist grundsätzlich egozentrisch, auf sich selbst gerichtet. Sie wird einem verstärkten Marketing-Fokus weichen, denn dieser ist erfolgs- und damit kundenorientiert. Roland Lambrette, einer der Vordenker des Ateliers Markgraph, Agentur für Markenkommunikation und Themeninszenierungen in Frankfurt, drückte diesen Tatbestand in der Messe- und Eventzeitschrift Expodata so aus: „Das Bedürfnis nach Begegnung wird sich nicht ändern. Nur der Materialeinsatz wird reduziert. Wenn bei Messen eine Korrektur erfolgen wird, dann am Überfluss, und das kann dem Medium nur gut tun, weil dann die Inhalte und ihre professionelle Darstellung an Bedeutung gewinnen. Hier stehen wir wohl erst am Anfang einer langen Entwicklung, welche von der ehemaligen Exponatenschlacht zur Inszenierung subtiler Markenlandschaften führt.

*Das war das Credo bereits bei der 1. Auflage Messen Messbar Machen® 1997 (!)

III - Wege zur Kundenmesse für Messebau und Dienstleister

- Kommunikation ist Storytelling
- Wege für Messebau aus der Wirtschaftsfalle
- Messe - Kommunikation für das 3. Jahrtausend
- Internationalisierung und Diversifikation

In anbetracht der knapperen Messebudgets wird die Technikverliebtheit auf dem Altar des Effizienz-Gedankens geopfert werden müssen. Es wird auch eine noch stärkere Verlagerung vom Exponat hin zum Kunden stattfinden. Auch an Messen hat sich in den letzten Jahren der erhöhten Kostenwahrheit die Erkenntnis durchgesetzt, dass es besser ist, weniger, aber die richtigen Besucher am Stand zu haben.

In einem Gespräch im September 2004 sagt uns die Kommunikationsleiterin einer Messegesellschaft, dass auch Aussteller von Verbraucherausstellungen heute eindeutig Besucherqualität vor -quantität vorzögen. Ihre Kunden hätten ihnen ein hervorragendes Feedback auf die Abtrennung des Fahrrad- vom Motorradteils einer Zweiradmesse gegeben. Sie seien heute - mit weniger Besuchern - erst richtig zufrieden, weil Motorradfahrer und Fahrradfahrer zwei völlig unterschiedliche Menschentypen - Zielgruppenkategorien - seien.

Auch Aussteller lassen sich nicht mehr von schönen Zahlen blenden. Es ist damit zu rechnen, dass im Messe-Marketing der Zukunft dem Besucher eine viel höhere Priorität zukommen wird. Wie schon erwähnt, werden die neuen Technologien diesen Prozess stützen und das Messe-Marketing damit professionalisieren, auf keinen Fall substituieren. Aussteller, aber auch Veranstalter und sogar Messebauer, werden sich verstärkt mit dem „Kunden des Kunden" auseinandersetzen, weil letztlich er für den Erfolg einer Messe der Maßstab ist.

Der Preis ist wie gesagt nicht das entscheidende Marketing-Kriterium bei der Wahl eines Produktes oder eines Anbieters. Er gehört aber zu einer der entscheidenden Voraussetzungen, damit ein Aussteller überhaupt auf eine Präsentation eines Veranstalters oder Dienstleisters einsteigt. Ein Messebau-Unternehmen, das an der X'04, Messe für Marketing und Kommunikation, in Zürich als Aussteller auftrat, tat dies mit einem ästhetisch und marketingtechnisch überzeugenden Stand. Als Stand-Attraktion und Eigenwerbung in Sachen Kreativität „atmeten" einige der Wände. Das sei doch unheimlich teuer, wollten wir wissen. Nein, sagte der Messebauer, für 35'000 Euro könne er diesen Stand als Massenproduktion, aber trotzdem maßgeschneidert auf jeden einzelnen Kunden anbieten. Das war ein Preis, der im Umfeld der Messe seinesgleichen suchte. Die atmende Wand war eine auffällige Attraktion an der Messe und gleichwohl bot das Unternehmen nicht Messetechnik, sondern Gesamt-Marketing-Beratungen an.

Fall 1: *Ford Österreich wollte an der 1. Vienna Autoshow im Januar 2004 teilnehmen. Um das geplante Budget nicht zu strapazieren, wurden die sonst üblichen vier Hausmessen gestrichen. Federführend war die Marketing-Abteilung des Hauses. Sie wollte aber nicht nur mitmachen und dabei sein, sondern ausstellen und gewinnen. Das hieß im Klartext: den Marktanteil für Ford in Österreich signifikant steigern, schlussendlich mehr Autos - als Folgeaktivität - zu verkaufen, den neuen CM-Max zu bewerben sowie das Ford-Image generell zu fördern. Das alles unter erschwerten ökonomischen Marktbedingungen. Für das auszugebende Budget in Euro - eine sechsstellige Zahl - verlangte Ford darüber hinaus einen messbaren Return-on-Investment, um anhand dieser Pilotaktion u.a. zu entscheiden, ob und wie im Folgejahr die Ford-Gruppe an der Vienna Autoshow präsent sein sollte. Ergebnis: Am ersten Tag wurden exakt 1860 „Wertpapiere" (konventionell: Besuchsberichte) generiert. Ab jetzt stand fest, dass das Projekt funktionierte. Darum wurde die zunächst quantitative Priorität zugunsten der qualitativen Aussage verbessert. Am Ende stand ein Ergebnis mit 7763 im Detail gewichteten Messepapieren fest. Auch dieses Aktionsprogramm wurde von den Autoren durchgeführt.*

Fall 2: *An der Basel 02, der Weltleitmesse der Uhren- und Schmuckindustrie, suchte die Swatch-Group nach einem kostengünstigen Standkonzept, das innert kürzester Zeit realisiert und mit weniger Technik, dafür stärkerer Fokussierung auf den zahlreichen Luxus-Uhren gebaut würde. Das beauftragte Messe- und Kommunikationsunternehmen Expomobilia vereinte die Marketing- und Designziele der Swatch-Gruppe in einer meisterlich inszenierten Naturlandschaft, die den Trend nach neuer Sachlichkeit und Entmaterialisierung perfekt widergab. Swatch unterschied sich damit wohltuend von Mitausstellern, deren „Materialschlacht" häufig in eigentliche Stand-Festungen mit entsprechender Schwellenangst für den Besucher gipfeln.*

Künftige Messestände müssen wie jener der Swatch-Group zu „intelligenten" Räumen werden, damit die Aussteller weiterhin von ihrem Wert überzeugt sind. Der Trend zur Entmaterialisierung spielt hier eine große Rolle.

Kommunikation ist Storytelling

In dem Masse, wie an der Messe weniger Technik zelebriert und mehr Kommunikation - Dialog - betrieben wird, werden Storytelling und Entertainment wichtiger. Sogar an Maschinen-Messen kommen heute die Besucher kaum noch, um die Hardware zu bestaunen. Das lässt sich nämlich konzentrierter gleich im Lieferwerk tun. Sie kommen, um über die Maschinen einen Dialog zu führen und letztlich ein Lösungsangebot dafür, was die Maschinen ihnen bieten und wie sie ihnen nützen kann, zu erhalten.

Menschen sprechen gerne mit Menschen. Und lassen sich gerne unterhalten. Business-Entertainment und Inszenierungen werden wichtiger, weil sie immer eine emotionale Komponente enthalten, was dem reinen Fachdialog abgeht. In einem gewissen Sinne sind sie auch ein Spiegel der so genannten „Spaßgesellschaft", man könnte auch sagen der Unterhaltungsgesellschaft. Entertainment und Inszenierungen müssen aber stets dem Infotainment dienen. Man mag den Trend nach Unterhaltung, auch im Business-Alltag, mögen oder nicht, er ist zur Realität geworden wie die Big-Brother-Sendungen am Fernsehen.

In den Geschichten handeln Schauspieler, von denen wir alle wissen, dass sie Schauspieler sind. Und trotzdem wird Horst Tappert auch nach seiner Pensionierung noch als Herr Derrick angesprochen, so glaubwürdig und perfekt hat er seine Rolle verkörpert. In diesen Geschichten werden wir verblüfft, durch aus dem Zuschauerraum auf die Bühne herabstürzende Kronleuchter wie im „Phantom der Oper". Stark emotionale Geschichten machen uns betroffen, lassen uns mitleiden, öffnen unseren ganzen emotionalen Gefühlspool, wir sind beteiligt, auch durch den roten Punkt auf die Nase, den wir am Eingang zum Zirkus Roncalli bekommen haben mit ein bisschen Glitter und Konfetti in den Haaren.

Der bekannte Trend-Analytiker David Bosshart, Direktor des Gottlieb Duttweiler Institut in Zürich, beschreibt die Entwicklung, die sich hier abzeichnet, im Jahrbuch Marketing Kommunikation wie folgt: „Kapitalismus und Spektakel gehören untrennbar zusammen. Wir werden in Zukunft die Unterhaltung besser verstehen lernen müssen und nicht abschätzig behandeln dürfen. Denn davon hängt in Zukunft ein guter Teil der Wirtschaft und der Produktivität ab". Er bringt das Eindringen von Entertainment ins Marketing auf den folgenden Nenner: Wo es früher hieß „there is no business like show business" gelte heute „there is no business without show business".

Fall 3: *An der Internationalen Automobil-Ausstellung in Frankfurt 1998 inszenierte der Winterthurer Szenograph Xavier Bellprat die Marken Cadillac und Chevrolet. Das Konzept beschrieb er unter dem Titel „Imagineering als Dramatisierung von Live-Events" im Jahrbuch Messen + Events: „Mit dem Eintritt in die Haupthalle beginnt eine Verdichtung der Eindrücke. Das Thema 5th Avenue wird durch Storymodule illustriert und ausgebreitet. Die Qualität des Besuchererlebnisses ist eng verknüpft mit* der Dichte der erzeugten Atmosphäre. Eine inszenierte Strasse führt auf die Leinwand zu, wo der Eindruck einer Fahrt auf der 5th Avenue vermittelt wird. Dampfende Gullideckel mit dem typischen Geruch der New Yorker U-Bahn und verschiedene Soundscapes tun ein übriges, um die Atmosphäre zu verdichten. Höhepunkt der Inszenierung ist das nächtliche Schaulaufen auf dem Eisfeld vor dem Rockefeller Center unter der goldenen Prometheus-Figur. Im Anschluss an die Performance lässt der Sinatra Song „New York, New York" den Besuch des Messestandes mit good vibrations ausklingen. Die Spannung löst sich, was bleibt, ist ein erhöhtes psychisches Anregungsniveau, eine gute Stimmung, mit der man den Messestand verlässt." Bellprat hatte eine weitere kreative, aber leider nicht realisierte Idee, wie das Storytelling über den Kontext der Messe hinaus weitergeführt werden könnte. Er sagte: „Stellen Sie sich ein gleichzeitig erscheinendes Inserat in der „FAZ" vor. Dort ist dann der Stadtplan von Frankfurt abgebildet, wo mitten drin - genau auf dem Messegelände der IAA - die in den USA für einige Zeit abwesende 5th Avenue wieder auftaucht: eben: „Currently in Frankfurt, IAA, Halle 7 ..."

Was es heisst, ein Unternehmen zu inszenieren und nicht mehr bloss zu präsentieren, beschrieb der Berliner Szenographie-Professor Nik Hafermaas in einem Interview in der Fachzeitschrift Expodata 9/2003.

Fall 4: *„Wir versuchen die Charaktereigenschaften eines Unternehmens herauszufiltern. Es wird wie eine Person behandelt, die originell oder eher konservativ ist und fragen, kann sie über sich lachen, hat sie eine Geschichte, wie unterscheidet sie sich vom Mitbewerber? All diese Aspekte werden dann in eine formale Sprache übersetzt, manchmal auch mit Mitteln der Kulturgeschichte, der Literatur, der Musik. So entstehen nicht einfach protzige sondern informative, überraschende und durchaus auch provokative Lösungen. Wir arbeiten sehr viel mit Metaphern, um zu überraschen.*

Mit den Geschichten, die wir entwickeln, verhelfen wir unseren Kunden zu einer Stimme und übersetzen ihre Inhalte in ein begreifbares Bild, das sich auch emotional verankern kann. Wir sprechen von einer narrativen Gestaltung oder einem dreidimensionalen Storytelling. Dabei versuchen wir die Besucher so zu integrieren, dass jeder auf seine Weise eintauchen kann und sich die Story durch individuelle Interaktion vervollständigt. Bewusst lassen wir dabei Freiräume für die eigene Imagination. Wir wollen nie eine Geschichte fertig anbieten.

Wie lässt sich in einer Messehalle oder Ausstellung eine Umfeldgeschichte aufbauen? Jeder Kontext, jedes Umfeld spielt in einer Geschichte eine bestimmte Rolle, ist ein Feedback, bietet eine Stimmung. Solche Möglichkeiten wurden auf Messeständen noch gar nicht ausreichend genutzt. Das lässt sich aber ändern. Es wird Zeit, dass das Standartrepertoire des Mes-

seauftritts wie Burgenbauen, Moderatorengeschichten und Videofilme endlich neuen intelligenten Lösungen Platz macht. Abgesehen von einzelnen Highlights passiert das leider noch viel zu selten, das Niveau der Messekommunikation liegt oft noch weit hinter dem „Standart der klassischen Werbung zurück".

Fall 5: *Ein eindrückliches Beispiel, dass man Storytelling wortwörtlich verstehen kann und ohne notwendigerweise über große Mittel zu verfügen, war der Stand von Kein + Aber, einem kleinen Buchverlag aus Zürich an der Frankfurter Buchmesse. Der Messestand war, auch aus Budgetgründen, einer der kleinsten und doch überragte er, dank einer Sonderbewilligung, die restlichen Messestände um 20 Zentimeter. Der bekannteste Autor im Verlagsprogramm, Kabarettist und Komiker Gerhard Polt, las am Stand aus seinem Werk. Storytelling wortwörtlich anstatt der Zelebrierung des Messestandes.*

FOKUS

Out	In
Logistik/Technik	→ Marketing-Kommunikation
Messebau	→ Kommunikations-Design
Exponate-Messen	→ Live-Kommunikation
Materialschlacht, Kulissenschieberei	→ Entmaterialisierung
Hardware-Fokus	→ Software-Fokus
3. Dimension	→ 4. Dimension
Egozentrik	→ Kundenfokus
No Business like Show Business	→ No Business without Show Business

Konsequenzen für Messebauer und Dienstleister

Sie sind einer von drei Messebauern, die zu einer Konkurrenzofferte eingeladen werden. Naturgemäß möchten Sie den Auftrag gewinnen. Wie schaffen Sie das? Stellen Sie sich realistisch vor, welches Argumentarium ihre Mitbewerber gebrauchen werden. Sie werden sehr wahrscheinlich von Standdesign sprechen, im besten Fall von Kommunikationsdesign, von der Standgröße, von der notwendigen Technik. Und wenn Ihre Mitbewerber technologisch auf der Höhe sind, dann werden sie dem Kunden einen virtuellen, begehbaren Messestand als Video- oder CD-Rom anbieten. Ihr Mitbewerber wird natürlich auch den Preis einbringen und hoffen, dass er am tiefsten liegt. Glauben Sie, dass Sie sich mit den gleichen Argumenten von ihren Mitbewerbern unterscheiden werden? Dass dem Auftraggeber Ihr Unternehmen in besonderer Erinnerung bleibt, wenn sie genau die gleichen Argumente wie die Konkurrenz verwenden? Natürlich, Ihre Chancen sind mit 33 Prozent recht hoch, doch die Beeinflussung des Entscheids aufgrund der Qualität Ihres Projektes liegt kaum bei Ihnen.

Messebauer, die sich weder auf einen reinen Preiswettbewerb noch auf ein austauschbares Argumentarium einlassen wollen, trachten danach, sich von ihren Mitbewerbern zu unterscheiden. Sie müssen etwas anders, besser tun. Dass dies nicht auf der Ebene der Technik liegen kann, geht aus den dargelegten ökonomischen Trends hervor. Wenn man Werbebroschüren von Messebau-Unternehmen betrachtet, dann gleicht jedoch ein Prospekt dem anderen, ist komplett austauschbar und alle zeigen sie die schöne neue Welt der Messestände. Aber fast kaum einer zeigt oder spricht von „weichen", von Marketing-Leistungen.

Wie wär's, wenn Sie als Messebauer eine andere Strategie anwendeten? Wenn Sie ihren Kunden zuerst über seine Messe-Ziele und wie er diese plant und misst, ansprechen? Wenn Sie ihm Marketing-Unterstützung offerieren und ihm anbieten, eine Messe-Aktionsprogramm mit einer Return-on-Investment-Analyse auszuarbeiten? Zum Beispiel mit der Berechnung von folgenden Eckwerten für die Analyse des Messe-Erfolgs:

- Aufwand pro m2,
- Ertrag pro m2,
- Profit pro m2?

Oder: Potentiell mögliche Neukundenkontakte vs effektiv erfolgte Neukundenkontakte? Und erst zum Schluss bieten Sie ihm Ihr gewohnt starkes Messe-Design mit den üblichen konkurrenzfähig Preisen. Wir erinnern uns: Marketing-Leiter Künzli begreift langsam, dass seine Aufgabe darin besteht, Erfolge zu bauen, nicht schöne Wände, Dächer und Video-Installationen.

> Wege zur Kundenmesse für Messeplätze und -Veranstalter

Sprechen Sie mit ihm über die Marketing-Ziele für den Messe-Auftritt seines Unternehmens, vergegenwärtigen Sie sich, was „mehr Messe-Intelligenz" für sein Unternehmen bedeuten könnte. Stellen Sie sich vor, mit ihm anstatt über Quadratmeter und Dächer und Wände wie der Aussteller Xerox über einen „Profit-Accelerator" zu sprechen oder gleich darüber, wie Sie den Messestand zu einer umfassenden Profit-Zone anstatt zu einem architektonischen Highlight machen! Ihre Chancen stehen gut, dass Herr Künzli Sie nicht so schnell vergessen wird.

Wege für Messebauer aus der Wirtschaftsfalle

Messebauer müssen nicht unbedingt in der Lage sein, solche neuen, immateriellen Leistungen selber anzubieten, aber sie müssen in Zukunft vermehrt in der Lage sein, das Gesamtbild eines Messe-Auftritts zu sehen und mit Spezialisten, die dazu beitragen können, zusammen zu arbeiten oder sie zu empfehlen. Aber richten Sie zuerst Ihren Blick auf Fragen wie jene, was Ihr Messestand für Ihren Kunden tun kann, welches Lösungsangebot und damit welchen Mehrwert er ihm - und dem Kunden des Kunden, dem Besucher - bringt und erst dann, wie sich entsprechende Absichten an einer Messe am besten darstellen lassen.

Mit reinem Preiswettbewerb sind heute kaum Projekt-Wettbewerbe zu gewinnen, weil ein kompetitiver Preis zum Grundinventar einer Offerte gehört. Ebenso gering sind die Chancen, ihn mit dem Argument der besseren Technik zu gewinnen, weil Aussteller Wege zum Messe-Erfolg suchen. Und weil Messebau und Messe-Design ebenfalls zum Kerngeschäft eines Dienstleisters gehören und kaum zum wettbewerbs-unterscheidenden Merkmal taugen.

Sich nicht mehr auf den letztlich für die meisten Beteiligten ruinösen Preiskrieg einzulassen hat einen Namen Co-opetition anstatt Competition, Wettbewerbs-Optionen gewinnen durch Zusammenarbeit anstatt durch Ausschluss. Innovative Marketing-Fachleute teilen die Überzeugung, dass in der Informations-Gesellschaft „information at your finger-tips" die Qualitäts-, Preis- und Markttransparenz so hoch ist, dass man besser mit Dienstleistern oder sogar mit Mitbewerbern kooperiert anstatt konkurrenziert. Information über Märkte und Preise ist heute kein rares Gut mehr, sie steht wie noch nie allen Marktteilnehmern zur Verfügung.

Auch Messebauer müssen in Zukunft mehr mit Partnern oder sogar Wettbewerbern zusammen arbeiten. Mit Event-Agenturen, die ihnen Unterstützung in Live-Kommunikation leisten, mit Spediteuren, die gewisse Exponate kostengünstiger für den Kunden transportieren, mit Laser- oder Lichttechnikern, die multimediale Inszenierungen übernehmen, mit lokal ansässigen Monteuren oder konkurrierenden Messebauern für Aufträge fernab von der eigenen Unternehmenszentrale. Weil sonst die Gefahr droht, dass der Kunde diese Leistungen direkt beim geeigneten Dienstleister einkauft.

Die neuen Marktbedingungen - tendenziell stagnierende Messe-Budgets, tieferes Preis-Niveau und die Verlagerung vom Messebau auf die Messe-Kommunikation - verlangt nach einer Veränderung des Selbstverständnisses von klassischen Messebauern. Sie müssen sich in Zukunft viel stärker als früher als Provider von Kommunikationsleistungen im Raum anstatt als Distributoren für Mietmaterial definieren. „Wie kann ich dazu beitragen, dass mein Kunde an seinem Marketing-Event erfolgreich ist" ersetzt „wie kann ich unser Materiallager am besten umsetzen?" Wer wäre besser geeignet, dies umzusetzen, als die traditionellen Spezialisten für dreidimensionale Kommunikation?

Heute zeichnet sich ein entsprechender Wandel langsam ab und er drückt sich nicht zuletzt in der Namensgebung von fortschrittlichen Messebauern - neu: Agenturen - aus.

Fall 6: *Creaworld ist ein kleines, mehrfach preisgekröntes Dienstleistungs-Unternehmen aus der Schweiz mit Haupttätigkeit im Messebereich. Es nennt sich „Agentur für integrierte Kommunikation". In der Firmenbeschreibung fanden wir früher als Kernbereich „dreidimensionale Präsentation", heute „Kommunikation im Raum". Einige Auszüge zeigen schnell, mit welchen Leistungen und Terminologien sich das Unternehmen ein von klassischen Messebauern unterscheidendes Profil gibt. „Ein zukunftsweisendes europäisches Netzwerk verhilft uns, innovative und ausgefallene Ideen innerhalb kurzer Zeit zu realisieren. Immer eingebettet in eine Marketing-Strategie und als integrierender Bestandteil der gesamten Werbemaßnahmen. Wir haben uns der integrierten Kommunikation verschrieben. Mehrwerte, Effizienz und Unverwechselbarkeit (Anm. der Autoren: des Kunden) ergeben sich nur aus dem konsequenten Zusammenspiel und der Verzahnung der einzelnen Kommuniaktionsmaßnahmen. Aus der Gesamtheit dieser Wahrnehmungen entwickeln wir Strategien und Konzepte für die Marketingkommunikation."*

Welch ein Unterschied zu den typischen, auf sich selbst bezogenen Broschüren der meisten Messebau-Unternehmen mit ihren klassischen Firmen- und Mitarbeiter-Portraits, LKW-Flotte und Materiallager, Foto und Beschreibungen.

Messe-Kommunikation für das 3. Jahrtausend

Wie obiges Beispiel zeigt, zieht der Wandel des Selbstverständnisses vom Konstrukteur zum Marketing-Spezialisten für den Raum auch eine entsprechende Änderung der eigenen Kommunikation und der Werbung nach sich. Kein Begriff erinnert an klassischen Messebau, obwohl es sich darin um das Kerngeschäft der Agentur handelt. Marketing-Leiter fragen

Wege zur Kundenmesse für Messeplätze und -Veranstalter

aber wie gesagt nicht Technikleistungen nach, sondern sie sind verpflichtet, die Messe-Investition in einen Messe-Erfolg zu überführen und ein richtiger Weg dazu heißt Marketing-Kommunikation.

Fall 7: *Im 2003 platzierte das kleine Messebau-Unternehmen Bacilieri CH eine ganzseitige Anzeige in einer Fachzeitschrift. Auffallendes Hauptmotiv war ein Bildrahmen. Aber nicht mit imponierenden Messeständen im Zentrum, sondern mit der einfachen Aussage: „Wir stellen nicht aus. Aber Sie!". Rund um den Bildrahmen am Rand wurden einige Kundenprojekte gezeigt, in der Auflösung leicht abgeschwächt. Die Aussage war eindeutig und bildlich magistral umgesetzt: Wir sind kein Messebau- sondern ein Kundenunternehmen.*

Fall 8: *Die Holtmann Messe + Event GmbH gehört zu den führenden Branchen-Dienstleistern in Deutschland. In ihrer Werbekampagne sieht man keine Messestände oder Events. Vielmehr enthält sie als abstrakte Grafikzeichnung Profilverschlüsse, die schon wegen ihrer eigenwilligen Form beim Betrachter Staunen erwecken. Die Anzeige unterscheidet sich grafisch von 99% von jenen der Mitbewerber. Die Verschlüsse kamen beim preisgekrönten Stand des niederländischen Handelsunternehmens Decoprojekt, einem der bemerkenswertesten Standkonzepte der letzten Jahre, an der EuroShop 2002 zum Einsatz. Dazu heißt es im Text: „www.ideen-intelligent-umgesetzt.de" und: „kunde: decoprojekt. Agentur: optimat. gold: beim adam 2003."*

Die Anzeige ist bemerkenswert, weil sie zwei unterscheidende Merkmale von Holtmann Messen + Event magistral umsetzt: Wir sind ein Kundenunternehmen und unser Geschäft besteht in Kommunikation.

Ein anderes Beispiel, wie klassische Messe-Dienstleister auf die veränderten Kundenmärkte reagieren, ist eines der etabliertesten Branchen-Unternehmen.

Fall 9: *Expomobilia, das zweitgrößte Messebau-Unternehmen der Schweiz und eines der größten in Europa, bietet seit 2003, auf Rat der Autoren dieses Buchs, umfassende 3D-Kommunikation an und macht dies im Firmenzusatz „Exhibition + Communication" sichtbar. Neben dem professionellen Messebau „baut" es für seine Kunden auch erfolgsfördernde, flankierende Kommunikations-Maßnahmen wie Werbung, Pressekonferenzen, Coaching, Akquisition, Kundenpflege oder Return-on-Investment-Aktionen. Das Unternehmen reagiert damit auf die steigenden Anforderungen an Messe-Dienstleister, nicht Hardware sondern Messe-Erfolge mitzubauen.*

Solche Kampagnen sind Ausdruck des neuen Selbstverständnisses von aus dem Handwerk hervorgegangenen Unternehmen. Für Dienstleister, welche sich als Kommunikations-Fabriken oder -Agenturen verstehen, ist es die logische Konsequenz, dass sich dieser Wandel in der Werbung in wortanstatt bildstarken Motiven und in Motiven, die den Kunden, nicht die eigenen Produkte ins Zentrum rücken, ausdrückt.

Auch hier gilt, wie bei den Messeplätzen, dass sich die neue Orientierung strikt aufs Kerngeschäft bezieht. Messe-Dienstleister sind keine Werber, aber Spezialisten für Marketing- und Kommunikationskonzepte für die verschiedensten Arten von Veranstaltungen. Sie müssen künftig in der Lage sein, Leistungen, die deren Erfolgschancen erhöhen, selber oder im Netzwerk anzubieten: Messe-Vorbereitung, -Durchführung und -Follow-Up, Standpersonal-Training, Direkt-Marketing, Messe-Kommunikation und -PR an 365 Tagen.

Messebau-Unternehmen, die dies verstehen und umsetzen, sind die violetten Farbtupfer, die sich vom Anstrich der grauen Kühe ihrer Mitbewerber abheben. Guido Maurer, Geschäftsführer der Schweizer Niederlassung von Uniplan hat in einem Interview die Überzeugung zum Ausdruck gebracht, dass traditionelle Messebau-Firmen zu Kommunikations-Agenturen wandeln müssen und sich dies in einer Anerkennung ausdrücken müsse, die die Branche letztlich auf die gleiche Stufe stellt wie Werbung oder Public Relations.

Was soll ein Unternehmen tun, das wirklich keine Agentur, kein Atelier ist und keine szenischen Welten oder Brand-Scapes baut, sondern ein klassisches handwerkliches Unternehmen, das ganz einfach Messe-Stände baut und nichts anderes oder in der Montage von denselben tätig ist?

Internationalisierung und Diversifikation

Dass die Erträge im Messebau rückläufig sind, geht auch aus der jährlich erstellten Studie „Live-Kommunikation" von Uniplan hervor. Uniplan zeigt Jahr für Jahr, wie die Etat-Anteile im Marketing-Mix abnehmen zu Gunsten von Budgets für Live-Kommunikation.

Uniplan erstellt mit dieser Studie nicht bloss ein attraktives Public-Relations-Instrument, weil sie einen Wert für die Fachpresse darstellt und entsprechend von ihr zitiert wird. Sie leistet dem Unternehmen - und dem Wettbewerb - wertvolle Informationen, wohin sich die Trends im Live-Marketing und damit die Geschäftsentwicklungen von Messe-Dienstleistern entwickeln. Das sind gemäss der Presseinformation zum Jahresergebnis im März 2004 zunehmend Corporate Events, Roadshows, Marketingservices sowie Beratung und Entwicklung integrierter Live Communication-Konzepte.

Ein Messebau-Unternehmen, das sich für die Kundenmärkte der Zukunft aufstellen will, muss diversifizieren, weil die Umsätze im Stammgeschäft rückläufig sind und wohl bleiben werden. Demgegenüber steht den meisten Disziplinen im Event-Marketing der inhaltliche und wirtschaftliche Zenit noch bevor. In den letzten Jahren sind deshalb Hauptversammlungen, Händler- und Kundenevents ins wirtschaftliche Blickfeld zahlreicher Messebauer gerückt.

Sie sind aus diesem Grund strategische Partnerschaften mit so genannten Event-Agenturen eingegangen und dieses Vorgehen ist im Sinne des Kunden häufig geeigneter, als entsprechende Unternehmen zu konkurrenzieren.

Kaum jemand hat den Übergang der Messe- zur Eventwirtschaft einfacher und doch prägnanter beschrieben als der Messebau-Pionier Andreas Messerli sen. bei der Feier zur Enthüllung der neuen Corporate Identity anlässlich des 50-Jahre-Jubiläums im Sommer 2004. Er verriet der Fachzeitschrift Expodata: „Anfang der 90er Jahre spürten wir, dass ein gewaltiger Schub in Richtung von etwas Neuem kommen musste. Es war dies der Anfang des Übergangs vom reinen Bauen in Richtung Messe-Kommunikatiion. Wären wir allein auf Messen spezialisiert, wären wir heute auf verlorenem Posten. Wir wollten neue Unternehmensgebiete su-chen und wir fanden sie mit dem Anbruch der großen Zeit der Events."

Messen sind jenes Marketing-Instrument, bei denen die Globalisierung den stärksten Einfluss ausübt. Zahlreicher werden jene Unternehmen, die nicht nur im lokalen Heimmarkt, sondern auch jenseits der Landesgrenzen als Aussteller auftreten.

Messe-Dienstleister haben sich im letzten Jahr positioniert und den Wettlauf um den Globus angetreten. Im Zentrum für ein Messe-Unternehmen steht sicher der eigene Kunde, den man in Regionen abseits des lokalen Marktes begleiten können muss. Die größeren Unternehmen verfügen außerdem über eigene Ländergesellschaften oder strategische Kooperationen, um Messe-Auftritte ihrer Kunden auch in Übersee übernehmen zu können.

Gleich wie Messe-Veranstalter könnte sich auch für Dienstleister der Beizug von Marketing-Spezialisten, die über eine umfassende Umsetzungskompetenz verfügen und in der Lage sind, eine strategische Ausrichtung auf die Kundenmärkte der Zukunft zu entwickeln, lohnen. Uniplan hat zu diesem Zweck den anerkannten Marketing-Professor Heribert Meffert oder Roland Berger von der gleichnamigen Münchner Unternehmensberatung in den Aufsichtsrat verpflichtet. Und natürlich auch, um deren Netzwerk zu nutzen.

„Klug"

Hinweise für den Nutzer des operativen Teils

Sie, die Leser und Nutzer, durchlaufen gemeinsam mit uns in diesem Buch vier Stationen. Damit Sie den Aufbau (vgl. Abb. 4) besser nachvollziehen können, stellen wir ihn hier kurz vor. Außerdem bieten wir Ihnen eine Vielzahl von praktischen Hilfsmitteln an. Zu ihrer erfolgreichen Anwendung in der Praxis ebenfalls einige Erläuterungen:

Teil 2 - Messemüde?

Verlieren Messen sowohl auf Aussteller- wie auch auf Besucherseite nicht immer mehr an Bedeutung? Werden Sie durch Events oder sogar durch das Internet ersetzt? Früher war dies eine sehr provokante Frage. Heute wird sie durch rückläufige Aussteller- und Besucherzahlen bei wichtigen Leitmessen begründet. Einige Beispiele werden diese Entwicklung dem Leser verdeutlichen. Es gibt also gute Gründe, nach Antworten zu suchen. Welche Messen müssen besucht werden und welche nicht? Die Auflösungen zu diesen Themen diskutieren wir im 1. Teil, genauso wie eine kritische Betrachtung des Tools „Messe". Hier stellen wir außerdem Thesen auf, wie „Messen dauern länger als sie dauern" oder „Messen sind messbar".

Kurzum, den Leser erwarten aktuelle Perspektiven.

Teil 3- Messe und konsequentes Marketing

Messen können weitaus mehr leisten, als das Image des Ausstellers zu fördern oder den Kontakt zu den guten alten Kunden zu pflegen. Das wissen Sie. Durch Messen können Veränderungsprozesse im ganzen Unternehmen ausgelöst und umgesetzt werden. Messen sind ein „trojanisches Pferd", das eingeschleust werden kann, um Mitarbeiter zu noch mehr Kundenorientierung zu motivieren oder Marketing- und Vertriebsprozesse zu optimieren. Mit der griechischen Sage des trojanischen Pferdes verbindet man List, ja Tücke. Und in diesem Buch? Auf der Messe befinden wir uns in einem gnadenlosen Wettbewerb. Wir verstehen Messe deshalb als „Weihegeschenk", als gewinnbringendes Geschenk für Sie, wenn Sie in Ihrem Unternehmen etwas bewirken wollen. Dazu erhalten Sie sogar fünf Geschenke, mit denen Sie trojanische Festungen der Ineffizienz, des Schlendrians in Ihrem Unternehmen knacken können. Oder Führungsverhalten verändern können. Oder. .. Klingt ein wenig vollmundig? Wir treten den Beweis dafür an, dass mit Messen noch konsequenteres Marketing im gesamten Unternehmen gelebt werden kann. Und: Messen können und werden den internationalen Auftritt eines Unternehmens verbessern.

> Hinweise für den Nutzer

Teil 4 - Erfolgspfad für ein Messe-Aktionsprogramm

Während wir uns im Teil 3 mit konzeptionellen Methoden auseinandersetzen, geht es nun um operative Fragestellungen. Wie kann eine Messe erfolgreich bestritten werden? Dazu klären wir zunächst den Begriff des Aktionsprogramms. So viel schon mal vorab: das Programm trägt seinen Namen zu Recht, es wird Aktionen und Bewegungen geben. Eine weitere Überraschung wartet auf den Leser. Das Follow-up, also die gemeinhin als (mühsame) Messenacharbeit titulierte Zeit, bekommt in diesem Buch einen neuen Stellenwert. Es wird von den ersten Minuten an in die Planung integriert und findet bereits konsequent auf der Messe statt. Die Vorarbeit für die Nacharbeit spielt eine wesentliche Rolle. Mancher Leser wird sich wundern, wie knapp dadurch der Abschnitt Messenacharbeit in diesem Buch ausfällt. Wir wollen mit dem Follow-up ganz früh im Verlauf des Aktionsprogramms starten. Das ist ein Schlüssel zu Ihrem zukünftigen Erfolg. Warum? Die Antworten finden Sie in diesem Teil 4.

Teil 5 - Erfolgreiche Messe-Aktionsprogramme aus der Praxis

Funktionieren denn all die Ansätze des Buches? Welche Erfahrungen gibt es? An den konkreten Beispielen ausgewählter Unternehmen durchlaufen Sie mit uns die einzelnen Etappen eines Aktionsprogramms. Das Motto eines der im Werk vorgestellten Best-Practice-Unternehmen:"Wir erzählen Ihnen keine Märchen. Wir rechnen mit Ihnen" nehmen die Autoren gerne für sich auf. Es beschreibt nämlich auch die Intention dieses Buches „Messen Messbar Machen".

Das Buch ist kein Roman, sondern Ihr Arbeitsmittel. Es beinhaltet viele Beispiele und Checklisten, die sicherlich auch auf Ihre Branche übertragbar sind. Aber eben nicht immer. Hier müssen Sie, unsere Leser, eine Transferleistung erbringen. Viele Aspekte sind auch bewusst ein wenig überzogen formuliert. Unser Vorschlag: Über die Ideen nachdenken, nicht über die Formulierungen (die nutzen wir, um die Idee zu transportieren).

Und eines zur Beruhigung: Alle Angaben des Buches sind praxiserprobt (die Ideengeber, also unsere Kunden, findet der Interessent im Anhang).

Prolog

Sobald etwa das Thema Marketing erörtert wird, entartet die Debatte schnell in ebenso hitzig vorgetragene wie rein theoretische Fachsimpeleien. Vom lebendigen Kunden und seinen Bedürfnissen oder gar in der Praxis erhärteten, oft ungewöhnlich anmutenden Verbesserungsvorschlägen ist kaum oder gar nicht die Rede.

Hinweise für den Nutzer

Teil 1

Messemüde?
- Messe – eine nachdenkliche Betrachtung
- Messe aus einem neuen Blickwinkel
- Grundsätzliche Perspektiven der Messe und die Perspektive dieses Fachbuches

Teil 2 (s. auch Abb. 9)

Messe und konsequentes Marketing

Einfluss auf das Aktionsprogramm

Teil 3 (s. auch Abb. 14)

Erfolgspfad für ein Messe-Aktionsprogramm

Einfluss auf die Marketingkonzeption

Teil 4

Erfolgreiche Messe-Aktionsprogramme aus der Praxis

Klappt's in der Praxis?

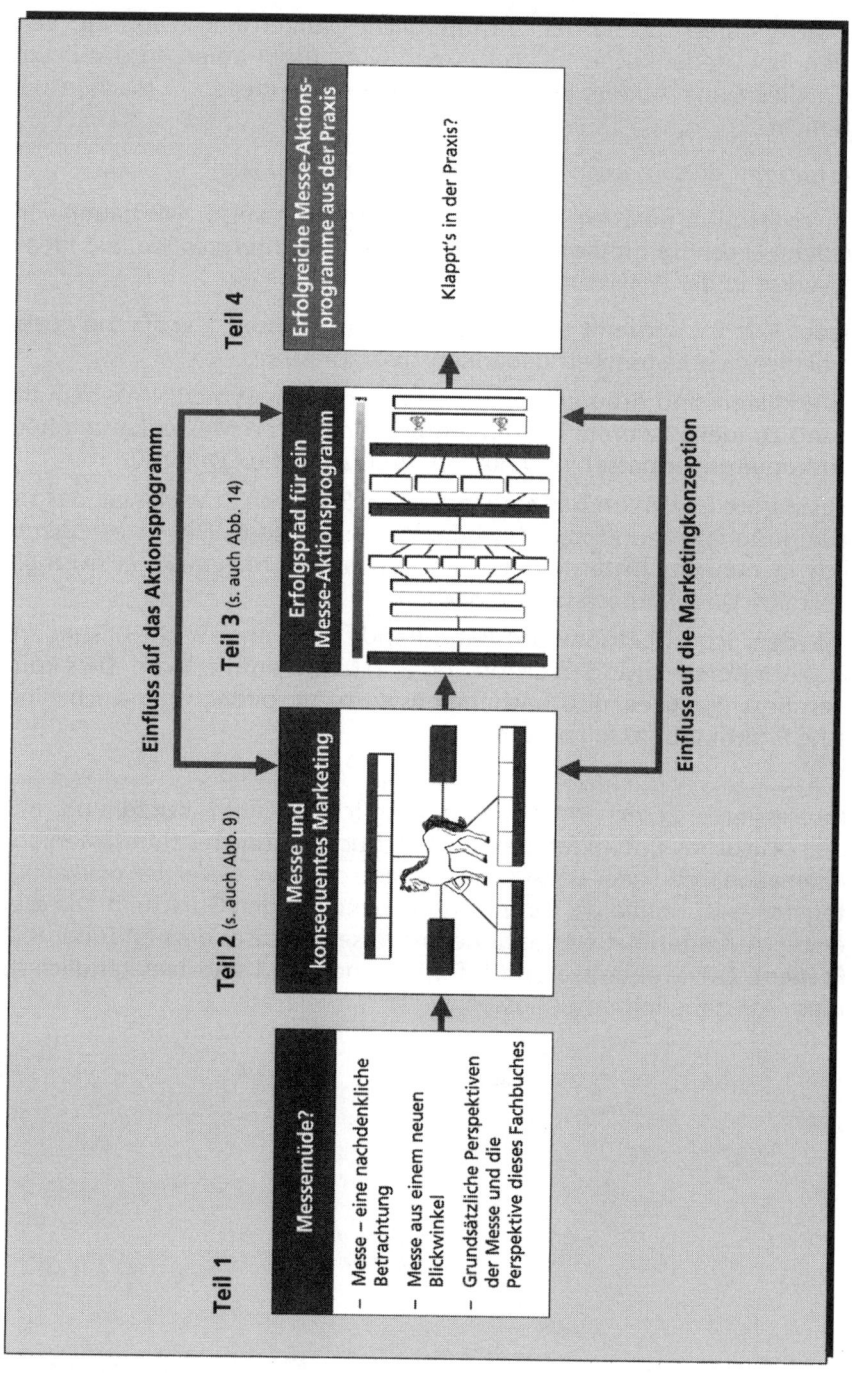

Abb.03 Überblick zu den Kapiteln

| Hinweise für den Nutzer |

Eine Bitte, damit für Sie der größtmögliche Nutzen herausspringt: Vermeiden Sie „gedankliche Killerphrasen" wie „funktioniert in der Praxis nicht, Alles Ganz Anders Bei Uns (AGABU), tolle Idee……. machen wir auch nicht."

Ihr Erfolg mit diesem Buch hat drei Buchstaben: **T U N!**

Bevor es losgeht, noch einige organisatorische Hinweise. Wir haben verschiedene Lesehilfen integriert, die es Ihnen erleichtern sollen, die Ideen des Werkes in der Praxis anzuwenden:

- Jedes Kapitel wird mit einem FOKUS abgeschlossen, der für Sie nochmal die wichtigsten Kerngedanken zusammenfasst.

- Checklisten sind grau eingekastet und über das Symbol Häkchen am Rand zu identifizieren. Empfehlung: Zur nächsten Messeplanung herauskopieren, anpassen und nutzen. (Vgl. auch die CD-ROM)

- Bestimmte Stellen im Text sind mit einem Stoppschild versehen, das Sie zum Innehalten und zum Nachdenken auffordert. Wie ist es eigentlich in meinem Unternehmen um den angesprochenen Sachverhalt bestellt? Was kann ich besser machen?

- Mit dem Icon (Piktogramm) P am Rande machen wir auf besondere Praxisbeispiele bzw. den O-Ton von Praktikern aufmerksam. Dies können Best Practices, also nachahmenswerte Vorbilder, aber auch typische Praktikerdenkfallen sein.

- Interessierte Leser erhalten die Möglichkeit zum Kurzdialog mit den Autoren. Entweder per e-mail: huckemann_matthias@mercuri-international.de , oder urs.seiler@btconnect.com bzw. weiler_ter_marketing-tegernsee@t-online.de. Oder mit dem beiliegenden Gutschein. Die drei ersten Auflagen haben das hohe Interesse der Leser gezeigt (über 850 Fragen). Die Ergebnisse und Informationen sind selbstverständlich in diese Ausgabe mit eingeflossen.

Hinweise für den Nutzer

Abgrenzung:

Die Autoren befassen sich ausschließlich mit Messe - nicht mit Ausstellungen. Den Unterschied entnehmen Sie bitte der folgenden Matrix:

	Messe	**Ausstellung**
Aussteller	• Unternehmensvertreter mit Entscheidungskompetenz i.d.R. durchgehend präsent	• Diese Unternehmensvertreter nicht notwendiger Weise anwesend
Besucher	• I.d.R. nur Fachbesucher • Überwiegend Repräsentanten mit Einfluss auf organisationale Kaufentscheidungsprozesse präsent	• I.d.R. keine Beschränkung • Auch Besucher präsent, die nur einen allgemeinen Überblick suchen
Interaktion zw. Ausstellern Besuchern	• Unmittelbare Interaktion zwischen Entscheidern	• Allgemeine Info an anonyme Besucherkreise
Implikationen für die Transaktionskosten	• Transaktionskostenersparnisse können alle Bereiche umfassen: Anbahnung, Vereinbarung, Abwicklung, Kontrolle, Anpassung	• Transaktionskostenersparnisse nicht messbar

Jetzt geht es wirklich los!

Wir helfen Ihnen, Ihre Chancen von heute in den Erfolg von morgen umzusetzen . . . .

Teil 2

Messemüde?

2

*„Wir werden einen Weg finden
und wenn wir keinen finden,
dann bauen wir einen."*
Hannibal, Karthagischer Feldherr

Raum für Kontakte

Unsere Messen bringen Ihre Kunden zu Ihnen. In Basel und in Zürich.

www.messe.ch

mch
messe schweiz

I. Messe – eine nachdenkliche Betrachtung

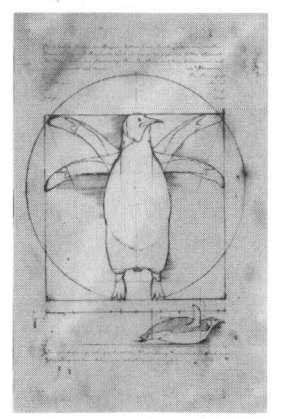

Quelle: WM Direktmarketing, CH

Messemüde? Oder gibt es Alternativen zum Medium Messe? Die Frage stellen wir penetrant seit 1996. In der dritten Auflage wurde sie eher verwundert zur Kenntnis genommen. Es galt vielmehr das Schickeria-Motto „sehen und gesehen werden". Groß nachgefragt wurde deshalb auch gar nicht. Den Messeerfolg in Form eines Return on Investment zu messen, war eher etwas für Exoten und Erbsenzähler. Wenn der Wettbewerb auch auf den Veranstaltungen war, reichte das oft aus.

Nicht erst seit dem 11. 09. 2001 und dem Seebeben 12/2004 haben sich die Vorzeichen schlagartig geändert. Denn immer mehr Aussteller und Besucher bleiben den Messen fern, wie die Zahlen etwa für die großen Messen der Informations- und Kommunikationstechnik zeigen (Frankfurter Allgemeine Zeitung vom 02.02.02). Damit ist dieses Buch aktueller denn je. Einige renommierte Beispiele belegen, dass Unternehmen den Wert ihrer Messeauftritte wesentlich stärker hinterfragen und nach lukrativen Alternativen suchen.

Fall 1: *Ein renommiertes Investitionsgüterunternehmen hat in jüngster Vergangenheit eine mutige, aber vor allen Dingen konsequente Entscheidung getroffen. Jahrelang hat das Unternehmen an der Hannover-Messe Industrie teilgenommen. Mitgutem Erfolg. So wurden durchschnittlich noch über 500 (!) Tsd. Euro Neukundenumsatz realisiert. Ein Ergebnis, das die Vertriebsleitung heute inzwischen nicht mehr für realisierbar hält. Die Zeiten haben sich nachhaltig verändert. Der Markt ist gesättigt und transparent. Produktinnovationen spielen immer weniger eine Rolle. Die Zielsetzung für das Unternehmen besteht deshalb vor allen Dingen darin, bestehende Kunden zu pflegen und vielleicht noch über Wettbewerbsverdrängung auszubauen. Warum überhaupt noch auf Messen gehen, wo in hektischer Atmosphäre der Messehallen letztlich nur relativ wenig Zeit für die wichtigen Kunden verfügbar ist? Viele wichtige Ansprechpartner vor allen Dingen aus den USA kommen auch gar nicht mehr.*

Folgerichtig wurde die Idee geboren, das Geld für die Messeteilnahme in Höhe von 1/4 Mio. Euro gezielt in ein Kundenpartnerschaftsprogramm zu investieren. 20 % der wichtigsten Kunden (nach dem berühmten Pareto-Optimum), mit denen 80 % der Ergebnisse erzielt werden, wurden zu einem zentralen Ort eingeladen und exklusiv verwöhnt. Aber damit nicht genug. Mit ihnen wurde über ihre Anforderungen und Kooperationsbereitschaft für die Zukunft diskutiert. Ihre Bereitschaft, in diesem Rahmen Rede und Antwort zu stehen, lag bei fast 100 %. Die Veranstaltung war ein voller Erfolg aus Sicht der Teilnehmer. Sie fühlten sich ernst genommen und werden dieses Programm aufgrund ihres hohen Erlebniswertes lange im Gedächtnis behalten Auch die ehemaligen Messeaussteller waren glücklich, denn 80 % der eingeladenen Top-Kunden kamen. Ein Ergebnis, das bei den letzten Messen bei weitem nicht mehr erreicht wurde.

Fall 2: Oracle, zweitgrößtes Software-Unternehmen der Welt und führender Anbieter von E-Business-Lösungen für das Internet, hat sich ebenfalls entschlossen, vom Messegeschäft Abstand zu nehmen. Die Alternative: die komplette Umstellung auf das E-Business. Diese neue Ausrichtung des Marketing ist Teil einer weltweiten E-Business-Strategie. Hinter der Entscheidung, nicht mehr auf die Systems oder die CeBIT zu gehen, steht der Glaube, den Kunden auf einer Messe nicht so in den Mittelpunkt stellen zu können, wie es erforderlich ist. Anders scheint das bei den verschiedenen Oracle-Veranstaltungen zu sein, wie etwa der Oracle Open World. Ziel ist es dabei, ein offenes Netzwerk anzubieten, bestehend aus Partnern und Unternehmen. Wenn die Kunden Teil dieser vernetzten Community werden, haben sie die Möglichkeit, auf ein breites Angebot an Online-Diensten und -Plattformen zurückzugreifen und sich darin zu verständigen. Außerdem wird eine eigene Großmesse in Berlin durchgeführt, wofür vier Messehallen gemietet wurden. Erwartet wurden 10 000 Besucher.

Nicht, dass an dieser Stelle ein falscher Eindruck entsteht: Die Autoren glauben nach wie vor an die Macht der Messe. Aber es ist dringender denn je geboten, jede Teilnahme sehr kritisch zu hinterfragen. In den vergangenen 35 Jahren hat sich die Zahl der Messen weltweit verdoppelt. Unternehmen können zur Zeit zwischen mehr als 10 000 Veranstaltungen auswählen. Da ist es zwangsläufig schwer, den Überblick zu behalten und die richtige Messe auszuwählen. Wo gibt es Überschneidungen zwischen den einzelnen Veranstaltungen? Wo trifft man die altbekannten Marktteilnehmer nur wieder, ohne zu wirklich neuen Ergebnissen oder Erkenntnissen zu kommen? Auf welcher Messe soll man ausstellen und auf welche kann verzichtet werden? Die Tragweite dieser Entscheidung ist nicht unerheblich, denn der Verzicht auf eine Teilnahme ist an zeitliche Fristen gekoppelt. So müssen Plätze auf hochkarätigen Messen bei den Messegesellschaften i. d. R. auf Jahre im voraus gebucht werden. Um so wichtiger sind nachvollziehbare Entscheidungskriterien für die richtige Auswahl der Messen. Ideen dazu finden Sie im nächsten Kapitel.

Spinnen wir gemeinsam den Gedanken weiter, dass wir uns für eine Messeteilnahme entschieden haben. Dann sind weitere Fragen zu stellen:

– Versetzen sich die Aussteller wirklich in die Gedankenwelt des Besuchers?
– Welche anderen Alternativen kommen für das Unternehmen sonst noch in Frage, um an die gewünschten Informationen zu gelangen?
– Wie kann man die Angebote in kurzer Zeit vergleichen?
– Welche Anstrengungen muss ein Besucher unternehmen, um auf eine Messe zu kommen? Welche Kosten muss er aufbringen und wie sieht die Belohnung für all diese Anstrengungen aus?

Uns scheint, diese Fragen können die meisten Aussteller nicht tief genug beantworten. Und uns scheint auch, dass es keine Messemüdigkeit gibt, sondern hier und da eine mangelnde Aufmerksamkeit für den Besucher. Dies aber abzustellen, ist die ureigenste Aufgabe des Ausstellers, der sich attraktiv aus der Sicht des Kunden und Noch-Nicht-Kunden zu präsentieren hat. Wenn er den Nutzen, den der Besucher erhalten kann, vorab und hinterher demonstriert, lautet die Antwort auf die Frage „Messemüdigkeit": Nein. (Allenfalls gibt es ein Überangebot!) Kein anderes Medium kann auf so breiter Basis, so konkret, dreidimensional, über das Produkt, über die Firma und über den Auftritt der Firma und über ihren Stil informieren. Das kann der Besucher unerkannt und unbeobachtet, das kann er im persönlichen Gespräch, das kann er im Dialog erfahren.

Die, die diese Attraktivität nicht vermitteln können, bleiben dann besser zu Hause:
– Weil sie sonst Gefahr laufen, ihre guten Kunden zu enttäuschen; denn entweder haben ihre guten Kunden sich schon lange ein gutes Bild von ihrem Unternehmen gemacht. Dann wird ein „normaler" Messestand das schwerlich überbieten können ...
– Oder sie machen das Ganze für ihre Nicht-so-guten-Kunden, die sich bisher ein nicht so gutes Bild von ihrem Unternehmen gemacht haben.

Damit überfordern sie aber die Funktion des normalen Messestandes: Selbst in ein paar Tagen kann er das Bild nicht grundlegend korrigieren, das in den Köpfen ihrer Nicht-so-guten-Kunden steckt (Bodo Rieger).

Attraktivität zu kommunizieren ist nicht leicht, weil das Hallen-Environment stört: Zu viel Lärm in der Halle, grauenhaftes Licht, Geruch von angebrannten Bratwürstchen ... Aber es ist die Pflicht des Ausstellers.

Immer mehr Firmen fragen inzwischen mutig nach dem konkreten Nutzen ihrer Beteiligung. In wirtschaftlich schwierigen Zeiten werden alle Tabus gebrochen. Es gibt keine heiligen Kühe mehr. Inzwischen nimmt sich selbst die Messeforschung des Themas an. Unternehmen, die genauer wissen wollen, was Messebeteiligungen bringen und wie sich der Erfolg systematisch steigern lässt, haben sich zur Interessengemeinschaft Messeforschung zusammengefunden. Schon 2000 hat sich daraus das Forschungsprojekt „Effizienzbewertung des Marketinginstrumentes Messe"

> Messemüde?

entwickelt. Es ist die Zusammenarbeit von Praktikern mit der Technischen Universität Chemnitz. Dennoch fehlt es immer noch an der Messbarkeit der Messeergebnisse bzw. der Effizienzbetrachtung des Budgets (in der Investitionsgüterindustrie sind das teilweise siebenstellige Beträge!). Kaum einer kann messbar ausdrücken, was eine Messe an Return on Investment (ROI) gebracht hat.

Die hohen Investitionen in Messen werden auch in Zeiten des Lean Management oder Reengineering immer noch nicht unter ROI-Aspekten betrachtet. Viele wissen, was eine Messe kostet, aber die wenigsten können die Frage konkret beantworten, was eine Messe bringt. Sie ist imagebildend. Hat PR Wirkung. Dient der Kundenbindung und dann ... wird es schwierig. *"Wie wollen Sie die Kundenkontakte und die PR-Effekte auf der Messe in Euro bewerten? Das ist wie mit der Werbung. Die Geschäftsanbahnung dauert bei uns bis zu einem Jahr, auf Messen können Sie keine Aufträge abschließen. Und nur die lassen sich messen."*

Die Frage nach dem ROI wird heute (2005) zwar gestellt, aber nicht beantwortet. Während die meisten Manager heute gewöhnt sind, einen Forecast für eine Periode - z. B. für ein Jahr - vorzulegen, der dann vierteljährlich korrigiert werden muss, finden sich solche unbequemen Vorgaben auf dem Gebiet der Messe selten. Sehr selten. Im Klartext: Es werden Millionen „verpulvert", ohne dass genau gesagt werden kann, wofür.

Noch etwas fällt dem kritischen Beobachter auf: Es wird - immer noch - sehr viel Arbeit in die Hardware, sprich in die oft monumentale Architektur, gesteckt. Teilweise wirken die Messestände wie ein biennales Kunstwerk oder wie Monumente mit preußischem Glanz und Gloria, in deren Mittelpunkt offensichtlich der Architekt stand. Und viele Produkte sind zu sehen. Präsentiert von versierten Fachleuten, überwiegend engagierten Technikern.

Aber behaupten nicht dennoch alle Aussteller, markt- und kundenorientiert zu sein? Steht nicht der (potenzielle) Kunde im Fadenkreuz aller Aktivitäten? Wohl nicht, wie Untersuchungen des Fachmagazins „absatzwirtschaft" und des „Handelsblatts" zeigen: Schon seit 1992 streiken die Besucher. Sie machen sich rarer und dokumentieren so neue Interessenschwerpunkte. Auch wenn dies ein vielleicht zu allgemeines Zitat ist, eines ist sicher: Die Besuchererwartungen müssen insgesamt stärker berücksichtigt werden.

Dazu werden sich die Aussteller in Zukunft auch stärker mit neuen Branchentrends (s. Abb. 04) von Messen auseinandersetzen müssen. Als Beispiel seien hier Veranstaltungen im Internet genannt, womit einige Messegesellschaften bereits werben. Dies sind keine Hirngespinste irgendwelcher Phantasten, was sich leicht begründen lässt: Die Wirtschaftsakteure haben immer weniger Zeit - Tendenz weiter steigend - und suchen deshalb nach neuen, Zeit sparenden Wegen der Kommunikation.

Messen im Internet helfen deutlich Zeit und Kosten sparen. Dies gilt vor allen Dingen für das internationale Business. Man wird sich nicht mehr auf Messen treffen müssen, um endlich mal die internationalen Kollegen und Kunden zu sehen. Da gibt es inzwischen andere Optionen wie z. B. Videokonferenzen. Wichtig ist viel mehr, sich ernsthaft mit messbaren Zielen und den Wünschen der Kunden auseinanderzusetzen. Dann ist gegen die traditionellen Messen kein Kraut gewachsen, da sie den faszinierenden Vorteil der persönlichen Kommunikation besitzen. Außerdem vermitteln sie den schnellen Überblick zu konzentrierten Märkten in konzentrierter Form.

Dreh- und Angelpunkt ist dabei immer noch die Kundenorientierung. Sie wird oft bemüht und in Anspruch genommen. Nur umgesetzt wird sie zögernd. Hier liegt es immer noch im Argen. „Unsere Kunden wollen doch Produkte sehen." Kundenbefragungen zeigen aber, dass Entscheider auf Messen Lösungen für ihre Probleme haben möchten und die meisten der ausgestellten Produkte - von Neuheiten einmal abgesehen - bereits kennen. „Der Kunde wil keinen Bohrer, der Kunde will ein Loch". „Der Kunde wil keine Gelenkwelle, sondern einen wirtschaftlichen Antrieb". Er wird es sich auch nicht mehr gefallen lassen, erst anlässlich einer Ausstellung von Neuheiten „überrascht" zu werden. Der gute alte Kunde erwartet Vorab-Informationen von seinem Lieferanten ... Pre-Announcement ist angesagt, Produkte allein auf Messen sind out. Basta! (Schröder)

Wachen wir aus dem Winterschlaf auf im neuen Jahrtausend. Messen haben natürlich ihre Berechtigung. Keine Frage. Weiterhin geprägt von Messeständen und in der Hauptsache von Menschen, die freundlich sind, oder eben auch nicht. Machen wir Messen messbar und berücksichtigen wir mehr die Kundenerwartungen. Dann macht es auch Sinn, sich neu mit dem Thema Messe auseinanderzusetzen. Ihr Produkt ist der Kunde!

Messen machen Spaß! Messen stellen für viele der Beteiligten eine interessante Abwechslung und eine Bereicherung ihres Tuns dar. Die deutschen Messeplätze haben das Potenzial, ihre dominierende Stellung im Waren- und Wirtschaftsverkehr zu behaupten und weiter auszubauen. Werden sie aber den veränderten Anforderungen und Herausforderungen des 21. Jahrhunderts nicht gerecht, setzen sie sich der Gefahr aus, zu den Dinosauriern des Informationszeitalters zu werden, denen in einer Zeit, in der Wissen und Informationen wichtiger sind als unbewegliche Messehallen, kaum Bedeutung mehr zukommt.

Eine Messe muss wirken
wie ein Kuss....
.... verführerisch, sinnlich und langfristig nachwirkend

Messemüde?

BRANCHENTRENDS IM UMFELD MESSEWESEN

Trend	Ursachen	Charakteristik	Auswirkung
Globalisierung	Immer mehr globale Märkte erzwingen globale Messen	⇒ Harter Standortkampf weltweit, Branchenzentrierung	Konzentration in der Branche, Übersee-Konkurrenz, Kompatibilität wird wichtig
Erlebniskultur	Hersteller kommen „Nicht mehr durch", Reize bei Verkaufsmessen sind zu schwach	⇒ Messehersteller werden zu Event-Dienstleistern mit Zielgruppen- und Choreographie-Knowhow, Messen werden zu „Lifestyle-Events"	Der klassische „Kulissenbauer" kommt in Turbulenzen, Konkurrenz zu PR- und allgemeinen Event-Agenturen
Virtualisierung	„Hardware" ist für flexiblen Einsatz und kurze Messen zu teuer	⇒ Elektronische Medien, leichte, „morphische" Materialien, „Recycling-Philosophie"	Messeunternehmen rücken immer näher an corporate design-Prozesse
Visionsunternehmen	Visionen werden als „Komplexitätslösungen" benötigt	⇒ Inszenierungsbedürfnis der Firmen steigt, „mystische" Aspekte werden wichtiger	Kreativitätsdruck! Kundenbindung wird enger
Rezessionskultur	Ökonomische Krise bringt Firmen zum Sparen	⇒ Schrumpfen des traditionellen Messemarktes	Traditionelle Mittelbetriebe geraten unter Druck
„Theming" oder „Product poetry"	Emotionalisierung von Produkten und events durch Themen	⇒ Immer mehr Messen bekommen Motti/ werden zu Ausstellungen mit Öffentlichkeitscharakter	Thematische Spezialisierung wird notwendig

Abb. 04 Branchentrends

FOKUS

1. Messen und ihr ROI werden im neuen Jahrtausend kritischer hinterfragt. Hier hat es sicherlich eine deutliche Entwicklung gegeben. Dennoch wird nicht konkret gemessen.
2. Der (potenzielle) Kunde steht trotz vieler Lippenbekenntnisse noch immer nicht im Mittelpunkt der messepolitischen Überlegungen, sondern die Firma, der Stand, die Produkte, also die Hardware.
3. Nicht die Besucher sind müde, sondern die Aussteller machen müde Messen. Das wird sich in der Zukunft ändern müssen, sollen aus Nicht-Interessierten (wieder) Besucher werden.
4. Es geht nicht mehr nur darum, die Messen richtig durchzuführen, sondern auch die richtigen Messen auszuwählen.
5. Man muss vom Weg abkommen, um nicht auf der Strecke zu bleiben.

Lohnen sich Messen?

Angesichts der zurzeit laufenden Diskussionen um den Nutzen von Messen könnte man sich zurücklehnen und darauf verweisen, dass darüber schon vor dreißig Jahren ergebnislos diskutiert worden ist. Aber die Sache ist ernster. Es häufen sich Untersuchungen, die nachzuweisen scheinen, dass Messen an Bedeutung verlieren. Zur Begründung wird immer wieder die fehlende Messbarkeit des Nutzens angeführt. Insofern ist es richtig, dass sich verschiedene Stellen, allen voran der AUMA, um Methoden zu Messung des Messe-Nutzens bemühen. Leider erweisen sich diese aber noch nicht überzeugend.

Nicht weniger aktuell ist das Problem der Nutzenmessung für Marketing Events. Auch hier wird noch gesucht. Und auch hier gibt es bislang keine überzeugende Lösung. Die Auftraggeber drehen an der Kostenschraube, indem sie ihr Heil im Präsentationswettbewerb suchen. Doch die Vergabe an den billigsten Anbieter garantiert nicht den höchsten Nutzen. Außerdem kosten die Pitches viel Geld.

Die Kosten-Nutzen-Diskussion hat bisher die Kongresse noch nicht erreicht. Doch kann davon ausgegangen werden, dass diese demnächst in den Fokus der Unternehmensberatungen und Forschungsinstitute geraten werden. Wie nämlich können Unternehmen und Verbände entscheiden, ob Kongresse ihren Mitarbeitern einen Nutzen bringen und die Kosten rechtfertigen? Wie kann man wissen, ob es sich lohnt, in der begleitenden Messe einen Stand zu besuchen. Das Denkschema ist das Gleiche wie bei Messen: Wenn für eine Kongress Teilnahme nicht ein Nutzen in Cent und Euro ausgewiesen werden kann, werden die Kosten Rechner und Controller rasch den Rotstift ansetzen.

Es ist also an der Zeit, auch hier darüber nachzudenken, wie die Effizienz gemessen werden kann."

Klaus Goschmann, 2004

II. Auswahl der richtigen Messen

Was sind schon große Zahlen? 800 oder mehr Besucher am Tag können alles oder auch eben „nichts" bedeuten, wenn es sich vor allem um Tüten sammelnde Messeflaneure handelt, die überdies Fachbesuchern den Weg zur Information versperren. Wenn Unternehmen mehrere Millionen Euro pro Jahr für diverse Messeteilnahmen ausgeben, in der Informationsbranche übrigens nicht selten, sind als Entscheidungshilfen einheitliche Beurteilungssysteme erforderlich (vgl. Abb. 5). Starten wir mit der Fragestellung: Sind Messen, und wenn welche (Abb. 7 + 8), überhaupt sinnvoll für Ihr Unternehmen? und konzentrieren wir uns dabei auf den vertrieblichen Blickwinkel. Damit vernachlässigen wir bewusst den Vergleich mit anderen kundenorientierten Marketingtools (PR-Arbeit, Werbung, Internet).

Messen sind ein Verkaufsförderungsinstrument, um eine Vertriebsstrategie umzusetzen. Sie sollen helfen, Produkte und Dienstleistungen an bestimmte Zielgruppen zu verkaufen. Als ein Meilenstein im Verkaufsprozess, nicht als Wiederholung eines Kundenkontakts, der ohnehin regelmäßig durch den Vertrieb erfolgt.

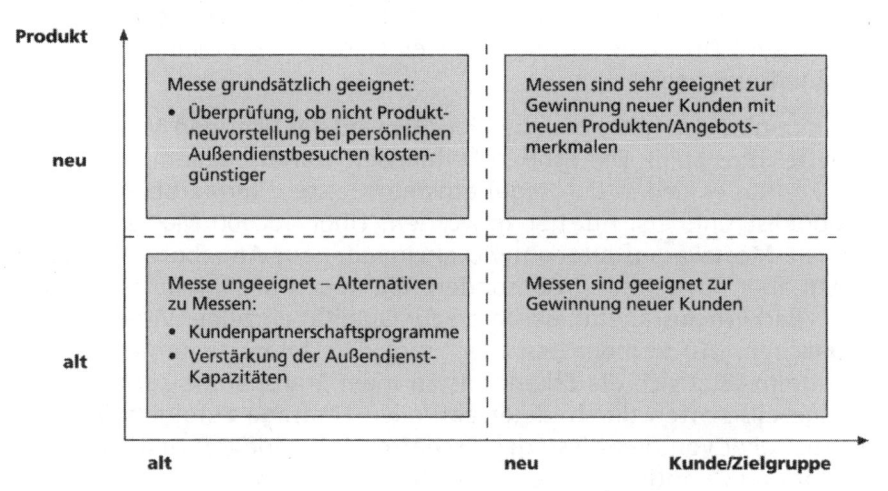

	Kunde/Zielgruppe alt	Kunde/Zielgruppe neu
Produkt neu	Messe grundsätzlich geeignet: • Überprüfung, ob nicht Produktneuvorstellung bei persönlichen Außendienstbesuchen kostengünstiger	Messen sind sehr geeignet zur Gewinnung neuer Kunden mit neuen Produkten/Angebotsmerkmalen
Produkt alt	Messe ungeeignet – Alternativen zu Messen: • Kundenpartnerschaftsprogramme • Verstärkung der Außendienst-Kapazitäten	Messen sind geeignet zur Gewinnung neuer Kunden

Abb. 05: Entscheidungsmatrix für oder gegen die Teilnahme an Messen

Doppelt hält nicht besser, sondern ist doppelt teuer! Verzichten Sie lieber auf eine Messeteilnahme, wenn Sie keine neuen Produkte bzw. Dienstleistungen für ihre Kunden haben oder keine neuen (vor allen Dingen internationalen) Märkte erschließen wollen. Stellen Sie bitte nicht nur aus, weil der Wettbewerb es auch tut. Handeln Sie konsequent. Es lohnt sich in Euro und Cent. Inwieweit Sie aus Image oder PR-Gründen dennoch teilnehmen wollen, ist eine Frage Ihrer Prioritäten und hängt wesentlich von der Kosten-/Nutzen-Relation im Vergleich zu anderen Alternativen ab (Opportunitätskosten). Aus unserer Erfahrung wird dieser Aspekt bei der Begründung für eine Messeteilnahme überschätzt und oft als Vorwand genutzt, um notwendige Verzichtsentscheidungen zu verzögern.

P Wie sieht es nun mit den guten alten Kunden aus, die Ihre Präsenz erwarten? Ganz einfach: Entwickeln Sie sinnvolle Alternativen. Denken Sie z. B. an das weiter oben beschriebene Kundenpartnerschaftsprogramm. Informieren und begründen Sie ihren Schritt rechtzeitig vor der Messe. Übrigens: Gerade für die Entscheidung „Messeteilnahme ja oder nein?" werden aussagefähige Daten und Fakten über den Verlauf (= Ergebnisse) der vergangenen Messen benötigt. Sonst wird wieder aus dem Bauch geurteilt. Meinungen stehen dann vor Fakten: „Alle unsere Kunden waren da und der Stand war vol „. Stimmt das? Wie viel Prozent pro Marktsegment waren tatsächlich anwesend und wie war die Qualität der Besucher? Was waren die Ergebnisse dieser Gespräche? Was sagen uns die Auswertungen von Besucherbefragungen zur Qualität der letztjährigen Messe? Welche Erkenntnisse können wir aus der Wettbewerbsbeobachtung ziehen? Wie viele Neukunden haben Sie gewonnen? Wenn Ihnen alle diese zwingend erforderlichen Informationen fehlen, verschieben Sie die Entscheidung lieber und konzentrieren sich auf das gezielte „Messen der nächsten Messe!" Die Überprüfung jeder einzelnen Messeteilnahme ist ein permanenter Prozess!

Vor einigen Jahren hatte man bei der Auswahl der richtigen Messen noch relativ leichtes Spiel. Die großen Leitmessen waren bekannt und kaum einer konnte es sich in der Regel ernsthaft leisten, fern zu bleiben. Das Angebot ist unübersichtlicher geworden. Über 10 000 Messen gibt es weltweit. Messeveranstalter entwickeln immer neue Angebote und Ideen, können aber nur selten - insbesondere die neuen Messen im asiatischen Raum - wirklich aussagefähige Daten zur Qualität einzelner Veranstaltungen machen. „10 % mehr Besucher" sagt dem Interessenten gar nichts. So langsam setzt sich die Erkenntnis zu mehr Transparenz auch bei den Messegesellschaften durch. Einer aktuellen Umfrage zufolge wünschen sich Aussteller von den Messegesellschaften folgende Informationen zur Qualität und Quantität der jeweiligen Veranstaltung:

Besucher:

- Entscheider/Meinungsbildner
- Techniker/Endverbraucher
- „Kunden von morgen"
- Neukunden

Auswahl der richtigen Messen

Besucher-Verhalten:

- Reichweite
- Dauer des Messe-Aufenthaltes
- Anzahl der Besuche

Aussteller-Verhalten:

- Anzahl Standpersonal
- Erwartungen/Zielsetzungen
- Messemarketing (Aktionspreise, Standbau, etc.)

Ergebnisse:

- Abschlüsse während/nach der Messe
- Anzahl der Besucher (insgesamt/nach Zielgruppen)
- Anzahl der Wertpapiere (Besuche nach der Messe, Aufträge nach der Messe innerhalb eines definierten Zeitraums)

Bisher reichen die verfügbaren Daten für eine seriöse Betrachtung immer noch nicht aus. Was sagen die Besucherzahlen dem Betrachter? Neben wir das Beispiel der CeBIT 2001. Hier wurde stolz verkündet: 8 100 Unternehmen aus 60 Ländern auf 422.109 qm Netto-Ausstellungsfläche in 26 Hallen begeisterten mehr als 750 000 Besucher. Stolze Zahlen, deren Aussagekraft für den Kunden (= Aussteller) stark eingeschränkt sind.

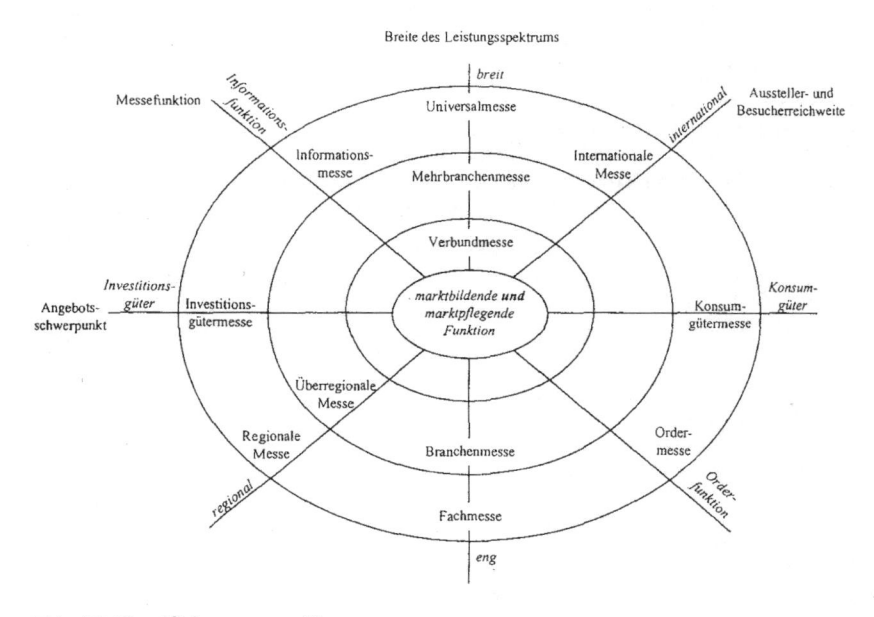

Abb. 06 Klassifizierung von Messen

> Messemüde?

Bedenkt man, dass die meisten Unternehmen heute individuelles Marketing betreiben und viel Geld für Customer-Relationship-Systeme ausgeben, wird das Defizit deutlich. Eng abgesteckte Marktsegmente erfordern von den Messegesellschaften segmentspezifische Besucheranalyse, Reichweitenuntersuchungen etc. In Zukunft wird der Wettbewerb um Besucher mehr qualitätsorientiert sein. Nicht die höchste Besucherzahl wird ausschlaggebend sein. Wichtige Basisinformationen für eine Messebeteiligung liefert der standardisierte Besucherstrukturtest der FKM. Er informiert über Besuchshäufigkeit, Aufenthaltsdauer, Entscheidungskompetenz, Aufgaben und Unternehmensgröße. Messegesellschaften geben inzwischen Informationen zum Ziel des Besuches und zu den Informationsquellen des Besuches. So hat der Ausstellungs- und Messe-Ausschuss der Deutschen Wirtschaft e.V. (AUMA) für den Messeplatz Deutschland insgesamt mehr als 150 000 Interviews durch das Emnid-Institut auswerten lassen, um ein Überblick über die Besucherqualität geben zu können. Ein richtiger und professioneller Ansatz.

Es tut sich etwas! Seit der 1. Auflage sogar Erstaunliches. Durchaus konsequent. Alle Achtung. Aber das reicht noch nicht aus. Konzentrieren wir uns folgerichtig auf die Möglichkeiten, die die Unternehmen selber haben, um aus den unzähligen Messen, Foren und Veranstaltungen die richtigen auszuwählen.

Die Orientierung an Wettbewerbern hilft dabei nicht viel, denn diese sind genauso ratlos. In Zeiten „fetter" Budgets machte eine Messe mehr oder weniger keinen unruhig. „Schau'n wir mal, und wenn die Veranstaltung nicht unseren Erwartungen entspricht, bleiben wir halt mal beim nächsten Mal wieder weg." Diese Unbekümmertheit bei der Auswahl von Messen kann sich heute keiner mehr leisten. Nachvollziehbare Entscheidungen und der ROI sind gefragt.

Dazu gilt es die drei Kriterien Kosten, Nutzen und externe Messe-Qualitätsfaktoren weiter aufzuschlüsseln. 1. Step. Checkliste 1 gibt Ihnen dazu erste Anhaltspunkte. In einem 2. Step müssen die einzelnen Kriterien nach ihrer Bedeutung für das Unternehmen mit Prioritäten versehen werden.

Auswahl der richtigen Messen

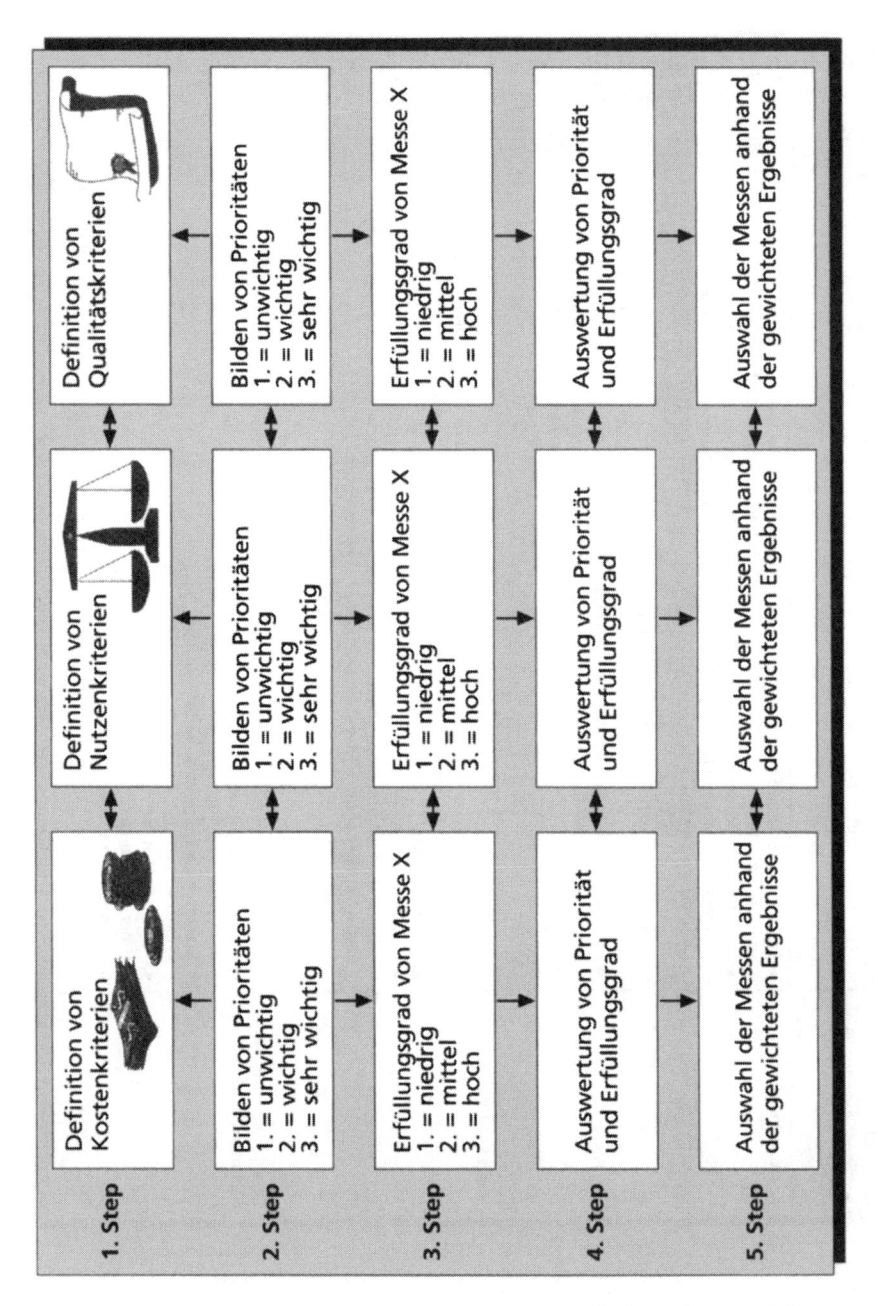

	1. Step	2. Step	3. Step	4. Step	5. Step
	Definition von Kostenkriterien	Bilden von Prioritäten 1. = unwichtig 2. = wichtig 3. = sehr wichtig	Erfüllungsgrad von Messe X 1. = niedrig 2. = mittel 3. = hoch	Auswertung von Priorität und Erfüllungsgrad	Auswahl der Messen anhand der gewichteten Ergebnisse
	Definition von Nutzenkriterien	Bilden von Prioritäten 1. = unwichtig 2. = wichtig 3. = sehr wichtig	Erfüllungsgrad von Messe X 1. = niedrig 2. = mittel 3. = hoch	Auswertung von Priorität und Erfüllungsgrad	Auswahl der Messen anhand der gewichteten Ergebnisse
	Definition von Qualitätskriterien	Bilden von Prioritäten 1. = unwichtig 2. = wichtig 3. = sehr wichtig	Erfüllungsgrad von Messe X 1. = niedrig 2. = mittel 3. = hoch	Auswertung von Priorität und Erfüllungsgrad	Auswahl der Messen anhand der gewichteten Ergebnisse

Abb. 07 Ablauf für die Bewertung von Messen   „Messen sind zum Messen da"

Messemüde?

Checkliste 1: Ausgewählte Bewertungskriterien für die Auswahl von Messen

Strategische Bewertungskriterien hinsichtlich Vertriebs- und Servicekonzeption	Bewertungskriterien	Messgrößen
Kostenminimierung	• Kosten pro Messe und Veranstaltung (inkl. Vor- und Nachbereitung) • Kosten pro qualifizierten Kontakt (nach Kundensegment, Mandanten, Noch-Nicht-Kunden = Opportunitätskosten) • Kosten pro qm Standfläche/pro Fachgespräch (etc.) • Informationskosten für Markttransparenz (Kundenbefragung, Wettbewerbsbeobachtungen, etc.)	• Gesamte Kosten (verursachungsgerecht) der Messen und Veranstaltungen • Gesamtkosten der Messe/Veranstaltung in Relation zu verursachten Kosten durch Anzahl der Besucher; Kundensegment, Noch-Nicht-Kundensegmente, Mandantensegmente etc. • Gesamtkosten in Relation zur Standfläche/Anzahl der Besuche • Verursachungsbezogene Kosten für Wettbewerbsbeobachtung, Kundenbefragung, AFA (After fair actions)
Nutzenoptimierung	**ökonomisch** • Potenzialausschöpfung bei Kundensegmenten bzw. Noch-Nicht-Kundensegmenten **außerökonomisch** • PR-Wirkung • Qualität der Marktforschung (Wettbewerbsbeobachtung/Kunden-/Noch-Nicht-Kundenbefragung • Werbewirkung	• Zurechenbarer Umsatz/Deckungsbeitrag pro Kunde/Noch-Nicht-Kunde/Segment • Imagebefragung • Kunden/Noch-Nicht-Kundenbefragung • Befragung
Qualitätsorientierung (Rahmenbedingungen)	• Gesamte Besucherzahl • Besucher-/Zielgruppenstrucktur • Reichweite/Einzugsgebiet • Markttransparenz (Wettbewerber, Aussteller, Kogresse, Veranstaltungen) • Termin/Datum der Messen/Veranstaltungen (Überschneidungen?) • Internationalität	Unterlagen Messeveranstaltung, AUMA; eigene Erhebung • Messeplaner • Aussteller • Teilnahme von Politikern, Funk, TV, Presse etc.

Auswahl der richtigen Messen

Der 3. Step ermittelt die Ausprägung einzelner Messen hinsichtlich der aufgestellten Kriterien. Multipliziert man nun den Erfüllungsgrad mit den Prioritäten, ergibt sich ein nachvollziehbarer Vergleichsmaßstab pro Veranstaltung 4. Step. Alle geplanten Messeteilnahmen eines Ausstellers sollten mit Hilfe dieser Vorgehensweise - zunächst einmal grob - analysiert werden.

Der Leser wird sich vielleicht an dieser Stelle „stirnrunzelnd" die Frage stellen: „Wie sind die oben eingeforderten Daten zu beschaffen?" Gehen Sie pragmatisch vor und verschaffen Sie sich zunächst alle im Unternehmen verfügbaren Daten (vgl. hierzu die diversen Checklisten).

Grundsätzlich sind die Voraussetzungen denkbar einfach: Gemeinsam mit der renommierten Zeitschrift impulse haben die Autoren Bausteine entwickelt, um pragmatisch die Qualität der Besucher zu ermitteln (vgl. Abb. 9 bis 12). Voraussetzung für die richtige Handhabung sind allerdings klarere messbare Messeziele, worauf wir im weiteren Verlauf noch eingehen werden.

Ebenso reicht es schon aus, die Überschneidungen zwischen einzelnen Veranstaltungen zu definieren oder die Adäquanz für die diversen Marktsegmente zu identifizieren. Wenn nicht (und wir sind Realisten), sollten Sie sofort bei der nächsten Messe konsequent messen und erfassen. Es steht viel Geld auf dem Spiel! Lassen Sie über Ihren Vertrieb rechtzeitig in Erfahrung bringen, ob die wichtigsten Kunden und Zielgruppen planen, die Messe beim nächsten Mal wieder zu besuchen. Das gibt Ihnen immer noch keine Sicherheit, aber ein gutes Gefühl.

Baustein 1: Streuverluste berechnen

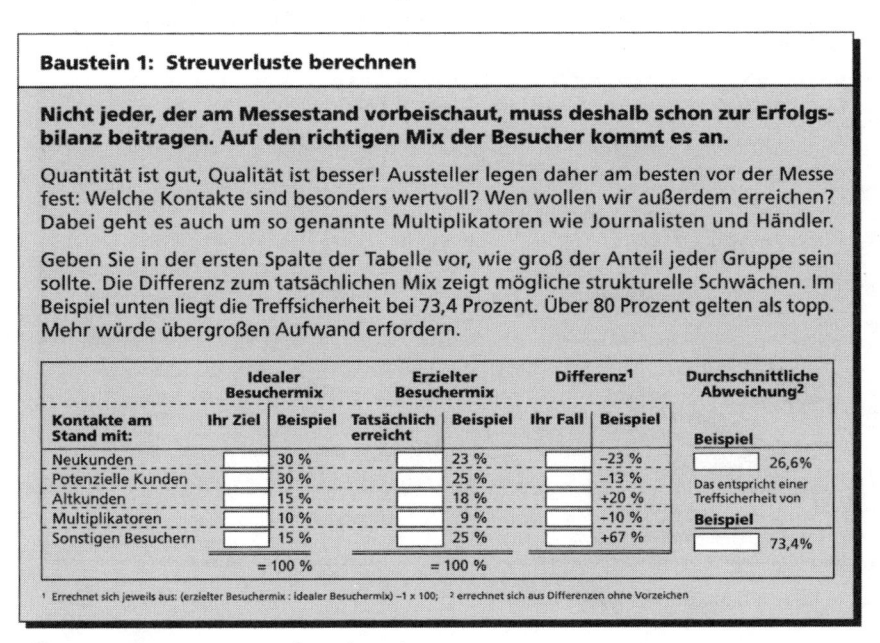

Nicht jeder, der am Messestand vorbeischaut, muss deshalb schon zur Erfolgsbilanz beitragen. Auf den richtigen Mix der Besucher kommt es an.

Quantität ist gut, Qualität ist besser! Aussteller legen daher am besten vor der Messe fest: Welche Kontakte sind besonders wertvoll? Wen wollen wir außerdem erreichen? Dabei geht es auch um so genannte Multiplikatoren wie Journalisten und Händler.

Geben Sie in der ersten Spalte der Tabelle vor, wie groß der Anteil jeder Gruppe sein sollte. Die Differenz zum tatsächlichen Mix zeigt mögliche strukturelle Schwächen. Im Beispiel unten liegt die Treffsicherheit bei 73,4 Prozent. Über 80 Prozent gelten als topp. Mehr würde übergroßen Aufwand erfordern.

Kontakte am Stand mit:	Idealer Besuchermix		Erzielter Besuchermix		Differenz[1]		Durchschnittliche Abweichung[2]
	Ihr Ziel	Beispiel	Tatsächlich erreicht	Beispiel	Ihr Fall	Beispiel	Beispiel
Neukunden		30 %		23 %		-23 %	26,6 %
Potenzielle Kunden		30 %		25 %		-13 %	Das entspricht einer Treffsicherheit von
Altkunden		15 %		18 %		+20 %	
Multiplikatoren		10 %		9 %		-10 %	**Beispiel**
Sonstigen Besuchern		15 %		25 %		+67 %	73,4 %
		= 100 %		= 100 %			

[1] Errechnet sich jeweils aus: (erzielter Besuchermix : idealer Besuchermix) −1 x 100; [2] errechnet sich aus Differenzen ohne Vorzeichen

Abb. 09 Baustein 1- Streuverluste berechnen

Baustein 2: Image-Effekte

Auch bei Veröffentlichungen über Exponate, Aussteller oder Events gilt es, zunächst zu gewichten und auf dieser Basis das Erreichte zu bewerten.

Medienberichte steigern die Wirkung von Messeauftritten enorm. Doch auch hier kommt es vor allem darauf an, die richtigen Leute zu erreichen. Ein umfangreicher Artikel in der Lokalpresse „bringt" meist weniger als eine Meldung im Fachmagazin der Branche. Am besten gewichten Sie die Medien zunächst. So können Sie, wie bei der Besucherwertung, Ihren idealen Mix vorgeben und dann das Ergebnis daran messen. Im Beispielfall unten übersteigt der tatsächliche Anteil der Berichte in lokalen Printmedien die Zielmarke um 220 Prozent. Dagegen liegt die Resonanz in überregionalen Medien 56 Prozent niedriger als gewünscht.

Berichte in:	Idealer Mix		Erzielter Mix		Differenz[1]	
	Ihr Ziel	Beispiel	Ihr Fall	Beispiel	Ihr Fall	Beispiel
Lokale Printmedien		10%		32%		+220%
Lokalen TV-/Radio-Stationen		10%		5%		-50%
Überregionalen Medien		25%		11%		-56%
Fachzeitungen		20%		28%		+40%
Fachmagazinen		35%		24%		-31%
	= 100%		= 100%			

[1]Errechnet sich jeweils aus: (erzielter Besuchermix : idealer Besuchermix) – 1 x 100

Abb. 10 Baustein 2: Image-Effekt

Baustein 3: Kontaktkosten bilanzieren

Messen stehen in direkter Konkurrenz zu anderen Vertriebs-Marketinginstrumenten. Den Ausschlag gibt das Verhältnis von Kosten zu Umsatz.

Ein Messetreff mit Altkunden sollte nicht mehr kosten als ein Außendienstbesuch – etwa 250 bis 350 Euro, so ein grober Durchschnittswert. Bei Neukunden darf der Aufwand höher sein.

① Man bildet zunächst Kategorien und gewichtet sie anhand von Punktwerten, mit denen jeweils die Anzahl der Besucher multipliziert wird.

② Dann teilt man die Messekosten durch die Summe aller erreichten Punkte. Das ergibt die Kosten pro Punkt (im Beispiel 214,43 Euro).

③ Hieraus errechnen sich die Kontaktkosten pro Besucherkategorie. Im Beispiel kostet dann ein Neukunde 857,75 Euro.

① Kontakte am Stand mit:	Kontaktwert in Punkten: Ihr Ziel	Kontaktwert in Punkten: Beispiel		Zahl der Besucher: Ihr Fall	Zahl der Besucher: Beispiel		Ergebnis[1]: Ihr Fall	Ergebnis[1]: Beispiel	② Kontaktkosten[2] pro Besucher: Ihr Fall	Kontaktkosten[2] pro Besucher: Beispiel
Neukunden		4	×		188	=		752		857,75
Potenzielle Kunden		3	×		78	=		234		643,31
Altkunden		2	×		141	=		282		428,87
Sonstige Besuchern		1	×		131	=		131		214,43
						=		= 1399		

③ Messekosten	Beispiel	Gesamtpunkte	Beispiel	Euro/Punkt	Beispiel
	300000 Euro /		1399 Pkt. =		214,43

[1] in Kontaktwert × Besucher, [2] Euro, Kontaktwert × Euro/Punkt

Abb. 11 Baustein 3: Kontaktkosten bilanzieren

Auswahl der richtigen Messen

	gering	hoch
hoch	Wirtschaftlichkeitsprüfung mit dem Vertragspartner	Virtuelles Angebot
gering	Tendenziell kein virtuelles Angebot	„Nice to have"

Relevanz der Leistung für die Messeteilnahme (vertikale Achse)

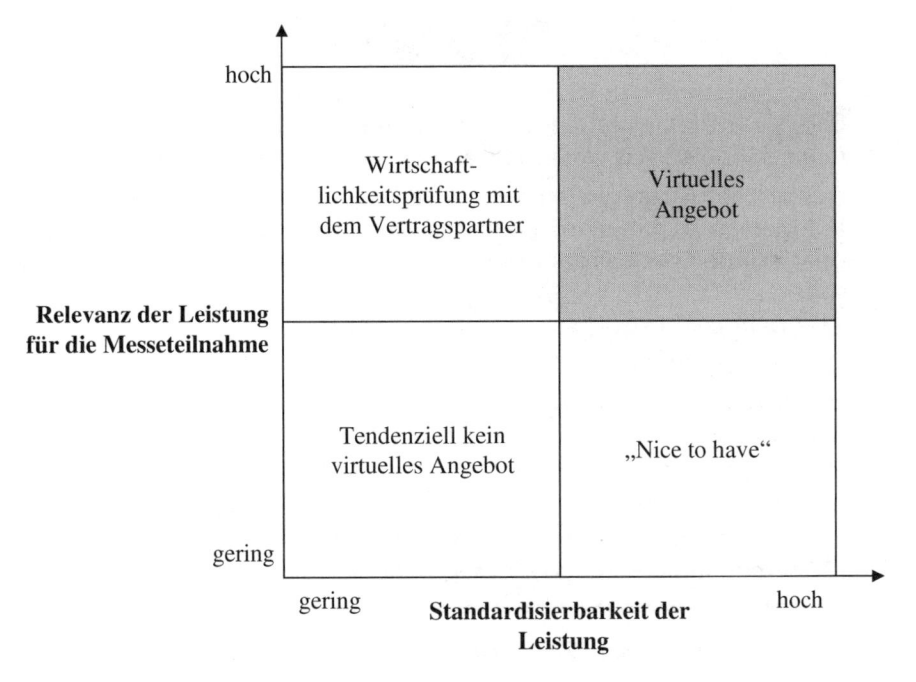

Standardisierbarkeit der Leistung (horizontale Achse)

Abb. 12 (Baustein 4) Relevanz der Leistung für die Messeteilnahme

Dieses Vorgehen beantwortet wiederum noch nicht die Frage, wie neue, bisher noch nicht beschickte Messen eingeschätzt werden können. Hier gibt es sicherlich keinen „Königsweg", solange die Messegesellschaften noch zu wenige qualitative Daten zur Verfügung stellen. Fragen Sie bei Veranstaltern, "befreundeten" Wettbewerbern, Medien oder auch Kunden mindestens die in Checkliste 1 aufgestellten Qualitäts-Faktoren ab.

| Messemüde? |

> **FOKUS**
>
> 1. Messeteilnahmen müssen wesentlich kritischer hinterfragt werden. Sie dürfen nicht länger Selbstläufer sein. Sentimentalitäten („wir gehen da seit vielen Jahren hin") sind fehl am Platz!
> 2. Aus vertriebsstrategischer Sicht ist es grundsätzlich nur sinnvoll, auf Messen zu gehen, wenn neue Märkte erschlossen werden und/oder Kunden neue Produkte/Angebotsmerkmale kennen lernen sollen.
> 3. Alternativen zu Messen sind z. B. gezielte Kundenpartnerschaftsprogramme.
> 4. Die richtige Auswahl einzelner Messen hängt wiederum entscheidend davon ab, inwieweit die für das Unternehmen relevanten Marktsegmente (mit welchen Kosten) erreicht werden können.
> 5. Da Messegesellschaften zur Zeit noch zu wenig aussagefähige Informationen anbieten, müssen die Unternehmen selbst ihre Messeteilnahmen regelmäßig segmentspezifisch messen

Messen sind Zeitgeist in der dichtesten Form

Sidestep

Messe - eine kritische Betrachtung

Warum eigentlich sich mit Messe noch einmal auseinander setzen; mit einem Marketingtool - wie wir das heute nennen - das es seit Hunderten von Jahren gibt?

Messen lassen sich in größerer Zahl seit dem 11. Jahrhundert in der Champagne nachweisen, wo sich Kaufleute aus Mitteleuropa zum Handeln trafen. In Deutschland lassen sich die ältesten Messen ebenfalls auf das Mittelalter zurück führen, denn Frankfurt am Main hatte seit 1240 eine eigene Herbstmesse, Die Möglichkeiten dieses renommierten Marketing-Instrumentes müssten bekannt und zumindest heute hinreichend ausgeschöpft sein. Gerade in Deutschland. In keinem anderen Land haben Messen einen so hohen Stellenwert. Über 5 Milliarden DM (5.000.000.000 !) werden jährlich dafür ausgegeben.

Erfahrungen aus der Praxis belehren uns allerdings eines Besseren:

Tatsächlich sind die Messen von den dafür verantwortlichen Abteilungen recht gut vorbereitet, auch wenn sich häufig inzwischen eine gewisse kreativitätshemmende Routine eingeschlichen hat. „Alles schon einmal gemacht". Aber es gibt durchaus Abstimmungsprobleme zwischen Marketing & Verkauf. Das bewegt sich aus Sicht vieler Unternehmen im üblichen Rahmen.

Auch der eigentliche Messeauftritt ist wohl geplant und läuft routinemäßig ab. Natürlich ist das Standpersonal nach dem dritten Messetag genervt, aber mit der vorhandenen Erfahrung lässt sich vieles kompensieren. Und die meisten Kunden haben wohl auch Verständnis dafür. Bis jetzt.

Nur mit dem systematischen Follow-up, da hapert es im Allgemeinen. Das wissen auch die Unternehmen und leben damit.

Warum eigentlich?

Die Antwort gibt dieses Fachbuch:

Messen - eine aktuelle Betrachtung

„Wissen hält nicht langer als Fisch" (Auf dem Land)
alfred north whitehead in der ZEIT vom 08.06.00

Ich weiß zwar nicht, wer Alfred Whitehead ist, aber ich finde, er hat Recht.

Die pointierte Metapher ist auch der Grund für dieses Kapitel:

Natürlich kennen Sie sich mit Messen aus, aber die Welt ändert sich immer hektischer und das verlangt auch von uns Änderungen - die wir eigentlich „hassen".

Da die Produkte und Dienstleistungen immer homogener werden, kommt es immer mehr auf marginale Kleinigkeiten an. Vielleicht vergleichen Sie das mit dem Hochleistungssport, Die ersten 10 Spitzensportler sind ohne Zweifel alle fantastisch. Ihre Leistungen liegen nur Hundertstel Sekunden auseinander - wenn überhaupt - aber sprechen tut die Fachwelt nur von den Medaillengewinnern. Und das sind immerhin drei. Im Business gewinnt oft nur einer, will sagen, dort ist der Kampf noch sportlicher oder besser und noch brutaler.

Einer dieser kleinen Unterschiede liegt in der emotionalen Präsentation ihres Produktes oder Ihrer Dienstleistung. Das ist die Geburtsstunde des Event.

Und noch eines vorab:

Natürlich bleibt ein Buch immer in der Theorie „stecken". In der Praxis will alles erprobt sein. Fahrrad fahren kann man schließlich auch nicht im Klassenraum lernen.

Eine Garantie, dass dieses Buch Ihnen hilft, ist die hohe Praxiserfahrung der Autoren bei all ihrem theoretischen Background.

Messen - in USA

Ein Ausblick auf das Marketing-Mekka USA - weil die Frage oft gestellt wird.

> Messemüde?

In Amerika ist das Hauptproblem die unberechenbare rechtliche Situation und die sich daraus ergebenden hohen Anwaltskosten. Das sind wesentliche Zugangsbarrieren für Europäer.

Die Messen generell sind aus Ausstellersicht viel kommerzieller ausgerichtet, d.h. die Werbung vor Ort ist durchaus aggressiv, auf der Messe, in Katalogen etc. Wie Sie wissen, ist in Amerika das Datenschutzgesetz lange nicht so streng und somit ist es viel einfacher die Zielgruppe personifiziert zu erreichen.

Die Kosten sind verglichen mit europäischen Kosten höher, vor allen Dingen wegen des Gewerkschaftssystems.

Der Markt ist hart umkämpft und zwar weltweit von allen Messegesellschaften. Eine Besonderheit in Amerika ist noch, dass die Verbände und multinationale Verlagshäuser mit erheblichem Kapital die Veranstaltung ausstatten, denn für die Verbände sind die Messen die wichtigsten Umsatzträger. Und nicht etwa die Mitgliedsbeiträge. Typisch amerikanisch werden „Packages" angeboten und zwar für die Mitglieder bis zu 50 % billiger bei durchaus besserer Platzierung,

Für europäische Firmen ein weiteres Handicap.

Geht man mit kritischem Blick über amerikanische Messen, ganz egal welche, kann man die Aversion der Designer nachvollziehen: Beispiele von geglückter Standkonzeption im System-Messebau sind selten. Dafür trifft man so häufig auf die bekannten Einheitskojen, im Branchenjargon „Hasenställe" genannt, aus denen heraus die Standbesatzung wie hypnotisierte und traurige Kaninchen die Vorübergehenden anstarren.

Natürlich finden auch in den USA Messen im „interkulturellen Niemandsland" statt. Das heißt, es ist ein Ort, der sich überall und nirgends befinden kann.

Internationale Flughäfen sind ein anderes typisches Beispiel.

Auf solchen Orten wohnt man im lokalen Haus einer internationalen Hotelkette, findet sich in der Logik des Messeaufbaus ohne weiteres zurecht, nachdem man die internationalen Hinweise studiert hat.

Einzig der Taxifahrer mag etwas Lokalkolorit verkörpern.

Deutlich ist allerdings in Amerika zu spüren - übrigens auch im asiatischen Raum - das so genannte „Symbolic Selling". Der Kunde wird zum Co-Produzent und/oder „Customer Integrated Marketing." Der Kunde wird langfristig in die Produktentwicklung einbezogen. Während wir in Deutschland es mehr mit der Soft Selling Methode halten, worunter wir (die fälschlich so genannte) Kundenbindung verstehen. Wissen Sie, der Kunde ist heute ein Moving Target und lässt sich bei Gott nicht mehr binden.

Der hybride Kunde hat sich längst aus der Uniformität des Marketings verabschiedet.
Punkt.

Messen - im europäischen Vergleich

Haben Messen (noch) ihren bewährten Standort im Marketing-Mix zur Zukunftssicherung des Unternehmens in Europa behauptet „Noch" in Klammern heißt: Wo die Entwicklungen im Zeitalter des Internets hingehen wird, wissen die Auguren auch nicht. Wir meinen, beide Medien werden sich ideal ergänzen, wenn es denn richtig gemacht ist............
Und da hapert es schon:

- Weshalb nimmt ein Unternehmen an dieser Messe wo in Europa teil? (Immerhin steht dieses Medium in Konkurrenz zu anderen Vertriebsmedien, wie z.b. den Außendienst, Vertretungen, Anzeigen, TV-Werbung, T-Online, etc.)
- Auf welchen Messen, in welchem Land, soll das Unternehmen sich wie in den nächsten Jahren präsentieren? Denn die großen (privaten) kontinental-europäischen Veranstalter machen auf diesem Gebiet deutliche Fortschritte.
Dass die Frage nicht einfach zu beantworten ist, wissen wir auch, aber sie muss gestellt werden, so wie insbesondere die nächste Frage
- Was kostet mich die Teilnahme in Paris, Mailand - um aus deutscher Sicht die „teuersten" zu nennen -? Wie hoch wird der Return on Investment (ROI) sein?
- Wie lässt sich der Erfolg und selbstverständlich auch der Misserfolg messen?
If you can't measure it, you can't manage it - heißt ein bekannter Manager- Grundsatz. Natürlich wissen wir aus unserer Lebens- und Berufserfahrung, dass wir diese Ziele nicht punktgenau erreichen werden. Sondern wir werden Abweichungen feststellen, ein Delta, das uns Lerneffekte bringt: Warum gab es diese Abweichungen? Was lernen wir daraus etc.
- Wie sichern wir das Follow-up bis zur nächsten Messe besonders mit ausländischen Vertretungen?
Immer wieder die Schwachstelle.

Messen - aus deutscher Sicht

Deutschland ist immer noch mit 100 bis 150 weltweiten Leitmessen das Messeland Nummer 1. Doch das Mutterland aller Messen ist heute keine Messe-Insel mehr. In den zurückliegenden Jahren hat der Messeplatz D weltweit Marktanteile verloren. Also: Wer auch zukünftig in der Champions League des internationalen Messewesens ganz oben mitspielen will,

> Messemüde?

wird nicht umhin kommen, sich den Herausforderungen des Marktes zu stellen.

Denn

- ✓ Es bilden sich neue asiatisch-pazifische Gravitationszentren. (Längst werden innerhalb Asiens mehr Waren hin und her gehandelt als in der alten Welt)
- ✓ Der Wettbewerbsdruck innerhalb des internationalen Messegeschäfts verschärft sich durch Marktantritt neuer Konkurrenten.
- ✓ Im Zeitalter der multimedialen Kommunikation verstärkt sich der Druck.
- ✓ Durch die gestiegene Erwartungshaltung der Kunden verlangt der Aussteller eine weitere Präzisierung der Zielgruppen von den Veranstaltern.
- ✓ Mit steigender internationaler Arbeitsteilung wächst der Bedarf an Messen.
- ✓ Wir entwickeln uns immer mehr von Order-Messe weg zur Kommunikations-, Problemlösungs- und Präsentationsbörse, d.h. weg von der Mega-Branchen-Messe hin zur Spezialmesse.

Die deutschen Messeplätze bieten derzeit rund 20% der weltweit verfügbaren Hallenkapazitäten.

Diese Messezentren verlangen nach neuen Konzepten, denn zwischen den 4 oder 5 Großveranstaltungen ist die Auslastung der Hallen an vielen Messeplätzen doch sehr bescheiden. Das wird wohl dazu führen, dass über Partnerschaften auch zwischen unmittelbar konkurrierenden Unternehmen nachgedacht werden muss. So wie Kresse (AUMA) es ausdrückte:

„Wir brauchen professionelles Gattungsmarketing in der integrierten Marketing-Kommunikation um uns weiter zu profilieren."

„In Zukunft geht es für die Messegesellschaften auch um Geschäftsfelder jenseits der Quadratmeter.

In das gleiche Horn stößt Prof. Klaus E. Goehrmanm - EXPOdata 6/7.2000

Dass allerdings das vorhandene Potential des Messe Mediums immer viel zu wenig genutzt wird, liegt auch daran, dass dieser Marktauftritt in der Regel nicht von perspektivisch orientierten Generalisten organisiert wird. Sondern von „Spezialisten", denen es im Allgemeinen um eher kurzfristige Ziele geht.

Die Situation - generell in der Gesellschaft

Genuss-, Erlebnis- und Freizeitorientierung - diese Schlagworte charakterisieren unsere Gesellschaft. Sie sind Spiegel des Wertewandels, die zunehmende Kommunikationsflut, die Austauschbarkeit der Produkte

Auswahl der richtigen Messen

und Dienstleistungen, die Segmentierung der Märkte, haben u.a. die Rahmenbedingungen des klassischen Marketings verändert.

Dieser Wertewandel ist keine Modeerscheinung, sondern viel mehr ein Dauerprozess, der die Menschheit durch die Geschichte begleitet. Wenn sich diese Werte verändern, so (/ gilt es, sich auf diese veränderten Bedürfnisse einzustellen, will man weiter erfolgreich bleiben. (Messen kommen noch zu traditionell daher)

Während früher materielle oder physische Sicherheit im Vordergrund standen, verstärkt sich heute der Wunsch nach den schönen Dingen des Lebens und es wird immer mehr Wert auf das individuelle Wohlergehen und Events gelegt. Durch diesen Wandel verändern sich vor allem bei jüngeren Konsumenten Einstellung gegenüber Marken und Markenkommunikation, die ältere Generationen mehr und mehr adaptieren.

Die Konsumgesellschaft splittet sich in eine Vielzahl von Zielgruppen auf. Man spricht von einer Fragmentierung der Märkte und ein dementsprechendes hybrides Käuferverhalten, d.h man legt Markentreue ad acta.

Durch das enorme Informationsangebot kommt es zu einer Informationsangebot. Diese Informationsflut wird immer stärker zum Engpass der Wirksamkeit der klassischen Werbung. Die Zahl der Medien nimmt zu. Mittlerweile gibt es mehr als 400 Tageszeitschriften, ca. 600 Publikumszeitschriften und fast 8.000 Fachzeitschriften. Das Angebot bei den elektronischen Medien explodiert geradezu. Der Werbedruck im Fernsehen nimmt zu. Gleichzeitig legt der Konsument sich ein Low Involvement zu, d.h. seine persönliche Betroffenheit nimmt ab.

Das Ergebnis ist, dass der klassische Produktwettbewerb heute durch einen Kommunikationswettbewerb ergänzt werden muss. D.h., die Kommunikationsinstrumente müssen vernetzt eingesetzt werden. Und der rote Faden, das Kommunikationsziel, muss beim Einsatz jedes einzelnen Instrumentes, also sei es Messe oder Event, klar sichtbar sein.

In der Praxis fehlt es an dieser Stringenz.

Die Situation - speziell auf Messen

Wir haben über 200 Firmen bei ihrem Messeauftritt beraten und kaum eine Firma gefunden, die einen quantitativen und/oder qualitativen Maßstab von der Geschäftsleitung oder von der Marketingleitung vorgegeben hat.

Natürlich weiß man das Unternehmen, dass die direkten und indirekten Kosten einer Messebeteiligung „zu hoch" sind. Was mag das heißen ? „Nicht zu unterschätzen ist natürlich auch der PR-Effekt. Erfolgsmessung?

> Messemüde?

Muss sein! Aber ist schwierig. Dennoch wollen wir nicht auf die Messeteilnahme verzichten."

„Lippenbekenntnisse statt Präzision"
Heinz Goldmann, Managementberater Genf

Dieses Fachbuch dient dazu, Ihnen einen Erfolgspfad für Ihr Messeaktionsprogramm aufzuzeichnen. Aus der Praxis für die Praxis. Tatsache ist und den Unternehmen ins Buch geschrieben:

Nicht die Besucher sind müde, sondern die Aussteller machen müde Messen.

Unerlässlich bleibt - und wir wiederholen das wie eine Gebetsmühle - dass die marketing-politische Grundsatzentscheidung zunächst einmal gefunden werden muss. D.h. wir gehen selbstverständlich von der unternehmerischen Zielsetzung aus, leiten daraus die Marketing- und Vertriebskonzeption ab. Aus dieser Ableitung ergibt sich dann das messbare Messeaktionsprogramm hinsichtlich der definierten Unternehmensziele, wie z.B. Gewinnmaximierung, Wachstum, Imageförderung etc. Heruntergebrochen für die einzelnen Gruppen und für die Parameter Umsatz, Deckungsbeitrag, Menge, Preis. Und aus all dem ergibt sich dann eine konkrete Kommunikationsstrategie und daraus abgeleitet die Messeziele für diese Messe und zwar inklusive Follow-up - wie gesagt - bis zum nächsten Messeauftritt. Eine Seltenheit.

Bitte nehmen Sie das wörtlich.

Die Situation - in Zukunft

Wir meinen, es ist plausibel anzunehmen, dass sich immer mehr Messebesucher angesichts des wachsenden elektronischen Informationsangebotes fragen werden, ob es noch sinnvoll sei, den hohen finanziellen und vor allen Dingen zeitlichen Aufwand in Kauf zu nehmen, eine Messe zu persönlich besuchen. Solche Informationen kann sich der Interessent doch viel komfortabler und immer vom Arbeitsplatz recherchieren.

Umgekehrt könnten sich die Aussteller auch fragen, ob sie sich die Messeaufwendungen sparen könnten, um stattdessen professionelle Datenbanken bereit zu stellen. Dieses gilt umso mehr, als die elektronische Objektbesichtigung durch die Weiterentwicklung der grafischen Animation und vor allem der Virtual Reality der realen Situation zunehmend „überlegener" wird.

Aber nicht zuletzt aufgrund ihres historisch gewachsenen Ereignungscharakters sind Messen eine gute Gelegenheit, auch jenseits der unmittelbar aktivitätsbezogenen Kommunikation in gegenseitigen Kontakt zu treten.

Auswahl der richtigen Messen

Bereits ein kurzer Besuch auf dem Stand kann persönliche Beziehungen wieder aktualisieren.

In Zukunft werden die so genannten „Soft Factors" die Attraktivität des Veranstaltungsortes wesentlich bestimmen. Dazu gehören in erster Linie hochkarätig besetzte Kongresse, die die Entscheidungsträger wieder persönlich anlocken. Es kann aber auch gehen bis zu professionell gemanagten Kunstausstellungen, d.h. der Flexibilität wird keine Grenzen gesetzt. Wenn es der Akzeptanzsteigerung beim Publikum denn dienlich ist.

Denn...... Zufriedenheit genügt nicht.

Stellen Sie sich vor, in der Zeitung steht „Nach der Präsentation von Tina Turner standen die Zuschauer zufrieden auf den Stühlen".

Kunden wollen begeistert sein!

Die Erlebnisgewohnheiten der Besucher sind verwöhnt. Der ganze Alltag ist heute eine Erlebniswelt.

Messen haben da eine gute Chance, denn erfahrungsgemäß finden die meisten Besucher Messen interessanter als Museen: Die Zukunft ist weitaus spannender als die Vergangenheit - unter dem Motto:

Gänsehaut vs. Reichweite!

Wir wissen nur 2 Dinge über die Zukunft:
- Wir wissen, dass wir nichts sicher wissen.
- Wir wissen, dass sich viel dramatisch verändert.

III. Messen aus einem neuen Blickwinkel

Nachdem Sie entschieden haben, auf eine oder mehrere Messen zu gehen, beschäftigen wir uns in diesem Kapitel mit der richtigen Ausrichtung der jeweiligen Veranstaltung. Gehen wir dazu zunächst einmal gemeinsam von einem sehr simplen Modell aus: die Hälfte der Messekosten ist dazu da, Image zu bilden, Kontakte zu pflegen, „Reviersignale zu senden", kurz: „to show the flag". Die andere Hälfte dient der Realisierung messbarer Ziele (z. B. 1 Mio€. Neukundenumsatz). Das sensibilisiert alle Beteiligten für das eingesetzte Kapital. Nicht umsonst haben wir weiter oben Alternativen für die Teilnahme diskutiert. Diese können - das wollen wir nicht vergessen - günstiger für die gesteckten Ziele sein. Also fordern wir einen Forecast und konkrete MBOs (Management By Objectives), also Aktivitäten zur Zielerreichung, für die Messe. Setzen konkreter Ziele mit nachvollziehbaren Schritten ist angesagt.

P „If you can't measure it, you can't manage it." (Sagten wir schon) Denn ohne Vorgabe ist eine zielorientierte Arbeit weder auf der Messe noch im täglichen Marketing und Vertrieb vorstellbar, ganz abgesehen davon, dass Ziele motivieren. Natürlich wissen wir, dass Zielvorgaben nicht so einfach sind, und zwar für beide Seiten: Einmal für das Management und einmal für die Ausführenden. Denn konsequenterweise beinhaltet diese Philosophie auch Sanktionen.

Verstehen wir zweitens Messen als Aktionsprogramm, das länger dauert als die Laufzeit der Veranstaltung. Messen dauern länger als sie dauern. Bis zu einem Jahr und mehr. Und genau so lange soll das Projekt Messe gesteuert und (durch einen Projektleiter) gemanagt werden. Ergebnisse werden dabei permanent betrachtet und Aktivitäten gesteuert. Das ist in der Praxis nicht leicht und auch nicht üblich, weil es lästig ist für alle Beteiligten, die „ja auch noch andere Jobs zu erledigen haben". Also sollten wir auch nicht mehr von „der Messe" sprechen, denn die endet. Richtigerweise stellt man die Messe als ein Zwischenhoch dar für die Marketing- und Vertriebsziele des Jahres, die z. B. Neukundengewinnung heißen könnten ... oder Potenzialausschöpfung bei bestehenden Kunden ... oder...

Im Rahmen eines Aktionsprogramms ergeben sich drittens automatisch wechselseitige Beziehungen und Synergien zu allen wichtigen strategischen und operativen Marketingparametern in einem Unternehmen. Messen bieten grundsätzlich hervorragende Möglichkeiten, etwa die eigene strategische Zielsetzung (z. B. vom produkt- zum kundenorientierten Unternehmen), die Unternehmenskultur oder individuelle Kompetenz (Unique Selling Proposition, USP) zu überdenken und neu zu präsentieren. Darüber hinaus werden sich bei einem Messeprogramm die Mitarbeiter (Techniker und Ökonomen) konzentriert mit allen wesentlichen Anforderungen ihres Marktes auseinandersetzen müssen, so dass sich wichtige Erkenntnisse hinsichtlich ihrer Qualifikation ergeben. Denn Messe ist „die höchstmögliche Konzentration von Angebot und Nachfrage auf engstem Raum in kürzester Zeit" (Karl-Ferdinand von der Heyde).

So gesehen lässt sich die Messepolitik als eine Art „trojanisches Pferd" interpretieren, das eingeschleust wird, um Schwachstellen im Marketing und Vertrieb zu erkennen und zu beseitigen - ein Marketingtool zur Optimierung der Marketing- und Vertriebsarbeit.

Aus diesen Perspektiven heraus wird die Messepolitik Teil der täglichen strategischen und operativen Arbeit, oder sie ist Akzelerator, diese schneller und noch besser zu realisieren.

Zum Schluss und damit viertens sollten wir noch über eine unternehmerische Denkrichtung diskutieren, die erfahrungsgemäß in unserer Praxis bei den meisten Investitionsgüterunternehmen zu einem Aufschrei der Entrüstung führt. Die häufig zitierten Standortnachteile Deutschlands haben dazu geführt, dass sich die meisten Unternehmen nicht mehr als reine Produktanbieter, sondern als Servicefilialen ihrer Kunden präsentieren. Folglich als Anbieter, die wirtschaftliche Lösungen vorschlagen und schnell, flexibel liefern können. Im Vordergrund stehen damit das Know-how und die langjährige Erfahrung etwa der Beratungsingenieure oder der Logistikmitarbeiter, weniger die Produkte. Diese Philosophie sollte auch durch den Messeauftritt zum Ausdruck kommen. Konkret: Stellen Sie sich einen Messestand (fast) ohne Produkte vor. Präsentieren wir ein Konstruktionsbüro für wirtschaftliche Lösungen. Geht nicht? Wir werden im weiteren Verlauf das Gegenteil „beweisen".

Mit den obigen Gedanken wird (vielleicht) eine Lawine losgetreten! Das Standpersonal kann plötzlich ohne Produkte nicht über technische Details einer Maschine philosophieren, sondern muss sich mit dem Besucher und seinen Bedürfnissen auseinandersetzen. Das ist schwer, aber eigentlich doch das Lippenbekenntnis vieler Aussteller. Warum dies dann nicht auch umsetzen? Setzen wir gemeinsam eine kunden- und serviceorientierte Denkhaltung im eigenen Unternehmen und im Markt durch. Auch hierzu werden wir konkrete Hinweise geben.

Um die angestrebten Ideen zu realisieren, müssen wir oder besser Sie sehr diszipliniert und konsequent vorgehen. Vor allem unter dem Primat der Zeit. Denn Zeit ist auf der Messe logischerweise ein besonders kostbares Gut. Eine Binsenweisheit: Weder lässt sich die Messedauer noch die Messezeit verlängern. Die verfügbare Nettokontaktzeit auf einer fünftägigen Messe liegt zwischen 35 und 40 Stunden. Das ist nicht viel für das viele Geld und verlangt Entscheidungen. Also muss überlegt werden: Die Zeit

> Messemüde?

in bestehende oder in neue Kunden investieren? Oder in beide Zielgruppen? Wie viel Zeit soll der Verkäufer dem einzelnen Besucher widmen? Solange er mit alten Kunden redet, kann er keine neuen Kunden kennen lernen.

STOP Es muss eine Balance gefunden werden zwischen konkurrierenden Messezielen.

Eine weitere Frage: Soll ein langes Verkaufsgespräch auf dem Stand geführt werden oder soll der Besucher für einen Termin nach der Messe interessiert werden? Zwei unterschiedliche Ansätze, die verschiedene Verhaltensweisen bedingen. Um es vorwegzunehmen: Für uns geht es um den Dialog mit dem Kunden und dem Noch-Nicht-Kunden. Ergo soll der Gesprächspartner an einem Termin nach der Messe interessiert werden. Das ist in der Investitions- im Gegensatz zur Konsumgüterindustrie besser möglich, da ein sehr hoher Erklärungsbedarf der Produkte und lange Entscheidungszeiten zu berücksichtigen sind.

FOKUS

1. „Messen messbar machen" durch konkrete Ziele!
2. Die wechselseitigen Beziehungen und Synergien zu anderen Marketinginstrumenten berücksichtigen!
3. Als Aktionsprogramm zur Realisierung der Marketing- und
4. Vertriebsziele interpretieren!
5. Sich von der produkt- zur lösungs- und damit kundenorientierten Philosophie weiterentwickeln!
6. Interesse wecken für die Fortsetzung eines Dialogs. „Nicht" tief auf dem Stand informieren!

Merke:

> *Mann muss im Leben wählen zwischen Langeweile & Leiden.*
>
> *Dazwischen liegt Durchschnitt.*
>
> *Jedenfalls ist „Erfahrung" der Tod der Vision.*

Bei der Recherche zum Thema sind wir übrigens darauf gestorben, dass man in den USA and in den angelsächsischen Ländern den Begriff „Event-Marketing weder kennt, noch versteht. Spricht man mit den Marketingspezialisten and den Inszenieren jedoch über Brand-Experience (also Markenerfahrung), BrandEmotion (Markenerlebnisse), Brand-Worlds (Markenwelten) oder Brand-Lands, dann findet man eine gemeinsame Sprache. Dann findet man Übereinstimmung, dass wir uns an einem Übergang von der Dienstleistungs- zur Erlebnisökonomie befinden. Weil es immer schwieriger wird, objektive Kriterien zu finden, um die Marken zu positionieren.

Von Produkt zu Aufmerksamkeitsmärkten

Je stärker sich Produkte in Qualität und Preis annähern, d.h. je höher die Leistungsdichte ist und je stärker der Kommunikationsdruck auf den Konsumenten wird, desto wertvoller ist der Zugang zu dessen Aufmerksamkeit.

Wir befinden uns zumindest auf dem Wege zur Erlebnisökonomie, bei der es darum geht eine Marke so zu positionieren, zu markieren and emotional auszustatten. Und das wiederum scheint mir eine gute Ergänzung zu dem klassischen Messeauftritt zu sein. Wir erleben den Wandel

von einem klassischen, produktorientierten Industriebetrieb zu einem Wissensunternehmen
(s. New Economy).

Und in diesem Zusammenhang ist es theoretisch vorstellbar, dass Yahoo oder neuerdings eBay aufgrund Ihrer Börsenwerte Bayer kaufen könnten. (Der Börsenwert von Google.de (Stand: 08/2004) ist 2x höher als der von VW!)

Durch das Fehlen von Zeit wir die Erklärung des Nutzens eines Produkts immer schwieriger. Die Lösung: Die Kombination von „Education, Information und Entertainment" und wo ging das besser als auf Messen!

In unserer Beraterpraxis haben wir eigentlich niemand kennengelernt, der sich nicht als kundenorientiert outet.........
aber viele Kunden, die von herben Enttäuschungen berichten.

> Messemüde?

IV. Grundsätzliche Perspektiven der Messe und die Perspektive dieses Fachbuches

Die umsetzungsorientierte Entwicklung und gewissenhafte Auseinandersetzung mit den obigen Ideen bildet den Kern dieses Buches. Um überschaubar zu bleiben, muss abgegrenzt werden. Also investieren wir in diesem Kapitel ein wenig Zeit, um darzustellen, was der Leser erwarten kann und was nicht.

Messen können aus unterschiedlichen Perspektiven betrachtet werden. Je nachdem, ob die Analyse aus Sicht des Ausstellers, der Messegesellschaften oder Besucher oder einzel- bzw. gesamtwirtschaftlich erfolgt, sind unterschiedliche Ansätze erforderlich.

Gesamtwirtschaftlich erfüllt eine Messe - auch heute noch - eine Mittler- oder Marktausgleichsfunktion für die jeweiligen Branchen. Gleichzeitig ist sie Barometer der aktuellen konjunkturellen und branchenspezifischen Entwicklungen, die etwa an der Zahl der Aussteller oder Besucher auf einer bestimmten Veranstaltung festgemacht werden kann. Informationen dieser Art helfen bei der Fragestellung, ob und welche Veranstaltungen besucht werden sollen (vgl. auch Kapitel II.)

Einzelwirtschaftlich wollen wir uns auf die ausstellenden Unternehmen und die optimale Potenzialausschöpfung konzentrieren, die das Marketingtool Messe bietet. Natürlich müssen dabei auch immer wieder die Erwartungen der Besucher im Auge behalten werden (z. B. bei Kundenbefragungen), denn um den Dialog mit ihnen geht es ja vor allen Dingen.

Eine wichtige Anmerkung sei noch zum Schluss dieser Abgrenzung erlaubt: Wir konzentrieren uns hier auf das Segment Business-to-Business, um nicht unausgesprochen den Anspruch auf ein generelles, überall einsetzbares „Wundermittel Messe" zu stellen. Die Besonderheiten dieses Segmentes erfordern jedoch differenziertere Ansätze als beim Geschäft mit Endverbrauchern.

FOKUS

1. Wir konzentrieren uns auf die einzelwirtschaftlichen Fragestellungen einer Messe.
2. Im Mittelpunkt dieses Buches steht das Segment Business-to-Business.

Teil 3

Messe und konsequentes Marketing

*„Wenn wir wollen,
dass alles so bleibt, wie es ist, dann ist es nötig,
dass sich alles verändert."*
Giuseppe Tomasi di Lampedusa,
Italienischer Schriftsteller 1896–1957

MESSE MÜNCHEN
INTERNATIONAL

Neue Messe München

Als einer der modernsten Messeplätze der Welt setzt die Neue Messe München Zeichen hinsichtlich Funktionalität, Service und Kommunikations-Möglichkeiten. Hier treffen Märkte, Branchen, Produkte und Dienstleistungen von morgen aufeinander.

MESSE MÜNCHEN GMBH
Messegelände
81823 München, Germany
Tel. (+49 89) 9 49-2 07 20
Fax (+49 89) 9 49-2 07 29
newsline@messe-muenchen.de
www.messe-muenchen.de

- 16 hochmoderne Messehallen.
- 160.000 m^2 Hallenfläche und 280.000 m^2 Freigelände.
- Allergrößte Flexibilität.
- Kommunikation und Service auf Weltniveau.
- Funktionalität und Ästhetik harmonisch vereint.
- Exzellente Verkehrsanbindung.

Kommen Sie und überzeugen Sie sich selbst!
Wir freuen uns auf den Dialog mit Ihnen.

MESSE MÜNCHEN INTERNATIONAL

I. Messen als trojanisches Pferd

Die Messepolitik ist immer noch ein unterschätztes und oft auch nicht ausreichend genutztes Marketinginstrument. Diese Behauptung scheint zunächst nicht ganz nachvollziehbar, denn die Messegesellschaften haben weltweit ihre Hallenkapazitäten erheblich aufgerüstet. Auch fließen immer noch nahezu ein Drittel der Marketingausgaben in mittelständischen Produktionsunternehmen in Messebeteiligungen. Messen sind selbstverständlicher Bestandteil des Marketingmix oder sollten es sein. Dennoch werden die vielfältigen marketingpolitischen Möglichkeiten der Messepolitik in der Praxis allenfalls ansatzweise genutzt.

Ein vertiefendes Plädoyer für die Messen scheint deshalb aus quantitativer Sicht nun wirklich nicht erforderlich. Das gilt allerdings nicht für die Nutzung der vielfältigen marketingpolitischen Möglichkeiten der Messepolitik in der Praxis. Messen sind Konzentrat eines Marktes, führen also in zeitlich und räumlich konzentrierter Form möglichst lückenlos Angebot und Nachfrage zusammen. Folglich kann auch das gesamte Marketinginstrumentarium eines Unternehmens eingesetzt werden. Die Messepolitik sollten wir deshalb als ein eigenständiges Marketingtool interpretieren, das konsequenterweise das Ergebnis der angestrebten unternehmens-, produkt-, distributions-, preis- und kommunikationspolitischen Maßnahmen ist, zumindest im Idealfall. Unsere Beratungspraxis zeigt aber auch, dass Messeteilnahmen oft erst marketing- und vertriebspolitische Grundsatzentscheidungen auslösen. Dazu ein Beispiel:

Eine Vertriebsgesellschaft für Analysegeräte plante die Teilnahme an der Analytica in München. Als Ziel wurde zunächst die Gewinnung von Neukunden für die einzelnen Produkte definiert. Bei näherer Betrachtung kristallisierte sich allerdings heraus, dass weiteres Wachstum am schnellsten und effektivsten bei den großen Kunden, etwa aus der Chemie, zu realisieren war. Ein Problem stellte jedoch die historisch gewachsene Spezialisierung der Außendienstmitarbeiter auf bestimmte Produkte dar. Folgerichtig wurden auch nur diese Produkte bei den jeweiligen Kunden verkauft. Im Vordergrund hatte immer die Produkt- und nicht die Markt- oder Kundenspezialisierung gestanden. Die Geschäfts- und Vertriebsleitung kam überein, dass hier anlässlich der Messe eine Kehrtwendung vollzogen werden musste. Folglich wurden Standbauer und Produktmanager in ihrer üblichen Vorbereitung auf die Messe gestoppt. Das Ergebnis war ein Messestand, der nach Branchenlösungen aufgeteilt war und auf dem die Produkte eine eher untergeordnete Rolle spielten. Inzwischen ist auch der Vertrieb an Branchen und nicht mehr an Produkten ausgerichtet. Ausgelöst wird diese „Mutation", in dem Messeziele systematisch definiert werden.

Messe und konsequentes Marketing

Im Rahmen von zahlreichen Messeaktionsprogrammen sind wir immer wieder auf übergeordnete strategische Fragestellungen gestoßen. Gemeinsam mit den Kunden haben wir vor oder nach der Messe Marketing und Vertrieb (vereinzelt auch die Technik) angepasst. Deshalb haben wir weiter oben auch von der Messe als trojanischem Pferd gesprochen, das dort eingeschleust wird, um Schwachstellen hauptsächlich im Marketing und Vertrieb zu erkennen und zu beseitigen. Befindet sich ein Unternehmen in einem ernst gemeinten Entwicklungsprozess seiner eigenen Identität und veränderten Leistungsprogrammen, mit der Erschließung neuer Märkte und entsprechender Korrektur der Kommunikationslinien, so beschleunigt Messepolitik als zeitraum- und aktionsbezogenes Ereignis diese Tendenzen. Messen sind oft ein Zwischenhoch zur Erreichung der eigenen Marketingziele.

Es lohnt sich, die multifunktionalen Synergieeffekte und die wechselseitigen Beziehungen zu anderen marketingpolitischen Grundsatzfragen ein wenig eingehender unter die Lupe zu nehmen. Daraus lassen sich Checklisten für die Praxis ableiten, die dem Leser helfen, die möglichen Effekte und Auswirkungen einer Messeteilnahme optimaler zu identifizieren und zu nutzen. Wir haben dazu 5 inhaltliche Hauptkapitel gebildet. Das sind nach unserem Verständnis 5 große Chancen für jeden Leser, ein deutliches „Mehr" an Marketing im eigenen Unternehmen zu implementieren. 5 Geschenke oder 5 trojanische Pferde.

Betrachten wir die Zusammenhänge zunächst im graphischen Überblick (vgl. Abb. 13 bis 15):

Messen als trojanisches Pferd

Marketingpolitische Grundsatzentscheidungen

| Unternehmerische Zielsetzung | Marketing-/ Vertriebskonzeption | Führungsverhalten | Unternehmensphilosophie | Unternehmenskultur |

Marketing-Vertriebsorganisation

Messepolitik
Messeaktionsprogramm
Trojanisches Pferd

Vertriebsinstrumente

| Differenzierungsgrad der Vertriebsziele | Abstimmung der Steuerungsinstrumente | Verzahnung mit anderen Abteilungen | Qualifikation der Mitarbeiter |

Marketing-Informationssystem (EDV-gestützt)

Marketinginstrumente

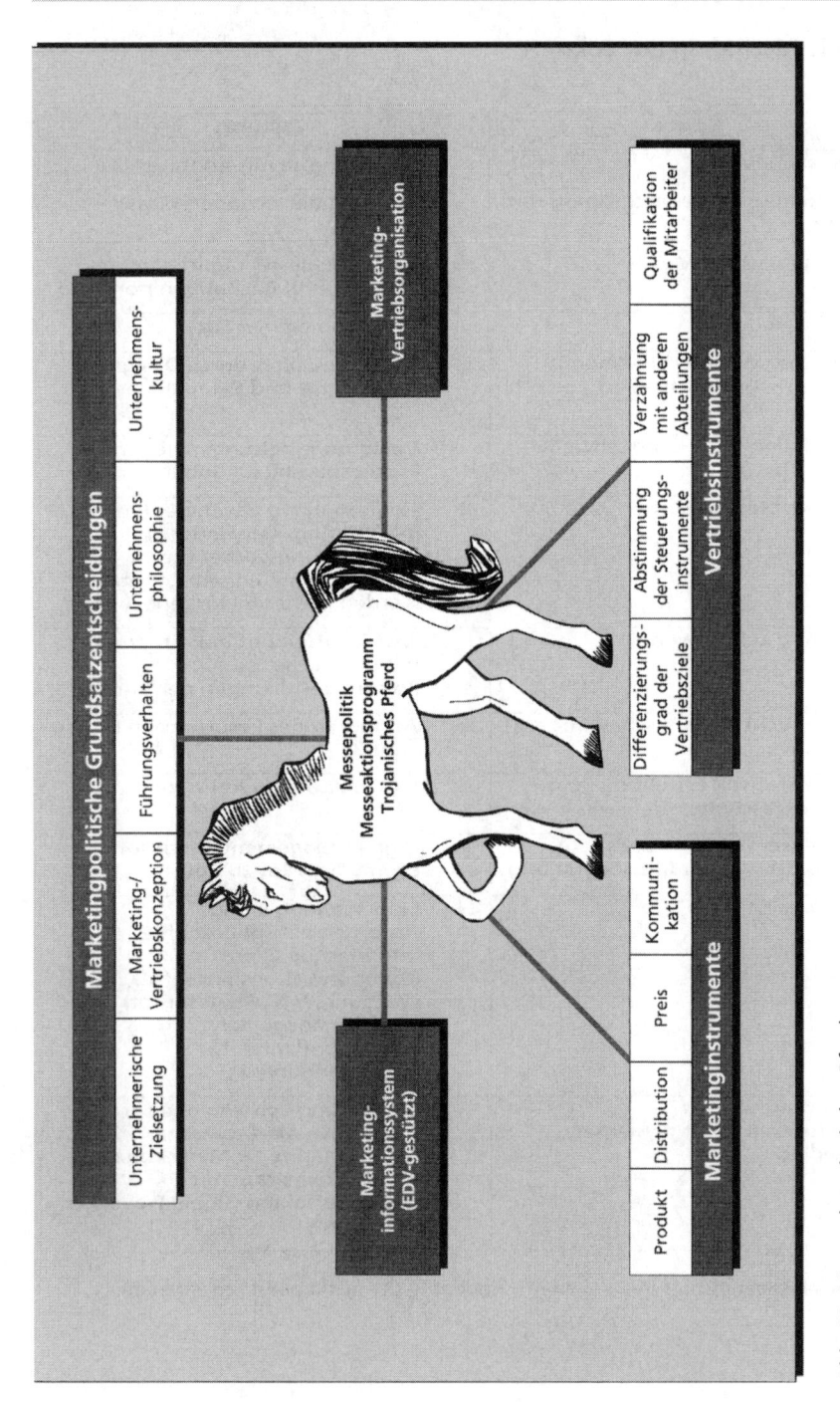

| Produkt | Distribution | Preis | Kommunikation |

Abb. 13 Messe als trojanisches Pferd

Messelandschaft in der Zukunft

Heute		Zukunft
Universalmesse	⇒	Spezialmesse mit Konferenzteil
Traditionelle Messebeschickung und Besuch	⇒	Auswahl der *richtigen* Messe — global
Katalog (erst) zur Messe	⇒	Virtuelle Messe, täglich Online-Abfrage und Buchungen non-stop
Verkehrsstau	⇒	ICE, Peoplemover etc.
Fensterlose Wellblechhallen mit Hitzestau + Geräuschs- und Geruchskulisse	⇒	Erlebnisqualität durch Designer-Architektur und Raumklima
Stolperfallen und Hemmschwellen im Messebau	⇒	Versorgungsleitungen liegen kostensparend im Boden
Typischer Messebesucher „streunt" umher	⇒	Singlesourcing = weniger Einkäufer mit Briefing. Anwender als Entscheidungsvorbereiter (allerdings mit engem Zeitetat) werden mehr umworben
Rundgang zeitaufwendig	⇒	www-vorbereitet in Partnerschaft mit der Messe. Routinebestellungen per Internet
(Immer noch) Produktschau im Monolog	⇒	Andocken des Besuchers im Dialog
Magere Statistik erstellt durch die Messegesellschaft	⇒	LA Qualität, marketingorientiert
Dabei — sein — ist — alles Organisiert von der Messeabteilung	⇒	High Management Attention, Event, "von Joy to Roi"
Singuläres Ereignis	⇒	Einbeziehung in die Unternehmensphilosophie, Integrierung aller Kommunikationsmittel (AD, Werbung, VKF, PR, Internet) Projektmanagement Non-stop, flankiert, zukunftsorientiert
Auslandsmessen als Tochtergesellschaft deutscher Messeplätze	⇒	Etablierung von Regionaltöchtern = intensive *Markt*präsenz "Messen folgen Märkte" = Messekonzepte ifir die Zielmärkte mit Rückholeffekten Global Players vs. local Heros

Abb. 14 Messelandschaft in der Zukunft: Änderung der markpolitischen Parameter

Messen als trojanisches Pferd

	>8% Trendsetter Marktführer	~30% Internationale & nationale Marken	~40% Wettbewerberorientierte Pflichtaussteller	~20% Mitläufer	>8% Neueinsteiger
Information	Informationsverstärkung Eigene Info	Sehr wichtig für Marken-Informationsverstärkung	Gleichbedeutende	Wichtig, anhängen an die Konkurrenzinfo	Wichtig!
Order	Weniger wichtig, nicht unbedingt auf Messen	Mittlere Bedeutung, wichtiger im Internatbereich	Informations- und Orderzielsetzung	Wichtig!	(wichtig)
Kontaktpotential	Sehr wichtig, Voraussetzung für Teilnahme	Sehr wichtig für Neukunden im Internet. Engagement	Sehr wichtig, bestimmt Vertrieb/Umsatz	Wichtig!	Wichtig!
Kommunikationspotential	Sehr wichtig, für Machtdemonstration	Sehr wichtig für persönliche und Markenkommunikation	Sehr wichtig als Kommunikationsmittler und -träger	Wichtig, mittlere Bedeutung – „man läuft eben mit"	Sehr wichtig!
Internationale Bedeutung	Sehr wichtig, Imageanspruch	Wichtig, um als Marke zu wirken	Sehr wichtig für Export- und Kommunikationsstrategie	Weniger wichtig, da oft nur bedingt exportfähig	Wichtig
Fachausstellerpotential und -kompetenz	Sehr wichtig, um sich zu messen & darzustellen	Sehr wichtig, Markenimage und Kompetenzkriterien	Wichtig, Branchenbezug, orientieren an Mitbewerbern	Wichtig	Wichtig!
Fachbesucherpotential und -kompetenz	Sehr wichtig, um wirken zu können	Sehr wichtig, Voraussetzung für Markenakzeptanz	Sehr wichtig, Beurteilung des Markenpotentials	Wichtig, u.a. als Subcontracter	Wichtig!
Medienwirksamkeit	Sehr wichtig, Image verstärkend	Wichtig, Marken unterstützend	Sehr wichtig als eigenständige Komm.politik	Weniger wichtig, da weniger Teilnahmekompetenz	Wichtig
Zielkonflikte unter den Ausstellern					Orientierung und Einstiegsproblematik – Messe als Markteintrittsstrategie Kommunikations- und vertriebsbezogen
Bemerkung	Probleme einer oft eigensinnigen kurz- bis mittelfristigen Messebeteiligung zwecks Zielerreichung im Sinne von Messebestätigung und Separationsbereitschaft	Permanent auf dem Weg zum Marktführer – starke Bindung, aber Orientierung und Bestätigung durch den Marktführer	Starke Anlehnung an die Marken und deren Nachfragepotential	Partizipiert an den übrigen Ausstelleranforderungen	

Abb. 15 Typologie der Aussteller hat Einfluß auf die jeweilige Marktpolitik

II. Trojanisches Pferd für grundsätzliche Marketingentscheidungen (Das 1. Geschenk)

1. Trojanisches Pferd für Unternehmensziele

Theoretisch lässt sich der Zusammenhang zwischen den Unternehmens- und Messezielen schnell nachvollziehen. In der Abbildung 10 wird deutlich, dass Messeziele streng genommen Aktivitäten zum Erreichen übergeordneter Ziele sind.

Ein Investitionsgüterhersteller will sich zukünftig nicht mehr produkt-, sondern stärker serviceorientiert im Markt positionieren, Marktanteile in einer bestimmten Höhe innerhalb eines vereinbarten Zeitraums hinzugewinnen und konsequenter im internationalen Verbund auftreten. Selbstverständlich sind dann diese Ziele auch die konkreten Vorgaben für die geplanten Messeteilnahmen. Der Messeauftritt muss also den Servicegedanken und die Internationalität widerspiegeln. Folgerichtig diskutiert die Standbesatzung nicht über die Vorteile und technischen Details der Produkte, sondern definiert mit den Besuchern Anforderungen an Serviceleistungen (Logistikkonzepte, Anwenderschulungen, Einsparungsmöglichkeiten). Eine logische, aufeinander aufbauende Vorgehensweise. Demzufolge leiten sich Messeziele aus den Unternehmenszielen ab. Hier nickt wahrscheinlich jeder mit dem Kopf. Wie sieht nun die Praxis aus?

Tatsächlich werden Messen oft losgelöst von übergeordneten unternehmerischen Zielvorstellungen geplant. Obwohl jeder Stratege weiß, dass eine geballte Faust schlagkräftiger ist, als fünf einzelne Finger. Die Gründe dafür sind vielfältiger Natur: mangelnde Kommunikation zwischen Marketing und Vertrieb etwa. Eine aktuelle Untersuchung von Mercuri International mit 180 Vertriebs-und Marketingleitern hat schlimme Befürchtungen bestätigt. 67 % der Befragten aus der Investitionsgüterindustrie halten die Umsetzung der Marketingstrategie für schlecht. Umgekehrt empfinden 43 % die Vertriebsunterstützung durch das Marketing als weniger gut. Differenzierte Ziele in Vertrieb und Marketing sind scheinbar Mangelware. Image-, Service-, und Kundengruppen- oder Produktgruppenziele, die die Marketingstrategie widerspiegeln, sind noch selten. Es dominieren - auch 2004 - pauschale Umsatzziele. Ein cleverer Vertriebsmitarbeiter wird sowieso immer die schwer spezifizierbare und wenig greifbare allgemeine Kundenbetreuung in den Vordergrund stellen. Die oft geäußerte Vermutung, dass viele Vertriebsorganisationen gerade aus der Investitionsgüterindustrie sich mehr als Heger und weniger als Jäger verstehen, deckt sich mit unseren Erfahrungen.

"Wir sind keine Klinkenputzer."

Trojanisches Pferd für Marketingentscheidungen

Unternehmensziele: Gewinn | Wachstum | soziale Sicherheit | Image

Produktgruppe 1: Umsatz | Deckungsbeitrag | Menge
Produktgruppe 2: Umsatz | Deckungsbeitrag | Menge
Produktgruppe 3: Umsatz | Deckungsbeitrag | Menge
Produktgruppe x: Umsatz | Deckungsbeitrag | Menge

Produkt: Innovation, Veränderung, Eliminierung, Relaunch

Preis: Erhöhung, Senkung, Beibehaltung

Distribution: Neue Logistikpartner, Lagerzentralisierung

Kommunikation: Erhöhung des Bekanntheitsgrades, Kundenbindung, Vorverkauf

Vertrieb: Umsatz pro ADM, Deckungsbeitrag pro ADM, Absatzmenge pro ADM

Messeziele (auf der Messe):
- Produktdemonstration/-präsentation
- Preisgespräche
- Gespräche mit Logistikpartnern, Vorstellen des Servicekonzeptes
- Kundenbefragung, Marktforschung, Plakate, Presseveranstaltung
- Gespräche mit Neukunden, Termine mit Kunden, Opinion Leaders

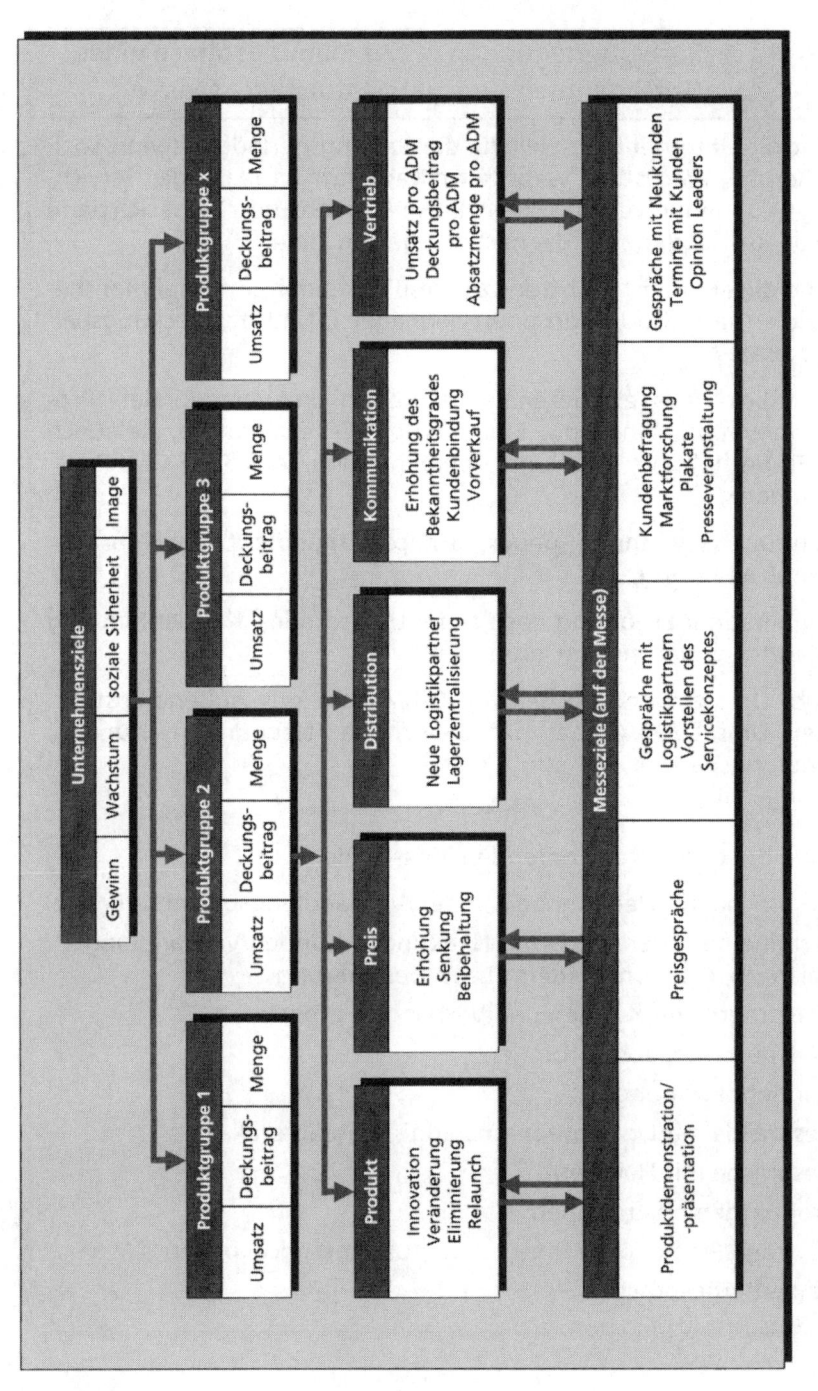

Abb. 16 Zusammenhang zwischen Messezielen und übergeordneten Zielen

| Messe und konsequentes Marketing |

> ✓ **Checkliste 2 Basisüberlegungen in der Planungsphase eines Unternehmens, ausgelöst durch die Messe**
>
> Was sind die Unternehmensziele für die Planungsperiode: Gewinn, soziale Sicherheit, Wachstum, verbesserte Kapitalstruktur, Image, Gewichtung des Kundenuniversums? Beim Beispiel Wachstum ergibt sich dann folgende Konsequenz für die nachgelagerten Ziele:
>
> Was sind die aus dem Wachstumsziel resultierenden Unternehmensbereichsziele (nach Produktgruppen gegliedert): Umsatz, Deckungsbeiträge, Absatz?
>
> Was sind die daraus resultierenden Marketing- und Vertriebsziele: Produkt: Innovation, Variation, Eliminierung, Diversifikation, Relaunch
> Preis: Preiserhöhung, -senkung, -beibehaltung, Ausloten von Preisspielräumen;
>
> Distribution: Gewinnung neuer Stützpunkthändler/Logistikpartner, Lagerzentralisierung
>
> Kommunikation: Erhöhung des Bekanntheitsgrades, Kundenbindung und Marktorientierung forcieren
>
> Vertrieb: Umsatz/Deckungsbeitrag (DB)/Absatz pro Außendienstmitarbeiter, Umsatz/DB/Absatz pro Zielgruppe (Neukunden, Kunden, Verhandlungspartner)
>
> **Was sind die daraus resultierenden Messeziele:**
>
> - Gespräche mit Neukunden/Kunden/Verhandlungspartnern/Presse
> - Termine nach der Messe mit Neukunden/Kunden/Verhandlungspartnern, Opinion-Leaders - Lead-Generierung
> - „Aufträge" mit Kunden und Verhandlungspartnern
> - Wettbewerbsbeobachtungen
> - Kundenbefragungen
> - Gespräche mit Lieferanten und Logistikanbietern
> - Gespräche mit Händlern
> - Produktdemonstrationen
> - Vorträge/Pressekonferenzen zum Kundenservicekonzept
> - Bewerbergespräche

Effizienzbeurteilung einer Messebeteiligung

Hauptziele	Beurteilungskriterien	Methoden
Verkaufsanbahnung, Nachmessegeschäft	⮞ Zahl der qualifizierten Angebote ⮞ Anzahl des abgegebenen Informationsmaterials ⮞ Zahl der in Aussicht stehenden Aufträge ab …€	Gesprächsprotokoll (Wertpapier), Zählung des abgegebenen Infomaterials und der Topangebote
Verkaufsabschlüsse	⮞ Zahl der Aufträge (im Folgejahr i. €) ⮞ Anzahl der verkauften Produkte/DL ⮞ Höhe des direkten Messeumsatzes	Periodische Pipeline- und Umsatzkontrolle EDV gestützt ROI
Vorstellung von NeuheitenTesten der technischen und kaufmännischen Akzeptanz	⮞ Gestützt Erinnerung auf und nach der Messe ⮞ Anzahl der Standbesucher /Fachbesucher ⮞ Verhalten und Urteile der Kunden	Standbesucherbefragung Bewertung der Presse - Veröffentlichungen Demo - Feedback Verdeckte Beobachtung repräsentativer Besucher
Erschließung neuer Märkte Potentialerweiterung	⮞ Betriebs- und Branchenzugehörigkeit der Standbesucher	Zählung der A-B-(C)-Angebote an Personen der gewünschten Branchen
Kontaktpflege mit bestehenden Kunden	⮞ Kundenfrequenz ⮞ Anzahl der *eingeladenen* Kunden am Stand	Zählung der Kontakte, Wertpapier, Resonanzanalyse, Auswertung der Besucherstatistiken und deren Struktur.
Gewinnung von Neukunden	⮞ Anzahl der Aufträge von Neukunden ⮞ Anzahl und Gewichtung der eingeladenen Interessenten	Strukturierte, repräsentative Befragungen.
Konkurrenzbeobachtung(s.a. CD-ROM)	⮞ Merkmale (z.B. Dresscode) und Verhalten der Konkurrenz aus techn. u. kfm. Sicht ⮞ Interesse der Besucher an der Konkurrenzpräsentation	Tägliche Konkurrenzbeobachtung, Inhaltsanalyse der Prospekte und der Pressearbeit, technische Sales Talks, Foto-Doku Mytery-Shopper
Erkennen von Trends ⮞ Technisch ⮞ Preislich ⮞ Sortiment ⮞ Distribution ⮞ Medieneinsatz	⮞ s. klassifizierte Doku Manöverkritik	Stringente Vorbereitung mittels Checklisten. Projektleiter bestimmen.
Imagepflege	„	Kunden-/Nicht-Kunden- und Mitarbeiterbefragung

Abb. 17 Effizienzbeurteilung einer Messebeteiligung

Messe und konsequentes Marketing

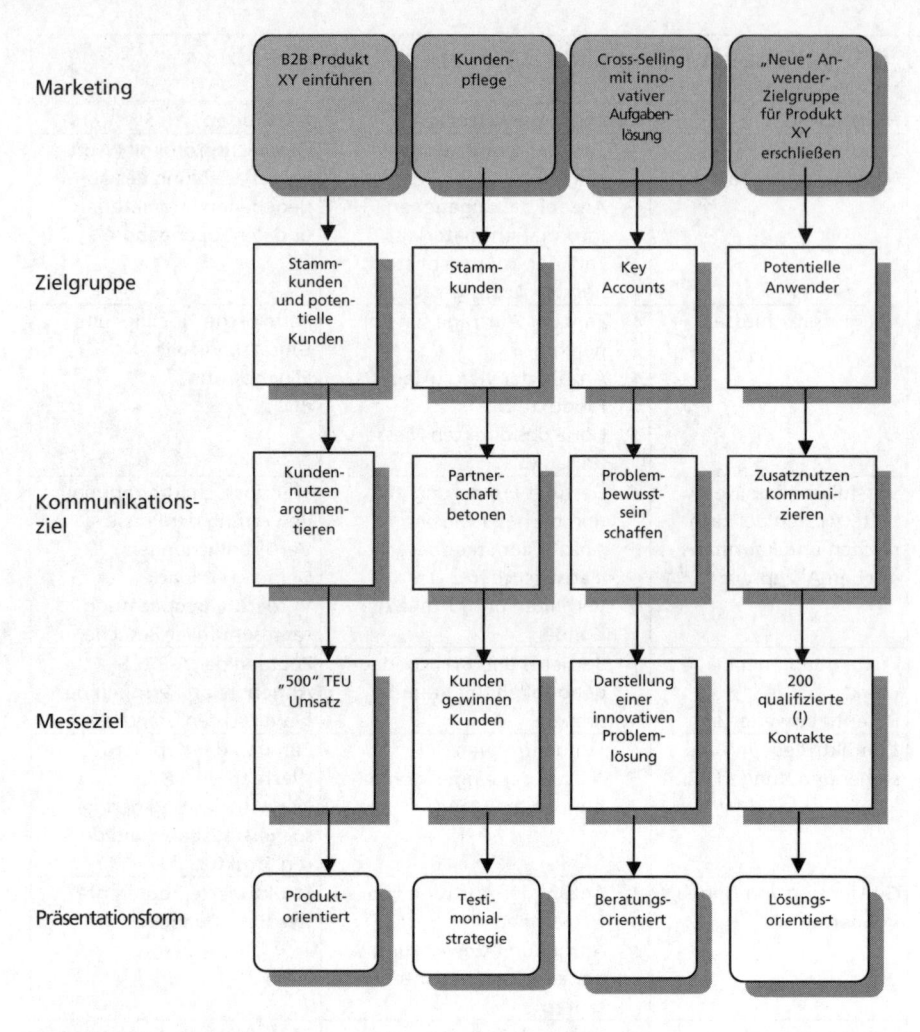

Marketing	B2B Produkt XY einführen	Kundenpflege	Cross-Selling mit innovativer Aufgabenlösung	„Neue" Anwender-Zielgruppe für Produkt XY erschließen
Zielgruppe	Stammkunden und potentielle Kunden	Stammkunden	Key Accounts	Potentielle Anwender
Kommunikationsziel	Kundennutzen argumentieren	Partnerschaft betonen	Problembewusstsein schaffen	Zusatznutzen kommunizieren
Messeziel	„500" TEU Umsatz	Kunden gewinnen Kunden	Darstellung einer innovativen Problemlösung	200 qualifizierte (!) Kontakte
Präsentationsform	Produktorientiert	Testimonialstrategie	Beratungsorientiert	Lösungsorientiert

Nach Elke Clausen, 1999
Wechselbeziehung: Marketing → Präsentationsform → Messeziel

Abb. 18 Wechselbeziehung

Erstaunlich genug ist eine weitere Erkenntnis der erwähnten Untersuchung: Knapp die Hälfte aller Befragten konnten keine genauen Angaben zu den schriftlichen Zielen ihrer Vertriebsmannschaften machen. Wen wundert es da noch, dass die Messeziele ebenfalls allgemein netter, unverbindlicher Natur sind. Es ist eben einfacher, wenn das Management postuliert: „Diese Messe ist sehr wichtig und soll helfen, die ehrgeizigen Ziele zu realisieren und ein kleines Messeteam, bestehend aus Vertriebsleiter, einem Assistenten, Produktmanager und Standbauer, eine isolierte Planung betreibt. Eine kleine VKF-Agentur kann die Give-aways mal überarbeiten . . . "

Mit diesem Mini-Marketing lässt sich heute nicht mehr überleben. Allein die Erkenntnis reicht nicht aus. Ein Investitionsgüterunternehmen benötigt eindeutige Ziele, damit Messen nicht „Kirmes für die Kundschaft" sind, sondern mit Marketing- und Vertriebszielen und konkreten Aktivitäten hinterlegt werden können. Der Lösungsansatz liegt u. a. darin, den Informationsfluss zwischen Marketing und Vertrieb drastisch zu verbessern. Differenzierte Ziele und Schlüsselaktivitäten müssen geplant und der Zielerreichungsgrad regelmäßig gemeinsam analysiert und verfolgt werden. Messen sind gebündelte, konzentrierte Aktivitäten zur Zielerreichung. Konkrete Unternehmensziele verlangen auch konkrete Messeziele. Messe wird als Medium zur Zielerreichung interpretiert. Sie zwingt- richtig eingesetzt- zur kritischen Auseinandersetzung mit allen wesentlichen Aspekten der Marketing- und Vertriebspolitik (vgl. Checkliste 2). Und übrigens: Es macht nur Spaß, auf stehende Kegel zu spielen: D. h.: Wir müssen sichtbare Ziele setzen.

Merke:

„Sinnvoll sind auch quantitative Zielvorgaben und entsprechende Erfolgskontrollen, wenn sie auf realistischen Einschätzungen beruhen und wenn man Ursache-Wirkungsketten analytisch in den Griff bekommt: Nur dann lassen sich nämlich Versäumnisse auch identifizieren. Manche dieser Ziele lassen sich über den Umweg von „Indikatoren" doch noch mehr oder minder plausibel in Zahlen fassen, andere sind schlichtweg inkommensurabel."

Ein ernster Versuch lohnt sich!

Aber: „Ein Ziel ist nur etwas wert, wenn ich die Zielerfüllung auch einfordere, das Ausmaß der Zielerreichung erfassen kann und mein Zielsystem im Zeitverlauf beobachte, um Korrekturmaßnahmen einleiten zu können."

Wichtig ist: Die Chose am Laufen zu halten....

Welche Bedeutung hat das „Magische Dreieck"
in diesem Zusammenhang

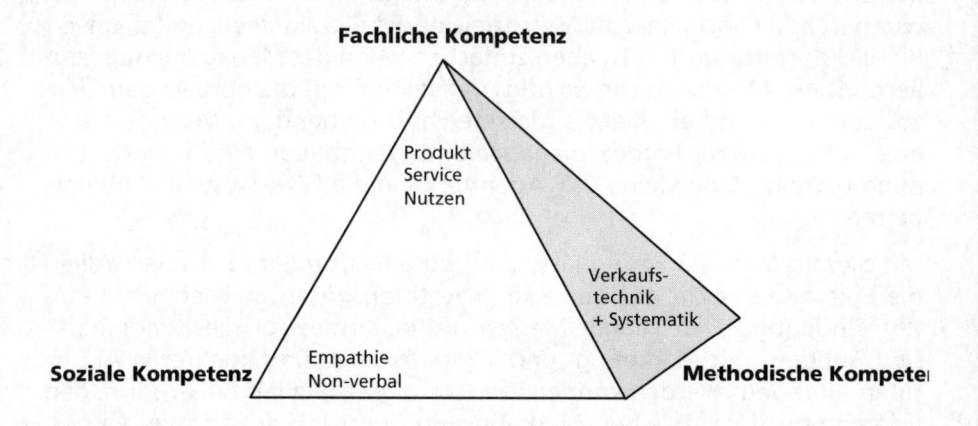

Fachliche Kompetenz

Produkt
Service
Nutzen

Verkaufs-
technik
+ Systematik

Soziale Kompetenz — Empathie / Non-verbal — **Methodische Kompete**[n]

für Ihren nächsten Messeauftritt?

Sie werden für Ihren nächsten Messeauftritt zu definiert haben

- Produkt-/Nutzenpräsentation
- Kundenpflege
- Neue Kunden gewinnen und die jeweilige kundenbezogene Argumentation.

Das sind richtige, aber schon ehrgeizige Ziele. Geht das überhaupt nennenswert zu realisieren? In den paar Nettostunden, die wir im Allgemeinen auf der Messe zur Verfügung haben?

Das alles hat - sagen wir - 100.000 € gekostet und die Frage nach dem ROI pro Ziel ist legitim. Ausführlich davon später in diesem Fachbuch.

FOKUS

1. Messen werden in der Praxis oft losgelöst von übergeordneten unternehmerischen Zielvorstellungen geplant.
2. Eindeutige Ziele mit konkreten Aktivitäten sind gefordert, damit Messen nicht Kirmes für die Kundschaft sind.
3. Adventure is the result of poor planning.

2. Trojanisches Pferd für Marketing- & Vertriebskonzeption

Bevor auf die Zusammenhänge zwischen der Messepolitik und Marketing- und Vertriebskonzeptionen eingegangen wird, eine kurze Definition eines häufig verwendeten Begriffs: Eine Konzeption ist ein gedanklicher Entwurf, der in folgenden Schritten geplant wird (vgl. Abb. 19+ 20):

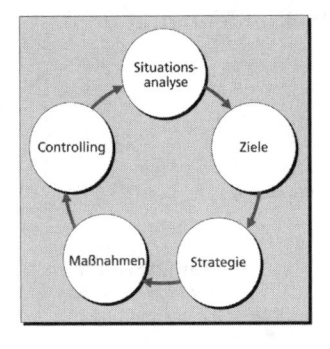

Abb. 19 Entwicklung einer Konzeption

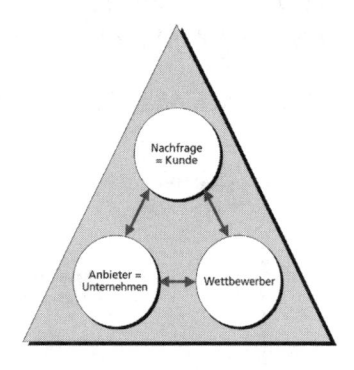

Abb. 20 Das Marketingdreieck

Erforderlich ist zunächst eine Situationsanalyse, die alle relevanten internen (Unternehmen) und externen (Umwelt) Informationen erfasst, strukturiert und ausgewertet. Die Analyse bezieht sich auf die drei Elemente des bekannten Marketingdreiecks (vgl. Abb. 20):

Merke:

Ein Messekonzept funktioniert leider nicht automatisch als Generator „toller Ideen". Aber es steckt ungefähr die Korridore ab, die zu interessanten Denkhorizonten und vielversprechenden Möglichkeitsträumen führen. Es hilft bei der kritischen Bewertung unterschiedlicher gestalterischer oder dramaturgischer Vorschläge.

Die Systematik des Konzepts ist ferner ein Gerüst das die Vielfalt der Ideen von Kreativen ordnen und in Beziehungen zueinander setzen kann.
Marquart a.a.O.

Dem erfahrenen Leser wird durch die Darstellung"bekannten Marketingwissens" sehr schnell klar, dass gerade Messen für eine kostengünstige und vor allen Dingen aussagefähige Analyse zu den Stärken und Schwächen des eigenen Unternehmens, zukünftigen Marktentwicklungen oder dem Verhalten des Wettbewerbs hervorragend geeignet sind. Auch Reaktionen der Marktseite zum aktuellen Marktauftritt lassen sich gut ermitteln. Eine Messe spiegelt die Marktverhältnisse übersichtlich und konzentriert wider. So wird es möglich, Stärken und Schwächen im eigenen Unternehmen zu identifizieren, Chancen und Risiken daraus abzuleiten

| Messe und konsequentes Marketing |

und eine adäquate Marktbearbeitungsstrategie zu entwickeln. Eine Situationsanalyse ist die Grundlage, längerfristige Konzepte zu entwickeln und kurzfristig anzupassen.

Was konkret ist wie zu tun? Zwei bekannte und bewährte Erhebungsmethoden helfen weiter, wenn sie konsequent und systematisch angewendet und anschließend ausgewertet werden: Die Wettbewerbsbeobachtung und die Kundenbefragung (bzw. Noch-Nicht-Kundenbefragung).

Was hat sich geändert:

Veranstalter (meist öffentl. Hand) — **Veranstalter** (privat + öffentl. Hand)

Non-Space-Produkte z.B. Incomming Service

Controlling - ROI Internet/Intermedia (vor-während-nach)

Verband — **Infrastruktur** z.B. Besuchererfassung — **Verband/Beirat**

Besucher gelernter Einkäufer

Globale Unternehmensphilosophie Stringentes Marketing mit geschultem Personal

Aussteller (4 – 6 Tage) Produkt orientiert - Sendet/Monolog -

Aussteller (360 Tage „Präsenz") Kunden orientiert - Hört zu/Dialog -

Vergangenheit..................... und komplexe Gegenwart mit Projekt-Controlling

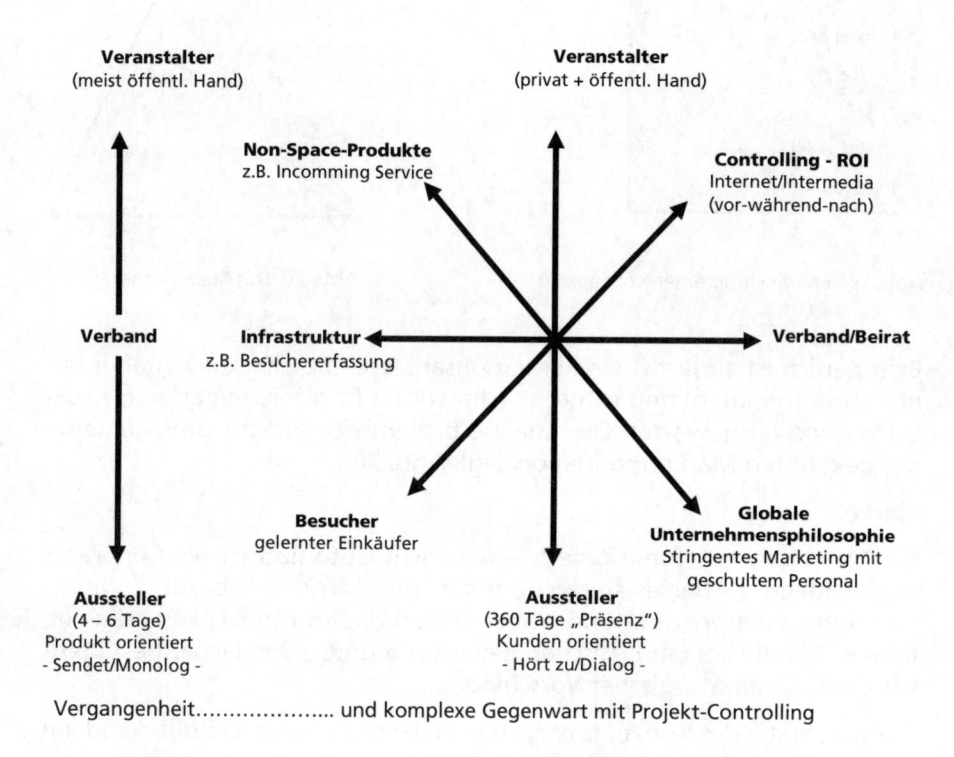

Abb. 21 Vergangenheit und komplexe Gegenwart mit Projekt-Controlling.

Wettbewerbsbeobachtung:

s.a. CD-ROM

Lassen Sie von ausgesuchten, technisch und kaufmännisch versierten Mitarbeitern aus dem Marketing und Innendienst-Vertrieb die wichtigsten Konkurrenten verantwortlich beobachten. Normalerweise kommt das Marketing zu anderen Ergebnissen als die ID-Vertriebskollegen, da beide Bereiche unterschiedliche Aufgabenstellungen und damit Sichtwei-

Trojanisches Pferd für Marketingentscheidungen

sen haben. Beide sind jedoch für das Unternehmen wichtig. Der Außendienst sollte in diese wichtige Aktion nicht eingebunden werden. Er ist für die Besucher und die Akquisition verantwortlich ... und außerdem sieht er beim Wettbewerb immer die gleichen Stärken und Schwächen ... zu seinem Nutzen. Wenn er schlau ist ... und das erwarten Sie und wir von ihm.

Idealerweise sollte die Beobachtung nicht nur in den ruhigen Messezeiten durchgeführt werden, wo gerade auf dem eigenen Stand nichts los ist. Denn wahrscheinlich sieht es beim Wettbewerb dann ebenfalls ruhiger aus.

Übrigens: Für das Messeteam ist es gar nicht so leicht einzusehen - bei nur ca. 40 Nettostunden. Auf jeden Fall ist - wegen der späteren Vergleichbarkeit - einen standardisierten Erhebungsbogen zu verwenden. Bitte fotografieren Sie auch die Stände der Konkurrenten. Wettbewerbsbeobachtung gehört ebenso wie die Kundenbefragung zu den messbaren Messezielen. Legen Sie deshalb vor der Messe pro ausgewähltem Standmitglied eine genaue verbindliche Zahl fest.

Immer wieder taucht natürlich die Frage auf, ob der beobachtete Stand auch betreten werden, man sich zu erkennen geben und gegebenenfalls auch auf ein Gespräch einlassen soll? Was so oft im Leben gilt, trifft auch hier zu: Es gibt keine Regel in der Praxis, die allgemeingültig ist. Es wäre töricht, bei oligopolistischen Marktverhältnissen, wo jeder jeden (vielleicht sogar persönlich) kennt, Katz und Maus zu spielen. Auf der anderen Seite gibt es genügend Branchen mit weitaus geringerer Überschaubarkeit, wo sich ohne Probleme ein Standbesuch und sogar ein Fachgespräch durchführen lässt, bei dem man sich nicht zu erkennen geben muss. Natürlich verlangt das von dem Mitarbeiter auch ein wenig Courage. Unsere Erfahrung zeigt ohnehin, auch wenn es immer wieder vehement bestritten wird, dass nur in wenigen Fällen ein unbekannter Besucher auf dem Stand explizit angesprochen wird. Im Gegenteil: Ungestörtes Umhergehen ist in den meisten Fällen möglich. Unglaublich, aberwahr.

Was soll nun konkret in der Wettbewerbsbeobachtung „hinterfragt" werden? Antwort gibt Ihnen Checkliste 3.

| Messe und konsequentes Marketing |

✓ **Checkliste 3   Marktanalyse durch Wettbewerbsbeobachtung**

- Welche Konzeption, welche Ansprache, welche Philosophie lässt das Unternehmen erkennen?
- Produkte/Sortimente/Entwicklungen/Ergänzungen/Neuvorstellungen:
  - Welche Exponate sind ausgestellt?
  - Wie sind die Exponate platziert?
  - Warum sind die Exponate so platziert?
  - Prospekte sind immer doppelt zu sammeln: einmal für den Vertrieb und einmal für das Marketing.
- Organisation: Innendienst/Außendienst/Marketing/verkaufsförderung/Management:
  - Gibt es Änderungen in der Hierarchie? Rechtsform?
  - Gibt es neue leitende Mitarbeiter?
  - Welche Qualifikation haben diese?
  - Sind Top-Mitarbeiter ausgeschieden und wenn ja, warum?
- Standorganisation:
  - Wie groß ist die ständige Besatzung?
  - Wer empfängt wie?
  - Wie ist die Kleidung, Namensschilder?
  - Wie wird bewirtet?
  - Gibt es eine Beratung in den Kabinen?
  - Welche besonderen Gags wie Incentives oder Give-aways sind geplant?
  - Ist der Stand gut besucht, zum Beispiel auch von den eigenen Kunden?
  - Wie ist die Prospektverteilung organisiert?
  - Ist ein Systemstand oder ein individueller Stand eingesetzt?
  - Wie ist die technische Ausrüstung des Standes?
  - Wieviel Präsentationen gibt es, wie lang, zu welchem Thema?
  - Wie argumentiert der Wettbewerb gegen uns (technisch und kaufmännisch)?
  - Sind Auftragsbücher vorhanden?
  - Welche Messekontaktberichte werden benutzt?
  - Was halten die eigenen Kunden von dem Konkurrenzstand/ -auftritt?
  - Wie wird der Besucherstrom „gefiltert"?
  - Welche Ab-, Anwesenheits- und Anmeldedisziplin ist erkennbar?
  - Welche Internet-Aktivitäten, vor, während und nach der Messe sind erkennbar?

| Trojanisches Pferd für Marketingentscheidungen |

Wettbewerbsbeobachtung

Messe: _____ Datum: _____

Beobachter: _____ Uhrzeit: _____

1. **Standkonzept (Größe, Produktausstellung, Besprechungszonen, Kabinen, Info, Kontaktzonen, wie Bar, Stehtische)**

_____

_____

2. **Standpersonal als solches zu erkennen?**

❑ ja   ❑ schlecht   ❑ nein

_____

Bewirtungsart: konventionell? Oder:

_____

3. **Anzahl Standpersonal**

Empfang: _____ Service: _____ Verkäufer/Berater:

Sonstige: _____ Gesamt: _____ ca. _____

(Besucher): _____

4. **Wie sind die Produkte dargestellt?**
   (nur Produkte mit/ohne wirtschaftliche Erklärung, mit Anwendungsbeispielen)

_____

_____

E-Medien Einsatz?

_____

5. **Verhalten Standpersonal?**

a) Direkte Ansprache

(z.B. wie viel % der beobachteten Fälle Ansprache wie „Kann ich Ihnen helfen? o.a.)

_____

Keine Ansprache

_____

> Messe und konsequentes Marketing

Besucherbefragungen?

___

b) Werden vom Verkäufer Daten abgefragt (Name, Unternehmen, Funktion, Aufgabenstellung etc.) bzw. Visitenkarten ausgetauscht und auf strukturierten Fragebögen fest gehalten?

___

c) Wie ist der Gesprächsverlauf (werden vorher Anforderungen/Anwendungssituation erfragt - DABA und dann Info's abgegeben und Produkte/Anwendungen gezeigt?)

___

d) Behandlung insgesamt?

☺   😐   ☹

e) Gesprächsabschluss (z.B. Vereinbarung konkreter Besuchstermine etc.)

[ ] ja   [ ] KW   [ ] rufen Sie an ... [ ] nein

f) Wie lange hat der Kontakt gedauert?

[ ] 10 Min.   [ ] 10-20   [ ] länger als 20 Min.

6. **Verfügbarkeit von Info-Material (Ständer oder nur über Abforderung bei der Standbesatzung, zuschicken nach der Messe)?**

___

7. **Give-aways?**

___

8. **Motto (intern/extern)?**

___

9. **Aufhänger für unser Mailing?**

___

Anlage: Prospekt, Visitenkarte, Messekatalog, Fotos

Abb. 22 Wettbewerbsbeobachtung

Trojanisches Pferd für Marketingentscheidungen

Fallbeispiel 2005

Beobachtung des Wettbewerbs

Datum: 11. Uhrzeit: Besuchsfrequenz: Beobachter:

Standgestaltung

Design	offen / eher geschlossen optisch ansprechend individuell
Beschriftung	deutsch / englisch / Sonstiges:
Exponatanordnung	zum Anfassen / Tafel / Vitrinen / Sonstiges:
Lage	Im Blickfeld / versteckt / Randlage / zugebaut von Nachbarn
Empfangstheke	ja / nein ständig besetzt: ja / nein
Kabinen	ja / nein wenn ja, wieviele:
Übersichtlichkeit	klar / übersichtlich / verschachtelt
Kleidung der Mitarbeiter	einheitlich / uniformiert / uneinheitlich
Motto	ja / nein Welches?
Blickfang (Eyecatcher)	ja / nein Welches?
Animation	Spiele / Wettbewerbe / Quiz / Moderator

Exponate

Auswahl	exponet-bezogen / allgem. Programm / FM-bezogen
Anzahl	nur Kernprodukte / kompl. Sortiment / je Typ mehrfach
Größe	1 : 1 / Modell groß / klein (muss man zum Erkennen Stand betreten?)
Platzierung	gut sichtbar / versteckt / Prioritäten erkennbar
Qualität	ordentlich / lustlos wird gepflegt: ja / nein
Anbieter für	Komponenten / Verkabelungssysteme / Dienstleistungen
	Welche? (Art und Umfang. Eigen und Subanteile beschrieben; bitte Rückseite beachten)
Neuheit	Welche?
Kernaussage	Welche?
Cu-Datenkabel	RG / Tx / IBM / Kat.5 / Kat.6 / Kat.7 / Patch
Cu-Steckverbinder	RJ 45 / Kat.7 / Sonstiges:
Cu-Verteiler	Portzahl:
LWL-Kabel	A- / I- / Breakout / Spezial, welche:
LWL-Steckverbinder	Pref. Typen:
LWL-Verteiler	Datenblatt, bzw. beschreiben (Packungsdichte, Höhe usw.)

Seite 1

| Messe und konsequentes Marketing |

Vorkonf. LWL-Kabel	max. Faserzahl: Anwendung: I- / A-
	Eigenentwicklung / Standardelemente von:
LWL-Verteiler	Datenblatt, bzw. beschreiben (Packungsdichte, Höhe usw.)
Aktive Systeme	Modems / plug and play / softwarebestimmt

Akquise

Mitarbeiter-Verhalten	abwartend / auf Kunden zugehend / agressiv zugehend
Mitarbeiter-Zahl	Verkäufer, ca.: Hostessen, ca.: Sonstige, ca.:
Beratungsqualität	oberflächlich / ausreichend / qualifiziert
Informationsgehalt	kundenbezogen / Firmensicht / nur allgemein
Zielsetzung	Neukundengewinnung / Kontaktpflege
Ansprache auf Kern/Neuh.	ja / nein sofort / später
Gesprächsdauer	kurz / mittel / lang erfolgt Auslese von „Sehleuten"? ja / nein
Auftreten	unfreundlich / neutral / freundlich / ineressiert / ehr gelangweilt
Sprachqualität (nur für ausländ. Anbieter)	deutsch / englisch / Sonstiges:

Dokumentation

Wertpapier	immer / nur bei Wichtigem Formblatt: ja / nein (Muster mitbringen!)
	Erstellung: sofort / später Wurde ich erfasst? ja / nein
Kataloge	liegen offen / werden auf Anforderung verteilt / werden nachgeschickt / CD verfügbar? ja / nein (Muster mitbringen)
Kundenbefragung	ja / nein (Muster mitbringen)

Werbegeschenke / Bewirtung

Was?	1. class:	Wer?
	2. class:	Wer?
	3. class	Wer?
	Give away:	
Konzepte / Thema	ja / nein	Ggf. was?:
	08 / 15	Etwas Besonderes:

Seite 2

Kunden- und Noch-Nicht-Kunden-Befragung

Prolog

Viele Hersteller wissen wenig über ihre Kunden, noch weniger wissen sie über die Kunden ihrer Kunden. Die Meinung eines Kunden ist das einzige, was zählt! Die eigene Selbstbefriedigung über gelungene Produkte, tolle Werbebotschaften oder einen fantastischen Messestand bringen keinen einzigen Auftrag. Der Markt, nicht der Unternehmer muss „Hurra" schreien. Wird der Kunde nicht gefragt, kann man nicht erfahren, was richtig und falsch gemacht wird und wo Verbesserungspotentiale liegen. Die Ergebnisse einer Befragung lassen sich übrigens ausgezeichnet über die Presse vermarkten und sind ein wesentliches Instrument der Kundenbindung. Motto: „Sie helfen uns, Ihnen zu helfen". Gleichzeitig sind sie eine Akquisitionshilfe und sensibilisieren die Mitarbeiter für die Wünsche und Anforderungen des Marktes. Das alles klingt logisch, aber nur wenige Aussteller auf Industriemessen gestalten dieses Medium systematisch und mit der notwendigen Penetranz. Die Kundenbefragung und Noch-Nicht-Kundenbefragung liefert ein Meinungsspektrum aus erster Hand hinsichtlich

- der Zufriedenheit/Unzufriedenheit mit dem Lieferanten
- möglicher Gründe für die Zufriedenheit/Unzufriedenheit
- der Stärken/Schwächen in der Marketing-, Vertriebsarbeit und technischer Service.
- der Kundenanforderungen/-kriterien an einen leistungsstarken Lieferanten
- der Bearbeitung des Unternehmens und/oder vergleichbarer Wettbewerber nach diesen Anforderungen
- der Kundenorientierung des Unternehmens und/oder vergleichbarer Wettbewerber
- des Bekanntheitsgrades/Images des Unternehmens und des Wettbewerbs.

Aus der Praxis wissen wir, dass Kunden Befragungen grundsätzlich sehr positiv gegenüberstehen. „Uns nimmt man ernst." Die Kundenbefragung ist der erste Schritt zu mehr Kundenorientierung, damit zu mehr Kundenzufriedenheit, was dann zu einer stärkeren Kundenbegeisterung führt. Und noch ein ROI-Aspekt: So schnell, so billig, so transparent kommt ein Unternehmen nicht wieder an solch wertvolle Daten. Im Feld würden vergleichbare Ergebnisse wesentlich mehr kosten. Wie gesagt: Eine Messe zahlt sich aus, wenn man will und kann!

Was soll mit einer Kundenbefragung und Noch-Nicht-Kundenbefragung konkret hinterfragt werden? Hier hilft Ihnen Checkliste 4.

> **Checkliste 4 Marktanalyse durch Kunden- und Noch-Nicht-Kunden Befragung**
>
> ⇨ Kunden-/Noch-Nicht-Kunden-Meinung vom idealen Lieferanten
>   - Produktqualität
>   - Dienstleistungsmentalität/Internetdialog
>   - Reklamationsbearbeitung
>   - Auslieferung/Service/Logistik
>   - Preis–/Leistungsverhältnis
>   - Innendienst
>   - Außendienst
>   - Bekanntheitsgrad des Lieferanten
> ⇨ Kundeneinschätzung vom Unternehmen zu den Kriterien (Vergleich/ Wettbewerb)
>   s.o.
>   Kundeneinschätzung zu Verbesserungsmöglichkeiten hinsichtlich der Kriterien
>   s.o.

Hinweis: Es empfiehlt sich auf jeden Fall, ein Ranking für diese Bewertung der Fragen einzuführen: sehr gut - gut - weniger gut - verbesserungswürdig.

Eine Befragung auf dem Stand darf den Rhythmus der Messebesucher nicht stören und sollte deswegen möglichst nicht mehr als 5 Minuten in Anspruch nehmen. Komplexeren Zusammenhängen kann deshalb nur bedingt nachgegangen werden. Dazu bietet sich insbesondere die schriftliche Befragung auf dem Stand an. Sie verkürzt etwa dem Besucher die Wartezeit auf seinen Ansprechpartner, der noch in ein Gespräch verwickelt ist. Der Kunde wird „geparkt" und gleichzeitig hofiert.

Ein Aspekt wurde bisher ein wenig vernachlässigt: Natürlich kann man auch den aktuellen Messeauftritt selbst aus Besuchersicht einschätzen lassen. Dies ermöglicht Ihnen Checkliste 5.

Auf Basis der auf der Messe durchgeführten Analyse können nun die Marketing-, Vertriebs- und Kommunikationsziele neu justiert werden, falls sich dies als notwendig herausstellt. Die Marketingstrategie wiederum hat die Aufgabe, den Einsatz der Marketinginstrumente in Hinblick auf die Ziele zu steuern und zu kanalisieren und damit den Rahmen zu bilden, in dem die Instrumente eingesetzt werden.

An diesem Punkt stellen wir die Diskussion um einzelne Strategiearten zurück. Beschäftigen wir uns vielmehr noch einen Moment mit den Zusammenhängen zwischen der Messepolitik und der Strategie. Heben wir

Checkliste 5   Wie Sie Ihren aktuellen Messeauftritt analysieren ✓

- ⌘ Gesamtbeurteilung der Veranstaltung
  - Besucherzahl/-qualität
  - Bedeutung für das eigene Unternehmen
  - Dauer des Messebesuches
  - Anzahl der Standkontakte
  - Interessenschwerpunkte/Zielsetzung für die Veranstaltung
- ⌘ Einschätzung des Messeauftritts des erhebenden Unternehmens
  - Konzept/Motto/Botschaft
  - Standgestaltung:
    - Lage/Lauflage
    - Größe
    - Exponate auf dem Stand richtig?
    - Aufteilung
    - Serviceleistungen/Links zu Internet
  - Werbematerialien
  - Personal (Freundlichkeit/Qualifikation)
- ⌘ Kundenveranstaltung/Informationsbörse
  - Inhalte
  - Organisation
  - Stimmung
  - Qualität der Teilnehmer
- ⌘ Follow-up

zunächst die strategische Relevanz von Messen hervor: Messepolitik muss sich immer an die Marketing-, Vertriebs- und Produktstrategie eines Investitionsgüterunternehmens anlehnen.

Hier gilt das bei den Marketingzielen Gesagte. Wer neue Kundensegmente im Rahmen einer Marktsegmentierungs- und Markterweiterungsstrategie erschließen bzw. ansprechen will, kann dies auf Fachmessen besonders gut umsetzen, genauso wie er sich im direkten Wettbewerbsvergleich strategisch positionieren und profilieren kann. Voraussetzung dazu ist eine aktuelle Strategie, und genau hier liegt es in der Praxis häufig im Argen. Messeteilnahmen sind eine Chance, grundsätzlich über die Formulierung der eigenen Marktstrategie nachzudenken, also herauszufinden, wie und auf welchem Wege die Ziele erreicht werden können. Die Messepolitik wird zum „Initialzünder" für die interne Strategiediskussion (vgl. Checkliste 6):

Nichts läuft wie geplant, aber ungeplant läuft nichts!

| Messe und konsequentes Marketing |

✓ Checkliste 6 Überprüfung bzw. Entwicklung einer Strategie

1. Welche Strategie „fährt" Ihr Unternehmen bzw. soll es insgesamt und in den einzelnen Geschäftsbereichen „fahren"?
   - ☞ Bestehendes Geschäft: (intensivieren)
     – vorhandene Märkte sichern
   - ☞ intensivere Marktdurchdringung
     (an bestehende Kunden mehr verkaufen)
   - ☞ bessere Marktbesetzung (neue Kunden im bestehenden Markt gewinnen)
   - ☞ Neues Geschäft: (extensivieren)
   - ☞ neue Produkte/Dienstleistungen
     – neue Märkte/Marktsegmente
     – Diversifikation (Entwicklung neuer Produkte für neue Märkte)
2. Welche Strategie hat Ihr Unternehmen formuliert bzw. muss es gegenüber Wettbewerbern formulieren?
   - ☞ Strategie der Kostenführerschaft
   - ☞ Präferenzstrategie
   - ☞ Strategie der Differenzierung
3. Wie sehen die einzelnen Marketingstrategien aus bzw. müssen sie aussehen?
   - ☞ Produktpolitik
   - ☞ Preispolitik
   - ☞ Distributionspolitik.
   - ☞ Kommunikationspolitik
   - ☞ Vertriebspolitik
4. Welchen Einfluss hat die jeweilige Strategie auf die Messepolitik?

Die Messe dient u. a. dazu, die Feldarbeit unter Kostengesichtspunkten zu optimieren.

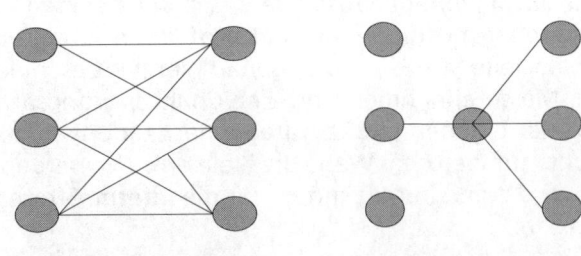

Besuchswege ohne Messe   **Gewichtete Besuche durch die Messe**

Abb. 23 Optimierung der Feldarbeiter und Kostengesichtspunkte

| Trojanisches Pferd für Marketingentscheidungen |

Und noch ein ernstzunehmender Hinweis: Jeder, der im Marketing und/ oder Vertrieb tätig war bzw. ist, kennt die häufig vorhandene Lagermentalität, die zwischen diesen beiden Abteilungen herrscht. Trotz moderner Trainee-Programme, in denen die angehenden Führungskräfte auch die jeweils andere Seite kennen lernen, bestehen immer noch Abteilungszäune und Abstimmungsprobleme. Auch hier bietet die Messepolitik die Chance, „Zäune einzureißen" - natürlich auch zur Technik und zum Kundendienst - und verschiedene Abteilungen, die in die Vorbereitung involviert werden müssen, an einen Tisch zu bringen. Deshalb darf es im Unternehmen auch keine separate Messeabteilung geben. Sie isoliert! Verlangt werden Projektmanagement und Task-Groups.

Messeprogramm zur Verwirklichung der Unternehmensziele

Ergebnis	Einsatz	Kompetenz
Effizienz (während und nach der Messe)	Effektivität (während und nach der Messe)	Voraussetzungen (vor der Messe) Projekt Management für 1 Jahr
Konkrete, messbare Ergebnisse	Zielorientierte Verhandlungen	Definition und Ausrichtung auf div. Messeziele
Zeitgewinn im Follow-Up	Optimaler Support Einsatz (Wertpapier)	Rollenverteilung Standmannschaft
Veränderung (z.B. Anteile Alt-/Neukunden) Quantität, Qualität, Richtung der Kontakte	Kontrollierte Kontaktfrequenz und - zeit (EDV-Doku.)	Pipeline aufstellen + Meilensteine definieren
Verzögerung Leistungsabfall, Flexibilitätstraining, Erhöhung Effizienz	Fixtermine, ad hoc- Verhandlungen, Leerzeiten steuern	Einladungen/Akquisition (Terminsteuerung)
./. Fehleinschätzung ./. Streuverluste	Strukturierte eindeutige Verfahrensweise	Plattformmodell festlegen
Verbesserung der Relation Aufwand zu messbarem Ertrag um mind. 20-30% Lerntransfer	Stufenweise Realisierung des individuellen Aktionsplanes (mit Eigenkontrolle)	Verhaltenskonzept erarbeiten (Ausrichtung, Motivation, Incentives für Standdienste)

Quelle: doctors, Wien

Abb. 24 Messeprogramm zur Verwirklichung der Unternehmensziele

Messe und konsequentes Marketing

Messen quali- und quantitativ erfassen – Arbeitsmatrix –

Ziel \ Ideale Zielgruppen	Messlatte	Stammkunden, die x einsetzen	Neue Kunden mit < 50 T p.a.	Wettbewerbskunden/ Maschinenpark y	Ehemalige Kunden Anwendung Z	Interessenten der letzten 12 Monate	Neue Anwendungen/ Werkstoffen 1+2	xy-Anwender mit eigener EDV-Abt.	Entscheider/ Funktionsbereich xy	KMU's < 2 Standorten	...?
Neues Produkt A ⇒ Verkaufen	200 T€			X	X	X	X		X		
Modifiziertes Produkt B ⇒ Ersatz bei Altanwendern	100 T€	X						X			
Servicekonzept C ⇒ Verträge schließen	30		X								
Sortimentserweiterung D ⇒ Rahmenverträge mit Sortimentsbonus	20						X!		(X)		
Neuer Distributionskanal E ⇒ Konzeptionstermine mit neuen Fachhändlern	20									X	
Neues Preissystem FX ⇒ Abrufverträge	20	X			(X)				(X)		
Erweitertes Schulungsangebot G ⇒ Forcieren	100				(X)				X		
...?	?										

© Nach Peter Schreibe

Abb. 25 Messe quali- und quantitativ erfassen

> **FOKUS**
>
> 1. Messen bieten hervorragende Möglichkeiten, aktive Marktforschung zu betreiben. Die beiden Medien dazu sind die Kunden- bzw. Noch-Nicht-Kundenbefragung und die Wettbewerbsbeobachtung. Der Vorteil auf der Messe: Schnelle, dichte und kostensparende Umsetzung ist möglich.
> 2. Neue Kundensegmente lassen sich auf einer Messe besonders gut erschließen und ansprechen.
> 3. Über ein enges Projektmanagement können Abteilungszäune zwischen Marketing und Vertrieb eingerissen werden.

3. Trojanisches Pferd für Führungsverhalten

Wir können nahtlos beim zuletzt Gesagten fortfahren: Messepolitik muss, da sie abteilungsübergreifend wirkt, alle relevanten Führungskräfte involvieren, zumal es um strategische Fragestellungen geht. Aufgrund der diskutierten Multifunktionalität, der Komplexität und der wechselseitigen Wirkungen der Messepolitik werden höchste Anforderungen an diese Managementebene gestellt.

Schauen wir uns die dabei anfallenden Aufgaben etwas näher an. Messebeschickungen erfordern Planungs-, Durchführungs- und Kontroll- bzw. Steuerungsaktivitäten für eine lange Zeit. Es wird schnell deutlich, dass es sich hierbei um die klassischen Führungsaufgaben handelt. Dies ist in jedem Managementbuch nachzulesen. Gemeint ist die Verantwortung für diese Aufgaben und damit die Anleitung der eigenen Mitarbeiter. In der Praxis gibt es erstaunliche Führungsmängel. Überraschend genug ist es, dass den Mitarbeitern oft nur globale Ziele vorgegeben werden und dann am Ende der Periode eine (frustrierende) Analyse der Ergebnisse erfolgt. Manchmal kommt der Verdacht auf, dass die Ziele bewusst verschwommen kommuniziert werden, damit es keine Schuldigen geben kann. Auch nicht im Management.

Aber es gibt Hoffnung: Prof. Rust postuliert eine „Dritte Kultur im Marketing". Im herrschenden wirtschaftlichen Umbruch entsteht eine Kultur der intellektuellen Wertschöpfung zur Bewältigung der Zukunftsaufgaben für Management und Marketing. Marketing ist für diese Arte Exekutive die kennzahldominierte Manipulation der Wirklichkeit, Praxis, das ist Zukunft auf drei Stellen hinter dem Komma, das ist System, das sind Ablaufdiagramme, das ist der Bann auf diese widerspenstige Wirklichkeit auf diesen Teufel da draußen, der in die Kunden gefahren ist und sie zum Sündenfall verführt, damit sie tun, was sie wollen und nicht, was Unternehmer wollen.

Messe und konsequentes Marketing

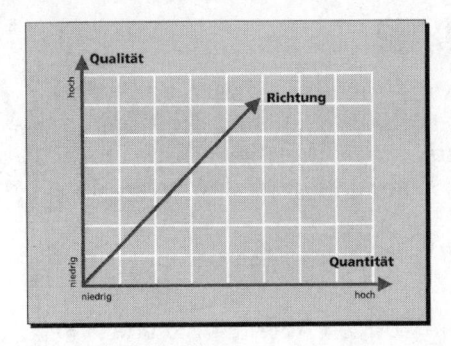

Abb. 26 Steuerung des Mitarbeitereinsatzes mit QQR

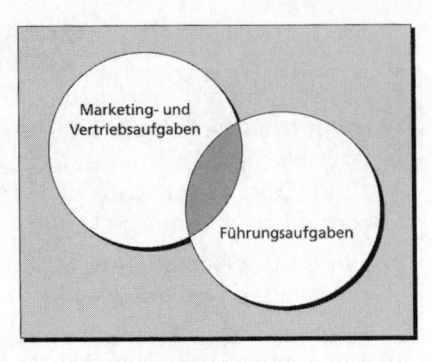

Abb. 27 Schnittstelle zwischen Vertriebs-/Marketing - und Führungsaufgaben

Die Aufgaben bestehen aber vor allen Dingen darin, gemeinsame Ziele zu setzen sowie Aktivitäten zu definieren, um diese Ziele zu realisieren und Mitarbeiter zu qualifizieren.

Die Qualität, Quantität, und Richtung des Mitarbeitereinsatzes (QQR) muss gesteuert werden. Das ist eine wesentliche Führungsaufgabe. Dabei soll nicht gegängelt, sondern verantwortungsbewusst geführt werden. Aussagen wie „Mitarbeiter im Vertrieb benötigen ihre Freiräume" sind da wohl eher noch Relikte aus der eigenen Vertriebszeit. Wo liegen die Ursachen für solche Mängel? Viele Führungskräfte wachsen z.B. aus Vertriebs- oder Marketingjobs in Führungspositionen. Nun ist die gemeinsame Schnittstelle der beiden Tätigkeitsfelder relativ klein:

Mitarbeiter verlangen von ihren Führungskräften die Bereitschaft zur Analyse, zur Steuerung und zum „Monotoring" ihrer Aktivitäten. Kommen wir zurück zum Zusammenhang mit der Messepolitik. Um Messen messbar zu machen, müssen Ziele gesetzt werden (Planung). Um diese Ziele zu realisieren, werden Vorgehensweisen entwickelt, Aufgaben verteilt und es wird sichergestellt, dass die Mitarbeiter diese Aufgaben adäquat erfüllen. Nach einem definierten Zeitraum wird überprüft, ob die gesetzten Messeerwartungen realisiert wurden. Wir erinnern uns: Es geht nicht um die reine Veranstaltung, da eine Messe länger als die Messe dauert. Aber wie lassen sich jetzt Führungsschwächen mit Hilfe einer Messe beseitigen (s. auch Teil 4: Messe-Aktionsprogramm)? Trainieren wir die Führungskraft mit Hilfe der Checkliste 7.

Checkliste 7 Führung während eines Messe-Aktionsprogramms ✓

- ⌕ Setzen messbarer Messeziele, abgeleitet aus den Unternehmens-/Marketing-/Vertriebszielen für eine definierte Periode.
- ⌕ Vereinbarung von Aktivitäten zur Zielerreichung (z. B. Mailings, Internet telefonisches Nachfassen, Gespräche auf dem Stand, Produktneuentwicklung).
- ⌕ QQR: Qualität der Leistung sicherstellen, z. B. durch Mitarbeitergespräche auf dem Messestand oder beim Kunden, durch Schulungen, Abend-/Morgenandacht
- ⌕ Quantität der Leistung sicherstellen: Anzahl der Mailings, Nachfastelefonate, Neukundenberatung auf dem Messestand, A-Besuche nach der Messe aus Messekontakten definieren und regelmäßig überprüfen.
- ⌕ Richtung der Leistung sicherstellen: Wird tatsächlich mit Neukunden oder neuen Hierarchien gesprochen oder wird wieder Kontakt zu den „good old friends" gesucht? Wird über das Produkt- oder das Marktkonzept gesprochen?
- ⌕ Auswertung des Aktionsprogramms und kritische Analyse der Ergebnisse mit allen Beteiligten.

FOKUS

1. Eine Messeteilnahme ist eine typische Führungsaufgabe von Marketing- und Vertriebsleuten.
2. Sie hilft, die Management- und Führungsfähigkeiten zu verbessern und auszubauen.

4. Trojanisches Pferd für Unternehmensphilosophie

Die Unternehmensphilosophie als Grundkonzept des unternehmerischen Denkens und Handelns sollte die grundlegenden Wertvorstellungen eines Unternehmens in schriftlich fixierten Leitbildern oder Leitlinien enthalten. Sie formuliert das Selbstverständnis und liefert den Sinn und die Gründe unternehmerischen Handelns. Folglich werden nicht-ökonomische Aussagen über den Unternehmenszweck, die Beziehungen zu unternehmensrelevanten Gruppen und die Aufgabenfelder getroffen. Es geht um Wertvorstellungen.

Messe und konsequentes Marketing

Die Aufgaben der Unternehmensphilosophie lassen sich folgendermaßen zusammenfassen:

- Motivationsfunktion: Über ein Wertsystem sollen sich die Mitarbeiter mit dem Unternehmen identifizieren und ein Vertrauensverhältnis aufbauen. Qualifizierte Mitarbeiter sollen so gesucht und gebunden werden.
- Selektionsfunktion: Die Unternehmensphilosophie stellt ein Entscheidungs- und Auswahlkriterium für alle Ansprechgruppen des Unternehmens dar.
- Explikationsfunktion: Kritik am Unternehmen kann durch Reflexion des Verhaltens und entsprechende Anpassungen der Unternehmensphilosophie an die Forderungen berücksichtigt werden.

Soweit die Einleitung zum Thema Unternehmensphilosophie, das in der Praxis eine immer stärkere Bedeutung gewonnen hat. Das äußert sich jedoch immer noch eher in „Lippenbekenntnissen auf Hochglanzpapier", das an die Zielgruppen verteilt wird, als in dem wirklich ernsthaften Versuch, die Leitlinien auch umzusetzen. Eine solche „Customer-Driven-Company" ist zugegebenermaßen gerade mit unserer deutschen Mentalität schwierig. Kundenorientierung, d. h. „Der Kunde steht im Mittelpunkt aller unserer Aktivitäten", und Kundennähe erscheinen teilweise sogar unangenehm, auf jeden Fall aber unbequem. Immer freundlich und erreichbar sein am Telefon ist eine Konsequenz daraus. In der Korrespondenz mit Geschäftspartnern dürfen die gesprochenen Worte „wir" und „ich" kaum vorkommen und viele Verhaltensregeln mehr. Kundenorientierung fängt im Kleinen an.

Wie steht das oben Gesagte im Zusammenhang mit der Messepolitik? Auf Messen steht ein Unternehmen ganz besonders im Brennpunkt des Marktes. Es wird beobachtet, häufig im Unterbewusstsein des persönlichen Betrachters. Man beschäftigt sich als Aussteller mit sich selbst, indem ein großer Messestand und viele Produkte den Glauben an die eigene Stärke, technische Kompetenz und Schönheit widerspiegeln.

Durchaus (auch) wichtig.

Oder hat sich das Unternehmen im Vorfeld wirklich mit den Kunden und Kunden des Kunden (!) auseinander gesetzt? Präsentiert es Lösungen, die sich mit den Problemen des Kunden auseinandersetzen? Lassen wir die Fragen an dieser Stelle unbeantwortet, dienen sie uns vielmehr als Gedächtnisstütze für zukünftige Messen und die entsprechenden Stellen in diesem Buch.

Seien wir uns aber darüber einig, dass Messen an sich eine große Chance bieten, die eigenen Ansprüche in die Tat umzusetzen. Über Messen müssen alle Bekenntnisse durch die Gestaltung des Messestandes, das Verhalten des Standpersonals usw. gelebt werden. Voraussetzung dafür ist natürlich, dass die Unternehmensleitlinien bekannt sind und von allen Mitarbeitern verstanden wurden (hierzu Checkliste 8).

Checkliste 8   Messe und Unternehmensphilosophie

- An welcher (schriftlich fixierten) Unternehmensphilosophie orientiert sich das Unternehmen?
- Bildet der Kunde den Mittelpunkt aller unternehmerischen Überlegungen?
- Welche Umsetzungsstrategie existiert im Unternehmen?
- Sind diese Leitsätze allen Mitarbeitern bekannt, von ihnen verstanden und gewollt?
- Sind die Leitlinien der Unternehmensphilosophie im Messekonzept berücksichtigt (Stand, Give-aways, Mitarbeiterschulung, Prospekte, Haus-/ Messezeitschrift, den Internetauftritt)?
- Wie sind die Zielgruppen definiert?

In der essayistischen Form des Marketing sehen wir indes: wie Märkte entstehen, nicht Zielgruppen, sondern Lebensorientierungen, Stile, Mentalitäten, die sich quer durch die klassischen Zielgruppen ziehen. Was wir nun brauchen, sind offensichtlich weniger Zielgruppen-Begriffe als integrative Ideen, die individualisierte Lebensstile unter einem neuen Gesichtspunkt zusammenfassen, aber unter einem Gesichtpunkt, der nicht in den ökonometrischen Labors entstanden ist, sondern in der Beobachtung der Straße.

Wo ginge das besser, als auf dem Messestand!

| Messe und konsequentes Marketing |

Definition Zielgruppen

„Wir leben in einer Republik,
die von achtzig Millionen Einzelkämpfern
bevölkert wird.
Unter ihnen befinden sich
Porsche fahrende Fliesenleger,
Gemüse anbauende frühere Leiter
der Vertriebsabteilung,
Stasioffiziere, die als Heiratsschwindler malochen,
habilitierte Penner,
Kriminelle, die direkt dem Vorstand
unterstehen,
und niederbayerische Bauernsöhne,
die eine Windsurfer-Boutique in
West-Berlin
oder ein
Squash-Center auf Gran Canaria
aufgemacht haben."

Hans Magnus Enzensberger

FOKUS

1. Die Unternehmensphilosophie formuliert das Selbstverständnis des Unternehmens und den Sinn und die Ethik sowie die Gründe des unternehmerischen Handelns.
2. Auf der Messe bietet sich eine große Chance, Kundenorientierung als Philosophie zu leben.

5. Trojanisches Pferd für Unternehmenskultur

Die Unternehmenskultur sei die Manifestation bzw. praktizierte Umsetzung der aus der Unternehmensphilosophie abgeleiteten Werte. Damit ist die Philosophie der Soll- und die Kultur der Istzustand. An der Ausprägung der jeweiligen Kultur innerhalb eines Unternehmens wird klar, ob die in der Philosophie verankerte Markt- und Kundenorientierung den „abstrakten Wunschvorstellungen" des Managements entspricht oder tatsächlich akzeptiert, realisiert und gelebt wird. Jedes Unternehmen hat übrigens eine Kultur, gewollt oder ungewollt, gelebt von allen Mitarbeitern als ihr unter der Oberfläche der „formalen Welt" befindliches Gedankengut. Es geht um die Denkmuster, Wertvorstellungen und Verhaltensnormen der Mitglieder eines Unternehmens.

Man kann das gut mit einem Eisberg vergleichen: Was die Kunden und wir von einem Unternehmen sehen, ist die formale Struktur eines Unternehmens, also das, was sichtbar geschaffen wurde, wie z. B. Fahrzeuge,

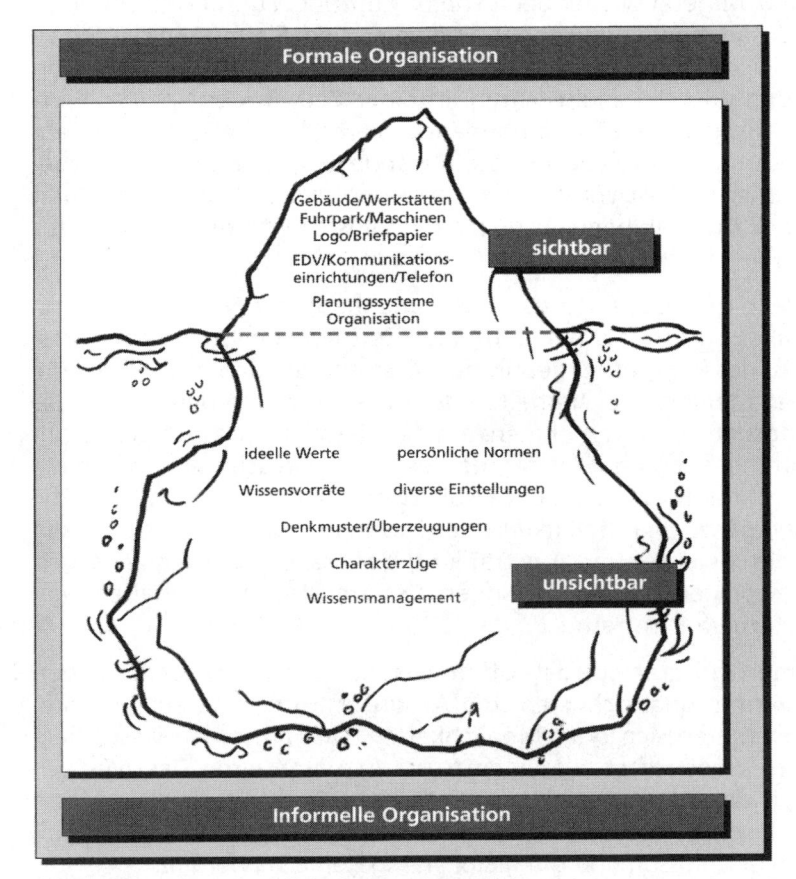

Abb. 28 Das Eisberg-Modell der Unternehmenskultur

Messe und konsequentes Marketing

Gebäude, Sortiment, Firmenlogo, Werbung, Internet. Was nicht zu sehen ist, sind die Einstellungen, Sinnesüberzeugungen aller Mitarbeiter, die in einem Unternehmen arbeiten, und das betrachten wir als einen Hauptteil des Eisberges, also den unsichtbaren 6/7-Teil (vgl. Abb. 28).

Wenn ein Unternehmer nun seine „formale Organisation" ändern will, so ändert er 1/7 seines Unternehmens. Er kann eine insgesamt erfolgreiche Veränderung in seinem Unternehmen aber nur dann durchführen, wenn er die restlichen 6/7 „mitbewegen" kann. Die Mitarbeiter „mitbewegen", also zu etwas bewegen, ist - wenn es um arbeitsrechtliche, ausführungstechnische Fragen, reine Dienstanweisungen geht - relativ einfach. Doch Mitarbeiter in ihren Einstellungen durch Formelneuerungen zu „bewegen" ist schwierig. Das erklärt, warum so viele „Neuerungen" in Unternehmen erfolglos bleiben!

Eine Neugestaltung der Unternehmenskultur kann nicht einfach „installiert" oder angeordnet werden, sondern muss kontinuierlich wachsen. Deshalb sind wir jetzt wieder beim Thema Führung. Führungskräfte müssen diese Zusammenhänge kennen und verstehen. Sie müssen die Mitarbeiter motivieren, den „neuen Geist des Hauses" mit frischem Schwung vorleben und auch lebendig halten. In einer Zeit, in der sich das wirtschaftliche Umfeld schnell und permanent verändert, müssen Unternehmen Strukturen entwickeln, die die Veränderungen möglichst weitgehend antizipieren. Die Dynamisierung erfordert eine stetige Überprüfung gewachsener Vorstellungen. Pauschale Erfolgsrezepte gibt es natürlich nicht.

Der ungeduldige Leser sucht den Zusammenhang zur Messe. Unternehmenskultur ist, speziell für den konkreten Zeitraum eines Messe-Aktionsprogramms, das konkrete Ergebnis der Messepolitik, und zwar durch die versendeten Mailings, das Verhalten der Mitarbeiter auf dem Stand, das Erscheinungsbild des Unternehmens auf der Messe - etwa durch die gestalterische Aufmachung des Standes, der Exponate, Broschüren -, durch die Besuche nach der Messe. So gibt beispielsweise der Messestand Auskunft über Extravaganz, Unauffälligkeit oder Sachbezogenheit. Oder es lassen sich über die Kleidung und Ausstrahlung der Standbesatzung Aussagen über die jeweiligen Wertvorstellungen, Denkmuster und Verhaltensweisen der Mitarbeiter treffen.

Unternehmenskulturen werden offensichtlich vor allen Dingen aus den visuellen Vermittlungstechniken und Ausdrucksformen heraus interpretiert. Damit bieten sich gute Möglichkeiten, sich auf einer Messe dem interessierten Beobachter „aus einem Guss" zu präsentieren. Das ist jedoch nur ein Teil des Wechselspiels zwischen Kultur und Messe. Die Messe macht den Eisberg in seinem Umfang sichtbar. Die Werte sowie Sichtweisen können erschlossen und diskussionsfähig gemacht werden.

> Trojanisches Pferd für Marketingentscheidungen

In der Praxis können Messen fokusiert auch dazu genutzt werden, eine erhöhte Anpassungsbereitschaft bei den Mitarbeitern zu schaffen. Sie können helfen, sich für die Veränderung zu sensibilisieren. Verwenden lässt sich dazu folgendes Grundmuster:

- Sponsoren in der Unternehmensleitung initiieren den Prozess des Umlernens anlässlich einer Messebeteiligung,
- Promotoren propagieren die Notwendigkeit der konkreten Umsetzung,
- Prozessbegleiter helfen umzusetzen.

Die Fragen in der Checkliste 9 sind nicht neu. Neu sind aber das Ausmaß der Herausforderung und die Interdependenzen zur Messepolitik.

Diese Unternehmensphilosophie gilt es unter einem Motto/Slogan nach außen (und nach innen) nachhaltig zu transportieren. Untenstehend ein Beispiel aus einer Gruppenarbeit eines unserer Kunden.

Checkliste 9   Messe und Unternehmenskultur

- Auf welche vorhandenen Kompetenzen kann (für die Messe) aufgebaut werden?
- Welche müssen neu erworben werden?
- Welche Veränderungen der Umwelt sind zu berücksichtigen? Werden sie gezielt erfasst? (Messe: Befragung/Beobachtung?)
- Wie werden die gewonnenen Erkenntnisse verarbeitet?
- Welche strategischen Schlussfolgerungen werden gezogen?
- Wie hoch ist die Lernfähigkeit und -bereitschaft der eigenen Organisation?

FOKUS

1. Die Unternehmenskultur bildet den Istzustand ab. Sie ist die praktizierte Umsetzung der Philosophie.
2. Die Kultur ist wie ein Eisberg, wovon 6/7 nicht zu sehen sind. Das sind die Werte der Mitarbeiter. Hier Veränderungen zu erzielen, ist relativ schwierig.
3. Kultur ist, für den speziellen Zeitraum eines Messe-Aktionsprogramms, das konkrete Ergebnis der Messepolitik. Deshalb liegen hier große Chancen und die aktuelle Einsicht, Prozesse zu vermitteln und zu verändern

Slogan Industrie-Messe   (Gruppenarbeit)

First in Class: Nr 1 in seiner Kategorie → First in Mind: (Erster in der Emotion der Besucher) → Time to win → Take off to the future → Synergy at work → Go → Be better → Schlechte Zeiten sind gute Zeiten für die Besten → Specialists at work → Team at work → Efficiency, Progress, Responsibility → Progress with Progress → Engineering the Future → Engineers for the World → Engineering for Industrial Growth → Engineering with Basis → Basis for Engineering → Engineers at Sight → Engineers at Work → Engineering: our Profession → Profession for Progress → Rely on Competent Engineer(s)ing → We do it your way → Your engineering and contracting base → Take it complete → Not less than completion → We complete value → Make it done → Take the whole thing → Get it done (right) → Challenge to compete → Success is passion → It's personal → Because it's pay for → Because it's your money → Passion for profit → We do best for clients advantage → Good enough for brilliance → Worth your money → Take it all → Contract value → We want you happy → Worth the best → You pay for enthusiasm → Contract success → The futures best today → You're the challenge → Leave it to do best → We like it hot → Go for more → Though for success → Ask for more → Work for value → The best for the client → We go into it → You are most valuable → We do it → Value for the client → Save the contract → Simple reliable → Sure pure work → Effort for value → The pure work → A step ahead → Create your success story → Think individual - act successful → Solve your future practice → Create future success → Engineered by competence → Your success engineered by competence → Your solutions engineered by competence → Imagination at work → Create with us the new standard of success...

Quelle: *doctors.* Wien

Mehr Intelligenz
pro m²

Ihre USP muss auf ein T-Shirt gehen: Kurz / Prägnant / Unverwechselbar

III. Trojanisches Pferd für Marketingsysteme
(Das 2. Geschenk)

Jedem Unternehmen ist heute klar, dass es die vielen Informationen aus der Zusammenarbeit mit Kunden, Noch-Nicht-Kunden und den vielen Interessengruppen des Marktes ohne vernünftige EDV-Systeme nicht mehr verarbeiten kann. Der Sinn der EDV für den Vertrieb an sich muss- im Gegensatz zu früheren Zeiten - nun wirklich nicht mehr diskutiert werden. Doch schauen wir einen Moment hinter die Kulissen: Bei näherem Hinschauen findet man (meistens) zunächst einmal ausgezeichnete Auftragsbearbeitungs-, Finanz- und Buchhaltungs- sowie Logistikprogramme. Für viele größere Unternehmen ist z.B. eine Standardsoftware von SAP absolute Voraussetzung. Genauso können viele Vertriebsmitarbeiter inzwischen die Ergebnisse ihrer Tagesarbeit mit Hilfe ihrer Laptops und Notebooks am Abend direkt in die zentrale EDV einspielen. Ein erstes Zwischenfazit fällt also durchaus positiv aus.

Messen als „konzentrierte Märkte für Informationen" helfen, die Qualität eines Informationssystems für eine effiziente Marktbearbeitung besser einzuschätzen. Fragen wird es halb einmal anlässlich einer Messevorbereitung ein Unternehmen, ob es z. B. die nachfolgenden Informationen (mit Hilfe der EDV) zur Verfügung stellen kann:

- Eine Adressliste, sortiert nach Kunden, Noch–Nicht–Kunden und Interessenten, mit denen das Unternehmen in konkreten Verhandlungen steht, aufbereitet nach Entscheidern und Meinungsbildern pro Produktgruppe oder Geschäftsbereich und vielleicht sogar nach Umsatz-/Ertragspotentialen.
- Eine Adressliste mit VIPs, z. B. wichtigen Pressekontakten des Unternehmens.
- Eine Auswertung der gewichteten Messekontaktberichte aus der letzten Messeteilnahme.
- Eine Auswertung der Wettbewerbsbeobachtung und Kundenbefragung (falls durchgeführt) von der letzten Messe.

Wir wundern uns über das „ist in Arbeit" als häufige Antwort, zumindest in der Praxis. Worin liegen die Ursachen? Natürlich sind sie nicht in den mangelnden Möglichkeiten der EDV zu finden, auch wenn sich viele Systeme immer noch sehr schwer tun, verdichtete Informationen auf einen Blick (grafisch ausgearbeitet) anzubieten. Dicke grüne Listen sind immer noch gebräuchlicher als komprimierte Auswertungen auf einer Seite. Dieses Statement sei aus Sicht von zwei EDV-Anwendern mit ein wenig „Knopfdruck-Mentalität" akzeptiert.

| Messe und konsequentes Marketing |

Zielgruppe	Vorbereitungsphase	Während der Messe	Nach der Messe
1) Kunden und Interessenten	• Aufbau einer Einladungskartei nach einem EDV-fähigen System, das von Messe zu Messe gepflegt wird. • Gestaltung der Einladungen als Wegweiser durch Sortimente und Exponate • Einladung mit Coupongutschein für Informationsmaterial, Messepräsente, etc. • Entwicklung eines Formulars zur Erfassung der Gesprächskontakte • Entwicklung eines Anforderungsformulars für Informationsmaterialien	• Kontakte systematisch erfassen über die EDV-fähigen Formulare (unterteilt in Kunden-Kontakte, Verhandlungs-Kontakte, Markt-Kontakte) • Visitenkarten sammeln und mit Notizen versehen • Nachsendung von Informations-Unterlagen durch Ausfüllen des Formulars für Material-Anforderungen • Aufzeichnung der Besucherfrequenzen für die einzelnen Messetage und innerhalb der Tage nach Tageszeiten • Aufzeichnung der Gesprächsschwerpunkte und der Gesprächspartner in Wertpapieren	• Kontrolle der Einladungs-Effizienz • Zusendung versprochener Unterlagen • Zuweisung von Kontakt-Fortführung an den Vertrieb • Überwachung der Messe-Anschlussaufträge und Zuweisung an den Vertrieb • Überwachung der Messe-Anschlussaufträge und Zuweisung an die Erfolgskontrolle • Kontrolle der Anschlussaktivitäten des Vertriebs • Anschlusstelefonate aufgrund der Kontakt-Berichte • Kunden und Interessenten, die nicht auf den Stand gekommen sind, müssen gesondert vom Vertrieb bearbeitet werden
2) Fach-, Wirtschafts- und Tagespresse	• Aufbau einer Journalistenkartei, die von Messe zu Messe fortgeführt wird • Persönliche Einladung von Journalisten • Vorinformation der Journalisten über die Messezielsetzungen und die Messeneuheiten • Vorinformationen über die Messeaktivitäten des Unternehmens auf der Messe		• Dankeschön-Brief für den Besuch auf dem Stand • Messe-Abschlußbericht in veröffentlichungsreifer Form • Bildmaterial vom Messestand – vor allem für die Fachpresse
3) VIP's	• Gestaltung von Einladungen entsprechend den vom Messe-Veranstalter erhaltenen Informationen • Einladung entsprechend der vom Unternehmen betriebenen PR-Arbeit bei Regierung, Behörden, Institutionen, Verbänden, Wissenschaftlichen Instituten		• Sehr persönliche Dankeschön-Briefe und Hinweis auf eventuelle Folgekontakte
4) Messegesellschaft	• Auskünfte/Anforderungen über die – Zielrichtung der Besucher – Werbung – Möglichkeit von Eintrittsgutscheinen – geplante Rahmen-Veranstaltung – Presseaktivitäten • Informationen über Besucher-Analysen vorhergegangener Messen • Ausnutzung des Einladungs-Service und der Einladungs-Unterstützung		• Anforderung der neuen Zahlen • Anforderung der Ergebnisse der Besucher-Umfrage • Auswertung der Presse-Berichterstattung der Messe über die Veranstaltung

Quelle: Eigener Entwurf (in Anlehnung an Naumann: Die Arbeit nach der Arbeit, S. 73 ff.)

Abb. 29 Erfassung von Informationen vor, während und nach einer Messe

Trojanisches Pferd für Marketingsysteme

Nein, die Gründe liegen oft beim „user" selbst. Er muss die Anforderungen, das sog. Pflichtenheft, definieren und einfordern. Er muss transparente Informationen, auf gut deutsch die Auswertungen, wollen. Und welcher Außendienst-Mitarbeiter gibt schon gerne sein ureigenes Marktwissen preis. Wissen ist Macht und macht den Mitarbeiter stark. Das Unternehmen wird übrigens abhängig, wenn Marktwissen nicht „abgelegt" wird. Außerdem verändern sich Märkte, also müssen sich auch die EDV-Karteien ändern. Das bedeutet permanente Pflege der Dateien und viel Zeitaufwand.

Ein großer Kunde wie z.B. der Chemieriese Bayer, oder Siemens, müsste aus vielen Einzelkunden und nicht aus einem Kontaktpartner bestehen. Wird etwa Verantwortung bei (potentiellen) Kunden dezentralisiert, entstehen neue Zuständigkeiten. Das führt dazu, dass die Adresskartei angepasst werden muss.

Messen Messbar Machen erfordert das pedantische Erfassen und Verarbeiten von Informationen vor, während und nach der Messe mit Hilfe der EDV (vgl. Abb. 29 und Checkliste 10).

Checkliste 10 Messe und Marketingsysteme ✓

- Welche Daten liegen im Unternehmen (durch die EDV) zu Kunden, Interessenten und allgemeinen Kontakten vor?

  Handelt es sich bei der unternehmenseigenen Datenbank um abwicklungstechnische Daten oder um die Abbildung von Marktwissen aus Sicht des Marketings/Vertriebs?

  Gibt es eine Differenzierung nach Kundenstammdaten (sog. Kopf- und Detaildaten) und Bewegungsdaten sowie Aktivitäten? (Anmerkung: Kopfdaten sind Informationen, die nur einmal gespeichert werden.)

- Sind Auswertungen/Selektionen nach Kontakten (Besuche, Anrufe, Einladungen zu Messen) möglich?
- Wie erfolgt die Pflege der Daten? Häufigkeit? Berechtigung?
- Welche Transaktionen sind mit welchem Aufwand zu programmieren?
- Welche Standards existieren für Marketing und Vertrieb hinsichtlich der Nutzung der EDV? Sind sie integriert mit anderen EDV-Systemen, z.B. mit dem Mahnwesen?

Messe und konsequentes Marketing

Folglich erfordern Messen eine aussagefähige und „marktgerechte" EDV-Unterstützung, die verdichtete Informationen zur Steuerung der Messe- und aller Marketingaktivitäten anbietet. Mängel in EDV-Systemen führen zu teuren Informationsverlusten.

> **FOKUS**
>
> 1. Messen als „konzentrierte Märkte für Informationen" helfen, die Qualität eines Informationssystems für eine effiziente Marktbearbeitung besser einzuschätzen.
> 2. Messen Messbar Machen erfordert das pedantische Erfassen und Verarbeiten von Informationen vor, während und nach der Messe mit Hilfe der EDV. Der Außendienst möchte das nicht unbedingt, da er glaubt, Macht an die Zentrale abzugeben und Feedback - für ihn anwendbar - bekommt er vom HQ eh nicht...)

Die Macht der Absicht ändert die Wirklichkeit.....

IV. Trojanisches Pferd für die Marketingorganisation (Das 3. Geschenk)

Wirken Menschen, Kapital, Maschinen oder Anlagen in Unternehmen mit dem Zweck zusammen, die gesteckten Ziele zu verfolgen und mit arbeitsteilig abgeleiteten Aufgaben zu erreichen, bezeichnet die Theorie dies als Organisation. Dabei handelt es sich um die Gesamtheit der dazu erforderlichen Regeln. Der Prozess des Organisierens selbst wie auch sein jeweiliges Ergebnis sind damit gemeint. Die einzelnen aufbauorganisatorischen Grundformen und ablauforganisatorischen Aspekte darzustellen, würde den Rahmen dieses Buches sprengen und sind mit Sicherheit vielen Lesern noch aus der eigenen Ausbildung bekannt. Aber lassen wir keine Langeweile aufkommen und setzen uns lieber mit einem aktuellen Thema auseinander: Den Zusammenschlüssen von Unternehmen. Übernahmen und Fusionen haben Konjunktur. Weltweit schließen sich Großunternehmen zu noch größeren Konzernen zusammen (vgl. auch das Fallbeispiel Agie Charmilles in Teil 4, Kap. IV dieses Buches). Auch die Anzahl und der Wert von strategischen Allianzen, also den losen Verbindungen zwischen Unternehmen, die sich nur auf einzelne Geschäftsfelder oder Projekte beziehen, steigt jedes Jahr um ein Drittel.

Unternehmens-Zusammenschlüsse verändern die Struktur und die Arbeit des Vertriebes. Wie umfangreich diese Veränderungen sind, hängt wiederum davon ab, ob es sich um

- einen vollständigen Zusammenschluss (Absorption),
- eine Teilfusion, also eine partielle Einbeziehung des Vertriebs oder
- eineTeilfusion, bei der der Vertrieb unabhängig bleibt, allerdings kooperiert, indem die nationalen Vertriebskanäle bei grenzüberschreitenden Transaktionen genutzt werden, oder
- Teilfusionen, die sich überhaupt nicht auf den Vertrieb auswirken,

handelt. Wie auch immer, es entsteht eine Vielzahl von neuen Herausforderungen, die es schnell zu lösen gilt. Damit eine Fusion aber auch die gewünschten Effekte bringt, müssen neben den genannten vertriebsspezifischen noch weitere Aufgaben gelöst werden. So müssen zum Beispiel

- das Sortiment und die Produkte/Dienstleistungen,
- die Produktbezeichnungen, Verpackungen, Codierungen, Stammdaten,
- der ges. Marketingauftritt (Werbung, Werbemittel, VKF, Straßenschilder, etc.)

- die Preislisten
- die technischen Dokumentationen,
- der Kundendienst
- die Vertriebssteuerungssysteme (Entlohnung, AD, Anforderungsprofile, Qualifikation, Kunden-/Marktdaten, etc.)
- Finanzierungs- und After Sales Aktionen

harmonisiert und neu ausgerichtet werden. Sollte es sich darüber hinaus um eine internationale Kooperation handeln, wovon heut fast immer auszugehen ist, wächst die Komplexität weiter. Internationale oder Europalösen Landesstrukturen ab. Nationale Kompetenzen, Organisationen, etc. werden weitgehend durch internationale ersetzt. Kulturelle Unterschiede müssen erkannt und integriert werden. Am Beispiel eines Messeauftritts in Japan lässt sich verdeutlichen, wie groß die Unterschiede sind: In Japan wird wesentlich weniger Wert auf persönliche Kommunikation oder Catering am Stand gelegt. Videopräsentationen oder Show acts rufen stets große Begeisterung hervor. Das führt oft zu starken Lautstärkeduellen benachbarter Stände, da eine Dezibelregelung selten vorgeschrieben ist. Außerdem wollen Japaner königlich hofiert werden. Wer diese Erwartungshaltung zufrieden stellt und das Servicedenken erlernt, kann durchaus gut ins Geschäft kommen. Bis es aber zu konkreten Abschlüssen kommt, dauert es manchmal Jahre. Auf einer japanischen Messe wird „niemals" ein Vertrag unterschrieben. Die Marktbearbeitung wird also immer komplexer und diffiziler.

Das renommierte Unternehmen ABB hat bereits vor einigen Jahren ein patentes Rezept gefunden, um die internationalen Messen erfolgreich zu gestalten. Treten mehrere ABB-Gesellschaften aus unterschiedlichen Ländern, aber mit vergleichbarem Sortiment auf, koordiniert die Zentrale die Besucherströme, um Missverständnisse zu vermeiden. In einer Konzernanweisung werden die wichtigsten Regeln für ein koordiniertes Auftreten auf nationalen und internationalen Messen beschrieben:

- Jede Gesellschaft entscheidet selbständig über Inhalt und Umfang der Beteiligung und übernimmt die hierfür anfallenden Kosten.
- Die Konzernholding oder die Holding-Gesellschaften treten auch als Aussteller auf.
- ABB tritt auf einer Messe bevorzugt mit nur einem Stand auf.
- Die Corporate-Identity-Regeln sind von allen Gesellschaften einzuhalten. Darüber hinaus muss auf jedem Stand der weltführenden Bedeutung von ABB durch Art und Inhalt der Darstellung entsprochen werden.
- Alle Messebeteiligungen müssen der zentralen Messestelle gemeldet werden. Diese Stelle informiert über alle relevanten Messen und koordiniert den gemeinsamen Auftritt mehrerer ABB-Gesellschaften.

Trojanisches Pferd für Marketingorganisation

Eine derart präzise und abgestimmte Vorgehensweise kann nur empfohlen werden. Denn Schwächen in der Marketing- und Vertriebsarbeit werden im Brennglas der Messe schonungslos aufgezeigt. Umgekehrt bieten Messen in der Vorbereitung gute Gelegenheit, das Team-Selling zu optimieren, raus zu kommen aus der Isolation des Tagesgeschäftes. Wichtig dazu ist, dass sich alle Beteiligten frühzeitig an einen Tisch setzen und die Kontaktaufnahme und Betreuung des Kunden oder des Noch-Nicht-Kunden für die Messe managen. Also: Der Kommunikationsfluss untereinander wird durch das Projekt Messe verbessert. Die Geschäftsbereiche sollen ein gemeinsames Motto entwickeln, das die Stärke des gemeinsamen Auftritts signalisiert. Bei einem Industrieunternehmen entstand z. B. in einem Messeprojekt der Slogan 1+ 1= 3: Jede Produktionstochter ist zwar für sich alleine schon stark, in der Summe aller Betriebe ist man jedoch deutlich stärker, da sich zum Wohle des Kunden Synergien ergeben (gemeinsames Entwicklungs-Know-how, Zentraleinkauf, vgl. Checkliste 11).

Checkliste 11 Messe und Marketingorganisation

1. Wie stimmen sich die einzelnen Sparten, Produktgruppen oder Geschäftsbereiche beim Kunden-/Noch-Nicht-Kunden-Kontakt ab? Gibt es verbindliche Regeln?
2. Gibt es eine übergeordnete „Instanz" (Key-Account-Management) mit klar definierten Entscheidungsbefugnissen? Wie schätzt der Vertrieb diese Instanz ein?
3. In welcher Form bildet die EDV die Kunden-/Noch-Nicht-Kunden ab? Lassen sich Kunden nach Geschäftsbereich/Sparten und Unternehmen darstellen und abgleichen?
4. Werden Kunden-/Noch-Nicht-Kunden zu Messen aus Geschäfts-/Sparten- oder Unternehmenssicht wie, und von wem angesprochen?
5. Werden Kunden-/Noch-Nicht-Kunden aus der Perspektive des Team-Sellings betreut?
6. Wird in die Messevorbereitung neben dem Vertrieb und Marketing z. B. auch die Anwendungstechnik und der Kundendienst integriert?

> ### FOKUS
>
> 1. Fusionen und strategische Allianzen erfordern eine Menge Abstimmungsaufwand zwischen den einzelnen Geschäftsbereichen. Ein gemeinsamer Messeauftritt erzwingt die Harmonisierung der Marktbearbeitung.
> 2. Eine präzise und abgestimmte Vorgehensweise auf einer Messe ist dringend erforderlich, da Schwächen im Marketing und Vertrieb hier schonungslos aufgezeigt werden. Der Zwang zur Abstimmung bietet eine große Chance. Wirklich.

V. Trojanisches Pferd für die Marketinginstrumente (Das 4. Geschenk)

In der Theorie wird die Messepolitik von renommierten Marketingexperten wie Heribert Meffert nur als eine „Resultante" der produkt-, distributions-, preis- und kommunikationspolitischen Maßnahmen interpretiert. Eigene Erfahrungen aus zahlreichen Messeprojekten in der Praxis zeigen jedoch, dass diese Sichtweise zu eng gewählt ist. Denn oft genug sind Messeteilnahmen Auslöser für marketingpolitische Grundsatzentscheidungen. Die Messepolitik ist ein komplexes Instrument, das in seinem Wert sicherlich stark von der Ergänzung durch andere Marketinginstrumente abhängig ist, genauso wie diese andererseits von der Messepolitik in ihrer Wirkung unterstützt werden. In den nächsten Kapiteln geht es um das Erkennen und Nutzen der Abhängigkeiten und der Möglichkeiten, um die Wirkung gegenseitig zu verstärken.

Von einer anderen Wirkung spricht Mortsiefer wie er in der untenstehenden Grafik darstellt. Daraus geht u.a. hervor, dass die „Nachfassaktionen" deutlich früher einzusetzen haben, damit der Aussteller nicht in einem Angebotsstau gerät und schon von daher an Attraktivität einbüßt: „Wer zuletzt kommt..." (Sie wissen schon) Also, auf jeden Fall schon in der ersten Woche (in dieser Zeit des Interegnums, der „kaiserlosen" Zeit) nach der Messe, zumindest Zwischenbescheide geben: Der Kunde will sich angenommen und estimiert fühlen.

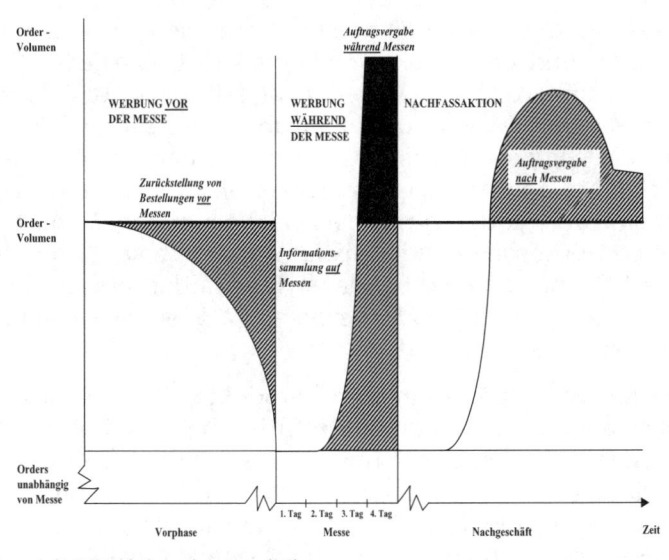

Abb. 30 Messe als Mittel der Absatzpolitik

> Messe und konsequentes Marketing

Ein zusätzlicher Hinweis: Die Ausrichtung einer Messeveranstaltung setzt natürlich auch voraus, dass das marketingpolitische Instrumentarium genutzt wird. Damit sind z. B. Themen wie Standbau oder Kommunikation mit den Zielgruppen gemeint. Diese, nennen wir sie operative, Ebene erwartet den Leser im Teil 4 und auf der CD-ROM.

1. Produktpolitik

Gerade in der Investitionsgüterindustrie spielt die Produktpolitik eine erhebliche Rolle und prägt alle anderen Marketinginstrumente - also auch die Messepolitik - entscheidend mit. Diese Erkenntnis soll auch durch die nachfolgenden Ausführungen nicht widerlegt werden. Dennoch wollen und müssen wir auf einige Missstände im Rahmen der Produktpolitik aufmerksam machen.

Konzentrieren wir uns zunächst kurz auf ausgewähltes Basiswissen: Die Produktpolitik umfasst sämtliche Entscheidungen, die sich auf ein marktgerechtes Leistungsangebot (Produkte, Sortiment, Service) beziehen. Die Betonung liegt auf marktgerecht. Viele technisch orientierte Unternehmen sind so von ihren Produkten überzeugt, dass die Interessenten zu ihnen kommen müssen und nicht umgekehrt. Der Erfolg der Produktpolitik hängt aber wesentlich davon ab, wie gut es gelingt, das Anforderungsprofil des Kunden mit dem Eigenschaftsprofil des Produktes in Deckung zu bringen (vgl. Abb. 31).

Diese Erkenntnis bedeutet nicht, jeden Sonderwunsch der Kunden zu erfüllen. Denn das löst einen Rattenschwanz an Folgeaufwendungen wie Materialeinkauf, Maschinenrüstzeiten, Überstunden oder Fehlerkosten aus. Die Komplexitätskosten nehmen mit zunehmender Variantenvielfalt exponentiell zu und der Break-even-Point steigt, wie jeder Kaufmann weiß. Die Spezialisierung und Variantenvielfalt ist ein typisch deutsches Problem im Vergleich etwa zu den Japanern, entstanden in den 80er Jahren, als die ständige Sortimentausweitung noch funktionierte. Der Konsum brummte und der Markt schluckte die immer neuen Varianten. Inzwischen sind die Kunden zurückhaltender geworden. Folglich muss die Schlüsselfrage viel konsequenter verfolgt werden: Lassen sich Kundenprobleme tatsächlich nicht mit vorhandenen Standardprodukten lösen? Welche Eigenschaften will der Kunde (bezahlen)? Lieber den Gewinn steigern als die Zahl der Varianten!

Suchen wir nach der Diskussion dieser produktpolitischen Grundsatzfragen den Bezug zur Messepolitik: Unbestritten ist, dass Messen oft genug die Geburtsstunde für neue oder überarbeitete Produkte sind. Zum einen lassen sich die Wünsche des Kunden und Noch-Nicht-Kunden auf Messen gut ermitteln und testen. Neue Ideen für die Entwicklung von Produkten und Dienstleistungen sind oft das Ergebnis einer solchen Veranstaltung.

Trojanisches Pferd für Marketinginstrumente

Kundenanforderungen (sideways, rotated figure):

- weites Einsatzfeld, universelle Verwendbarkeit
- minimaler Wartungsaufwand
- niedriger Ersatzteilbestand
- zufriedene Kunden durch geringe Störanfälligkeit
- einfaches Handling

Produkteigenschaften:

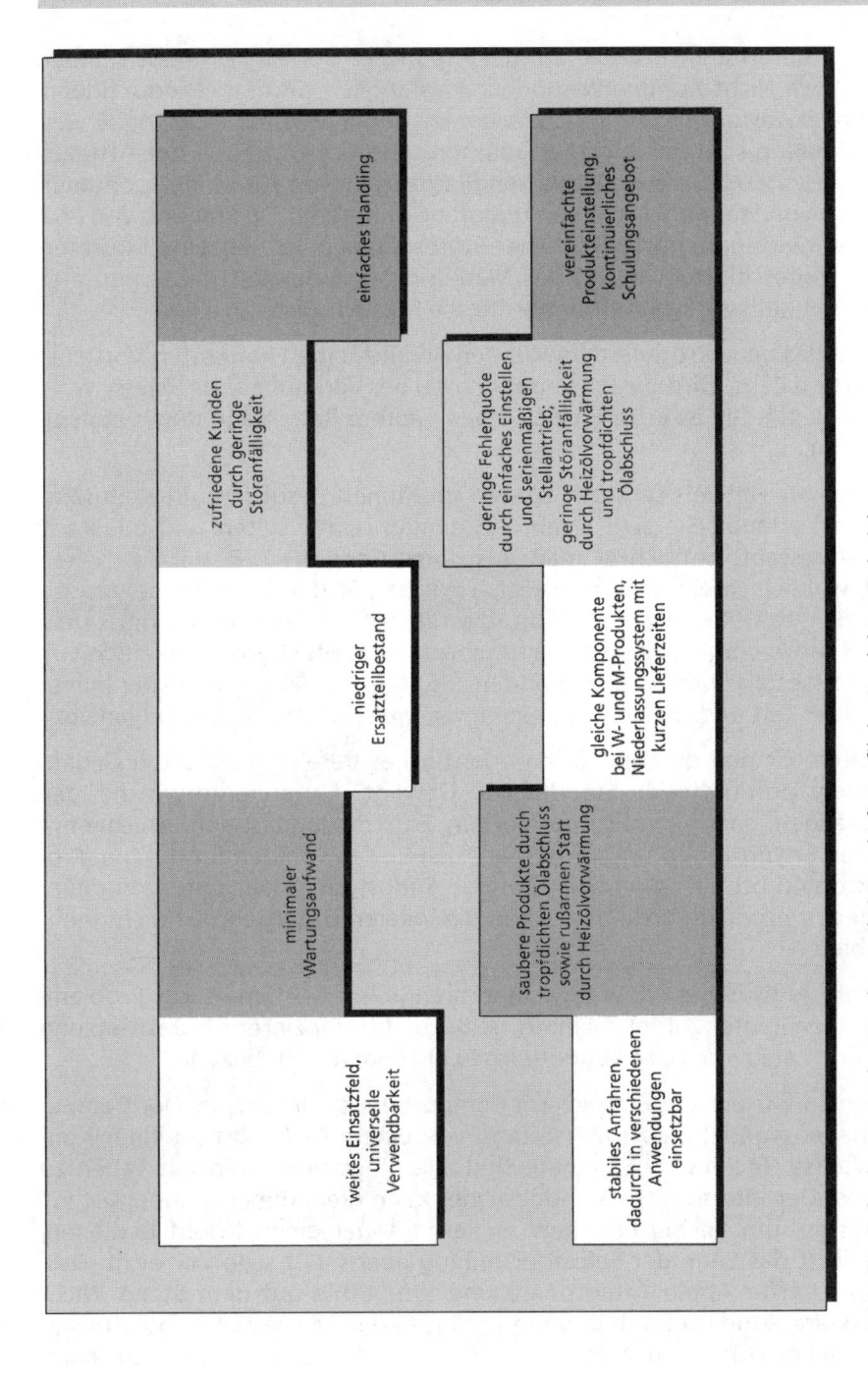

- stabiles Anfahren, dadurch in verschiedenen Anwendungen einsetzbar
- saubere Produkte durch tropfdichten Ölabschluss sowie rußarmen Start durch Heizölvorwärmung
- gleiche Komponente bei W- und M-Produkten, Niederlassungssystem mit kurzen Lieferzeiten
- geringe Fehlerquote durch einfaches Einstellen und serienmäßigen Stellantrieb; geringe Störanfälligkeit durch Heizölvorwärmung und tropfdichten Ölabschluss
- vereinfachte Produkteinstellung, kontinuierliches Schulungsangebot

Abb. 31: Anforderungen des Kunden und Eigenschaftsprofil des Produktes, Beispiel Heizölbrenner

Messe und konsequentes Marketing

Zum anderen sind offenbar auf dem neutralen Boden der Messe Kunden und Noch-Nicht-Kunden besonders empfänglich für neue Produktideen, ja ihre Erwartungshaltung geht sogar oft genug in diese Richtung. Erwiesenermaßen sind geschickte Produktpräsentationen neben der Attraktivität des Standes die wesentlichen Einflussfaktoren für einen spontanen Besuch von Ständen. Nicht von ungefähr ist deshalb die Planung von Produktentwicklungen in zahlreichen Unternehmen auf einzelne Messetermine zugeschnitten, damit das Marketing und der Vertrieb einen aufmerksamkeitsstarken Aufhänger für die Messe haben.

Bietet das neue Produkt dem Kunden wirklich einen konkreten Vorteil in Euro und Cent, wird die Präsentation und der Verkauf auf der Messe wohl ein Selbstläufer. Es erübrigt sich, dazu weitere Ratschläge ungebeten zu erteilen.

Ein kurzer Hinweis sei noch zu den spontanen Besuchen auf dem Messestand erlaubt: Sie sind erfahrungsgemäß relativ selten und qualitativ uninteressant, betrachtet man das durchorganisierte Besuchsverhalten der wirklich interessanten Besucher (nicht „Gaffer" und Studenten als Kunden von übermorgen). Nein, die relevanten Zielgruppen muss man wohl rechtzeitig vor der Messe - mehrmals - kontaktieren, um einen vollen Messestand genießen zu können. Sie - die Kunden - haben aber immer weniger Zeit und gehen nach einem weitgehend abgesteckten Plan vor.

Greifen wir nun den am Anfang des Buches bereits geäußerten Gedanken des produktfreien Standes auf. Gewagt? Formulieren wir die Idee überzogen, um sie deutlich zu machen: Entscheidend ist der Besucher mit seinen Erwartungen und nicht der Aussteller mit seinen Produkten. Produkte sind oft austauschbar, häufig in Südostasien oder Osteuropa günstiger zu produzieren. Aber haben die lokalen Unternehmen nicht mehr zu bieten?

Service, logistisches Know-how, Marktkenntnisse, wirtschaftliche Problemlösungen bieten Möglichkeiten, sich zu differenzieren. Voraussetzung dafür ist aber, dass der Kunde solche Leistungen auch bezahlt.

P Nehmen wir uns ein Beispiel am Computerhersteller Apple. Der Computerbauer wandelte den Messestand von einem Order-Ort zu einer Kontaktbörse. Technische Exponate sind allerdings nur selten mit Leben zu füllen. Der interessierte Standbesucher kann die „immer grauen Kisten" anfassen, um sie herumgehen, vielleicht sogar einen Knopf bedienen, damit ist das Ende der Selbstdarstellung aber meist schon erreicht. Deshalb schaffte Apple Atmosphäre und Sympathie auf dem Stand. Nicht Exponate, sondern Erlebniswelten prägen den Messestand - oder besser das Atelier. Unter dem Motto „Die Macht der Sinne" nahmen Naturmaterialien und fröhliche Farben den Standbesuchern die Angst vor dem kalten Computer.

Trojanisches Pferd für Marketinginstrumente

Der bereits erwähnte Maschinenbauer ABB Asea Brown Boveri präsentierte das eher nüchterne Thema Wasseraufbereitung als aufregende Medien- und Skulpturenlandschaft. Ein Wasserfall, der rauschend in einem Steingarten verschwand. Der Phantasie waren keine Grenzen gesetzt. Wir lernen daraus. Plumpe Präsentation von auf Hochglanz polierten Exponaten ist out. Selbst Ingenieure und Manager sind offen für spielerische und emotionale Inhalte. Der Gedanke des produktfreien Standes hat gerade für Maschinenbauunternehmen einen weiteren spektakulären Vorteil. Es lassen sich übrigens erhebliche Transport- und Versicherungskosten einsparen.

Aber die Umsetzung ist immer noch ach so schwer bei Firmen, die sich immer überwiegend mit der Entwicklung von Produkten beschäftigt haben und in der Vergangenheit auch immer ihre Abnehmer fanden. Die eigenen Produkte bildeten früher die Kernkompetenz, gaben Sicherheit und Gesprächshoheit. Informationen über technische Details oder Abläufe sind das Steckenpferd des geübten Technikers. Produktverliebtheit und -orientierung sind auf Messen immer noch Usus.

Die Erwartungen des Besuchers zu ermitteln und Interesse zu wecken sollten jedoch zunächst die beiden wichtigsten Bausteine eines erfolgreichen Verkaufsgesprächs sein. Das gilt übrigens nicht nur bei Konsum-, sondern gerade auch bei Investitionsgütern. Gesprächspartner eines Verkäufers sind schon lange nicht mehr nur die Anwender, sondern neben den Einkäufern auch Geschäftsführer und Manager. Das verlangt auf Messen andere Vorgehensweisen. Nicht Exponate, sondern Erlebniswelten und Lösungsansätze sollten das Bild des Messestandes prägen - gefragt sind Konzepte und wenig, aber überzeugende technischen Details.

| Messe und konsequentes Marketing |

✓ Checkliste 12 Messe und Produktpolitik

1. Welche Produktziele können auf der Messeveranstaltung umgesetzt werden?
   - die Akzeptanz des Sortiments am Markt,
   - die Vorstellung von Prototypen,
   - die Neuplatzierung eines Produktes/DL am Markt,
   - die Vorstellung von Produkt- und Dienstleistungsinnovationen,
   - die Ausweitung oder Reduzierung des Sortiments,
   und schließlich der Marktpreis?
2. Was sind die wirklichen Vorteile und Problemlösungen des Unternehmens für die Kunden/Noch-Nicht-Kunden? Wie werden Produkte, Service, Beratungskompetenz angewendet?
3. Wie lassen sich diese Vorteile und Problemlösungen aufmerksamkeitsstark und nutzenorientiert auf der Messe für die unter-schiedlichen Zielgruppen (Einkäufer, Techniker, Geschäftsleitung, Berater) präsentieren?
4. Sind die Produkte dem Besucher bekannt? Ist eine Produktpräsentation überhaupt in diesem Maße erforderlich?
5. Was soll auf der Messe erreicht werden? Soll und kann der Besucher umfangreich informiert werden? Oder soll zunächst lediglich Interesse für ein qualifiziertes Beratungsgespräch nach der Messe geweckt werden?

FOKUS

1. Der Erfolg der Produktpolitik hängt wesentlich davon ab, wie gut es gelingt, das Anforderungsprofil des Kunden mit dem Eigenschaftsprofil des Produktes in Deckung zu bringen.
2. Auf Messen sind Interessenten besonders empfänglich für neue Produkte/DL.
3. Präsentationen, die die Erlebniswelt der Besucher ansprechen, haben Zukunft. Die plumpe Ausstellung von auf Hochglanz polierten Exponaten ist out.

2. Distributionspolitik

Die Distributionspolitik legt die Wege eines Produktes vom Hersteller zum Kunden fest. Als Absatzkanäle werden dabei die Vertriebsmitarbeiter des Herstellers bzw. die Handelsunternehmen und -vertreter bezeichnet, während sich die sog. physische Distribution mit den Entscheidungen über Transportwege, Transportmittel, Lagerhaltung oder Standorte auseinandersetzt. Hoher Distributionsgrad und hohe Lieferbereitschaft sind in diesem Zusammenhang die wesentlichen Ziele. Soweit die theoretische Wiederholung, die hilft, die nachfolgenden Fragestellungen und Handlungsempfehlungen besser einzuordnen.

In vielen Industriegüterfirmen dominiert noch immer der klassische Direktvertrieb über eine eigene Außendienstmannschaft. Bestimmte Kundenkategorien können jedoch durch Industrieverkäufer kaum noch wirtschaftlich betreut werden. Mit 80 % der Kunden werden in den meisten Fällen nicht mehr als 20 % der Ergebnisse erzielt, was viel und teuren Aufwand bedeutet. Deshalb werden zunehmend Stützpunkthändler in die Marktbearbeitung eingebunden. Häufig genug ist der Handel jedoch nur Lückenbüßer bzw. treten sogar Handels- und Industrieverkäufer bei Kunden als Wettbewerber auf. Unter Lean-Gesichtspunkten sind unbedingt gemeinsam abgestimmte Marktbearbeitungs- und echte Partnerschaftskonzepte erforderlich. Sie könnten z. B. folgende Aspekte umfassen:

- eine exakte (!) Abgrenzung der zu betreuenden Kundengruppen,
- eine Beteiligung des Handels an Planungsmaßnahmen und
- Händler-Entwicklungsmaßnahmen.

Messen können dabei ein ausgezeichnetes Tool sein, um diese Ideen zu entwickeln und gemeinsam mit dem Händler umzusetzen: ein einheitlicher Messeauftritt mit partnerschaftlichem Motto und ein untereinander abgestimmtes Messe-Aktionsprogramm, das z. B. Schulungen und Verkaufswettbewerbe beinhaltet. Die enge, abgestimmte Zusammenarbeit zwischen Händlern und Lieferanten erhöht die Bindung der Partner untereinander und verbessert bzw. konzentriert die Marktbearbeitung.

Sicherlich werden sich große renommierte Händler etwa im Kfz-Teilemarkt mit breitem und tiefem Sortiment ihren eigenen Messeauftritt nicht nehmen lassen. Aber warum sollten nicht ausgewählte Messeveranstaltungen zur gezielten Abverkaufsunterstützung genutzt werden? Gemeinsame Gespräche zwischen Händler, Lieferant und wichtigen Händlerkunden auf dem Stand verbessern nachhaltig die Kundenbetreuung.

Erfolgreiche Hilfestellung kann eine Messe übrigens beim Aufbau oder der gezielten Ergänzung eines Händlernetzes bieten, denn dort sind meistens Abnehmer unterschiedlicher Distributionsstufen anzutreffen. Konzentriert und Kosten sparend lassen sich potentielle und leistungsstarke Händler beobachten, auswählen und gewinnen.

| Messe und konsequentes Marketing |

Fassen wir noch die physische Distribution, besser bekannt als Logistik, ins Auge. Unbestritten ist, dass eine hohe Lieferbereitschaft - messbar in Schnelligkeit und Flexibilität - deutliche Wettbewerbsvorteile liefert. Das dazu erforderliche logistische Know-how lässt sich - soweit vorhanden - über eine Messe gezielt vermarkten. Ein bekannter Hersteller für Werkzeuge und Bohrer hat sein neues, hochmodernes Distributionscenter von der Kapazität so ausgelegt, dass die Logistik für andere Unternehmen mit übernommen werden kann. Europaweite Lieferungen sind innerhalb von 24 Stunden möglich. Diese beeindruckende Leistung wurde auf einer Messe gezielt angesprochen und traf auf ein entsprechend hohes Interesse.

✓ **Checkliste 13 Messe und Distributionspolitik**

1. Für welche Produkte und Kundensegmente bietet sich eine Zusammenarbeit mit dem Handel an?
2. Welche Kriterien muss ein Händler erfüllen?
3. Lassen sich (neue) Händler über die geplanten Messeteilnahmen gezielt ansprechen? In wie weit kann das eigene Handelsmarketingprogramm dabei eine Rolle spielen?
4. In welcher Form lassen sich die wichtigsten Handelspartner in die Vorbereitung, Durchführung und das stringente Follow-up der Messe einbinden?
5. Lässt sich das Abverkaufskonzept durch einen gemeinsamen Messeauftritt vermarkten?
6. Wie werden die Vorteile in der Distribution des Unternehmens insgesamt und auf der Messe vermarktet?

FOKUS

1. Um auch kleinere Kunden effizient betreuen zu können, arbeiten viele Lieferanten zunehmend mit Händlern zusammen.
2. Messen sind ein hervorragendes Instrument, um gemeinsame Marktbearbeitungsstrategien mit Händlern zu planen und umzusetzen.
3. Besonderes logistisches Know-how bildet ein Thema für die Messe.

> Trojanisches Pferd für Marketinginstrumente

3. Preispolitik

Die unternehmerische Preispolitik legt Preise, Rabatte, Liefer- und Zahlungsbedingungen fest. Preispolitische Entscheidungen gehören zu den wichtigsten und schwierigsten überhaupt. Das gilt besonders, weil die einheitliche Währung, ausgedrückt in Euro, zukünftig noch mehr Transparenz bringen wird. Veränderungen der Preise haben erheblichen Einfluss auf die unternehmerische Gewinnsituation. Entscheidungen sind äußert schwierig bei stagnierender Nachfrage, schnell reagierenden Wettbewerbern sowie transparenten und sensiblen Märkten. Eine Preisreduzierung kann z. B. zu kurzfristigen Marktanteilszuwächsen führen, die wiederum die Gefahr „bissiger" Wettbewerbsreaktionen nach sich ziehen. Auch sind danach Korrekturen nach oben kaum möglich. Kunden werden ihre neuen „Besitzstände" von nun an verteidigen.

Welchen Einfluss hat nun die Messepolitik auf diese bekannten, in der Hektik des Tagesgeschäfts aber häufig genug nicht berücksichtigten Spielregeln der Preispolitik? Zunächst lassen sich auf einer Messe in komprimierter Form Preisvergleiche durchführen und Informationen über mittel- und längerfristige Preis- und Kostenentwicklungen ermitteln. Hier sei nochmals auf die Befragung relevanter Zielgruppen und die Beobachtung von Wettbewerbern hingewiesen, womit sich Erkenntnisse für die zukünftige Preisstrategie eines Unternehmens ableiten lassen.

Außerdem lassen sich neue Preisstrategien anlässlich einer Messe schnell und komprimiert kommunizieren. Wichtig ist es dabei jedoch, die möglichen Konsequenzen im Auge zu behalten. Gerade auf Messen herrscht hohe (Preis-) Transparenz. Bei aktionsbezogenen und damit zeitlich begrenzten Preissenkungen lassen sich für einen späteren Zeitraum geplante Kaufentscheidungen des Kunden vorziehen und beschleunigen. Auch Exponate, deren Rücktransport mit hohen Kosten verbunden wäre, können von Ausstellern schon mal in Ausnahmefällen zu besonderen Messerabatten verkauft werden. Der preispolitische Spielraum ist hier aber- im Gegensatz zur Konsumgüterindustrie- doch deutlich eingeschränkt.

In der Praxis zeigt sich, dass die Preispolitik überraschend oft nicht in die Vorbereitung und Durchführung eines Messeaktionsprogramms integriert wird. So müsste es eigentlich selbstverständlich sein, dass zu erzielende Durchschnittspreise pro Produkt- und Kundengruppe für das Messe-Aktionsprogramm festgelegt werden und sich von der Preisstrategie des Unternehmens ableiten. Nur dann ist später auch ein aussagefähiges Follow-up möglich. Konkrete Informationen sind bei vorsichtigem Nachfragen Mangelware.

Mit den kontrahierungspolitischen Fragen der Checkliste 14 sollten sich Aussteller im Vorfeld einer Veranstaltung unbedingt auseinandersetzen:

> Messe und konsequentes Marketing

✓ Checkliste 14 Messe und Preispolitik

1. Preisfestlegung:
   - Sollen auf der Messe neue Preise für bestehende Produkte/Dienstleistungen kommuniziert werden? Wie können und wie werden Wettbewerb und (potentielle) Kunden darauf reagieren?
   - Welche Informationen können für die Preisfindung neuer Produkte gesammelt werden?
   - Welche Marktanteile können über welche Preise gewonnen und wie lange gehalten werden, besonders für den After-Sales-Prozess?
   - Welche Informationen zur Euro-Preisfindung können über die Messeteilnahme gewonnen werden?
   - Welche Konditionssysteme bestehen innerhalb Europas bzw. global bei den einzelnen Vertriebseinheiten des Unternehmens?

2. Rabattpolitik
   - Welche Wirkungen haben spezielle Messerabatte/Aktionspreise auf die Kaufentscheidungen der Zielgruppen?
   - Welchen Einfluss haben die geplanten Rabatte auf die zukünftige Preispolitik und die Marge/den Bruttogewinn?
   - Wie sollen die Kunden über die Rabatte informiert werden? Welche Gegenleistungen werden von den Kunden gefordert (Auftrag auf dem Messestand)?
   - Welche Konditionssysteme bestehen innerhalb Europas bzw. global bei den einzelnen Vertriebseinheiten des Unternehmens?

FOKUS

1. Auf einer Messe lassen sich in komprimierter Form Preisvergleiche durchführen und Informationen über mittel- und längerfristige Preis- und Kostenentwicklungen ermitteln.
2. Neue Preisstrategien lassen sich hier besonders gut kommunizieren.
3. Die Preispolitik wird allerdings in der Messevorbereitung überraschend oft nicht berücksichtigt.

4. Kommunikationspolitik

Durch die Kommunikationspolitik werden Einstellungen, Meinungen, Erwartungen und Verhaltensweisen der (potentiellen) Kunden gesteuert. In der Investitionsgüterindustrie spielt dabei die klassische Werbung (Funk, TV) zwangsläufig eine eher untergeordnete Rolle, denn Bedarf kann i. d. R. nicht kurzfristig aktiv geweckt, aber rechtzeitig erkannt und gedeckt werden. Deshalb konzentrieren sich die meisten Unternehmen auf die kostspielige direkte Kommunikation über Verkaufsorgane und die verschiedenen Varianten der Verkaufsförderung. Die Werbung wird dabei oft unterschätzt, die der Verkäufer durch seinen Auftritt für das Unternehmen vorlebt (im positiven und vor allen Dingen im negativen Sinn). Dem Berater widmen wir wegen seiner hohen Bedeutung ein separates Kapitel (Teil 4, Kapitel II.).

Als weiteres Instrument kommt die Öffentlichkeitsarbeit (Public Relations) als indirekte Kommunikation über Geschäftsberichte, Pressearbeit, Sponsoring oder Förderung von Hochschulen, Verbänden hinzu.

Jedes Unternehmen muss (für die Messe) die eigenen Kommunikationsziele rechtzeitig festlegen. Was will ich mit wem und wer will warum mit mir kommunizieren? Und dies ist eine permanente Aufgabe. Denn Märkte wandeln sich, Zielgruppen, die gestern noch interessant waren, müssen es heute oder morgen nicht mehr unbedingt sein. Natürlich stellen sich diese Fragen anlässlich einer Messeteilnahme auch, sie sind der rote Faden für die Vorbereitung. An sich ist es denkbar einfach: Wie lauten unsere Antworten zu den obigen Fragen? Sie sollten sich in dem schriftlich fixierten und damit verbindlichen Kommunikationskonzept wiederfinden. In einem nächsten Schritt werden die für die Messe erforderlichen Anpassungen diskutiert und verabschiedet. Veränderungen werden etwa bei Branchenmessen erforderlich, die nur von einer speziellen Kundenklientel besucht werden.

Die Praxis zeigt, dass mit diesen scheinbar simplen Zusammenhängen eher nachlässig umgegangen wird. Der Grund: es gibt häufig genug keine klaren, verbindlichen Vorgaben. Aber nur damit lassen sich die einzelnen Kommunikationsaktivitäten auch in ihrer Wirksamkeit messen. Die Zeiten, wo Etats z. B. für VKF-Maßnahmen nach dem Gießkannenprinzip verplempert werden können, sind lange vorbei. Aktionscontrolling mit konkreten Zielen und Wirtschaftlichkeitsbetrachtungen pro Kunde sind angesagt. Messen bedeuten nicht Aufbau, Standbau und Abbau, sondern projektive Entscheidungen im Kommunikationsmix mit Synergieeffekten.

Eine weitere Schwäche in der Praxis: Massenkommunikation, also eine Aktivität für möglichst viele Zielgruppen. So leicht geht es allerdings inzwischen nicht mehr, zumal immer mehr Investitionsgüterunternehmen über eine höhere Kundenbindung nachdenken müssen. Denn Ergebniszuwachs ist oft nur noch mit beträchtlichem Aufwand (Preisreduzierungen) durch Wettbewerbsverdrängung möglich. Neue Untersuchungen belegen, dass mitzunehmender Kundenbindung Vertriebskosten nachhaltig sinken, dafür die Gewinne deutlich steigen können. Das funktioniert allerdings nur mit kundenindividuellen Maßnahmen; zumindest muss der Kunde das Angebot als maßgeschneidert empfinden. Betrachtet man etwa die Zielgruppenansprache für Messen, bestätigt sich eher der Eindruck der kommunikativen Massenware. „EDV-technisch lässt sich das nicht anders darstellen" ist die beliebteste Antwort. Aber verschiedene Branchen verlangen auch ein branchenspezifisches Vorgehen. Mit der operativen Umsetzung der einzelnen kommunikationspolitischen Instrumente werden wir uns zu einem späteren Zeitpunkt in diesem Fachbuch auseinandersetzen (Teil 3; Kapitel V, 4.)

Fragen wir uns an dieser Stelle, warum der Einsatz der Kommunikationspolitik während eines Messe-Aktionsprogramms ideal ist. Messen stellen gewissermaßen einen Höhepunkt des Brancheninformations- und Entscheidungsaustausches dar. Sie haben in besonderem Maße Ereignischarakter, was zu PR- und Werbemaßnahmen geradezu auffordert. So gesehen lassen sich Messen als publizistische Großereignisse ansehen. Das gilt z. B. für unternehmenseigene Publikationen, die anlässlich einer Messe erstmalig vorgestellt werden können. Medien dazu sind etwa Pressekonferenzen, Foren oder Empfänge.

Die relevanten Zielgruppen sind auf Messen erfahrungsgemäß in einer Situation anzutreffen, in der sie besonders empfänglich für jede Art der Kommunikation sind und sich nicht in der oft üblichen Abwehrhaltung gegenüber Informationsversuchen befinden. Motivation für die Besucher ist vor allen Dingen, in überschaubarer Zeit auf ein „lückenloses", aktuelles Gesamtangebot zu treffen. Die Schwelle zur Kontaktaufnahme gerade zu Personen, die sonst oft nur schwierig zu erreichen sind, ist auf jeden Fall niedriger. Denn was die modernen Massenkommunikationsmittel nicht direkt vermitteln können, die Begegnung mit dem Original, das Erleben der (konzentrierten) Wirklichkeit, kann die Messe abbilden.

Folglich ist das Spektrum der kommunikationspolitischen Möglichkeiten nahezu unerschöpflich, von der Standgestaltung und Prospekten, über Zeitschriften und Displays bis zu Plakaten auf dem Messestand oder vor den Hallen sowie gezielter PR-Arbeit und Internet-Auftritte ist alles möglich. Wichtig ist allerdings, das Kommunikationskonzept des Unternehmens kunden- und branchenspezifisch zu integrieren und auszurichten - und das am besten unter einem Dach, einem Motto und einem Slogan.

| Trojanisches Pferd für Marketinginstrumente |

Checkliste 15 Messe und Kommunikationspolitik ✓

- Liegt ein aktuelles schriftliches Kommunikationskonzept vor?
- Was will das Unternehmen kommunizieren?
- Wen will das Unternehmen erreichen und was erwartet der Empfänger?
- Welche Botschaft soll kommuniziert werden?
- Welches Ergebnis soll erreicht werden?
- Welche Konsequenzen ergeben sich aus dem generellen Kommunikationskonzept (Antworten aus 2-5) für das Messe-Aktionsprogramm?

FOKUS

1. Mit Hilfe der Kommunikationspolitik werden Einstellungen, Meinungen, Erwartungen und Verhaltensweisen gesteuert.
2. Messen sind projektive Entscheidungen im Kommunikationsmix mit Synergieeffekten.
3. Massenkommunikation ist antiquiert, sechs Segmente müssen individuell angesprochen werden.
4. Messen sind Höhepunkt des Informations- und Entscheidungsaustausches.

VI. Trojanisches Pferd für den Vertrieb
(Das 5. Geschenk)

Marketing is important, seling is essential

Wie bereits weiter oben erwähnt, widmen wir dem Vertrieb aufgrund seiner außerordentlich hohen Bedeutung ein eigenes Kapitel und versenken ihn nicht - wie in vielen Lehrbüchern - in der grauen Theorie der Kommunikationspolitik. Abbildung 32 verdeutlicht und systematisiert, welche Parameter die Arbeit im Vertrieb beeinflussen.

Die Zusammenhänge dieses Schaubildes sind aus der Projektarbeit von Mercuri International entstanden. Interessenten erkundigen sich immer wieder nach Möglichkeiten, ihren Vertrieb zu schulen. Nun darf die Qualifizierung einer Vertriebsorganisation keine isolierte Einzelmaßnahme darstellen, sondern muss eine Vielzahl von Einflussgrößen berücksichtigen. Dies gilt insbesondere, wenn Lerninhalte auch tatsächlich im Verkaufsalltag umgesetzt werden sollen.

Eine Schulung kann helfen, den Verkäufer kurzfristig stärker zu motivieren oder die Chancen eines Verkaufsgesprächs besser auszuschöpfen. Der Erfolg und die Bereitschaft der Teilnehmer wird aber ebenso durch die Zielvorgaben des Managements oder das Gehaltssystem beeinflusst. Ein Außendienstler, der höhere Margen im Markt durchsetzen soll, wird dazu i. d. R. nicht bereit sein, wenn er nach Umsatz bezahlt wird. Auch das beste Training wird ihn nicht davon überzeugen, auf einen für das Unternehmen unwirtschaftlichen Umsatz zu verzichten. Der Verzicht bedeutet für ihn in aller Regel, kurzfristig auf etwas Einkommen zu verzichten. Ebenso ist die Umsetzung der Workshopinhalte (gleichbedeutend mit qualitativen Zielen) abhängig von der Führung etwa durch die Verkaufs- oder Niederlassungsleitung.

Natürlich kommt den Verkäufern eine Schlüsselfunktion zu. Sie können in ganz erheblichem Maße die Entscheidungen eines Kunden beeinflussen. Je homogener das Angebot eines Lieferanten im Vergleich zum Wettbewerb, desto wichtiger ist die Rolle der einzelnen Vertriebsmitarbeiter. Engagement, Motivation, Zielorientierung, Kontaktgestaltung, Verkaufsgesprächsführung und -taktik der Abschlusswille sind dabei wesentliche Eigenschaften.

P In der Praxis glauben immer noch überraschend viele Unternehmen, dass durch Schulungen alleine „alles gut wird". Rennen die Außendienstler in die falsche Richtung, nützt es nichts, wenn sie das nach der Qualifizierung schneller tun. Erfahrene Verkäufer schalten oft in Seminaren ab, weil sie zum x-ten Mal Fragetechnik mit einem neuen Trainer und seiner neuen Methode durchkauen.

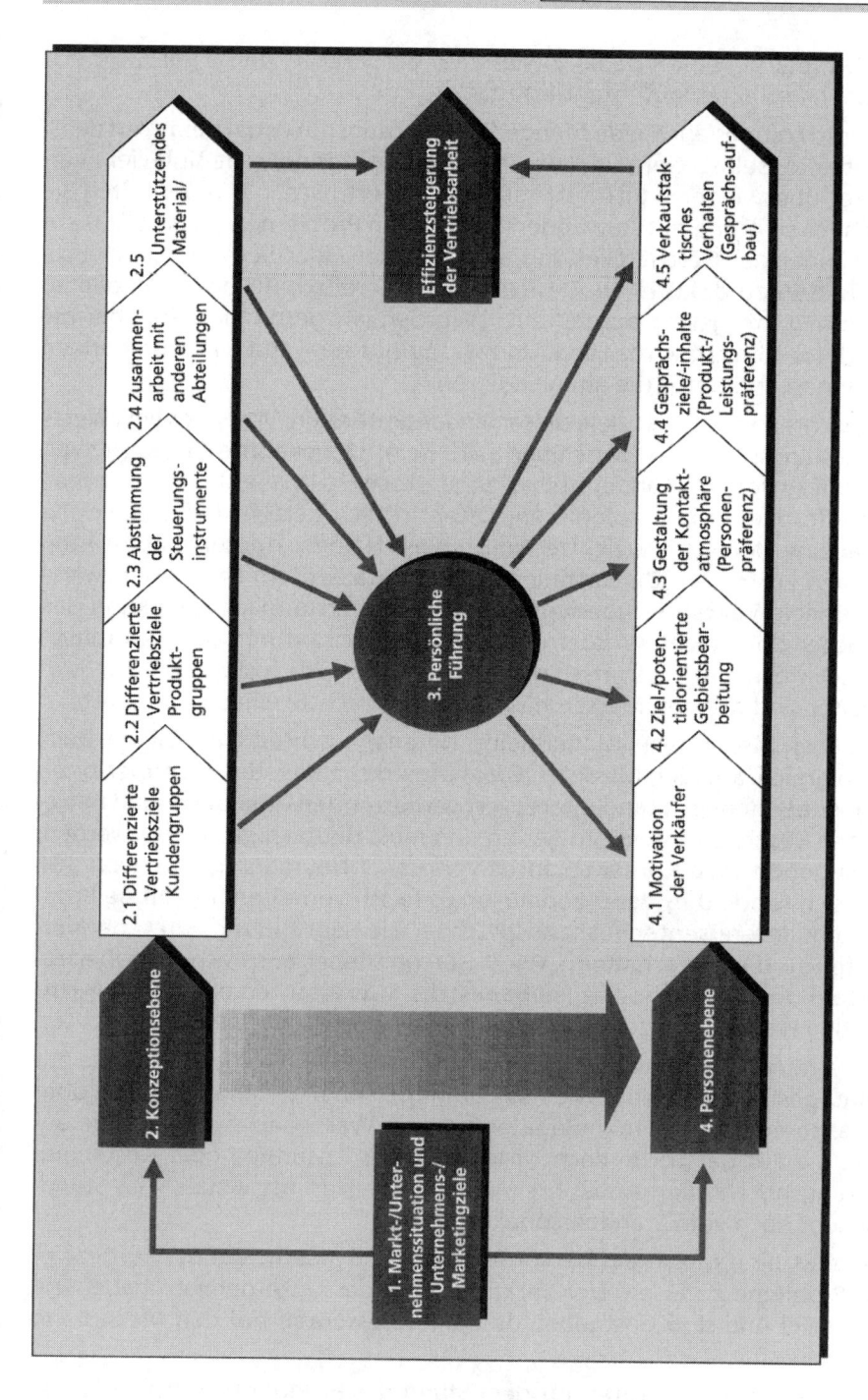

Abb. 32 Ansatzpunkte zur Optimierung der Vertriebsarbeit

| Messe und konsequentes Marketing |

Die Umsetzung bleibt dabei sowieso auf der Strecke, da sie gar nicht erst in einen Projektablauf integriert ist.

Natürlich gibt es auch jede Menge Optimierungspotential beim Vertriebsmitarbeiter selbst. Gerade in der Investitionsgüterindustrie sind viele Verkäufer überwiegend technisch gut qualifiziert. Deshalb unterhalten sie sich auch so gerne mit Anwendern und haben Probleme, mit dem Einkauf oder sogar der Geschäftsleitung eines Kunden über betriebswirtschaftliche Fakten zu diskutieren. Deshalb ist die Bereitschaft, neue Kunden zu gewinnen, oft gering ausgeprägt. „Würden wir gerne machen, aber die Zeit dafür ist nicht vorhanden. Und was bringt es, wenn wir neue Kunden gewinnen und dafür die alten verlieren. "

Beobachten lassen sich viele dieser Ungereimtheiten: Wer anonym diverse Messestände besucht, wird überrascht sein: Unbekannte Besucher werden auf (offenen) Ständen selten angesprochen. In aller Ruhe kann man sich informieren und spionieren. Offensichtlich besteht beim Standpersonal eine Hemmschwelle, freundlich nach Namen, Herkunft und Unternehmen zu fragen. Der raffinierte „Waffentausch" mit der Visitenkarte ist für viele Verkäufer überhaupt nicht selbstverständlich. „Ich kann den Besucher doch nicht so überrumpeln." Gemeinsam mit dem bekannten Wirtschaftsmagazin „Wirtschaftswoche" haben wir festgestellt: Die Mitarbeiter sind auf den Messen häufig das schwächste Glied in der Kette.

Auch der Messespezialist Carlheinz Neumann schreibt in seinem Buch „Erfolgreich auf der Messe": „Die Aufmerksamkeit des Standpersonals gegenüber den am Stand interessiert verharrenden oder den Stand betretenden Besuchern ist viel zu gering und muss deutlich gesteigert werden. Sonst gehen viele Kontaktchancen verloren." Neumann geht davon aus, dass sich rund 70 % des Standpersonals falsch verhalten, indem sie Besucher und Interessenten nicht ansprechen. Die Begründung liefert der Verkäufer für dieses Verhalten: „Wir lassen uns lieber ansprechen." Übertragen auf den Verkaufsalltag heißt das: die Interessenten oder Noch-Nicht-Kunden werden sich schon melden. Leider ist es nicht mehr so.

Ein weiteres Phänomen: Auf den meisten Ständen werden Produkte zur Schau gestellt, an denen sich das Standpersonal „festhalten" und über die es sprechen oder monologisieren kann. Was ist aber mit den Einkäufern, die auf der Suche nach wirtschaftlichen Lösungen oder Kosteneinsparungspotentialen sind? Ihre Wünsche werden oft weder vom Standkonzept noch vom Standpersonal erfüllt.

Dabei ist eine Messe ein hervorragendes Instrument, um die aufgezeigten Probleme zu lösen. Der Verkäufer und das Unternehmen haben ein Heimspiel und sind Gastgeber, da die Interessenten auf den Messestand kommen.

Nehmen wir dem Berater auf dem Stand das Produkt weg (natürlich im übertragenen Sinn), muss er über andere Dinge sprechen und den Besucher in den Vordergrund rücken: ihm zuhören, Fragen stellen, Interesse wecken. Das ist oft eine völlig neue Situation, die mit detaillierten Argumentationen im Rollenspiel geübt werden muss. Aber damit lässt sich ein Bewusstseinswandel vollziehen, der über die Messe hinausgeht und das Verkaufsgespräch beim Kunden bzw. Noch-Nicht-Kunden professionalisiert.

Die Verkäufer werden diesen Ansatz nicht sofort akzeptieren, da es sich um ein Ausbrechen aus sicherem, bekanntem „Fahrwasser" handelt."Wir verkaufen seit vielen Jahren erfolgreich, und das soll falsch gewesen sein?" Nein, es war nicht falsch! Nur die Zeiten haben sich geändert, Kunden können zwischen mehreren Anbietern mit vergleichbaren Produkten oft zu interessanten Preisen wählen.

Wichtig ist, dass die Mitarbeiter frühzeitig aufgeklärt werden und sich mit diesen grundlegend neuen Ideen auseinandersetzen können. Kunden- statt Produkt- und Technikorientierung, proaktives statt reaktives Verkaufen. Eine Messe kann als Initialzündung und als Verkaufsförderungsmaßnahme dienen, verbunden mit der Forderung nach einem ent-

Checkliste 16 Messe und Vertriebspolitik

1. Sind die Vertriebsmitarbeiter stark technik- und produktorientiert? Wie werden sie auf einen „produktlosen Stand" reagieren?
2. Wie erfolgreich realisieren sie Neukundengeschäfte? Pflegen sie lieber die „good old friends" oder suchen sie nach neuen Verkaufschancen? Werden Besucher auf dem Stand frühzeitig angesprochen (z. B. Tausch der Visitenkarte)?
3. Wie eng ist die Führung durch die Verkaufsleitung? Gibt es Ziele pro Produkt- und Kundengruppe? Gibt es regelmäßige Mitarbeitergespräche mit schriftlichen = verbindlichen Vereinbarungen und konkreten Aktivitäten zur Zielerreichung? Wird der Status der Zielvereinbarung in regelmäßigen Abständen mit dem Mitarbeiter diskutiert, um böse Überraschungen zum Ende des Geschäftsjahres zu vermeiden? Gibt es verbindliche Messeziele pro Kunden- und Produktgruppen pro Mitarbeiter mit einem permanenten Follow-up?
4. Werden Messen als eine Chance interpretiert, um konkrete Vertriebsziele zu realisieren (Verkaufsförderung oder „Durchlauferhitzer")?
5. Wie hoch ist das Bewusstsein, dass Messen wie andere Marketingmaßnahmen auch eine Investition in den Markt bedeuten und deshalb auch unter ROI-Gesichtspunkten betrachtet werden müssen?

sprechenden Return on Investment (ROI). Sie hilft, mehr und schneller und profitabler zu verkaufen. Aber warum sollte z.B. der Hamburger Vertriebsbeauftragte einen süddeutschen potentiellen Kunden nachhaltig beraten, den er nach der Messe eh nicht wieder sieht und dessen Provision sein Kollege einheimst, der intern sein Wettbewerber ist und gleichzeitig im Ranking der Firma aufsteigt. Warum? (sagen wird er es uns nicht) Der Teamgedanke muss also institutionalisiert werden. Schon aus diesem Grund darf die Messepolitik nicht nur als Image- und PR-Projekt gesehen werden, sondern es müssen klare Verkaufsziele je Mann und pro Messetag definiert werden. Es handelt sich um eine eindeutige Verpflichtung für die Verkäufer. Der Vertrieb ist letztlich der Multiplikator der neuen Philosophie.

Messe ist das ganze Jahr

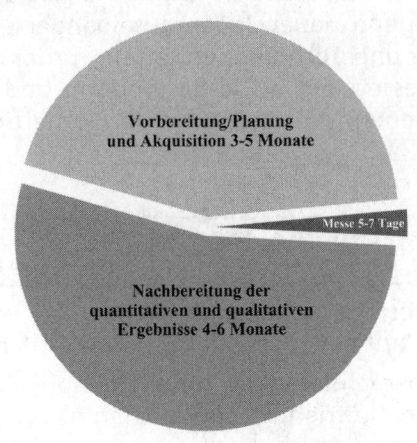

(Kreisdiagramm: Vorbereitung/Planung und Akquisition 3-5 Monate; Messe 5-7 Tage; Nachbereitung der quantitativen und qualitativen Ergebnisse 4-6 Monate)

Ihr Messeerfolg wird primär von Ihren Aktivitäten vor und nach der Messe bestimmt!

Quelle: Elke Clausen

FOKUS

1. Verkäufern kommt eine Schlüsselfunktion zu, da sie die Entscheidung des Kunden intensiv beeinflussen können. „Sie wecken Bedarf."
2. Schulungen sind kein Ziel, sondern ein Medium zur Realisierung von Vertriebszielen.
3. Die Schwächen der Verkäufer finden sich auf der Messe in konzentrierter Form.
4. Da der Verkäufer auf dem Stand ein Heimspiel hat, lassen sich diese Mängel hervorragend beheben.

Messen im Internet

Das Internet eröffnet Ausstellern, Messegesellschaften und Besuchern zusätzliche Perspektiven. Alle erforderlichen Informationen stehen grundsätzlich schneller, kompakter und transparenter jederzeit und damit letztlich wirtschaftlicher zur Verfügung. Informationsguru Bill Gates hat schon Mitte der 90er postuliert, daß wir immer noch am Anfang der zukünftigen Entwicklungen stehen. „Was zukünftig auf uns zukommt, wird unsere Gegenwart wie die Steinzeit erscheinen lassen." Natürlich wird und kann sich die Qualität der unternehmerischen Messepolitik damit weiter verbessern. Die Auswahl der richtigen Messen kann viel präziser erfolgen. Das gilt für Besucher wie für Aussteller. Natürlich kann und wird sich die Qualität der unternehmerischen Messepolitik damit weiter verbessern. Inzwischen präsentieren sich alle Messen gut im Internet. Die Kinderkrankheiten sind ausgemerzt.

Das Internet ist ein geeignetes Werkzeug, Dialoge zu führen und die Vernetzung der Kunden untereinander zu fördern. Stichwort: „Community Building". Eine derart starke Interaktivität zwischen Kunden und Unternehmen erhöht die viel diskutierte Kundenloyalität.

Der Kunde hat seine Rolle als Zuschauer aufgegeben:

Der Kunde ist Teil des Unternehmens...

Stärken des Internets

- Weltweite Aktualität mit Sogwirkung für einen geplanten Besuch auf der Messe.
- Räumliche (überall) und zeitliche (das ganz Jahr) Disponibilität.
- Personen-, Zeit- und Kostenersparnis - für Besucher und Aussteller - teilweise outsourcebar (z.B. Pflege der Website)
- Unbegrenzte Standfläche

Virtuelle Messen
Situation:

„Die Konsumenten sind außer Kontrolle, denn das Internet ist die digitale Infrastruktur der Kooperation. Wer die Nähe zum Kunden hat, gewinnt! Wer am Produktionsdenken der Industriekultur festhält, wird zum Verlierer."
Prof. Wippermann

„Der strategische Kern liegt in der Erkenntnis, dass Kontakte, die übers Netz geschlossen werden, verstärkt dazu führen, dass man sich in „Real Life" begegnen möchte. Virtuelle Messen müssen das Bedürfnis generieren, sich auf der realen Messe vor Ort zu treffen. Das Kennenlernen von Menschen ist der entscheidende Punkt für den Erfolg der interaktiven Medien.

Wenn also Face-to-Face nicht mehr das einzig wahre Kriterium für „Branchenwirklichkeit" ist, müssen Messen ihre Rolle als branchenspezifische Wissensumschlagplätze auf den virtuellen Raum ausdehnen.

Denn die Chance zur Virtualisierung einer Messe liegt darin, Raum nicht mehr nur als einen geografischen Ort, sondern als Interaktionsprozess zu verstehen.

Gerade in Branchen mit sich dramatisch verkürzenden Wissenshalbwertzeiten könnten Messen so Themenführerschaft in ihren Zielbranchen erzielen.
(Rainer Wilkens)

Fallbeispiel:

Anlässlich der letzten Orbit wurden diverse Messestände mittels einer speziellen Digitalkamera aufgenommen. Diese virtuellen Panoramaaufnahmen erlauben es dem Web-Besucher einen virtuellen Spaziergang durch den Messestand zu erleben. Er kann dabei die Kamerareinstellung und Fahrt selber definieren und sich so seinen ganz eigenen Eindruck machen.

Internet

Der Besucher im Netz bewegt sich unbeobachtet, allerdings registriert, im Informationslabyrinth zwischen Produktinformationen und Unternehmensdaten. Eine eigenständige Welt in der Welt: reich an Informationen. Der Geschäftspartner sieht und hört, was ihn überzeugen soll. Selbst wenn es technisch möglich und ökonomisch sinnvoll sein wird, über spezielle Sensoren haptische Produkteigenschaften zu übermitteln oder den passenden Duft zum Bild zu generieren, ein entscheidender Faktor im Vergleich mit der realen Produkt- und Unternehmenspräsentation wird fehlen: die unverwechselbare einigartige Atmosphäre des konkreten Momentes am konkreten Ort: DIE Messe. Hierin liegt der unantastbare Vorteil der Messeveranstaltung und des Messestandes. Mit welchen aus heutiger Sicht vielleicht noch unbekannten Mitteln ließen sich die vielfältigen authentischen Eindrücke einer Face-to-Face Kommunikation ersetzen?

Ein abgerundeter Eindruck vom Geschäftspartner und seinem Unternehmen, vom begehrten Produkt oder der versprochenen Leistung entsteht durch scheinbar banale Dinge. Das in Augenschein genommene Produkt, die Wärme eines Händedruckes, die Intensive eines Gespräches, die faszinierende Atmosphäre eines Raumes und nicht zuletzt die aufregende Duftwelt eine kleinen kulinarischen Einladung hinterlassen den gewünschten bleibenden, unverwechselbaren Eindruck beim Kunden und Gast und bilden die solide Basis für gemeinsame Geschäfte und zukünftige Entwicklungen.

Ein wesentliches Herzstück der Internet-Plattform, können die „Work-Flow-Module" sein. So kann der Aussteller wie der Besucher über ein spezielles „Appointment Setting Programm" bis hin zum Hallenplan seinen Messebesuch optimal planen, durchführen und nacharbeiten. Dadurch entwickelt sich die Kommunikation zwischen Aussteller und Besucher weg, von einer Einweg-Kommunikation hin zu einer wirklichen Interaktion und damit dem Ausbau einer virtuellen Community.

VII. Die virtuelle Herausforderung oder Messestände im www?

- „Menschen brauchen Menschen" (Fisher) und deshalb werden Messen, auf denen sich Menschen näher kommen können, nie aussterben. „All Business is people!"
- Allerdings wenn es knallhart um's Geschäft geht (Ordermesse), sieht auch F. eine Chance für die Virtualität.
  - Beispiel: Finanzdienstleister mit Roadshows - eine Art vorbörslicher Wanderzirkus - bei denen Broker mit potentiellen Börsengängern durch die Finanzhauptstädte ziehen.

  (Morgan Stanley, Goldman, Sachs, DB-Securities beschickten eine virtuelle Roadshow, bei der die angesprochenen Investoren auf Web-Seite eine Life-Präsentation mit Videobildern und Grafiken vorgeführt bekamen und mittels Chat--Funktion Fragen an die Börsenneulinge stellen konnten.)
  - Kosten einer solchen Online-Veranstaltung US$ 20.000.
- Bis allerdings eine Messe im Cyberspace statt findet, muss sich an der Technik noch viel ändern vor allen Dingen aber in unseren Köpfen.

  Produktvorstellungen werden in Zukunft sicher nicht nur in physikalischer Form, sondern auch multimedial präsentiert werden: Die US-Firma Alternate Realities Corporations bietet einen so genannten „Vision-Dome" mit einem Durchmesser von 7 Metern an, in denen bis zu 50 Standbesucher gleichzeitig eine Multimedia-Präsentation erleben können. Dort wer den Produkte gezeigt, die zu diesem Zeitpunkt nur in den Computern der Design-Ingenieure existieren. Mit einem solchen Kuppelbaukonzept hat übrigens der Aussteller auch die Chance, die Kostenexplosion durch die immer mehr ausufernden Standflächen, in den Griff zu bekommen.

  Solche „Schmalspur-Virtualität" kann im Einzelfall durchaus attraktiver sein.
- Eine kalifornische Firma (Avatar) hat schon vor 2 Jahren ihren Kongress komplett im Internet abgehalten: Es gab ein gut besuchtes Seminar. In den Gängen wirbelte es vor Publikum. Nur: Der Veranstaltungsort war eine Web-Adresse. Die Personen waren Software- Abbildungen mit Namensschild - versteht sich. Wollen sie ins Gespräch kommen, werden die Texte per Tastatur eingetippt und schweben dann wie Sprechblasen von Cartoonfiguren über den Köpfen der Gesprächspartner.

  Erfolg: Bisher wurden bei den „echten" Fachausstellungen einer Hotellobby in Santa Cruz höchstens 400 Fachbesucher gezählt. Bei dem virtuellen Event mehr als 10 x so viel..... bei einer Kostensenkung um

ebenfalls 10 x so viel, nämlich von rund 150.000 auf 15.000 US$. Bei einer knappen Vorbereitung von nur 5 Wochen. Time is money!

- Einige Messen haben die neuen Kommunikationstechniken als Möglichkeit zur Stärkung ihres eigenen Mediums begriffen....... wenn sie in das Unternehmenskonzept eingebunden werden. So hat die Hannover Messe mit Globis eine eigene interaktive Kommunikationsplattform für Investitionsgüter und DL geschaffen. Mit 15.000 Anbietern und 60.000 Produkten wird insbesondere auch den mittelständischen Unternehmen die Möglichkeit eröffnet, relevante Zielgruppen ganzjährig zu erreichen.
So kommt die Hannover Messe auch mit potentiellen Kunden in Verbindung, die bisher nicht als Aussteller gekommen sind.

- Eine fachlich gegliederte Online-Information könnte eines Tages über Branchen-Server eingeholt werden. Und einer herkömmlichen Fachmesse damit sehr nahe rücken.

- Noch setzen die Aussteller vielfach auf Events, nicht um aufzufallen um jeden Preis (das ist vorbei), sondern auch um die Spontanität der Messe als Ereignis unter Beweis zu stellen.

- Emotioneller wird's in Zukunft auf jeden Fall zugehen. Die reine Information ruft der „Besucher" bequemer per Internet ab, wann immer er will. 365 Tage im Jahr. Ohne Stau. Und kostengünstig. Im One-To-One-Kontakt. Also im Dialog. Er wird in Zukunft via Internet die virtuelle Fabrik besuchen, geführt von einem kompetenten Produktmanager.

- Tatsache: Die elektronischen Medien können Angebot + Nachfrage schneller und effizienter zusammen bringen, als die - teilweise im mehrjährigen Turnus stattfindenden - Messen.

- Tatsache: Auch über Internet kann der Anbieter dreidimensional sein Produkt vorstellen. Der Kunde kann es auch begehen und begreifen. Dadurch können im zunehmenden Maße visuell, haptische, akustische und sogar olfatorische Emotionen geschaffen werden und das Monopol der Messewirtschaft mittelfristig in Frage stellen.

- Sicher ist auch, dass die „Hasenställe", die durch Langeweile glänzen, out sind.

- „Kuscheln" - kann ich im Internet allerdings nicht. Zugegeben.

- Fazit (.01)
„All diese Tatsachen und Vermutungen führen zu der Feststellung, dass die Veranstalter Portfolios konsequent dahingehend überprüft werden müssen, ob sie im Hinblick auf das Kriterium der virtuellen Substitionsgefahr Bestand halten."(G. Mittbaur)
Zur Zeit wird die Sicherung der deutschen Messeplätze dadurch angestrebt, dass die Veranstalter ihr Know How exportieren. Ein richtiger Weg - reicht er für die Zukunft?

⇨ Fazit (.02)

Traditionelle Service-Unternehmen, wie Grafiker oder Messebauer werden auf die Dauer - wenn Sie den Trend zur Virtualisierung verschlafen - verlieren.

Die Schlauen passen sich schrittweise dem wachsenden Bedarf an.

⇨ Das wird auch die traditionellen Vertriebsstrukturen in Frage stellen. Da bin ich mir sicher. Stichwort: Tele-Kommerz. Der Produzent kann ohne Zwischenhändler direkt mit dem Abnehmer in Kontakt treten. Das Wegbrechen solcher Vertriebsstrukturen könnte auch in der Messewirtschaft zum schleichenden Besucherzahlen-Rückgang führen. Und in der Folge würden die Aussteller ihr Messe-Engagement zurückfahren.

⇨ Vorraussetzung ist natürlich, dass der Homo Sociologicus durch den Homo Oeconomicus ersetzt wird. Das trifft am ehesten bei Industriemessen zu, wo der eher rational veranlagte Ingenieur zuhause ist. Die Grüne Woche in Berlin oder die ANUGA in Köln werden ihren Stellenwert natürlich weiter behalten. Da wird probiert, gerochen, geschmeckt.

Aber Industriemessen werden definitiv anders aussehen!

⇨ Wie überhaupt die Welt anders aussehen wird. In unserer Wissensgesellschaft gehört lebenslanges Lernen zu einer Grundvoraussetzung für den individuellen Erfolg des Einzelnen. Wissen - aber wem sage ich das - hat heute einen Halbwertzeit von wenigen Jahren. Mit traditionellen Methoden lässt sich das nicht effizient bewerkstelligen.

Internet wird zum Rückgrad für kommerzielle Transaktionen und er schließt die Potentiale eines weltweiten (elektronischen) Handelns aber wie gesagt, in unseren Köpfen muss sich noch viel ändern............

Schwächen im Internet

- Übertragen komplexer virtueller Welten bedeutet
  - lange Übertragungszeiten
  - hohe Kosten

  Verbesserung der Infrastruktur wird durch wachsende Netzgemeinde zunichte gemacht

- Schwachpunkt Browser

  Nicht jeder Benutzer kann virtuelle Welten betreten

- Starke Einschränkungen bei der sensitiven Wahrnehmung virtueller Messen, „Keine" Zufallskontakte

- Zentrale Frage: Ist sensitive Wahrnehmung für mein Produkt wichtig?
  - Ja: Virtuelle Messen sind als Ergänzung zu einer realen Messe interessant.

- Nein: Virtuelle Messen können reale Messen ersetzen/ergänzen.

Kontrollmöglichkeiten

- Server-Protokoll
  - IP-Nummer
  - Datum und Zeit des Zugriffs
- Auswertungstools liefern
  - Brutto- und Netto-Reichweite
  - Verweildauer auf den Seiten
  - Nachzeichnen der Dramaturgie eines Messebesuchs
- Direktes Kundenfeedback über
  - elektronische Visitenkarte des Besuchers
  - ausfüllbare Formulare

Schwächen Datensicherheit

- Wurde eine Nachricht, beispielsweise eine Bestellung inkl. Kreditkartennummer, abgehört? (Vertraulichkeit)
- Ist der Absender der Bestellung wirklich der, der er vorgibt zu sein? (Authentizität)
- Wurde der Nachricht verfälscht? (Integrität)

Suchen und Finden

- Hinweise in den klassischen Werbeträgern
  Problem: Einsatz der klassischen Werbeträger notwendig, Unternehmen muss bekannt sein
- Eigene Domain: www.firmenname.de

Problem: Kosten, Unternehmen muss bekannt sein

- Suchsysteme
  Problem: Redundante Information in den Abfrageergebnissen

Lösungen

- Kryptographische Methoden, lösen das Problem theoretisch, beispielsweise durch sichere Verschlüsselungsalgorithmen!
- Praktische Lösungen basieren auf diesen kryptographischen Methoden
  - Lösungen auf Protokollebene
  - Hard- und Softwareansätze

Optimierungsmöglichkeiten

- Auswertung der Serverprotokolle und Kundenfeedback ermöglichen
  - die dynamische Weiterentwicklung einer www.-Präsentation
  - das Zuschneiden der Präsentation auf die Kundenbedürfnisse
- Ein virtueller Messestand ist nie „fertig", sondern lebt von Veränderungen

Vision

- die Stärken des Mediums Internet (Kosten, Globalität, Verfügbarkeit, Aktualität) nutzen und seine Schwächen (Strukturlosigkeit, Werbung auf Abruf) überwinden.

Fazit

- Virtuelle Messen sollten mit
  - der Infrastruktur des Netzes und
  - den Möglichkeiten auf Benutzerseite wachsen.
- Vision: Virtuelle Messen im Cyberspace
- Realität: Informationsorientierte Messen mit ansprechender graphischer Gestaltung.

Messe online
Was deutsche Messegesellschaften im Internet anbieten

Messeplatz	Internetadresse	Ausstellerverzeichnis		Hotels		Bemerkungen
		Wochen vor Messebeginn abrufbar	persönliche Ausstellerliste ausdruckbar	Online Abfrage	Online Buchung	
Berlin	http://www.messe-berlin.de	4[1]	nein	nur Hotelliste	nein[3]	gute Navigation
Düsseldorf	http://www.tradefair.de	12	ja	ja	ja	gute Funktionen, Design veraltet
Essen	http://www.messe-essen.de	2 bis 4	nein	nur Hotelliste	nein[4]	gutes Design, sehr gute Ausstellerinfos
Frankfurt	http://www.messefrankfurt.de	4[1]	nein	nein	nein[4]	umständlich und veraltet
Hamburg	http://www.hamburg-messe.de	4 bis 6[1]	nein	kleine Hotelauswahl	nein[4]	alle Messen von Homepage aufrufbar
Hannover	http://www.messe.de	8	ja	nur Hotelliste	nein[4]	guter Navigator, kurze Wege zum Ziel
Köln	http://www.koelnmesse.de	4 bis 6	nein	nein	nein	wenig Service
Leipzig	http://www.leipziger-messe.de	6 bis 8	nein	nur Hotelliste	nein	ansprechendes Design, teilweise verwirrende Struktur
München	http://www.messe-muenchen.de	10 bis 12	ja[2]	ja	ja	derzeit attraktives Angebot
Nürnberg	http://www.nuernbergmesse.de	7	ja	nur Hotelliste	nein	funktional und übersichtlich
Stuttgart	http://www.messe-stuttgart.de	4[1]	ja	nein	nein	enttäuschendes Angebot

[1] Wert bei aktueller Recherche nicht erreicht; [2] Funktion nicht zu allen Messen verfügbar; [3] nur Reservierungsanfrage, keine Online-Bestätigung; [4] Bestellung per Fax und/oder E-Mail möglich.

Abb. 33 Was deutsche Messegesellschaften im Internet anbieten

| Messe und konsequentes Marketing |

Messe online: Information @ your fingertips
Was schweizerische Messegesellschaften im Internet anbieten

	www-Adresse	Ausstellerverzeichnis		Hotels		Bemerkungen
		Wochen vor Messebeginn abrufbar	persönliche Ausstellerliste ausdruckbar	Online Abfrage	Online Buchung	
Basel (Messe Schweiz AG)	www.messe.ch	mehr als 12	ja	ja	ja	Quelle für leichtes Navigieren und Informieren
Bern	www.beaexpo.ch	mehr als 8	ja	ja	ja	bedienerfreundlich, unübersichtliches Design
Genf	www.palexpo.ch	6 Wochen	nein	ja	ja	mediengerechte Auftaktseite, Rest konventionell und brav
Lausanne	www.beaulieu.org	nicht gefunden	nein	ja	ja	Langsam wie zu Internet-Anfängen
St. Gallen	www.olma-messen.ch	mehr als 12	ja	nein	nein	umständliches, langsames Navigieren
Zürich (Messe Schweiz AG)	siehe Basel					
Reed Messen (Schweiz AG)	www.reed.ch	über 12	ja	ja	ja	dynamisch, anwenderfreundliche Suchfunktionen

Abb. 34 Was schweizerische Messegesellschaften im Internet anbieten

Messen im Internet

Messe online
Was österreichische Messegesellschaften im Internet anbieten

Messeplatz	Internetadresse	Ausstellerverzeichnis		Hotels		Bemerkung
		Wochen vor Messebeginn abrufbar	persönliche Ausstellerliste ausdruckbar	Online Abfrage	Online Buchung	
Wien	www.messe.at	8 bis 10	ja	ja	ja	Sehr schwer zurechtzufinden
Salzburg	www.reedexpo.at	8 bis 10	ja	ja	ja	Sehr schwer zurechtzufinden
Graz	www.messe-graz.at	nicht zu finden	nein	nein	nein	Nettes Outfit, jedoch nicht Kundenfreundlich
Klagenfurt	www.kartnermessen.at	4	ja	nein	nein	Design veraltet, gute Navigation
Ried	www.riedermesse.at	6 bis 8	ja	nein	nein	Modernes ansprechendes Design jedoch sehr regional ausgerichtet

Abb. 35 Was österreichische Messegesellschaften im Internet anbieten

Messe und konsequentes Marketing

P Der Interessent erhält alle wesentlichen Informationen zu den jeweiligen Veranstaltungen via Mausklick. Weil es so leicht ist, nach den notwendigen Daten im Internet zu recherchieren, greifen überproportional viele User auf die dort vorhandenen Informationen zurück. Schon allein deshalb, um sich kostenintensiv, zeitsparend und unabhängig zu informieren. Sie erhalten einen konzentrierten und aktuellen Überblick über ihre Märkte ausgedruckt. Um den Messeverantwortlichen der Unternehmen das Leben zu erleichtern, bieten Messen an, ihre Serviceleistungen auch online buchbar zu machen. So stellte Hannover zur letztjährigen CeBIT ihr Internet-Bestellsystem „OBS" vor. Mit Erfolg. Über die entwickelte Plattform konnte 25 % des gesamten Bestellvolumens abgewickelt werden. Inzwischen wird das gleiche System auch von anderen Messen eingesetzt. Die Vorteile des Online-Bestellsystems liegen auf der Hand (Jörn Ballhaus):

- Ständige Erreichbarkeit der Veranstalter, insbesondere für Aussteller aus anderen Ländern
- Reduktion der Kommunikations- und Portokosten
- Ein Ansprechpartner in deutsch und englisch für alle Services
- Alle Aufträge auf einen Blick sorgen für ständige Kostenkontrolle
- Eine einzige Oberfläche für alle Bestellungen (One face to the customer)
- Verlinkte Verzeichnisse beschleunigen den Bestellvorgang
- Vermeidung von unvollständigen oder doppelten Bestellungen
- Statuskontrolle: sofortige Rückmeldung für Verfügbarkeiten und Liefertermine
- Administratorrechte ermöglichen die Delegierung von Aufträgen und damit eine Arbeitsteilung beim Aussteller.

Visionäre Köpfe wie Bill Gates spekulierten schon vor einigen Jahren über virtuelle Messen im Internet, die traditionelle Messen ablösen sollen. Inzwischen handelt es sich keineswegs mehr um abgehobene Gedanken. Messen bedeuten auf jeden Fall Stress: Anfahrt, Gedränge, Termine, Hektik, Abfahrt. Ganz anders sind die virtuellen Messen. Sie zeigen die jederzeit ausgestellten Produkte auf dem heimischen Computer.

Die Messe Berlin bietet u.a. gleich auf der Homepage einen virtuellen Marktplatz an, auf dem alle Veranstaltungen zusätzlich als virtuelle Messen präsentiert werden. Raimund Hosch, der Vorsitzende der Geschäftsführung, glaubt, dass sich mit diesem Angebot die Messelandschaft verändern wird. Seine Lösung bietet 365 Tage im Jahr Kommunikation und Information zwischen Besuchern und Ausstellern an. Klassische Messen sollen nicht überflüssig gemacht werden. Vielmehr sollen neue Aussteller gewonnen werden. Das Handling für die Aussteller ist denkbar einfach.

Sie geben über Eingabemasken im Netz ihre Daten ein, die Messe baut den virtuellen Stand.

Das Angebot umfasst neben der reinen Firmenpräsentation auch Platz für Produkte und Innovationen. Ein weiterer Vorteil gegenüber Offline-Messen: Wettbewerbsinformationen lassen sich über eine Suchfunktion finden. Das traditionelle mühsame Auswerten von Katalogen entfällt.

Checkliste 17   9 Regeln für den erfolgreichen Messeauftritt im Internet ✓

Regel Nr. 1:
Ein gescheites Drehbuch schreiben

Stellen Sie sich „bildlich" vor, wie der Besucher/die Besucherin Ihre Messe-Web-Site erleben soll. Es lohnt sich, eine klar konzipierte schnelle Start-Seite zu kreieren. Dort kann sich der Besucher/die Besucherin mit Hilfe von Buttons für verschiedene Bereiche entscheiden.

– Wahl der Sprache
– Veranstaltungen
– Presse-Information
– Porträt der Messe-Gesellschaft/des Veranstalters
– Aussteller-Unterlagen (sofern Online-Zugriff möglich)
– Direkt-Kontakt mittels einer oder mehrerer E-Mail-Adressen

Regel Nr. 2:
Infos zusammentragen

Effektive Informationen sollen es sein - nicht Füllmaterial!

– Die Informationen klargliedern in: Hauptbereich und Unterkapitel.
– Allenfalls Möglichkeiten für Querkontakte einbauen.

Regel Nr. 3:
Bildmaterial/Grafiken beschaffen

Aussagekräftige Bilder müssen her!
– Eindeutige, unverwechselbare Bilder.
– Die Aussteller sind dieselben und somit gleichen sich auch die Messen in Nord, Süd, West und Ost, und so sind auch die Ausstellungsstände. Und um das zu entdecken, ist es weder wichtig noch richtig, stundenlang vor der Web-Site zu warten ... Ein „allgemeines" Bild kann höchstens als Hintergrund herhalten.

Regel Nr. 4:
Text ausarbeiten

- Eine kurze, knappe, einfache und verständliche Sprache ist gefragt.
- Es soll kein literarisches Feuilleton geschrieben werden, sondern ein aussagekräftiger Text.
- Die Information soll so klar verständlich sein wie eine (gute) Straßensignalisation.

Regel Nr. 5:
Links auflisten

- Verlinkt wird (idealerweise) gegenseitig.
- Also diejenigen Partner wählen, die für den Besucher/die Besucherin Ihrer Web-Site interessant sind
- Ein „Must see", ein „Must have".
- Stark bewegte Links und Banner sollten vermieden werden. Es sind bloß Eye-Catcher - die Ihren Kunden nichts bringen - und es sind absolute Zeitfresser.

Regel Nr. 6:
Briefing des Web-Site-Designers

- Jetzt erst reden Sie mit dem Web-Designer/der Web-Designerin und erteilen den Auftrag.
- Er/sie wird das umsetzen, was Sie und wie Sie es wünschen, sofern Sie es überhaupt kommunizieren.
- Wenn Sie aber nicht reden, wird er/sie eben nach eigenem Gutdünken eine tolle, vielleicht auch eine künstlerisch wertvolle Web-Site kreieren. Vielleicht holen Sie damit die goldene Web-Site-Trophy - diese bringt Ihnen aber wohl nur wenige neue Aussteller oder neue Besucher/Besucherinnen.

Regel Nr. 7:
Bilder/Grafiken ohne komplizierten Aufbau

- Nichts ist lästiger, als minutenlang vor dem Monitor zu sitzen und zu warten, bis sich die Site geöffnet hat. - Die Zeit scheint noch länger, als sie eigentlich schon ist.
- Wir sind zwar alle auch „Augen-Menschen", aber hier geht es darum, möglichst rasch zu den wesentlichen Facts zu kommen.

Regel Nr. 8:
Das Update von Text und Bild ist absolut wichtig

- Text und Bild sind laufend zu ergänzen, zu streichen und zu ersetzen. Nichts ist lästiger, als den (geschmolzenen) Schnee von gestern zu sehen: verstaubt, überholt und absolut unnötig.

Regel Nr. 9
Alte (wertvolle) Infos ins Archiv

- Bauen Sie ein Archiv auf, dann kann der Besucher/die Besucherin auch nach rückwärts blicken!
- Behalten Sie von den alten Infos die richtigen und wichtigen.

Quelle: Kurt Büchler

Die Vereinigung Messen Schweiz VMS empfiehlt übrigens folgende 9 Regeln für den erfolgreichen Messeauftritt im Internet:

Messeexperten sind sich einig: Mit virtuellen Messen wird ein neuer Messestandort entstehen. Die Online-Messe wird aber auch zukünftig sicherlich nicht die Offline-Messe ersetzen. Allerdings wird sich die Rolle der Messe verändern. Denn wenn alle Informationen zur Messe beziehungsweise 365 Tage online verfügbar sind, macht ein Besuch, der Information will, keinen Sinn mehr. Dem Messeauftritt kommt mehr und mehr die Rolle eines Forums für die persönliche Kommunikation zu. Der Messestand wird zum Marktplatz der Emotionen: Ein Festival der Sinne.

Sidestep

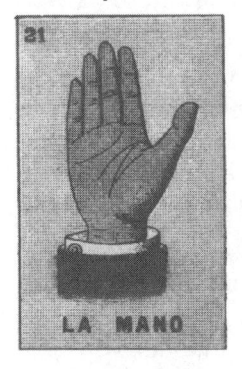

Ein Mausklick ersetzt keinen Händedruck!

Die unrealistischen Wachstumsprognosen der >>roaring nineties<< für den E-Commerce, haben sich zwar nicht bewahrheitet. Doch die Aussichten sind nach wie vor hervorragend: Zwischen 2005 und 2006 sollen sich die Umsätze mit E-Commerce nochmals vervierfachen. Doch dieses Wachstum lässt sich nur realisieren, wenn die E-Level zum E-Commerce-Level wird. Das heißt, wenn in externen Service-Organisationen der Unternehmen nicht nur Kundendienst- und Beratungsprozesse, sondern auch Verkaufsabwicklungsprozesse z.B. eingeleitet durch die Messe übernommen werden. Vor allem in B2C-Bereich, sind dafür innovative Formen der Produktpräsentation wie auch der Kundenansprache und -bindung notwendig. Beides hat Portalmind, ein noch loser Verband deutscher E-Commerce-Forscher, im Sinn: Die Spezialisten wollen

Messe und konsequentes Marketing

in einem ersten Schritt die Darstellungsform der Produkte im Internet verbessern. In der Portalmind-Datenbank sind die Produkte nicht nur herkömmlich, also alphanumerisch mit einem meist schlechten Foto dargestellt, sondern es kommt die gesamte multimediale Bandbreite zum Einsatz: Mit bewegten Bildern und Tönen soll dem Kunde ein Einkaufserlebnis vermittelt werden.

Damit dieses Einkaufserlebnis möglichst individuell auf den jeweiligen Kunden abgestimmt werden kann, wird dem potenziellen Käufer beim ersten Besuch der Site in einem Dialog aus Fragen und Situationen ein Profil erstellt. Doch damit nicht genug: Mit einem Feedback-System in Echtzeit wird auch die jeweilige Absichtssituation des Benutzers erfasst und im E-Shopping-Prozess berücksichtigt.

Die zugrunde liegenden Techniken sind höchst komplex und reichen von Fuzzy Logic bis zur Anwendung von Verfahren aus der Chaostheorie.

Doch der Aufwand lohnt sich: „Nur so wird ein emotionaler und interaktiver Dialog zwischen Anbieter und potenziellem Käufer aufgebaut", meint Istvan Z. Barra, einer der Gründer von Portalmind. „Die Reaktionen und Eingaben des Kunden werden nach den Erkenntnissen aus Milieu-Forschung und Werbepsychologie interpretiert und mit den Assoziativdaten der Produkte verglichen." Mit der interaktiven Shopping-Maschine schafft sich der Kunden nicht nur seine eigene virtuelle Einkaufswelt, sie passt sich zudem seiner individuellen Befindlichkeit an. Über IP-Telefonie kann auf einem zweiten Kommunikationskanal ein Verkäufer, also ein realer Berater, zugeschaltet werden.

Das Unternehmen schätzt, dass in drei bis fünf Jahren mehr als die Hälfte aller Dialoge im Internet über solche Feedback-Prozesse ausgeführt werden. Da müssen sich die Messe-Veranstalter pro aktiv „werben".

Die persönlich angesprochene Einladung, die Verabredung und das Sich-Treffen scheinen vielfältige Bedeutungen für die Geschäftspartner zu haben. Ein Mausklick ersetzt keinen Händedruck! Gleichermaßen ersetzt ein zwanzigminütiges Treffen auf einer Messe nicht eine ausgiebige, nach einigen Parametern gesteuerte Informationssuche in virtuellen Kanälen.

Bilder erzeugen perfekte Illusionswelten vom Kommunikationsmedium „Messestand". Insofern der virtuelle Gast mit der Technik vertraut ist, existieren keine Berührungsängste und Hemmschwellen, wie sie zum Beispiel an einer elitär gestylten Informationstheke oder in einer von gleißendem Licht durchstrahlten Lobby auftreten können.

Also sind die „alten Messen" am Ende?

Bedeutet nicht Internet für die Aussteller keine teueren Messestände, für die Besucher keine hohen Reise- und insbesondere Hotelkosten. Keine wehen Füße. Keine Stau's? Statt dessen Präsentation mit real-time-Aktualität?

Vorsicht: Auch als das Fernsehen seinen Siegeszug antrat, läutete man bereits die Totenglocken für die Printmedien. Und was ist tatsächlich passiert? Wir erleben eine Vielfalt von neuen Printmedien, das Fernsehen hat mit dem Sachbuch sogar einen neuen Buchtyp verschafft.

Vielleicht eine gute Parallele. Die unpersönlichen elektronischen Kommunikationsmedien fordern geradezu den Bedarf nach dem Face-to-Face-Kontakt.

Warten wir's ab.

Sicher ist nur eines, wir Messeveranstalter müssen sich verd... noch mal anstrengen. Wir zitieren in diesem Zusammenhang Jürgen Fritz, Direktor Marketing Strategy im SAS-Institute Deutschland: „Mit Messen ist es wie mit Restaurants: Es gibt viele, die den breiten Geschmack des Publikums treffen, aber nur wenige, die tatsächlich auch höchsten Erwartungen gerecht werden."

Nerses Choporin, Marketing-Manager Dell Computer postuliert: „Die direkten Kundenbeziehungen" erfordert eine andersartige Darstellung des Unternehmens, als die derzeit im Rahmen der CEBit für uns realisierbar wäre. Deshalb haben wir uns entschieden, auch in diesem Jahr nicht auf der CEBit auszustellen. Im Rahmen unserer Roadshows werden wir bundesweit an mehreren Orten vor (!) der CEBit unseren Kunden und Interessenten unser Leistungspotential und insbesondere unsere technische Entwicklungen darstellen." . "

(IT-marketing Januar 1999)

Die neuen www-Medien sind keine Bedrohung des Mediums Messe; sie sind neue Herausforderungen die natürlich managt werden müssen. Eines bleibt wie eh und je: Sie müssen sich immer darüber im Klaren sein, dass Sie dem Besucher das bringen müssen, was Sie ihm versprechen und Sie müssen ihm versprechen, was er erwartet.

Das digitale Zeitalter

Viele Prozesse wurden um viele Potenzen beschleunigt:

- Jeden Tag werden heute mehr 30 Milliarden e-Mails weltweit verschickt
- Zeit für die Zustellung: 2 Sekunden. Durchschnittliche Antwortzeit: 90 Stunden

> **INTERNET: MESSE**
>
> ⟆ Schneller
> ⟆ Kompakter & konzentrierter
> ⟆ Transparenter
> ⟆ Staufrei & zeitsparender
> ⟆ Läuft immer & (auch) one-to-one
> ⟆ Geruch- und hitzefreier
> = letztendlich (+ theoretisch) wirtschaftlicher. Aber kein Face-To-Face Kontakt!

Die Aufgabe für die nächsten Jahre: Lernen, mit dieser neuen Kommunikationswirklichkeit und ihrer Dynamik umzugehen...

Ob virtuelle Messen den Messeplätzen einmal ernsthaft Konkurrenz machen, scheint derzeit nicht relevant, denn Kunden „bekuscheln", das geht nur real und vor Ort und nicht übers Internet. Sicher dagegen ist, dass sich via Internet enorme Vorteile der Vor- und Nachbearbeitung von Messen ergeben, die zu mehr Effizienz für Aussteller, Besucher und natürlich auch für die Messemacher führen.

Die knappe Anfrage „+ Messe + Internet" an die Suchmaschinen unterstreicht den Tenor dieser Meinung.

Vieles ist schon geschehen. Den Stellenwert des Internet hat z.B. die Deutsche Messe AG mit ihrem Internet-Angebot „Globis" erkannt. Sie bietet praktisch eine Non-Stop-Messe an. Besucher können den Messe-Rundgang per www vorbereiten, So sinkt der Zeitaufwand deutlich, Planlos herumirren muss kein Besucher mehr. Die Kundenpflege wird besser. Messegesellschaften steigen vom bloßen Immobilienvermieter zum Marketing-Partner auf. Darum werden Mio. derzeit in deutschen Messegeländen investiert. Ein angenehmes Umfeld und ein besserer Service werden mehr denn je gebraucht. Denn was das Internet noch nicht geschafft hat, bewirkt die normale Wirtschaftsentwicklung: Der Kreis der typischen Unternehmensfusionen der jüngsten Zeit haben zum Ergebnis, dass Einkaufsentscheidungen von immer weniger Leuten getroffen werden - und Einkäufer sind nun mal das klassische Messepublikum.

FOKUS

> Die virtuelle Messe dient als Informations- und Marktforschungs-Tool und die reale Messe als Erlebniswelt und als Ort, wo Marktwerte vermittelt werden.

VIII. Eventmarketing, ein taugliches Mittel?

EVENTS Es sieht also nicht danach aus, als würden Messen durch neue Technologien zum Auslaufmodell oder die neuen Hallen zu Baudenkmälern. Die Veranstalter haben die alte Weisheit umgesetzt:
If you can't beat them - join them!
Die Frage hat sich erledigt. Zunächst hatten die etablierten Messe-Veranstalter diesen Wachstumstrend verschlafen. Heute meldet diese Branche, der sich zunächst die kleinen Privatveranstalter angenommen haben, hohe Zuwachsraten. Hintergrund ist, dass angesichts der Homogenität vieler Produkte die emotionale Ansprache an Bedeutung gewinnt. Heute ist Eventmarketing ein taugliches Mittel am richtigen Ort, aber nicht per se, um der puren Unterhaltung willen, sondern eingebettet in die Unternehmensphilosophie als Marketingtool. Die heutigen Events haben den Hautgout eines Tagesereignisses abgelegt. Der Klamauk ist vorbei.

Checkliste 18 Konzept-Schritte für Ihren Marken-Event ✓

- Wo findet sich die Marke in der Gesamtkonzeption und deren Umsetzung wieder?
- Wie erreichen wir eine höchste Authentizität von Markenbotschaften und CI?
- Wie erwecken wir die Markenwelt zum Leben?
- Wie lassen sich Botschaften und CI im Raumkonzept aufgreifen?
- Welche Inszenierungen eignen sich, um die Botschaften zu kommunizieren (z. B. Business Theater, Performances, Film- & andere Präsentationsmedien, Internet)?
- Wie wird die aktive Auseinandersetzung mit der Marke gefördert?
- Wie lassen sich die übrigen Marketingbereiche in die Inszenierung einbeziehen?
- Welche Kontrollmittel bieten sich an?

Die neuerdings zu beachtende Schlichtheit im Standdesign legt allerdings die Vermutung nahe, dass sie Nachahmer finden wird und einen generellen Trend für die nächsten Jahre in Richtung Ruhe und Konzentration anzeigt.

P Eventmarketing boomt. (Deshalb erfährt dieses Kapitel eine Alleinstellung in diesem Fachbuch; auch weil noch zu wenig gesichertes Material vorliegt. In dieser Umbruchstimmung wollen die Autoren frühzeitig ein Zeichen setzten.) So wurden bei der Umwandlung der Swisscom in eine AG 28.000 nach Olten eingeladen. Seitdem sich herumgesprochen hat, dass sich die Werbebotschaften in den klassischen Medien schwerer vermitteln lassen, immer öfter ungehört und ungelesen verströmen in der medialen Sintflut. Und da zugleich das Bedürfnis nach dem ultimativen Kick in einer latent gelangweilten Hyperkonsumgesellschaft wächst, setzten clevere Marketingleute auf „Botschaften zum Anfassen", oft zu Budgets, die nur noch religiös zu erklären sind.

Der langatmige Vortrag des Herrn Vorstandsvorsitzenden mit PowerPoint und Schnittchen-Buffet vom Metzger um die Ecke ist jedenfalls megaout!

Events können in reine Happenings ausarten. Der Bezug zum Unternehmen oder zur Marke fehlt oft. Als Erinnerung bleibt die gesichtslose Messeparty. Dabei reagieren Menschen nicht anders als der berühmte pawlosche Hund. Bestimmte Reize lösen fast automatisch auch bestimmte Reaktionen aus.

Events müssen strategisch geplant werden, d. h. die inhaltliche Konzeption muss analytisch fundiert, zielgruppenfokussiert mit dem notwendigen zeitlichen Vorlauf entstehen sowie mit Finnenimage und Kommunikationsstrategie übereinstimmen.

Die Eventteilnehmer sollten aktiv in das Eve einbezogen werden. Durch direkte Ansprache der teilnehmenden Zielgruppenmitglieder und soziale Interaktion werden Kundendialog und emotionale Kundenbindung gefördert.

Wer sich in einem Event erfolgreich in Szene setzen will, sollte es mit Schiller halten: „Nur das Überraschende macht Glück."

Beim VIP-Empfang einer norddeutschen Do-it-yourself-Kette gab es statt eines Dinners Küchenschürzen, Pötte und Pfannen. Frischfisch, rohes Gemüse und Feuerstellen zum Selberkochen. Das blieb unvergesslich. Eine Anzeigenstrecke vergisst man schnell, ein Erlebnis behält man ein Leben lang. Im Klartext: Professionell, d. h. entlang der Markenlinie inszenierte Events stellen einen wichtigen Wettbewerbsvorteil dar.

Erleben heißt erinnern!

Aber: „Gefragt ist nicht mehr, schneller, höher, weiter', sondern sinnvoller, markenaffiner, origineller."

Dabei ist ein integriertes Vorgehen in einer abgestimmten Gesamt-kommunikationsstrategie. Proaktives Eventcontrolling bereits in der Konzeptionsphase. Evaluierung und kontinuierliches Event-Controlling. Eine

> Eventmarketing, ein taugliches Mittel?

Grundsatzentscheidung ist dabei zwischen aktiven Eventeinsatz oder passivem Eventsponsoring zu treffen.

Die Markenidentität und die Effizienz der Mittel kann nur in einer Harmonie zwischen gleichwertig vernetzter Below und Above-the-Line-Kommunikation erreicht werden. Brand Building mit den neuen Instrumenten einer modernen Erlebniskommunikation wie Brand Lands (Legoland), Brand Worlds (Niketown), Marketing-Events, Themenparks, Event Sponsoring, PR-Events, Corporate-Events etc. machen Markenbilder, Markenwelten erlebbar und setzen dabei im Markenzusammenhang nachhaltig wirkende Emotionen frei. Sie verankert Markenbilder im Menschen, schafft menschlich gefühlvolle Begegnungen mit der Markenwelt, vermittelt Eindrücke und kommunikative Anlässe und sichert somit die Balance zwischen der Anonymität und den menschlichen Grundbedürfnissen im Wechselspiel zwischen Kaufimpuls und Kundenbindung. Eventmarketing uns Sponsoring werden hier zu den zentralen Instrumenten. Diese machen die Inhalte einer Markendefinition live und damit intensiv und nachhaltig erlebbar und erfahrbar.

Damit wird die Hürde der Budgetexplosion in der klassischen Werbung bei sinkenden Medialleistungen in einem global orientierten Märkte- und Medienszenario überwunden.

Events werden zunehmend auch im „Low-Budget"-Bereich als Kommunikationsinstrument eingesetzt. Originelle kreative Ideen (Fantasy) entscheiden, nicht die Höhe des Budgets.

EVENT-TIPPS

Direkte Ansprache:
Veranstaltungen schaffen Erlebnissituationen mit hohem Erinnerungswert. Der Teilnehmer wird unmittelbar berührt, und es entsteht eine Atmosphäre, die mit dem Veranstalter in Verbindung gebracht wird - auf Dauer.

Dramaturgie und Timing:
Das Aneinanderreihen einzelner Höhepunkte garantiert noch keinen Erfolg. Perlenketteneffekt. Spannung und Dynamik gehören genauso dazu wie eine ausgereifte Dramaturgie, klare Strukturen und genaues Timing.

Kreativität und Ideen:
Wer neue Events schafft, ist einen Schritt voraus. Darin liegt für jeden Veranstalter eine Herausforderung. Kreativität, Ideen und ein sicheres Gespür für überraschende Effekte führen zum Erfolg ... durch Botschaften, die sich auf allen Ebenen des Marketings wieder finden.

Persönliche Kontakte:

Veranstaltungen erleichtern Kontakte. Sie wirken auch intern. Incentives verstärken die persönlichen Beziehungen unter den Mitarbeitern sowie zwischen Kunden und Mitarbeitern.

Ihr Erinnerungswert:

Veranstaltungen garantieren hohe Erinnerungswerte. Eingebunden in eine Gesamtstrategie werden sie zu effektiven Instrumenten des Marketing-Mix.

Ziele und Erwartungshorizont

Bei Projektbeginn müssen die Ziele und der Erwartungshorizont klar abgesteckt sein, um eine Überziehung des Kostenrahmens durch zusätzliche Programmpunkte zu verhindern.

Aufgabenverteilung und Kompetenzen:

Jeder muss konkret wissen, was er zu tun hat.

Termin- und Organisationsplanung:

Veranstaltungstermine dürfen nicht zufällig oder intuitiv festgelegt werden. Eine frühe Bekanntgabe sowie „Einladungsblocker" an VIP-Gäste/Referenten sind wichtig, um Absagen und kurzfristige Ersatzeinladungen zu vermeiden.

Der Erfolg steckt in der Liebe zum Detail:

Ein Beispiel zum Thema Incentive illustriert die Bedeutung der Details eines Events.

- Persönlich gestaltete Einladungen (mit Dress-Code, Routenplan und Parkmöglichkeiten), Sonderbriefmarke, Antwortfax/Mail
- Telefonische Kontaktaufnahme, Serviceangebot An-/ Abreise
- Zügige, freundliche Akkreditierung am Sonderschalter. Namensbutton und Kofferanhänger im Unternehmens-CI

    Begrüßungskarte auf Hotelzimmer. Terminübersicht, Gästeliste, Telefonkarte, Stadtführer auslegen. Handynummer des verantwortlichen Projektleiters.
- Aktuelle deutsche Zeitungen zum Frühstück (bei Auslandsreisen). Frankierte Postkarten liegen aus
- Rund um die Uhr Betreuung: Auch Kleinigkeiten werden wichtig genommen und erledigt
- Themenbezogenen (!) Give-aways mit Erlebnischarakter
- Erinnerungsfotos als Aufhänger für Nachfassaktionen
- Erst die Vernetzung aller Maßnahmen gewährleistet messbaren Erfolg für das Unternehmen. Strategische Netzwerk und Kooperationen zwi-

schen den Marketingdisziplinen werden wichtiger.

Quelle: u.a. Andreas Hartwig

Der Nachhaltigkeitstest (Sustainable Development)
- Ist das Event hinreichend aktivierungsstark, um wahrgenommen zu werden und Aufmerksamkeit zu erzeugen? Wo hebt es sich emotional von der Konkurrenz ab?
- Passt die multisensale Ansprache tatsächlich zum Involvent des Messebesuchers? Werden Stimuli adäquat eingesetzt?
- Werden die Möglichkeiten bildhafter und nonverbaler Kommunikation voll ausgeschöpft?
- Findet eine emotionale Beeinflussung des Produktes/der DL und des Firmenimages statt? Wie ist die Erlebniswirkung hinsichtlich der Integration in das Unternehmensmarketing?
- Wird das Event im Sinne der Unternehmensbotschaft verstanden? Wie wirkt es aus Sicht der Psychologie der Sprache und Argumentation?
- Ist das Event mittelfristig im Sinne der Unternehmensphilosophie gedächtniswirksam?
- Sind alle Fakten und Informationen auf Gefühlsschienen umgesetzt, auf denen spannende Stories erzählt werden - für jeden Fakt ein Beispiel?
- Haben sie Überraschungen vorgesehen, die Ihre Botschaft unvergesslich machen, die faszinieren?
- Wecken Sie Vorstellungen, Visionen, Zukunftserwartungen?

Das Richtige zu tun ist nicht schwierig,
aber zu wissen was das Richtige ist.

Die Ereignisse vom 11. September in New York könnten natürlich dem Boom gefährlich werden. Der Trend wird wohl bleiben: Vor zehn Jahren, rechnete Mattias Kindler von „The Event Company" vor, seien erst knapp 2 000 Marken im Fernsehen beworben. Heute fast dreimal so viel. Vor vierzig Jahren hätten sich noch 40 % der Zuschauer nach einem Werbeblock an das beworbene Produkte erinnert.

– Entscheidungen in der Eventplanung–

Prof. Zanger, Inhaberin des Lehrstuhls für Marketing an der TU Chemnitz, führte eine wissenschaftliche Marktforschungsuntersuchung des deutschen Eventmarktes durch. Dieser „Eventreport" war eine Totalerhebung bei 292 deutschen Eventagenturen, Antwortquote 56,2 %, d. h. 164 befragte Agenturen. Repräsentative Befragung von 1 000 deutschen Unternehmen, Antwortquote knapp 40 %, praktische Erfahrung 23 %, d. h. 224 befragte Unternehmen.

Befragt nach der Zukunft der Entwicklung des Eventmarketing, sagten 93 % der Agenturen und 78 % der Unternehmen diesem Instrument einen weiteren Bedeutungszuwachs voraus.

Das bestätigt auch die Frage an die Unternehmen, wie sie ihre zukünftigen Ausgaben im Eventmarketing entwickeln werden. Lediglich 3% gaben an, ihre Aktivitäten zu drosseln, 57 % behalten ihre derzeitigen Ausgaben bei und 40 % wollen sie künftig steigern.

Gegenwärtig setzen 63 % der deutschen Firmen Events als Instrument der

Die wichtigsten Eventziele (Angaben in Prozent der befragten Unternehmen)

Kundenbindung	42
Mitarbeitermotivation	37
Verbesserung des Images	33
Erhöhung des Bekanntheitsgrades	23
Neukundengewinnung	17
Kontaktpflege zur Zielgruppe	16
Kurzfristige Erhöhung des Umsatzes/Absatzes	12
Händlermotivation	12

*Mehrfachnennung möglich

Marketingkommunikation ein. Schwerpunkte stellen die Automobilindustrien, die Nahrungsmittel- und Konsumgüterindustrie, die Chemie- und Pharmaindustrie sowie die IT-Branche und die Medien dar.

Abb. 36 Eventziele

Der Below-the-line-Markt wird - wie gesagt - von kleinen und mittleren Agenturen geprägt. Prof. Cornelia Zanger schätzt, dass es zur Zeit in Deutschland rund 300 „echte" Eventagenturen gibt, angeführt von Vok Dams und der Kogag mit jeweils rund 12 Mio. Euro. Neuerdings stoßen auch internationale Agenturen wie Jack Morton aus den USA auf den lukrativen deutschen Markt. Dennoch ist der Anteil des Eventmarketings an den Gesamt-Werbeinvestitionen in Deutschland relativ bescheiden. Vielleicht liegt er bei 5% (2004). Aber festzuhalten bleibt: Events haben im Rahmen eines stimmigen kommunikativen Gesamtauftrittes ihren Stellenwert - auch wenn die Wirkungskontrolle sehr schwierig ist. Die Beschaffung eventrelevanter Dienstleistungen stellt sich jedoch immer dann schwierig dar, wenn die Leistung nicht an objektiven Kriterien festgemacht werden kann und eine subjektive Bewertung erst nach der Leistungserbringung, d.h. nach der Durchführung des Events, möglich wird. Hier ist ein Vertrauensvorschuss seitens des Eventveranstalters notwendig.

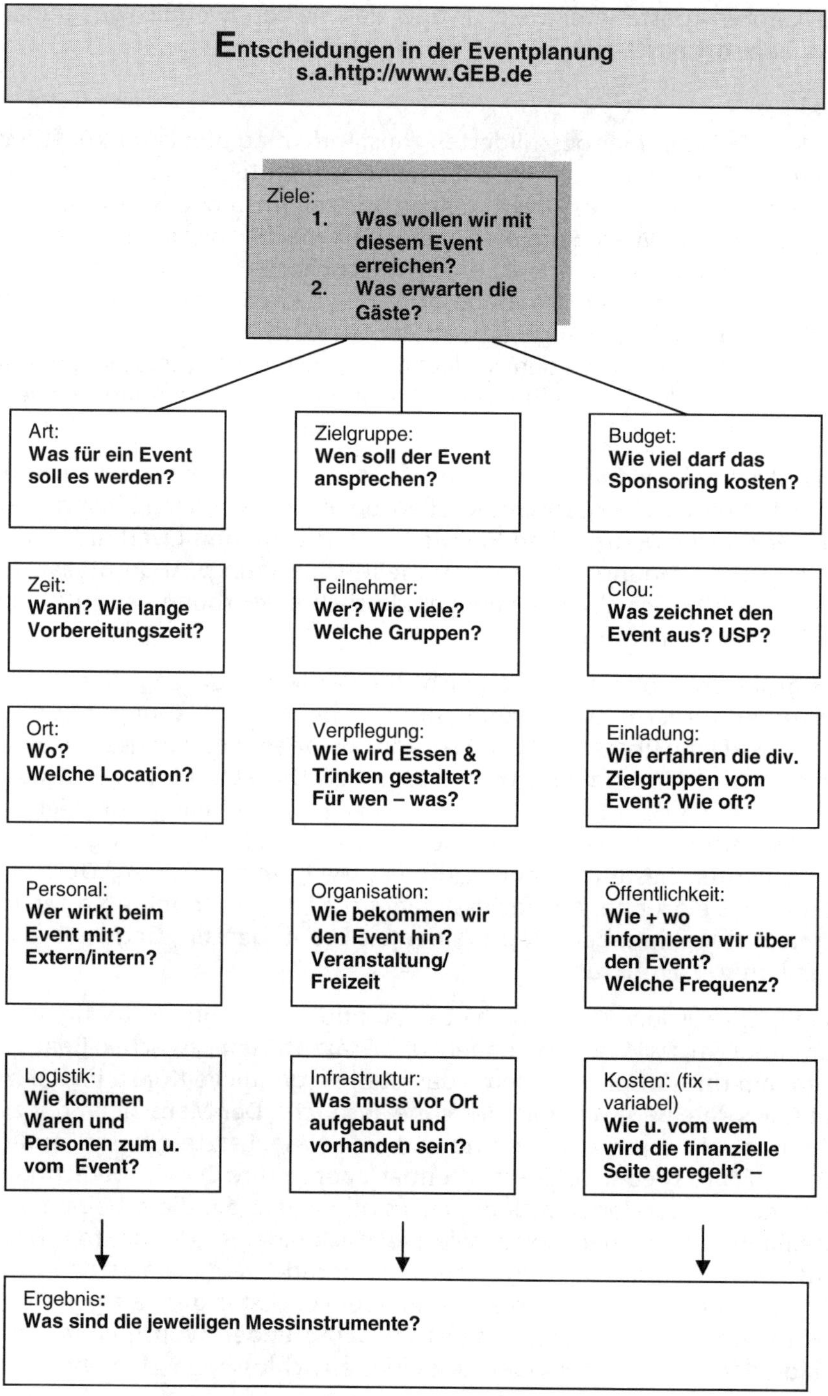

Eventmarketing, ein taugliches Mittel?

Entscheidungen in der Eventplanung
s.a.http://www.GEB.de

Ziele:
1. Was wollen wir mit diesem Event erreichen?
2. Was erwarten die Gäste?

Art:
Was für ein Event soll es werden?

Zielgruppe:
Wen soll der Event ansprechen?

Budget:
Wie viel darf das Sponsoring kosten?

Zeit:
Wann? Wie lange Vorbereitungszeit?

Teilnehmer:
Wer? Wie viele? Welche Gruppen?

Clou:
Was zeichnet den Event aus? USP?

Ort:
Wo? Welche Location?

Verpflegung:
Wie wird Essen & Trinken gestaltet? Für wen – was?

Einladung:
Wie erfahren die div. Zielgruppen vom Event? Wie oft?

Personal:
Wer wirkt beim Event mit? Extern/intern?

Organisation:
Wie bekommen wir den Event hin? Veranstaltung/ Freizeit

Öffentlichkeit:
Wie + wo informieren wir über den Event? Welche Frequenz?

Logistik:
Wie kommen Waren und Personen zum u. vom Event?

Infrastruktur:
Was muss vor Ort aufgebaut und vorhanden sein?

Kosten: (fix – variabel)
Wie u. vom wem wird die finanzielle Seite geregelt? –

Ergebnis:
Was sind die jeweiligen Messinstrumente?

Abb. 37 Entscheidungen in der Eventplanung

| Messe und konsequentes Marketing |

STOP Die Autoren konstatieren vielen Events, dass sie handwerklich gut gemacht sind, aber oft austauschbar.

Die Kenntnis der hier geschilderten Umstände mag den Leser künftig vor argen Fehltritten bewahren, aber nicht automatisch dazu führen, dass er selbst ein „perfektes" Event zu konzipieren imstande ist. Noten-lesen-können und das Wissen um die Spieltechnik macht noch keinen Pianisten. Oder? Die Eventgestaltung ist ein synthetischer Prozess, der neben einer gewissen Übung einer Begabung bedarf, die kaum zu erlernen ist. Hoffnung ist aber insofern angesagt, als der Leser nach der Lektüre fähig sein wird, einen guten von einem schlechten Pianisten zu unterscheiden - und dies mag ihm die Entscheidung für die eine oder andere Agentur erleichtern.

Unbestritten ist jedoch, dass Events an der richtigen Stelle zur richtigen Zeit effizienter, als klassische Medien operieren können. Gewarnt wird aber vor ihrem unkritischen Einsatz, vor „Information Overload" - ohne strategische Planung und professionelle Umsetzung. Andernfalls droht Ihnen dasselbe Schicksal wie einiger klassischen Werbung - es guckt, aber „keiner" geht mehr hin.

Die gröbsten Fehler entstehen nicht bei der Durchführung (darum Referenzen einfordern) eines Events, sondern bei seiner Planung: Mit einem Event wird eine überschaubare Zahl von Personen direkt angesprochen. Es steht insofern in Konkurrenz zu klassischen Direktmarketing-Instrumenten, wie auch dem Einzel-Kundengespräch, dem Mailing oder der Anzeigenschaltung in Fachmedien. Sein Vorteil gegenüber den genannten Instrumenten besteht in der stärkeren, weil emotionaleren, Durchdringung der Zielgruppe. Als Nachteil nennt die Literatur höhere Kosten (vgl. Tilmann Holm, Inhaber der prominenten Eventagentur „Gegenwartkommunikation", Frankfurt).

Es gilt, ein ausgewogenes Verhältnis zu finden zwischen Neuartigem und Zumutbarem, zwischen Passendem und Prätentiösem, zwischen Beanspruchendem und Ansprechendem - das ist die eigentliche Kunst. Im Rahmen des Corporate Behavior, das alle Sinne anspricht: Der Mensch hat nur zwei Ohren, zwei Augen, einen Mund und eine Nase. Letztere hat im audiovisuellen Multi-Media-Zeitalter offenbar ebenso ihre Daseinsberechtigung verloren wie der Tastsinn. Jedenfalls sind Events, die diese beiden Sinne intelligent ansprechen, so rar wie die Stecknadel im Heuhaufen. Das ist umso unverständlicher - sagt Holm - als gerade sie die stärksten Aktivierungsprozesse im Menschen auslösen: Wer vergisst je den salzigen Geruch des Meeres, des süßlichen Harzes im dampfenden, vom Regen nassen Wald oder den festen Händedruck eines entschlossenen Menschen?

Dazu kann ein passender Moderator viel beitragen. Passend heißt nicht namhaft und teuer, sondern authentisch und zielgruppengerecht. Ein Bettler, der über das Leben der Straße erzählt, wirkt glaubwürdiger, als eine darüber sinnierende und rhetorisch versierte Soziologiekoryphäe.

Unsere persönliche Meinung dazu ist zur Zeit:

„Der so genannte ‚Vampireffekt' von Performance und Künstlerauftritten ist nicht zu unterschätzen. D.h. der Besucher erinnert sich nach der Messe zwar noch daran, dass er Tina Turner gesehen hat, aber oft nicht an welchem Stand, respektive um welches Produkt oder um welche Dienstleistung es wirklich ging. Von der Kernbotschaft ganz zu schweigen.

Der Trend der letzten Jahre führte zu einer ‚Über-Eventisierung', aber nicht zum gewünschten Verkaufserfolg. Um den geht's ja schließlich. Trotz allem."

Der Trend zur Interaktivität und zum Individualismus hat der Live-Kommunikation in den letzten Jahren zusätzlichen Auftrieb verschafft.

Zurzeit stellen die Autoren einen Wertewandel fest, weg von der Event-Euphorie, hin zu einer nachhaltigen Nutzung als strategisches Marketing-Instrument und als wirkungsvolle Begleitung von Strategie-Prozessen.

Und wie sieht die Zukunft aus? Zukunft ist nicht berechenbar. Zukunft ist nicht zu planen.

Wer aber die Kunden ernst nimmt, nimmt ihre uralt angestammten Wünsche ernst, versucht sie - eben mit Markt- und Messestrategien (Rust) - in plausible Geschichten zu verpacken, in Märchen und Utopien, in Entwürfen und Spielen.

Jedenfalls sind die Tage der Massenmedien-Werbung vorbei. (Larry Light, Marketingchef von McDonalds) Productplacement ist angesagt.

Um den neuen Pontiac GRO zu bewerben, rief der Werbechef Dino Bernacchi den Fernsehsender USA Network an. Dort wollte er keine Werbezeit buchen, sondern einen abendfüllenden TV-Movie produzieren lassen - mit dem brandneuen GTO in der Hauptrolle. Das Resultat war ein Actionfilm mit Hollywood-Star Dennis Hopper. Das Stück lief im Hauptabendprogramm. Bernacchi ist überzeugt, dass er sein Budget damit besser verwendet hat als mit klassischer Fernsehwerbung: „Ich hasse die Vorstellung, dass Marketing für eine Marke nicht mehr sein kann als ein 30-Sekunden-Spot."

Solche Kampagnen sind Vorboten für einen Niedergang standardisierter Werbeformen, das glauben nun selbst alteingesessene Markenartikler. In diesem Umfeld stehen auch Messen und Foren auf dem Prüfstand.

Eine aktuelle Studie von Eugen Buss im FAZ-Institut zeigt die folgenden Veränderungen auf:

| Messe und konsequentes Marketing |

- Bedeutungszunahme von Emotionalität als Mittel der Selbstdarstellung
- Neue Suche nach kollektiver Emotionalität
- Bedürfnis nach emotionaler Dekoration des Lebens
- Enttabuisierung von Emotionalität
- Wachsende Vertrauensdefizite in Deutschland
- Emotionalität und Medien:

    Medien erzeugen virtuelle Gefühlsgemeinschaften. Parallel dazu wachsen die Medien in puncto Anzeigenkosten und Anzahl der Titel ins Uferlose. Wir stehen vor einem Overflow mit Inhalten und einer Atomisierung der Träger. 2004 werden in Deutschland ca. 60 Mrd. DM (nicht Euro) für klassische Werbung ausgegeben. Wirksame, durchsetzungsstarke Markenkampagnen funktionieren nicht mehr bzw. können mit klassischer Werbung nicht mehr erreicht werden. Für die Unternehmenskommunikation bedeutet diese Entwicklung nach Buss eine „Revolution auf leisen Sohlen". Seine eindeutige Erkenntnis: „Öffentliche Akzeptanz ist demnach mehr als ein schlichter Wettbewerbsfaktor, sie ist auch mehr als eine betriebswirtschaftliche Ressource - sie bestimmt den Unternehmenswert und die Wachstumsperspektiven mehr als jede andere Vermögensposition im Jahresabschluss." Die Konsequenzen für das New Marketing lauten:

1. Effizienz und Bedeutung von klassischer Werbung/PR sinken
2. Die Bedeutung von Erlebniskommunikation (Event/Sponsoring), das differenzierende Markenspiel mit den Gefühlen im Image, steigt an
3. Shooting-Star sind One-to-one Marketing mit Internet, eCommerce, Web Ad, Multimedia, Dialog-Marketing

„Wir haben es heute mit „Massenindividualkommunikation" zu tun. Da das Gut Aufmerksamkeit der Inflation ausgesetzt ist und immer teurer wird, wird die Branche der Events immer wichtiger". Kommunikation muss man als Orchestrierung begreifen. Events haben in diesem Szenario eine hervorragende Rolle: „Die goldenen Zeiten kommen noch. Es gibt kein anderes Instrument, was Menschen so fängt. Wenn es missbraucht wird, schreckt es mehr als klassische Kommunikation." Ist der Kunde der Intendant: Er setzt den - neutralen - Dirigenten.

Dazu Ralf Domning, Geschäftsführender Gesellschafter kogag: „Wir kämpfen immer noch um das, was die klassischen Agenturen schon lange haben: langfristige Verträge, die es gestatten, gemeinsam mit dem Kunden Strategien zu entwickeln und erst dann die Einzelmaßnahmen zu planen. Ein solcher Rahmen würde übrigens auch dem Kunden viel Geld sparen."

| Eventmarketing, ein taugliches Mittel?

An der Spitze residieren die Volk Dams Gruppe mit knapp 15 Mio. Umsatz in 2003, gefolgt von maxsense mit 10 Mio. und Kogag Bremshey & Domning mit nahezu 8 Mio. insgesamt addiert sich der mit Veranstaltungen gemachte Umsatz der Top 30 auf rund 98 Mio.

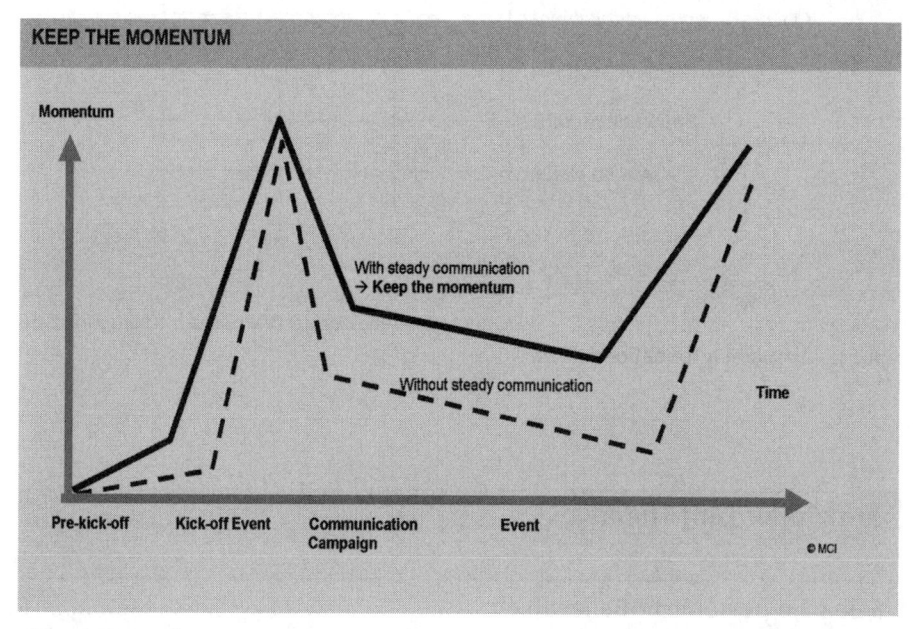

Abb. 38   Keep the Momentum

| Messe und konsequentes Marketing |

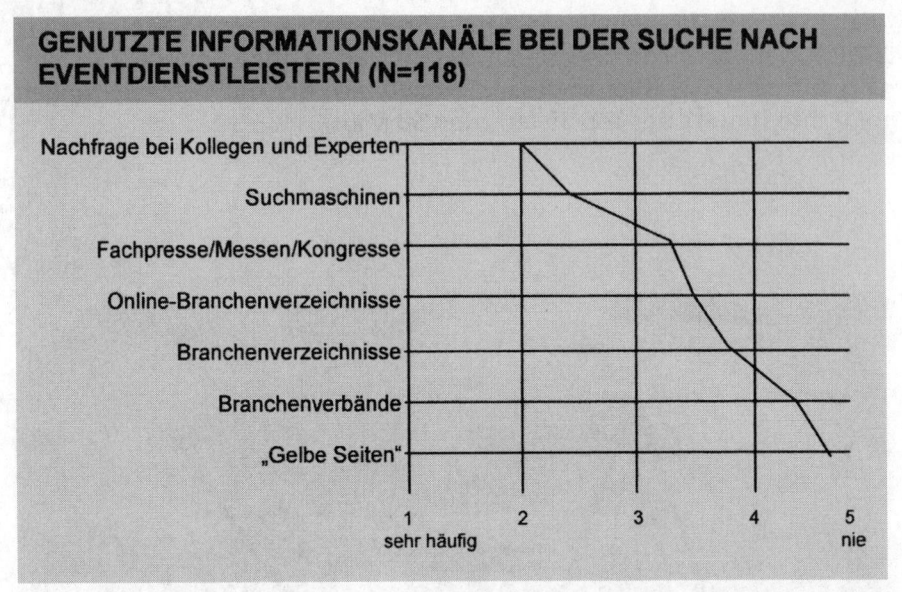

GENUTZTE INFORMATIONSKANÄLE BEI DER SUCHE NACH EVENTDIENSTLEISTERN (N=118)

- Nachfrage bei Kollegen und Experten
- Suchmaschinen
- Fachpresse/Messen/Kongresse
- Online-Branchenverzeichnisse
- Branchenverzeichnisse
- Branchenverbände
- „Gelbe Seiten"

1 sehr häufig — 2 — 3 — 4 — 5 nie

Quelle: cornelia.zanger@wirtschaft.tu-chemnitz.de

Abb. 39 Genutzte Informationskanäle

Prinzipien zum Thema:

Seien Sie persönlich! Believable..
Zeigen Sie Leidenschaft!..
Seien Sie erfinderisch! Träumen Sie..
Seien Sie bedeutungsvoll!...
Seien Sie echt!..
Seien Sie engagiert, „sexy"...
Seien Sie erinnerungswürdig!...
Nutzen Sie den Berühmtheits-Kult!..
Handeln Sie verantwortlich!...
Halten Sie sich einfach!..

Nach Ardil

Vorbei sind jedenfalls die Zeiten, in denen Events das Hochamt der Unternehmenskommunikation markierten. Mit austauschbaren Veranstaltungen nach dem Motto: Essen, Trinken, Gala fertig! Diese großen Events werden eher rückläufig sein, da die großen Budgets für Launchpartys nicht mehr zeitgemäß sind . . . . .

Controlling

Eventcontrolling ist schwierig. So erkennen die Autoren eigentlich nur Selbstkontrollen, die den kurzfristigen Erfolg, wie Teilnehmerzahlen, Zufriedenheitsurteile, Kontaktzahlen u.s.w. darstellen. Der Grund dafür wird wohl sein, dass theoretisch begründete Kontroll-Instrumente weitaus fehlen, die eine Standardisierung erschweren.

Um etwas Systematik rein zu bekommen, sollte man

- Eine Permissen-, eine Absatz- und schließlich eine Ergebniskontrolle durchführen.

Jeweils auf drei Ebenen:

- Darstellung des Ist-Zustandes
- Veränderung nach dem Event (durch Befragung & Beobachtung)
- Befragung einer Kontrollgruppe, die nicht am Event teilgenommen hat.

Eine primäre Forderung bleibt: Events sind im Raum eines integrierten Auftritts der Marke oder des Unternehmens einzusetzen und an vorhandene Gedächtnisstrukturen beim Empfänger anzuknüpfen. Zunächst steht also die langfristige Gedächtniswirkung vor der Finalverhaltenswirkung.

Fazit:

Nur wer sich Ziele setzt, kann danach bilanzieren........ und vom Erfolg und Misserfolg lernen. Alles andere sind oft Alibifunktionen. Hier hat das olympische Motto „Dabeisein-ist-alles" schlichtweg nichts zu suchen. Es beschert eher Frust, denn neue Lust!

IX. Das Wesentliche auf einen Blick

Wir wissen, dass die Empfehlungen nicht so ganz befriedigend sind, das hängt aber mit der Komplexität dieses Kommunikationsinstrumentes zusammen. In der einschlägigen Literatur haben wir auch keine verwertbaren Hinweise gefunden, wohl die Hoffnung, dass wir in naher Zukunft solche Kriterien erproben werden.

Im zweiten Teil haben wir die Bedeutung der Messepolitik besonders für marketing- und vertriebspolitische Grundsatzfragen diskutiert. Messen können offensichtlich weitaus mehr leisten als das Image eines Unternehmens zu fördern oder den Kontakt mit den „good old friends" zu pflegen. Beim genauen Hinsehen sind sie die Schaufenster der teilnehmenden Unternehmen, in denen Know-how, Leistungskraft, Denkhaltungen und vieles mehr erkennbar werden. Akzeptiert man diese Zusammenhänge, können durch eine Messeteilnahme Veränderungsprozesse initiiert und implementiert werden: Messen als trojanisches Pferd. Die trojanischen Pferde werden eingeschleust, um Mitarbeiter zu noch mehr Kundenorientierung zu motivieren, Informationen marktgerecht zu erfassen und aufzubereiten oder die Verbindung zwischen Marketing- und Vertriebsmitarbeiter und Produktion zu optimieren. Natürlich auch um messbare Messeziele zu realisieren.

Wir haben Ihnen 5 trojanische Pferde vorgestellt. Sie sind Chancen und damit (Weihe-)Geschenke für jeden, der sich der Herausforderung stellt. Sie sind Risiken und damit Danaer-Geschenke für all diejenigen, die die Zeichen der Zeit nicht verstanden haben, die nicht mitziehen wollen oder können. Entscheidend dabei ist vor allen Dingen der Betrachtungszeitraum. Messen dauern länger als Messen, also nach Veranstaltungsende geht's erst richtig los ... mit dem Follow-up.

Zum Schluss dieses dritten Teils haben wir noch auf die Bedeutung von Internet für die Messepolitik hingewiesen. Besonders die Qualität der Informationen für die Auswahl der jeweiligen Veranstaltungen wird sich deutlich verbessern. Events erhalten einen neuen Stellenwert.

Wie nun ein Messeaktionsprogramm erfolgreich abläuft und zu welchen Ergebnissen es im Einzelnen führen kann, beantwortet Teil 4. Wenden wir uns gemeinsam der operativen Ebene zu und setzen wir die vielen Ideen um. Viel Erfolg!

Teil 4

Erfolgspfad für ein Messe-Aktionsprogramm

*Wer Messen macht
muss Menschen mögen ………*

Reed Exhibitions

DIE **MESSEMACHER**

420 MESSEN

90 000 AUSSTELLER

4 MILLIONEN BESUCHER

www.reedexpo.com
www.reedexpo.ch
www.reedexpo.de

I. Die Erfolgsfaktoren eines Aktionsprogramms

Messe ist ein mögliches Thema für ein Aktionsprogramm (AP). Genauso gut kann natürlich auch die Steigerung der Durchschnittspreise für bestimmte Produkte oder die Einführung neuer Produkte/Dienstleistungen der Ausgangspunkt sein. Was soll nun durch ein AP erreicht werden?

Zunächst sollen die Ergebnisse im Marketing und im Vertrieb bei gleichzeitiger Professionalisierung der Mitarbeiter und der eingesetzten Instrumente verbessert werden. Durch die gebündelte Bearbeitung des Marktes kann das Unternehmen außerdem wertvolle Hinweise zu den Stärken der eigenen Marktbearbeitung gewinnen. Daraus ergeben sich wiederum Ansatzpunkte für unternehmerische Entscheidungen.

Das Programm erfolgt mit bestehenden Strukturen und vorhandenen Produkten. Es handelt sich also um eine Art Offensivstrategie im Gegensatz zu den meistens bei stagnierenden Märkten verfolgten Defensivstrategien durch Kostensenkungsprogramme. Dann schlägt immer die Stunde der Controller. Was sind die wesentlichen Erfolgsfaktoren eines APs?

➢ Konzentration der Kräfte

Die Marketing- und Vertriebsaktivitäten eines Unternehmens werden gebündelt und über einen bestimmten Zeitraum auf ein Ziel oder mehrere Ziele ausgerichtet. Sie werden mit aller Konsequenz verfolgt, wobei das Erfolgsgeheimnis in der Konzentration der Kräfte und im Ausschöpfen der verfügbaren Produktivitätsreserven liegt - schnell und zielorientiert wie in einem „Schnellkochtopf". Isolierte Einzelmaßnahmen entfallen. Das findet in der Praxis übrigens nicht sofort den Zuspruch der Aktionsbeteiligten, da die Mitarbeiter liebgewonnene Freiheiten und Gewohnheiten einschränken und nach Aktionsvorgaben arbeiten müssen. Aber die Alternative ist oft nur die erwähnte Defensivstrategie, welche auch nicht gerade Begeisterung weckt.

➢ Enge Verzahnung von einzelnen Unternehmensabteilungen

Ein AP führt die Interessen und strategischen Vorstellungen des Managements und das detaillierte Markt- und Kundenwissen der Mitarbeiter zusammen. Unterschiedliche Ebenen im Unternehmen werden integriert. Genauso ist die schnelle Istaufnahme und Diskussion von Meinungen, Einstellungen und Abläufen möglich. Zusätzlich können schnell Barrieren für eine mögliche Optimierung herausgefunden, mit den Teilnehmern abgebaut und die tatsächlichen Verbesserungsmöglichkeiten in Aufwand, Nutzen und Zeitablauf quantifiziert werden.

> Erfolgspfad für ein Messe-Aktionsprogramm

⚑ Straffes Aktionsmanagement

Oft finden sich in der Praxis folgende Missstände: Aktionen werden mit Aufwand und Engagement angekündigt - und dann nicht nachverfolgt. Zielvorstellungen bleiben dabei diffus, die Mitarbeiter bleiben sich selbst überlassen. So werden Aktionskonzepte schnell zur Makulatur.

Erfolgreiche AP zeichnen sich hingegen durch ein straffes, konsequentes Aktionsmanagement aus. Dies beinhaltet ein klares, quantitatives Zielsystem für jeden Teilnehmer, die einzelnen Aktionsschritte werden detailliert ausgestaltet und vor allem permanent verfolgt.

> *"Wissen ohne Ordnung ist Hausrat auf einem Leiterwagen."*
>
> Jakob Lorenz

⚑ Kreativität

Viele Organisationen ersticken förmlich in Tagesroutinen. Alles bewegt sich in mehr oder weniger eingefahrenen Gleisen. Man weiß, wie das geht und hat alle erdenklichen Erfahrungen schon gemacht. Was kann da noch kommen? Inzwischen ist dann auch noch die Angst vor dem Auffallen hinzugekommen. Im Unternehmen genauso wie draußen bei Kunden.

Ein AP stellt die herkömmlichen Vorgehensweisen kritisch in Frage, sucht nach kreativen Ansätzen, die neuen Schwung bringen, und will anders sein als andere, um einen Wettbewerbsvorteil zu erzielen.

⚑ Motivation

Ein AP bedeutet Fortschritt, gewollte Veränderungen und damit Kritik an Bestehendem. Das stellt für viele Mitarbeiter im Unternehmen eine Bedrohung dar: jede Veränderung ist mit psychischem, sozialem und emotionalem Aufwand verbunden.

Über das Management kann allerdings Engagement für den erforderlichen Wandel mobilisiert werden. Deshalb startet ein solches Projekt immer „oben", damit mindestens ein Top-Manager mit voller Verantwortung und Autorität dahintersteht. Außerdem müssen in einem AP die Mitarbeiter frühzeitig eingebunden werden (Betroffene zu Beteiligten machen). Das führt erfahrungsgemäß zu einem deutlichen Plus an Motivation, da schneller höhere Identifikation mit dem Programm erreicht wird.

Die Erfolgsfaktoren sind in Abbildung 41 graphisch zusammengefasst, damit Sie sie für die Planung und Durchführung eines Messeaktionsprogramms noch einmal deutlich vor Augen haben.

| Die Erfolgsfaktoren eines Aktionsprogramms

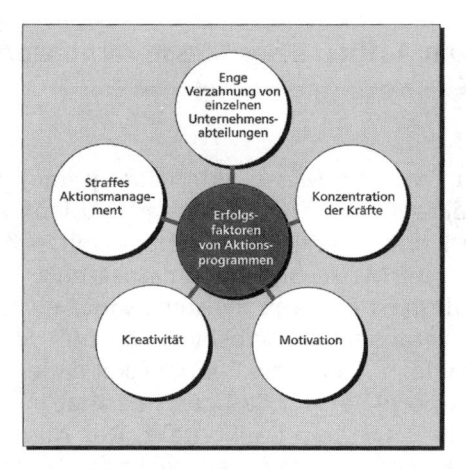

Abb. 40 Erfolgsfaktoren von Aktionsprogrammen

FOKUS

1. Mit einem Aktionsprogramm sollen die Ergebnisse im Marketing und im Vertrieb bei gleichzeitiger Professionalisierung der Mitarbeiter und der Instrumente verbessert werden.
2. Ein Aktionsprogramm ist eine Offensivstrategie.

II. Überblick zum Aufbau eines Messe-Aktionsprogramms

Überlegen wir nun, wie ein Messe-Aktionsprogramm grundsätzlich aufgebaut werden sollte. Dazu wird der gesamte Ablauf in drei Phasen zerlegt, was zunächst noch keine Überraschung mit sich bringt: Planung, Durchführung auf der Messe und Nachmessearbeit. Die Laufzeit insgesamt beträgt mindestens ein Jahr, meistens sogar noch länger. Die reine Dauer einer Messeveranstaltung selbst von ca. einer Woche wirkt da eher bescheiden. Es ist wie im Sport: ein Fußballspiel dauert 90 Minuten (eine alte Weisheit). Ein normaler Bundesligaspieler hat in einem Spiel insgesamt nicht mehr als 3 Minuten Ballkontakt. Der Ausnahmespieler Franz Beckenbauer hat es mal auf 5 Minuten gebracht. Und dafür wird vorher und nachher Tag für Tag mehrere Stunden trainiert?! (Und sich das Video vom Gegner mehrfach angeschaut.)

Insgesamt verbirgt sich hinter jeder einzelnen Messe schon in der Planungs- und Durchführungsphase ein unglaublicher Aufwand. Mancher Praktiker unter den Lesern wird aufstöhnen, da mehrere Messen in einem Jahr keine Seltenheit sind. Dies sollte allerdings keine Rechtfertigung für Nachlässigkeiten in der Nachmessearbeit sein. Im Gegenteil.

Auf keinen Fall darf bei der Nachmessearbeit geschludert werden. Wer das Ende einer Messe als Ende seiner Messetätigkeit ansieht, der vergibt eine gewaltige Chance. Die Messenacharbeit erst stellt den Erfolg der Messe sicher. Sie bedeutet aber wirklich auch konsequente Arbeit. Wird sie deshalb so oft im Zeitmanagement und im Budget der Teilnehmer vergessen? Die Messe-Veranstaltung selbst wird als Kür verstanden und dann beginnt wieder der normale Alltag. Mit müden Füßen kommt man von der Messe zurück. Es wurde sogar noch das Wochenende geopfert und der Schreibtisch ist voll.

Messen dauern tatsächlich aber länger als sie dauern. Nur der Stand schließt am letzten Messetag. Es geht nicht nur um die drei bis fünf Messetage. Das Followup beginnt vor der Messe. Deshalb ist das Wort unglücklich gewählt. Dazu an gegebener Stelle mehr. Aber ein Versprechen schon mal vorab: Wir werden uns umfassend mit dem Follow-up beschäftigen. Hier liegen nach unserer Erfahrung bei fast allen Unternehmen die wirklichen Schwachstellen.

Die Abbildung 41 gibt nun eine Orientierungshilfe zum grundsätzlichen Aufbau und Ablauf eines Messe-Aktionsprogramms. Mit den Inhalten, Aufgaben und Verpflichtungen (!) der Stufen beschäftigen wir uns in den anschließenden Kapiteln.

Überblick zum Aufbau eines Messe-Aktionsprogramms

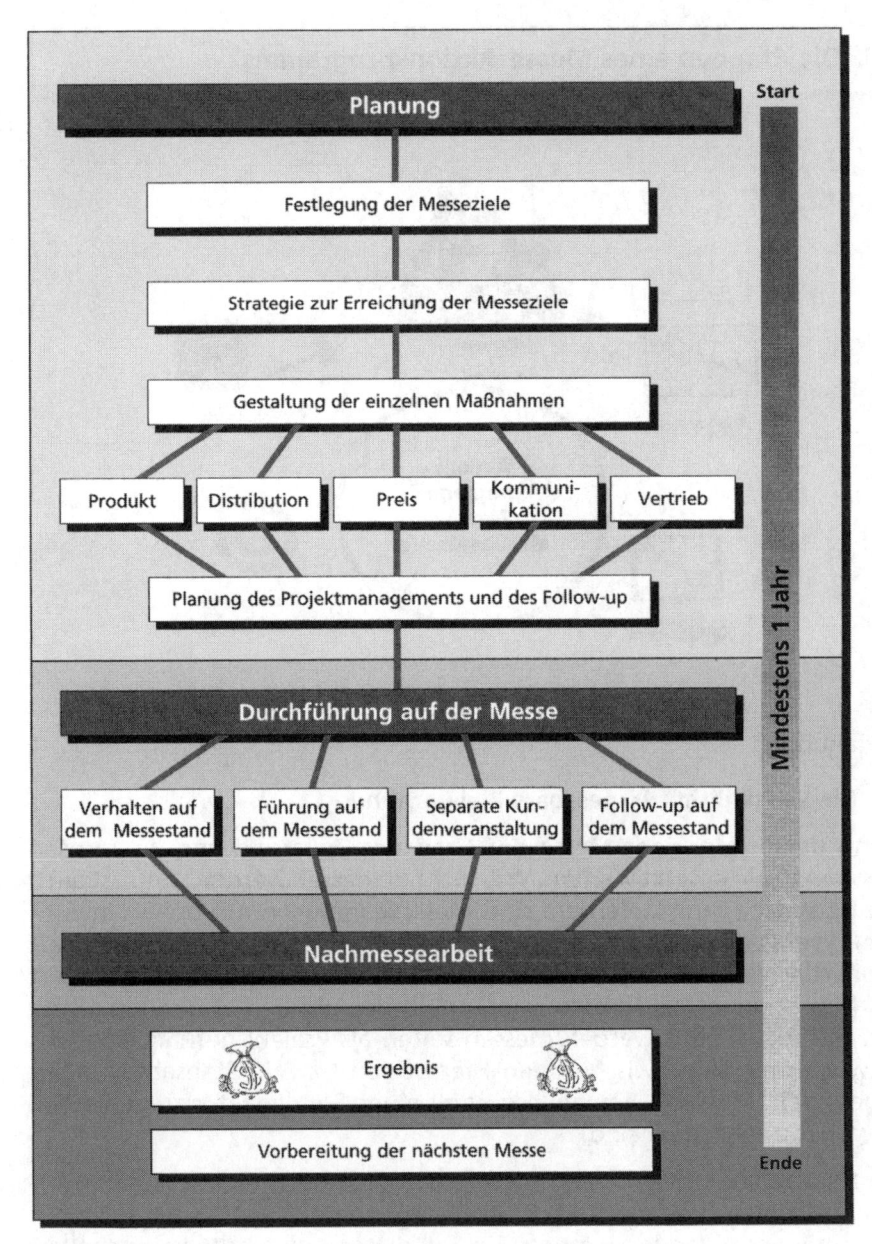

Start

Planung
- Festlegung der Messeziele
- Strategie zur Erreichung der Messeziele
- Gestaltung der einzelnen Maßnahmen
  - Produkt
  - Distribution
  - Preis
  - Kommunikation
  - Vertrieb
- Planung des Projektmanagements und des Follow-up

Durchführung auf der Messe
- Verhalten auf dem Messestand
- Führung auf dem Messestand
- Separate Kundenveranstaltung
- Follow-up auf dem Messestand

Nachmessearbeit

- Ergebnis
- Vorbereitung der nächsten Messe

Ende

Mindestens 1 Jahr

Abb. 41 Ablauf eines Messe-Aktionsprogramms

III. Die Etappen eines Messe-Aktionsprogramms

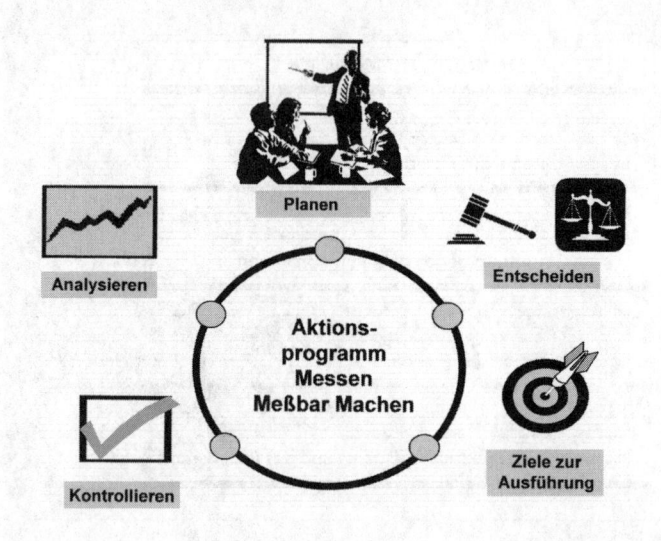

Planen — Entscheiden — Ziele zur Ausführung — Kontrollieren — Analysieren

Aktionsprogramm Messen Meßbar Machen

1. Planung

1.1. Die Sensibilität für messbare Ziele erhöhen

Wenn der Erfolg einer Messe der Grad der Zielerreichung ist, müssen messbare Ziele gesetzt werden. Was nicht gemessen werden kann, ist auch nicht zu managen. Außerdem sind Messeteilnahmen mit hohen Investitionen verbunden. Aber wo sonst noch wird in der deutschen Wirtschaft so oberflächlich mit dem Return on Investment umgegangen? So wandert das Messebudget als Fixkosten innerhalb der übrigen Marketingkosten mit. Darüber hinaus werden Messen selten als Projekt geführt. Die Verantwortlichen sind zwischen den Hierarchien bzw. in Stabsabteilungen angesiedelt. Messen scheinen insgesamt einen Sonderstatus zu genießen. Obwohl sie sehr teuer sind!

Die Brisanz konkreter Zahlen ist offensichtlich noch nicht erkannt worden. Gemeint ist der messbare Nutzen in Euro und Cent. Dabei soll nicht knauserig vorgegangen werden. Ein Teil dieses Aufwandes ist sinnvollerweise „to show the flag", dabei sein, Reviersignale abgeben, PR, Kundenpflege. Aber all das rechtfertigt noch nicht hinreichend die Teilnahme an einer Messe an sich.

P Da gibt es andere und oft bessere Wege, etwa alle wichtigen Kunden zum Essen einzuladen. Das kann inklusive Hotelübernachtung noch günstiger als eine Messeteilnahme sein und schafft mehr Kundenbindung als ein warmes Würstchen - die so genannten Messeforellen - auf dem Messestand. Ein bekannter Schreibgeräteherstelller resümierte anlässlich der Hannover Messe auch folgerichtig: „Fast keine neuen Kontakte, weswegen man ja auf die Messe geht, sondern nur alte Kunden. Ich habe ausgerechnet, dass mich jeder Besuch 850,- Euro kostet. Für das Geld kann ich jeden Einzelnen nach Heidelberg einladen, mit ihm nett essen gehen und die Übernachtung im Hotel bezahlen, dann habe ich gegebenenfalls immer noch Geld gespart. „ Man kann für die Investition auf der Messe auch einen weiteren Verkäufer engagieren, der das ganze Jahr über Umsätze produziert. Oder man lanciert für viel weniger Geld eine pfiffige Kampagne, oder eine Hausmesse mit Lieferanten.

Viele Unternehmen stellen aus, weil die Konkurrenz es auch tut. Selbst professionelle Ausstellertreffen ihre Teilnahmeentscheidung schwerpunktmäßig unter diesen und Traditions-Gesichtspunkten. Rechtfertigt ein solches von marktpsychologischen Messgrößen dominiertes Zielsystem die Messeinvestition? Reicht Ihnen das? In unserer Zeit, wo Märkte durch Internet transparenter geworden sind, der Verdrängungswettbewerbforcierter ist? Einkäufersparen und wollen nicht mehr unbedingt „das Beste", sondern „so-gut-wie-nötig" kaufen. Messen sind unter dem Gesichtspunkt des olympischen „dabei sein ist alles" schlicht zu teuer.

Zugegebenermaßen lebt es sich einfacher, wenn das Management postuliert, dass „diese Messe für uns sehr wichtig ist, es kommt jetzt besonders darauf an, dass ... auch der Mitbewerber. ..". Und auch der Mitarbeiter denkt lieber an den althergebrachten Messetourismus als an Facts and Figures, die pro Mann, pro Tag, pro Messe aufgestellt werden. Hier wird der letzte Freiraum beschnitten! Die Messegesellschaften sind ihrerseits auch nur bedingt daran interessiert, dass der Aussteller die Effizienz einer Messe hinterfragt. Es steht außer Zweifel, dass Messen gut sind - aber wie gut, welches Budget dafür bereitgestellt werden soll, ist noch lange nicht klar.

Daraus entstehen die gängigsten Messeklischees: Messen sind Produktschauen. Je mehr Leute kommen und schauen, desto besser. Man wandert über die Messe und schaut, dazwischen isst man. Messen sind unterhaltend und anstrengend. Man hat Probleme mit der An- und Abfahrt. Das sind die häufigsten „Blüten" im Klischeestrauß. Nicht routinierte Aussteller glauben, man mietet eine Standfläche, stellt das Produkt hin und wartet auf Interessenten. Eckstände sind besser. Am Ende der Messe rechnet man ganz einfach Aufträge und Kosten aus. Wenn das „stimmt" und genügend Gäste da waren, handelte es sich um eine gute Messe. Mit diesem Mini-Marketing kann man in Zukunft nicht mehr leben. Für das hochkarätige Kommunikationsmedium Messe werden messbare Ziele benötigt.

Erfolgspfad für ein Messe-Aktionsprogramm

> **FOKUS**
> 1. Messbare Ziele und ROI-Betrachtungen sind bei Ausstellern eher die Ausnahme.
> 2. Den ROI der Investition Messe zu messen, bedeutet transparente Aktivitäten zu managen und messbare Ziele zu definieren

Ziele definieren

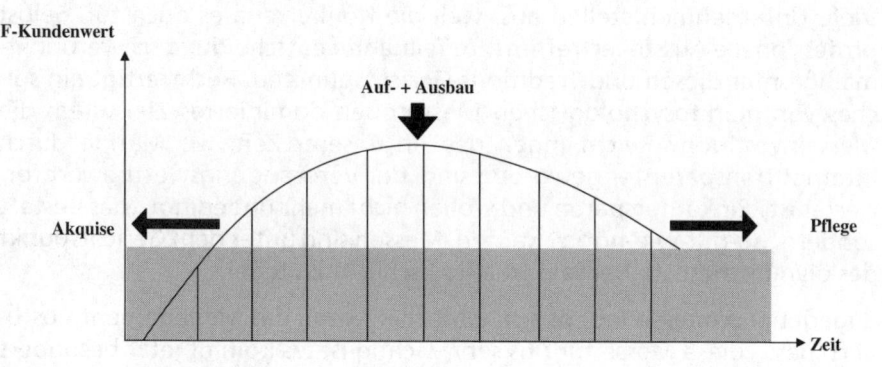

Abb. 42 Ziele definieren

Der „Kundenwert" kann auf drei verschiedene Arten maximiert werden:

✓ Kunden können früher durch Akquise gewonnen,
✓ der Umsatz mit ihnen kann erhöht (Auf- + Ausbau) oder
✓ die Dauer der Geschäftsbeziehung verlängert werden.
✓ Für alle drei Arten eignet sich ein Messeauftritt hervorragend.

Das den Messen immanente Potenzial, für die Marktteilnehmer einen einzigartigen <<added value>> erzeugen zu können, ist noch lange nicht ausgeschöpft. In ihm liegt gleichzeitig auch der Schlüssel zur erfolgreichen Behauptung im Messe- und Ausstellerwettbewerb.

1.2. Wie die Kosten und der Return on Investment in den Griff zu bekommen sind

Werden wir konkret, damit Messen nicht nur „Kirmes für die Kundschaft" sind oder"Tauschbörse für Visitenkarten", wie ein leitender Wirtschaftsführer einmal auf die Frage nach konkreten Messezielen antwortete. Gehen wir einmal davon aus, dass bei einer internationalen Investitions-

Die Etappen eines Messe-Aktionsprogramms

gütermesse die Quadratmetermiete 100,- bis 125,- € beträgt. Erfahrungen aus der Praxis lassen einen Gesamtaufwand vermuten, der 8-10mal höher liegt. Wenn also ein 200 m² großer Stand gebucht wird, beträgt die Standmiete danach ca. 20.000,- €. Der Gesamtaufwand betrüge also 20.000,- x 8 bis 10 = 160 000,- bis 200 000,- €. Diese Zahlen decken sich übrigens im Wesentlichen mit den Angaben des Ausstellungs- und Messeausschusses der deutschen Wirtschaft (AUMA), der dankenswerterweise einen Kostenvergleich bei 1.256 Veranstaltungen offengelegt hat.

Wie sich die Kosten eines Messe-Aktionsprogramms im Einzelnen zusammensetzen können, zeigt die Checkliste 19. Sie ermöglicht dem Anwender gleichzeitig eine Vor- und Nachkalkulation der eigenen Messeteilnahmen. Diese Betrachtung ist nicht hoch genug einzuschätzen, denn progressive Kostenentwicklungen erfordern präzise erfasste Kostenträger. Außerdem vermittelt sie dem Außendienst eine Vorstellung davon, welches Geld die Firma bewegt, um ihnen, den Verkäufern, zu helfen.

Nach dem guten alten ökonomischen Prinzip soll (ein Teil) dieses Geldes schnellstmöglich zurückfließen. Der Zeitraum ist dafür natürlich sehr unterschiedlich anzusetzen - in Abhängigkeit von Produkten und jeweiliger Marktsituation. Er kann sich bei hochpreisigen Investitionsgütern auf mehr als ein Jahr hinziehen, was zugegebenermaßen mit Planungsschwierigkeiten verbunden ist.

Machen wir uns nun einmal die Mühe, die Kontaktkosten pro Messebesucher zu quantifizieren, um ein Gespür und eine Vergleichsbasis für andere Kontaktmedien im Verkauf zu erhalten. Das Messezeitpotential liegt bei einer Laufzeit von 4 Tagen und 6 Nettostunden (ohne Berücksichtigung von Pausen, Aktivierung Stand, Leerzeiten) bei 24 Nettostunden. Geht man jetzt noch von einer durchschnittlichen Gesprächsdauer von 30 Minuten aus, ergibt sich eine mögliche Gesprächsfrequenz pro Messebetreuer von 12 pro Tag (2 pro Stunde).

Während der Messe sind das bei den angenommenen 4 Tagen maximal 48 Gespräche. Bei z. B. 10 aktiven Verkäufern auf dem Stand sind dies 480 mögliche Gespräche - seien wir großzügig und gehen von 500 aus. Dies ist variabel nach oben und unten durch Anpassung der Gesprächsdauer (zu Lasten oder zu Gunsten der Qualität eines Gesprächs) und im Einzelfall konkret durchzurechnen. Veranschlagen wir die Messekosten mit rund 150 000,- €, ergeben sich bei der errechneten Kontaktfrequenz Kosten pro Gespräch in Höhe von ca. 300,- €.

Aus der Grafik geht beispielhaft hervor, dass der größte Etatposten mit 35 - 40 % (andere Quellen weisen bis zu 60 % aus) auf den Standbau

| Erfolgspfad für ein Messe-Aktionsprogramm |

Kosten einer Messebeteiligung

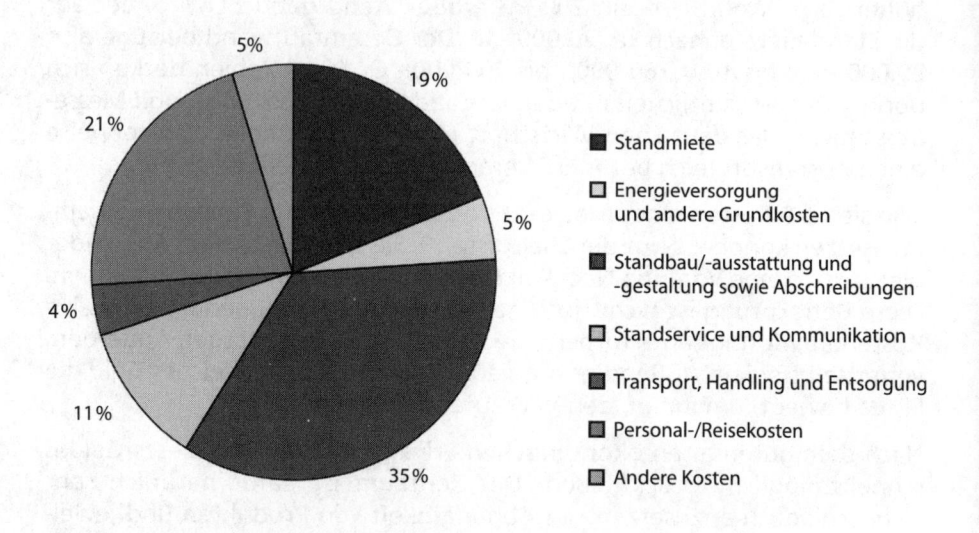

- 19% Standmiete
- 5% Energieversorgung und andere Grundkosten
- 35% Standbau/-ausstattung und -gestaltung sowie Abschreibungen
- 11% Standservice und Kommunikation
- 4% Transport, Handling und Entsorgung
- 21% Personal-/Reisekosten
- 5% Andere Kosten

Ausgaben von Ausstellern bei internationalen Investitionsgütermessen

fällt - ein weiterer Grund, sich intensiver mit dem Bau des Standes auseinanderzusetzen, auch unter dem Gesichtspunkt der Wiederverwertbarkeit einerseits und der Wiedererkennbarkeit andererseits. Diese Planung sollte nicht nur Gültigkeit haben für die eine Messe, sondern für alle Messen in einem 3-Jahres-Rhythmus, d.h. für die „aktive" Lebensdauer des Standes.

Transparente Kosten für den Stand

> Ein Erfahrungswert für die Kosten einer Messe ist die Faustformel:
> Die Quadratmetermiete beträgt 100,- bis 130,- €.
> Die Gesamtkosten der Messe sind 8 bis 10 mal höher.

Die Messebaupartner stellen ihren Aufwand nach der Honorarrechnung für Architekten und Ingeneure (HOA) in Rechnung. Berechnungsgrundlage sind die Gesamtkosten des Standes inklusive Material.

1. Grundlagenermittlung (Briefing, Verarbeitung der Messeziele, Durchsicht der Richtlinien des Veranstalters   3%

> Die Etappen eines Messe-Aktionsprogramms

2. Planungsvorbereitung (Ideenfindung und Weiterentwicklung unter Einhaltung der Vorschriften und Richtlinien, Rohentwurf) — 7%
3. Entwurfsplanungen (Zeichnungen, Dokumentation, Stücklisten zur Erarbeitung des Angebots, Ermittlung der Beschaffungskosten): 14%
4. Genehmigungsplanung, Bauanträge, Bestellen von Dienstleistungen 2%
5. Ausführungsplanung (Detailpläne und Werkstattzeichnungen, Bestelllisten für Fehlteile) 30%
6. Vorbereitung der Vergabe von Fremdleistungen (Zusammenstellender Unterlagen und Vorgaben, Auftragserstellung): 7%
7. Mitwirkung bei der Vergabe (Einholen von Angeboten): 3%
8. Bauüberwachung (Produktion in den einzelnen Fertigstufen, Koordination der Herstellung sowie des Aufbaupersonals, Standübergabe) 31%
9. Baubetreuung und Dokumentation (Nacharbeiten, Änderungen): <u>3%</u>

100%

Was kostet ein Handschlag auf der Messe

Üblicherweise werden die Gesamtkosten (i.a. ohne Personalkosten) durch die festgehaltenen Messekontakte geteilt. Na schön. Gilt immer noch. Die definierten Ziele werden dabei aber außer Acht gelassen. Kontakte müssen also gewichtet werden:

- Noch-Nicht-Kunden — 5 Pkte.
- Abgesprungene Kunden — 3 Pkte.
- Stammkunden — 1 Pkt.

Das können Sie noch verfeinern durch die Gewichtung der Kompetenz des Gesprächspartners u./o. dessen Herkunftslandes.

So errechnet sich ein Gesamtpotential von - sagen wir mal - 5.000 Punkten. Das jetzt ins Verhältnis gesetzt zu den Gesamtkosten, hier beispielhaft 500.000 = 100 pro Durchschnittskontakt oder aufgedröselt nach der o.a. Gewichtung:

- 5 x 100 = 500 pro Noch-Nicht-Kunden-Kontakt
- 3 x 100 = 300 für den Kontakt mit inaktiven Kunden
- 1 x 100 = 100 pro Stammkunde

Das macht die Sache doch wesentlich transparenter. Lässt sich natürlich im Übrigen auch mit der Akquisition im Feld gut vergleichen.

Erfolgspfad für ein Messe-Aktionsprogramm

In der englischen Literatur haben wir u.s. Formel für eine Effizienzbeurteilung gefunden.

Contact efficiency quotient	=	Kosten pro Zielgruppe / Kosten eines ADM-Besuchs bei dieser Zielgruppe
Sales efficiency quotient	=	Kosten für einen Auftrag durch die Messe / Kosten für einen Auftrag im Feld
Advertising efficiency quotient	=	Kosten pro registrierten Besucher / Werbekosten pro Zielperson

Anwendung dieser o.a. Methoden kommt es zu einer Überprüfung der Erreichung der definierten Kontaktziele und zu einem aussagefähigen Vergleich zwischen verschiedenen Messen.

Gründe für die in der Praxis zu findenden mangelnde Erfolgskontrolle liegen in personellen und zeitlichen Engpässen, Unlust und mangelndem Know-How über die Vorteile

„Es muss aber zum Prozessmusterwechsel kommen. So wie Dick Fosbury 1968 mit seinem „Fosbury Flop" die Sportwelt verunsicherte und schließlich eine völlig neue Ära des Hochsprungs einläutete, sei die Erzeugung einer vorübergehenden Instabilität notwendige Voraussetzung für durchschlagende Veränderungen."

Prof. Dr. Peter Kause, 18. Messe-Fachtagung Wiesbaden

> Die Etappen eines Messe-Aktionsprogramms

Beispiel ROI durch den Messeauftritt

Umsatzgenerierung

- **Mit Kunden**
  - 25 T / p.a.
  - 10 Abschlüsse in den nächsten 12 Monaten
  - Produkte: x und y   250 T

- **Mit inaktiven A + B Kunden**
  - 15 T / p.a.
  - 5 Abschlüsse in den nächsten 12 Monaten
  - Produkte: x,y,z   80 T

- **Mit Noch-Nicht-Kunden**
  - Typ A europaweit
  - 50 T im 1. Geschäftsjahr
  - 2 Abschlüsse in den nächsten 12 Monaten
  - Produkteinführung   100 T

GESAMT   430 T€

Messe-Gesamtkosten (inkl. Personal)

„Fatal ist, dass Aussteller nur selten den Erfolg ihrer Messebeteiligung überprüfen. So fällt die Geldverschwendung nur den wenigsten auf."

Absatzwirtschaft 10/2004

> Erfolgspfad für ein Messe-Aktionsprogramm

✓ Checkliste 19: Vor- und Nachkalkulation für ein Messe-Aktionsprogramm

	Relevant	TE	Plan	Ist	Abweichung %
0. Vorlaufkosten (Extern/Intern)					
1. Grundkosten					
1.1. Standmiete					
1.2. Beteiligung – Katalogeintragungen – Energieanschlüsse – Telefon/Fax					
2. Standgestaltung- und Standbaukosten Werbestudio:					
2.1. Graphische Arbeiten (Poster, Blenden, Layout, Satz)					
2.2. Standzeichnungen/Standbeschreibung					
2.3. Fotoarbeiten (color, s/w, repro)					
2.4. Kabinenfotos					
2.5. Ausschreibung für Angebote, Fremdleistungen					
2.6. Kompletter Messestand (Auf- und Abbau, Lagerung)					
3. Betriebskosten					
3.1. Bewachung					
3.2. Reinigung					
3.3. Verpflegung, Getränke					
3.4. Versicherung					
3.5. Werbeartikel					
3.6. Material für Standaufbau (Kleinmaterial)					
4. Konzeption					
4.1. Entwicklung Rahmenkonzept/Budgetplan					
4.2. Maßnahmenplanung					
4.3. Agenturkosten					
4.4. Maßnahmendesign/Koordination					

Die Etappen eines Messe-Aktionsprogramms

(Fortsetzung Checkliste 19):

	Relevant	TE	Plan	Ist	Abweichung %

5. Vorbereitungsaktivitäten
 5.1. Messeanzeigen (Herstellung und Streuung)
 5.2. Korrespondenzaufkleber
 5.3. Einladungen
     – Entwicklung/Druck
     – Adressenaufnahme/Selektion
     – Personalisierte Anschreiben
     – Materialkosten/Porto
     – Rücklaufkontr./Antwortkarten
     – Nachfassen per Telefon/Fax
     – Give-aways (VIP-Karte)
 5.4. Incentives (Standbesucher/Standmannschaft)
     – Planung und Vorbereitung
     – Durchführungskosten
 5.5. Vorbereitung der Standmannschaft
     – schriftliche Informationen
     – Messeworkshops					

6. Transportkosten 6.1. Exponate 6.2. Werbemittel/Drucksachen 6.3. Spedition					
7. Exponatekosten 7.1. Entwicklung/Anfertigung der Messeexponate 7.2. Demonstrationsunterstützende Maßnahmen					
8. Personalkosten 8.1. Gehalt (anteilig) Verkaufsmannschaft 8.2. Gehalt Fremdpersonal (Aushilfen) 8.3. Kosten Aufbaupersonal (Flug, Hotel, Spesen) 8.4. Hotel und Spesen 8.5. Reisekosten Standmannschaft					

Erfolgspfad für ein Messe-Aktionsprogramm

(Fortsetzung Checkliste 19):

	Relevant	TE	Plan	Ist	Abweichung %
9. **Kosten für messebegleitende Aktivitäten**					
9.1. Anzeigen (Herstellung und Streuung)					
9.2. Pressekonferenz					
9.3. Pressenotizen					
9.4. Bewirtungskosten (Einladungen außerhalb der Messe)					
9.5. Give-aways					
9.6. Prospekte, die **ausschließlich** für die Messe hergestellt werden					
10. **Kosten für Follow-up-Aktivitäten**					
10.1. Personalisierte Anschreiben – Dank/Messebuch – Bedauern/Fernbleiben – Versand Prospekte/VIP-Karte					
10.2. Nachmesseartikel (Fachpresse)					
10.3. EDV-Nachverfolgung gewichteter Kontakte					
10.4. Auswertungs-Workshop					

Das obige Zahlenbeispiel ist als Muster zu verwenden. Dass natürlich auch andere Werte herauskommen können, zeigt die nachfolgende Aufstellung der Zander Klimatechnik AG.

Gespräche mit den „good old friends" und interessierten Studenten oder Schülern („Letztere sind doch die Kunden von morgen") sind teuer und vielleicht sogar wichtig. Die jeweilige Wertigkeit sollte der Aussteller bewusst durchrechnen und danach seine Entscheidung treffen. Die kann im Übrigen am Eröffnungstag anders aussehen als am Wochenende, wo sich unter Umständen Schaupublikum durch die Gänge zwängt.

Teure Flops kann sich jedenfalls kein Unternehmen mehr leisten. Im Gegenteil: Die Messeinvestition muss sich durch messbare Ziele und Ergebnisse rechtfertigen... wir sprachen bereits darüber. Und Messbarkeit ist durch transparente und realistische Ziele angesagt. Unter der Voraussetzung gesondert erfasster Messekosten sowie konkreter Ziele lässt sich zu einem festgelegten Termin eine detailliertere Erfolgskontrolle durchführen.

Die Etappen eines Messe-Aktionsprogramms

Besucherstruktur					Bewertung						Gesprächsthemen *)						
Datum	Anzahl	Altkunden	Neukunden	positiv	neutral	A-Kunde	B-Kunde	C-Kunde	Traum-termin	TGU	RLT	EWK	BHKW	GM	KD	EM
2.11.	12	1	11	3	9	3	2	7	1	5	4	1	0	5	3	3
3.11.	37	3	34	15	22	12	17	8	8	10	12	8	10	15	5	6
4.11.	27	4	23	6	21	3	10	14	3	10	6	4	4	14	2	8
5.11.	9	1	8	7	2	5	4	0	1	3	3	2	3	3	1	2
Gesamt	85	9	76	31	54	23	33	29	13	28	25	15	17	37	11	19

Messekosten ohne Mehrwertsteuer

Mailing	5.000 €
Standmiete	25.000 €
Standbau	36.000 €
Standdesign	2.000 €
Hotel	3.500 €
Gesamt	**71.500 €**
Besucher: 85	
⌀ Kosten pro Besucher	841 €

*) Gesprächsthemen

TGU	Technischer Generalunternehmer
RLT	Raumlufttechnik Anlagenbau
EWK	Energie/Wärme/Kälte
BHKW	Blockheizkraftwerke
GM	Gebäudemanagement
KD	Kundendienst
EM	Energiemanagement

Abb. 43 Messekosten für die Teilnahme an der CONSTRUCTEC

> Erfolgspfad für ein Messe-Aktionsprogramm

Die zukünftigen Messebeteiligungen basieren dann auf konkreten, vergleichbaren Erfahrungswerten, auf die man sich weitgehend verlassen kann.

Fazit

Eine Messeteilnahme generiert signifikanten und „messbaren" Nutzen. Und in dieser Berechnung sind Umsätze, die eingespielt werden und sich oft jährlich wiederholen (!), noch nicht mit eingerechnet.

P Machen wir uns nun noch an einem Fallbeispiel die tatsächlichen Auswirkungen des oben definierten Anspruchs klar, um dann im Anschluss grundsätzlich mögliche Messeziele und daraus abzuleitende Strategien zu diskutieren.

Fallbeispiel:

Ziel einer Holding war es, inaktive Kunden zurück zu gewinnen. Unter"inaktiv" war ein Kunde definiert, der seit 2 Jahren nicht mehr bei der Holding gekauft und darum keine Kundennummer mehr hatte. Letzteres ist ein sehr leicht festzustellendes Kriterium. Ferner wusste das Management, dass mit diesen Kunden im Durchschnitt 5.500 Euro Umsatz p. a. gemacht wurden. Mit Hilfe der Messe sollte ein konkreter ROI von 550.000 Euro erzielt werden. Das wiederum bedeutete erfahrungsgemäß mindestens 100 konkrete Nachmessetermine. Wir nannten diese Termine Traumtermine.

Davon ausgehend musste zunächst einmal das Adressmaterial durchforstet werden - Monate voraus, denn die Adressen mussten selektiert und gewichtet werden. Die Ansprechpartner mussten identifiziert werden, ob sie noch in der Firma waren. Um solche schwierigen Kunden zurück zu gewinnen, brauchte man die Vor- und Zunamen, Titel, Positionsbezeichnungen, Abteilungsnummer, Telefon-, Faxnummer und E-Mail-Adresse. Diese vorzubereitende Aktion „führte zu ersten Schweißperlen", da die EDV nicht per Knopfdruck die erforderlichen Informationen zur Verfügung stellen konnte. (Weiter oben haben wir bereits angesprochen, dass die Messe auch ein Messinstrument für die Qualität und die Kompatibilität des unternehmenseigenen Informationssystems ist).

Auf diesen ersten Schritt wurde besonders viel Wert gelegt, da von der Qualität der Adressen in besonderem Maße der Erfolg der weiteren Schritte abhing. Im November wurden 2 600 Adressen einer ersten Prüfung unterzogen. Das dauerte, und nach genauem Identifizieren blieben im Februar 1600 Adressen übrig. Und in jedem Fall musste ein Telefonat geführt werden - 1600mal. Da von diesen einzuladenden „inaktiven" Kunden erwartungsgemäß nur 10 bis 15 % kommen, war hier zu prüfen,

Die Etappen eines Messe-Aktionsprogramms

ob dieses Mengengerüst für die Zielvorstellung ausreicht. Wenn nicht, müsste die Kontaktpipeline aus dem Adresspool neu gefüllt werden (Refilling). In unserem Fallbeispiel haben wir auf diesen Schritt aus Vereinfachungsgründen verzichtet, so dass 1 100 inaktive Kunden mit einem Antwortfax angeschrieben und mit einer Mail verstärkt wurden.

Die Resonanz war mit 800 Zu- bzw. Absagen deswegen besonders gut, weil die Kontakte, die sich nicht spontan gemeldet hatten, telefonisch nachgefragt wurden, ob und wann sie kommen würden oder Interesse an einem Termin nach der Messe hätten. Schließlich hatten sich (s. Abb. 44) 400 angemeldet, tatsächlich erschienen dann auf dem Stand rund 200. Aus diesen 200 konnten 33 zu einem Traumtermin gewonnen werden. Nach 6 Monaten waren ungefähr 40 % des geplanten Umsatzes generiert. Wiederum ein halbes Jahr später beim Zieleinlauf (Gipfelfest) waren die geplanten 550 000 € realisiert und sogar überschritten.

Warum dieses Fallbeispiel? Es zeigt, wie aufwendig die konsequente Realisierung von konkreten Messezielen ist. Es ist viel leichter, die EDV „anzuschmeißen" und alle Kunden mit einem Mailing zu versorgen. Der Inhalt dazu lautet: „Wir sind auch dieses Jahr wieder in Halle xy zu erreichen und freuen uns auf Ihr Kommen."

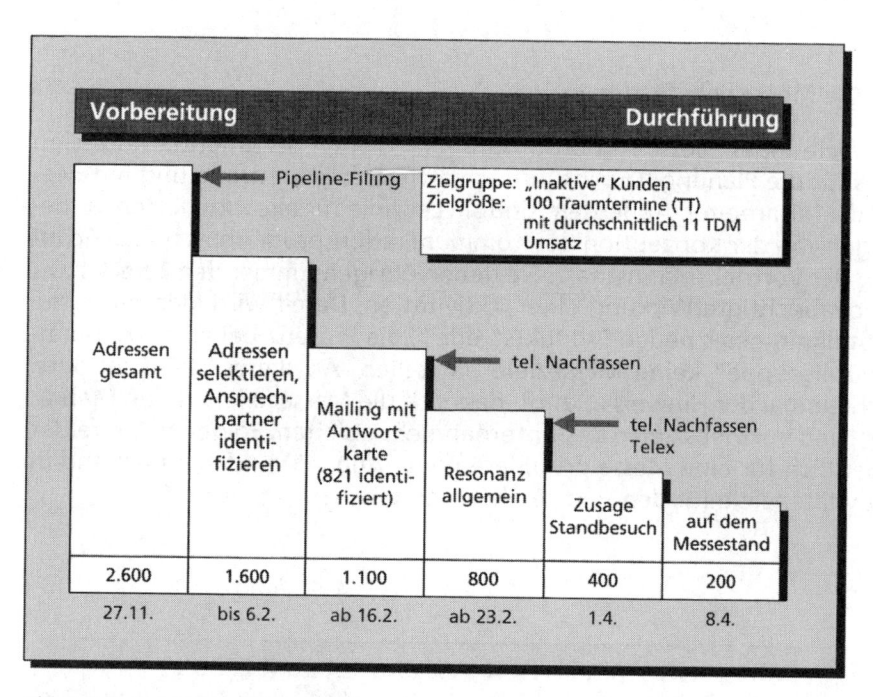

Abb. 44 Beispiel einer Messe-Pipeline

> Erfolgspfad für ein Messe-Aktionsprogramm

Außerdem soll an dieser Stelle dem Leser vermittelt werden, dass er mit System und harter und konsequenter Arbeit die gesteckten Ziele erreichen kann. Das ist ein gutes Gefühl und macht unabhängiger von externen Einflüssen. Aber die umfangreiche Arbeit muss professionell und konsequent gemanagt werden. Dazu passt ein Zitat des englischen Thronfolgers Charles: „Das Traurige an guten Ideen ist, dass sie meistens viel Arbeit machen."

FOKUS

1. Ein Erfahrungswert für die Kosten einer Messe ist die Faustformel: Die Quadratmetermiete beträgt 50,- bis 70,- €. Die Gesamtkosten der Messe sind 8-10mal höher
2. Eine weitere Kennzahl: Bei vier angenommenen Messetagen stehen 24 Nettostunden pro Standmitglied zur Verfügung.
3. Messen sind der beste Weg, Image aus der Theorie in die Praxis zu transferieren.

1.3. Die Messeziele festlegen

Die Ziele eines Messe-Aktionsprogramms dienen als Orientierung, sind Basis für die Planung, Durchführung sowie Erfolgskontrolle und motivieren die Mitarbeiter. Außerdem sind sie Leitlinie für alle Aktivitäten, angefangen von der Konzeption des Kommunikationsprogramms bis zur Schulung der Vertriebsmannschaft. Sie geben übrigens immer den Zweck bzw. die beabsichtigte Wirkung einer Aktivität an. Damit wird klar, dass „die Vorstellung eines neuen Produkts" oder „die Präsenz bei einer bestimmten Zielgruppe" keine Messeziele darstellen. An dieser Stelle sei auch noch einmal der Hinweis erlaubt, dass sich die Messeziele aus den Marketing- und Vertriebszielen des Unternehmens ableiten. Folgende Zielfelder lassen sich für eine Messe gruppieren (vgl. Abb. 45) und anschließend in Aktivitätenziele für den Vertrieb herunterbrechen (vgl. Abb. 46):

> MIT EINER STRINGENTEN SYSTEMATIK ZUM ERFOLG
> = MESSE

Die Etappen eines Messe-Aktionsprogramms

Unternehmensziele

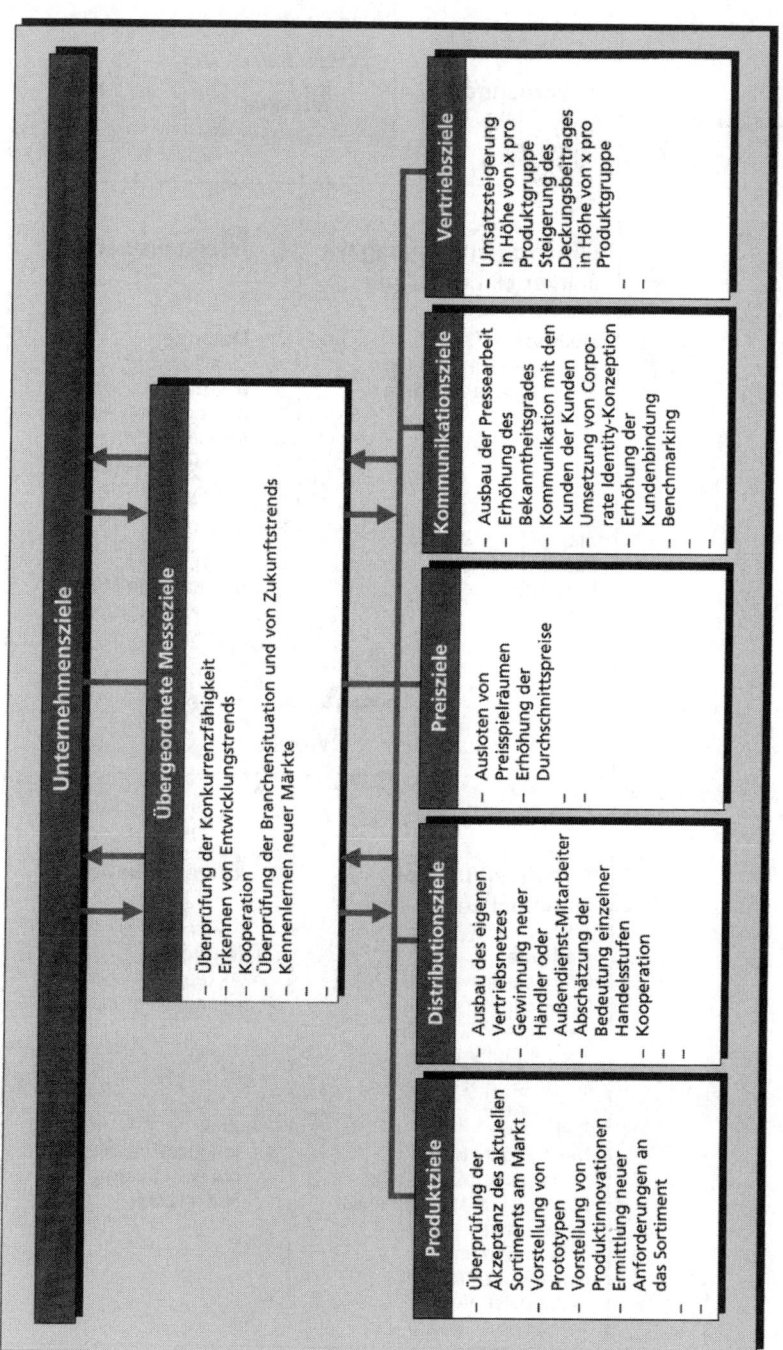

Übergeordnete Messeziele
- Überprüfung der Konkurrenzfähigkeit
- Erkennen von Entwicklungstrends
- Kooperation
- Überprüfung der Branchensituation und von Zukunftstrends
- Kennenlernen neuer Märkte

Produktziele
- Überprüfung der Akzeptanz des aktuellen Sortiments am Markt
- Vorstellung von Prototypen
- Vorstellung von Produktinnovationen
- Ermittlung neuer Anforderungen an das Sortiment
- –

Distributionsziele
- Ausbau des eigenen Vertriebsnetzes
- Gewinnung neuer Händler oder Außendienst-Mitarbeiter
- Abschätzung der Bedeutung einzelner Handelsstufen
- Kooperation
- –

Preisziele
- Ausloten von Preisspielräumen
- Erhöhung der Durchschnittspreise
- –

Kommunikationsziele
- Ausbau der Pressearbeit
- Erhöhung des Bekanntheitsgrades
- Kommunikation mit den Kunden der Kunden
- Umsetzung von Corporate Identity-Konzeption
- Erhöhung der Kundenbindung
- Benchmarking
- –

Vertriebsziele
- Umsatzsteigerung in Höhe von x pro Produktgruppe
- Steigerung des Deckungsbeitrages in Höhe von x pro Produktgruppe
- –

Abb. 45: Messeziele

Erfolgspfad für ein Messe-Aktionsprogramm

Produkte/DL

Märkte: vorhanden | neu

„alt"

Marktdurchdringung bei starker Marktposition

Methode:
Argumentationskatalog ↔ Gegenargumente

Ziel:
Intensivierung der Kundenbeziehung

Marktausweitung

Methode:
Qualifizierung potentieller Interessenten vor der Messe
Neue Darstellung Ihrer Kernkompetenz

Ziel:
Zusätzliche geografische Märkte u./o. Käufergruppen

Messe

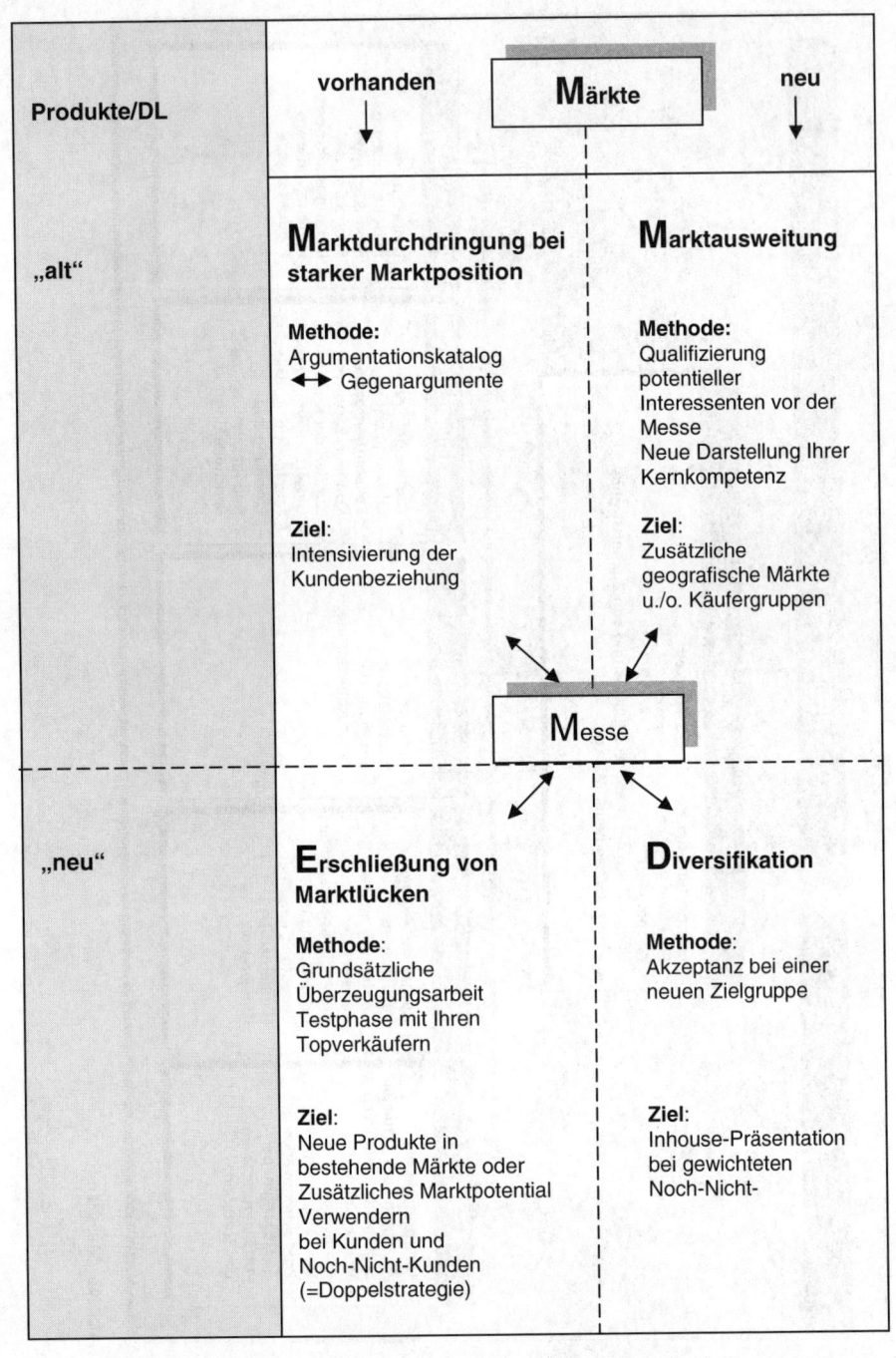

„neu"

Erschließung von Marktlücken

Methode:
Grundsätzliche Überzeugungsarbeit
Testphase mit Ihren Topverkäufern

Ziel:
Neue Produkte in bestehende Märkte oder Zusätzliches Marktpotential Verwendern bei Kunden und Noch-Nicht-Kunden (=Doppelstrategie)

Diversifikation

Methode:
Akzeptanz bei einer neuen Zielgruppe

Ziel:
Inhouse-Präsentation bei gewichteten Noch-Nicht-

nach Elke Clausen, adaptiert, 1999   Messe als marktstrategisches Instrument

204

Die Etappen eines Messe-Aktionsprogramms

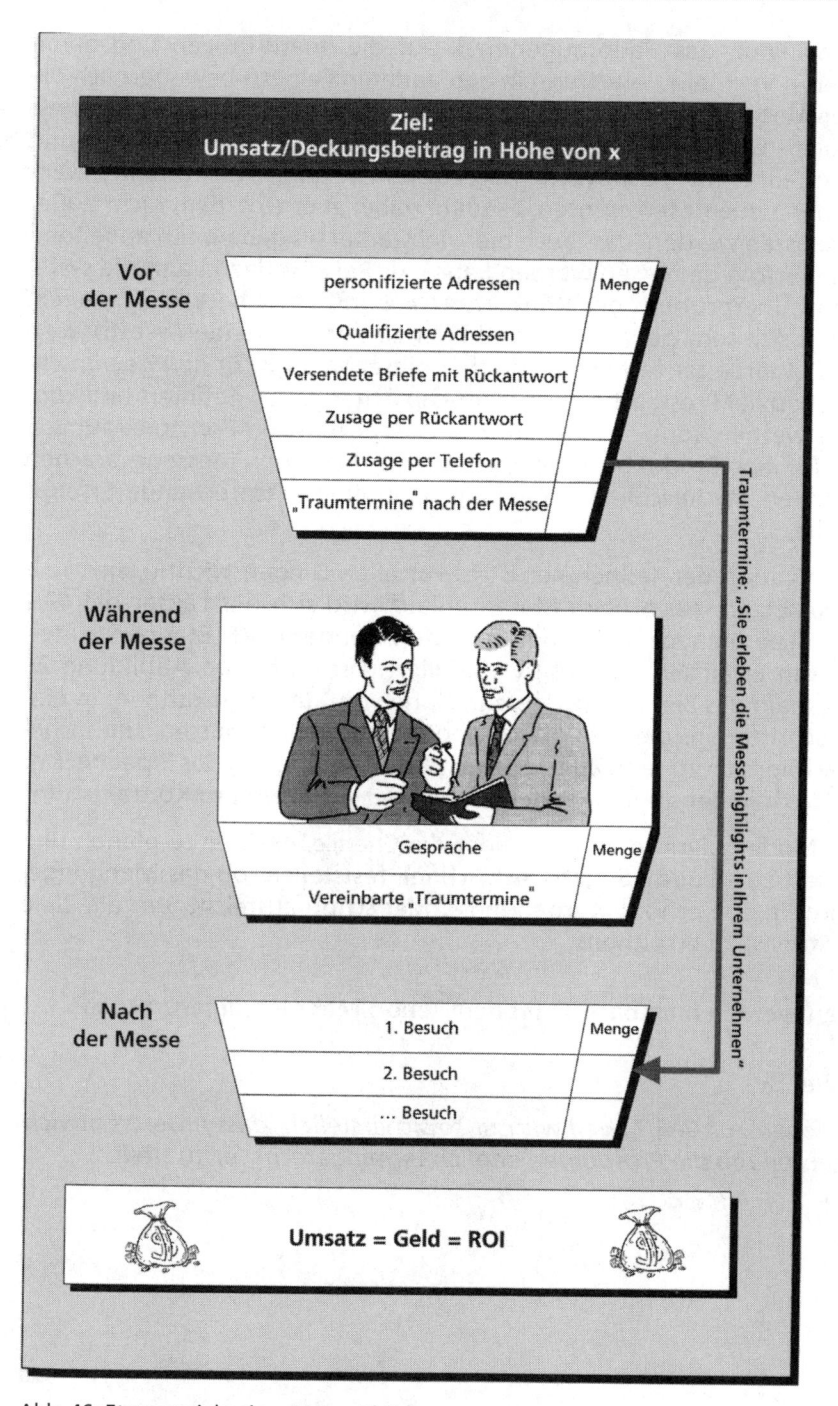

**Ziel:
Umsatz/Deckungsbeitrag in Höhe von x**

Vor der Messe

personifizierte Adressen	Menge
Qualifizierte Adressen	
Versendete Briefe mit Rückantwort	
Zusage per Rückantwort	
Zusage per Telefon	
„Traumtermine" nach der Messe	

Traumtermine: „Sie erleben die Messehighlights in Ihrem Unternehmen"

Während der Messe

Gespräche	Menge
Vereinbarte „Traumtermine"	

Nach der Messe

1. Besuch	Menge
2. Besuch	
... Besuch	

Umsatz = Geld = ROI

Abb. 46: Etappenziele eines Messe-Aktionsprogramms

> Erfolgspfad für ein Messe-Aktionsprogramm

Legen wir nun das Hauptaugenmerk auf die quantitativen und damit messbaren Vertriebsziele. Denn in den anderen Feldern bewegen sich die meisten Unternehmen erfahrungsgemäß relativ sicher. Sie sind für viele Aussteller - wir wiederholen uns bewusst - häufig der wesentliche Grund für eine Teilnahme: to show the flag, Ausbau persönlicher Kontakte, Kennenlernen neuer Interessenten. Es sollte dabei aber trotzdem nicht außer Acht gelassen werden, dass auch hier viel stärker als gemeinhin angenommen der Erfolg gemessen werden kann. Als Beispiel dazu kann die systematische Überprüfung der Konkurrenz anhand von Checklisten dienen. Hier lässt sich sehr genau die Anzahl der zu beobachtenden Wettbewerber pro Mitarbeiter festlegen. Gleiches gilt etwa auch für den gewünschten Ausbau der Pressearbeit, wo Wunschpartner genau definiert und kontaktiert werden können, oder für das Überprüfen von Preisspielräumen, indem für eine Produktgruppe ein Preiskorridor in den Messegesprächen einzuhalten ist. Anschließend erfolgt dann eine entsprechende Erfolgskontrolle.

P Zur Motivation der Teilnehmer ist es vor allen Dingen wichtig, sich Teilziele zu setzen. Auch beim Marathonlauf wird sich der Läufer die 42,2 km nicht permanent in Erinnerung rufen, sondern sich Etappen einteilen, deren Erreichen ihn positiv stimuliert. Die vorherige Abbildung 26 teilt deshalb das Ziel Mehrumsatz in Höhe von X(mit Neukunden) in einzelne Schritte ein, die erfolgreich gegangen werden müssen, um insgesamt erfolgreich zu sein. Zu beachten ist die Verjüngung der Pipeline. Der Grund liegt in der abnehmenden Menge der Adressen pro Kontaktstufe.

Dieses Modell bietet dem Anwender die Chance, exakter zu planen und detaillierter zu steuern. So lässt sich schnell feststellen, ob das Mengengerüst pro Etappe erhöht werden muss oder schon ausreicht, um die Ziele (Mile Stones) zu erreichen.

Messen werden messbar..... mit dem Tenor: Mehr Intelligenz pro m².

Kein Ziel ist:

„Wir gehen zur CeBIT, weil wir nur so sicherstellen, dass unsere Entwicklungsabteilung die Prototypen endlich termingerecht fertig stellt."
Productmanager, Mahr

Die Etappen eines Messe-Aktionsprogramms

Situationsbeschreibung

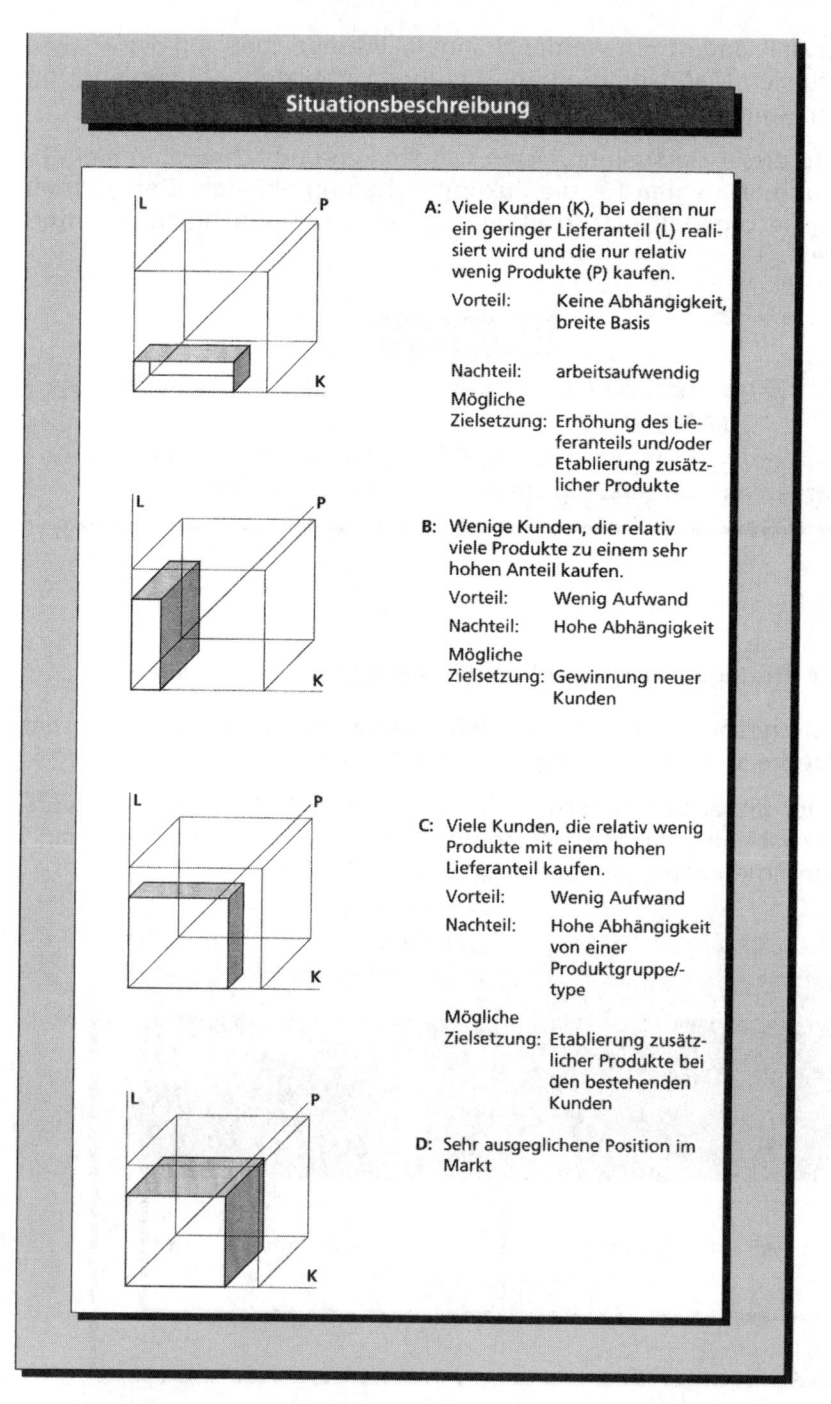

A: Viele Kunden (K), bei denen nur ein geringer Lieferanteil (L) realisiert wird und die nur relativ wenig Produkte (P) kaufen.

Vorteil:	Keine Abhängigkeit, breite Basis
Nachteil:	arbeitsaufwendig
Mögliche Zielsetzung:	Erhöhung des Lieferanteils und/oder Etablierung zusätzlicher Produkte

B: Wenige Kunden, die relativ viele Produkte zu einem sehr hohen Anteil kaufen.

Vorteil:	Wenig Aufwand
Nachteil:	Hohe Abhängigkeit
Mögliche Zielsetzung:	Gewinnung neuer Kunden

C: Viele Kunden, die relativ wenig Produkte mit einem hohen Lieferanteil kaufen.

Vorteil:	Wenig Aufwand
Nachteil:	Hohe Abhängigkeit von einer Produktgruppe/type
Mögliche Zielsetzung:	Etablierung zusätzlicher Produkte bei den bestehenden Kunden

D: Sehr ausgeglichene Position im Markt

Abb. 47: Alternative Darstellung von Marktsituationen aus Vertriebssicht

| Erfolgspfad für ein Messe-Aktionsprogramm |

Welche Ziele angestrebt werden, hängt im Wesentlichen von der Analyse der aktuellen Marktsituation ab. Wie Ihnen Abbildung 27 verdeutlicht, sind vier Situationen grundsätzlich denkbar.

Mit Hilfe dieser Darstellung lassen sich Stärken und Schwächen identifizieren und Strategien für die Zukunftssicherung ableiten. Der Vertrieb wird in die Lage versetzt, richtige von falschen Maßnahmen zu unterscheiden.

FOKUS

1. Nicht Ergebnisse, sondern die Aktivitäten zur Erreichung der Ziele gilt es zu managen.
2. Etappenziele für die einzelnen Phasen eines Aktionsprogramms werden mit Hilfe des Pipelinemodells festgeschrieben.

1.4. Wie Strategien zum Erreichen der Messeziele definiert werden

Das strategische Vorgehen klärt, mit welcher Zielgruppe im Markt der angestrebte Mehrumsatz umgesetzt werden soll.

Auch hier bietet sich zunächst wieder zur Vereinfachung und eindeutigeren Darstellung ein praxiserprobtes Modell an, das den Gesamtmarkt eines Unternehmens systematisch aufteilt (vgl. Abb. 47 u. 48).

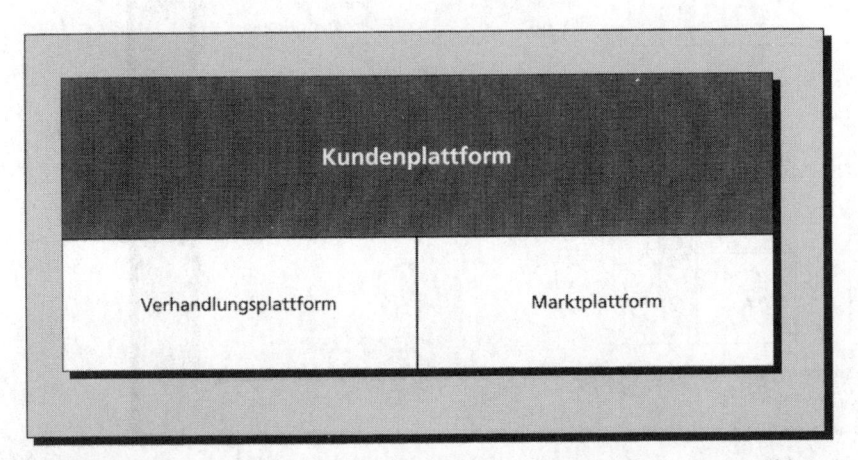

Abb. 48: Plattformmodell zur Entwicklung von Vorgehensweisen für ausgewählte Zielgruppen

Die Etappen eines Messe-Aktionsprogramms

Die Marktplattform bildet zunächst einmal alle potentiellen, inaktiven Kunden sowie die erforderlichen Vertriebsaktivitäten ab, die für die lohnenden Kontakte anfallen. Wir haben weiter oben von inaktiven Kunden gesprochen. Das ist ein Kontakt, der seit einer (individuell) festzulegenden Anzahl von Jahren nicht mehr gekauft hat. In der Verhandlungsplattform stehen alle Kontakte, mit denen in einem (Aktions-)Zeitraum konkret verhandelt wird, und alle Vertriebsaktivitäten zur Überzeugung dieser Noch-Nicht-Kunden. Um die Präzision für die Steuerung der Aktivitäten zu erhöhen, werden Verhandlungsstufen oder -etappen gebildet. In der Chemischen Industrie kann das z. B. wie folgt (vgl. Abb. 49) aussehen:

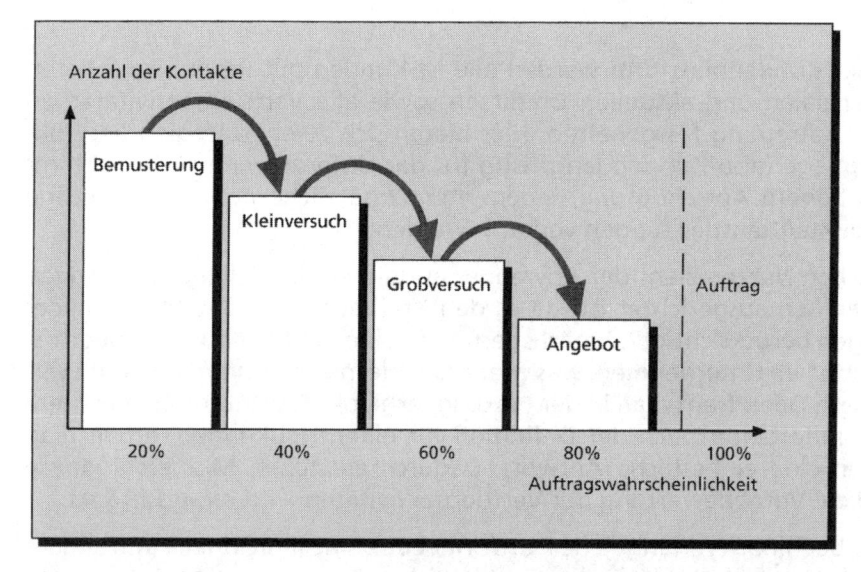

Abb. 49: Beispiel für eine Verhandlungsplattform in der chemischen Industrie

Deutlich wird, dass die Erfolgswahrscheinlichkeit pro Stufe zunimmt (bzw. zunehmen soll), da der Aufwand für den Verhandlungspartner steigt. Daraus lassen sich relativ sichere Schlüsse auf die Bereitschaft und das tatsächliche Interesse ziehen. Das Verhandlungsvolumen (angenommenes Auftragsvolumen) wird mit einer Erfolgswahrscheinlichkeit in % multipliziert, so dass eine gewichtete Pipeline zur Verfügung steht. Mit dieser Betrachtung kann etwa eine Beschleunigung der Verhandlungszeit und eine bessere Erfolgsquote bei der Relation Angebot zu Auftrag angestrebt werden. Teiletappen sind etwa die Anzahl von Mustern, Versuchen oder qualifizierten (!) Angeboten (vgl. Abb. 50).

| Erfolgspfad für ein Messe-Aktionsprogramm |

Kontakt/Adresse	Angebtsvolumen		Wahrscheinlichkeit	gewichteter Wert	Folgeaktivitäten
Meier GmbH	100 €	x	20%	20	Zweitbesuch
Mercuri International	50 €	x	40%	20	Angebotsabgabe
Müller AG	500 €	x	60%	300	Nachfassen
Freidrich KG	150 €	x	80%	120	Auftragsbestätigung einholen
Summe	800 €			460	

20% = Erstgespräch   40% = Zweitgespräch   60% = Angebot   80% = mündliche Zusage

Abb. 50: Beispiel für eine gewichtete Verhandlungsplattform

In der Kundenplattform werden alle Ist-Kunden mit ihren erreichbaren Potenzialen und aktuellen Umsätzen sowie alle Vertriebsaktivitäten zu ihrer Betreuung festgehalten. Hier bieten sich zwei Strategien an: Kundenpflege (also Kunden langfristig für das Unternehmen zu begeistern) und höhere Ausschöpfung, indem etwa zusätzliche oder höherwertige Produkte/Dienstleistungen verkauft werden.

Welchen Nutzen zieht der Anwender aus diesem Modell, das im Übrigen dynamisch ausgerichtet ist, da es den Kreislauf von Zu- und Abwanderungen berücksichtigt? Zunächst erhält er eine deutlich höhere „Begriffsschärfe" im Unternehmen, was wiederum die interne Kommunikation verbessert. Denn fragt man in der Praxis innerhalb eines Unternehmens mehrere Mitarbeiter nach der Definition für einen Neukunden, erhält man selten eine einheitliche Antwort. Dadurch entstehen Missverständnisse und die Vorabbewertung der Vertriebsaktivitäten wird eingeschränkt.

Darüber hinaus verlangt jede Plattformebene eine individuelle und andere Bearbeitungsstrategie mit unterschiedlichen Planungshorizonten. Es dauert eben i. d. R. länger und erfordert mehr Aktivitäten, um Neukunden zu gewinnen, als bestehende Kunden auszubauen. Die Zeitspanne, die zwischen der Identifikation eines Soll-Kunden und dem ersten Auftrag liegt, wird als Sales Lead Time bezeichnet. Durch die Plattform lassen sich auch Planungszeiträume und damit realistische Ziele sinnvoll definieren und Vorgehensweisen für das Realisieren von (Messe-)Zielen entwickeln, an denen alle weiteren Aktivitäten ausgerichtet werden.

Erkennt ein Unternehmen beispielsweise, dass Neukunden von hoher strategischer Bedeutung für die Zukunftssicherung sind, gilt es das Messe-Aktionsprogramm danach konsequent auszurichten. Das hat Folgewirkungen, die ein erfahrener Verkäufer auch schnell erkennt, wie der häufigste Einwand aus der Praxis zeigt: „Auf der Messe haben wir zu wenig Zeit für Neukunden."

| Die Etappen eines Messe-Aktionsprogramms |

Wie knapp und damit kostbar die Zeit auf der Veranstaltung selbst ist, wurde bereits weiter oben berechnet. „Gott sei Dank" lässt sich weder die Messedauer noch der Messetag verlängern. Deshalb muss die verfügbare Zeit anders gemanagt werden. Je mehr Zeit zur Verfügung steht, umso mehr benötigt man. Also müssen Gespräche mit den bestehenden Kunden kürzer gestaltet werden. Statt einer Stunde mit dem Geschäftsfreund vielleicht nur 30 bis 40 Minuten und damit zeitsensibler und sorgfältiger vorgehen. Hier liegen Reserven, die zur Neukundengewinnung genutzt werden können. Da kommen dann im Laufe der Messe einige Stunden zusammen (vgl. Abb. 51).

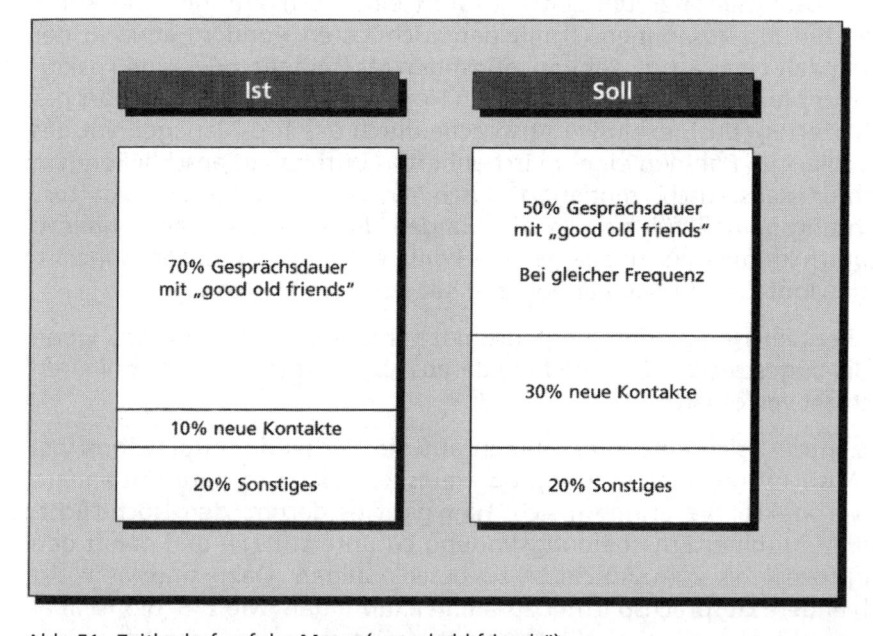

Ist	Soll
70% Gesprächsdauer mit „good old friends"	50% Gesprächsdauer mit „good old friends" Bei gleicher Frequenz
10% neue Kontakte	30% neue Kontakte
20% Sonstiges	20% Sonstiges

Abb. 51 Zeitbedarf auf der Messe („good old friends")

Ca. 30 % der Gesamtmessezeit könnten modellhaft für Noch-Nicht-Kunden beansprucht werden. Und diesen Besuchern gilt es einen Termin zu „verkaufen", denn sein Problem kann und will der Aussteller mit Sicherheit nicht auf der Messe lösen. Um nicht in die Zwickmühle zu geraten, wird das Messepersonal das „Touch-and-go-Verfahren" anwenden: Es muss sehr schnell identifizieren, wer auf den Stand gekommen ist und wie viel Zeit ihm gewidmet werden soll. Keine langen und tiefen Gespräche, sondern Interesse wecken für einen Nachmessetermin, bei dem fernab von Messehektik und in der vertrauten Atmosphäre des Gesprächspartners diskutiert wird. Das bedeutet, wir sehen die Messe als einen „Durchlauferhitzer" für viele, nicht für tiefe Kontakte. Letzteres ist Aufgabe der normalen Feldarbeit. Das ist natürlich sehr stressig und dauerhaft nicht beliebt. Für den Standbau bedeutet dies, dass weniger Kabinen oder Sitzgelegenheiten angeboten werden, die zu langen Gesprächen einladen. An Stehtischen lässt sich „touch and go" besser praktizieren. Außerdem sollten so wenig wie möglich Produkte präsentiert werden. Viel wichtiger ist ein freundlicher, offener und kundenorientierter Stil auf dem Messestand, auf dem der Aussteller viel fragen kann.

P „Die Kunden werden merken, dass wir ihnen weniger Zeit widmen, und das als unhöflich empfinden" werden Zweifler äußern. Das ist jedoch davon abhängig, wie geschickt die Idee verkauft wird. Dazu aber an gegebener Stelle mehr, wenn es um die Argumentation geht. Ein konzeptioneller Lösungsansatz zum Zeitgewinn ist eine hochkarätige, aber kurze Veranstaltung zusammen (!) mit den wichtigsten Kunden, etwa in der Mittagszeit eines ausgewählten, günstigen Messetages, oder einen exklusiven Empfang, etwa in einem noblen Hotel in Messenähe (Transport per gechartertem Bus), exklusive Ansprache durch das Top-Management des Ausstellers im Rahmen eines märchenhaften Büffets mit anschließendem Erfahrungsaustausch, moderiert durch einen renommierten Experten. Erfahrungsgemäß fühlen sich die Kunden dabei hofiert und estimiert. Natürlich kommen nicht alle, aber es kommen viele. Und das Standpersonal gewinnt Zeit für Neukunden und hat eine glaubhafte Story.

Das Beispiel Neukunden zeigt die notwendigen Konsequenzen, wenn Sie die angestrebten Ziele und die daraus abgeleiteten Vorgehensweisen ernsthaft verfolgen.

Konzentriert sich ein Unternehmen auf die Verhandlungsplattform bei der Ausrichtung eines Aktionsprogramms, ergeben sich natürlich andere Schwerpunkte. Sie erinnern sich: Hier geht es darum, den Noch-Nicht-Kunden in seiner Entscheidungsfindung zu unterstützen und damit den Kaufprozess bis zum Abschluss zu beschleunigen. Dazu sind vielleicht auch andere Gesprächspartner zusammenzubringen, wie z. B. die Topmanager auf Lieferanten- und Interessentenseite oder die Techniker beider Seiten, um die Ergebnisse von Bemusterungen oder Versuchen zu diskutieren. Natürlich können Sie dem potenziellen Interessenten auch weitere Mitglieder seines zukünftigen Betreuungsteams vorstellen, also etwa Ansprechpartner im Innendienst. Bei diesem Vorgehen wird demnach die Zusammensetzung der Standmannschaft eine andere sein müssen.

Die Kundenplattform erscheint dem Leser vertrauter. Aber Vorsicht, auch hier geht es um messbare und möglichst konkrete Aktivitäten und nicht um die globale Kundenbegeisterung, sondern z. B. um die Entwicklung von wichtigen Kunden zu Stammkunden. Der Stammkundengedanke verfolgt eine partnerschaftliche Beziehung beider Parteien, von der Kunde und Lieferant gleichzeitig profitieren. Win-Win-Situation. Wer Kunden langfristig begeistern will, muss den richtigen Mix aus Produkt- und Serviceleistungen anbieten. Der Servicegedanke muss den Kunden adäquat vermittelt werden. Networking ist dabei ein wesentlicher Erfolgsfaktor. Grundlage dazu ist eine entsprechende Database, die für jeden Kunden eine individuelle Historie aufbaut, aus der Verhaltensweisen und Gewohnheiten erkennbar sind, die wiederum Basis für gezielte Marketing-Aktivitäten sind. Dies muss in der Regel zu einer Neubewertung des Budgeteinsatzes führen, denn gefordert sind Kundenveranstaltungen, Schulungen, Seminare, After-Sales-Service oder erfolgsabhängige Bonussysteme.

Damit sind gleichzeitig die Anforderungen für eine Kundenbegeisterung durch ein Messe-Aktionsprogramm umrissen. Es kann nicht um die schlichte Präsentation von Produkten gehen (Stammkunden wollen vor der Messe die Neuheiten sehen), bzw. mit ihnen zusammen erarbeiten, damit es tailermade wird, sondern um den Aufbau und die Darstellung des geplanten Kundennetzwerkes. Messen bilden dabei einen Teilaspekt eines langfristigen Kundenkontaktplans, in dem der Messeauftritt des Unternehmens die skizzierten Gedanken abbildet und glaubhaft vorlebt.

Typische Ziele für ein Messeprogramm sind vor diesem Hintergrund höhere Deckungsbeiträge für ausgewählte Kunden über einen Zeitraum von X, die Ausweitung einer gestaffelten Garantie für Stammkunden von 2 auf 3 Jahre oder - heute besonders wichtig - Kooperationen bei der Produktentwicklung.

Weitaus traditioneller ist ein anderer Ansatz in der Kundenplattform, bei dem es um den Ausbau bestehender Kundenkontakte mit Hilfe neuer oder anderer Produkte bzw. Dienstleistungen geht. Schnell nachvollziehbar, dass eine Messe hier hervorragend unterstützen kann. Aber auch hier geht es wieder um messbare Ziele. Es werden ausbaufähige Kunden definiert und der mit Hilfe der neuen oder ergänzenden Produkte erzielte Umsatz in einem gewissen Zeitraum gemessen. Die Messe dient wieder als „Durchlauferhitzer".

Fassen wir die unterschiedlichen Ansätze in den Plattformebenen noch einmal graphisch zusammen (vgl. Abb. 52):

Erfolgspfad für ein Messe-Aktionsprogramm

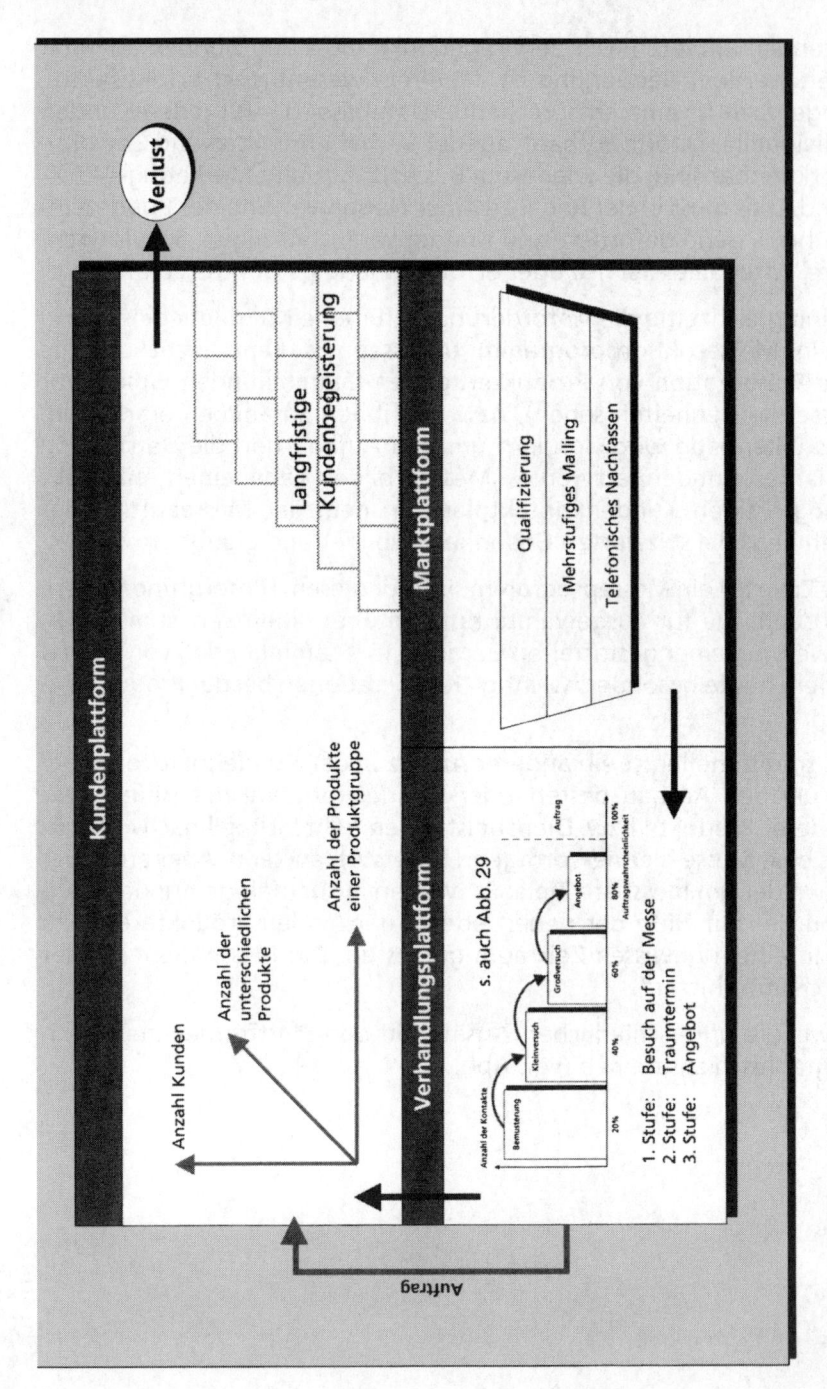

Abb. 52: Strategien in den einzelnen Plattformebenen

> **FOKUS**
>
> 1. Mit Hilfe des Plattformmodells können für unterschiedliche Zielgruppen adäquate Marktbearbeitungsstrategien mit verschiedenen Planungshorizonten entwickelt werden. Es hilft also, systematisch zu planen, aber auch zu steuern.
> 2. Aus dem Modell lässt sich eine Messestrategie ableiten, die ein besseres Managen der verfügbaren Nettokontaktzeit ermöglicht.
> 3. Auf der Messe geht es um viele, nicht tiefe Kontakte und um Interesse, nicht um breite Informationen.

1.5. Marketingmaßnahmen für die Messe gestalten

Der Leser wird sich an die Ausführungen zu dem Thema Messepolitik und Marketinginstrumente (Teil 3) erinnern und fragen, wo der Unterschied zu den nachfolgenden Ausführungen liegt. Auf den nächsten Seiten werden die Marketinginstrumente operativ ausgestaltet, während sich das genannte Kapitel auf konzeptionelle Überlegungen konzentriert. Hier soll nun konkret das Marketing für eine Messe gestaltet werden (vgl. Abb. 53).

⌨ Produktpolitische Maßnahmen

Unter produktpolitischen Maßnahmen für die Messe verstehen wir Gestaltung der Exponate, Zusammensetzung des Sortiments und Serviceleistungen. Dabei ist der Begriff Produktpolitik nicht zu eng aufzufassen. Gemeint ist der Leistungsumfang bzw. das Angebot des Ausstellers insgesamt, nicht nur die einzelnen Produkte. Dies sei nochmals ein Hinweis für die Idee, einen produktfreien Stand zu präsentieren.

Vernachlässigen wir jetzt den üblichen Fall, dass ein Unternehmen seine wichtigsten Produkte oder Neuheiten präsentieren will. Denn hier liegt bei den meisten Ausstellern genügend Erfahrung vor, wie etwa das Design gestaltet werden muss, damit die Attraktivität und Verkäuflichkeit der Exponate erhöht wird. (Weitere Informationen hierzu beim Thema Standgestaltung.) Oft sind zwar gerade kleinere Stände zu stark mit Produkten überladen, da man bestrebt ist, das komplette Sortiment auszustellen. Hier gilt: „Weniger ist mehr", und es ist darüber nachzudenken, ob informiert oder interessiert werden soll. Interesse wecken bedeutet, nicht alle Informationen preiszugeben. Außerdem führt eine Informationsüberlastung (= der Anteil an nicht beachteten Informationen) schnell zu Desinteresse beim Fachbesucher, der bei der Abwicklung seines Besuchsprogramms i. d. R. unter Zeitdruck steht.

Erfolgspfad für ein Messe-Aktionsprogramm

Marketingmaßnahmen für die Messe

– Produktpolitische –
- Messeexponate
- Serviceleistungen
- Zusammensetzung des Sortiments
- Testläufe
- –
- –

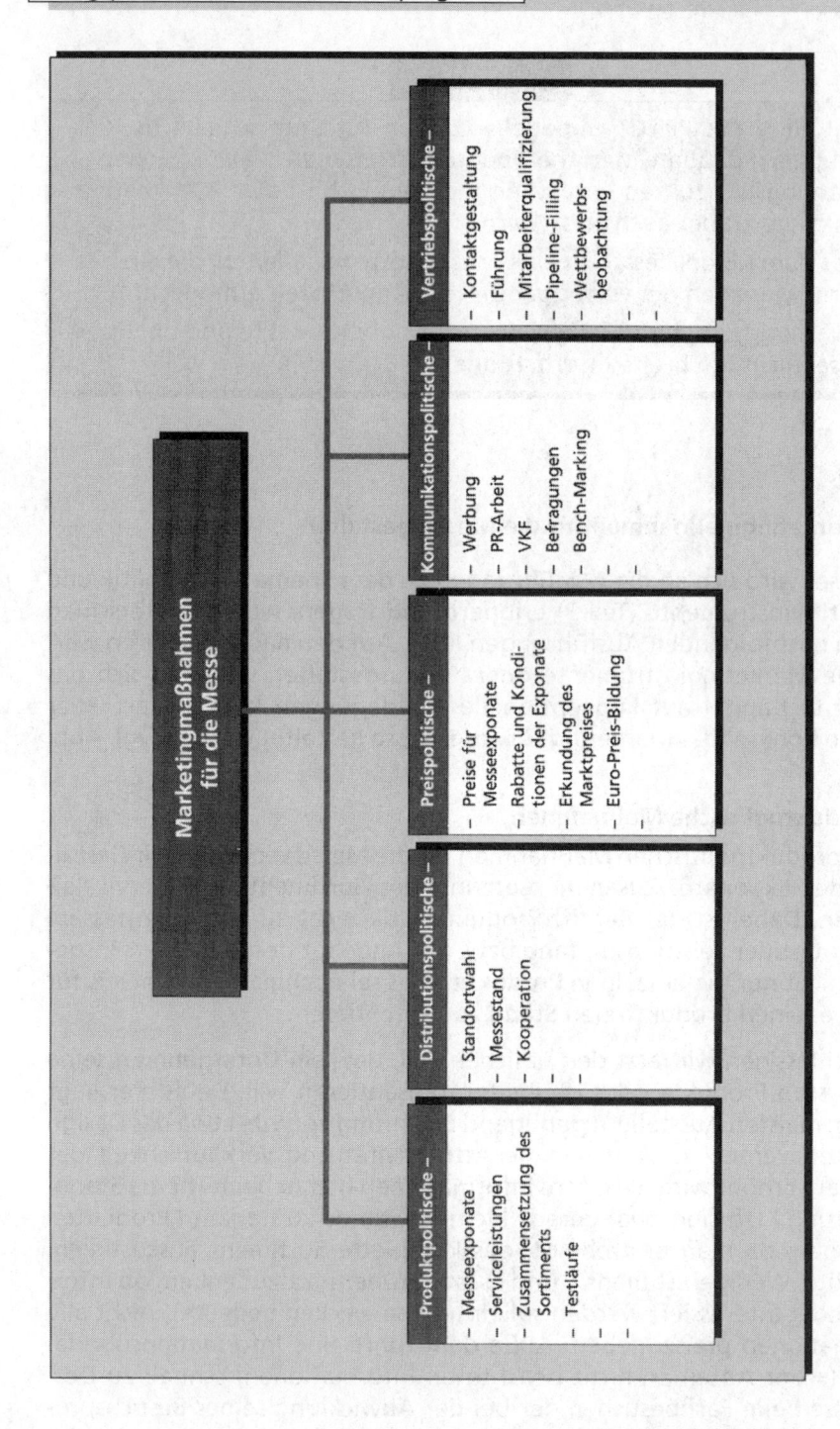

– Distributionspolitische –
- Standortwahl
- Messestand
- Kooperation
- –
- –

– Preispolitische –
- Preise für Messeexponate
- Rabatte und Konditionen der Exponate
- Erkundung des Marktpreises
- Euro-Preis-Bildung
- –

– Kommunikationspolitische –
- Werbung
- PR-Arbeit
- VKF
- Befragungen
- Bench-Marking
- –

– Vertriebspolitische –
- Kontaktgestaltung
- Führung
- Mitarbeiterqualifizierung
- Pipeline-Filling
- Wettbewerbsbeobachtung
- –

Abb. 53: Marketingmaßnahmen für die Messe

Die Etappen eines Messe-Aktionsprogramms

Vertiefen wir im Zusammenhang mit der Produktpolitik die Tatsache, dass immer mehr Märkte die Sättigungsphase erreicht haben. Die Produkte sind ausgereift, die konkurrierenden Anbieter unterscheiden sich kaum voneinander. Ihre Produkte werden substituierbar. Die Kunden und Interessenten kennen sich i. d. R. aus, sachliche Produktqualität ist für sie zu einer Selbstverständlichkeit geworden. Das funktional orientierte Informationsbedürfnis nimmt eher ab. Technik braucht nicht Technik, um sich darzustellen. Die Vorstellung, dass die umworbenen Besucher die Produkte ausschließlich im technischen Umfeld sehen wollen, ist irrig: Techniker sind Menschen und demzufolge auch bei rationalen Entscheidungen in hohem Maße emotional beeinflussbar. Nur wird dieser Kontext oft nicht so gesehen, weil man ihn für sich selbst nicht zugibt.

Warum also dann noch Produkte ausstellen? Warum nicht die wirklichen strategischen Wettbewerbsvorteile herausstellen und sogar Erlebnisprofile generieren? Ein nicht so einfaches Unterfangen, wenn man bedenkt, dass ein strategischer Wettbewerbsvorteil drei Kriterien erfüllen muss (Simon, Erlebnismarketing,):

- Ein für den Kunden (!) wichtiges Leistungsmerkmal
- Wahrnehmung des Vorteils vom Kunden
- Abhebung von der Konkurrenz durch den Vorteil
- (Fügen wir von unserer Seite hinzu:) Ein für den Kunden unseres Kunden wichtiger Vorteil, der diesen honoriert (Durchverkaufsargument)

Strategische Wettbewerbsvorteile können z. B. im Service zu finden sein. Da Serviceleistungen von Menschen erbracht werden, sind Vorteile, die man einmal aufgebaut hat, vom Wettbewerb auch nicht so leicht zu kopieren. Mit perfektem (d. h. nicht: kostenlosem) Dienst am Kunden lässt sich die Konkurrenz oft schlagen. Außerdem werden Kunden langfristig für das Unternehmen begeistert und zusätzliche Umsätze sind möglich.

Serviceleistungen wie Beratungen, Schulungen, Projektierung sowie der gesamte After-Sales-Service (Reparaturen, Ersatzteildienst, Wartungen/Inspektionen) lassen sich hervorragend auf einer Messe thematisieren. Der Stand oder Teile des Standes werden z. B. als Servicestation ausgerichtet und das Personal besteht u. a. aus Servicemitarbeitern (im Overall), die die Besucher umfassend über den kaufmännischen und technischen Kundendienst informieren. Neben der Präsentation auf dem Stand werden ausgewählte Kunden gezielt durch Serviceleistungen rund um die Messe begleitet, um die Serviceorientierung auch wirklich glaubhaft „rüberzubringen".

Hierzu gehören z. B. Zimmerreservierungen, die Ausrichtung eines exklusiven Abendprogramms, Parkplatz- oder Zug- und Flugreservierungen.

> Erfolgspfad für ein Messe-Aktionsprogramm

Das ist auch weitaus intelligenter, als einfallslos Eintrittskarten zu verschenken - für den Besuch der Konkurrenz.

Selbstverständlich wird den VIP-Kunden auch offeriert, die Kommunikationsmittel des Standes zu nutzen. Service total durch einen Aussteller, der darauf bedacht ist, die Zufriedenheit von Kunden weiter zu steigern und sich so vom Wettbewerb abzusetzen. Klar dürfte sein, dass derartige Serviceüberlegungen kein Alleingang auf einer Messe sind, sondern von einer Strategie begleitet und die Ausrichtung des Unternehmens für die Zukunft sein müssen. Denn es ist teuer, ausgezeichneten Service zu bieten. Aber es zahlt sich aus. (Literaturempfehlung: Davidow/Uttal: Service Total).

Wem diese „produktlosen" Ideen für die Messe zu revolutionär erscheinen, der berücksichtige aber auf jeden Fall, dass die Anwendungsmöglichkeiten der eigenen Produkte möglichst nach Markt- bzw. Kundensegmenten präsentiert werden. Also: Was lässt sich mit dem Einsatz einer Maschine für den Kunden erreichen? Wie sagte ein Unternehmer, der an der Spitze einer erfolgreichen Baumarktkette steht, zu seinen Mitarbeitern: „Ein Kunde will keinen Bohrer, er will ein Loch." Der Einkäufer denkt nicht nur in Drehzahlen oder chemischen Zusammensetzungen, sondern in Einsparungsmöglichkeiten und Wirtschaftlichkeit und an seine eigenen Kunden, die wir oft gar nicht kennen, aber kennen sollten. Hier liegt noch vieles im Argen. Also gilt es, die Erwartungen der Kunden auf beiden Seiten zu erfüllen.

Des Pudels Kern sind folglich nicht die Produkt-, sondern die verschiedenen Nutzenargumente für Ihren Kunden.

FOKUS

1. Nicht Produkte, sondern strategische Wettbewerbsvorteile (z. B. Service) gilt es auszustellen. Im Extremfall führt das zu einem produktlosen Stand.
2. In einer „softeren" Variante werden Produkte oder Dienstleistungen anwenderbezogen und nutzenorientiert präsentiert.

Die modernen Messen sind nicht Produkt-Vitrinen, sondern Themen-Parks, wo die Kulturtrends und die sich anbahnenden Lebensstile inszeniert und diskutiert werden/werden sollen...

⌔ Distributionspolitische Maßnahmen

Die distributionspolitischen Maßnahmen hängen logischerweise eng mit den produktpolitischen zusammen. Das gilt insbesondere für die Ausrichtung des Messestandes, der letztlich ein „Produkt" des Unternehmens ist und damit eine zentrale Bedeutung für die Kommunikationsstrategie hat. Er stellt die Botschaft des Ausstellers als „großflächiges dreidimensionales Werbeplakat" dar. Deshalb gelten für ihn grundsätzlich dieselben Wirkungskriterien wie für jedes andere Werbemittel auch: Er muss zum Hinsehen und Hingehen motivieren, weil er etwas Prägnantes hat, was die Aufmerksamkeit des Beobachters erregt, sein Interesse fesselt und aufgeschlossen macht für den Austausch von Worten, Gedanken, Gefühlen und Werten.

Messebau im Marketingmix?

Messebau ist immer noch weitgehendst isoliert von Marketing und was noch schlimmer ist, vom Vertrieb selbst. Selten haben wir ein präzises Briefing gesehen, wie - besonders der Außendienst aber auch - die gesamte Mannschaft auf dem Stand verkaufsfördernd agieren soll, damit Marketingziele des kommenden Jahres erfüllt werden und zwar nach verabschiedeten Prioritäten.

Der Messebau wird zwar präzise geplant, mit vielen Sitzungen, führt er aber auch heute noch ein isoliertes Eigenleben. Der „Fullservice" ist oft ein „Papiertiger". In der Homepage vermag er - der Papiertiger - noch zu beeindrucken, vor Ort lässt er eher zu wünschen übrig.

Das Ergebnis: Man schickt „Türken in die Wüste", Monteure bzw. Montagegruppen, die gelernt haben, möglichst in Rekordzeit mit Zangen und Profilen geschickt zu hantieren. Vom einem mit dem Kundenauftrag vertrauten Bauleiter, ist oft weit und breit nichts zu sehen. So der Originalton von einem Verbandssekretär, der es schließlich wissen muss. Und das auch noch pointiert äußert.

Dies sollte einer an sich erfahrenen Branche zu denken geben, die z. Zt. mit gefährlicher Nonchalance, kurzfristigen Umsatzdenken, verbissenen Konkurrenzkampf, tagtäglichen Zeitdruck und eher kurzfristigen Denken verhaftet ist.

Es kann nicht angehen, dass kreative Messebaufirmen extrem ausgedrückt zur Vermieterfirma für Projektleiter, Systemteile, Möbel und Teppiche verkümmern. Systemhersteller und Zulieferanten beherrschen die Szene. „Die rigorosen, ja restriktiven Vorschriften und Bedingungen der Messegesellschaft (bzgl. Auf- und Abbauzeiten, Arbeitsbedingungen in der Halle) sind zudem restriktiv."

Erfolgspfad für ein Messe-Aktionsprogramm

So gerät die junge, aber in ihrer gegenwärtigen Grundstruktur schon als konventionell zu bezeichnete Dienstleistungsbranche in die Funktion des Handlangers und immer mehr zwischen Hammer und Amboss.

Dann gibt es heute noch ein weiteres diskriminierendes Übel, die Berufskrankheit „Preisunterbringung". Die macht viele Messebauer „erpressbar" und nötigt ihm wirklich ein Höchstmaß an Energien ab. Operativ - wohl verstanden, nicht konzeptionell.

Schließlich ist da noch das offizielle Verhältnis bzw. Un- Verhältnis zu einigen Veranstaltern. Noch immer beugen sich die Standbauer dem Diktat der Gesellschaften, vor allem bzgl. der immer knapper werdenden Auf- und Abbauzeiten, der Sonntags- und Nachtarbeit, der Arbeitsbedingungen in den Hallen, der Regeln beim Aus- und Einladen, beim Packen usw...

Da hat nicht selten ein Standbauer einen Hallenchef als Halbgott zu betrachten und entsprechend zu behandeln. Das weckt beiderseitig Aggressionen.

Bemängelt wird zudem noch, insbesondere bei Auslandsmessen - die für Nichteingeweihte - kaum verständlichen Tarifansätze. Die Tarife für die Transporte innerhalb eines Messegeländes, ja selbst die Benützung eines Sackkarrens oder Rollschemels, sind unverhältnismäßig hoch. Das hat wieder zur Folge, dass das Budget oft überzogen wird.

Nach alldem ist der brave Aussteller völlig erschöpft, in finanzieller und physischer Hinsicht und kommt überhaupt nicht mehr zu einem ausdiskutiertem konzeptionellen Gedanken ... den er sich natürlich für die nächste Messe vornimmt.

Standbau I s. a. S. 356 und CD-ROM „Cartoons"

Was er braucht...

...ist ein starker Auftritt!

Nicht zuletzt dokumentiert der Stand die eigene Unternehmensidentität. Ein Stück des eigenen unternehmerischen Selbst und ein Spiegel für das Selbst- und Wertbewusstsein. Er ist die Visitenkarte Ihres Unternehmens und sagt mehr über den Charakter aus als eine ganze Serie von perfekt gestalteten Image-Broschüren. Insofern gibt es auch beim Stand für den ersten Eindruck keine zweite Chance. Außerdem fallen insgesamt hohe Kosten für den Standbau an....daher: Mehr Intelligenz pro m². Dies sollte sicherlich

Die Etappen eines Messe-Aktionsprogramms

ein wichtiges Argument sein, um sich intensiv mit der angesprochenen Thematik auseinanderzusetzen. Die Gesamtkosten für Stand und Personal zeigt beispielhaft die Abbildung 54. Dabei wird deutlich, dass die Kosten für den Stand mit ca. 35 % den größten Posten bilden. Einsparungen zahlen sich hier schnell aus.

Miete Düsseldorf	10 T€
Bau	25 T€
Ausstattung und Gestaltung	8 T€
Exponate (Transporte, Auf- und Abbau, Versicherung usw.)	8 T€
Unterhaltung	10 T€
Werbung/Mailing	15 T€
Personal (12 Mitarbeiter), Hotel, Reisekosten, Spesen	80 T€

Dividiert man diese Zahl durch die Besuchskosten eines AD (3 Besuche pro Tag, 45 Min. Gesprächszeit = 550 Besuche/p. a.) = 150-160 € pro Besuch, so muss der Aussteller für einen Gleichstand zwischen Messe und AD über 600 gute Feldkontakte erreichen ...

AD = Außendienst

Quelle: Arndt Groth

Abb. 54 Kosten für einen 100-qm-Messestand bei 5-tägiger Dauer (2004)

Aus diesem Grund ist die Diskussion System-versus Individualbauweise auf jeden Fall zu führen. Der Systemstand ist in vielen Fällen die billigere Lösung, da aus standardisierten und wiederverwendbaren Elementen und Steckverbindungen für verschiedene Veranstaltungen unterschiedliche Stände gebaut werden können. Wirtschaftlichkeit durch Wiederverwendbarkeit, bessere Lagermöglichkeiten, Tempo und Umweltschutz, Erfahrungen mit der Montage, transport- und versicherungsgerechte Handhabung sind wesentliche Vorteile.

Schon vor dem Hintergrund dieser Kosten gilt es, auf Ausstellungen sehr pointiert die gewünschten Zielgruppen zu erreichen. Da aber das Angebot immer homogener wird, suchen die potentiellen Kunden zur Entscheidungsfindung verstärkt nach optischen Identifikationsmerkmalen des jeweiligen Ausstellers. Gelungene Auftritte- da stimmen wir mit Ingrid Wenz in ihrem lesenswerten Buch „Messestand-Design" überein - sind auf Fachmessen heute eher die stillen, sensiblen Oasen und Theaterstücke, die faszinieren und entspannen. Auch Kommunikation ändert sich also. Dominierten noch in den fünfziger und sechziger Jahren die intensiven Zwiegespräche im hinteren Teil der Messebude, so ist der heutige moderne Messestand mit den raffiniertesten High-Tech-Information bis hin zur perfekten Computersimulation ausgestattet, damit die Botschaft transpor-

Erfolgspfad für ein Messe-Aktionsprogramm

tiert wird. Heute läuft (dummerweise) die Kommunikation vorwiegend nur noch in eine Richtung. Und gerade der interessierte Besucher fühlt sich oftmals auf die Rolle des passiven Nachrichtenkonsumenten reduziert. Dass die aus den Marketingzielen abgeleiteten Messeziele die Ausgangsposition bei der Standkonzeption liefern, ist schnell nachvollziehbar. Was will der Aussteller mit der Messebeteiligung erreichen? Aus der Beantwortung dieser Frage leitet sich das Briefing für den Designer bzw. Messebauer ab.

P Aber gar zu oft klaffen Standarchitektur und Strategie auseinander, weil keine Messeziele artikuliert und/oder distribuiert wurden, so unsere Erfahrung von über 500 Messen und Ausstellungen. Vielleicht liegt es an der Ausbildung der Messebauer und -designer, bei denen kein unternehmerisches Denken im Sinne eines ganzheitlichen Prozesses gelehrt und gelernt wird. Deshalb gilt: Messeziele und -konzeption definieren die Vorgaben für den Standbau, nicht umgekehrt! Diese goldene Regel ist sehr früh im Rahmen der Vorbereitung zu beachten. Insofern darf man sich nicht auf den Standbauer verlassen, nach dem Motto: „Das ist schließlich sein Job." Von ihm sind keine Messestrategien, wohl aber Umsetzungsideen für den Stand einzufordern. Sonst wird der Stand seinen Beitrag zum Messeerfolg nur ansatzweise leisten.

- „ Das Erscheinungsbild Ihres Unternehmens auf Messen sagt mehr über dessen Charakter aus, als eine ganze Serie von perfekt gestalteten Image- Broschüren.
- „ Messebeteiligung ist keine „Studio-Produktion", sondern ein Auftritt vor kritischem Publikum.
- „ Entscheidungsträger sind präsent und agieren auf relativ kleinem Raum vor den Augen und Ohren der interessierten Besucher.
- „ Ein Konzept zur Steuerung menschlichen Verhaltens muss im Vorfeld realisiert werden.
- „ Nicht nur messbauliche Details beeinflussen den Gesamteindruck, sondern auch das eingesetzte Geschirr, ebenso wie die Beleuchtung, das Mobiliar und der Teppichboden. Dies sind Mosaiksteine, die zu den „inneren" Merkmalen eines Unternehmens zählen, wie dessen Produkt.
- „ Die Umsetzung der Messezielsetzung kann über verbale Äußerungen, Bilder oder auch Architektur erfolgen. Sie soll das Spiegelbild der eigenen Geschäftspolitik und Strategie darbieten.
- „ In den Kontakten zu den Besuchern tritt die Aufgeschlossenheit, gegenüber Kundenwünschen zutage. Die Architektur sowie Art der Informationen machen das Unternehmen gnadenlos wie unverfälscht transparent.

Die Etappen eines Messe-Aktionsprogramms

Auf der Messe kann man sehr fokussiert die gewünschte Zielgruppe erreichen. Da aber das Angebot immer homogener wird, suchen die potentiellen Kunden zur Entscheidungsfindung verstärkt nach optischen Identifikationsmerkmalen des jeweiligen Ausstellers. Gelungene Auftritte, da stimme ich mit Ingrid Wenz in ihrem lesenswerten Buch „Messe-Stand-Design" überein, sind auf Fachmessen, eher die stillen, sensiblen Oasen und Theaterstücke, die faszinieren und entspannen.

Das Standdesign richtet sich nach der Zielgruppe, die ich ansprechen will: Wenn ich eine große Zielgruppe erreichen will, muss die Aussage einfacher, zeichenhafter sein. Publikumsmessen brauchen natürlich eine andere Ansprache alle Fachmessen, wo man unter sich ist und eine Sachinformation sicher im Vordergrund steht ... in netter Form präsentiert. In allen Fällen verlangt es aber nach einem Hingucker, um deren Willen es sich für den Besucher lohnt, mit der Firma Kontakt aufzunehmen, Kontakt zu suchen und im Kontakt zu bleiben.

Wir müssen uns bewusst sein, dass auch der Besucher sich verändert hat. Er hat im Durchschnitt ein höheres Bildungsniveau, ist durch die Präsentation in den Print- und elektronischen Medien verwöhnt und gibt sich auch kritischer gegenüber wenigen Problemdarstellungen. Per Schnellzug will er zu einigen wenigen Highlights finden die aus seiner Perspektive dargestellt werden müssen und erwarten ggf. Fallbeispiele für Lösungen. Was er heute nicht mehr erwartet ist die Darstellung aus Unternehmersicht des Produktes. Wenn das der Fall sein muss, dann sollten die Produkte wenigstens emotionell verpackt sein, so dass sie einen höheren Erinnerungswert erreichen.

„Die Mehrzahl der Ausstellungsstände wirken - vor allem bei Fachmessen - auch heute noch einfallslos, schematisch, zusammengestückelt. Konzeptionelle und ästhetische Klischees prägen nach wie vor das Bild. Standardlösungen sind die Regel. Positive, ganzheitlich gestaltete, herausragende und damit nachhaltig im Bewusstsein bleibende Messeauftritte sind die Ausnahme.

Auf der Paperworld 2003 in Frankfurt machte Cleo Skribent, Bad Wilsnack, mit in den Boden eingelassenen Vitrinen, die mit mehrschichtigem Panzerglas versehen waren, die Besucher aus einer ungewohnten Warte auf seine Produkte aufmerksam.

„Werden die Messen von heute möglicherweise bald abgelöst durch permanente Weltausstellungen im Internet? Oder verstärken gerade die Neuen Medien den Wunsch nach „face-to-face-communication", nach unmittelbarer Anschauung und spontanem Erleben, nach physischer Teilnahme und Singularität?" (oder dem Dialog)
Marquart, CH.

> Erfolgspfad für ein Messe-Aktionsprogramm

Tipp: *Besuchen Sie doch mal eine branchenfremde Messe und holen sich dort neue Ideen.*

Folgendes Beispiel verdeutlicht, wie früh der Messebauer gebrieft werden muss, damit der Stand die Elemente der Messekonzeption auch wirklich widerspiegelt:

Intersystems Messebau GmbH Düsseldorf wurde von dem Vorstand der Bank 24 aufgefordert, eine Präsentation zu den geplanten Messeauftritten zu erstellen. Das entsprechende Briefing kam also authentisch aus erster Hand - was wichtig und richtig ist. Ein Jahr vorher. Insgesamt wurden über 20 Beratungsgespräche - natürlich auch auf operativer Ebene - geführt. Konsequenterweise wurde auch die Werbeagentur in diesem frühen Stadium der Vorbereitung hinzugezogen. Damit wurde sichergestellt, dass der Printauftritt und der Auftritt in den elektronischen Medien mit dem Messeauftritt kongruent war. Die virtuelle Bank soll auf deutschen Messen „gelebt" werden. In der Konzeption wurden zunächst 50 Messen analysiert, gruppiert, in Cluster gebracht und schließlich ausgewählt. Nach dem Briefing des Auftraggebers erfolgte ein Re-Briefing durch Intersystems. Daraus wurde die abgeleitete Standkonzeption präsentiert. In diese Phase wurde die meiste Zeit investiert! Bis dahin war noch kein Brett gesägt. Es gab nur andeutungsweise vom Standbauer eine Vision des Standes. Danach erst und wiederum im Dialog mit dem Auftraggeber und der Werbeagentur wurden die vorgeschlagenen Ideen ins Dreidimensionale übersetzt. Diese Vorgehensweise wurde übrigens bezahlt, was deutlich zeigt, wie wichtig sie der Bank 24 war.

Mit Hilfe der Messeziele lassen sich auch die Zielgruppen definieren, die auf der Messe erreicht werden sollen. Sie wiederum bestimmen das Standdesign: Wenn ich eine große Zielgruppe ansprechen will, muss die Aussage einfacher, zeichenhafter sein. Publikumsmessen stellen hierzu andere Anforderungen als Fachmessen, wo man unter sich ist und die Sachinformation sicher eher im Vordergrund steht, präsentiert in netter und emotionaler Form. In allen Fällen verlangt es aber nach einem „Hingucker", um dessen Willen es sich für den Besucher lohnt, mit dem Aussteller Kontakt aufzunehmen, Kontakt zu suchen und im Kontakt zu bleiben.

Letztlich gilt: Die übergeordneten Messeziele liefern die Ausgangsposition bei Ihrer Standgestaltung. Diesen Zusammenhang verdeutlicht noch einmal die Abbildung 55:

„form follows function"

Das heißt der Standbau wird durch das Kommunikationskonzept bestimmt. Er dokumentiert Werte & Einstellungen des Ausstellers. Das ist zwar nicht neu, aber immer noch notwendig pointiert gesagt zu werden.

Die Etappen eines Messe-Aktionsprogramms

Mögliche Ziele	Mögliche Konsequenzen
Kontakt-Verstärkung bei vorhandenen Kunden	Attraktive Bewirkungszonen, lange Verweildauer anstreben
Gewinnung von Neukunden	Offene und breite Ansprache der Besucher, aufmerksamkeitsstarke Präsentationszonen
Konkrete Umsatzziele, Aufträge abschließen	Zumindest teilweise abgeschlossene Standkonzeption, große Besprechungskabinen (Einzelgespräche)
Image-Veränderung	Offene Standgestaltung, zielgerichteter Einsatz von Materialien, starker Medien-Einsatz

Abb. 55: Messeziele als Ausgangspunkt für die Standgestaltung

Betrachten wir nun den Adressaten eines Standes nochmals ein wenig genauer und machen uns bewusst, dass der Besucher sich im Laufe der Zeit verändert hat. Er hat im Durchschnitt ein höheres Bildungsniveau, ist durch die Präsentation in den Print- und elektronischen Medien verwöhnt und gibt sich von daher auch auf Messen wesentlich kritischer. Per schnellem Zugang will er zu einigen wenigen Highlights finden, die aus seiner Perspektive dargestellt werden müssen, denn seine Zeit ist knapp bemessen. Außerdem erwartet er Lösungsansätze in Form von Fallbeispielen. Womit er heute nicht mehr rechnet, ist die ausschließliche Produktpräsentation aus Sicht des Ausstellers. Folglich beeinflusst der Stand als Ganzes die emotionale Akzeptanz des Messebesuchers, nicht die Produkte, wie vielfach wohl immer noch geglaubt wird. Betritt man die Messehallen, finden sich eben immer noch auf vielen (überladenen) Ständen sauber aneinandergereihte Produkte, also ein geordnetes temporäres Warenlager. Ohne an dieser Stelle in die Rolle eines Standbauers schlüpfen zu wollen, empfehlen wir den Verantwortlichen auf seiten der Aussteller, vor der Messe die Punkte der folgenden Checkliste zu berücksichtigen und zu diskutieren. Das wird helfen, den Stand zum Erlebnis für den Besucher zu machen, auf dem er sich mit seinen Bedürfnissen wiederfindet:

Erfolgspfad für ein Messe-Aktionsprogramm

Wandorientierte Systeme

Merkmale: Die Klassiker unter den Messesystemen folgen zwei verschiedenen Grundprinzipien:

Entweder werden Platten mit Hilfe von Knotenelementen verbunden (Plattensysteme)

Oder waagerecht und senkrecht zu verbindende Aluminiumelemente bilden ein tragendes Gerüst (Stütze-Riegel-Systeme).

Vorteile: Kaufpreis (etwa 500 /m² Standgrundfläche, inklusive Decke und Beleuchtung). Einfacher Aufbau Transport und Lagerung: Ein 20-Quadratmeter-Stand passt problemlos in einen Lieferwagen, da die flachen Teile nicht über 2,50 cm lang und 100 cm breit sind.

Nachteile: Die relativ streng genormten Teile schränken die Gestaltungsmöglichkeiten ein (helfen aber auch, die Standstruktur zu ordnen).

Raum-Tragwerk-Systeme

Merkmale: Stabile Stütz- und Trägerkonstruktionen ermöglichen es, große Räume freitragend zu überspannen.

Vorteile: Großzügige Gestaltungsmöglichkeiten und hohe Stabilität. Sogar Messestände mit einer begehbaren Etage sind möglich. Banner, Großflächenprints, Leinwände lassen sich gut einsetzen.

Nachteile: Vergleichsweise teures System, jedoch mit zunehmender Standgröße immer kostengünstiger. Transport oft aufwendig. Aufbau schwieriger als bei flächenorientierten Systemen.

Display-Faltsysteme

Merkmale: Sehr leichte und mit wenigen Handgriffen einsatzbereite Displays, bis zu vier Meter hoch.

Vorteile: Besonders für den mobilen Einsatz hervor ragend geeignet. Mehrere Module können sogar im Flugzeug transportiert werden.

Es entstehen keine Standmontagekosten.

Nachteile: Vergleichsweise hohe Empfindlichkeit, geringe Stabilität, eingeschränkte Gestaltungsmöglichkeiten (keine Deckenkonstruktion möglich), Relativ hoher Preis: etwa 500 pro laufendem Meter Display (bei einer Höhe von 2,50 Metern)

Wirkung auf drei Ebenen

Unabhängig von der Art des Standes sollte er auf drei Distanzen Aufmerksamkeit erregen: In Fernwirkung durch groß geformte Gestaltungselemente (beispielsweise ein über dem Stand schwebender riesiger Ballon), in mittlerer Distanz durch leuchtende Farben (Blickfänge und der Standfront schaffen) und in Nahwirkung durch helle Beleuchtung.

Wichtigste Voraussetzung: Der Stand sollte einladend wirken, ideal sind Eingänge, die so gestaltet sind, dass der Besucher ohne es zu merken den Stand betritt.

> Die Etappen eines Messe-Aktionsprogramms

Tipp: *Die Vorschriften an die baulichen Anforderungen von Ständen unterscheiden sich von Messegesellschaft zu Messegesellschaft. Bevor Sie loslegen: Stellen Sie sicher, dass Sie Ihren „Wunschstand" auch bei dieser geplanten Veranstaltung verwenden können.*

Checkliste 20 Regeln zum Standbau ✓

Auffallende Standgestaltung
- Passt sie zum CD/CI des eigenen Unternehmens?
- Übersetzt sie eine Botschaft oder ist sie nur ein Gag?
- Kann das Personal mit der Standidee umgehen und darüber informieren?
- Ist die Standidee in der Presseinformation enthalten?
- Wenn die auffallende Gestaltung des Standes das Publikum - wie gewünscht - anzieht, ist dann auch gewährleistet, dass die Neugier der Besucher umgehend durch die Betreuung fortgesetzt wird?
- Merke: Auffallende Gestaltung muss nichtautomatisch auch ästhetisch sein!
- Und: Auffallende Gestaltung kann von einem ausdruckslosen Produkt ablenken - vielleicht eine gute Chance!

Nach außen geschlossene Standgestaltung
- Grenzt deutlich zu Nachbarständen ab.
- Schließt nicht „geladenes" Messepublikum aus, auch vielleicht neue Kunden, die Kontakt aufnehmen möchten. Markterweiterung kann dadurch bewusstverhindertwerden.
- Hinter einer „burgartigen" Verschlossenheit kann auch eine Marketingidee stehen, die gutfunktioniert.

Offene Standgestaltung
- Zu offene Stände, eventuell noch grell erleuchtet, lassen den Besucher eine Bühne betreten, die nicht einladend wirkt oder überfordert.
- Offene, weitläufige Stände ohne Attraktion oder gezielte Informationen bieten kaum Anlass, um spontan hereinzukommen.
- Gelenkter Besucherfluss ohne große Hindernisse ist deshalb besonders wichtig.
- Wichtig ist weiterhin, dass der Stand durch klare Themen, eine sinnvolle Auswahl von Produkten sowie deutlich sichtbar platzierte Informationstheken gegliedert wird.
- Eine eindeutige Abgrenzung zu den Nachbarständen ist ebenfalls einzufordern.

(Quelle: In Anlehnung an: Wenz-Gahler, „Messestand-Design" und „Big Ideas for small stands" sowie Expertengespräche mit der Expomobilia AG, Zürich)

| Erfolgspfad für ein Messe-Aktionsprogramm |

Kauf oder Miete?

Kaufen oder Mieten? — absatzwirtschaft

Rechenbeispiel für einen 400-qm-Messestand

	Kosten Kauf	Kosten Miete
Planung, Konzeption	8 400	2 100
Projektleitung	3 600	2 400
Montage, Reise, Transport, Hotel	46 574	46 574
Kaufkomponenten I	152 140	0
Kaufkomponenten II	0	50 206
Mietkomponenten (z. B. Küchen, Beleuchtung, als Kauf gerechnet)	54 000	0
Mietkomponenten als Miete gerechnet	0	13 591
Summe	264 714	114 871
Preis pro Quadratmeter	662	287

Quelle: Conform; Mietpreis 4 Einsätze/Jahr; hohe Standqualität; €

Das ist vor allem eine Frage der Nutzungshäufigkeit: Die Leihgebühr liegt meist etwa bei einem Fünftel des Kaufpreises. Darin sind allerdings oft auch Leistungen enthalten, um die sich der Besitzer eines Messestandes selbst kümmern muss - von der Kaffeemaschine über den Transport bis hin zu Aufbau am Messeplatz. Die Angebote sollten deshalb genau verglichen werden. Nicht zu vernachlässigen sind darüber hinaus die Lagerkosten, die nur beim eigenen Stand anfallen. Neben der rein finanziellen Seite spielen auch gestalterische Gesichtspunkte eine Rolle.

Hier gilt: Je ausgefallener der Messestand werden soll, umso attraktiver wird der Kauf.

„Die knappe Ressource Aufmerksamkeit zu gewinnen, ist vorrangig keine Frage des Etats, sondern eine Denk- und Gestaltungsaufgabe."
Ingrid Wenz-Gahler

Wir leben nicht mehr im Wettkampf der Produkte, sondern im Wettkampf der Wahrnehmungen. Alles dreht sich um die Frage, wie sich Marken besser in die selektive Wahrnehmung der Kunden transportieren lassen. Zu ihrer Beantwortung liegen jetzt neue Erkenntnisse aus der Neurologie vor, die dem Marketing den Weg aus der Preisfalle zurück in die Köpfe der Kunden weisen können. Nicht rationale Preiskompetenz befruchtet gesättigte Märkte, sondern emotionale Intelligenz.

Die wichtigsten Finanzierungsmodelle

Miete

Bilanztechnische Betrachtung:

- variable Kosten

Pro-Argumente:

- keine Kapitalbindung, unbelastete Liquidität
- freie Entscheidung für nächste Veranstaltungen
- Erfahrungen können problemlos ins Konzept des nächsten Standes einfließen
- parallele Veranstaltungen bedingen keine zusätzlichen Investitionskosten
- Amortisation ist kein Thema (z.B. bei mehrjährigem Veranstaltungsrhythmus)
- Auslandsbeteiligungen sind nicht mit Transport- und ungewissen Aufbaukosten verbunden, keine Lager-, Wartungs- und Reparaturkosten

Kauf

Bilanztechnische Betrachtung:

- Anlagevermögen, das über einen bestimmten Zeitraum angeschrieben werden muss. Die Abschreibesumme ist abhängig von der betrieblichen Nutzungsdauer. AFA und Zinsen sind fixe Kosten in der G & V.

Pro Argumente:

- Alle Standteile können den individuellen Bedürfnissen entsprechend gestaltet werden (außergewöhnliche Exponate/CD, gleiches Erscheinungsbild)
- geringere Kosten bei mehreren Veranstaltungen pro Jahr

Mietkauf

Bilanztechnische Betrachtung:

- regelmäßige Mietraten-Kosten
- AFA sind zunächst Kosten, aber keine Ausgaben
- Aktivierung als Eigentum, weil der Stand mit letzter Mietrate in das Eigentum übergeht

Pro Argumente:

- Liquiditätsgewinn
- Festpreisgarantie (evtl. inklusive Reparaturen, Wartung, Einlagerung, Versicherung)

> Erfolgspfad für ein Messe-Aktionsprogramm

- Kostenvorteile bei mehrmaligem Einsatz (evtl. auch Mehrfachnutzung auf hausinternen Veranstaltungen)
- Mietzahlung pro Einsatz

Hersteller-Leasing

Bilanztechnische Betrachtung:

- Der Unterschied zum Mietkauf liegt darin, dass ein Restkaufpreis vereinbart wird für den Fall, dass der Stand gekauft werden soll. In diesem Fall müssen die Kosten nicht aktiviert und nicht abgeschrieben werden - erst dann, wenn die Kaufoption wahrgenommen wurde.

Pro Argumente:

- geringere Mietraten, Zahlung pro Einsatz
- freie Entscheidung vor Ablauf der Vereinbarung

Finanzierungsleasing

Bilanztechnische Betrachtung:

- Leasingraten sind laufende, fixe Kosten

Pro Argumente:

- keine Kapitalbindung (Eigenkapital und Fremdkapital)
- Neutralität der Finanzierung
- Preisnachlässe verhandelbar
- feste, kalkulierbare Kosten über die Dauer der Laufzeit

Quelle: Meißner ExpoSysteme

System oder Eigenbau?

Grundsätzlich schreibt kein Veranstalter die Verwendung handelsüblicher Standsysteme vor. Dennoch müssen bestimmte Vorschriften beachtet werden. So sind Bauhöhen von über 2,50 Meter meist genehmigungspflichtig. Die Brandschutznorm B1 (schwer entflammbar) ist in deutschen Messehallen Mindeststandard. Mitunter muss der ganze Stand sogar vorab beim Veranstalter eingereicht werden.

Alleingang oder Partnerkonzept?

Wo im Alltag firmenübergreifend zusammengearbeitet wird, sollte auch über ein kooperatives Messekonzept nachgedacht werden. Dieses bündeln von Kräften kann Wirkungen erzielen, die die Summe der Einzelwirkungen bei weitem über steigt: durch günstigeren Einkauf, vielfältigere Möglichkeiten bei der Gestaltung und eine größere Flexibilität.

Modulare Stankonzepte gestatten es zum Beispiel den Partnern einer Bietergemeinschaft sowohl geschlossen als auch im Alleingang aufzutreten. Darüber hinaus verteilen sich Aufwendungen wie Mailings, Anzeigen und auch die Bereitstellung von Personal auf mehrere Schultern. Um Kosten und Zeitpläne im Griff zu behalten, empfiehlt es sich, ein festes Budget zu vereinbaren und die Gesamtregie in eine Hand zu legen, also auch bei der Organisation mit einer Stimme zu sprechen.

Marko Berger:

„Man kommt morgens hin und alles was man braucht, ist da."

Gemeinschaftsstand

Auf einem Gemeinschaftsstand geht die Individualität, die Corporate Identity eines Unternehmens häufig verloren. Doch dieses Risiko gehen viele kleinere Untenehmen bewusst ein - um überhaupt auf der Messe stehen zu können. Zumal sie dadurch nicht nur Kosten sparen, sonder auch einen besseren Standplatz bekommen, als wenn sie allein auftreten würden. Denn große Unternehmen haben in der Regel einen ganz anderen Einfluss auf die Platzzuweisung als ihre kleineren Mitstreiter.

Und je besser der Standplatz, umso mehr Besucher: Kostenersparnis, Full-Service, professionelles Umfeld und der Multiplikatoreffekt sind denn auch die Hauptargumente für einen Gemeinschaftsstand (im Ausland von Bundesländern gefördert) - wobei es jedoch längst nicht mehr nur kleine Unternehmen auf große Gemeinschaftsstände zieht. Auch die Großen der Branche wissen die Alles-Inklusive-Angebote zu schätzen - aus Kostengründen oder weil sie einfach nicht genug Zeit und passendes Personal haben, um auf allen wichtigen Messen mit einem eigenen Stand präsent zu sein.

Eine ganz andere Form des gemeinschaftlichen Messeauftritts sind dagegen die Firmen-Partnerstände. Das Prinzip: Große Unternehmen, die den Vertrieb der Produkte aktiv unterstützen - eine gemeinsame Standfläche zur Verfügung. Einzige Bedingung: Die Partner dürfen in der Regel nur Hard- und Software des jeweiligen Herstellers präsentieren, sind also in ihrer Produktpalette eingeschränkt.

Weniger reglementiert, aber ebenso umfassend betreut werden die Aussteller auf Gemeinschaftsständen, die private Dienstleistungsunternehmen organisieren.

Tipp:

Gehen Sie mit offenen Augen über die nächste Messe, fragen Sie die Aussteller, deren Stände Ihnen besonders auffallen und gefallen, mit welchem Unternehmen sie zusammengearbeitet haben. Besuchen Sie die Messebauunternehmen Ihrer Wahl, lassen Sie sich Referenzprojekte

> Erfolgspfad für ein Messe-Aktionsprogramm

zeigen. Definieren Sie vor Ihrem ersten Kontakt mit möglichen Messebaupartnern Ihre Wünsche, Vorstellungen und Ziele möglichst genau. Das Messebauunternehmen mit den richtigen Antworten auf Ihre Fragen ist der geeignete Partner für Sie. Erst jetzt sollten sie am besten gemeinsam ein konkretes Briefing formulieren.

To be is to build.
Heidegger

Betrachten wir nun den Aufbau eines Standes und unterteilen ihn dazu in drei verschiedene Funktionszonen:

Schauzone (Passive Kommunikationszone): Hier werden das Unternehmen und das Leistungsangebot vorgestellt.

Besprechungszone (Aktive Kommunikationszone/Interne Kommunikationszone): Hier werden Fachgespräche vorbereitet, durchgeführt und nachbereitet.

Versorgungszone: Hier werden Materialien aller Art gelagert und die Verpflegung der Messeteilnehmer oder -besucher vorbereitet.

Kommunikationszonen auf dem Stand

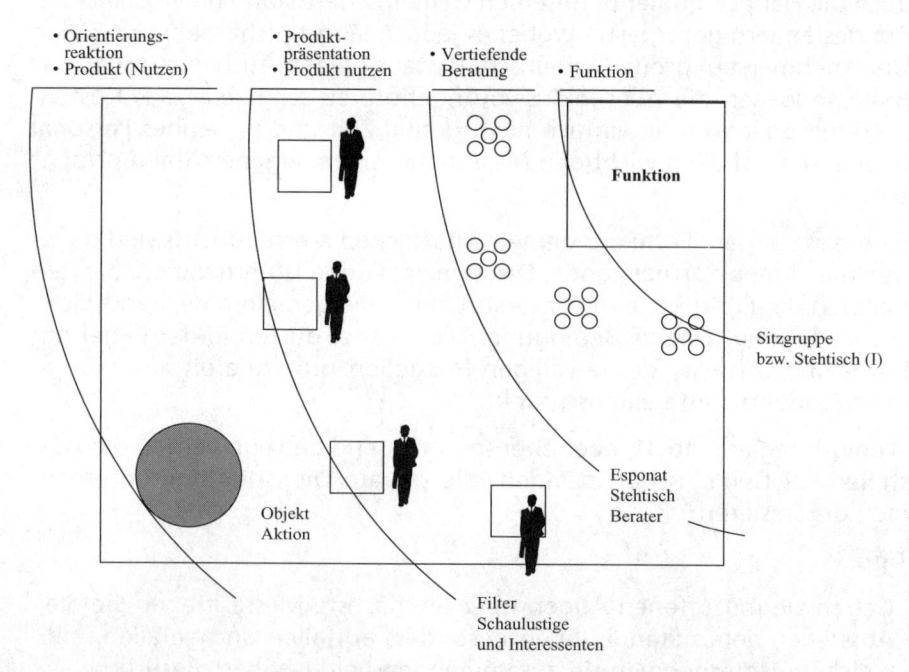

Kommunikationszonen auf dem Stand

> Die Etappen eines Messe-Aktionsprogramms

Bei der Entscheidung über die Dimension des Standes wird die Fläche, Länge, Höhe und Breite des Standes festgelegt. Das ist natürlich auch keine Kostenfrage. Zunächst muss jedoch definiert werden, wie ein Aussteller mittels Messestand von den Besuchern gesehen werden soll, um dann an die Entwicklung des Standkonzepts zu gehen. Wünscht etwa ein Aussteller dem Messepublikum Transparenz als Unternehmensleitlinie zu präsentieren, so muss natürlich der Stand offen und einladend wirken.

„Die strikte räumliche Begrenzung des Standes, der Zeitfaktor und das messetypische Überangebot an Information und multisensorischen Reizen zwingen die Gestalter dazu, alle Dinge auf den Punkt zu bringen. Es geht um Fokussierung, Konzentration und Präzision; um schnelle Orientierung, starke Worte, eingängig Bilder, eine suggestive Atmosphäre und überzeugende Gesten......

Keine leichte Aufgabe; denn der Wettstreit um Aufmerksamkeit und Zuwendung ist auf Messen besonders scharf und wird praktisch mit jedem erlaubten Mittel geführt."

MesseManager, CH. Marquart avedition

Diese Einteilung (vgl. auch Abb. 56) erleichtert es, sich auf dem Stand zu orientieren und die Besucher nach ihrer Wichtigkeit zu steuern und zu betreuen. So soll der interessierte Besucher sich zunächst innerhalb der Schauzone umschauen, ohne sofort vom übereifrigen Standpersonal überfallen zu werden. Natürlich wird er dann nach einer bestimmten Zeit freundlich angesprochen, praktisch „angedockt". Folglich soll die Schauzone das Interesse des Besuchers für den Aussteller und sein Leistungsangebot wecken. Ein nutzbringender Dialog wiederum findet in der Besprechungszone statt.

Wer seinen Stand so aufteilt, signalisiert dem Betrachter im Übrigen ein geordnetes, systematisches Agieren, was wiederum positive Rückschlüsse auf eine mögliche Zusammenarbeit erlaubt. Bei der Präsentation der Exponate bietet es sich an, eine Einteilung nach Marktsegmenten oder Produktgruppen vorzunehmen. Wichtig ist dabei, Anwendungen und Problemlösungen auszustellen. Ein Exponat neben das andere zu reihen, zeigt nur die Verliebtheit in die eigenen Produkte. Aber wen interessiert das schon?

| Erfolgspfad für ein Messe-Aktionsprogramm |

Funktionsnetz eines Messestandes
(nicht sichtbar)

Kommunikationszonen (KZ) + Ansprachemuster

Passive KZ
Aktive KZ
Intens. KZ

Agieren (Termin)
A - B - C*
Demo
Start: Follow-Up
Dialog
Wertpapier

Informieren und selektieren
Touch & go/Filter
Aussteller agiert: Q, Q, R
Begegnungsängste
abbauen

Animieren (Hingucker)
Aus Besuchersicht. Kein Gespräch
Botschaft/Nutzen wird signalisiert

* A - Analye
B - (Beratung)
C - Conclusion

Besucher-Strom

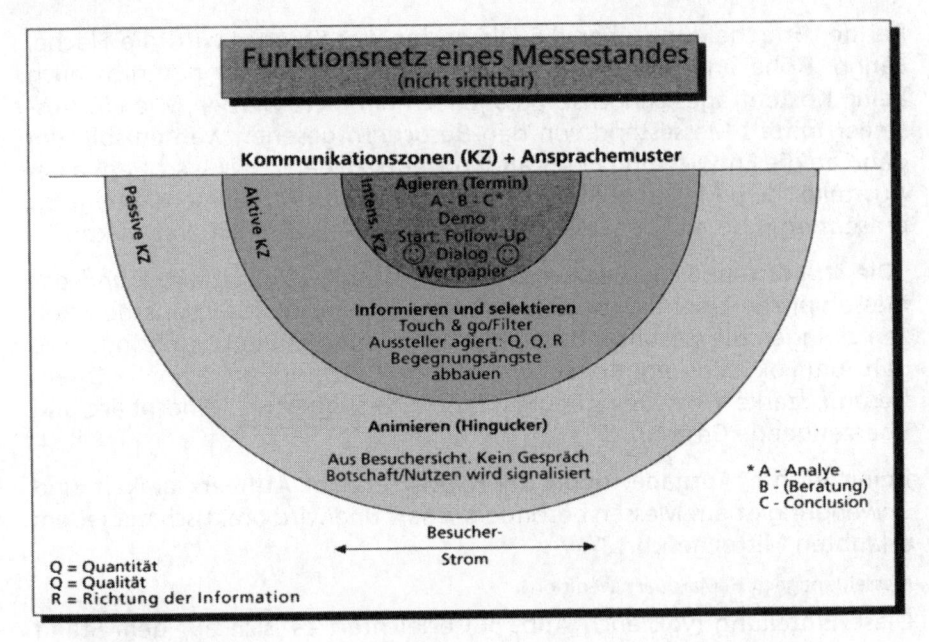

Q = Quantität
Q = Qualität
R = Richtung der Information

Abb. 56: Funktionszonen eines Messestandes

Die Botschaft ist die Botschaft..............

Der Stand als Gesamtensemble ist die „topografische" Botschaft, die die Botschaft des Untenehmens auf diesem Messeereignis übermittelt. Und diese muss - es sei wiederholt - muss - der Besucher mitnehmen. Wie sollen sonst die Abschlüsse, die Folgeschäfte, die Imagefestigung stattfinden?

Dazu bedarf es einer

„Architektur in einer Sprache mit der Disziplin einer Grammatik. Man kann Sprache im Alltag als Prosa benutzen, und wenn man sehr gut ist, kann man ein Dichter sein." (mies van der rohe)

Seit die Unternehmenskommunikation die Präsentation von Produkten in den Hintergrund gedrängt hat, kam der Raumbildung folgrichtig eine neue Bedeutung zu.

Das Design des Standes spiegelt am deutlichsten die Kultur eines Ausstellers und seinen Geschmack wider. Deshalb ist hier höchste Sorgfalt angesagt. Jeder Messestand muss die Grundelemente des Firmen- bzw. Erscheinungsbildes präsentieren, um jederzeit die Wiedererkennung zu gewährleisten. Dazu gilt es Logo, Farben und Schriften für Wände, Bodenbeläge und Tragkonstruktionen zu gestalten. Gerade Farben und Licht spielen dabei eine entscheidende Rolle. Über bizarre Lichtspiele lassen sich Leute anlocken. Licht moduliert außerdem die Formen in einem Messestand. Statt einer „Lichtsuppe" ist eine möglichst punktuelle Beleuchtung für die Wahrnehmung von Körpern sinnvoll. Bestimmte Formen prägen dabei das Empfinden:

- Quadrat (oder auch Rechteck): in sich ruhend, statisch, mineralisch geeignet für Umrahmungen oder zum Bilden von Hintergrundflächen.
- Dreieck: spitz, wach, geeignet für Hervorhebungen und um Aufmerksamkeit zu erzeugen. Dreieck und Quadrat sind additiv, d. h. aneinanderzureihen.
- Kreis: Gemeinsamkeit, sozialer Charakter, geeignet, um Kernaussagen zu bekräftigen (kleiner Kreis = auf den Punkt bringen) und Dinge umgreifend, zusammenfassend darzustellen (großer Kreis = umgreifend). Ein Kreis bedeutet auch immer, etwas tangieren oder durchdringen. Dreieck und Kreis sind Formen der Bewegung.

Auch Schwere und Leichtigkeit von Formen lassen sich gezielt einsetzen. So „steht" ein schweres Produkt auf einem leichten Unterbau oft genug optisch nicht besonders ansprechend oder ein kleines Produkt verschwindet eher auf einem großen Display.

Interessante und nicht überladene Informationen über den Nutzen können gerade die Aufmerksamkeit des Betrachters wecken. Gerade in der hektischen und reizüberfluteten Messeumgebung ist weniger oft mehr. Also keine Überladung mit Fotos und Texten, die kaum einer liest. „Interesse wecken, und nicht wahllos informieren" lautet das Erfolgsrezept.

Unterstreichen Sie weiterhin die räumliche Gliederung des Standes. Setzen Sie Akzente. Wecken Sie Emotionen. Diese komplexen Anforderungen verlangen, erfahrene Standdesigner einzuladen, die als Profis Fehler vermeiden helfen. Man muss sich nur auf den unzähligen Messen umschauen, um für diese Forderung bestätigt zu werden. Über Geschmack lässt sich eben nur in begrenztem Umfang streiten. Weil wir diesen Punkt für sehr wichtig halten, findet der Leser im Anhang eine umfangreiche Aufstellung renommierter Messebauer. Auch die Wahl der richtigen Farben spielt eine wichtige Rolle beim Design des Standes. Hier geben wir Ihnen einige gewichtete Tipps, die wir dazu von einem renommierten Standbauer der Expomobilia AG in Zürich erhalten haben:

- BLAU hat einen beruhigenden Effekt. Vermeiden Sie es, wenn Sie Aufregung oder Spannung erzeugen wollen. Setzen Sie es vielmehr ein, wenn Sie Phantasie anregen wollen.
- ROT regt den Adrenalinspiegel an und verursacht tendenziell Erregung. Bei keiner anderen Farbe braucht das Auge so lange, um sich anzupassen.

Erfolgspfad für ein Messe-Aktionsprogramm

- GELB zieht die Aufmerksamkeit auf eine Ausstellungsfläche oder Anschlagtafel. Gelb wird vom Auge schneller als jede andere Farbe gelesen.
- GRÜN hilft, dass die Menschen sich wohl fühlen: für Produkteinführungen oder Präsentationen ist es deshalb interessant. Vermeiden Sie aber grelles Grün, das viele Besucher eher „vergrault". Auch der (Farb-)Ton macht die Musik.
- GRAU in dezentem Ton gibt Ihren Produkten einen exklusiven Anstrich. Interessanterweise sorgt es für eine kreative Atmosphäre.
- WEISS zieht Käuferschichten an. Offensichtlich signalisiert es Vornehmheit und gleichzeitig Intelligenz.
- Am besten zu lesen sind: SCHWARZ auf WEISS, SCHWARZ auf GELB.
- Gut zu lesen sind: GELB auf SCHWARZ, WEISS auf SCHWARZ, DUNKELBLAU auf WEISS sowie GRÜN auf WEISS.
- Mäßig zu lesen sind: ROT auf WEISS, ROT auf GELB.
- Schlecht zu lesen sind: GRÜN auf ROT, ROT auf GRÜN, ORANGE auf SCHWARZ, ORANGE auf WEISS, SCHWARZ auf BLAU sowie GELB auf WEISS.

Farben und Licht

Farben und Licht sind neben den verwendeten Konstruktionsmaterialien des Messestandes ebenfalls sehr wichtige Gestaltungselemente. Sie unterstreichen seine räumliche Gliederung (Leitfunktion), setzen Akzente, wekken rationale und emotionale Gefühle, wirken harmonisierend oder kontrastierend.

Für den Einsatz und die Wirkung von Farben gibt es Gesetzmäßigkeiten und Regeln. Berühmt ist Goethes Farbkreis:

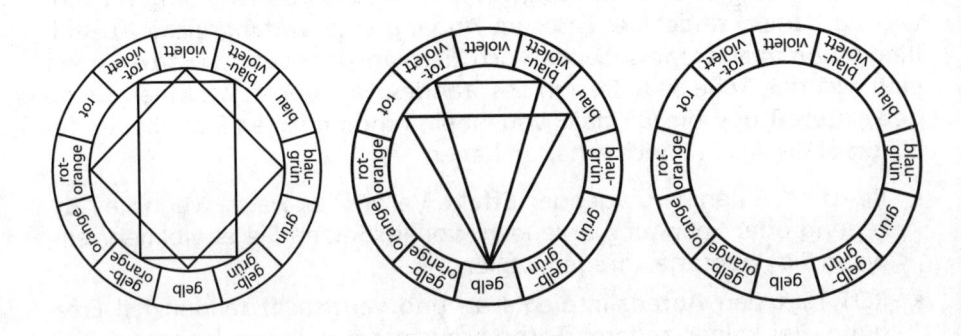

Die Etappen eines Messe-Aktionsprogramms

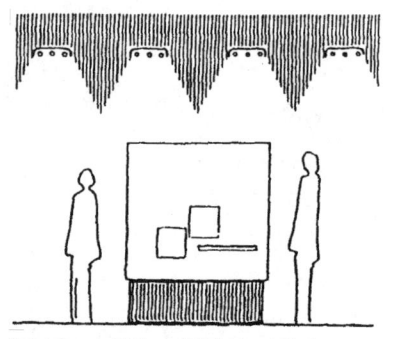

Freistehende Vitrine mit lichtdurchlässiger Decke in einem hell erleuchteten Ausstellungsraum – eine Vitrine ohne Eigenlicht. Keine besondere Hervorhebung. Beleuchtungsniveau im Raum wenigstens 250 Lux.

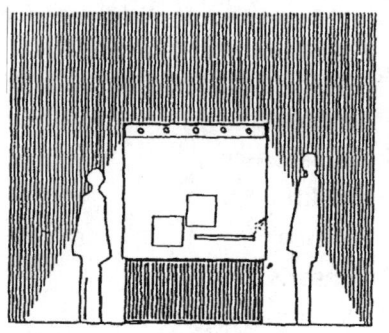

Freistehende Vitrine mit Leuchtkasten als Vitrinendecke. Eigenlicht. Blendfrei. Vitrine gleichmäßig ausgeleuchtet. Helligkeit in der Vitrine abhängig vom Beleuchtungsniveau im Umraum, am besten eine Steigerung etwa 1:3 bis 1:5, also z.B. von 50 Lux.

Akzentbeleuchtung innerhalb der freistehenden Vitrine mit direkt strahlenden Leuchten.

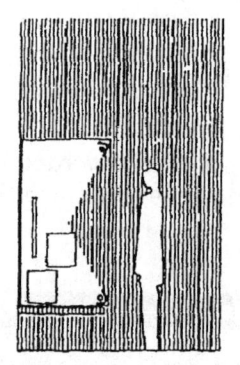

Wandvitrine mit Objektbeleuchtung aus verdeckten Leuchten oben und unten.

Abb 57 Licht für Vitrinen

Quelle: Zebhauser, Helmuth: Messen und Ausstellungen, Medien der Kommunikation. München 1980

Dabei unterscheiden die Fachleute

↝ Licht zum sehen / hinsehen / ansehen

> Erfolgspfad für ein Messe-Aktionsprogramm

Signale werden sinnlich wahrgenommen

Darum müssen Reize möglichst auch....

☞ akkustisch	Gehör
☞ gustatorisch	Geschmack
☞ olfaktorisch	Geruch
☞ optisch	Auge
☞ sensorisch	Tastsinn
☞ thermosensorisch	Temperatur

gesendet werden.

Wir müssen „aus allen Röhren schießen" wollen wir den ambivalenten Besucher nachhaltig erreichen.

„Es ist ganz egal, für welche Arbeiten man sich verschleißt, aber man muss sich verschleißen. Man muss zu Asche verbrennen, sonst hat es gar keinen Zweck."

Josef Beuys

Beim ersten Blickkontakt werden keine Texte gelesen, sondern nur Bilder und bildähnliche Teile sowie große Wörter (Headlines) angeschaut.

Visuelle Ergonomie

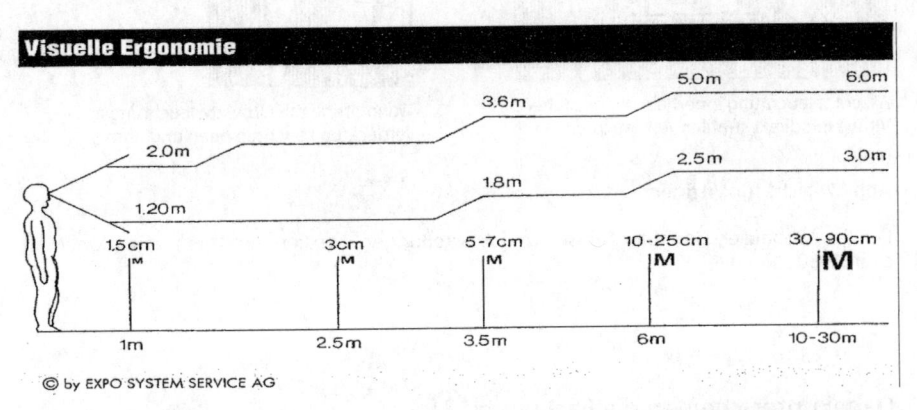

© by EXPO SYSTEM SERVICE AG

Abb. 58 Visuelle Ergonomie

Die Etappen eines Messe-Aktionsprogramms

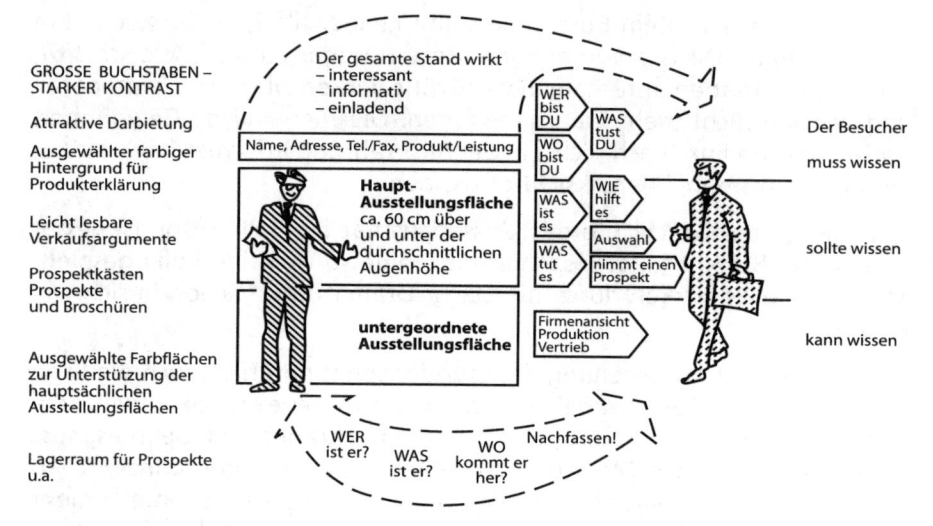

GROSSE BUCHSTABEN –
STARKER KONTRAST

Attraktive Darbietung

Ausgewählter farbiger
Hintergrund für
Produkterklärung

Leicht lesbare
Verkaufsargumente

Prospektkästen
Prospekte
und Broschüren

Ausgewählte Farbflächen
zur Unterstützung der
hauptsächlichen
Ausstellungsflächen

Lagerraum für Prospekte
u.a.

Der gesamte Stand wirkt
– interessant
– informativ
– einladend

Name, Adresse, Tel./Fax, Produkt/Leistung

Haupt-
Ausstellungsfläche
ca. 60 cm über
und unter der
durchschnittlichen
Augenhöhe

untergeordnete
Ausstellungsfläche

WER bist DU
WO bist DU
WAS ist es
WAS tut es

WAS tust DU
WIE hilft es
Auswahl
nimmt einen Prospekt
Firmenansicht
Produktion
Vertrieb

Der Besucher

muss wissen

sollte wissen

kann wissen

WER ist er?   WAS ist er?   WO kommt er her?   Nachfassen!

Abb. 59 Blickkontakt

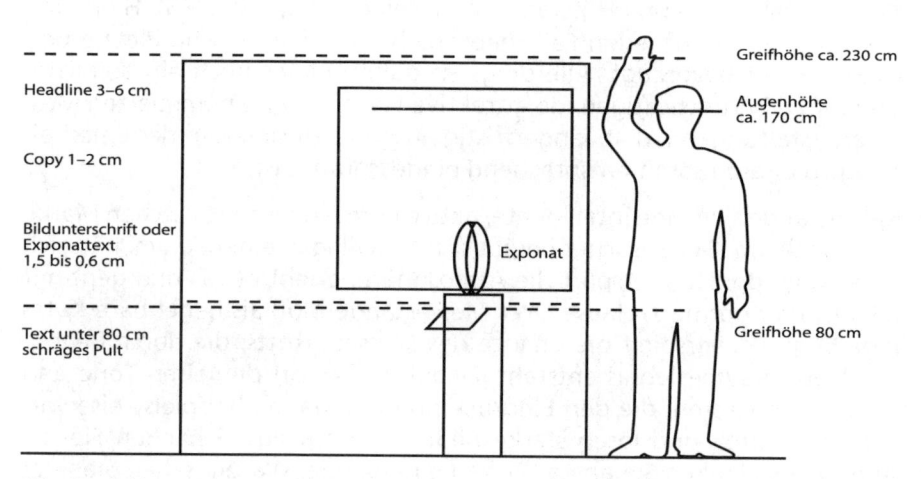

Headline 3–6 cm

Copy 1–2 cm

Bildunterschrift oder
Exponattext
1,5 bis 0,6 cm

Text unter 80 cm
schräges Pult

Exponat

Greifhöhe ca. 230 cm

Augenhöhe
ca. 170 cm

Greifhöhe 80 cm

Abb. 60 Blickkontakt II

> Erfolgspfad für ein Messe-Aktionsprogramm

Als Faustregel gilt: Kein Buchstabe sollte kleiner als 2,5 - 3 cm sein, um noch aus einer Distanz von einigen Metern lesbar zu sein. Alle schriftlichen Informationen unterhalb dieser Größe wirken wie eine „Texttapete" und werden nicht mehr wahrgenommen. Die menschliche Gewohnheit horizontal von links nach rechts in der Blickführung Informationen aufzunehmen, muss dabei berücksichtigt werden.

Noch nie in der Geschichte des Messebaus hat die Beleuchtung - besser gesagt, die Beleuchtungs-Inszenierung - eine so wichtige Rolle gespielt. Manche Stände wirken durch die „Licht-Dramaturgie" schon in sich wie ein Event.

Neben Design und Aufteilung des Standes spielt natürlich auch die Lage eine wesentliche Rolle, wobei hier - wie der erfahrene Praktiker weiß - die Handlungsoptionen zumindest zeitlich eingeschränkt sind, denn es muss oft sehr früh bei den Messegesellschaften gebucht werden. Inzwischen verbessern sich aber auch hier die Optionen der Aussteller, da immer mehr Unternehmen von Messen fernbleiben und das Veranstaltungsangebot selbst in den letzten Jahren sehr stark angestiegen ist (Übersättigung).

Die nachfolgende Abbildung zeigt das Ergebnis einer *Wegeverlaufsanalyse* und hilft, die richtige Lage herauszufinden. Dadurch wiederum lässt sich eine höhere Besucherfrequenz erhoffen.

In engem Zusammenhang mit der Wegeverlaufsanalyse steht die Wahl der geeigneten Standform. Grundsätzlich werden Stände in Reihen-, Eck-, Kopf-, Block, Insel- und Hofstand unterschieden (vgl. Abb. 63). Hier kann der Aussteller - auf jeden Fall theoretisch - wählen, welche Platzierung und Form er bevorzugt. Allerdings ist dabei immer noch ein zeitlicher Vorlauf zu berücksichtigen, da attraktive Flächen bei renommierten Messeveranstaltungen i. d. R. längerfristig ausgebucht sind und der Entscheidungsspielraum somit entsprechend eingeschränkt ist.

Messestände sind eine intelligente, aktive Form von Nähe zwischen Marke und Publikum: Der Besucher begibt sich freiwillig in einen Raum, hält sich eine Weile dort auf, erspürt die Atmosphäre, erlebt etwas und geht mit Bildern im Kopf nach Hause. Wer Messestände bloß als begehbare Kataloge begreift, verspielt die Chance des Messeauftritts, die durch Begegnung und Raumerlebnis entsteht. Dabei sind es oft die leisen Töne und die kleinen Gesten, die den Eindruck prägen. Klänge beispielsweise wirken sehr direkt und lösen starke Bilder im Kopf aus. Schließen Sie die Augen und denken Sie an das Zirpen einer Grille. Warum sehen Sie jetzt einen Olivenhain oder Ihren Garten? Weil Sie ein Bild im Kopf haben. Bilder im Kopf entstehen unabhängig von der Standfläche!

🛑 2000 begann eine neue Zeitrechnung, in welcher der Kunde und der Dialog mit ihm in den Vordergrund der Messe gerückt wurden. Der interes-

Die Etappen eines Messe-Aktionsprogramms

sierte Leser findet die Ideen und das Konzept der Pfiffig AG im Teil 5: Erfolgreiche Messe-Aktionsprogramme aus der Praxis.

Unternehmen wie die Pfiffig AG haben verstanden, dass der Kunde und seine Bedürfnisse den Mittelpunkt des eigenen Standes bilden und weniger die eigenen Produkte oder Dienstleistungen.

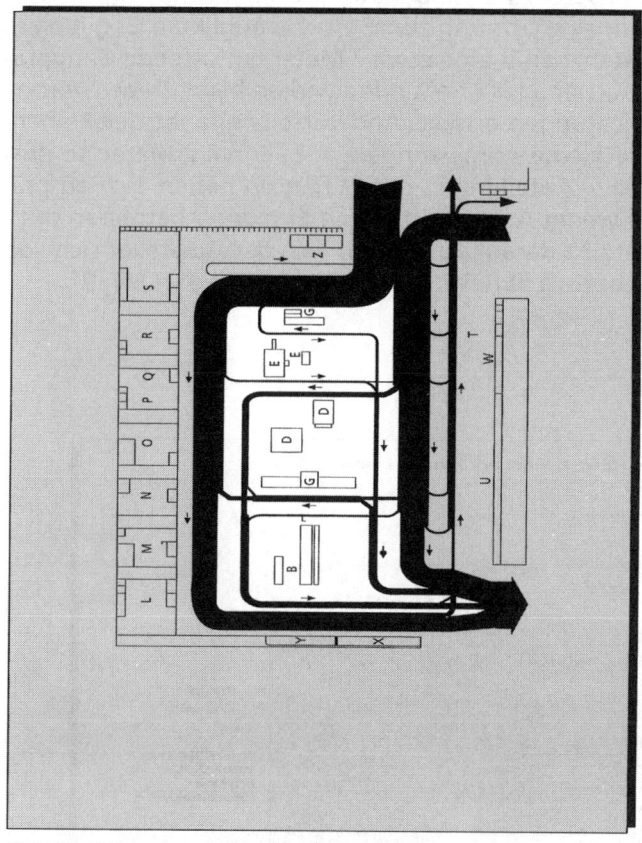

Quelle: Claus Groth

Abb. 61 Ergebnis einer Wegeverlaufsanalyse

Ausreichend Budgetmittel vorausgesetzt, gibt es eine ganze Palette von Werbemöglichkeiten rund um den Messestand:

- Flyer im ICE/Flugzeug zur Messe
- Plakate im (Messe-)Bahnhof und im und vor dem Flughafen
- Außenwerbung an Bussen & Bahnen des Nahverkehrs. Den unmittelbarsten Informationswert hat die Werbung auf und in den Shuttle-Bussen innerhalb des Geländes.

| Erfolgspfad für ein Messe-Aktionsprogramm |

- Folien-Aufkleber auf und in Taxis.
- Plakate an den Zufahrtstraßen zur und auf der Messe
- Außenwerbung außerhalb oder innerhalb des Messegeländes (Plakate, Großflächen, Banner, Werbesäulen, Ballons, Fahnen)
- Werbung in den Hallen, an den Rolltreppen

Befassen wir uns bei unserer Analyse der Standformen zunächst mit dem Reihenstand. Er hat nur eine Öffnung zum Besucherpublikum. Es gilt diese möglichst breit zu halten, damit eine etwa 7 Meter umfassende Gangpräsentation auf den Besucher 3 bis 4 Sekunden wirken kann. Dabei werden diese aus zwei Laufrichtungen erfasst. Andererseits erlaubt der Reihenstand auch schon sehr kleine Abmessungen, z. B. 3 mal 2 Meter, so dass auch kleine Firmen bzw. Abteilungen gute Chancen haben, sich zu präsentieren, und dabei wenig Aufwand für den Standbau betreiben müssen. Bei der Gestaltung ist darauf zu achten, dass der Aussteller sich von den Nachbarständen optisch abhebt. Schaffen Sie einen „STOPPER".

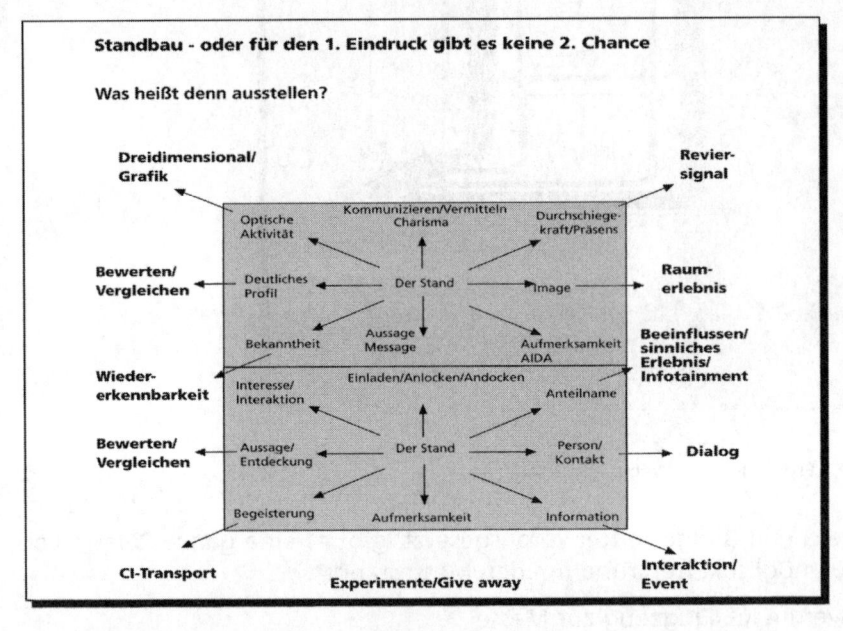

Abb. 62: Der Messestand als Kommunikations-Center

Die Etappen eines Messe-Aktionsprogramms

Beispiel für günstiges und ungünstiges Platzieren von Exponaten

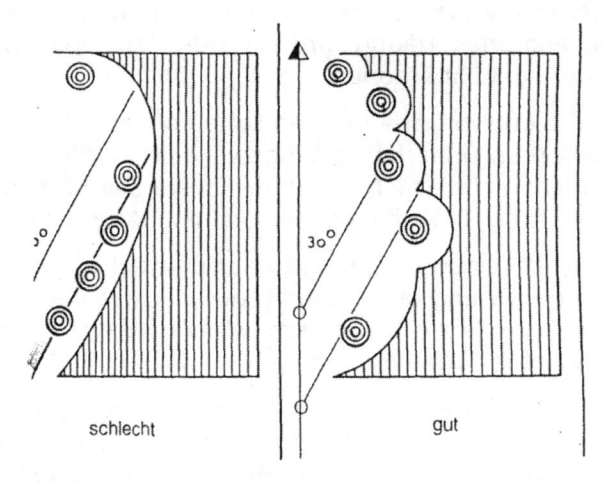

schlecht | gut

Quelle: Haeberle, Messen und Ausstellungen

Welchen Messebau hätten's denn gern?

Unser Eier legendes Wollmilchschwein

mal so,

mal so,

mal so,

mal so,

oder so.

Quelle: Anzeige Raumtechnik, Stuttgart

> Erfolgspfad für ein Messe-Aktionsprogramm

Der Eckstand bietet zwei offene Kontaktflächen und damit vier Wirkrichtungen, was die Kommunikationschancen deutlich erhöht. Auch ein Eckstand ist unter Umständen auf sehr kleiner Grundfläche möglich: Exponate diagonal anordnen. Häufig wird ein Aufschlag - von 3 bis 5 % - auf die Quadratmetergebühr erhoben.

Der Kopfstand bietet mit drei offenen Seiten noch mehr Kommunikationsfläche mit Wirkung in sechs Richtungen. Diese Standform ist allerdings nur mit größerer Standfläche professionell gestaltbar und erfordert deshalb auch einen höheren Aufwand beim Aufbau. Aufpreis 4 bis 6 %.

Der Blockstand hat keinerlei Bindung zu Nachbarständen, was ihn von der Lage höchst attraktiv und gleichzeitig teuer macht. Seine völlige Offenheit nach allen vier Seiten bietet acht Wirkrichtungen, erfordert aber eigentlich eine große Fläche. Aufschlag ~ 10 %.

Der Hofstand tritt in zwei Formen auf, die beide vom Besucher über zwei Seiten zu erreichen sind. Liegt der Stand in einer Standreihe, kann er über die beiden den Gängen zugeneigten Seiten erreicht werden. Befindet er sich nicht innerhalb einer Reihe, sondern am Eingang oder Ausgang einer Messehalle, spricht man auch vom Durchgangsstand. Der Preis variiert je nach Form.

Der Inselstand lässt scheinbar die meisten Kontakte zu. Hat hohe Signalwirkung. Die Praxis zeigt aber, dass eine Platzierung des Funktionstraktes im Zentrum den Stand sehr unübersichtlich und schlecht organisierbar macht. Ist der Inselstand auf beiden Seiten des Hallengangs, so ergibt sich eine optische Vergrößerung, insbesondere dann, wenn der gleiche Teppich auch im Durchgang liegt.

Freigeländestände sind in der Regel Ausstellungsflächen für extrem große und sperrige Exponate wie z.B. Baumaschinen, Baukräne, Bulldozer, Schienenfahrzeuge etc., die im praxisnahen Betrieb vorgeführt werden können. Im Freigelände muss der Aussteller selbst für überdachte Pavillons oder Zeltkonstruktionen für seine Besprechungsräume sorgen. Häufig haben Aussteller in der Messehalle einen Repräsentations- oder Informationsstand und zeigen ihre Exponate im Freigelände.

Zusammenfassend muss der Stand dem Betrachter und Besucher in kürzester Zeit einen komprimierten Überblick verschaffen. Dabei helfen

- die Aufteilung nach Kommunikationszonen,
- die richtige Auswahl der Standart,
- eine professionelle und einfühlsame Farbgebung,
- einprägsame, harmonische Formen,
- die richtige Beleuchtung.

| Die Etappen eines Messe-Aktionsprogramms |

Die Autoren glauben, dass zukünftig immer mehr Design-Philosophen das Bild der Messestände beeinflussen. Da werden Geschichten erzählt, die den Betrachter in seinen Bann ziehen. Ein Design-Philosoph hat erst sein Ziel erreicht, wenn er den Menschen an seiner Seele berührt.

Immer wieder muss sich der Aussteller also fragen: Werden wirklich Assoziationen ausgelöst, Botschaften transportiert?

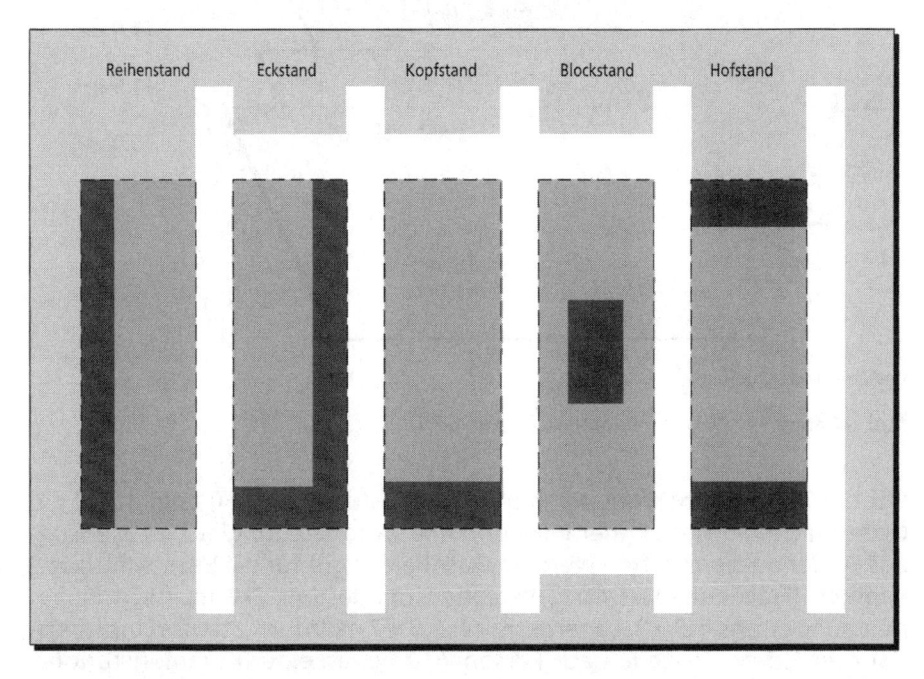

Abb. 63: Standarten

Ein Beispiel dafür ist der Lexus-Messestand. Sechs Meter hohe Halme sind das Erkennungszeichen der Marke Lexus und prägen das Raumbild. Je nach Grundriss können sie in immer neuen Anordnungen errichtet werden und ergeben trotzdem stets dasselbe klare Markenbild. Die Fernwirkung ist hoch, der Preis günstig, und sie sind schnell montierbar. Zwei Halme genügen, um den Markenraum Lexus nachhaltig zu definieren.

Der Stand wurde erstmals im Jahre 2000 bei der Autoausstellung in Paris aufgebaut. Er ist seit dem auf allen europäischen Messen/Events im Einsatz: Eine hochrentable Investition.

| Erfolgspfad für ein Messe-Aktionsprogramm |

Durchschnittliche Standgröße auf internationalen und regionalen Messen in Deutschland

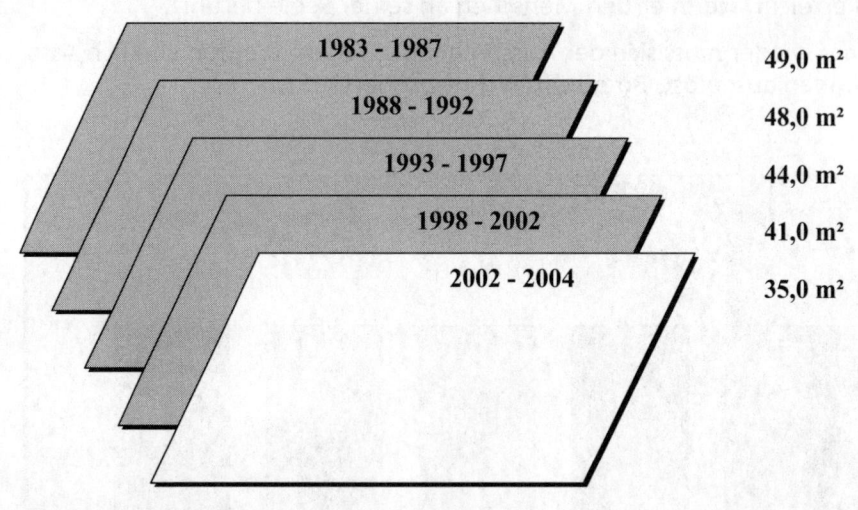

Zeitraum	Standgröße
1983 - 1987	49,0 m²
1988 - 1992	48,0 m²
1993 - 1997	44,0 m²
1998 - 2002	41,0 m²
2002 - 2004	35,0 m²

Verschiedene Quellen

Abb. 64 Abnahme der Ø Standgrößen im Zeitverlauf

Oft hilft es der Grobplanung, wenn im Maßstab 1:25, 1:50 oder 1:100 die Grundfläche aufgezeichnet wird und alle Exponate im gleichen Maßstab aus Papier ausgeschnitten werden. Das Gleiche gilt für die Besprechungskabinen (Flächenbedarf für 2 Personen mindestens 2x2 m, für 4 Personen mindestens 3x3 m), Lagerraum ca. 1,5 x 2 m, Informations-/Empfangs-Counter 1,2 m. Breite je nach Personalstärke, an einer Kommunikationsbar sollten jedem Besucher ca. 60-70 cm Breite zugestanden werden. Etwa 1/3 dieser Fläche ist als notwendiger freier Raum hinzu zu addieren. Das ist in der Praxis durchaus üblich und gibt dem Aussteller eine ungefähre Vorstellung von der Flächenaufteilung seines Standes.

Vor- und Nachteile der verschiedenen Standvarianten

	Vorteile	Nachteile
Reihenstand - row booth – Für Kleinstände – Modulstände des Veranstalters	• Einfach, günstig • Schneller, 1-Mann-Aufbau	• Eingeschränkte Präsentation • Wenig Platz für die Infrastruktur • Stark von der Besucherfrequenz eines Ganges abhängig
Eckstand - corner booth – Für kleinere Stände	• Mehr Einblick, weniger Abhängigkeit von der Besucherfrequenz eines einzelnen Ganges • Kabinen/Infrastruktur gut in den Ecken integrierbar	• Beschränkte Platzverhältnisse
Kopfstand - end of row booth – Mittelgroße Stände	• Guter Standeinblick für die Besucher • Große Gestaltungsfreiheit und gute Präsentation	• Erfordert erhöhte Aufmerksamkeit des Personals • Höherer Personalbedarf • Wenig Wandfläche für Info
Blockstand/Inselstand - island site – Mittlere bis große Stände	• Keine Abhängigkeit vom Besucherstrom eines einzelnen Ganges • Ausgezeichnete Präsentationsmöglichkeiten • Hohe Aufmerksamkeit	• Hohe Anforderungen an die Gestaltung • Hohe Aufmerksamkeit des Personals • Bedeutender Personalbedarf
Hofstand - court booth – Nur für Großstände	• Noch mal erhöhter Aufmerksamkeitsgrad • Ausgezeichnete Möglichkeit, Schwerpunkte zu bilden • Gute Gliederungsmöglichkeiten für z.B. Kommunikation/Produktdemo	• Großer Personalbedarf • Schwieriger Überblick • Hohe Anforderungen an die Gestaltung • Verbindende Gestaltung allenfalls in Frage gestellt (Vorschriften)
2-Etagen-Stand – Großstände	• Gute, diskrete Kommunikationsmöglichkeiten (Besprechungen/ Bewirtung)	• Hohe Kosten • Hoher Personalbedarf • Messevorschriften • Schwieriger Überblick

| Erfolgspfad für ein Messe-Aktionsprogramm |

	Vorteile	Nachteile
Pavillons (separater Pavillon auf dem Messegelände) ideal für Großunternehmen, die mit ihren Vertriebspartnern ausstellen	• Größte Gestaltungsfreiheit • Gut für CI/CD	• Psychologische Eintrittsbarrieren • Kosten
Stand im Freigelände - uncovered exhibition area	• Gute Präsentationsmöglichkeiten für die Bereiche: – Bau – Landwirtschaft – Freizeit	• Den Witterungseinflüssen ausgesetzt • Sep. Besprechungsräume müssen geschaffen werden

Nach Zotter

Merke: Messestände sind die Kathedralen der Gegenwart

Messen sind reizvoll, manchmal übervoll. Oft erfolgt Reiz-Verarbeitung, ohne das Umfeld aufzunehmen. Zum Beispiel dann, wenn kein oder nur ein sehr konstruierter Bezug zu den Produkten und deren Nutzen erkennbar wird. Reize bringen dann aktivierte Aufmerksamkeit, aber keine Kommunikationserfolge für den Aussteller. Die Karawane zieht weiter.

Merke: Die Füße gehen nur dahin, wo die Augen schon waren.

Sidestep:

P Die durchschnittliche Betrachtungsdauer einer Print-Anzeige beträgt 1,7 Sek. Das mag erschrecken. Doch die Zeitspanne von der Ballannahme von Oliver Bierhoff bis zum ersten Golden Goal der Fussballgeschichte betrug auch 1,7 Sek. Trotzdem können sich Millionen noch daran erinnern. Auch die Zeitspanne vom letzten Schlag Muhammed Alis im „rumble in the jungle" bis zur Ankunft von George Foremans Kopf auf dem Ringboden betrug 1,7 Sek. Fasst dreißig Jahre später ist dieser Moment aus Millionen Köpfen nicht gelöscht. In der modernen Kommunikation geht es nicht darum, aus 1,7 Sek. 2,7 Sek. machen zu wollen. Es geht vielmehr darum, die 1,7 Sek. zu einem nachhaltigen Aha-Erlebnis zu machen, das bis zur nächsten Markenwahl hält. Die Hamlet-Frage der Werbung lautet nicht mehr: Auffallen oder durchfallen? Impact war zwanzigstes Jahrhundert.
Jung/von Matt

Nach diesen eher nüchternen distributionspolitischen Fakten und Regeln stellen wir ein Beispiel aus der Praxis vor, das zeigt, wie seriöse Informationen in ein faszinierendes Umfeld verpackt werden können. Das „Strickmuster" soll zur Nachahmung anregen: Die Hilker und Kern GmbH Industrietechnik schafft es bei ihren Messeauftritten, gegen die „Technik-Puristen" zu Felde zu ziehen, und nutzt alle kreativen Freiräume, die sich heute im modernen Messebau bieten. Der Beobachter findet hier einen Aussteller, der völlig aus dem Rahmen der Konzepte fällt, mit denen sich Investitionsgüterunternehmen üblicherweise präsentieren. Anlässlich einer Messe wurde der Stand als Zirkus präsentiert, um den Dialog zu fördern. Mit Zirkus sollte man Genießen, Spannung, Aktivität, Geschicklichkeit, Disziplin und Ausdauer assoziieren. Der Return on Investment stellte sich für das Unternehmen über eine Vielzahl qualitativer Besuchergespräche ein. Ein kreativer Stand als Erlebniswelt ist somit positiver Impulsgeber für die Kommunikation.

Ähnliche Erlebnisse „verkaufte" die Pfiffig AG auf der ITMA in Mailand auf einer 2 500 qm (!) großen Fläche unter dem Motto: „Piazza - get together." Eisverkäufer und Modeverkäufer forcierten eine Erlebniswelt auf dem Stand, auf dem kaum noch Produkte ausgestellt wurden. Früher hingegen wurden sehr nüchtern riesige Textilmaschinen und die Arbeitsläufe präsentiert (vgl. Teil 5 Erfolgreiche Messe-Aktionsprogramme).

Zum Abschluss dieses Kapitels noch ein offenes Wort an die Leser: Die Zeit, die wir normalerweise für die Diskussion in das Design eines Messestandes aufwenden, muss mindestens (!) auch in konzeptionelle Überlegungen investiert werden: Was will ein Unternehmen mit einem Messeaktionsprogramm erreichen, wie kann es sich vom Wettbewerb unterscheiden und (wir wissen, dass wir uns wiederholen) wie soll das Follow-up aussehen? Stände werden nicht selten mit Glanz und Gloria erbaut, die eher eigener Selbstbefriedigung dienen, aber weniger die konzeptionellen Anforderungen des (vorhandenen?) Messekonzeptes umsetzen. Also: Der Stand ist ein wichtiger Mosaikstein im gesamten Baukasten des Aktionsprogramms. Nicht mehr und nicht weniger.

Er, der Stand, hat die Aufgabe, die Aufmerksamkeit des Kunden zu fesseln: Durch Ideen, Geschichten und Träume im Dritten Raum. Die Wirtschaft ist heute ein Markt der Gefühle, auf dem die Unternehmen einen Wettbewerb der Geschichten veranstalten. Und ganz entsprechend kauft der postmaterialistische Kunde vor allem Träume. Wenn man schon alles hat, was man braucht, wird man erst richtig sozial. Leute interessieren sich für Leute. Ein gutes Beispiel ist „NIKE". Und man muss kein Prophet sein, um vorauszusagen, dass die Sehnsucht der Menschen nach Sinn immer mehr wachsen wird. Goldene Zeiten, so Norbert Bolz. Sie haben in der Wirtschaft des 21. Jahrhunderts bessere Erfolgsaussichten als Realisten.

Aber Vorsicht mit der Performance: Die Autoren hätten Probleme zu glauben, dass hochinnovative Automatisierungstechnik in einem Travestie-Milieu überzeugend und nachvollziehbar dargestellt werden kann.

Erfolgspfad für ein Messe-Aktionsprogramm	
Mindestens ein Jahr vorher Motto	Absatz-, Marketing- und Messeziele so früh wie möglich *messbar* definieren. Welches neue Produkt/Dienstleistung soll vorgestellt werden, wo liegt der konzeptionelle und optische Schwerpunkt, welche Zielgruppe soll verstärkt angesprochen werden? Welcher ROI wird erwartet? Briefing erstellen.
12 Monate vorher	Platzierung + Typ des Messestandes entscheidet mit über den Erfolg. Eine gute Lage bringt deutlich mehr Besucher. Bei Auslandsmessen prüfen, ob deutsche Firmen Fördergelder bekommen. Ständiges Ärgernis sind die hohen Hotelpreise zu Messezeiten. Frühzeitiges Buchen sichert Betten zu vernünftigen Konditionen. Festlegen der Präsentationsform.
8 Monate vorher	Messestandgestaltung in Auftrag geben. Eine langfristige Planung spart unnötige Last-Minute-Zuschläge. Wenn ein Kunden-Event geplant ist, dann jetzt die Location buchen. Attraktive Locations sind rar.
6 Monate vorher	Die Besucherwerbung sollte anlaufen. In einem ersten Mailing machen Sie auf den bevorstehenden Messeauftritt aufmerksam. Adressenpool für die Einladungen checken. Cross-Selling-Überdenken.
3 Monate vorher	Exponate vorbereiten. Messeanmeldungen mit evtl. Sondergenehmigungen bearbeiten. Messebaufirmen wissen auf Grund der Standplanung die detaillierten Anforderungen für Strom und Wasser.
1 Monat vorher	Das Team sollte den Auftritt trainieren/ mit Rollenspielen + Verkaufssketches. Das Catering festlegen, Fotograf buchen, der den Stand für die eigene Dokumentation oder Presseberichte professionell ablichtet. Die Messen bieten akkreditierte Messefotografen an.
Messe	Kurz vor Messebeginn sollte ein Briefing der Key-Messages und Zielvorgaben für die Messezeit das gesamte Team einstimmen. Je nach Messeverlauf an den folgenden Tagen wiederholen. Da beim Auf- und Abbau oft geklaut wird ist eine rechtzeitige Buchung von Wachpersonal sinnvoll.
Nach der Messe s .a Effizienzbeurteilung nach der Messe	Kontakte wie versprochen zügig (!) bearbeiten, telefonisch/Mail nachfassen, Prospekte zusenden, Gesprächstermine *konkret* vereinbaren, Muster verschicken. Den Besucher spüren lassen, dass er ein wichtiger Kontakt ist. Dokumentation/Lerntransfer/ Vorbereitung zum nächsten Marktauftritt. Quantitativer und qualitativer Soll-Ist-Vergleich.

Nach F.A.H, www.f-moh.de

Ausblick: Zukunft der Messestände

Der „Immaterialisierung des Raumes" und dessen Dynamisierung gehört die Zukunft der Messestände. Dies erfordert die Auflösung des Raumes, den bewegten Raum, die „Entmaterialisierung" des Raumes. Diese ist dann erreicht, wenn der Raum nur noch aus Projektion besteht. Es wird die Zukunft von Messeauftritten sein, dass die Wände sich bewegen, dass die Wände atmen, dass viel weniger gesägt, geschraubt oder geschweißt und mehr mit flüchtigen Materialien gearbeitet wird........

Quelle: Handbuch „MesseManagement

Messebauer sind heute nicht nur als Gestalter, sondern auch als (Markt-) Berater mit einer Portion „Showkompetenz" gefragt. Weniger Bauen und mehr Inszenieren, denn auch ein Messestand fordert Sex-Appeal.

Ein Messestand ist die temporär räumlich umgesetzte und atmosphärisch erlebbare Identität eines Unternehmens. Die klare Ansprache, möglichst aller Sinne der Besucher des Standes soll neben rationalen Produkteigenschaften und deren Nutzen vor allem emotionale Botschaften versenden. Diese tragen maßgeblich dazu bei, den Auftritt des Ausstellers zu einem intensiven, dabei unverwechselbaren Erlebnis für den Kunden oder Geschäftspartner werden zu lassen.

„Die knappe Ressource Aufmerksamkeit zu gewinnen, ist vorrangig keine Frage des Etats, sondern eine Denk- und Gestaltungsaufgabe."
Ingrid Wenz-Gahler

Messestand auf der Systems für 439 Euro - Virtuelle Aussteller auf der Münchner IT-Messe arbeiten mit Kamera und Headset

Alaris bietet in Zusammenarbeit mit dem Wiener Wirtschaftsförderungs-Fonds und der IT-Wochenzeitschrift Computer Welt die Möglichkeit, kostengünstig auf der Systems 2004 auszustellen.

Es handelt sich dabei um den virtuellen Messestand auf der Münchener High-Tech-Messe: Besucher können auf Webkonferenz-Terminals Kontakt mit den virtuellen Ausstellern aufnehmen, sich Präsentationen ansehen, Fragen stellen und Sachverhalte erklären lassen.

Die Aussteller wiederum müssen ihren Schreibtisch nicht mehr verlassen, um Messe-Verkaufsgespräche führen zu können. Die Besucher werden vor Ort angesprochen und rundherum von Hostessen betreut. Aussteller erhalten nach der Messe alle Adressdaten der Interessenten.

| Erfolgspfad für ein Messe-Aktionsprogramm |

FOKUS

1. Der Stand dokumentiert Werte und Einstellungen des Ausstellers. Das ist Chance und Risiko zugleich, denn er ist ein verkleinertes Abbild des Unternehmens.
2. Ein Messestand, der sich nicht an den übergeordneten Marketingzielen ausrichtet, ist wie ein Blindflug ohne Instrumente.
3. Die Entscheidung System- oder Individualstand orientiert sich an den Parametern Flexibilität, Umweltschutz und Wirtschaftlichkeit.
4. Der Stand ist eine Bühne mit Prospekt & Kulisse.
5. Ein kreativer Stand dient als positiver Impulsgeber für die Kommunikation und als Erlebniswelt.
6. Jeder verantwortungsbewusste Standbauer wird das Prinzip „Vermeiden, vermindern, verwerten" berücksichtigen.

Fragen zur Standgestaltung

Polaritäten Profil
Besucherbefragung
Wie finden Sie unseren Messestand?
1 • 2 • 3 • 4 • 5 • 6

modern	traditionell
freundlich	brav
ansprechend	unauffällig
auffallend	bieder
witzig	normal
hochwertig	mittelmäßig
passend zu unserem Image	wenig Übereinstimmung
offen	zu geschlossen
zu warm (Temperatur)	zu kalt
übersichtlich	finde mich schlecht zurecht
farblich stimmig	unstimmig
effektvolle Beleuchtung	Standard
gute Atmosphäre	normal
kein Lärmpegel	zu hoher Lärmpegel
passender Dresscode	verbesserungswürdig
richtige Möblierung	

Bitte vervollständigen Sie den folgenden Satz:

„Im Vergleich zum direkten Wettbewerb ist Ihr Standard

_____"

Was bitte ist verbesserungswürdig?

_____

Was finden Sie besonders gut?

_____

Ein wichtiges Thema liegt uns noch am Herzen: Der Umweltschutz spielt eine immer größere Rolle. Hier liegen große Chancen, Materialien für den eigenen Stand umweltschonend einzusetzen. Bei Messen fallen in kurzer Zeit und auf engstem Raum große Abfallmengen an. Es gilt Abfälle zu sortieren, die anschließend ggf. wieder verwendet werden können. Nicht umsonst gehen die Messegesellschaften sinnvollerweise dazu über, die Entsorgungskosten auf die Verursacher zu verteilen. Wer Abfall verursacht, soll auch dafür zahlen. Nach einer Untersuchung des Messe-Ausschusses der Deutschen Wirtschaft (AUMA) entfallen

- 35 % des Messeabfalls in der Aufbauphase,
- 25 % in der Messelaufzeit und
- 40 % beim Abbau.

Umweltverträgliches Handeln beginnt mit der frühzeitigen Planung, wie folgende Devise belegt:

„Vermeiden, vermindern, verwerten" sollte die grundsätzliche Devise beim Messebau sein. Wie sich dieser Anspruch in die Tat umsetzen lässt, zeigt Checkliste 21.

> Erfolgspfad für ein Messe-Aktionsprogramm

☑ **Checkliste 21 Umweltschutz beim Messebau**

- Verstärkte Anwendung von Ständen in Modul- oder Systembauweise, die weiterverwendet werden können. Dies gilt auch für die Individualstände. Diese werden je nach Zeitgeist oder Messeziel durch individuelle Teile ergänzt.
- Bei Systemständen werden wieder verwendbare, strapazierfähige Materialien und Verbindungen eingesetzt: Stahl, Aluminium, Lochbleche, Glas, Holz.
- Vermeidung von Verbundmaterialien wegen der sortenreinen Entsorgung.
- Verwendung von Bauhölzern, Bauplatten, die weiterverwendet werden können.
- Einheimische, möglichst keine Tropenhölzer verwenden.
- Formaldehydfreie Spanplatten einsetzen.
- Verwendung von Baumaterialien leichterer Art, z.B. mit Kern aus Wellpappe oder recycelten Naturstoffen.
- Nutzung von Mehrwegteppichen, Mietpools für Mehrwegteppiche, bei Einwegteppichen möglichst ohne Rückenschaum, Polyäthylenbeläge oder auch Hartböden, soweit ästhetisch und akustisch vertretbar.
- Umweltschonende Lacke einsetzen: Wasserlösliche Lacke und Lasuren, keine Sprühlacke, Kleber auf Wasserbasis.
- Energieeinsparung durch entsprechende Leuchten und Leuchtensysteme.

Prolog
Anleitung zum Aufbau eines Messestandes ...

Ein praktischer Leitfaden für alle, die es sich nicht nehmen lassen wollen, Jahr für Jahr im alten Trott weiterzumachen:

In letzter Zeit wird immer häufiger die Behauptung aufgestellt, der Aufbau eines Standes sei letztlich eine Arbeit wie jede andere auch. Dies ist ein Versuch, die unermüdliche, von echtem Pioniergeist getragene Tätigkeit des Aufbaupersonals der allgemeinen Lächerlichkeit preiszugeben.

Es ist durchaus keine Kunst, vom grünen Tisch aus allerlei praxisfremde Anweisungen zu geben und sich zu gebärden, als könnte der Aufbau durch vorherige Planung völlig risikolos und ohne Schwierigkeiten gestaltet werden. Abgesehen davon, dass auf diese Weise erfahrene Messe-Aufbauer zu reinen Handlangern degradiert würden, geht es hier schließlich um mehr!

Denn in einer Epoche, die Urlaub im Urwald und Großwildjagd in Zentralafrika zu den Selbstverständlichkeiten zählt, die eine Privatreise zum Saturn schon als etwas Alltägliches betrachtet, in einer solchen Epoche sollte wenigstens der Aufbau ein Wagnis bleiben, ein Abenteuer für harte Männer. Um diese letzte Bastion des freien Herumwirtschaftens zu retten, werden die folgende Richtlinien erlassen:

§ 1

Vor Abfahrt ist es für alle Beteiligten höchste Pflicht, sich unaufhörlich mit dem Glorienschein des Märtyrertums zu umgeben. Jeder, der es hören will oder nicht, muss zu der Überzeugung gelangen, dass hier eine kleine Gruppe unerschrockener Männer einem ungewissen Schicksal entgegen zieht. Sie scheuen sich nicht, körperliche Entbehrungen aller Art. Nächte voller Arbeit und Überstunden um Überstunden auf sich zu laden, damit der Messestand nach der offiziellen Eröffnung im schönsten Glanz dasteht.

§ 2

Zum Aufbau des Standes dürfen unter keinen Umständen Unterlagen mitgenommen werden, aus denen einwandfrei hervorgeht, welche Dienstleistungen - bereits vor Monaten bei der Messegesellschaft bestellt wurden. Vielmehr muss der Leiter des Aufbautrupps sofort nach Ankunft professionelle Expeditionen zusammenstellen, die diese Fragen in unendlich mühevoller und stundenlanger Kleinarbeit zu lösen haben. Vorher darf mit der Tätigkeit auf keinen Fall begonnen werden.

§ 3

Die Entdecker und Forscher früherer Jahrhunderte haben es meisterhaft verstanden, sich die Eingeborenen zu unterwerfen und dienstbar zu machen. So gehört auch zu den vornehmsten Aufgaben der Standbauer die ständige Jagd auf die Eingeborenen des Messegeländes, die gemeinhin als Halleninspektoren bezeichnet werden. Sie eignen sich vorzüglich zu Erledigung kleiner Besorgungen, zum Einholen von Auskünften und zu sämtlichen Dienstleistungen, die im Allgemeinen als lästig angesehen werden. Da die Eingeborenen - sprich Halleninspektoren - eine zahlenmäßige Minderheit darstellen, ist es oft schwierig, ihrer habhaft zu werden. Es empfiehlt sich daher, sie durch groben Umgangston und massive Forderungen gefügig zu machen. Höflichkeit ist hierbei fehl am Platz.

§ 4

Der Lastwagen mit den Standbauteilen ist so zu parken, dass er mindestens einen halben Halleineingang blockiert und gleichzeitig den Schie-

Erfolgspfad für ein Messe-Aktionsprogramm

nenverkehr lahm legt. Das ist machbar. Auf diese Weise wird der Sportsgeist all jener angespornt, die durch rationellen Transport gezwungen werden sollen, auf körperliche Höchstleistungen zu verzichten. Auch die Pyramiden sind allein durch menschliche Körperkraft entstanden, und sie sollten als Vorbild dienen.

§ 5

Muss man des lieben Frieden willen den LKW vom Halleneingang entfernen, so ist er so ungeschickt in die Halle hinein zu fahren, dass jeder weitere Durchgangsverkehr zu den übrigen Ständen unmöglich gemacht wird. Dann wird sich wieder einmal zeigen, dass Gabelstapler tatkräftige Menschen niemals ersetzen können.

§ 6

Um sich die notwendige Bewegungsfreiheit zu verschaffen, die den Aufbau überhaupt erst ermöglicht. müssen alle Kisten & Kästen sowie sämtliche Standbauteile auf der Fläche des Nachbarstandes, mindestens aber im Gang, abgestellt werden. Wer dann noch dort hindurch will, hätte eben früher aufstehen müssen.

§ 7

Es ist völlig verkehrt, sich mit eigenem Werkzeug, eigenen Nägeln and eigener Farbe abzuschleppen. Wer seinem Glück vertraut, kann sich alles leihen und dabei Freunde für künftige Messen gewinnen. Gerade beim Aufbau eines Messestandes, der immer wieder Improvisation erfordert, sind derartige Beziehungen von unschätzbarem Wert.

§ 8

Der elektrischen Installation ist ganz besondere Aufmerksamkeit zu schenken. Nirgends kann sich der Pioniergeist so hervorragend bewähren wie hier. Während Messeneulinge auf die unsinnige Idee kommen, den Hallenelektriker einzuschalten, geben erfahrene Standbauer selbst nach dem siebenundzwanzigsten Kurzschluss nicht auf.

§ 9

Nach den unsagbaren Mühen and Qualen des Standaufbaus erfolgt die Übergabe an die Standbesatzung. In diesem historischen Augenblick ist es unbedingt notwendig, die unter schwierigsten Umständen geleistete Aufbauarbeit in allen nur denkbaren Farben zu schildern. Je abenteuerlicher der Bericht wird. desto besser. Denn dann kommt der Standleiter vielleicht zu dem Schluss, dass ein solches Opfer von der Aufbautruppe nie wieder verlangt werden darf, dass in Zukunft mindestens vierzehn Tage vorher mit der Arbeit begonnen werden muss, denn Arbeit ist die einzige Entschuldigung für Erfolg.

Die Etappen eines Messe-Aktionsprogramms

Welche Rolle spielt nun die Lage des Standes?

Mit diesem Thema wird jeder konfrontiert, der sich mit einer Messe auseinandersetzt. Natürlich können nicht alle Stände an Haupteingängen liegen, aber vielleicht ist das auch gar nicht so wichtig, wenn man gut vorbereitet ist und wenn man sich die Realität der Verhältnisse auf einer Messe vorher klar macht:

Gehen wir mal von einer 3 Tage dauernden Fachmesse aus, die von etwa 30.000 bis 40.000 Einkäufern und Interessenten besucht wird. D.h. wir treffen auf ein Besucheruniversum, das gezielt von der Messegesellschaft geworben und auf Fachqualifikation überprüft ist.

Die Messegesellschaft wird ein solch hochkarätiges Interessentenpublikum vor die Eingänge des Messegeländes bringen. Was dann die Besucher tun, wie sie sich orientieren, wohin sie gehen, bei wem sie verweilen - darauf hat die Gesellschaft kaum einen Einfluss. Die einzige Möglichkeit, die hier besteht - und die auch wahrgenommen wird - ist die Bildung von nachfrageorientierten Angebotskategorien. ...im Allgemeinen eine homogene Sortimentierung der Produkte und Dienstleistungen, die für die Interessenten in einem erkennbaren Zusammenhang stehen und einen raschen und umfassenden Überblick über die Breite des jeweiligen Marktsegments bieten.

Welche Kontaktchancen hat nun ein mittelständischer Aussteller, der auf 30 bis 40 m2 mit 3 bis 5 Personen Standpersonal operiert? Er wird schnell an die Grenze von 300 bis 500 qualifizierten Messekontakte kommen und das sind dann rein rechnerisch 1 - 2% der Gesamtbesucherzahl. Qualifizierter Messekontakt bedeutet: Ablauf eines Gesprächs, in dem der Interessent nicht nur informiert, sondern auch identifiziert wird. Ein Fachgespräch, das zur weiteren Fortsetzung des Geschäftskontaktes durch Feldbesuch, Fax, Fon, Mail und sonstigen konkreten Vereinbarungen führt; selbstverständliche auch diejenigen, die auf der Messe sofort schreiben - denn das gibt es immer noch.

⌖ Preispolitische Maßnahmen

Seinen größtmöglichen Gewinn erzielt ein Unternehmen über die richtige Preispolitik. Man bedenke, welche Hebel für den Gewinn mit einer Preiserhöhung in Bewegung gesetzt werden können. (Vgl. auch Huckemann/ Dinges, Euro-Preis-Marketing). Im Gegensatz etwa zu den im letzten Kapitel beschriebenen Maßnahmen lassen sich auch auf Messen Preise flexibel gestalten. Dennoch schrecken viele Manager vor Preiskorrekturen zurück, aus Sorge, Kunden zu verprellen.

Der Preiskorridor für die während des Messe-Aktionsprogramms angebotenen Leistungen müssen so oder so festgelegt werden bzw. bekannt sein. Das gilt ebenso für die angestrebten Durchschnittspreise bestimmter

Erfolgspfad für ein Messe-Aktionsprogramm

neuer Produkte oder Leistungen. Überraschend oft wird in der Praxis dieses Thema ausgespart oder nur ansatzweise verfolgt. Dem Standpersonal fehlen dann klare Richtlinien für ihre Verkaufsverhandlungen. Diese Freiräume werden ausgenutzt. Es handelt sich eindeutig um ein unterschätztes, häufig auch vernachlässigtes und dennoch ausgesprochen wichtiges Messethema. Denn nirgendwo sonst als auf einer Messe kann ein höheres Maß an Preistransparenz bei Kunden und Noch-Nicht-Kunden vorausgesetzt werden. Schwächen in der Preispolitik werden während eines Aktionsprogramms deutlich aufgedeckt. Durch den EURO hat sich diese Transparenz weiter verschärft.

STOP Also: Wer Messen haben und messbar machen will, muss konkrete Vorstellungen über seine Preispolitik in das Aktionsprogramm integrieren. Das ist zugegeben nicht ganz einfach, denn es müssen EDV-technische Voraussetzungen für einen Vergleich zwischen Laufzeit des Aktionsprogramms und einem sinnvollen Vorjahreszeitraum vorhanden sein. Nur dann lässt sich der Fokus auf die jeweiligen Preisziele lenken. Grundsätzlich sind Messen übrigens auch ein geeignetes Podium, um Preisziele durchzusetzen. Mitarbeiter sind für dieses von ihnen als oft unangenehm empfundene Thema dem Kunden gegenüber im psychologischen Vorteil des Gastgebers.

Um dem Anspruch nach messbaren Preiszielen und einer stärkeren Wirtschaftlichkeit einzelner Kunden näher zu rücken, betrachten wir in Abbildung 40, was vom Listenpreis abgezogen werden muss, um den Effektivpreis zu ermitteln.

Aufschlüsse liefert die genaue Analyse der Preistreppe, d. h. der von den einzelnen Kunden effektiv bezahlte Preis. Hier existieren - nicht nur bedingt durch die Größe eines Kunden - in der Praxis teilweise erhebliche Unterschiede. Für die Kunden mit schlechten Effektivpreisen kann über ein Messeaktionsprogramm eine Verbesserung angestrebt werden. Dies kann etwa durch Reduzieren von - vielleicht vom Kunden als überflüssig, aber dennoch teuer empfundenen - Serviceleistungen erfolgen (Verlängern Sie den 24-Stunden-Service in ein größeres Lieferintervall und reduzieren Sie bisher kostenlos angebotenen Schulungen etc.) oder durch veränderte Zahlungsbedingungen (z. B. Verkürzung von Zahlungszielen). Die Palette der Möglichkeiten ist vielfältig, nur der Mut, dieses brisante Thema anzufassen, muss vorhanden sein.

Ein Versprechen dazu, das durch langjährige Erfahrungen aus der Praxis untermauert wird: Sowohl bei Kunden wie auch bei den eigenen Mitarbeitern vollzieht sich ein Bewusstseinswandel, da man sich über einen definierten Zeitraum sehr konkret mit der Rentabilität der Zusammenarbeit auseinandersetzt. Das Selbstbewusstsein der Verkaufsmannschaft wird ebenso wie das Verständnis für die unternehmerische Preispolitik steigen.

Die Etappen eines Messe-Aktionsprogramms

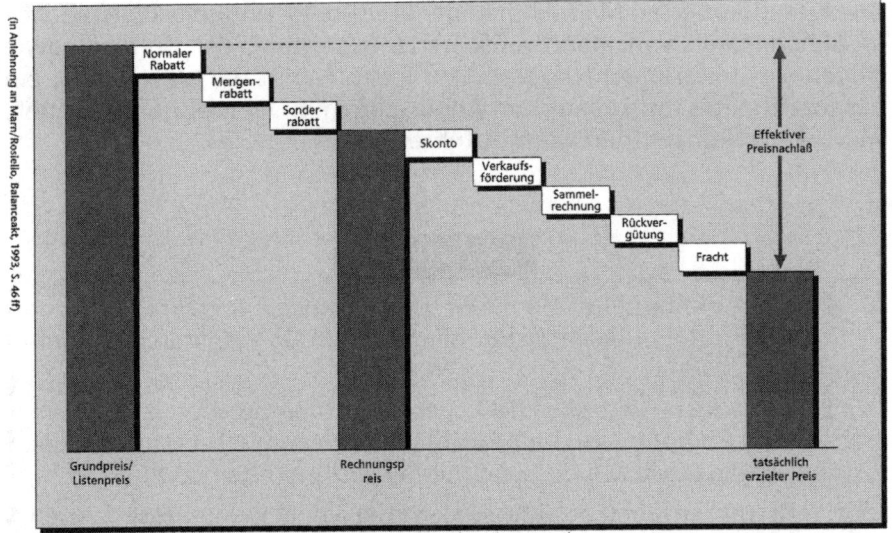

Merke: Nutzen immunisiert den Besucher. Der Preis tritt in den Hintergrund.

Abb. 65: Listenpreis versus Effektivpreis

Auch auf die Gefahr hin, dass einige (unrentable) Kunden abspringen, der Nutzen der Aktion ist überzeugend.

Allerdings kommt es entscheidend darauf an, wie dem Kunden dieser Ansatz verkauft wird. Es geht darum, die Wirtschaftlichkeit im Sinne einer langfristigen Zusammenarbeit zu verbessern, bei der beide Parteien gewinnen. Serviceleistungen sollen nicht einfach isoliert reduziert werden. Eine weitere Handlungsalternative ist es, die Rabattstruktur über das Medium Messe anzupassen, besonders, wenn damit eine stärkere Leistungsorientierung für die Kunden verknüpft ist.

Preisaktionen wie auf typischen Ordermessen können nach Einschätzung einer aktuellen Untersuchung des Norbert Müller Verlages allerdings vernachlässigt werden, da durch Preisreduzierungen in der Investitionsgüterindustrie kaum zusätzlicher Bedarf erzeugt werden kann. Es wird sich dann eher um vorgezogene Kaufentscheidungen handeln, die aber ernstzunehmende Konsequenzen für das zukünftige Preisbewusstsein des Marktes nach sich ziehen. Kunden entwickeln, weil es menschlich ist, eine besondere Sensibilität für Besitzstände, weshalb Preiserhöhungen später immer schwierig durchzusetzen sind. Jeder Verkäufer weiß das. Deshalb ist mit Preisreduzierungen Vorsicht geboten. Reine Billiganbieter (Geiz ist geil) müssen sowieso nicht auf die Messe, da sie ja wohl ausschließlich über den Preis verkaufen. Dieser kann und muss kostengünstiger kommuniziert werden. Die Kostenführerschaft schließt konsequenterweise kommunikative Ausgaben für eine Messe aus.

> Erfolgspfad für ein Messe-Aktionsprogramm

Alle hier diskutierten Maßnahmen der Preispolitik sind selbstverständlich in Abhängigkeit von Markttransparenz, Bedeutung der Kunden sowie Angebotsstruktur durchzuführen. Auf jeden Fall ist die Messepolitik ein ausgezeichnetes Instrument, um Anpassungen in der Preispolitik schnell, spürbar und konzentriert durchzuführen.

FOKUS

1. Damit der Mitarbeiter für die Gespräche einen klaren Preiskorridor berücksichtigt, müssen Zielpreise definiert und kommuniziert werden.
2. Eine strengere Wirtschaftlichkeitsbetrachtung pro Kunde über ein Aktionsprogramm setzt eine kritische Auseinandersetzung mit den jeweiligen Effektiv- und nicht mit den Listenpreisen voraus.
3. Preisreduzierungen auf Messen können i. d. R. keinen zusätzlichen Bedarf erzeugen. Sie führen zu kurzfristiger Wettbewerbsverdrängung und vielleicht zu vorgelagerten Entscheidungen.

☞ Kommunikationspolitische Maßnahmen

Die Kommunikationspolitik (vgl. Abb. 66) wird vielfach als das Herzstück eines Aktionsprogramms bezeichnet, weil die Besucher einer Messe bereitwillig auf Informationen reagieren und weil sie freiwillig und gezielt Messen aufsuchen und damit wenig Schwellenangst besteht. Die Problematik besteht darin, dass auf einen Besucher eine Vielzahl von Reizen einströmen, die zu einer Informationsüberlastung führen können.

Denn in immer weniger verfügbarer Zeit wird der Besucher mit immer mehr Informationen konfrontiert. Um so mehr muss berücksichtigt werden, wie der Besucher sich fühlt, wenn

- viele Menschen versammelt sind,
- Konkurrenten anwesend sind,
- der Museumseffekt spürbar ist, d. h. der Besucher will alles sehen, wird sich aber gleichzeitig bewusst, dass er in der Kürze der Zeit nicht alles sehen kann,
- das Warteschlangenproblem spürbar wird.

Die Etappen eines Messe-Aktionsprogramms

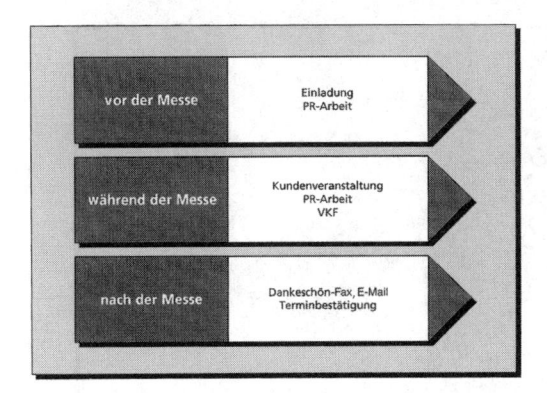

vor der Messe	Einladung, PR-Arbeit
während der Messe	Kundenveranstaltung, PR-Arbeit, VKF
nach der Messe	Dankeschön-Fax, E-Mail, Terminbestätigung

Abb. 66: Kommunikation während eines Aktionsprogramms

Diese erschwerten Rahmenbedingungen können den Besucher empfindlich stören und sogar zum Verlassen der Veranstaltung führen, denn er wird möglicherweise in Krisensituationen gebracht. Mit anderen Worten: Dieses neue Verhalten des Besuchers gilt es frühzeitig und permanent zu berücksichtigen. Nur pfiffige Ansprachen, mutige und andersartige Kommunikation werden das Interesse des Adressaten wecken. Sie müssen ganz gezielt und prägnant den Betrachter motivieren und letztlich in seinem Entscheidungsprozess positiv für den Aussteller stimmen. Zielgruppenspezifische Information ist angesagt.

Ganz wichtig ist in diesem Zusammenhang die emotionale „Bedürfnisstruktur" des Kunden bzw. Noch-Nicht-Kunden. Denn auch in der Investitionsgüterindustrie werden Kaufentscheidungen emotional getroffen. Der Einkäufer kauft letztlich Anerkennung, Sicherheit und Erfolg (für sich im eigenen Unternehmen) und nicht nur eine Maschine. Natürlich gibt er das nicht zu.

**Integration unterschiedlicher Kommunikationsinstrumente
„So erhält der Markt ein Bild"**

Erst die Kombination von Zielen und entsprechender Medieneinsatz machen Messeauftritte zu einer sinnvollen Investition. Auch wenn z.B. für Handelskontakte allein der Messeauftritt nicht notwendig ist, die Besucherzahl in Relation zum Kontaktpreis auf Anhieb nicht lohnenswert erscheinen lässt und auch eine Pressekonferenz außerhalb der Messe erfolgen könnte, so wird dennoch die Kombination den entscheidenden Nutzen bringen.

| Erfolgspfad für ein Messe-Aktionsprogramm |

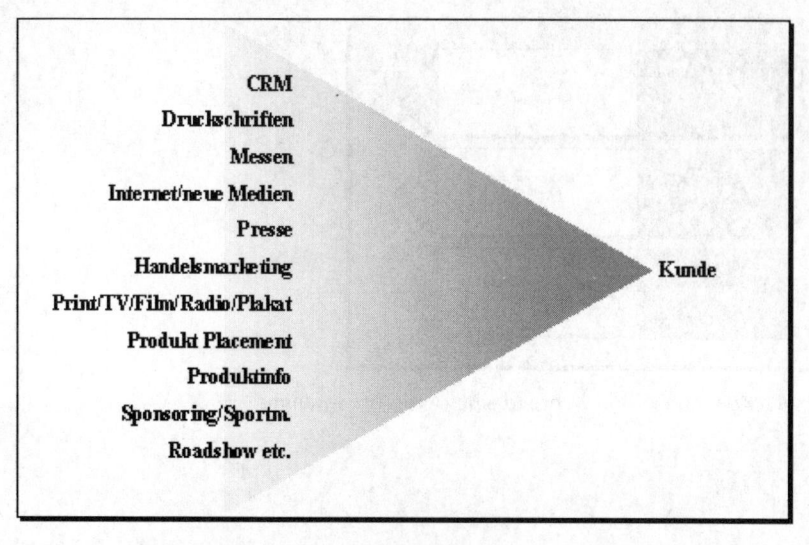

CRM
Druckschriften
Messen
Internet/neue Medien
Presse
Handelsmarketing
Print/TV/Film/Radio/Plakat
Produkt Placement
Produktinfo
Sponsoring/Sportm.
Roadshow etc.

Kunde

Abb. 66a Unterschiedliche Kommunikationsinstrumente

Kommunikationskanäle

Überdruss
Überfluss
Sättigungsgrad

Print- und elektronische Medien
PR / Promotion
Publikumsmessen
Fachmessen / Symposien
Hausmessen
Roadshows
Direct Mail
Call Center
Sponsoring / Product / Placement
Event
Relationship / Community-/ Intimacy-Marketing = interaktives Marketing
Internet /Intranet
E - commerce

Zeitachse

Diese Kommunikationskanäle unterliegen einem „Zeitgeist-Verschleiß". So haben die Print-und elektronischen Medien nahezu den Sättigungsgrad erreicht, während in den letzten Jahren Events ihren Stellenwert ausbauen konnten.

Soweit das Umfeld. Nun zu Ihren Marketing-Aktivitäten. Ihr Messe-Markt-Auftritt richtet sich nach Ihrer unternehmerischen Zielsetzung und daraus abgeleitet nach Ihrer Marketing-Vertriebskonzeption. Hatten wir schon mal.

Aus den o.a. aufgeführten strategischen Bewertungskriterien ergeben sich dann Ihre konkreten Erfolgsfaktoren.

Kommunikation *vor* der Messe

Gehen wir hierbei zunächst von dem schwierigen Fall der Neukundengewinnung aus, also nicht von den good-old-friends, die auf der Messe viel Zeit kosten. Sie werden wie gewohnt über den Außendienst eingeladen,

Die Etappen eines Messe-Aktionsprogramms

und wenn dieser es nicht allein schafft, läuft die schriftliche Einladung zentral. Heißt es in der Messekonzeption neue Kunden kennen zu lernen, macht es sowieso nicht viel Sinn, bestehende besonders dramatisch zu kontaktieren. Es gibt einen brutalen Satz für Ihren Messeauftritt: Solange Sie mit einem bestehenden Kunden reden, können Sie Noch-Nicht-Kunden nicht kennen lernen. Das klingt einfach und ist doch so schwer zu befolgen. Denn es müssen Zeitreserven für Kontakte eingeplant werden, von denen bis zum Schluss ungewiss ist, ob sie überhaupt kommen.

Natürlich wissen wir auch von den Kunden, die die Erwartungshaltung haben, dass Hauslieferanten für sie den roten Teppich ausrollen. Aber hierfür gibt es andere Varianten, über die es im Rahmen von hochkarätigen Kundenveranstaltungen zu reden gilt.

Es erscheint auf jeden Fall lohnender, sich hier um die dramatische und kreative Einladung von Noch-Nicht-Kunden zu kümmern. Vorab: Wer für eine ansprechende Messe-Einladung zu geizig ist, sollte gleich zu Hause bleiben. Denn die Minimalkosten für Einladungen, Porto und ein Aufmerksamkeit erregendes Geschenk können mit mindestens 2,50 Euro pro Stück kalkuliert werden. Geld, dessen Einsatz sich auszahlt, wenn die wichtigsten Spielregeln beachtet werden. Warum überhaupt eine Einladung? Viele Firmen hoffen, dass Besucher schon kommen werden. Aber kommen wirklich welche? Und sind es die richtigen? Satirisch überzeichnet könnte man sagen, dass der eine oder andere Marketingleiter monatelang liebevoll den eigenen Stand plant und ihn einem Publikum präsentieren will, aber nur kaum einer kommt. Ganz so abwegig ist diese Satire ja nicht, wie rückläufige Besucherzahlen in der bereits erwähnten Umfrage der Zeitschrift Absatzwirtschaft belegt haben.

Ziel einer Einladung ist es, Interesse für eine bestimmte Ausstellung zu wecken, und nicht, breit und umfassend zu informieren unter dem Motto: Für den Interessenten wird schon das Richtige dabei sein. Natürlich sollte ein Anreiz dabei sein, der den Adressaten zu ihrem Messestand (nicht zur Messe an sich) lockt.

Das einfache Beilegen eines Give-aways reicht allenfalls für ein Dankeschön, ist aber kaum Ansporn für den Besuch des Messestandes. Die Besucherzahl am Stand ist steuerbar, wenn die richtige Form der Ansprache gewählt wird.

**Nach der Messe:
Messeprojekt-Controlling**

Ein schwieriges Kapitel! Das riecht nach Schularbeiten. Keine Faszination. Im Gegenteil, Kontrolle und zwar der Management-Entscheidungen und des Verhaltens der Mannschaft ist angesagt. Und wer will das schon....... übrigens steht die nächste Messe bevor - Zeit haben wir eh keine.

| Erfolgspfad für ein Messe-Aktionsprogramm |

Die Erfolgsorientierte Arbeit liegt nach Abschluss der Messe. Und zwar systematisch oder lassen Sie mich ein unschönes Wort gebrauchen: penetrant. Das ist aber was wir meinen.

Bedenken Sie aber bitte, dass wir nur aus der Auswertung zwischen Ziel und Ergebnis lernen können. Dabei suchen wir selbstverständlich nicht nach dem Schuldigen sondern nach der Ursache.

(s. Abb. Beurteilung Ihres Messeauftritts....)

Follow-up-operativ

Angebote oder zumindest Zwischenbescheide, Prospektversand etc. müssen vor der Messe konzipiert sein, damit sie spätestens am letzten Messetag (das meinen wir wörtlich) in die Wege geleitet werden können. Genau dann also, wenn unser Schreibtisch überläuft, weil wir ja während der Messelaufzeit nicht zum abarbeiten des Tagesgeschäfts gekommen sind. Das ist zugegebener Maßen schwierig. Gott sei Dank aber auch für die Konkurrenz, d.h. derjenige, der schnell reagiert, hat schon einen psychologischen Vorteil. Ein Prospektversand nach vier Wochen hat einen Hautgóut.

(s. Abb. Mortsiefer)

Und wie sieht der Alltag aus?

Entweder meldet sich einer der zuständigen Außendienstmitarbeiter telefonisch und verkündet forsch, dass der Interessent zwar auf dem Stand gewesen sei, er ihm aber nochmals alle Details bitte erläutern möchte. Nachdem wir diese Szene in vielen Fällen beobachtet haben, ist uns eigentlich nicht klar geworden, warum das Unternehmen auf die Messe gegangen ist. Denn gerade dann, wenn es darauf ankommt, den „Sack zuzubinden", versagt der Vertrieb vor Ort. Punkt.

Viele Firmen zudem meinen, dass das mehrfache Ansprechen von Kunden nicht opportun und praktikabel sei, weil der Gesprächsstoff ausgeht und der Kunde sich dann genervt fühlt. Gerade dann - liebe - Leser - hat der Kunde Sie erst richtig wahrgenommen. Suchen Sie nach kreativen „Aufhängern".

Wir glauben, der Außendienst muss 3 bis 4 Tage blockieren, wo er nur die Messe abarbeitet. Sonst wird ihn das Tagesgeschäft auffressen. Und ein Anruf nach 4 bis 6 Wochen bei dem Messebesucher wird nicht zum Erfolg führen und ihn persönlich demotivieren, so dass er die ganze Aktion sausen lässt. Es kommt ja die nächste Messe und dasselbe Spiel beginnt wieder. Das kann doch nicht wahr sein!

Die Etappen eines Messe-Aktionsprogramms

So sollte es sein.....

Da wir unsere Wertpapiere gewichtet haben nach A-, B- und C-Prioritäten, gilt es jetzt wenigstens die A-Kontakt mit höchster Priorität abzuarbeiten. Übrigens: Nicht vergessen die interessanten Noch-Nicht-Kunden, die wir zwar eingeladen haben, die aber nicht gekommen sind. Das sind natürlich die meisten. Was machen wir mit denen? Wir glauben, wir müssen sie anschreiben und sagen, „Die Messe ist für uns optimal gelaufen........leider haben Sie etwas verpasst........jetzt sollten wir uns kennen lernen, ich bringe die Messe zu Ihnen! Wann.....etc."

* Werbemittel

Einen speziellen Nutzungs- und Werbewert haben Tragetaschen. Erfahrungsgemäß sieht man mehr Tragetaschen von Ausstellern die nahe an den Haupteingängen liegen, d.h. der Besucher deckt sich oft bereits beim Betreten der ersten Halle ein und tauscht sie ggf. später gegen eine „Bessere". Eine Tasche die übrigens (plakativ) so gestaltet sein sollte, dass der Empfänger sie über der Schulter tragen kann und seine Hände frei hat, hat einen gezielten Werbewert, der zumindest für einen vollen Messetag anhält. Oft sind sie noch bei der Heimreise in Bahn oder Flugzeug zu finden und wirken als mobiler Werbeträger (z.B. mit Sichtfenster).

Hier sei nun an vier Fallbeispielen erläutert, welche Faszination die richtigen Einladungsverstärker entfachen und welche überraschenden Reaktionsquoten erzielt werden können.

Fall 1:

Ein Hersteller von Zäunen und Toranlagen lädt zu einer für ihn wichtigen Messe ein. Er entscheidet sich gegen eine aufwändig gestaltete Einladung, die noch nicht einmal in die Wiedervorlage beim Adressaten passt. Statt dessen schickt er einen Brief, auf dem ein kleiner professioneller Schraubendreher-Bit platziert ist. Unter dem Motto „Schnell und leicht montiert" beschreibt er einige Vorteile, die Besucher an seinem Stand erwarten. Im Postskriptum steht: „Und wenn Sie an unseren Stand kommen, freuen wir uns so, dass Sie der kleinste Werkzeugkasten der Welt im exklusiven Design erwartet." Damit wird ein Spannungsbogen bis zur Messe erzeugt. Der Hersteller plant gut zehn Prozent Reaktionsquote und hält eine entsprechende Zahl kleiner Werkzeugboxen mit der Aufschrift „Schnell und leicht montiert" bereit. Über Nacht müssen ihm 400 weitere Werkzeugboxen an den Stand geliefert werden, und nach der Messe benötigt er nochmals 200, um auf alle Reaktionen gemäß seinem Versprechen einzugehen. Dieser Erfolg war möglich, weil dem Aussteller der Besuch seines Wunschpartners 10,- Euro wert war.

Erfolgspfad für ein Messe-Aktionsprogramm

> ✓ **Checkliste 22: Wie Sie Ihre nächste Werbeartikel-Aktion auf Messen mit System planen**
>
> ⌨ Wie passt die Aktion in Ihr Marketingmix?
> Aussagenkonkurrenz, Selbstverständnis
> ⌨ Was ist das Ziel Ihrer Aktion?
> Einladung, Umsatzsteigerung, Erinnerung, Kontakt schaffen oder erneuern, höhere Rücklaufquote, Reaktion erzeugen, Verkaufsförderung
> ⌨ Wer ist Ihre Zielgruppe?
> Geschlecht, Alter, Bildung, Beruf, Eigenschaften, Interessen, Verhältnis zu Ihrem Unternehmen. Neu oder bestehender Kunde
> ⌨ Wie groß ist Ihre Zielgruppe?
> Alle Kunden. Nur A-Kunden, Key-Accounts. Homogene Gruppe
> ⌨ Welches messbare Ergebnis wird Ihre Aktion erbringen?
> X Kontakte, Umsatz, % Rücklaufquote, X Messebesucher (Alt %, Neu %), X Anforderungen
> ⌨ Wie viel wollen Sie in die Aktion investieren?
> Pauschal, pro Aktion bei Serie, pro Kunde, pro Neukunde, für die Medien
> ⌨ Welche Botschaft wird der Werbeartikel überbringen? Firmenphilosophie, Aktions-Slogan, Produkt- oder Programm-Aussage, Image-Botschaft, Dankeschön für den Standbesuch
> ⌨ Wie bringt das Give-away Ihre Botschaft rüber?
> Basis-Botschaft, Werbeaufdruck, Produkt-/Werbeslogan, CI-Farben, Teil einer Aktion, kurzfristig wirkend, langfristig wirksam
> ⌨ Wie kommt der Artikel zum Kunden?
> Brief, persönliche Übergabe, in einer Aktion, als Fortsetzungsaktion, auf einer Messe, später permanent per Außendienst
> ⌨ Welches Konzept gibt es für die Übergabe?

Fall 2:

Ein Hersteller von Hausleittechnik lädt mit einem einfachen Brief seine Noch-Nicht-Kunden zu einer Messe ein. Die Einladung wird verstärkt durch einen beiliegenden leeren Velourssamtbeutel. Der Kern der Einladung lautet: „Wir haben einen Sack voller neuer Ideen für Sie am Messestand. Daran soll Sie das beiliegende Säckchen erinnern. Und für unsere brillanten Besucher halten wir eine kostbare Überraschung am Stand bereit. Bringen Sie einfach das Säckchen mit." Der Velourssamtbeutel, in dem üblicherweise Rohdiamanten transportiert werden, erzeugt eine erhebliche Neugier und wiederum den Spannungsbogen bis zum Messeereignis. Auf dem Messestand fragt das trainierte Messeteammitglied nach der Einladung. Wer die Frage bejaht, gibt sich gleich als Wunschkunde zu erkennen. Das Dankeschön für den Besuch in Form eines Strassbrillanten als Stickpin in einer vergoldeten Fassung macht den Gesprächseinstieg leicht und löst das private Problem der abendlichen Frage „Hast Du mir etwas mitgebracht?" Außerdem wird natürlich bei der Rückkehr berichtet, von wem dieses kleine Präsent stammt. Eine Erinnerung, die nach dem riesigen Eintopf von Messeeindrücken unbezahlbar ist. Bei der Übergabe steckt übrigens der Außendienst den Brillanten durch seine Visitenkarte, so dass der Bogen von der Messevorbereitung über die eigentliche Messe geschlossen wurde. Die Reaktionsquote lag bei über 35 %.

Fall 3:

Beim Messestand von E.ON Energie auf der Hannovermesse wurde jeder einzelne Besucher per Lasertechnologie gescannt. Unmittelbar danach konnte er sein dreidimensionales Abbild mitnehmen - als Bildschirmschoner auf Diskette oder eingraviert in das Innere eines Glasquaders.

Fall 4:

Ein Globalplayer überreichte persönlich Give-Aways als Teaser im Flugzeug nach Hannover.

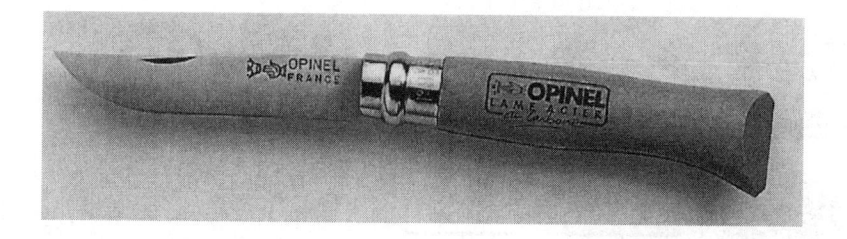

Andere „märchenhafte" Erfolgsstories findet der interessierte Leser in den Fallbeispielen des letzten Kapitels (Teil 5). Da wird z. B. beschrieben, wie eher als rational und nüchtern eingeschätzte Einkäufer und Techniker aus der Investitionsgüterindustrie sich durch eine „märchenhafte Einladung" auf den Messestand eines Gelenkwellen-Anbieters locken lassen. Kaum zu glauben, aber wahr, wenn die wichtigsten Spielregeln beachtet und eingehalten werden.

> „Das Rechte nach Bedarf zu schenken,
> macht immer nötig, scharf zu denken."
>
> Eugen Roth

Erfolgspfad für ein Messe-Aktionsprogramm

* Eine richtige Einladungsaktion sichert Ihre erfolgreiche Messebeteiligung

Selbstverständlich unterliegen auch Ihre Messe-Einladungen einer einheitlichen Ausrichtung in Form und Botschaft aller Ihrer Kommunikations-Maßnahmen. Sie sind ein durchaus prägendes Element integrierter Unternehmens-Kommunikation, eine besonders intensive Kundenorientierung, denn ein Messe-Erfolg ist hauptsächlich ein Kommunikations-Erfolg! Dies soll sich ebenfalls im Inhalt der Einladung widerspiegeln. Dabei dient die Dachbotschaft der Messe-Präsentation als Basis. Absender ist das Top-Management.

J. Lambregs

Einladungsprocedure

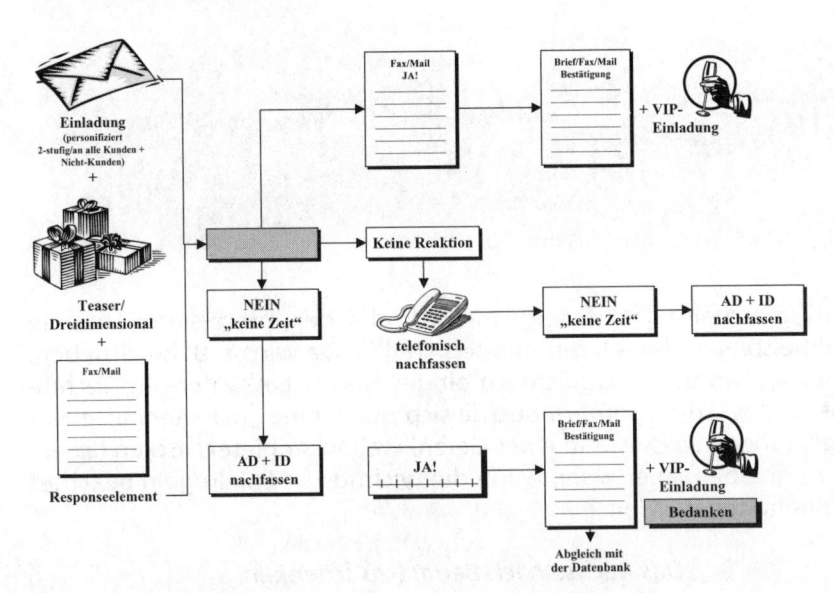

Professionelle Adressenpflege

Tipp 1: List-Cleaning. Kunden, die XY Jahre nichts bestellt haben, aus.

Tipp 2: Abgleich mit Nixie-Pool. Gleichen Sie Ihre Datenbank mit den Dateien der Adressverlage ab.

Tipp 3: Dublettenbereinigung (= ca. 5%)

Für Privatadresse bietet sich das „Matchcode-Verfahren" an: Abgleich zwischen Matthias Mayer und Mathias Meier.

Fakt: Eignet sich auch für größere Firmenbestände = fonethische Ähnlichkeitsanalyse.

Tipp 4: Umzüge =(12 bis 15 % der Bevölkerung bzw. ca. 25 % der Firmenadressen mit Ansprechpartner)

Abgleich mit Umzugpools der Adressendienstleister.

Tipp 5: Adressenanreicherung aus eigenen Beständen.

Erfahrungsgemäß verwendet Marketing eine andere Datenbank als die Buchhaltung oder die Werkstatt. Hier gehen Daten verloren. Aus der Buchhaltung erhalten Sie Bestellungsprofil und Zahlungsmoral. Die Werkstatt/der Kunde können Ihnen sagen, wie viel Reklamationen anfallen.

Schlussbetrachtungen: Adressen zu speichern ist billig, aber die permanente Pflege - vor allem der Zusatzinformationen - kostet Zeit und Geld. Und ist bei den Mitarbeitern überhaupt nicht beliebt.

Der "Inhalt" richtet sich nach den Zielgruppen, die personifiziert anzusprechen sind:

- Kaufende Kunden, evtl. neue Hierarchien (bekannt)
- Potentielle Kunden, evtl. mehrere Adressaten (oft bekannt)
- Neue Interessenten (Personen unbekannt)
- Fach-, Wirtschafts- und Lokalpresse
- Finanzdienstleister, Aufsichtsräte etc.
- Bewerber

Mögliche Inhalte:

- Eine zentrale Botschaft aus dem Kommunikations-Konzept des Unternehmens

> Erfolgspfad für ein Messe-Aktionsprogramm

- Eine besondere Produkt-/Dienstleistungsanwendung oder Lösung für die Zielgruppen
- Nutzen der Produkte (z. B. Produktivitätserhöhung)
- Die Innovationsfähigkeit des Unternehmens, der Gruppe
- Festigung der Partnerschaft mit den Kundengruppen

Form und Inhalt:

- Bei gut bekannten Partnern/Interessenten eine sehr persönliche Anrede/Schluss vorsehen.
- Inhalt der Einladung als Wegweiser durch die Botschaft/Exponate auf dem Messestand formulieren und ggf. grafisch darstellen.
- Beschreiben Sie immer den Nutzen für diesen möglichen Besucher (der übrigens schon auf der Messe ist).
- Stellen Sie besonders Events auf Ihrem Stand heraus.
- Legen Sie Coupons dazu, mit denen der Besucher maßgeschneidertes Informationsmaterial bzw. Präsente auf Ihrem Stand persönlich erhält (von den üblichen Eintrittskarten raten wir ab: Das ist nicht so kreativ und dient evtl. der Konkurrenz).
- Bitten Sie die Zielperson zu einer Terminvereinbarung auf Ihrem Messestand (Antwortfax für den Termin beilegen).
- Evtl. Antwortmöglichkeit zur Anforderung von Aktionen vorsehen (E-Mail).
- Jede Einladung muss dramatisiert und aufmerksamkeitsstark sein.
- Ein besonderes Papier- u./o. Umschlagsformat wählen - evtl. mit dreidimensionalem Werbemittel (vgl. a. Fallbeispiel GKN Seite 233 Teil 4).
- Eine raffinierte Falttechnik vorsehen.
- Ein außergewöhnliches (branchenorientiertes) Material wählen (Vorsicht: Portogrenzen beachten).
- Unbedingt angeben: Messeplatz, Dauer, Hallen- und Stand-Nummer, Öffnungszeiten, Fon-, Handy- und Fax-Nummer, E-Mail-Adresse, Anwesenheitsliste und Parkplatzhinweis.
- Versand ca. 4 Wochen vor Messebeginn. Dabei geht es nicht darum, zur Messe einzuladen (das schaffen die Veranstalter professionell), Sie müssen den potenziellen Besucher für Ihren Stand neugierig machen (geistiges Striptease nennen wir das).
- Mailings ohne Verstärker sind wie Curry-Wurst ohne Ketchup!"

Die Etappen eines Messe-Aktionsprogramms

Extra-Tipp:

Danken Sie Ihren Besuchern nach der Messe für den Besuch! Schließen Sie evtl. wichtige potenzielle Kunden - die nicht erschienen sind - mit ein. Dran bleiben!

Zusätzliche Einladungsmöglichkeiten:

- Durch Telefon-Marketingaktionen - bewährt sich auch bei Suche nach dem richtigen Adressaten mit Titel, Vor- und Familienname, Stellenkurzzeichen, Fon- und Fax-Nr., E-Mail etc.
- Bekanntmachung Ihrer Messepräsenz über Internet und im täglichen Schriftverkehr
- Anzeigen in Tageszeitungen/Magazinen/Fachpublikationen, Messekatalog
- PR-Artikel

Erfolgskontrolle:

- Feststellung, wer aufgrund Ihrer Einladung auf Ihrem Messestand erschienen ist - z. B. anhand der Auswertung von •Wertpapieren"
- Neue Interessenten aufgrund der Messereports in Database übernehmen.
- Zurückgekommene Einladungen in der Datei aktualisieren bzw. löschen.
- Einige Besucher nach der Qualität/Anmutung Ihrer Einladung persönlich befragen und systematisch protokollieren.

Erfolgspfad für ein Messe-Aktionsprogramm

	Aufgaben	(+)	(-)
Adressierte Botschaften	Pers. Einladung an Kunden/ Alt-Kunden Pers. Einladung an potentielle Kunden Verstärker: • „Gratiseintritt" • Geschenk, • Wettbewerb/ Spiel (Prospekt)	hohe Aufmerksamkeit wenig Streuverlust hat einen Wert besserer Erinnerungsgrad Grund für Standbesuch Vorabinformation	ständig Pflege der Adressdatenbank relativ teuer und nicht originell teuer, sinnvoll? (auf Zielgruppe abgestimmt), keine Zeit zum Studium
Unadressiert Botschaften	Flyer (eher für Publikumsmessen)	kostengünstig	Streuverlust hoch — sinnvoll?
Zeitungsinserat mit Coupon/ Fon- /Faxnummer/ Mail	Produktwerbung mit Hinweis auf Stand zur Anforderung von Infos zur Bestellung von „Gratiseintritt" Ankündigung Wettbewerb	Große Streuung/günstige Kontaktkosten messbar messbar Anreiz bei Publikums messen/messbar	nur bedingt kontrollierbar teuer teuer
Beilage (Zeitung, Magazine, usw.)	Flyer	„geringe" Kosten	Streuverlust
Aktiver Telefoneinsatz	persönliche Einladung der Kunden durch Außendienst persönliche Einladung der Kunden Einladung von Interessenten Einladung einer Zielgruppe im Anschluss an Mailing	Terminvereinbarung Terminvereinbarung Terminvereinbarung Zusatzinformation Interessenabklärung Terminvereinbarung	zeitintensiv/teuer nicht ganz persönlich relativ aggressiv teuer/aggressiv teuer/aggressiv
Passiver Fon-/ Faxeinsatz/ E-Mail	Einrichten einer Hotline zur Entgegennahme von Anfragen	Messbarkeit	nur in Kombination mit anderen Instrumenten

TV und Rundfunk	Frequenzsteigerung am Messestand	große Zielgruppen können angesprochen werden bildliche Darstellung	nur bedingt für Fachmessen nur bedingt für Fachmessen
Video- und Teletext	Überbringen von Mitteilungen	individuell	Ausrüstung notwendig
Fax/E-Mail	Individualisierte Einladung	individuell und preiswert	Empfänger kann sich belästigt fühlen

Follow-up

	Aufgaben	(+)	(−)
Adressierte Botschaften	persönlicher Dankesbrief Dokumentationsversand Verstärker: Geschenk	hohe Aufmerksamkeit wenig Streuverlust besserer Erinnerungsgrad	arbeitsintensiv häufig unprofessionell teuer
Aktiver Telefoneinsatz	Klassifizierung Interessenabklärung Verstärker: Verkauf	Terminvereinbarung Terminierung besserer Erinnerungsgrad Abschluss	zeitintensiv zeitintensiv teuer „aggressiv"
Fax/Mail	Unterbreitung von Offerten Dank für den Besuch	kein Streuverlust Aktualität, Tempo	weniger Gestaltungsmöglichkeiten
Persönliche Beratung	Individuelle Beratung vor Ort	wenig Streuverlust	teuer/zeitintensiv — aber sinnvoll bei *gewichteten* Adressen

Abb. 67 Direct Marketing Instrumente

> Erfolgspfad für ein Messe-Aktionsprogramm

Gewichtete und personifizierte Einladungen von Nicht-Kunden in genügender Anzahl (2-3 Anstöße)

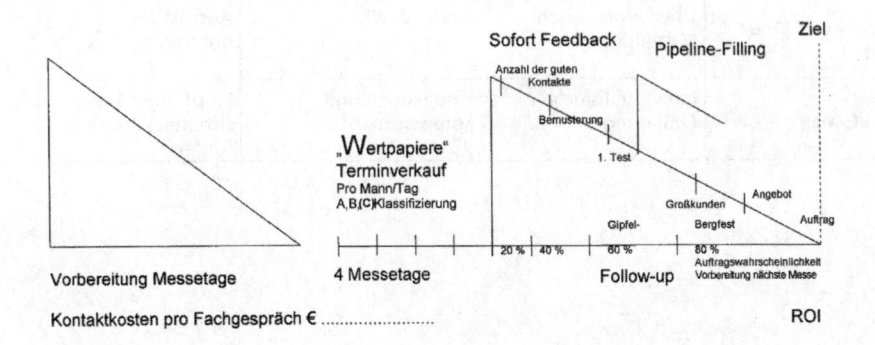

```
                                    Sofort Feedback      Pipeline-Filling        Ziel
                                    Anzahl der guten
                                       Kontakte
                                              Bemusterung
               „Wertpapiere"                       1. Test
               Terminverkauf
               Pro Mann/Tag                                     Großkunden    Angebot
               A,B,(C)Klassifizierung                  Gipfel-       Bergfest      Auftrag
                                        20 % | 40 %    60 %       80 %
                                                            Auftragswahrscheinlichkeit
Vorbereitung Messetage    4 Messetage          Follow-up    Vorbereitung nächste Messe

Kontaktkosten pro Fachgespräch € ........................                     ROI
```

☞ Kommunikation *während* der Messe

Neben der wichtigen persönlichen Kommunikation durch das Standpersonal, die wir in einem separaten Kapitel diskutieren, lässt sich auf einer Messe vor allen Dingen die Klaviatur von Verkaufsförderungsmaßnahmen spielen. Dabei kommt es nach unserer Erfahrung weniger auf deren Preis als auf die Dramaturgie der Übergabe an. Jedes Werbegeschenk muss zur Botschaft, zur Firma oder zur Branche passen, sonst wird es peinlich. Peinlich ist es oft genug, wozu etwa auch das schlichte Übergeben von Kugelschreibern oder Taschenrechnern zu zählen ist. Das ist out. Idealerweise werden Give-aways mit der Einladung kombiniert und als Lohn und Anreiz für das Kommen übergeben. Außerdem muss bei allen Werbemitteln das Motto des Messeauftritts integriert sein. Um den Taschenrechner sinnvoller erscheinen zu lassen, könnte das Motto lauten:

„Mit uns können Sie rechnen."

Der Produktkatalog als gängiges Werbemittel ist auf fast jedem Stand zu finden. Nett und ordentlich für jeden greifbar auf Plexiglasständern. Ist diese Art der Massenkommunikation richtig? Nein, denn das ist weder kundenorientiert noch forciert es den Dialog. Kundenorientierter ist es, den Interessenten um seine Visitenkarte zu bitten und anzubieten, die gewünschten Informationen zuzusenden. Der Besucher muss keine (weiteren) schweren Kataloge mit sich herumschleppen. Folglich sollten die Kataloge auch nicht für jeden greifbar sein. Damit kommt es zu einem Dialog und es werden außerdem noch Kosten gespart.

Aktionen schaffen Neugier und erhöhen die Besucherfrequenz. Der Glasbläser, Zauberer, Feuerschlucker oder Prominente auf dem Stand fasziniert. Allerdings bedeutet dies zunächst nur Quantität, nach dem Motto:

> „Da ist was los, lass uns da auch mal hingehen. " Wir wollen aber die Qualität, also die Zielkunden, auf den Stand holen, und das kann kaum durch isolierte Einzel-Aktionen erreicht werden. Hier ist der Brückenschlag zum gesamten Konzept und zur Einladung wichtig. Dies gelingt, indem z. B. Noch-Nicht-Kunden gezielt zu bestimmten Zeiträumen eingeladen werden, an denen Verlosungen oder Präsentationen durchgeführt werden. Es geht um die Fortsetzung des Dialogs mit den Besuchern, deshalb ist auch immer an die nächsten Schritte zu denken: den Nachmessetermin, nennen wir ihn Traumtermin - er kann übrigens auch gemessen und simpel gezählt werden. Bei einer Aktion und der Vergabe von Werbegeschenken ist das schon schwieriger.

Einige kurze Anmerkungen noch zur Bewirtung auf dem Messestand: Der Messestand ist keine Gastronomie, die Bewirtung soll vielmehr Service und Gastfreundschaft signalisieren. Möglichst ist wieder die Verbindung zum Messemotto zu suchen. Das spricht für einen Messedrink bzw. ein Messemenü (siehe auch Fallbeispiele in Teil 4). Besonders in Situationen, in denen der vom Besucher gewünschte Ansprechpartner nicht frei ist, hat der Service eine wichtige Funktion. Er soll helfen, den Interessenten zu parken, die Wartezeit angenehm zu gestalten. Heißer Kaffee bindet länger als kühle Getränke. Auch ein Menü muss erst einmal verzehrt werden.

Eine neue Informations-Kultur

„Information on Demand"

verändert die Marketing-Kommunikation

⌁ Kommunikation *nach* der Messe

Die Fortsetzung des vor und während der Messe begonnenen Dialogs mit den Interessenten durch konsequente und schnelle Einhaltung der auf dem Stand getroffenen Zusagen steht jetzt im Vordergrund.

⌁ Versenden der Informations- und Produktunterlagen,

⌁ telefonische und/oder schriftliche Bestätigung der Traumtermine und

⌁ Durchführung der vereinbarten Traumtermine.

Hiermit werden wir uns nochmals sehr ausführlich im Rahmen der Nachmessearbeit auseinandersetzen. Nur so viel schon mal vorab: In dieser Phase kommt es vor allen Dingen auf die Schnelligkeit beim Fortsetzen des Dialogs mit den Besuchern an: schneller sein als andere (der Wettbewerb), Schnelligkeit als Wettbewerbsvorteil nutzen. Deshalb können z. B. auch schon Produkt- und andere Informationen vom Stand verschickt werden, Termine direkt per Fax oder E-Mail bestätigt werden (vgl. Abb. 68).

Erfolgspfad für ein Messe-Aktionsprogramm

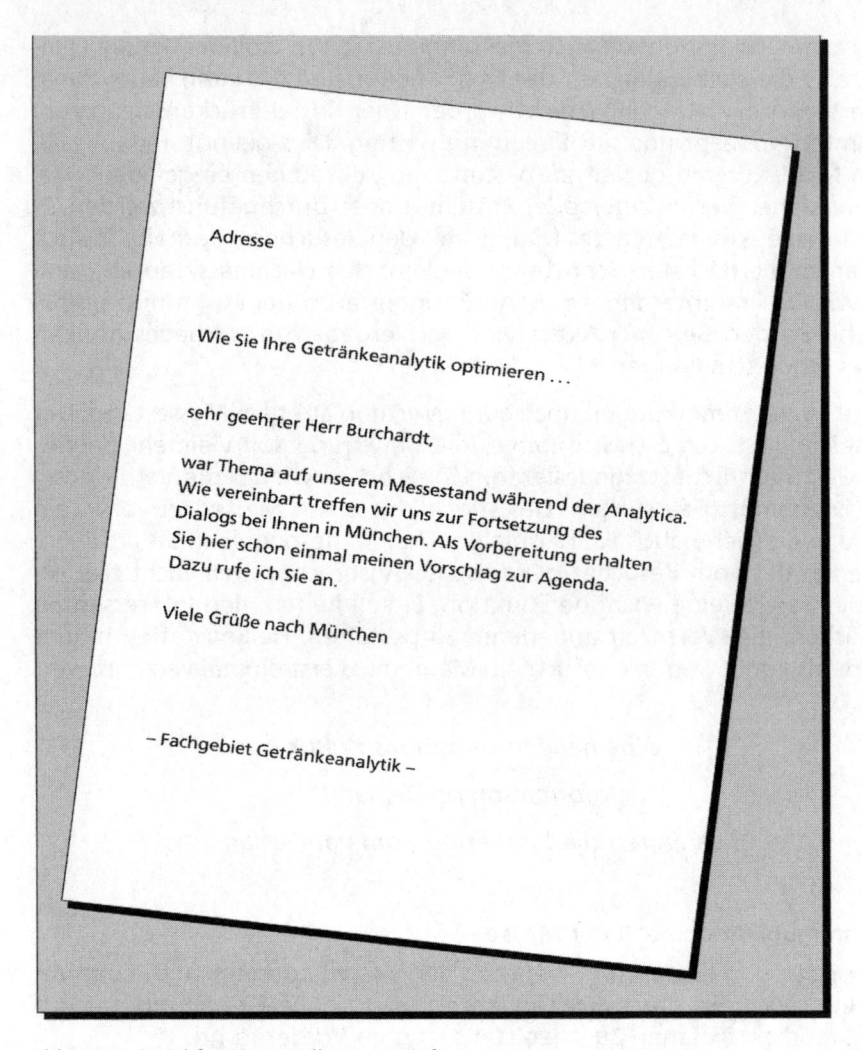

> Adresse
>
> **Wie Sie Ihre Getränkeanalytik optimieren ...**
>
> sehr geehrter Herr Burchardt,
>
> war Thema auf unserem Messestand während der Analytica. Wie vereinbart treffen wir uns zur Fortsetzung des Dialogs bei Ihnen in München. Als Vorbereitung erhalten Sie hier schon einmal meinen Vorschlag zur Agenda. Dazu rufe ich Sie an.
>
> Viele Grüße nach München
>
> – Fachgebiet Getränkeanalytik –

Abb. 68: Beispiel für einen Follow-up Brief

Zum Schluss sei nochmals betont, dass es für den Messeerfolg nicht allein auf aufwendige Werbemaßnahmen ankommt. Dann wären alle kleineren Anbieter im entscheidenden Nachteil. Wichtig sind das Konzept und vor allem die Menschen, die es in den einzelnen Phasen leben und prägen. Damit kommen wir auf den nächsten Seiten zu dem wichtigen Abschnitt der vertriebspolitischen Maßnahmen.

Die Etappen eines Messe-Aktionsprogramms

FOKUS

1. Kommunikation im Rahmen eines Messe-Aktionsprogramms muss besonders die Fülle der Informationen berücksichtigen, die den Adressaten während der Laufzeit von allen Seiten „bombardiert".
2. Sie sollte deshalb individuell, andersartig, aufmerksamkeitsstark, dialogorientiert und vor allen Dingen emotional/erlebnisorientiert ausgerichtet sein.

* **Keine Messe ohne Presse** ....

Klingt selbstverständlich. Ist es aber nicht.

Leider nutzen allenfalls ein Drittel der Aussteller die Möglichkeiten Informationen über ihre Exponate und über ihre Dienstleistungen von der Presseabteilung der Messegesellschaften verbreiten zu lassen. Das kostet kein Geld..... aber natürlich Arbeit. Ein kontinuierlicher Prozess, der auch etwas Erfahrung voraussetzt.

Wenn Sie keine Pressearbeit machen, dann erwecken Sie leicht den Eindruck, als haben Sie nichts Interessantes vorzuweisen. Dabei geht es nicht nur um Produkte, sondern z.B. auch um neue Organisationen, neue Namen, Erfolge der Entwicklungsabteilungen, Design-Auszeichnungen etc. Pressearbeit scheint für viele ausstellende Unternehmen eine echte Hürde zu sein: Sie lassen die Felder auf den Fragebogen der Pressabteilung der Messe oft leer......da fasst man sich an den Kopf.

Was die Presseabteilung braucht, ist ein kurzer knackiger Text, nicht garniert mit unnötigen Gemeinplätzen, allen möglichen Firmendaten und viel Selbstdarstellung bis hin zur Preisliste.

Dabei kann der Aussteller davon ausgehen, dass sich Fachmedien - aber auch die tagesaktuellen Medien - fast gierig danach sind, anlässlich der Messe Information zu bekommen. Das gilt sowohl vor, während und besonders auch nach der Messe:

Ein renommierter Unternehmer sagte einmal zur Pressearbeit vor und während einer Messe: „Messe ohne Presse ist wie ein Dinner im Dunkeln, man gerät nur zufällig an die Leckerbissen und weiß hinterher nicht, was auf dem Teller war." Information ist ein wichtiges Wirtschaftsgut. Pressearbeit zur Messe ist Informationsweitergabe und -beschaffung und bedarf einer klaren Strategie, detaillierter Planung und gründlicher Ausführung. Alle Presseaktionen müssen ebenso auf „Hochglanz poliert" sein wie der Stand selbst.

> Erfolgspfad für ein Messe-Aktionsprogramm

Nach Aussage der Presseabteilung der Messe Düsseldorf erlebt man aber trotzdem immer wieder das Phänomen Unsicherheit und Angst im Umgang mit der Presse. Manche Unternehmen werden u. a. deshalb davon abgehalten, eine konsequente und offene Pressearbeit zu betreiben. Der Dialog mit der Öffentlichkeit ist heute aber angesagt und unbedingt erforderlich. Also keine „Scheu vor großen Tieren".

Bauen wir gemeinsam Vertrauen und Bekanntheit für Ihr Unternehmen in der Öffentlichkeit auf. Denn von vornehmer Zurückhaltung profitieren nur die Wettbewerber. Mit gezielter Pressearbeit, etwa in der Fachpresse, aber auch in der Regional- und Lokalpresse sowie Funk und Fernsehen, können zusätzliche Anreize für Noch-Nicht-Kunden geschaffen werden, Ihren Messestand zu besuchen. Und: Keiner ist zu klein, um Presse-minded zu sein.

In der professionellen Vorbereitung liegt auf jeden Fall der Erfolg Ihrer PR Arbeit.

STOP Sich professionell vorzubereiten bedeutet, das Richtige zu tun (Strategie, Effektivität) und dann das Richtige richtig zu machen (Taktik, Effizienz).

Da Ihr Unternehmen auf Messen stärker als sonst im Blickpunkt der Öffentlichkeit steht, ist eine enge Verknüpfung des Messeauftritts mit der Öffentlichkeitsarbeit (PR) zwangsläufig. Denn abgesehen von der großen Medienpräsenz und der damit verbundenen nationalen und internationalen wirtschaftspolitischen Ausstrahlung, stehen die Unternehmen auch im Rampenlicht der regionalen und lokalen Öffentlichkeit. Das wiederum fordert die Kommunikation mit den Marktpartnern.

Im weitgefächerten Spektrum der möglichen Instrumente nimmt die Pressearbeit eine herausragende Stellung ein. Hier liegen beim positiven Verlauf hervorragende Chancen, Multiplikatoreffekte über Berichte in den elektronischen oder in den Print-Medien zu erzielen, die später bei Kunden- und Bewerbergesprächen gezielt genutzt werden können und sollten. So gesehen lassen sich die Messen als publizistische Großereignisse definieren.

Überraschend ist allerdings die in empirischen Erhebungen gewonnene Erkenntnis, dass immer noch Aussteller die Möglichkeit der Pressearbeit eher stiefmütterlich behandeln. Dabei sind gerade Messen für die Medien ein Hort der Entdeckungen. Dies geht auch aus der nachfolgenden repräsentativen Untersuchung hervor (vgl. Abb. 69).

Die Etappen eines Messe-Aktionsprogramms

Note	1	2	3	4	5
Kriterien	ideal	sinnvoll	akzeptabel	schwer verwertbar	unbrauchbar
Formaler Textaufbau Informationsgehalt für Journalisten der	2%	11 %	36 %	45 %	6%
Tages-/	–	4%	10 %	17 %	69 %
Wirtschafts-/	1%	7%	11 %	32 %	49 %
Fachpresse	2%	36 %	33 %	26 %	3%
Foto und Grafik Gestaltung	1%	7%	39 %	38 %	15 %
(Ästhetik) Einheitliche	–	16 %	53 %	28 %	3 %
Aufmachung/CD	27 %	41 %	21 %	5%	6%
(* Bewertet durch IPR&O.,					

Abb. 69: Untersuchung zur Qualität der PR-Arbeit

Dass Nachholbedarf besteht, führen auch die „Stimmen der betroffenen Redakteure" ganz deutlich vor Augen:

„Pressemitteilungen sind oft eine Katastrophe. Zu lang und nichts sagend ..."

„Nur journalistisch richtig aufbereitete Pressemitteilungen landen nicht im Papierkorb. Die Zeit fehlt, um sich durch Textwüsten durchzuarbeiten."

„Pressekonferenzen arten zur Werbeveranstaltung aus. "

„Es gibt zu viele Pressekonferenzen für viel zu viele unnötige Anlässe, weil jeder Hinz und Kunz der Meinung ist, anlässlich der Messe seine Produktneuheiten und andere Banalitäten unter die Journalisten zu streuen."

„Viele Unternehmen sind im trügerischen Glauben, dass man uns mit Sekt und Kanapees zu einer Konferenz locken kann. "

> Erfolgspfad für ein Messe-Aktionsprogramm

„Manchmal schicken wir auch schon Auszubildende zu solchen Veranstaltungen, damit sich die Jungschreiber am aufgebauten Buffet laben können."

„Wir werden auf der Messe von Marktführern und Großunternehmen mit Informationen überflutet, so dass wir lieber auf den wirklich kreativen Klein- und Mittelbetrieb achten."

„Das Wesentliche ist der persönliche Kontakt zu Unternehmen und der Erfahrungsaustausch mit Berufskolegen."

„Ich muss meinen Artikel meinem Chef verkaufen. Deshalb erhoffe ich mir auf der Messe bessere Information für bessere Qualität."

Da wird mit einem Aufwand eine Pressekonferenz vorbereitet. Nicht nur die Erstellung der Texte, die nach zigfachen Korrekturen und Umläufen im Haus endlich einen Tag vor der Messe fertig werden, sondern auch das Drumherum was es zu organisieren gilt: Die Räumlichkeiten, die PP-Präsentation, die Häppchen, die (oft nicht passenden) Give-away´s die hoffentlich kalten Getränke usw. Alles organisiert von eigenen Leuten oder von Agenturen. Was wird aber den Fachjournalisten geboten?

Wartezeiten bei Pressekonferenzen sind eher die Regel. Schlecht oder gar nicht ausgeschilderte Räumlichkeiten in denen PK stattfinden soll. Eigenbeweihräucherung und Produktschulung für Klempner. Das hat natürlich mit Pressearbeit nichts zu tun. Da kann man schon eher die loben, die keine Pressekonferenz durchführen.

Zur Hausinternen Nach-Messearbeit gehört natürlich auch die Dokumentation der Presseveröffentlichungen aus dem eigenen Hause, selbstverständlich auch von denen der Mitbewerber. Das wäre ein Maßstab.

Wir wollen gerne konstruieren, dass es ein diffuses Bild gibt, wie Erfolg der PR-Arbeit zu erfassen ist. Sicher ist nur bisher, dass nicht die Quantität zählt, sondern die Qualität. Hinzu kommt auch noch, dass die Analyse der Medienresonanz nicht gleichzusetzen ist mit der tatsächlichen Wirkung auf die Zielgruppe. Und eine solche Analyse wäre sehr teuer. Es bleibt also eigentlich nur übrig, der Empfehlung des PR-Papstes James E. Grunig, Professor an der journalistischen Universität von Maryland, zu folgen:

„Sich einfach unter das Volk zu mischen und zuzuhören, wie und was die Leute miteinander sprechen."

Auch diese Aktion gehört selbstverständlich in das Budget. Denn, wo ein Budget ist, gibt es auch eine Kontrolle. Das ist gut so!

Merke:

Vor und während der Messe kommt es primär auf die Qualität an - unmittelbar nach der Messe besonders auf die Schnelligkeit.

Dabei wird in einer Zeit, in der das Misstrauen der Öffentlichkeit gegen die Wirtschaft und ihre Akteure aufgrund zahlreicher Krisen und Skandale wächst, der Dialog mit der Presse immer wichtiger: Marketingbudgets und Messe werden dabei nicht selten in verschiedenen Abteilungen bearbeitet. Integration ist eher selten. Diese Integration ist aber mit der Idee von messe.tv machbar. Zusätzlich hat der Aussteller Zugriff auf Filmmaterial, das er auch unabhängig von der Messe zur Firmenpräsentation oder in den Internetauftritt einbinden kann. Kurzum: Mit einem minimal erhöhten Messebudget erhält er Mehrwert.

Wer den Kontakt mit der Presse sucht, für den wird es immer wichtiger, die wichtigsten Spielregeln einzuhalten. Darüber erfährt der Leser nachfolgend mehr.

Ausgangspunkt aller PR-Maßnahmen sind die eigenen Kommunikationsziele, denn sie legen die jeweilige Gangart fest. Dazu zeigt die Abbildung 70 dem Leser vielleicht Bekanntes, das in der Praxis aber leider viel zu selten angewandt wird.Neben Printmedien sind das Radio/Messeradio/Live-Schalte und Live-Tape-TV unverzichtbare Medien der Berichterstattung. Dennoch wird das Thema Hörfunk-PR noch eher mit Zurückhaltung betrachtet, ein Stiefkind der Mediennutzung. In den USA hingegen genießt Hörfung/PR eine andere Aufmerksamkeit.

Kommunikationsziele					
(1)	(2)	(3)	(4)	(5)	(6)
Wer ist verant-wortlich?	Welche Medien-vertreter sind zu kontaktieren?	Was soll kommuniziert werden?	In welcher Form?	Welche Zeitplanung ist einzukalkulieren?	Welches Ergebnis soll erreicht werden?

Abb. 70: Kommunikationsziele für die Pressearbeit

Wer ist verantwortlich?

Hier gilt es jemand Vorzeigbaren auszuwählen und exakt einzuweisen. Auch sind wieder möglichst messbare Ziele vorzugeben (Anzahl der Einladungen, Zusagen zum Besuch auf dem Messestand). Sonst droht ein vielleicht ungeliebtes Kind im allgemeinen Vormessestress vernachlässigt zu werden. Im Zweifelsfall sollte man auch auf das Wissen einer Agentur zurückgreifen. Professionelle zeichnen sich vor allen Dingen durch gute Kontakte aus. Außerdem wissen sie, wie man mit den Spezialisten der Medien zusammenarbeitet. Ein Budget muss her.

Erfolgspfad für ein Messe-Aktionsprogramm

Mit welchen Medienvertretern?

Mit welchen Medienvertretern will das Unternehmen zusammenarbeiten (Fachjournalisten, Wirtschaftsredakteure, Hörfunk- und Fernsehjournalisten)? Was ist „mundgerecht" für diese Zielgruppen? Jeder betrachtet eine Information aus seinem ureigenen Blickwinkel: Der Fachredakteur will über die technischen Details einer Produktneuheit informiert werden, während der Wirtschaftsredakteur sich vielleicht für die Umweltverträglichkeit interessiert. Lokalredakteure berichten lieber über Ereignisse und Initiativen in der regionalen Wirtschaft oder prominente Persönlichkeiten, die auf dem Messestand erwartet werden.

Auf die Zielgruppen Fach-, Wirtschafts- und Lokalredakteure geht die nächste Checkliste ein.

(vgl. dazu auch die Datenbank des Deutschen Journalistenverbandes. www.djv.de)

✓ Checkliste 23 Wie unterschiedliche Zielgruppen bei der Pressearbeit betreut werden

Die Fachpresse

- Laden Sie die Redaktion zum Besuch IHRES Standes dramatisch ein. Eine Woche vor Messebeginn genügt.
- Stellen Sie eine Pressemappe zusammen (auch in Englisch). Über jedes interessante Exponat gehört eine separate Information in die Mappe - ohne Ballast. Kein Prospekt.
- Die Image-Komponente ist wichtig: inklusive Image-Broschüre. Falls die „Broschüre" zu einem richtigen Buch geraten ist, schicken Sie die dem Berichterstatter per Post nach (besser: vorher!).
- Bereiten Sie den Nachversand der Mappen vor. Wer nicht da war, wird per Post bedient - innerhalb von einem Tag nach Messeschluss.
- Das Supplement zur Pressemappe darf ein kleines Geschenk sein - je origineller, desto besser (in sinniger Beziehung zu Ihrem neuen Hauptprodukt oder zum Motto Ihres Messeauftritts). Hoher materieller Wert ist eher schädlich. Kugelschreiber und Feuerzeuge sind längst out. Die Dramaturgie der Übergabe ist entscheidend.
- Rechnen Sie bei Ihren Pressebesuchern auch mit Leuten, die es genau wissen wollen, die unter die Exponate kriechen: Das sind die wahren Experten (oder Spione), für die als Gesprächs-

partner auch der jeweilige Fachmann zur Verfügung stehen sollte. ✓
- **Die Wirtschaftspresse**
  Für Sie ist diese journalistische Zielgruppe interessant, wenn
  - Ihre Firma einen Bericht zur Lage des Unternehmens abgeben will, und zwar mit den wesentlichen Fakten einer Bilanzberichterstattung,
  - Sie ein neues Produkt vorstellen, das wesentliche volkswirtschaftliche Veränderungen auszulösen verspricht.

  In beiden Fällen müssen Sie dafür sorgen, dass die erste Garnitur Ihres Managements für diese Gespräche zur Verfügung steht.
- **Publikumsmedien allgemein**

... haben immer Interesse an Knüllern, Sachen und Ereignissen mit Knalleffekten. Vielleicht zelebrieren SIE auf IHREM Messestand pfiffige Darbietungen, mit denen Sie die Aufmerksamkeit der Publikumspresse auf sich lenken können.

Aktionen dieser Art waren zum Beispiel
- das Cousteau'sche Tiefseetauchboot
- die als Presseinformation verschluckbare Magen-/Darm-Funksonde auf der"Medica"
- der Schnaps ausschenkende Hydraulikbagger auf der"Bauma" oder
- der Roboter, der ein Ei in die Pfanne schlug und als Spiegelei auf dem Teller servierte.

- **Es sollte immer ein Highlight herausgeputzt werden, das auch für ein Medienpublikum verständlich ist:**
  - die Traglast des Kranes, die dem Gewicht von 20 Mittelklasse-Pkw entspricht . . .,
  - z. B. die jährliche Energieeinsparung der neuen Waschmaschine, die ein ganzes Einfamilienhaus einen Monat lang taghell beleuchtet ...

Das sagt Nichtfachleuten (und übrigens auch den Fachleuten) viel mehr als jeder noch so sorgfältig ausgerechnete Zahlenwert. Solche Daten, ergänzt um Bedarfsvorhersagen aus der Marktforschung, sind es, die auch die Publikumsmedien zur Berichterstattung veranlassen.

- **Die Heimatpresse auf keinen Fall vergessen!**

Deshalb sollten Sie zusätzliche Informationsmaterialien erarbeiten:

Einige Zahlen aus der jüngsten Geschäftsentwicklung und Informationen zu den Fragen:

Erfolgspfad für ein Messe-Aktionsprogramm

✓
- Wie viele Mitarbeiter sind auf der Messe tätig?
- Wie viele Besucher werden täglich gezählt?
- Wie groß ist der Kaffeeverbrauch an einem Messetag?
- Wie hoch sind die Aufwendungen für den Messestand?

Sodann sollten Sie die kostenlose Busfahrt für alle Mitarbeiter zur Messe herausheben - also der ganze „human touch", dessentwegen die Leute zu Hause ihre Lokalzeitung ein Käseblatt schimpfen und doch jeden Tag mit Wonne lesen (!).

Ihre MESSE-LOKALPRESSEARBEIT bietet auch Gelegenheit, Politik zu machen. Die schleppende Bearbeitung Ihres Baugesuchs für die neue Halle und die dadurch gefährdete Produktionsaufnahme für das auf der Messe gezeigte neue Modell ist - nur als Beispiel - ein Punkt, dem Sie auf diesem Wege Öffentlichkeit verschaffen können.

Was habe ich zu kommunizieren?

Die Anforderungen der Presse an die Informationspolitik von Unternehmen haben sich drastisch gewandelt. Es reicht heute nicht mehr, ausschließlich über neue Produkte und die finanzielle Situation eines Unternehmens zu berichten. Vielmehr sind zusätzliche Informationen z. B. über Verfahren, Inhaltsstoffe und die damit verbundene Umweltverträglichkeit gefordert. Es geht auch um Themen, die die breite Öffentlichkeit interessieren und bei denen Kontroversen vorprogrammiert sein können, wie z. B. wichtige Umweltaspekte oder humane Arbeitsfelder; Harz IV. Wenden Sie diese Informationen proaktiv an, denn Teilinformationen erhöhen die Bereitschaft zur weiteren Recherche. Die Messe ist dazu eine gute Gelegenheit. Dass diese Informationen und Pressemitteilungen professionell aufbereitet werden müssen, versteht sich von selbst. Denn bei den Redaktionen erwecken laienhaft aufbereitete Unterlagen leicht den Eindruck, dass das ganze Unternehmen aus Amateuren besteht. Besonders auf kritische Themen muss der Presseverantwortliche vorbereitet sein: Wenn Ihr Unternehmen einen Großkunden verloren hat, eines Ihrer Produkte den „Elchtest" nicht besteht oder sich die Neueinführung eines Produktes erheblich verzögert, muss Ihr Haus zuerst Stellung beziehen. Das unterstreicht Ihre Glaubwürdigkeit. Gehen Sie auf die spezifischen Informationsbedürfnisse der jeweiligen Journalisten ein. Denn jedes Medium betrachtet eine Information aus einem anderen Blickwinkel, arbeitet mit anderen Stilmitteln. Den Fernsehjournalisten ist es darüber hinaus wichtig, dass das Produkt auch optisch attraktiv ist. Der Hörfunkredakteur braucht einen Gesprächspartner, der den Sachverhalt anschaulich - und mit sonorer Stimme - schildern kann.

Die der Messe vorausgehende Berichterstattung (Vorberichterstattung) ist für viele Fachzeitschriften zur Hauptberichterstattung geworden, obwohl häufig drei Monate vor Messebeginn das Ausstellungsprogramm noch nicht endgültig fixiert ist. Machen Sie deshalb Druck im eigenen Hause! Effektivere Besucherwerbung als durch die professionelle Vorberichterstattung (z.B. nach der Delphi-Methode) ist nirgends zu haben und wird auch erwartet.

Merke!
- Die Information auf die wichtigsten Exponate beschränken.
- Nur die Hauptdaten auswerten!
- Gibt es noch keine Istwerte, dann gibt es formulierte Entwicklungsziele und Marktforschungsdaten.
- Ein Bild muss her, auch wenn es das Objekt noch nicht gibt. Vermutlich gibt es
    - ein Modell
    - eine Zeichnung, Designstudie, Szenographie
    - eine schon fertige Baugruppe
    - eine Labor- oder Produktionsanlage für das neue Produkt
    - ein Bild des Zustandes, der mit Hilfe des neuen Produktes verändert werden soll.

Bekanntermaßen machen News den Presseknüller aus: Die Mitteilung, dass Sie Ihr „seit Jahren in vielen Anwendungsbereichen bestens bewährtes xy-Gerät" auf der Messe vorführen werden, reißt die Fachpresse sicherlich nicht vom Hocker. Niemand druckt solche Langweiligkeiten - ebenso wenig wie eine endlose Auflistung Ihrer Exponate.

Merke!
Die NEUHEITEN-Rangfolge sollte folgende Aspekte priorisieren:

Erstmals vorgestellte Produkte haben Priorität!
- Das gänzlich neue Erzeugnis/Dienstleistung
- Das neue Modell in der schon bekannten Baureihe
- Eine Weiterentwicklung
- Die neue Zusatzausrüstung zu dem schon bekannten Produkt

Aber auch das ist interessant:
- Die neuen Anwendungen
- Neue Verfahren zur Herstellung des Produktes
- Neue Forschungsergebnisse
- Neue Geschäftsführung
- Neue Märkte

> Erfolgspfad für ein Messe-Aktionsprogramm

Mit oder ohne PR-Agentur?

Professionelle PR-Beratung ist durchaus bezahlbar. Den KMU's empfehlen sich die so genannten PR-Einzelkämpfer, die dank minimaler Infrastruktur und Overheadkosten eine günstigere Beraterleistung erbringen können als die großen Fullservice-Agenturen. Natürlich sind in vielen Fällen Dauermandate zweckmäßig, doch können für Kleinfirmen zeitlich begrenzte, projektbezogene Mandate durchaus sinnvoll sein.

Es gibt auch KMU's, die eine Zeit lang mit einem PR-Berater zusammengearbeitet haben und dabei lernten, wie man Pressemitteilungen schreibt, wie man Pressbilder produziert, wie man mit den Medien umgeht, und nun die Arbeit intern mit einer pfiffigen Arbeitskraft verrichten.

Vergeben Sie Probearbeiten, oder fragen Sie bei der DPRG (Deutsche Public Relations Gesellschaft, Königswinterer Str. 552, 53227 Bonn, Fon (0228) 44 45 00) nach, welchen Ruf die von Ihnen gewählte Agentur genießt. Dort können Sie auch Hinweise erhalten, welche Kosten gerechtfertigt sind.

Hilfe bei der Zusammenstellung von Verteilern leisten folgende Nachschlagewerke:

- Der Stamm- „Leitfaden durch Presse und Werbung", Stamm-Verlag, Goldammerweg 16, 45134 Essen.
- Die jährlich im Kroll-Verlag erscheinenden Pressetaschenbücher (Fachpresse und Fachpressejournalisten), BEMA-Buchvertrieb, Aubachstr. 17a, 82229 Seefeld.
- Die Loseblattsammlungen „Handbuch der deutschen Vollredaktionen", Verlag D. Zimpel, Angererstr. 36, 80796 München (Band 1: Zeitungen und Korrespondenten / Band 2: Fachzeitschriften / Band 3: Rundfunk/TV).
- „Redaktions Adress", Pressehaus, Am Klingenweg 4a, 65396 Walluf (Zeitungen, Zeitschriften, Fachzeitschriften, E-Medien, Annuals)
- „Contact - Der direkte Draht zu den Fernsehredaktionen", Jan-Gert Hagemeyer KG, Münstereifeler Str. 24, 53505 Altenahr.

In welcher Form soll die Botschaft präsentiert werden?

Der im Journalistenjargon so genannte Waschzettel ist die zur allgemeinen Verbreitung an publizistische Medien bestimmte, offizielle schriftliche Verlautbarung (des Unternehmens) über veröffentlichungswürdige, wichtige Sachverhalte. Weniger schnoddrig wird er auch „Presse-Information" oder „Presse-Mitteilung" genannt.

Die Etappen eines Messe-Aktionsprogramms

Wer der Presse etwas mitteilt, legt Wert darauf, dass es veröffentlicht wird. Um diese Aufgabe zu erfüllen, muss die Presse-Information einer Reihe formaler und inhaltlicher Regeln genügen. Welche das sind, zeigt die Checkliste 24.

Checkliste 24 Formale und inhaltliche Regeln der Pressemeldung ✓

Die äußere Form

- DIN A4 - nicht kleiner, nicht größer, nicht anders!
- Formdruck: Komplette Firmierung und Adressangaben, alle Telekommunikationsangaben (Anlehnung an den eigenen Geschäftsbriefbogen, Registerangaben können entfallen).
  Wichtig: deutliche Kennzeichnung „Presse-Information" oder „Presse-Mitteilung".
- Möglichst Kontaktpersonen als Bestandteil des PRESSE-Textes nennen, entweder
  - die für Pressekontakte generell zuständige Person, in Formulardruck einbezogen, oder
  - die für den jeweiligen PRESSE-Inhalt verantwortliche Person (z. B. bei einer Produkt-Message: Leiter der Entwicklungsabteilung).
- Folgeseiten können auf neutralem Papier geschrieben werden, aber mit Kopfzeile.
- Keine Presse-Information ohne Kennung!
- Erforderlich ist mindestens eine laufende Nummer, außerdem bei aktuellen Mitteilungen das Erscheinungsdatum integrieren, bei Produkt-Erklärungen der Erscheinungsanlass, etwa „Meier GmbH auf der Hannover-Messe 2005, Halle 21 Stand 34", Fon/Fax, E-Mail.
- Firmennamen und laufende Nummer sowie Seitennummern gehören auch in die Kopfzeile der Folgeseiten.

Sehr wichtig ist außerdem:

- Mindestens 1 ½ -zeilig schreiben (zweizeilig darf, muss nicht sein). Zeilenlänge nicht über 45 Zeichen; Text als rechtsstehender Block aufs Papier.
- Keine Spielereien mit der Schrift!
- Normale 10-Punkt-PC-Schrift verwenden, keine Satzschriften, kein Blocksatz. Kein automatischer Zeilenumbruch, sondern Zeilen gut füllen, lieber trennen als flattern.

> **Erfolgspfad für ein Messe-Aktionsprogramm**

✓
- Selbstverständlich: Sauberer Ausdruck auf dem Normalpapier-Kopierer. Nur die Blatt-Vorderseite beschreiben.
- Presse-Informationen sind keine Aufsätze. Fassen Sie sich kurz. Auf Nebensächliches verzichtet man besser. Das gilt ganz besonders für Messe-Messages. Falls zum Verständnis der Sache längere Ausführungen nötig erscheinen, dann
  - entweder eine PRESSE-Langfassung und ergänzend dazu eine Kurzfassung anfertigen
  - oder die Hauptinformation in kurzer, knapper Darstellung halten und diese durch eine separate Hintergrund-Information ergänzen.
- Aus der Überschrift soll auf den Inhalt der PRESSE-Notiz und auf die Besonderheiten der mitgeteilten Sache geschlossen werden können. Gliederung in Vortitel, Haupttitel und Untertitel erweitern diesbezügliche Möglichkeiten. Headlines dürfen Spannung vermitteln, sollen aber nicht unsachlich reißerisch sein. Die Aufmacherbombe formuliert der Redakteur daraus selbst - falls das zum Charakter des Blattes passt.

  Verständigungsbasis für den Umgang mit der Presse soll die Sprache sein, in der man mit kritischen Kunden spricht: Fakten darlegen, informieren, überzeugen.
- Eine Presse-Information ist keine Textvorlage für einen Marktschreier, kein Anzeigentext und kein Prospektmanuskript. Schreiben Sie die Tatsachen über das Produkt/Ihre Dienstleistung klar, sachlich, verständlich nieder. Die Tatsachen müssen für sich sprechen. Werbliche Behauptungen, nicht verifizierbare Selbstberühmungen und all jene Sprachvergewaltigungen, die in der Werbung geübt und akzeptiert werden, machen die Berichterstatter eher misstrauisch oder verdrießlich und rücken Ihre Auslassungen in gefährliche Papierkorbnähe.
- Bedenken Sie, PRESSE-INFORMATIONEN sind Rohmaterial für Leute, die über Unternehmen oder Dienstleistungen/Produkte berichten wollen, um ihre Leser zu informieren; nicht, um für irgend jemanden auf die Reklamepauke zu hauen.
- Vermeiden Sie in Ihrem Text Superlative (es sei denn, sie wären sachlich begründet), Übertreibungen, Platitüden und Gemeinplätze - einer der übelsten lautet „höchste Qualität".
- Firmennamen und Produkt-Eigennamen sind nur sehr sparsam und nicht fett zu verwenden, in einer Produkt-Übersicht nicht mehr als einmal, fabrikatneutrale Gattungsbezeichnungen benutzen.

- VERSALSCHREIBWEISEN oder emblemartige Schreibweisen des Firmennamens oder Produktnamens sind unzulässig, nur normale, gemischte Groß-/Kleinschreibung anwenden.

Die logische Textgliederung:

- Die Neuheit kurz und knapp in die ersten zwei oder drei Sätze
- Dann, wenn nötig, die Abgrenzung gegen den bisherigen Zustand und die erforderliche Erläuterung und Detaillierung.
- Am Schluss der wesentliche Nutzen oder eine Zukunftsperspektive der Sache.

Nicht verschiedene Ereignisse oder Produkte in einer Notiz zusammenfassen, sondern getrennte Mitteilungen erarbeiten.

Das Bildmaterial

Produkt-PRESSE-INFORMATIONEN, besonders Messe-Mitteilungen ohne honorarfreies Bildmaterial sind rausgeworfenes Geld. Im Wettbewerb mit den anderen, durchweg bebilderten Informationen auf der Druckseite versinkt Ihre Botschaft in Unscheinbarkeit, wenn sie nicht gleichfalls durch ein visuelles Signal auf sich aufmerksam macht.

Aber: Ob Ihr Bild abgedruckt wird oder nicht, entscheidet der Redakteur. Deswegen muss auch das Bildmaterial Qualitätsansprüche erfüllen.

- Pressebilder, in der Regel digital - müssen scharf und kontrastreich sein. Verwenden Sie möglichst Originalaufnahmen. Reproduktionen von Retuschen sind immer eine Klasse schlechter.
- Das Mindestformat für Pressefotos beträgt 13 x 18 cm. Attraktiver wirkt das so genannte internationale Presseformat 16,5 x 21 cm oder DIN A4, 21 x 29,7 cm. 18 x 24 cm ist effektloser Luxus.
- Schwarzweiß-Fotos tun immer noch ihren Dienst, viele Fachzeitschriften drucken aber auch farbig. Auflösung größer als 300 dpi. Verfügen Sie über gutes Farbbildmaterial, kann es sich also lohnen, die PRESSE-INFORMATION nur mit Colorfotos auszustatten. Sie sind auch als Vorlagen für einfarbige Abdrucke im Allgemeinen besser geeignet als Schwarzweiß-Abzüge vom Farbnegativ.
- Pressebilder sind keine Katalogfotos. Objekte sollten nicht vor der weißen Wand fotografiert oder freigestellt, sondern in ihrem Milieu, möglichst in Gebrauch gezeigt werden. Kreativität ist gefragt: Bilder, die Funktionen oder Wirkungszusammenhänge erkennen lassen, gehen als Abdruck-Renner durchs Ziel.

> Erfolgspfad für ein Messe-Aktionsprogramm

✓
- Menschen/Kunden sollten ins Bild gerückt werden! Auch das macht einen Teil des guten Pressefotos aus.
- Es muss nicht sein, hat sich aber bewährt: Selbst wenn es um nüchterne Technik geht, die abzubilden ist, erfreut der Anblick eines hübschen Mädchens oder Jungen den Betrachter oder die Betrachterin.
- Erwähnt sei noch einmal „Formalkram": Auf keiner Fotorückseite dürfen die Bildunterschrift und der Name des Bildherausgebers, Ihr Firmenname, fehlen. Ein weiteres Mal gehört die Bildunterschrift mit auf die Presseinformation, am Ende (damit sie in die Setzerei gehen kann, während das Bild seinen Weg in die Lithographie nimmt).
- Die Daten sollten möglichst online zum Download zur Verfügung stehen und der Mappe auf CD-ROM gespeichert beiliegen.
- Schließlich gilt auch: Versenden Sie keine Leihbilder. Der Vermerk "Nach Gebrauch sofort zurücksenden" macht Sie als kniepige Krämerseele kenntlich und ärgert den Redakteur. Fotos gehen immer à fonds perdu.
- Urhebervermerke nicht vergessen.

Die interaktive Pressearbeit via Online

(angelehnt an: Zerfaß, Ansgar: Interaktive PR - Öffentlichkeitsarbeit in Internet und Online-Diensten, in: Handbuch PR Öffentlichkeitsarbeit in Wirtschaft, Verbänden, Behörden, herausgegeben von Günther Schulze-Fürstenow und Bernd-Jürgen Martini; Neuwied, Kriftel, Berlin, mit freundlicher Genehmigung des Verfassers)

Zentrales Element jedes Online-Bündels sind zumeist Informationsangebote auf eigenen Webseiten. Deshalb bietet es sich an, zunächst alle Pressemeldungen online und tagesaktuell ins Netz einzustellen und dort verfügbar zu halten. In einem weiteren Schritt ist an einen Presseverteiler via E-Mail zu denken. Dies ist eine sehr kostengünstige und effiziente Form der Pressearbeit. Experten weisen allerdings darauf hin, dass das unaufgeforderte Versenden von Pressemitteilungen via E-Mail bei deutschen Redaktionen manchmal abgelehnt wird. Abhilfe können elektronische Newsletter schaffen, die aktuelle Informationen zu bestimmten Themenkreisen bündeln und in regelmäßigen Abständen als E-Mail verschicken. Dabei wird zunächst nur die Kernbotschaft mitgeteilt, die ausführliche Pressemitteilung und eventuelle Hintergrundtexte können bei Bedarf (elektronisch) angefordert oder auf einer Webseite eingesehen werden.

Eine weitere Möglichkeit, Pressekontakte zu gestalten, ist die Ausrichtung von virtuellen Pressekonferenzen. Virtuelle Konferenzen können Face-to-Face-Kontakte auf herkömmlichen Pressekonferenzen zwar nicht ersetzen. Sie haben aber den Vorteil, dass sie innerhalb kürzester Zeit zu organisieren sind.

Außerdem können räumlich voneinander getrennte Personen daran teilnehmen (sowohl auf Sender- als auch auf Empfängerseite). Das Ausrichten einer virtuellen Konferenz ist im Prinzip sehr einfach: Die eingeladenen Journalisten melden sich zu einem vorgegebenen Termin telefonisch bei einem Moderator an, der sie auf dem unternehmenseigenen Rechner einloggt und mit einer spezifischen Adresse ausstattet. Alle Informationen werden dann über ein Mikrofon eingesprochen und sind von allen Teilnehmern in Echtzeit über die Telefone oder Internet zu hören. Aus technischen Gründen ist eine Unterbrechung der Präsentation (z. B. für Zwischenfragen) nicht möglich. Erst nach Beendigung der Präsentation können sich die Journalisten über die Tastatur ihres Telefons anmelden, um ihre Fragen zu stellen. Diese Anmeldungen sind über die vorher zugewiesenen Adressen identifizierbar. Es ist nun Aufgabe des Moderators, die Gesprächsbeiträge in ihrer Reihenfolge zu moderieren, da zu einem Zeitpunkt immer nur jeweils ein Teilnehmer zugeschaltet werden kann. Das hat zwar den Vorteil, dass die Konferenzen durch den Moderator gut zu kontrollieren sind, geht aber anderseits auf Kosten der Glaubwürdigkeit. Aufgrund dieses doch gravierenden Nachteils sollte der Einsatz von virtuellen Pressekonferenzen sehr sorgfältig bedacht werden.

Des weiteren besteht die Möglichkeit, eigene Pressemitteilungen gegen eine Gebühr in branchenübergreifende Online-Pressedienste einzustellen, die von Journalisten in der Regel kostenlos für Recherchezwecke genutzt werden können. Ein Beispiel ist der ots (Originaltext-Service) des dpa-Tochterunternehmens news-aktuell (http:// www.newsaktuell.de).

Diese Möglichkeit der Pressearbeit hat den Vorteil, dass die eigenen Pressemitteilungen in ein für Journalisten interessantes Umfeld eingebettet sind. Gerade hier bietet das Internet jedoch viele Möglichkeiten der Abhilfe. Das eigene Angebot kann mit unternehmensfremden Hyperlinks ergänzt werden, um somit eine höhere Ausgewogenheit zu gewährleisten - so zumindest würden sich Journalisten das Informationsangebot im WWW seitens der Unternehmen wünschen.

Ein Unternehmen sollte sich natürlich nicht nur im WWW darstellen, sondern bestrebt sein, in möglichst vielen unterschiedlichen Online-Foren präsent zu sein. Dies betrifft branchenübergreifende Online-Pressestellen und allgemeine Sponsoringaktivitäten, aber auch Serviceangebote für bestimmte Zielgruppen. Die Hoechst AG nimmt beispielsweise am „Expertenmakler" teil, einem elektronischen Vermittlungsservice der Technischen

> Erfolgspfad für ein Messe-Aktionsprogramm

Universität Clausthal, der Rechercheanfragen von Journalisten kostenlos an Experten aus Hochschulen, Forschungseinrichtungen und Industriepressestellen weiterleitet .

(http://www.-tu-clausthal.de/idw/expert.html).

Mindestens so wichtig wie die eigene Online-Präsentation ist die aktive Teilnahme an der öffentlichen Diskussion in Newsgroups, Listservern und eigenen Webangeboten. Ein Beispiel ist das Diskussionsforum, das Shell auf seiner Website eingerichtet hat (http://www.shell.com/d/dl.html). Es umfasst kontroverse Themenfelder (Umweltschutz, Menschenrechte, Shell in Nigeria, ...) und lässt kritische Meinungsäußerungen zu, bietet aber auch ein Forum, in dem sich das Unternehmen direkt mit seinen Bezugsgruppen auseinandersetzen kann.

P Bei der Vielzahl dieser interaktiven Möglichkeiten darf nicht übersehen werden, dass ein Online-Engagement lediglich eine Einladung zum Dialog sein kann.

Welche Zeitplanung ist zu kalkulieren? Die Messe Düsseldorf empfiehlt folgende Einteilung:

- 12 Monate vorher sollte ein zielgruppengerechter Presseverteiler erstellt sein.
- 6 Monate vorher sollten die ersten Basisdaten für die Fachpresse sowie ein erster grober Ablaufplan der Pressearbeit vorliegen.
- 3 Monate vorher kann die Presse etwa über eine auf der Messe stattfindende Pressekonferenz informiert werden. Informationsmaterial über Ablauf der Pressearbeit und Termine sollten ebenfalls abgestimmt werden. Mit der Presseabteilung der Messegesellschaft müssen Termine fixiert werden (z. B. für die Pressekonferenz). Angemietet werden sollte ein Pressefach im Pressezentrum.
- 4 Wochen vorher können regionale und lokale Tageszeitungen kontaktiert werden. Fach- und Wirtschaftspresse sollten jetzt zur Messe eingeladen werden.

Mit der Checkliste 25 können Interessenten ihre Pressekonferenz optimal planen und durchführen:

Checkliste 25 Planung von Pressekonferenzen ✓

1. **Der Ablaufplan**
   - Aufstellen eines exakten Zeitplanes (mit Minuteneinteilung für Begrüßung, Referate, etc.).
   - Zeitplan bekanntgeben.
   - Verteilen von Warenmustern, Proben, Give aways (mit konkreten Verantwortungen).
   - Verteilen von Exklusivfotos.
   - Briefing von einem oder zwei Teilnehmern, um Diskussion in gewünschte Richtung zu lenken.
   - Fragen und Antworten protokollieren.
   - Vorzeitig den Raum verlassende Teilnehmer mit Präsent versorgen und verabschieden.

2. **Raumauswahl und -technik**
   - Verantwortlichen Ansprechpartner mit Namen benennen lassen.
   - Größe des Raumes festlegen anhand der Teilnehmerzahl. Unbedingt vorher anschauen.
   - Überprüfen, ob der Raum in ruhigem Umfeld gelegen ist (Laufen in unmittelbarer Nähe des Raumes zur gleichen Zeit noch Veranstaltungen?).
   - Raumtemperatur, Akustik und Beleuchtung überprüfen.
   - Zahl der erforderlichen Stühle checken.
   - Klären, ab wann der Raum verfügbar ist.
   - Überprüfen, ob eine Verstärkeranlage und Rednerpult vorhanden sind.
   - Rechtzeitig Dekomaterial, Blumen, Plakate, Schrifttafeln, Fahnen, Tischkarten, Tischnummern, Namensschilder beidseitig beschriftet bereitstellen.

3. **Pressemappe**
   - Den gesamten Inhalt geordnet einlegen oder einheften. Jede Mappe überprüfen.
   - Liste mit Ansprechpartnern und genauen Positionsbeschreibungen nicht vergessen.
   - Referate als Kurzfassungen, ausführlichen Text/Foto/Grafik und Produktinformationen integrieren.

> Erfolgspfad für ein Messe-Aktionsprogramm

✓
- Geschäftsbericht und Informationsbroschüren bereithalten
- Passendes (!) Give-away

4. Einladungsinhalt
- Moderator, Thema und Redner der Veranstaltung benennen.
- Uhrzeit mit Beginn und Ende aufzeigen.
- Ort nicht vergessen.
- Über den Imbiss informieren, denn der hat einen hohen Stellenwert.
- Auf Parkmöglichkeiten in der Nähe des Veranstaltungsortes hinweisen.
- Über günstige Anreisemöglichkeiten informieren (z. B. Bahn, Anfahrtsskizzen).

5. Terminplan
- Agenda 3–6 Monate
- Koordinierung mit MESSE-PR-Abteilung 3-6 Monate
- Raum & Mehr lt. Checkliste 3 Monate
- Die Referenten 3 Monate
- Inhalte, die optische, mediengerechte Gestaltung 2 Monate
- Kreative, persönliche Einladung(en) 6 Wochen
- Kontrolle der Rückläufe/Dateijustierung 2 Wochen
- Fon-Fax-Mailaktion 2 Wochen
- Presseausschnitte an Kunden, Personal, OL Messebeginn
- Hinweise im Pressefach Messebeginn
- Standpersonal informieren/ To-do-Liste Messebeginn
    Nach-Messebericht in der Fach-und Wirtschaftspresse
    2 Wochen nach der Messe
- Dankeschön an die Presseleute, „Big Heads" 2 „   „   „   „

Presseausschnitte an Kunden,
- Personal etc. 6 Wochen nach der Messe
- Soll-/Ist-Vergleich/Messenacharbeit
    8 Wochen nach der Messe
- Dokumentation auch an nicht erschienene Journalisten, deren Interesse bekannt ist.
- Justieren Sie Ihren Verteiler.

Insgesamt gesehen ist die Publizität eines Unternehmens eine Bringschuld; Sie müssen immer wieder bei den Redaktionen anklopfen.

Diese klare Einsicht und der gute Wille werden nicht ausreichen. Pressearbeit kostet neben Knowhow und Geld vor allen Dingen auch Zeit, die man als Inhaber anderer Hauptfunktionen einem NEBENJOB nicht widmen kann. Spätestens in diesem Moment brauchen Sie Rat und Hilfe aus erfahrener Hand....... damit keine „Buchstabensuppe" gekocht wird.

Welches Ergebnis ist durch die PR-Arbeit realisiert worden?

Diese Frage darf natürlich nicht fehlen, wenn wir mit dem Anspruch antreten, alle Messeaktivitäten zu messen. Um den Erfolg von Publizität beurteilen zu können, muss der Erfolg von Publizität definiert und eine Messgröße bestimmt werden. Genau da beginnt häufig das Problem.

Immerhin gibt es Ansätze zur Erfolgskontrolle: So läuft etwa die Suche nach Einschaltungen von Presse-Ausschnittdiensten schon sehr systematisch. Allerdings ist hier eine lückenlose Erfassung nicht möglich

(vgl. zur PR-Erfolgskontrolle GPRA [Hrsg.]: Evaluation von Public Relations, Frankfurt a. M., sowie Baerns, B. [Hrsg.]: PR-Erfolgskontrolle, Messen und Bewerten in der Öffentlichkeitsarbeit, Frankfurt a. M.).

Für eine effiziente Wirkungskontrolle der Presse- und Medienarbeit reicht die bloße Dokumentation von Artikeln oder TV- und Hörberichten über Aktionen von Unternehmen nicht aus. Das Sammeln von Clippings und die einhergehende Kumulation von Auflagenhöhen und Reichweiten wie auch die daran anschließende Umrechnung in Anzeigenraum (Anzeigenäquivalenzwerte) gibt weder Aufschluss darüber, welche Botschaften veröffentlicht wurden, noch ob die Botschaft angekommen ist.

Clippinganalysen sind jedoch Grundlage aller Medien-Resonanz-Analysen. Sie erlauben sowohl quantitative wie auch qualitative Aussagen über den Verlauf einzelner Themen. Die Ziele können dabei von sehr unterschiedlicher Natur sein:

- Analyse der eigenen Medienpräsenz
- Analyse der Medienpräsenz von Wettbewerbern
- Struktur-Analyse der veröffentlichten Meinungen nach Mediengattungen
- Bestimmung positiver und negativer Aussagen über ein Unternehmen

| Erfolgspfad für ein Messe-Aktionsprogramm |

- Erstellen von Meinungsprofilen zu unternehmensrelevanten Themen
- Identifikation positiv/negativ eingestellter Journalisten zu einem Thema
- Ermittlung des Initiativquotienten (Anteil eigen- und fremdinitiierter Beiträge)

Um diese Ziele zu realisieren, werden zum Beispiel folgende Aspekte als quantitative Kriterien untersucht:

- Zeilenzahl/Länge des Beitrages
- Auflage/Hörer- bzw. Zuschauerzahl
- Verhältnis Text/Bild
- Erscheinungstag
- Platzierung/Medienart/Titel/Verfasser

Zu den Kriterien der qualitativen Inhaltsanalyse zählen:

- Bewertung des Unternehmens/des Unternehmensstandpunktes in der Berichterstattung
- Art und Anzahl der aus dem Unternehmen übernommenen Botschaften
- Art und Anzahl neuer, fremdinitiierter Aussagen/Aspekte.

Inzwischen haben sich viele Dienstleister dem Feld der PR-Wirkungskontrolle gewidmet. So bieten z. B. „Die Agentur Ausschnitt Medienbeobachtung" in Berlin sowie der Deutsche Instituts Verlag in Köln aufgrund ihrerAuswertung von Tageszeitungen und Zeitschriften diesen Service an. Die Kosten belaufen sich auf 15 000 bis 50 000 , so dass diese bisher einzig fundierte Analyseform lediglich für Unternehmen mit großem PR-Budget genutzt wird. Abhilfe kann vielleicht noch das von der Agentur Scheben Scheuer & Partner angebotene Programm CPC ComPlus-Control schaffen, das selbständig Presse-Clippings erfasst und auswertet. Die Kosten dafür belaufen sich auf ca. 3,5 T . Weitere externe Anbieter zur PR-Wirkungskontrolle findet der Leser im Anhang.

Übrigens: An Presse-Veröffentlichungen haben auch Banken, Kunden und potentielle Kunden Interesse. Hauptaktionäre, handverlesene Lehrstühle, Opinion-Leader, Handelskammer, Gesellschafter, der Aufsichtsrat, Golfer und Corpsbrüder gehören ebenfalls auf den Verteiler. Denn: Dieu lui-même sonne la cloche (Gott selbst läutet die Glocke).

Hilfreich ist eine enge Zusammenarbeit mit den Messegesellschaften, die u. a. einen Presseplaner für Journalisten erstellen und als besonderen Service zur Verfügung stellen.

Diese Broschüren, die von den Medien im Rahmen einer Messe i. d. R. intensiv genutzt werden, enthalten z. B.:

☞ Termine aller Pressekonferenzen während einer Messe,
☞ alle Ansprechpartner der Aussteller, die zur Zusammenarbeit mit Journalisten zur Verfügung stehen,
☞ aktuelle Daten zu den Presseteams.

Auch bei Firmenpressekonferenzen lässt sich auf die Erfahrung und das profunde Wissen der Messegesellschaften zurückgreifen. Auf jeden Fall empfiehlt es sich, Termin und Ort der Veranstaltung abzustimmen, bevor etwa die Einladungen versendet werden. So können Überschneidungen von Konferenzterminen/Foren verhindert werden. Sollten zeitgleich Veranstaltungen durchgeführt werden, kann die Presseabteilung korrigierend eingreifen. Auf der Pressekonferenz selbst können persönliche Kontakte zu Journalisten auf- und ausgebaut werden. Um so wichtiger ist es, dass die Geschäftsleitung bzw. das Top-Management teilnimmt. Die Konferenz kann auf dem Stand oder in einem angemieteten Raum stattfinden. Auf jeden Fall ist darauf zu achten, dass genügend inhaltliche und aufmerksamkeitsstarke Substanz vorhanden ist. Ansonsten sind die eingeladenen Journalisten, die in der Regel - und auf einer Messe besonders - unter Zeitdruck stehen, schnell verärgert und der gewünschte Effekt bleibt aus.

Ein weiteres wichtiges PR-Instrument auf der Messe ist die Pressemappe. Sie hat die Aufgabe, die Presse mit wichtigen Informationen über den Auftritt des Unternehmens zu versorgen. Mögliche Themen sind etwa die Pressekonferenz oder der Besuch wichtiger Persönlichkeiten. Ebenso werden Messeneuheiten und wichtige Daten über den Aussteller in die Pressemappe integriert. Folgende Details sollten enthalten sein (Quelle: Zentralverband der Elektrotechnischen Industrie e. V. (ZVEI):

☞ Pressemappe, in die der gesamte Inhalt geordnet eingelegt oder eingeheftet werden kann,
☞ Teilnehmerlisten (Referenten mit Titel, Vor- und Zunamen, Funktion im Unternehmen),
☞ Teilnehmerliste der Firmen, der Gäste,
☞ Pressefassungen der Referate (Kurzfassung für die Presseinformation und ausführlicher Text),
☞ Geschäftsbericht, Fotos, Unternehmensorganigramm und eine aktuelle Informationsbroschüre zum Aussteller,
☞ Fotos, Muster aus der Produktion.

☞ **Kommunikation während der Messe**

Neben der wichtigen persönlichen Kommunikation durch das Standpersonal, die wir in einem separaten Kapitel diskutieren, lässt sich auf einer Messe vor allen Dingen die Klaviatur von Verkaufsförderungsmaßnahmen

| Erfolgspfad für ein Messe-Aktionsprogramm |

spielen. Dabei kommt es nach unserer Erfahrung weniger auf deren Preis als auf die Dramaturgie der Übergabe an: Jedes Werbegeschenk muss zur Botschaft, zur Firma oder zur Branche passen, sonst wird es peinlich. Peinlich ist es oft genug, wozu etwa auch das schlichte Übergeben von Kugelschreibern oder Taschenrechnern zu zählen ist. Das ist out. Idealerweise werden give-aways mit der Einladung kombiniert und als Lohn und Anreiz für das Kommen übergeben. Außerdem muss bei allen Werbemitteln das Motto des Messeauftritts integriert sein. Um den Taschenrechner sinnvoller erscheinen zu lassen, könnte das Motto lauten: „Mit uns können Sie rechnen."

Bei Ihrer qualitativen Bewertung konzentrieren Sie sich in erster Linie auf zwei Fragen:

- ✓ Haben sie alle strategisch wichtigen Medien ansprechen und mobilisieren können?
- ✓ Entspricht die jeweilige Veröffentlichung den strategischen und konzeptionellen Anforderungen Ihres Unternehmens?

FOKUS

1. Pressearbeit bedarf einer klaren Strategie, detaillierter Planung und gründlicher Ausführung. Alle Presseaktionen müssen ebenso auf „Hochglanz poliert" sein wie der Stand selbst.
2. Die Pressearbeit bietet eine große Chance, das eigene Unternehmen in der Öffentlichkeit ins richtige Licht zu rücken.
3. Entscheidend ist nicht die Höhe der eingesetzten Etats, sondern die Einhaltung der diskutierten Spielregeln.
4. Gute Beziehungen zu den Medien sind zwar für PR-Profis elementar, jedoch noch lange keine Garantie für Erfolg. Entscheidend ist vielmehr, ob eine Message medienrelevant ist.
5. Vor und während der Messe kommt es primär auf die Qualität, unmittelbar nach der Messe besonders auf die Schnelligkeit an.

Es gibt inzwischen Unternehmen, die das Element der Präsenzkontrolle um den Faktor Kommunikation erweitern. Neuartige Geräte ermöglichen es, den Besucher interaktiv einzubinden und direkt in den Veranstaltungsablauf zu integrieren.

Beispiel:

P Jeder Besucher wird am Eingang fotografiert und erhält ein kleines Gerät. Dieses Gerät ermittelt passende Gesprächspartner in ihrem Umkreis, dient als Visitenkarte, informiert über das Unternehmen von Gesprächspartnern, lässt Gesprächspartner direkt in Verbindung treten und ortet den Aufenthaltsort gesuchter Personen. Besonders bei Businesstreffs, Messen mit unübersichtlicher Größe kann die Technik eingesetzt werden. Auch das Visitenkartensammeln entfällt. An Kontaktdaten interessierte Personen halten ihre Geräte kurz aneinander und schon werden die gewünschten Informationen ausgetauscht - am Veranstaltungsende wird eine Übersichtsliste aller „eingesammelten" Visitenkarten an einen angegebenen Mailserver geschickt.

1.6. Den Vertrieb ausrichten

Dem Vertrieb kommt während eines Messe-Aktionsprogramms eine Schlüsselfunktion zu. Dazu zählen wir für die Veranstaltungsdauer das komplette Standpersonal (Standleiter, Techniker, Hostessen), mit unterschiedlichen Funktionen, aber alle mit direktem Besucherkontakt. Eine ein wenig platt klingende, aber doch sehr ernst gemeinte Empfehlung: Die Auswahl des Personals ist mit höchster Sorgfalt vorzunehmen, da jeder Kontakt der Standmitarbeiter mit Besuchern persönliche, direkte, kommunikative Wirkung hat. Das ist übrigens der wesentliche Unterschied zu den oben besprochenen Marketingmaßnahmen. Stand, Plakate, Prospekte sind eine Form der Einwegkommunikation. In ihrer Wirkung sind sie viel schwieriger einzuschätzen und daher als „Nebenkriegsschauplatz" oft genug für Aktionismus missbraucht.

Die Aufgabe des persönlichen Verkaufs auf dem Stand besteht darin, das Messekonzept des Unternehmens umzusetzen (vgl. Abb. 44). Dabei geht es vor allen Dingen um die zielorientierte Betreuung und Beratung der (eingeladenen) Gäste. Und hier liegen die wirklichen Probleme. Für den Verkauf bedeuten messbare Ziele Transparenz, Wettbewerb und damit Unruhe. Auch die Tatsache, dass eine Messebeteiligung immer nur ein Beschleuniger für vertriebspolitische Aktivitäten ist, beherrscht nur selten das Bewusstsein technisch ausgerichteter Verkäufer der Investitionsgüterindustrie. Messen dauern in der Praxis häufig nicht länger als die Messezeit. Der volle Schreibtisch blockiert den Außendienst. „Verkaufen muss ich auch mal wieder" ist kein seltener Hinweis für die Nicht-Planung nach der Messe.

Der Wunsch, interessante Neukunden über eine Messe zu gewinnen, wird manchmal bei alten Hasen als Geringschätzung der eigenen Arbeit angesehen. „Ich kenne meinen Markt. Wären die Unternehmen wirklich interessant, wäre ich schon lange dagewesen." Für Neukunden ist oft wenig Platz und Zeit auf dem Stand. Diese Zielsetzung etwa verlangt den Zeiteinsatz von den guten alten zu neuen Kunden zu verlagern, die die Zukunft sichern. Weiterhin ist es einfacher, routiniert über technische

| Erfolgspfad für ein Messe-Aktionsprogramm |

Details, Funktionen von Maschinen etc. zu diskutieren und sich so die Gesprächshoheit zu sichern, als Informationen über den Bedarf des Gastes zu hinterfragen. Zum wiederholten Male sei erwähnt: Der Besucher soll nicht umfassend informiert, sondern an einem Nachmessetermin interessiert werden. Diese Gedanken und Anforderungen, die aus den dem Marketing abgeleiteten Messezielen stammen können, laufen oft genug der Einstellung und dem Bewusstsein vieler Verkäufer zuwider, da ihre Arbeit auf dem Messestand von einer permanenten Unsicherheit durch ständig neue Situationen geprägt würde.

[STOP] Wichtig für einen erfolgreichen Veränderungsprozess und damit ein erfolgreiches Implementieren ist ein frühes Einbinden der betroffenen Mitarbeiter. Alles andere führt zur Demotivation: „Die da oben, wir hier unten." Diese einfache Regel wird überraschend oft außer acht gelassen. Deshalb gilt es in einer ersten Stufe, die Mitarbeiter über die geplante Vorgehensweise zu informieren, sie mit ihnen zu erarbeiten und ggfs. anzupassen. Das Konzept soll kennengelernt und verstanden werden. Für die konkrete Anwendung während des Messe-Aktionsprogramms muss wiederum das Können und Wollen der Mitarbeiter hinzukommen. Veränderungen bedeuten Fortschritt, Kritik an Bestehendem und stellen deshalb für viele Menschen eine Bedrohung dar. Dazu führt der bekannte Erfolgsautor und Management-Berater Rupert Lay, Professor an der Jesuitenschule in St. Georgen aus: „Der Mensch lernt nicht gern, denn die Psyche hat ein Recht, im kuscheligen Nest ihrer konservativen Selbstbewahrung nicht unnötig irritiert zu werden" und ..."jede Veränderung bedeutet einen psychischen, sozialen und emotionalen Aufwand." Widerstände gegen Implementierungsprozesse basieren letztlich auf ökonomischen (Geldeinbußen) und/oder sozial-psychologischen (Unsicherheiten über ein neues Arbeitsumfeld) Ängsten der Mitarbeiter.

Da in der Umsetzung die eigentlichen Probleme eines jeden Aktionsprogramms liegen, sind für die einzelnen Entwicklungsstufen Kennen, Verstehen, Können und Wollen begleitende Aktivitäten erforderlich (vgl. Abb. 71):

Die Etappen eines Messe-Aktionsprogramms

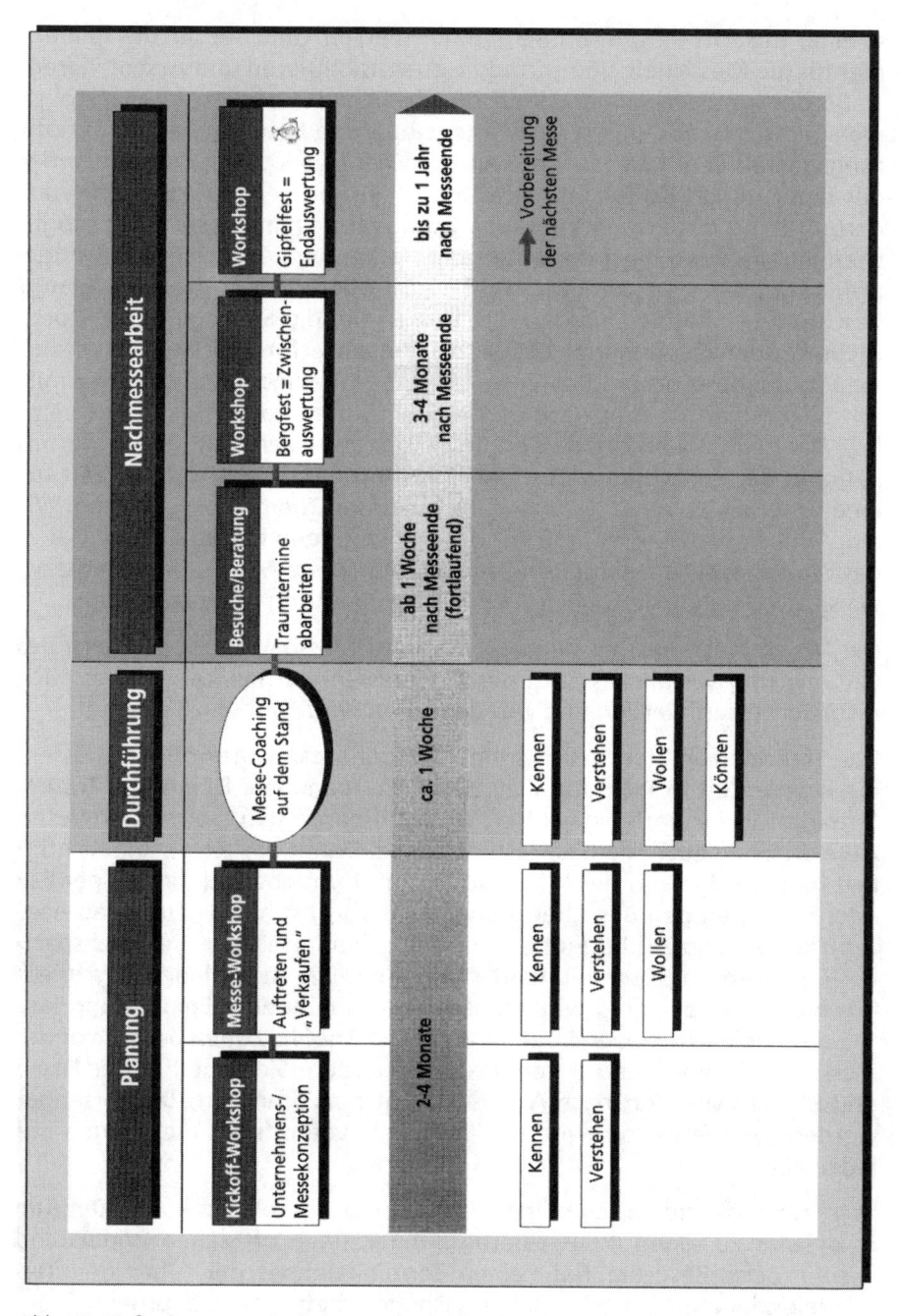

Abb. 71: Maßnahmen zur Optimierung des Verkaufsverhaltens während eines Messe-Aktionsprogramm

> Erfolgspfad für ein Messe-Aktionsprogramm

In einer Kick-off-Veranstaltung geht es in erster Linie darum, die Teilnehmer für die Messeziele und -strategie zu sensibilisieren und zu motivieren. Außerdem müssen Widerstände hinsichtlich der angestrebten Erfolgsmessung sowie der engen Aktivitätensteuerung beseitigt werden. Erfahrungsgemäß liegt hier ein wesentlicher Knackpunkt, weil die Teilnehmer mit einer neuen Kultur und strafferen Führung vertraut gemacht werden. Anhand der Präsentation von Erfolgsstories und konkretem möglichen Eigennutzen muss der Mitarbeiter erkennen, dass es einen Erfolgspfad gibt, den er in der Form nicht kennt oder nicht konsequent genug beschreitet. Inhaltlich werden die Messeziele, die Strategie (z. B. Noch-Nicht-Kunden-Gewinnung), das Motto und alle erforderlichen Marketingaktivitäten besprochen. Der Vertrieb muss unbedingt das Gefühl vermittelt bekommen, dass er noch etwas beeinflussen kann. Er kann es nämlich. Das heißt aber nicht, dass er die Zielsetzung oder Strategie umwerfen kann. In der Zeitplanung für den Workshop gilt es, hinreichend Zeit für eine sicherlich kommende Diskussion zu diesen Themen einzuplanen. Wir empfehlen zwei bis drei Tage mit Unterbrechungen für die richtige Dauer des Workshops. Teilnehmer sind alle auf der Messe Anwesenden und zeitweise die Geschäftsleitung, um auch die Bedeutung herauszustellen.

Die Messe muss messbar gemacht werden! Messbarkeit ist der Kern des Optimierungsverfahrens. Was nicht gemessen werden kann, kann auch nicht verbessert werden und was gemessen wird, wird auch erledigt.

P Das Standpersonal wird sich somit stringent daran gewöhnen müssen, die eigene Zeit in Richtung Zielkunden zu managen. Es werden Traumtermine für die Nachmessearbeit zu vereinbaren sein. Solche konkreten Ziele erhöhen auch die Gesprächseffizienz. Damit das alles seine Richtigkeit hat, werden von der Messe aus sofort Terminbestätigungen per Fax oder E-Mail an den Besucher gesendet, möglichst mit einem verabredeten Thema, dem Zeitbudget, Ort und den beiderseitigen Gesprächspartnern. So werden „Ross und Reiter" benannt. Das ist zählbar und schließlich motivierend: Erfolg wird transparent. Eine andere Empfehlung lautet, dass vielleicht 3 oder 4 unterschiedliche Briefversionen bereits vor der Messe geschrieben und unterschrieben werden. Sie liegen in der Firma und können von dort nach Absprache mit dem Stand pro Tag versendet werden. Donnerwetter, wird der Besucher sagen, fix ist diese Firma auf jeden Fall.

STOP Es ist fast unnötig zu sagen, dass Mitarbeiter bei solchen konkreten (um es offener zu sagen, kontrollierbaren) Terminen oft zähen Widerstand leisten: „Der Besucher hat keinen Terminkalender mit. Über den Terminkalender meiner Kollegen kann ich nicht bestimmen. In unserer Branche geht das nicht, die ist sehr sensibel etc. etc." Doch es geht. Ist der Ansprechpartner aus der Region eines Besuchers nicht auf dem Stand, lassen sich Bleistifttermine (können ausradiert werden) vereinbaren und

Die Etappen eines Messe-Aktionsprogramms

mit dem Hinweis versehen werden, dass der Kollege Tüchtig den Termin seinerseits bestätigen wird (gleichzeitig erhält der Besucher die Visitenkarte des Kollegen). Außerdem hat Kollege Tüchtig seinem Messeteam freie Termine mitgeteilt. Mit dieser Vorgehensweise hat es Herr Tüchtig wesentlich leichter, weil sein Anruf schon von der Sekretärin erwartet wird. Es ist leichter, einen vereinbarten Termin zu verschieben, als nach der Messe überhaupt einen zu erhalten. Schneller und konsequenter zu sein als andere, muss das Motto sein. Das erwartet der Besucher von einer guten Firma.

Niemand wird bestreiten, dass es nirgendwo so gut wie auf einer Messe möglich ist, in so kurzer Zeit auf so hoher Ebene und so engem Raum so viele qualifizierte Kontakte zu entwickeln. Wann werden wir lernen, diese Kontakte effektiver zu verfolgen? Das heißt, wie in dem Kalender die Messetage ausgebucht sind, müssten auch die Tage für die Traumtermine nach der Messe geblockt sein. Gesehen haben wir das als Berater noch nicht. Es ist deutlich spürbar, dass in dem Kick-off Workshop jede Menge Zündstoff liegt. Das gilt auch für das Thema Kontaktbögen, auf denen jeder interessante Besuch ausgefüllt wird. Originalton Vertrieb: „Das ist kaum nötig, wenn unsere alten Kunden kommen" und „während eines Gesprächs unhöflich gegenüber dem Gesprächspartner". Vergegenwärtigen wir uns noch einmal, dass ein Messe-Kontakt einige Hundert Euro kostet. Deshalb alleine schon muss jeder interessante Besuch penibel erfasst und später ausgewertet werden. Intern redet man deshalb auch folgerichtig von Wertpapieren statt von Besuchsberichten oder Kontaktbögen. Kommen wir zu den Einwänden: Es muss während des Gesprächs mitgeschrieben werden, sonst ist es Makulatur und der Gesprächspartner fühlt sich auch nicht richtig ernst genommen. Einige Verkäufer erledigen diesen Job allerdings abends. Nach einem hektischen anstrengenden Tag sind aber Informationen verlorengegangen. Wie will man die Informationen aus vielleicht 20 Gesprächen pro Außendienst da noch sinnvoll und aussagekräftig sortieren? Nach dem Gespräch geht es meistens auch nicht, da der nächste Besucher wartet. Auch für gute alte Kunden ist eine Erfassung erforderlich, denn es verändern sich auch bei alten Kunden die Anforderungen, Wünsche und Personen, und wie soll sonst eine sinnvolle Auswertung erfolgen? Es gibt keinen Gesprächspartner, der auf die Frage „Darf ich mir einige Notizen machen, damit wichtige Informationen nicht verlorengehen?" mit einem kategorischen Nein oder sogar schroff reagiert.

Ein weiterer Schwerpunkt sind Kunden- und Noch-Nicht-Kundenbefragung und formalisierte Wettbewerbsbeobachtungen. Auch hier gilt es, das Vertrauen des Standpersonals zu gewinnen und einen zeitlich vernünftigen Rahmen zu finden. Es sollten pro relevanten Mitarbeiter eine genaue Zahl an Beobachtungen und Befragungen verabschiedet werden.

> Erfolgspfad für ein Messe-Aktionsprogramm

Damit wird eine Verpflichtung eingegangen, andererseits wird aber auch ein Feedback vom Management erwartet.

Aus dem Kick-off Workshop nehmen die Teilnehmer konkrete und personifizierte Hausarbeiten mit: Die Zielkunden müssen definiert und qualifiziert werden, gegebenenfalls müssen mehrstufige Einladungen vorbereitet und versendet werden, nach der Versendung werden gezielt wichtige Zielgruppen nochmals telefonisch kontaktiert, Termine für die Nachmessezeit werden blockiert, Unternehmen für die Wettbewerbsbeobachtung werden bestimmt. Alle Aktivitäten sind während des Workshops nochmals schriftlich festzuhalten (vgl. Abb. 72), denn das erhöht die Verbindlichkeit. Der Messeverantwortliche wird die Einhaltung der Termine sicherstellen. Je konkreter eine Aktivität ist, um so höher ist die Abschlusswahrscheinlichkeit.

Nach ca. zwei bis vier Monaten und ungefähr eine Woche vor Messestart wird der zweite Workshop durchgeführt, in dem es um den Auftritt und das Verkaufen auf dem Messestand und nach der Messe geht. Jetzt ist die Stimmung schon wesentlich besser als in der ersten Runde, da sich erste Erfolgsstories realisiert haben. Noch-Nicht-Kunden haben erfahrungsgemäß zugesagt, mit denen selbst alte Außendiensthasen nicht gerechnet haben. Die Zahl der Zusagen liegt oft über der üblichen Quote. Das schafft Vertrauen in die neue Vorgehensweise. Um so leichter fällt es, jetzt Regeln und Standards für die Messeveranstaltung zu erarbeiten.

Die Erfahrung der Autoren ist auch für Mitarbeiter, die bereits Messeerfahrung haben, brauchen Sie mindestens 2 Tage - in der Gruppe (!) - Motivation und intensive Vorbereitung, die sich heute vor allem auf die kommunikative Seite des Messeverhaltens richten sollte.

Sie werden aber von Ihrem Vertriebs-Management zu hören bekommen: „Unsere Leute können verkaufen, die brauchen hier keine Schulung mehr." Dieses Argument ist natürlich nur teilweise richtig: Das Messegespräch unterscheidet sich in vielen Dingen vom normalen Verkaufsgespräch. Auf das übliche Verkaufsgespräch kann sich der Außendienst vorbreiten, häufig kennt er den Partner bereits, und der hat Zeit für mich eingeplant. Auf der Messe ist das alles anders. Es kommen völlig unbekannte Besucher, gestresst vom Messetrubel mit wenig Zeit, die häufig zunächst gar nicht mit mir reden wollen. Wenn Sie dann die „Rote-Kreuz-Frage" stellen: „Can I help you?", erhalten Sie wohl möglich die Standardantwort: „Danke, ich schaue mich nur um ..."

P Wie also kann der Besucher angesprochen werden, der dem Standpersonal unbekannt ist? Natürlich nicht mit der Killerfrage: „Kann ich Ihnen helfen?" Einem Kranken kann man helfen, nicht einem Messebesucher. Besser ist da schon: „Guten Tag, herzlich willkommen bei ... Sie sind Kunde unseres Hauses (Pause)?" Dann muss der Besucher mit dem modernen

Die Etappen eines Messe-Aktionsprogramms

Waffentausch (Visitenkarte) identifiziert werden, indem man dem Besucher die Visitenkarte reicht und sich betont mit Namen und Position vorstellt. Die Wahrscheinlichkeit ist hoch, dass die Karte des Besuchers übergeben oder zumindest der Name und die Position genannt werden. Notieren Sie jetzt, denn der Verkäufer muss wissen, mit wem er spricht, aus welchem Blickwinkel.

Für viele mag dieses Procedere verständlich und normal sein, doch die Realität sieht manchmal etwas anders aus. Erstaunlich, wie viel Scheu und Hemmungen bei der Ansprache unbekannter Besucher selbst gestandene Außendienstler haben. Ohne Identifizierung des Gegenübers ist aber eine optimale Betreuung und spätere Auswertung unmöglich. Und es geht vielleicht viel kostbare Zeit verloren, da interessierte Studenten, Erfinder oder Messebummler sich auf dem Stand herumführen lassen.

Erfolgspfad für ein Messe-Aktionsprogramm

ANALYTICA
Aktion 50 + 30 = Zukunft
Zeit-/Aktionsplan

Termin	Aktivität	Verantwortung	Bemerkung
20.01.	1. Kick-off-Seminar	Mercuri International	erfolgt
20.01.	2. Personalplanung Analytica		Teilnehmer:
Sofort	1. Standgestaltung: * Know-how-to Analyse → 4 Marktsegmente → After-Sales-Services als „Kundenparkplatz"		erstmalige Präsentation After-Sales-Service auf Messe
Sofort	2. Aufbauplan für Systeme an Produktspezialisten bekanntgeben		
Sofort	3. Geräteverfügbarkeiten absichern		
Sofort	4. Briefing Standbauer		Standbau muß am 18.04. um 9.00 Uhr abgeschlossen sein
12. KW	1. Einladungsmailing „Segmentspezifisch"		Fachgebietsleiter unterschreiben: Lebensmittelanalytik → Futtermittelanalytik → Agrikulturanalytik → Umweltanalytik in Labor und Prozeß → Brau- und Getreideanalytik → Pharma-Qualitätskontrolle →
12. KW	2. Briefing „Internationale Firmenmitglieder"		Messestand ist keine Telefonzentrale und keine Gepäckaufbewahrung
11.04.	1. Persönliche Einladung an Verhandlungsplattform Ziel: 30 Termine für Messestand vereinbaren	Regionale Vertriebsingenieure	NIR-Agrikultur-Fachgespräche mit Dr. Petersen nur auf 19./20.04. terminieren Termine NIR-Agrikultur frühzeitig klären für Einsatzplanung Dr. Petersen
11.04.	2. Terminvereinbarungen für Messe per Fax / E-Mail bestätigen	Regionale Vertriebsingenieure	

Abb. 72: Fallbeispiel für einen Ergebnisbericht nach einem Messeworkshop

ANALYTICA
Aktion 50 + 30 = Zukunft
Zeit-/Aktionsplan

Termin	Aktivität	Verantwortung	Bemerkung
11.04.	3. Termine zwecks Einsatzplanung zentral an Herrn Mann weiterleiten	Regionale Vertriebsingenieure	
14.04.	1. Mailingauswertung (Rückläufe, Termine, etc.)		
15./16.04.	2. Dienstplan erstellen (Beginn, Pausen, Ende, Wettbewerbsbeobachtung)		Für jeden Teilnehmer gesonderten Dienstplan erstellen
14.04.	1. Einstimmung auf die Messe (Motto, Verkaufsverhalten, Vorgehensweise Wettbewerbsbeobachtung etc.)		2tägige Arbeitssitzung
15./16.04.	2. Personaleinteilung für Ordnung/Sauberkeit Messestand		
17.04.	Freizeitprogramm vor Messebeginn		Gemeinsame Freizeitaktivität für Messeteilnehmer planen
18.04. 9.00 Uhr	Aufbau der Systeme, Einweisung etc.		
19.-22.04.	1. 50 Traumtermine vereinbaren	Standpersonal	
19.-22.04.	2. Kunden bei „After-Sales-Service" parken	Standpersonal	Weniger Zeit mit bestehenden Kunden verbringen
19.-22.04.	3. Kundenbefragung	Standpersonal	Während Kunde eigenständig Fragebogen ausfüllt, können wir uns um potentielle Neukunden kümmern
19.-22.04.	4. Wettbewerbsbeobachtung	Standpersonal	„Lernen vom Wettbewerb", wo stehen wir im Markt?
19.-22.04.	5. An- und Abmeldung auf der Messe bei Frau Kadach mit Angabe Rückkunftzeit	Standpersonal	
19.-22.04.	6. „Morgenandacht" (Tagesauswertung Aktion 50 + 30, Wettbewerbsinformation, Verbesserungsvorschläge etc.)		Teilnahme: gesamtes Standpersonal

Abb. 72 (Forts.): Fallbeispiel für einen Ergebnisbericht nach einem Messeworkshop

> **Erfolgspfad für ein Messe-Aktionsprogramm**

Termin	Aktivität	Verantwortung	Bemerkung
19.-22.04.	7. Kontaktreports während Gespräch ausfüllen	Standpersonal	= Leitfaden zur Gesprächssteuerung
19.-22.04.	8. Fax-Bestätigung Traumtermine vom Stand	noch festzulegen	
22.04. ab 18.00 Uhr	Abbau	Standpersonal	Nicht: „Abriss"
25.04. 9.00 Uhr	Koordination der Kontaktfortführung Traumtermine		Meeting zur Abstimmung, Übertragung der Verantwortlichkeiten
noch festzulegen	1. Auswertung Kundenbefragung	noch festzulegen	
noch festzulegen	2. Auswertung Wettbewerbsbeobachtung	noch festzulegen	Vertriebsingenieure und Produktspezialisten erhalten Kopie der Auswertungsergebnisse als Hintergrundinformation für Verkaufsgesprächsführung
26./27.04. 03./04.05. 10./11.05. 17./18.05. 24./25.05. 31.05./ 01.06.	Kontakte-Follow-up, Traumtermine, Gerätedemonstrationen etc.	Produktspezialisten, Vertriebsingenieure	Verbindliche Zeiträume für Traumtermine. Vertriebsingenieure und Produktspezialisten leiten Daten monatlich zentral an
monatlich ab 05/	EDV-gestützte Zwischenauswertungen Aktionsstatus „Traumtermine"		
bis 22.04.	1. Entscheidungsherbeiführung (Kauf)	Produktspezialisten, Vertriebsingenieure	
bis 22.04.	2. After-Sales-Aktivitäten	Produktspezialisten, Vertriebsingenieure	
bis 22.04.	3. Zufriedenheit-Abstimmung	Produktspezialisten, Vertriebsingenieure	
23.04.	Endauswertung/Nachkalkulation Analytica		

Abb. 72 (Forts.): Fallbeispiel für einen Ergebnisbericht nach einem Messeworkshop

Gestandene Verkäufer „beichten" den Autoren, dass es ihnen oft schwer fällt, Messegespräche erfolgreich zu führen. Sie resignieren leicht. Wenn sie den Besucher ansprechen und ihn nicht für das Produkt ad hoc begeistern können, erlahmt ihr Interesse. Die Ursache hierfür suchen aber die meisten im Produkt und nicht in ihrer Gesprächsführung. Hierdurch entsteht ein Teufelskreis: Die Verkäufer gewinnen den Eindruck, die Kunden interessieren sich nicht für ihre Produkte. Entsprechend demotiviert treten sie im Verkauf der Messetage dem Besucher entgegen. Entsprechend reserviert reagieren auch die Besucher. Dies wiederum wirkt sich auf das

Verhalten der Verkäufer aus. So findet man leicht die Begründung: „Auf dieser Messe sind ohnehin nicht unsere wirklich potenziellen Kunden."

Fragt man jedoch bei diesen nach, so erfährt man oft, dass sie durchaus auf dieser Messe waren und auch interessiert sind. Im Vorfeld muss also diskutiert und erklärt werden, was man unter „kundenorientiertem Verhalten" versteht. Im Klartext: Soll er sich ganz auf seinen aktuellen Gesprächspartner konzentrieren und ihm auch die Teilfragen beantworten oder die Gespräche möglichst kurz fassen, um viele Kontakte zu knüpfen?

Dieser Zwiespalt artikuliert sich u. a. darin, dass Sie beobachten können, dass die Verkäufer ihrem aktuellen Gesprächspartner zwar körperlich gegenüber stehen, ihre Augen schweifen aber währenddessen immer wieder über den gesamten Stand. Diese Unruhe spürt der Gesprächspartner.

Von zentraler Bedeutung ist auch das Herausarbeiten der verschiedenen Nutzen für diese Messe; außerdem das Entwickeln von Bildern, Begrifflichkeiten und Strategien, mit denen Funktionsmerkmale verständlich dargestellt und sinnlich erfahrbar gemacht werden können. Wird diese „Übersetzungsarbeit" dem Mitarbeiter allein überlassen, so ist er meistens überfordert. So schlägt das Gefordert-sein auf Messen schnell in ein Überfordert-sein um. Fatal.

Weiterhin soll in dieser Schulung deutlich werden, dass die Mitarbeiter das Gespräch steuern, nicht der Kunde. Der Besucher hat in seinem Hinterkopf häufig nur die Absicht, sich unabhängig und eingehend zu informieren, der Aussteller will ihn aber für einen Nachmessetermin interessieren. Das bedeutet für den Außendienst viele, aber nicht tiefe Kontakte zu generieren. Die werden im Anschluss an die Veranstaltung durchgeführt. Das erfordert viel Eigendisziplin und Steuerung. Argumente für den Traumtermin nach der Messe sind die Messehektik oder der erforderliche Informationsaustausch mit einem Zeitbedarf von mindestens einer halben Stunde. Außerdem ist es sehr sinnvoll und hilft Zeit für den Gesprächspartner zu sparen, wenn sein Kollege aus der Technik (oder woher auch immer) noch teilnimmt. Dieses Touch and Go muss das Standpersonal in dem Vorbereitungsworkshop akzeptieren und üben - im Rollenspiel.

Im 2. Kapitel dieses Teils des Fachbuches (Durchführung auf der Messe, S. 319) finden Sie übrigens einen „Schatz" an Tipps und Regeln, die in diesem Workshop üblicherweise vermittelt und erarbeitet werden.

Der Leser spürt, welcher Zündstoff hinter der konsequenten Umsetzung der Workshopinhalte steht. Das erfordert Toleranz und viel Disziplin. Diese einzuhalten, wird während der Laufzeit der anstrengenden Messetage immer schwieriger. Auch aus diesem Grund empfiehlt sich bei einer größeren Crew während der Messelaufzeit eine intensive Betreu-

> Erfolgspfad für ein Messe-Aktionsprogramm

ung (Coaching) des Standpersonals. Das ist Aufgabe eines erfahrenen externen oder internen Coaches, der die Einhaltung „des Messeknigges" sicherstellt. Seine Beobachtungen teilt er dem Standpersonal in der sog. Morgen- oder Abendandacht mit. Hier werden in einer halben Stunde Erfahrungen, Beobachtungen und Anregungen ausgetauscht, die Tagesziele besprochen und „Motivationsspritzen" für den nächsten Messetag gesetzt. Natürlich fühlen sich die Verkäufer durch diesen Beobachter zunächst eingeschränkt, aber durch umsichtiges, hilfsbereites und faires Verhalten des Coaches wird er schnell als wirkliche Hilfe auf dem Stand erkannt. Kritik an Einzelpersonen ist ausgeschlossen.

Wer bietet sich als Coach für diese Praxisbegleitung an, die wirklich erst zu spürbaren Verhaltensänderungen beim Standpersonal führt? Zunächst sind natürlich die eigenen Führungskräfte zu beachten, prädestiniert sind die eigenen Verkaufsleiter.

Meistens hat diese Gruppe aber nicht genügend Zeit (aufgrund eigener Gespräche). Zudem sind sie in dieser Rolle oft nicht so erfahren und lösen durch ihre Vorgesetzten-Positionen beim Mitarbeiter Abwehrmechanismen aus. Externe können teil- und phasenweise für Entlastung sorgen, außerdem bringen sie einen anderen Blickwinkel mit. Das macht Mitarbeiter erfahrungsgemäß offener für Veränderungen.

Das Coaching muss übrigens nicht über die gesamte Messelaufzeit erfolgen. Zwei konsequente Tage zu Beginn der Veranstaltung sind völlig ausreichend, da sich in dieser Zeit meistens schon Veränderungsprozesse eingestellt haben - oder auch nicht. <u>Morgen- oder Abendandacht</u> sind natürlich trotzdem kontinuierlich durchzuführen.

FOKUS

1. Der Vertrieb hat während des gesamten Aktionsprogramms eine Schlüsselfunktion. Er lebt die Messekonzeption und stellt ihre Umsetzung sicher.
2. Für den Vertrieb bedeutet eine „Messbare Messe" Transparenz und Unruhe.
3. Deshalb muss rechtzeitig in Workshops überzeugt werden. Auch müssen die Instrumente zur Aktivitätensteuerung und die Regeln des „Messeknigge" den Mitarbeitern (QQR) bekannt sein, von ihnen verstanden und akzeptiert werden, und die Anwendung muss beherrscht werden.

1.7. Planung des Follow-up und der Projektsteuerung

Auftritt + Nach-Tritt

Projektmanagement und Follow-up - und hier bitten wir ganz besonders um Ihre Aufmerksamkeit - beginnen vor der Messe. Es gilt, Zeit zu reservieren für die Zeit nach der Messe, denn es müssen Traumtermine wahrgenommen und Angebote verfolgt werden - nicht irgendwann, sondern unmittelbar nach der Messe, im Anschluss an den Messetrubel. Der routinierte Besuchsrhythmus ist zu unterbrechen. Das ist nicht so einfach, wie es klingt, da allgemein die Messeveranstaltung selbst als der eigentliche Höhepunkt angesehen wird. Danach beginnt wieder der normale Alltag.

Hier müssen alle Teilnehmer ihr Bewusstsein verändern. Erreicht werden kann das nur, indem von jedem „betroffenen" Mitarbeiter Zeiträume geblockt werden. Vor der Messe, damit hinterher nichts verlorengeht.

Nehmen Sie diese letzte Phase des Aktionsprogramms nicht ernst, war fast alles andere Makulatur. Gerade in der Investitionsgüterindustrie, da Messen keinen Ordercharakter besitzen und ein längeres Timelag zu überwinden ist, ist dies besonders wichtig. Die Auftragsvergabe findet nach der Messe statt. Ein Planziel muss es daher sein, „die Auftragsvergabe nach Messen" in zeitlich kurzer Folge zu platzieren. Das heißt im Klartext, wir müssen das, was nach der Messe passieren wird - und was wir ja bereits vorher wissen (wie z. B. Angebote, Besuchstermine etc.) - in die Phase vor der Messe projizieren. Tempo an sich ist ein Leistungsbeweis und somit ein Marketingtool. Auch wenn es eine Wiederholung ist: Messen sind ein tolles Medium zur Akquisition, ein bewiesener Beschleuniger zur Realisierung von Marketing- und Vertriebszielen. Und sie sind sehr teuer, was ein penetrantes Follow-up erfordert. Seien wir ehrlich: Keiner will das so richtig, weil es unangenehm ist und einige Freiräume beschneidet. Deshalb bleibt die Forderung nach dem Follow-up oft genug nur ein frommer Wunsch, der in den Messehallen verhallt. Es ist schon erstaunlich, dass die Maßnahmen zur Kontrolle und Nacharbeit, die den Messeerfolg entscheidend absichern, zu den Aufwendungen für Standbau und Messewerbung in einer so großen Dissonanz stehen. Wir haben z. B. noch nie ein detailliertes Follow-up-Budget für die Nachmessezeit gesehen.

Beginnen wir mit der Vorarbeit für die Nacharbeit. Basis sind natürlich klar definierte Ziele. Darüber ist ausführlich gesprochen worden. Dann empfiehlt es sich, jede einzelne Phase sehr eng zu überwachen. Nicht, um den Vertrieb zu kontrollieren, wie mancher vielleicht glauben mag, viel-

Erfolgspfad für ein Messe-Aktionsprogramm

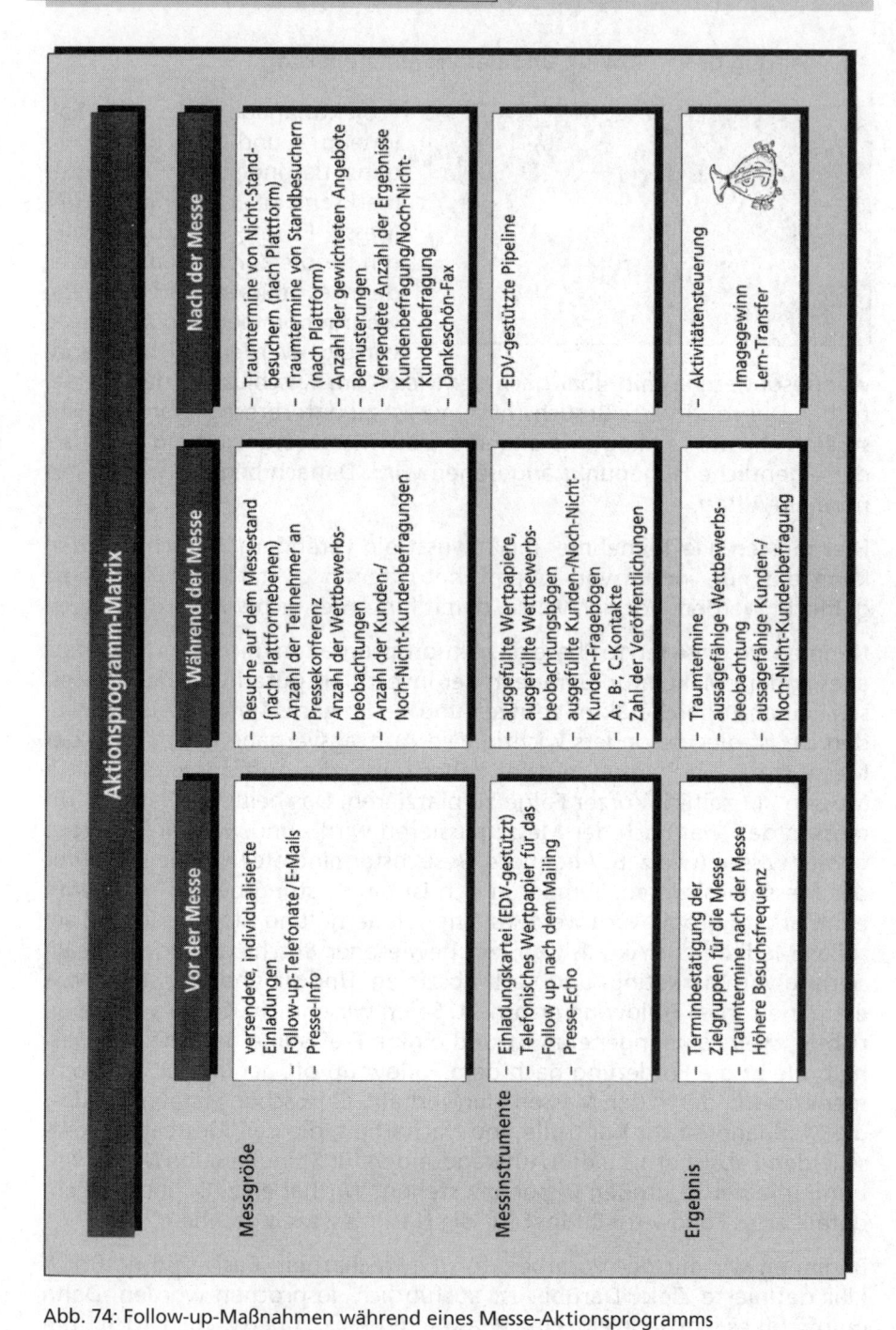

Aktionsprogramm-Matrix

	Vor der Messe	Während der Messe	Nach der Messe
Messgröße	– versendete, individualisierte Einladungen – Follow-up-Telefonate/E-Mails – Presse-Info	– Besuche auf dem Messestand (nach Plattformebenen) – Anzahl der Teilnehmer an Pressekonferenz – Anzahl der Wettbewerbsbeobachtungen – Anzahl der Kunden-/Noch-Nicht-Kundenbefragungen	– Traumtermine von Nicht-Standbesuchern (nach Plattform) – Traumtermine von Standbesuchern (nach Plattform) – Anzahl der gewichteten Angebote – Bemusterungen – Versendete Anzahl der Ergebnisse Kundenbefragung/Noch-Nicht-Kundenbefragung – Dankeschön-Fax
Messinstrumente	– Einladungskartei (EDV-gestützt) – Telefonisches Wertpapier für das Follow up nach dem Mailing – Presse-Echo	– ausgefüllte Wertpapiere, ausgefüllte Wettbewerbsbeobachtungsbögen – ausgefüllte Kunden-/Noch-Nicht-Kunden-Fragebögen – A-, B-, C-Kontakte – Zahl der Veröffentlichungen	– EDV-gestützte Pipeline
Ergebnis	– Terminbestätigung der Zielgruppen für die Messe – Traumtermine nach der Messe – Höhere Besuchsfrequenz	– Traumtermine – aussagefähige Wettbewerbsbeobachtung – aussagefähige Kunden-/Noch-Nicht-Kundenbefragung	– Aktivitätensteuerung Imagegewinn Lern-Transfer

Abb. 74: Follow-up-Maßnahmen während eines Messe-Aktionsprogramms

Die Etappen eines Messe-Aktionsprogramms

mehr soll der Messeerfolg sichergestellt und gemanagt werden. Außerdem bekommt jeder Teilnehmer mit einer exakten Erfassung der in der Abbildung 74 dargestellten Aktivitäten ein Gespür für den tatsächlichen Aufwand einer Messe. Das wiederum erhöht die Planungssicherheit und ist die Plattform für kommende Beteiligungsentscheidungen.

Die (mehrstufigen, nutzenorientierten, personifizierten) Einladungen an die diversen Zielgruppen sind die erste Aktivität, die es zu steuern gilt. Darüber haben wir bereits gesprochen. Hilfsmittel dazu ist eine (elektronische) Einladungskartei, die Auswertungen in alle Richtungen ermöglicht, vor allen Dingen in Richtung der aus der Strategie abgeleiteten Plattformebenen (Kunden-, Verhandlungs-, Marktplattform). Über ein Rückantwortfax lassen sich die Zusagen zählen und damit die Effizienz überprüfen.

Nicht-Zusagen entmutigen nicht (das ist der häufigste Fall). Wir werden telefonisch Bedarf wecken: Wir motivieren die Ansprechpartner, doch zu kommen oder vereinbaren direkt einen Traumtermin für die Nachmessezeit. Tenor: „Wir bringen persönlich die wichtigsten Ergebnisse der Messe zu Ihnen." Auch hier ist eine detaillierte Erfassung mit Hilfe des beiliegenden Telefonwertpapiers (vgl. Abb. 76) möglich. Diese Aktion lässt sich (teilweise) auch an externe Agenturen vergeben: Das bringt Zeitgewinn.

Auf der Veranstaltung lassen sich täglich die Traumtermine zählen und nach Zielgruppen auswerten. Außerdem kann eine Gewichtung nach Qualität erfolgen.

Hilfsmittel dazu ist das Wertpapier. Sicher muss gerade am Anfang sehr genau auf die Qualität geschaut werden (Coaching, Abend- oder Morgenandacht). Nur richtig ausgefüllte Bögen bringen auswertbare Ergebnisse. Und nochmals: Wichtig ist, dass während des Gesprächs mitgeschrieben wird. Schon aus dem Grund sollte das Wertpapier die Möglichkeit bieten, möglichst viel anzukreuzen. Das erleichtert dem Standteam die Arbeit und Auswertung. Muss-Bestandteile eines solchen Kontaktbogens sind ein Adressfeld, ein Funktionsfeld, ein Branchenfeld, Platz für das Einkleben der Visitenkarte, ein Feld für das aktuelle Kontaktstadium (Markt-, Verhandlungs- oder Kundenplattform), und ein Ergebnis- und Aktivitätenfeld. Außerdem sollte genügend Platz für weitere Bemerkungen zur Verfügung stehen. Wichtig sind auch Angaben zum jeweiligen Messetag und zum Namen des Standmitarbeiters, der das Gespräch geführt hat. Und zu guter Letzt sollte ein Feld zur Verfügung stehen, in dem notiert wird, wie lange das Gespräch gedauert hat, da die knappe verfügbare Messekontaktzeit gemanagt werden soll (vgl. Abb. 78).

Erfolgspfad für ein Messe-Aktionsprogramm

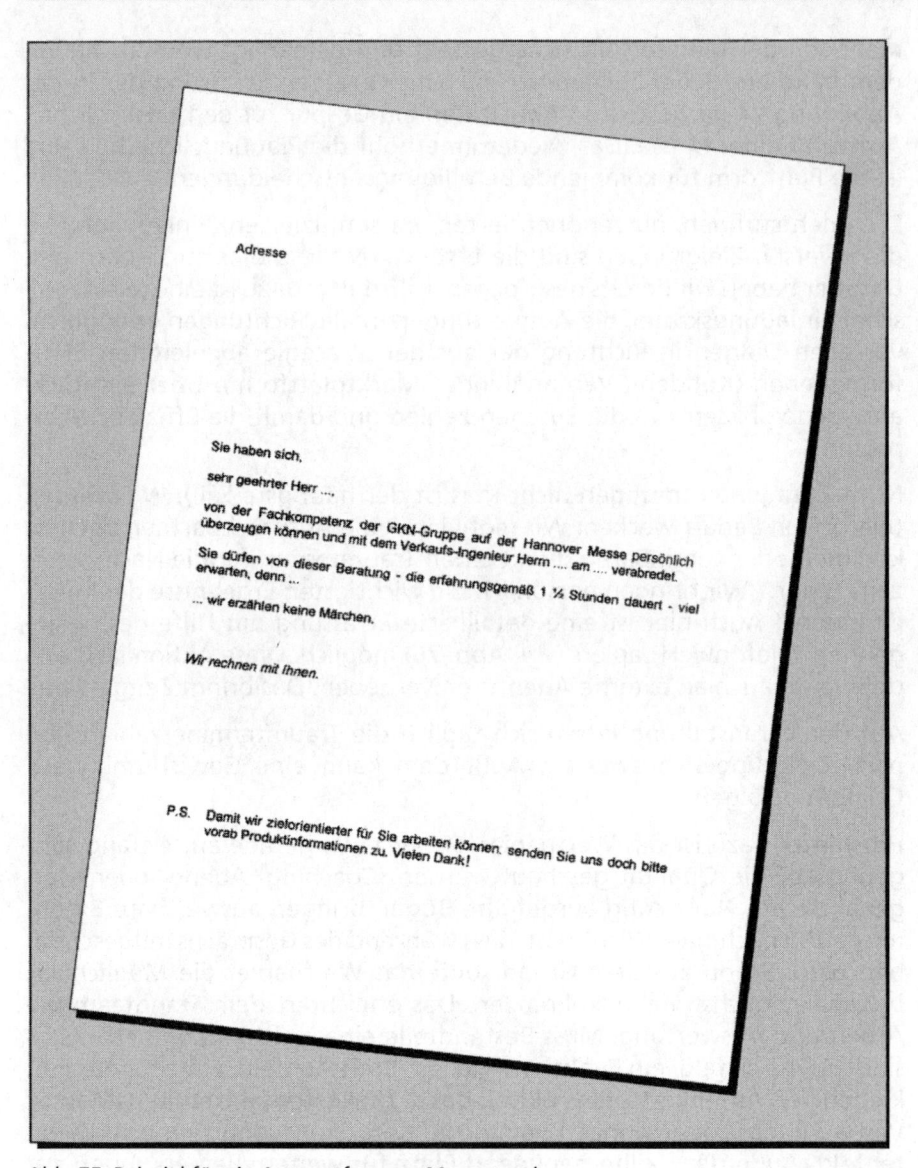

> Adresse
>
> Sie haben sich,
>
> sehr geehrter Herr ....,
>
> von der Fachkompetenz der GKN-Gruppe auf der Hannover Messe persönlich überzeugen können und mit dem Verkaufs-Ingenieur Herrn .... am .... verabredet.
>
> Sie dürfen von dieser Beratung - die erfahrungsgemäß 1 ½ Stunden dauert - viel erwarten, denn ...
>
> ... wir erzählen keine Märchen.
>
> Wir rechnen mit Ihnen.
>
> P.S. Damit wir zielorientierter für Sie arbeiten können, senden Sie uns doch bitte vorab Produktinformationen zu. Vielen Dank!

Abb. 75: Beispiel für ein Antwortfax vom Messestand

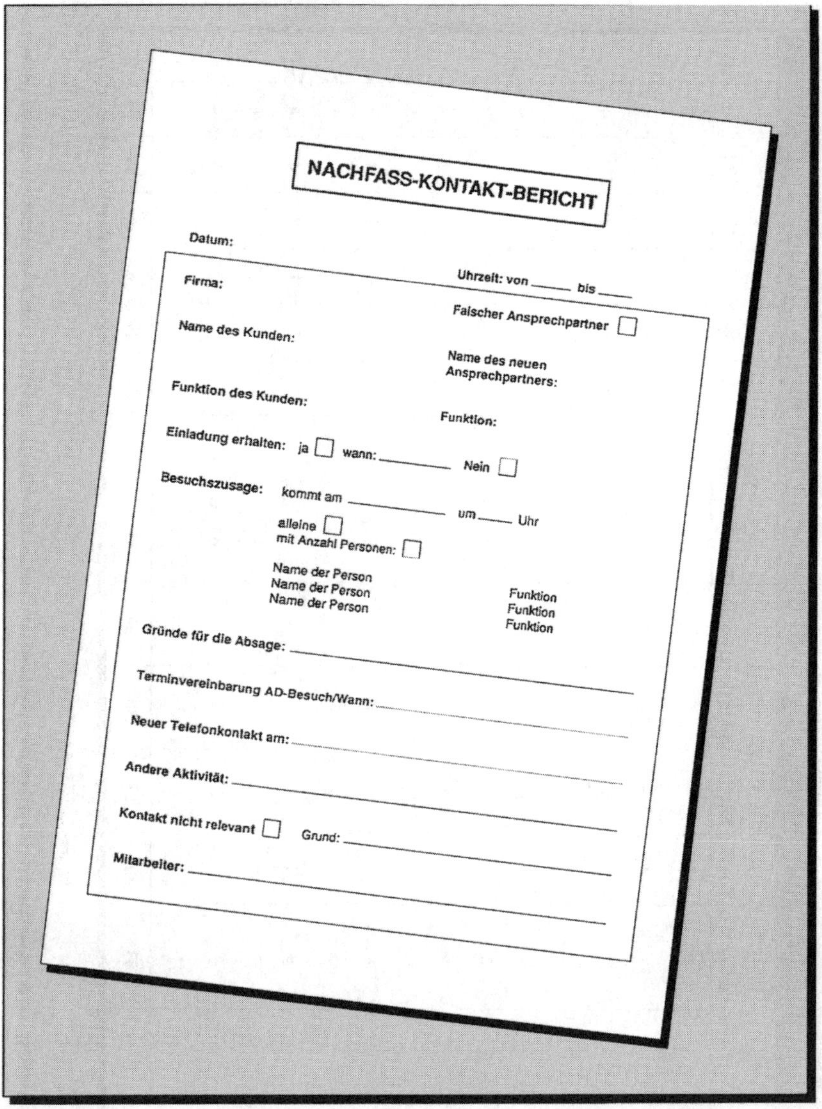

Die Etappen eines Messe-Aktionsprogramms

NACHFASS-KONTAKT-BERICHT

Datum:

Firma:

Uhrzeit: von _____ bis _____

Name des Kunden:

Falscher Ansprechpartner ☐

Name des neuen Ansprechpartners:

Funktion des Kunden:

Funktion:

Einladung erhalten: ja ☐ wann: _____ Nein ☐

Besuchszusage: kommt am _____ um _____ Uhr

alleine ☐
mit Anzahl Personen: ☐

Name der Person
Name der Person
Name der Person

Funktion
Funktion
Funktion

Gründe für die Absage: _____

Terminvereinbarung AD-Besuch/Wann: _____

Neuer Telefonkontakt am: _____

Andere Aktivität: _____

Kontakt nicht relevant ☐ Grund: _____

Mitarbeiter: _____

Abb. 76: Beispiel für ein Telefonwertpapier

Merke:

Schnelligkeit ist in der Kundenökonomie entscheidend, ganz nach dem Motto: „Erledige erst das Nötige, dann das Mögliche. Irgendwann schaffst Du das Unmögliche."

Erfolgspfad für ein Messe-Aktionsprogramm

	Besucherstruktur			Bewertung						Gesprächsthema						
Datum	Anzahl	Altkunden	Neukunden	Positiv	Neutral	A-Kunde	B-Kunde	C-Kunde	Traumtermin	KA	BE	WR	TG	LM	AB	UWT
05.05.	2		2	1		1		1			1				1	1
06.05.	7		7	5	2	3		3	1	5	1	1				2
07.05.	3		3	1	2		1	2		1				1	1	
08.05.	4		4	1	3	2			1	4						
09.05.	6		6	2	4	1	1	2	1	3	2				3	
10.05.	8		8		8	1	2	2		3	3				2	
11.05.	8		8	3	5		3	3		4	5				2	
12.05.	12		12	2	10		5	7	2	4	5	1	1	1	5	
13.05.	6		6		6	1	5	3		5	2			1	3	
14.05.	2		2		2		5	1		2			2	1	1	
15.05.	8		8	1	7	4	2	4		5	2	1	1	4	4	
16.05.	7		7	1	6	1	1	1		4	4	3		7	6	
17.05.	9		9	1	8	3	5	6	1	4				4	4	1
18.05.	1		1	1		1									1	
Summe	83		83	19	63	18	30	35	6	44	25	6	4	19	35	2

Abb. 77: Auswertung Wertpapiere DRUPA Düsseldorf

Die Etappen eines Messe-Aktionsprogramms

exponet-Wertpapier

Messetag: 25. 26. 27.11   Kz.:

Vorname:
Nachname:
Titel:
Funktion:
Firma:
Straße:
PLZ/Ort:
Land:
Telefon:
Fax:
E-mail/Internet:

Platz für Visitenkarte

Bereits Kunde?: ja / nein

Abteilung:
- Geschäftsführung ☐
- Einkauf ☐
- Projekt-Ingenieur ☐
- Technik ☐
- Verkäufer ☐
- Sonstiges: _____

Wer entscheidet mit?
Name: _____ Position: _____

Branche:
- Handel ☐
- Instandhaltung ☐
- Systemhaus ☐
- Endkunde ☐
- Ingenieurbüro ☐

Jahresbedarf:
Cu:
LWL:

Bisheriger Lieferant:
Werk: ☐
Handel: ☐
Zufriedenheit: ☺ ☻ ☹

Anstehende **Projekte** (bis 3/98)
Art:
Größe:
Wert:

☏ **Traumtermin:**
am: _____ bei: _____

Messebesuch
☐ Einladung   ☐ _____

Systeme	Techn. Info	PM-Anruf	-Besuch	Angebot				
LQS.100/Kat.5	☐	☐	☐	☐	☐	○	○	○
LQS.200/Kat.6	☐	☐	☐	☐	☐	○	○	○
LQS.600/Kat.7	☐	☐	☐	☐	☐	○	○	○
FO	☐	☐	☐	☐	☐	○	○	○
FO+	☐	☐	☐	☐	☐	○	○	○
	☐	☐	☐	☐	☐	○	○	○

Kabel								
Kat.5/6	☐	☐	☐	☐	☐	○	○	○
Kat.7	☐	☐	☐	☐	☐	○	○	○
LWL	☐	☐	☐	☐	☐	○	○	○
Kx/RG	☐	☐	☐	☐	☐	○	○	○
IBM	☐	☐	☐	☐	☐	○	○	○
Cu-Konf.	☐	☐	☐	☐	☐	○	○	○
LWL-Konf.	☐	☐	☐	☐	☐	○	○	○
Spezial	☐	☐	☐	☐	☐	○	○	○

Sonstiges:
Cu-Konf. ☐ ☐ ☐ ☐ ☐ ○ ○ ○

Kaufentscheidung	A	B	C
Handling	☐	☐	☐
Qualität	☐	☐	☐
Zukunftssicherheit	☐	☐	☐
Lieferzeit	☐	☐	☐
Preis	☐	☐	☐
Markenname	☐	☐	☐
Termintreue	☐	☐	☐
Sortimentstiefe	☐	☐	☐
Sortimentsbreite	☐	☐	☐

Abb. 78 Wertpapier

Erfolgspfad für ein Messe-Aktionsprogramm

Kundenbefragung und Wettbewerbsbeobachtung sollten ebenfalls sehr penibel pro Tag analysiert werden. Was auf der Messe nicht „im Kasten ist", kann nachher nur noch wesentlich aufwendiger realisiert werden. Also ist Sorgfalt angesagt. Messen läßt sich diese Phase an den vereinbarten Traumterminen per Bestätigungsschreiben. Nach der Messe werden die Traumtermine vom Außendienst durchgeführt. Die Ergebnisse werden in einer sogenannten gewichteten Pipeline festgehalten, die das Aktionsprogramm bis zum Schluss begleitet.

Alle gewichteten Kontakte werden fein säuberlich aufgeführt. Angebote, die an sie rausgegangen sind, werden mit dem entsprechenden Volumen und mit einem Gewichtungsfaktor versehen. Der spiegelt die Erfolgswahrscheinlichkeit wider. 100 % sind logischerweise ein Auftrag und wandern in die Umsatzspalte. In der letzten Spalte stehen die Folgeaktivitäten, die dem Betrachter den aktuellen Status quo der Vertriebsarbeit signalisieren. Der Vertriebsmitarbeiter erhält in regelmäßigen Abständen eine schriftliche Auswertung mit einem motivierenden Begleitschreiben. Das hält die Aktion „am Kochen". Auf jeden Fall sollte zur Hälfte des Aktionszeitraums eine Pipeline mit allen Teilnehmern ausgewertet werden. Nennen wir diesen Schritt Bergfest. Hier haben alle die Möglichkeit, ein kritisches Zwischenresümee zu ziehen. Empfehlenswert ist ggfs. auch ein Incentive, das den Teilnehmern „die zweite Luft verschafft". Parallel sollte ein Messetelefon bei der Projektleitung jedem die Gelegenheit geben, Fragen zu stellen, Ratschläge zur weiteren Vorgehensweise zu geben, oder einfach auch nur mal Frust abzulassen. Denn Traumtermine sind nicht immer Traumtermine. Die Summe dieser Follow-up-Aktivitäten rechnet sich - nach unserer Erfahrung - in und Cent. So einfach und so schwer ist das.

Zeit nach Besuch	Inhalt	Mittel
während oder 1-3 Tage	Dank für Besuch	Fax, E-Mail, Brief, Call
3-5 Tage	Muster, Prospekte	Brief, ggf. Zwischenbescheid
6-10 Tage	Vereinbarung eines AD-Termins	Telefon
10-22 Tage	Kundenbesuch	Außendienst, GF
12-22 Tage	Dank für AD-Besuch	Fax, E-Mail, Brief
15-30 Tage	Angebot, Zwi-Bescheid	Brief, Außendienst
ca. 40 Tage	Nachfassen	Telefon

Abb. 79 Messe-Nachbereitung

Die Etappen eines Messe-Aktionsprogramms

> **FOKUS**
>
> 1. Projektmanagement und Follow-up beginnen vor der Messe. Dies ist Vorarbeit für die Nacharbeit.
> 2. Nehmen Sie dieses Element eines Aktionsprogramms nicht ernst genug, ist alles andere Makulatur.
> 3. Ein Planziel muss es sein, die Aufträge nach der Messe schnell zu realisieren.
> 4. Alle Kontakte werden mit Hilfe des Wertpapiers fein säuberlich erfasst.

2. Durchführung auf dem Messestand

Die Vorbereitung ist beendet, wir befinden uns auf dem Messestand. Jetzt wird sich zeigen, wie konsequent die angedachten Ideen umgesetzt werden. Natürlich geschieht das nicht im vollen geplanten Umfang. Das zu glauben, wäre illusorisch und blauäugig. Denn die obigen Ideen beinhalten für manche Firmen fast „revolutionäres Gedankengut". Es handelt sich um einen längerfristigen Prozess. Aber das ist auch gut so. Langsam Vertrauen gewinnen, den Erfolg schnuppern und dann selbstbewusster beim nächsten Mal herangehen. Viele von den Aspekten, die während der Veranstaltung wichtig sind, haben wir bereits in der Planungsphase angesprochen. Konzentrieren wir uns deshalb auf wenige Einzelthemen, die wir vor allen Dingen mit Beispielen aus der Praxis belegen wollen:

- das Verhalten auf dem Messestand (die versprochenen Tipps und Regeln),
- die Führung auf dem Messestand,
- und die separate Kundenveranstaltung

Beim Messebesuch spielen Erlebnisprozesse eine sehr große Rolle. Einkäufe haben zu tun mit archaischen Beutezügen, mit der Lust am Prozess. Die ideelle Prozesslust, in die der Besucher hineingerät ist oft stärker als die materielle Besitzgier.

| Erfolgspfad für ein Messe-Aktionsprogramm |

Erfolgsfaktor Mensch

Können Sie sich vorstellen, dass *ernst zu nehmende* Studien nachfolgendes Verhalten ermittelt haben:

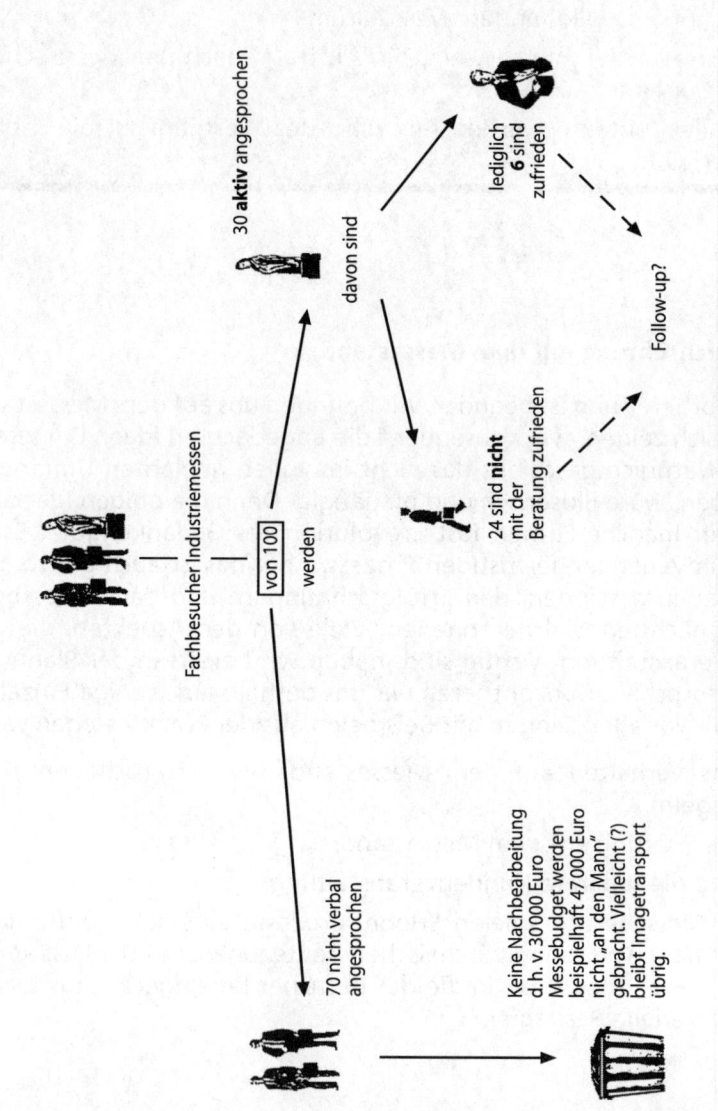

Fachbesucher Industriemessen

von 100 werden

30 **aktiv** angesprochen

davon sind

lediglich **6** sind zufrieden

24 sind **nicht** mit der Beratung zufrieden

Follow-up?

70 nicht verbal angesprochen

Keine Nachbearbeitung d.h. v. 30000 Euro Messebudget werden beispielhaft 47000 Euro nicht „an den Mann" gebracht. Vielleicht (?) bleibt Imagetransport übrig.

Lediglich 6% der Fachbesucher gehen zufrieden von der Messe!

© by Elke Clausen, 1999 (erweitert)

Die Etappen eines Messe-Aktionsprogramms

Wie verführe ich meine Primadonna auf der Messe?

Wie gewinne ich den verwöhnten Besucher? Verwöhnt durch immer mehr Chancen, sich Informationen gezielt zu beschaffen. Auch außerhalb der Messe durch das Internet. Aber auch Chancen, Informationen gezielt zu entfliehen. Vom Zapping bis zum Web-Washer, der das Internet vom Banner befreit.

Wie gewinne ich den aufgeklärten, emanzipierten, selbstbewussten Messebesucher? Wie gewinne ich jemand, der mich durchschaut? Der sich nichts vormachen lässt? Wie sorge ich dafür, dass der, der über meinen Auftritt nur den Mund verzieht, mich anhört?

In der Sorge, dass uns keiner mehr zuhört, werden wir immer lauter und lauter.

Auf der anderen Seite weiß jeder, dass es Auftritte und Werbung gibt, über die man sogar spricht, die zum Thema wird, die so ansteckend ist, dass man sie sich freiwillig weitererzählt.

Ein professioneller Messeauftritt spricht nicht nur die Sinne an, sondern gibt dem Denken eine neue Richtung. Das heißt: Messe-Marketing dreht nicht nur die Köpfe, sondern es dreht in den Köpfen etwas. Kunden wissen zwar nicht genau, was sie wollen, aber - darin sind sich alle Forscher sicher - sie wissen, was sie nicht wollen.
(Nach Holger Jung, Jean-Remy von Matt)

Noch einige Informationen über den, um den sich eigentlich alles dreht: Fast 60 % aller Messefachbesucher haben keine klare Vorstellung über die Reihenfolge ihrer Standbesuche - sie haken oft eine Halle nach der anderen ab und verlieren wertvolle Zeit. Wenn er aber am Stand ist, möchten sich ~ 90 % der Besucher in erster Linie über Produktneuheiten informieren.

| Erfolgspfad für ein Messe-Aktionsprogramm |

Entscheidungsphasen des Messebesuchers	Ziele des Besuchers	Anforderungen an den Aussteller
Vorinformationsphase Besuchertyp I	✓ Überblick gewinnen ✓ Allgemeine Lösungsmöglichkeiten kennen lernen ✓ Suche nach Hilfestellung	✓ Erkennen/erarbeiten von Bedürfnissen ✓ Lokalisieren von Problemfeldern ✓ Hinterfragen
Vorüberlegungsphase Besuchertyp II	✓ Gezielte Suche nach Lösungen	✓ Konkrete Lösungsmodelle anbieten/Details erfassen ✓ Kompetenznachweis erbringen: Technik, Finanzierung, Service
Vertiefende Informationsphase Besuchertyp III	✓ Klärung produktspezifischer, vertraglicher und kaufm. Details	✓ Erkennen und Bearbeiten der Abnehmerinteressen ✓ Demonstration von Kompetenz und Kundenorientierung ✓ Ggf. Zurückführen des Entscheidungsprozesses in vorherigen Phasen
Vorentscheidungsphase Besuchertyp IV	✓ Abrundung des Gesamteindrucks ✓ Bestätigung der anstehenden Entscheidung ✓ Kontaktierung	✓ Demonstration von Kompetenz ✓ Argumentative Stützung der Wahl ✓ Andere Hierarchien einbinden
Nachentscheidungsphase Besuchertyp V	✓ Bestätigung der Entscheidung	✓ Kundenorientierung/ Service demonstrieren ✓ Kognitive Dissonanz abbauen ✓ Langfristige Geschäftsbeziehungen aufbauen
Investitionspause Besuchertyp VI	✓ Kontakt mit Herstellern halten	✓ Geschäftsbeziehungen pflegen ✓ Referenzen anbieten

Abb. 80 Typologie des Messebesuches: Erst aus der Analyse gewinne ich die Kunden orientierte Ansprache.

Die Etappen eines Messe-Aktionsprogramms

Tagesablauf - Typische Besucherfrequenz
(Werktag, Industriemesse, Facheinkäufer, 4 Tage)

Tagesablauf – Typische Besucherfrequenz
(Werktag, Industriemesse, Facheinkäufer, 4 Tage)

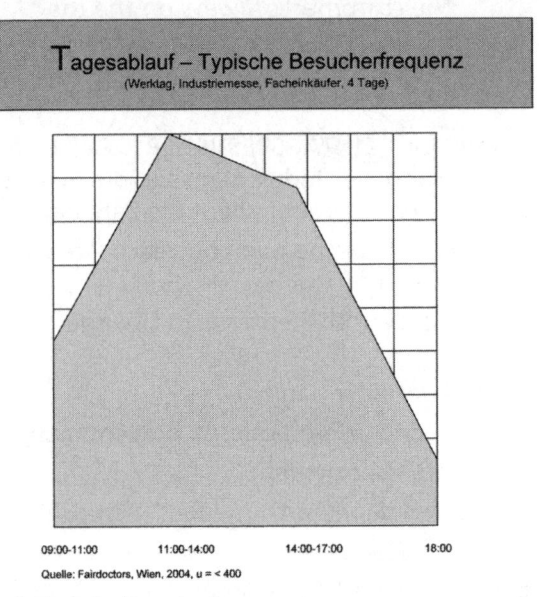

09:00-11:00   11:00-14:00   14:00-17:00   18:00
Quelle: Fairdoctors, Wien, 2004, u = < 400

Abb. 81 Tagesablauf - Typische Besucherfrequenz

Typischer Besucher

Messen ziehen teilweise sehr viele Menschen an. Das ist für Sie als Aussteller gut und schlecht zugleich.

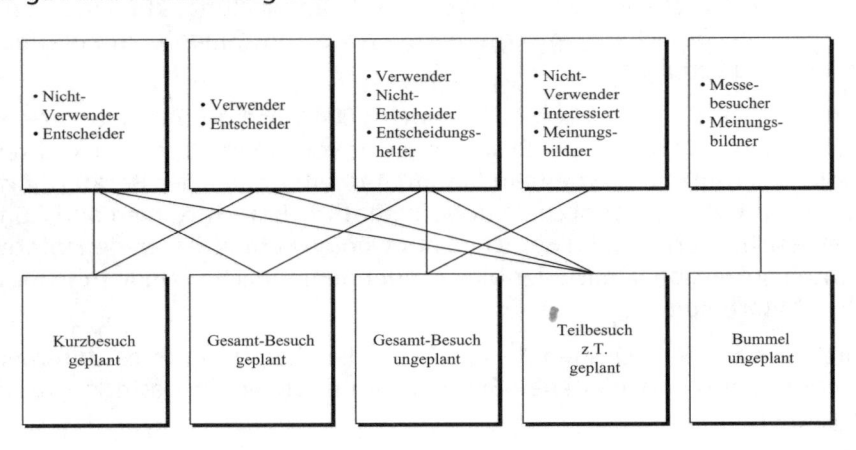

• Nicht-Verwender • Entscheider	• Verwender • Entscheider	• Verwender • Nicht-Entscheider • Entscheidungshelfer	• Nicht-Verwender • Interessiert • Meinungsbildner	• Messebesucher • Meinungsbildner
Kurzbesuch geplant	Gesamt-Besuch geplant	Gesamt-Besuch ungeplant	Teilbesuch z.T. geplant	Bummel ungeplant

Jeder dieser Gruppen hat unterschiedliche Prioritäten und Ansichten. Das macht die Arbeit auf dem Messestand nicht leicht. Training tut not.

2.1. Verhalten auf dem Messestand/Besucher Handling

Our hierarchy is simple:
The customer is always on the top

Tatsachen

- 60 - 80 % sind nur „EINTAGSBESUCHER". Bei Leitmessen, wie die DRUPA oder die Hannover Industriemesse, die eine starke internationale Besucherstruktur aufweisen, liegt die Zahl natürlich höher.
  Leitsatz: „Don't count the people you reach - reach the people who count!"
  Also: Der Besucher, den ich heute nicht „bagger", ist morgen schon weg.
- 4 - 6 Besuche sind definitiv geplant
- Zum Essen, Laufen und „Nase pudern" braucht man Zeit
- = 2 - 3 Stunden sind nicht geplant

Bei 10 Minuten Verweildauer pro „neuen" Stand, können ?? Besuche absolviert werden.

(Erfahrungswerte - Industrie-Leitmessen)

STAND - BE - SATZ - UNG ?

Das Heikelste an jedem Stand ist die Auswahl der Mitarbeiter. Die Mitarbeiter, die Sie zur Repräsentation Ihrer Firma auswählen, sind quasi Ihre Botschafter. Diese Menschen tragen die Verantwortung, künftige Beziehungen mit Besuchern, Interessenten, Presse und Kunden zu knüpfen - oder sie zu vereiteln.

Eine Studie, die von Incomm Research 2004 durchgeführt wurde, enthüllte, dass 1/3 Prozent der Besucher nichts von einem Aussteller kauften, weil es „Probleme" mit einem Standmitarbeiter gab - der Berater hörte nicht zu, was der mögliche Kunde eigentlich brauchte, niemand kümmerte sich sofort um den Besucher, nur wenige kontaktierten den Interessenten professionell nach der Messe, oder der mögliche Kunde misstraute dem Mitarbeiter.

Die Auswahl des richtigen Personals für die Vertretung Ihres Unternehmens hat also entscheidenen Einfluss darauf, ob Sie die gesteckten Ziele erreichen:

| Die Etappen eines Messe-Aktionsprogramms |

- Wählen Sie extrovertierte Kollegen aus. Diese haben im Allgemeinen gerne Kontakt mit unterschiedlichen Menschen.
- Achten Sie darauf, dass die Mitarbeiter engagiert sind.
- Ihre Mitarbeiter müssen eine gute Beobachtungsausgabe besitzen. Sie sollten in der Lage sein, auf viele verschiedene nonverbale Verhaltensweisen zu reagieren.
- Wählen Sie Personal mit Produktkenntnissen aus. Sie müssen imstande sein, die Dienstleistungsmerkmale und den Nutzen mit den Kriterien des potenziellen Kunden in Einklang zu bringen.
- Sie brauchen unbedingt Mitarbeiter, die gut reinhören können. Die Leute müssen sich vollkommen auf den Besucher konzentrieren, die richtigen Fragen (!) stellen und sich die Antworten aufmerksam anhören.
- Ihre Kollegen müssen einfühlsam sein.

Bonustipp: Bieten Sie den Mitarbeitern „nie" einen Job an Ihrem Stand als Belohnung an. Möglicherweise deuten Ihre Angestellten dies anders als Sie.

„EINE AUFWÄNDIGE MESSEINSZENIERUNG MIT LAUSIG AUSGEBILDETEM STANDPERSONAL; DAS IST WIE EIN DRAMATISIERTES BÜHNENBILD FÜR DIE WAGNERFESTSPIELE; ABER FÜR DEN MEISTERGESANG IST EIN HOBBYCHOR ZUSTÄNDIG."

Nicht jeder Aussteller hat die Attraktion einer Weltneuheit zu bieten. Um so wichtiger ist es, dass auf dem Stand nicht bloß korrekt gekleidete Damen und Herren mit auf dem Rücken verschränkten Armen gelangweilt herumstehen und dem Besucher signalisieren „sprich mich bloß nicht an". Außerdem wird noch verstohlen auf die Uhr geschaut, wann das Ganze endlich ein Ende hat. Bedenken Sie: Der Mensch auf dem Messestand entscheidet über den Erfolg! Deshalb ist es wichtig, dass er sich an Spielregeln hält.

Die Erfahrung der Autoren ist auch für Mitarbeiter, die bereits Messeerfahrung haben, brauchen Sie mindestens 2 Tage - in der Gruppe (!) - Motivation und intensive Vorbereitung, die sich heute vor allem auf die kommunikative Seite des Messeverhaltens richten sollte.

Sie werden aber von Ihrem Vertriebs-Management zu hören bekommen: „Unsere Leute können verkaufen, die brauchen hier keine Schulung mehr." Dieses Argument ist natürlich nur teilweise richtig: Das Messegespräch unterscheidet sich in vielen Dingen vom normalen Verkaufsgespräch. Auf das übliche Verkaufsgespräch kann sich der Außendienst vor-

Erfolgspfad für ein Messe-Aktionsprogramm

breiten, häufig kennt er den Partner bereits, und der hat Zeit für mich eingeplant. Auf der Messe ist das alles anders. Es kommen völlig unbekannte Besucher, gestresst vom Messetrubel mit wenig Zeit, die häufig zunächst gar nicht mit mir reden wollen. Wenn Sie dann die „Rote-Kreuz-Frage" stellen: „Can I help you?", erhalten Sie wohl möglich die Standardantwort: „Danke, ich schaue mich nur um ..."

P Der nachfolgende „Knigge" ist für das Standpersonal anlässlich einer großen Messe für einen Kunden von Mercuri International entwickelt worden:

Ansprache für die Mitarbeiter (Ihr Messe-Knigge):

> **Der erste Eindruck ist entscheidend, der letzte Eindruck bleibt!**

„Märkte werden härter, Messen werden wichtiger. Unsere Beteiligung an der ... steht im Zeichen der Zukunftssicherung unseres Unternehmens. Dieser Aufgabe haben wir uns gemeinsam verpflichtet. Erklärtes Ziel ist die Gewinnung von ... Neukunden mit einem Umsatz von ... bis zum nächsten Jahr. Da Ihr persönlicher Einsatz auf der Messe über den Erfolg nach der Messe entscheidet, haben wir für Sie noch einmal die wichtigsten Tipps und Regeln zusammengestellt. Nutzen Sie diesen kleinen Messe-Knigge, um auch einmal traditionelle Verhaltensweisen in Frage zu stellen. Märkte verändern sich, also müssen wir es auch tun. Stellen Sie den Kunden in den Mittelpunkt. Viel Erfolg dabei!

1. Tipp: Die Besonderheit der Messesituation:

- Sie erleben Wettbewerb auf engstem Raum.
- Gespräche finden in der Öffentlichkeit statt.
- Maßgeschneiderte Gespräche sind nur begrenzt möglich.
- Sie sind Gastgeber und nicht (wie sonst) der Besucher.
- Über 60 % der Besucher haben einen „Messelaufplan", d. h. über 60 % Ihrer Partner kommen absichtlich zum Stand.
- Die Zeit der entscheidungsstärksten Besucher ist limitiert.
- Dem Besucher Ihres Standes, der noch auf anderen Ständen war, muss Ihr Stand, Ihre Argumentation, Ihr Verhalten so deutlich in Erinnerung bleiben, dass er Ihre Wettbewerber vergisst.
- Manche Ihrer für die Messeziele uninteressanten Besucher werden Ihnen „lästig", trotzdem können Sie nicht einfach gehen; Ihre Kunst bleibt der höfliche, jedoch entschlossene Gesprächsabbruch.

Merke: Jede Messestunde kostet eine Menge Geld. Deshalb ist jede Minute kostbar... auch für den Kunden. Also: „Toujour en vedette": Jeder Standdienst ist ein Schauspieler. Nicht Komparse, sondern Hauptdarsteller.

2. Tipp: Der interessante Messebesucher

– Hat meistens wenig Zeit,
– geht oft nach Plan vor.

Jeder Fachbesucher Ihres Standes kann ein potentieller Kunde sein. Sie sprechen ihn an, auch wenn er eine Grafikfläche beäugt, die nicht Ihr Fachgebiet ist.

So lange wartet ein Besucher auf eine aktive Ansprache

Die meisten Standbesucher, 58 % warten eine Minute oder weniger auf einen Berater. 42 % sind bereit, drei bis fünf Minuten zu warten.

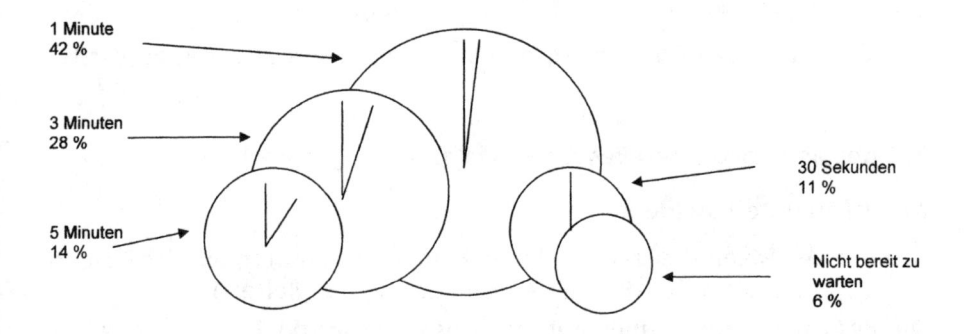

1 Minute
42 %

3 Minuten
28 %

5 Minuten
14 %

30 Sekunden
11 %

Nicht bereit zu warten
6 %

Quellen: Friedmann, S. Messen & Ausstellungen Üeberreuter 1998.
Abb. 82 Wartezeiten (Besucher)

Die Erhebungsmethode ist nicht ausgewiesen. Entspricht aber der Beobachtung auf deutschen Industriemessen.

„Sie sind schon Kunde unseres Hauses?" „Wofür interessieren Sie sich besonders?" sind die besten allgemeinen Fragestellungen. Und jetzt können Sie den Besucher einordnen, selbst beraten, „fallen lassen" oder einem Kollegen weitergeben.

Der Besucher entgeht Ihnen, wenn Sie

– nicht an der Front/auf dem Stand bleiben,
– in Gruppen zusammenstehen,
– an der Bar zu lange rumhängen, oder
– ihn mit „kann ich Ihnen helfen?" ansprechen.

Erfolgspfad für ein Messe-Aktionsprogramm

Ihre Fragen beginnen mit W:

- Wofür interessieren Sie sich besonders?
- Was kennen Sie bereits aus unserem Programm? (Dies ist die „Antwort" auf die Frage nach Neuheiten)
- Was halten Sie von . . . ?
- Was ist Ihr Verantwortungsbereich?

> **Praat niet langer dan een lucifer brandt.**
> (Rede nicht länger als ein Streichholz brennt.)
> Holländische Weisheit der Top-Verkäufer

Anmerkung: Bei diesen offenen Fragen kann der Interessent nicht mit „ja" oder „nein" antworten, daher sind die Antworten, die Sie erhalten, ergiebiger und Sie können den Kunden besser beraten und Sie fallen nicht direkt beim Start in einen Monolog.

Das Geheimnis des Erfolges ist, den Standpunkt des anderen zu verstehen.

3. Tipp: Sie haben einen Besucher erfolgreich angesprochen

Nun ist zu unterscheiden:

- Kann der Mann/die Frau von Ihnen kompetent beraten werden? Wenn ja, werden Sie aktiv. (Estimieren Sie auch den Begleiter!)

Der Besucher braucht einen anderen Gesprächspartner?

Sie wissen, an wen Sie den Besucher weiterreichen können?

- Und der ist frei? , Besucher weiterleiten (mit seiner Visitenkarte).
- Und der ist belegt? , Karte „wünsche zu sprechen" ausfüllen (der Besucher gibt Ihnen dazu gerne seine Visitenkarte). , Sie parken den Besucher an der Bar, etwa mit einem Fragebogen; Karte stecken Sie dem „Belegten" zu, oder geben Sie, falls der Kollege nicht zu finden ist, am Empfang ab.

Sie wissen nicht, an wen Sie den Besucher weiterreichen können?

> **DON'T TELL**
> 👂
> **LISTEN & SELL**

- Karte ausfüllen. , Besucher parken (Bar, Fragebogen, Demo o. ä.). , Karte am Empfang abgeben.

> Wie bei einem Theaterstück kommt es im Leben nicht darauf an, wie lange es dauert, sondern wie gut es gespielt wird.
>
> Seneca

4. Tipp: Sie werden aktiv

We Listen
We Understand
We Act

Sie notieren Informationen Ihres Besuchers auf dem Vordruck, dem „Wertpapier", das Sie von der Standleitung erhalten haben und das Sie stets bei sich tragen. Denken Sie daran, es während des Gesprächs auszufüllen!

Sie füllen alle gewünschten Angaben aus, damit wichtige Informationen nicht verlorengehen. Vergessen Sie nicht, denjenigen anzugeben, der Ihren Erfolg abarbeiten darf und optimale Voraussetzungen hat, das von Ihnen begonnene Gespräch nahtlos fortzusetzen. Bitte schreiben Sie leserlich.

- Sie ordnen den Besucher ein:
  - Ist er für uns von Interesse?
  - Sind wir für ihn interessant?
  - Ist er für uns uninteressant? (Dann sollten wir ihn bald in die Freiheit entlassen.)
- Ihre Argumentation, wenn Sie einen Interessenten haben und Sie auch wissen, dass er interessiert ist.
  - Fragen Sie nach seinen Wünschen, Vorstellungen. („Welche Anforderungen muss das Produkt und der Lieferant erfüllen?")
  - Stellen Sie den Nutzen Ihres Produktes/Ihrer Firma individuell vor. („Das bedeutet für Sie ..."?)
  - Bieten Sie einen Traumtermin an, damit in aller Ruhe Details, weitere Anforderungen besprochen werden können. Touch and go! Achten Sie auf die Zeitvorgaben! (Dass dies schwer ist, wissen die Autoren. Aber nur Sie bestimmen die Frequenz, denn die verlorene Zeit kommt nicht wieder.)

Merke:

„Problemlösungskompetenz hat die Mafia sicher auch, vertrauenswürdig ist sie aber nicht, deshalb hat ein mafia-ähnlich auftretender Marktteilnehmer auch nur kurzfristigen Erfolg, langfristige Bindungen würde ich als Kunde niemals mit ihm eingehen. Daher müssen beide Kompetenzen in gleichem Maße profiliert und ausgearbeitet werden, es geht nicht, dieses Jahr ein bisschen die Qualität und Standards des Angebotes anzuheben und nächstes Jahr ein bisschen an meinem Vertrauensprofil zu feilen. Das muss in gleichem Maß und gleicher Weise synchron geschehen.

Und die Messe ist genau die Bühne, um dies zu tun. Hier kann mich der Besucher live erfahren, die Kompetenz meines Angebotes und die Vertrauenswürdigkeit meiner Person, hier kann ich ihm das so beweisen, dass er das erlebt, glaubt und hoffentlich nie wieder vergisst."

Hartmut.Riehm@erl13.siemens.de

5. Tipp: Das Wertpapier

Das Wertpapier befindet sich in Ihrer Mappe - in Ihrer Hand, damit der Besucher Sie als Standmitarbeiter deutlich erkennt. Sie haben darin während des Gespräches alles festgehalten. Bitte geben Sie die gesammelten „Wertpapiere" stündlich an den Standleiter ab, damit dieser die Bestätigung an den gerade entlassenen Besucher postwendend noch vom Messestand per Fax oder E-Mail veranlassen kann. Herzlichen Glückwunsch, Sie haben einen Traumtermin!

Merke:

Wenn Sie Ihren Besucher umfangreich informieren und ihm in 2 Stunden ein maßgeschneidertes „Produktpaket" zusammenstellen und er mit Ihren detaillierten Vorschlägen und Ihrem Preisangebot den Stand verlässt, geht er vielleicht anschließend zum Wettbewerber und schließt dort mit 20 % darunter ab.

Das wollen Sie doch nicht, oder?

Der konkrete Termin als solcher ist eher gleichgültig- Sie können ihn immer noch verschieben. Konkrete Termine können Sie auch für Ihren Kollegen festlegen.

Die Angabe „Priorität A, B, oder C" auf dem Wertpapier sagt Ihnen nach Messeschluss:

Kein Wertpapier

kein Follow-up

keine Zukunft

– A brandeilig, superwichtig, sofort bearbeiten.

– B wichtig, am Ball bleiben.

– C im Frühjahr zur Brust nehmen, da Bedarf erst in 2 Jahren.

So machen Sie sich und Ihren Kollegen das Leben leichter.

6. Tipp: Wie weiß ich am schnellsten, wen ich vor mir habe?

Die Messe als Networking-Plattform

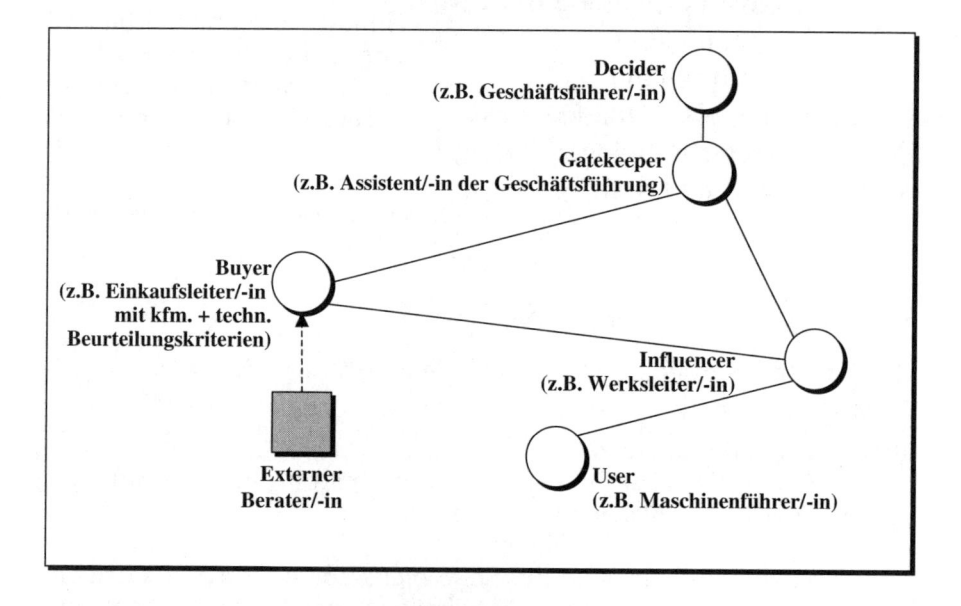

```
                              Decider
                       (z.B. Geschäftsführer/-in)

                              Gatekeeper
                   (z.B. Assistent/-in der Geschäftsführung)

    Buyer
(z.B. Einkaufsleiter/-in
   mit kfm. + techn.
  Beurteilungskriterien)
                              Influencer
                         (z.B. Werksleiter/-in)

        Externer              User
       Berater/-in      (z.B. Maschinenführer/-in)
```

Buying Centre als innerbetriebliches Beschaffungsnetzwerk für komplexe Investitionssysteme (kollektive Dimension)

- Sie sprechen den Besucher mit „wofür interessieren Sie sich besonders?" an. Oder:
- „Sind Sie schon Kunde unseres Hauses?"
- Er gibt Ihnen Antwort.
- Sie greifen zu Ihrer Visitenkarte und reichen Sie dem Besucher demonstrativ.
- Er gibt Ihnen bestimmt seine. (Warten Sie nur.) Wenn er keine hat, was schon mal vorkommt, gibt er Ihnen seine Daten, die Sie auf dem Wertpapier notieren.

| Erfolgspfad für ein Messe-Aktionsprogramm |

> **Ich weiß, du glaubst,
> dass du verstehst,
> was ich deiner Meinung nach
> sage - aber -
> ich bin mir
> nicht sicher, ob du merkst, dass
> ich nicht meine,
> was du hörst."**
>
> J.-W. Goethe

So einfach ist das. Lesen Sie sorgfältig seine Karte. Und jetzt wissen Sie alles: mit wem Sie sprechen, von welcher Firma er kommt, welche Position er hat, welche Fax-Nummer und welche E-Mail-Adresse ... Dies alles brauchen wir für unsere penetrante Nacharbeit. Und nur dadurch spielt sich die hohe Investition in diese Messe wieder ein.

Ihr Einstieg

Ihr Gesprächseinstieg ist eine entscheidende Phase in der Verkaufsberatung

(01) Einen Haupt-Nutzen nennen:
Mit den neu entwickelten TLD-Leuchtstoffröhren sparen 20% Energie bei 70% mehr Licht- ausbeute...."

(02) Eine Erfolgsstory erzählen:
„Bühl - kennen Sie doch - in Koblenz konnte durch die gemeinsam entwickelte neue Abfüllanlage den Flaschenausstoß um 16% erhöhen

(03) Ein überraschende Frage stellen:
„Würden es begrüßen, wenn sich Ihre Heizkosten um ca. 60% verringern würden ...? (Wärmepumpe)

(04) Ein Versprechen abgeben:
„Sie können sich persönlich in 5-6 Minuten überzeugen, wie Sie Tiefkühlkostumsatz fast verdoppeln können

(05) Ein Mitbringsel überreichen:
Das Ifo-Institut hat diese Woche eine Einzelhandelsstudie veröffentlicht. Für Sie habe ich eine Kopie mitgebracht. Die Zahlen interessieren Sie .

(06) Einen unerwarteten Gegenstand zeigen:
„Dieser Schalter spart für bis zu 15% Rohmaterial", (Pause), „er gehört zu unserer neu entwickelten Anlage ..."

(07) Ein Kompliment machen:
„Ihr Teppichboden-Umsatz liegt 12% über dem vergleichbarer Unternehmen. Was ist Ihr Erfolgsgeheimnis.

(08) Eine Analyse anbieten:
„Darf ich eine Studie über Ihren Vervielfältigungsbedarf erstellen? Sie sollen objektiv entscheiden, ob und wie Sie von unserem Offsetgerät profitieren können.

Fragen, die Menschen auf ihrem Weg innehalten, sind nicht spontan. Sie müssen vorbereitet werden. Ihre Mitarbeiter sollten drei bis sechs Eröffnungsfragen parat haben, die sie situationsgerecht einsetzen können. So klingen sie nie wie eine hängen gebliebene Platte. Stellen Sie höfliche offene Fragen, Sie regen zum Denken an und erleichtern den Beginn eines Gesprächs. Stellen Sie Fragen, die mit der Branche, den Produkten/ Dienstleistungen und deren Vorteilen oder einer bestimmten Situation zu tun haben.

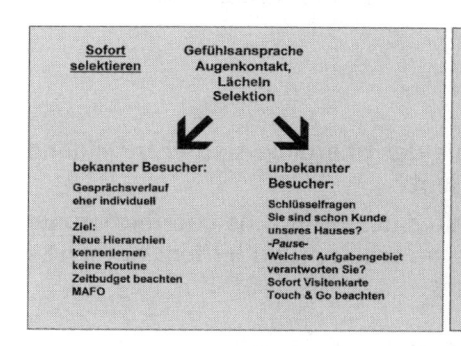

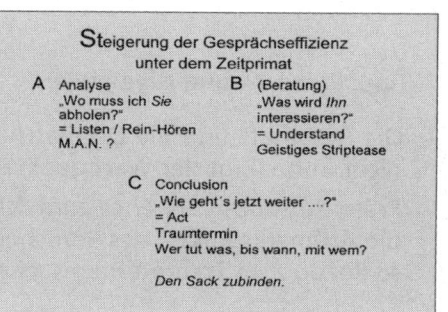

Sofort selektieren	Gefühlsansprache Augenkontakt, Lächeln Selektion		Steigerung der Gesprächseffizienz unter dem Zeitprimat	
↙		↘	A Analyse „Wo muss ich *Sie* abholen?" = Listen / Rein-Hören M.A.N. ?	B (Beratung) „Was wird *Ihn* interessieren?" = Understand Geistiges Striptease
bekannter Besucher: Gesprächsverlauf eher individuell Ziel: Neue Hierarchien kennenlernen keine Routine Zeitbudget beachten MAFO		unbekannter Besucher: Schlüsselfragen Sie sind schon Kunde unseres Hauses? -*Pause*- Welches Aufgabengebiet verantworten Sie? Sofort Visitenkarte Touch & Go beachten	C Conclusion „Wie geht´s jetzt weiter ....?" = Act Traumtermin Wer tut was, bis wann, mit wem? Den Sack zubinden.	

Es kommt darauf an, Fragen zu stellen, mit deren Hilfe Sie in drei bis fünf Minuten einen funktionierenden Kontakt aufbauen können. Der Schlüssel für die erfolgreiche Kundenbeurteilung liegt in einer effektiven Fragetechnik und in aktivem Zuhören. Ob Sie etwa zuerst Fragen stellen und dann zuhören, oder ob Sie zuerst zuhören und dann Fragen stellen - in diesen Techniken liegt ein Geheimnis des Erfolgs.

Zwei Testfragen - auf Messen:

„Sie sind schon Kunde unseres Hauses"

„Aha, das ist interessant. Könnten Sie mir mehr darüber erzählen?"

Der Vorteil effektiver Fragestellung (Inquiry Management)

Leider gibt es Verkäufer, die an die beiden folgenden Mythen glauben:

– Mythos 1: Wer nicht redet, verkauft nicht
– Mythos 2: Wer redet, hat die Situation fest im Griff.

Oftmals sind sie so begeistert von ihren Produkten oder Dienstleistungen, dass sie den Kunden mit Informationen überladen.

Ein echter Profi weiß, dass es beim Verkaufen darauf ankommt, den Kunden „abzuhören". Je mehr Ihr Kunde spricht, desto mehr Informationen erhalten Sie, die Sie dann in einer wirksamen Demonstration nützen können.

> Erfolgspfad für ein Messe-Aktionsprogramm

Sie haben die Situation im Griff, wenn Sie die Fragen stellen. „Wer fragt-führt"

Halten Sie sich im Umgang mit (potentiellen Kunden) an die 80/20-Regel:

> 80% der Zeit hören Sie dem Kunden brav zu,
> und 20% der Zeit sprechen Sie über Ihre Dienstleistungen.

Wer während der Messe Visitenkarten nicht mehr umständlich in Adressdateien übertragen möchte, kann mit dem BCS-System von PREUSS MESSE arbeiten. Mit Hilfe des Business-Card-Scan-Gerätes lassen sich Visitenkarten scannen.

7. Tipp: Präsente und Give-aways

- Die Botschaft und die Dramaturgie der Übergabe sind entscheidend, nicht unbedingt der Wert des Präsents.
- Präsente sollten Sie eher zum Schluss des Gesprächs überreichen, um die Aufmerksamkeit des Besuchers zu erhalten. Außerdem können Sie so Bezug zum Traumtermin suchen.

8. Tipp: Wie bekomme ich „lustlose Penner" vom Hals?

- Sie fragen einen Kollegen, ob der Kunde X schon eingetroffen ist, mit dem Sie einen festen Termin haben. Das ist das Stichwort für den Kollegen. Er wird gleich wieder kommen und die Bestätigung bringen. Dann haben Sie noch drei Minuten für Ihren jetzigen Gesprächspartner Zeit.
- Sie können das aber auch höflich erreichen, indem Sie sagen: „Vielen Dank, dass Sie bei unserem Stand vorbeigeschaut haben. Aufgrund unseres Gespräches glaube ich jedoch nicht, dass unsere Firma Ihnen dieses Mal dienlich sein kann. Falls sich Ihre Situation verändert, würden wir es begrüßen, wenn sie uns wieder kontaktieren würden. Meine Karte haben Sie ja." Schütteln Sie die Hand des Besuchers und werden Sie ihn los - denn: während Sie mit diesem „Nutzlosen" sprechen, könnten viel versprechende Interessenten an Ihnen vorbeihuschen.

9. Tipp: Zum Thema Prospekte

Wir haben vereinbart, keine Prospekte zu verteilen - nur in besprochenen Fällen. Befreien Sie Ihren Interessenten von der Last, schwere Prospekte zu schleppen. Zu viele Prospekte landen im Papierkorb. Dafür sind unsere teuren Broschüren zu schade.

Meist überzeugt Papier nicht von alleine. Deshalb geben Sie keinen Prospekt aus den Händen, ohne

- die Problemstellung/Anwendung des Besuchers hinterfragt zu haben,
- dem Interessenten im Prospekt die wichtigen Punkte (d. h. Hauptnutzen unseres Angebots) gezeigt und markiert zu haben.

10. Tipp: Das Zusammenleben am Stand

Es ist selbstverständlich, dass Sie am Empfang

- Ihr Eintreffen,
- Ihren Abgang,
- auch Ihre kurze Abwesenheit (Dauer, Ort),
- Ihre Rückkehr (!)

angeben. Es gibt Besucher, die können auf Sie nicht verzichten. Es ist immer peinlich, sagen zu müssen, Herr Tüchtig ist zwar da, aber nicht aufzufinden - und das nach zehn Minuten suchen. Bleiben Sie fair gegenüber den anderen aus dem Team.

11. Tipp: Zum Thema Alkohol/Rauchen

The more you smell
the less you sell

Es ist einsichtig, dass Sie während Ihres Standdienstes auf Alkohol verzichten. Alkohol macht müde. Demonstrieren Sie auch im Geschirr Gastfreundschaft, Firmenkultur etc. Stellen Sie Routine in Frage. Denken Sie daran: Der Besucher hat viel Mühe auf sich genommen, um Sie zu sehen. Wer bei den Exponaten aktiv Kunden anspricht, raucht nicht. Aber das wissen Sie.

12. Tipp: Zum Stand

- Welche Ausstellungsthemen gibt es?
- Wer ist wann da? Am Empfang weiß man das.
- Wie sind Sie zu erreichen? Nummer des Standtelefons/–fax oder E-Mail-Adresse. Läuft der Anruf auf, werden Sie benachrichtigt.
- Die Verkaufsleitung ist für Sie da, wenn Sie ein Problem haben.
- Presseleute sind grundsätzlich an die Verkaufsleitung zu verweisen.
- Stecken Sie Namensschilder an. Verwenden Sie ausschließlich die ausgeteilten Schilder - bitte deutlich sichtbar und lesbar tragen.
- Prospekte sind unterhalb des Tisches deponiert. Für das Nachfüllen ist das dort eingeteilte Standpersonal verantwortlich.
- Mäntel, Garderobe und Taschen sind im Wirtschaftsbereich aufzubewahren, oder noch besser in der Hallengarderobe. Das spart viel Platz und ist billiger als der Standplatz.

13. Tipp: Die Bewirtung

Ihren Gästen bieten Sie nie etwas „zum Trinken" an. Sie haben ja keine Säufer vor sich. Eine angebotene Erfrischung dagegen nimmt jeder gerne an. An der Bar gibt es

- Cocktails (zauberhafter, märchenhafter Messetrunk)
- Coca Cola-light - eisgekühlt im richtigem Glas
- Limo
- Mineralwasser- führender Markenanbieter
- Kaffee - noch besser Espresso mit Amaretti-Konfekt

In den Kabinen sollte dies ebenso angeboten werden, Bedienung aus der Minibar.

Sidestep

„Warum, frage ich mich schon lange, haben wir immer die standardisierte und ewig gleich langweilige Bewirtung? Staubige Kekse und eingekochter, abgestandener Kaffee. Rösten Sie doch einmal grünen Kaffee auf Ihrem Stand in Ihrer Cafe-Bar. Der Geruch wird Ihnen die Besucher anziehen, und diese werden den frisch gerösteten Kaffee mit wesentlich größerem Vergnügen trinken.

Setzen Sie Duftöle bei großen Oberflächen ein oder Duftlampen in der Welcome-Area Ihres Standes. Wenn Sie in einer stickigen Halle auf Ihrem Stand nur ein bisschen die Luft bewegen, werden Ihre Besucher dies als atmosphärische Wohltat empfinden.

Riem a.a.O.

14. Tipp: Bar/Kabine

Die Bar ist der Kommunikations- und Wartebereich für Besucher, deren Gesprächspartner noch belegt ist. Parken Sie Ihren Besucher, mit der Bitte um Teilnahme an der Kunden- und Noch-Nicht-Kundenbefragung. Fragen Sie die Standbeurteilung ab. Wir sind gierig nach Informationen.

Wenn Sie länger als zehn Minuten mit einem Besucher an der Bar sitzen, stimmt etwas nicht.

Die Kabinen sind Kommunikationszonen für VIPs. Melden Sie Belegung und Verlassen der Kabinen am Empfang. Nach max. 30 Minuten sollte ein „Schichtwechsel" erfolgen, Ausnahmen sind nur in „Notfällen" möglich.

15. Tipp: Empfang/Information

Die Mitarbeiter am Empfang

- sorgen dafür, dass kein interessierter Besucher, ohne angenommen worden zu sein, den Stand verlässt,
- bitten jeden Besucher um seine Karte - geben ihm ihre,
- versorgen Besucher, die warten müssen und wollen, mit einem Platz und kleiner Bewirtung an der Bar,
- melden jeden Kontaktwunsch dem verlangten oder vom Empfang bestimmten Partner auf dem Stand,
- überblicken die technischen, administrativen und regionalen Verantwortlichkeiten aller Standmitarbeiter,
- verfügen über einen ausreichenden Vorrat an Visitenkarten des gesamten Standpersonals und der anwesenden Abteilungsleiter auf dem Messestand sowie der Visitenkarten der nicht anwesenden Mitarbeiter,
- koordinieren die Anwesenheitstafel,
- sind nett und fröhlich,
- sind ganz besonders wichtig.

16. Tipp: Schreibutensilien

Firmenblöcke, Kulis, Bleistifte, Locher, Hefter, Schere, Klebstoff und Tesafilm stehen für Sie im Büro des Standes bereit. Gleiches gilt für Kopierer, Fax, Laptop und Telefoncheckliste.

17. Tipp: Sonstiges

Eine Notfallausrüstung befindet sich ebenso auf dem Stand wie Schuhputzzeug (kann sehr wichtig sein), Kleiderbürste und Nähzeug, Schirme, Flug- und Bahnpläne, Restaurant- und Hotelverzeichnis.

Kleidung:

Es ist wichtig, dass Ihre Leute präsentabel aussehen. Es obliegt jeder Firma natürlich selbst, ob sie Kleidungsvorschriften einführt oder nicht. Manche Stände sind rund um ein Thema organisiert, das sich in einer „Uniform" ausdrücken kann, etwa in speziell ausgeführten T-Shirts, Overalls oder Trachten. Um zu verhindern, dass ein Mitglied Ihres Teams in unpassender (und unbequemer) Kleidung erscheint, erstellen Sie eine Liste akzeptabler Bekleidung, z.B. einheitliche Krawatten bzw. Schals, damit sich die Standmannschaft deutlich von Besuchern unterscheidet und Teamgeist sichtbar ausdrückt. Das schafft Vertrauen, schließlich fliegt der Pilot auch nicht in seinem eleganten Straßenanzug.

> Erfolgspfad für ein Messe-Aktionsprogramm

18. Tipp: Viel Erfolg, und der hat drei Buchstaben: TUN

Glauben Sie an die erarbeiteten Tipps und wenden Sie sie an, es lohnt sich. Übrigens: „Der wichtigste Marketing-Mann/die wichtigste Marketing-Frau in einem Unternehmen ist der Mann/die Frau, der/die sich an der Laderampe entschließt, die verdammte Schachtel mit dem neuen Gerät nicht einfach in den Lastwagen plumpsen zu lassen." (Präsident einer High-Tech-Firma) Und bei uns? Derjenige, der Aschenbecher, halb volle Gläser etc. wegräumt und sich im Sinne unseres Unternehmens verhält ... also Sie!

Ziel:

> **AUS SEH-LEUTEN**
> **KAUF-LEUTE MACHEN.**
> **PUNKT**

Sidestep: VIP's

Besonders bei den „VIP"-Kunden bietet die vorherige Abfrage von perönlichen Wünschen, wie der Hotelunterbringung, der Art des Transfers und den Vorlieben im kulinarischen Bereich (Wein, Zigarren etc.) eine exzellente Gelegenheit, Kundenorientierung demonstrieren und die Convenience der Besucher erheblich zu steigern. Nach Erfahrung der Autoren sind Messebesucher außerordentlich dankbar dafür, nicht auf jedem Stand die gleiche 0815-Messebetreuung und -verpflegung zu erhalten. Wenn Ihr „VIP"-Kunde den Eindruck mitnimmt, dass er betreut wurde wie ein einzelner Gast im Wohnzimmer, ist Ihr Ziel erreicht. Einfach ist es allerdings nicht.

Aber: *The most important thing is people, not product*

Der Besucher - das unbekannte Wesen

Das ist ein dankbares Forschungsfeld für Messespezialisten. Das Thema bearbeiten sie schon seit Jahren. Aber in der Zwischenzeit sind sie auch noch nicht viel weiter gekommen.

Wie viele Besucher werden wann kommen........ und wie lange bleiben sie? Eine Wichtige Frage, denn grundsätzlich ist es gleich „schlecht", wenn Sie eine zu große oder zu kleine Mannschaft bereitstellen:

Die Etappen eines Messe-Aktionsprogramms

Lösungssatz:

In besuchsschwachen Zeiten verlassen die mit Handy ausgestatteten Mitarbeiter den Stand, um die vorbereitete Marktforschung zu betreiben. Ggf. sind sie dann sofort zurück zu beordern.

FOKUS

1. Dialog statt Monolog: vom Verkäufer beherzigt, wird Ihre Messe erfolgreicher als die des Wettbewerbers!
2. Messe ist Survival-Training pur. Machen Sie Ihrem Stand-Dienst klar, dass ein facettenreiches Bild „Kunde" für das Überleben in diesem Dschungel durchaus hilfreich ist.
3. Tomorrow begins today!

2.2. Führung der Mannschaft auf dem Messestand

„Orchester haben keinen eigenen Klang, den macht der Dirigent."

Herbert von Karajan

Führung auf dem Messestand sichert die Umsetzung der Messeziele bzw. der Messekonzeption. Sie unterstützt den Verkäufer. Dabei sind folgende Aspekte zu beachten (vgl. Abb. 83):

Standregeln	
Fallbeispiel CeBIT	**€**
Vergessen des An- und Abmeldens vom Stand	2,-
Mitbringen von Piloten- und anderen Koffern	20,-
Das Aufräumen nach der Standbesprechung nach 18:00 Uhr wird von der ganzen Mannschaft erledigt. Wenn jemand sich ausgrenzt, kostet das für das gesamte Team, pro „Nase"	1,-
„Macho" Sprüche, pro Spruch	2,-
Termine nicht angeben oder nicht einhalten	5,-
Zu spät kommen (je nach Zeit) von ... bis	1,- - 5,-
Falsch bzw. ungenügend ausgefüllte WERTPAPIERE pro Stück	2,-
Rauchen in der Küche und auf dem Stand	2,-
Das Geld kommt in die „Messemaus" und wird nach der Messe abgefeiert	

Abb. 83 Standregeln

Erfolgspfad für ein Messe-Aktionsprogramm

Handys aus. Nur ausschalten, wenn Sie vom Stand weggehen: Ein Messeauftritt ist viel zu teuer, als dass nur ein Kunde deswegen verloren gehen darf, weil ein Mitarbeiter aufgrund eines Anrufs ihn nicht ansprechen kann oder das Gespräch mit ihm „muss".

Auf Messeständen werden die Handys deshalb am Empfang deponiert, wo die Anrufe beantwortet werden. In wichtigen Fällen kann sogleich ein Rückruftermin mit dem Anrufer vereinbart werden.

„Ich wusste nicht, dass es unmöglich ist, also habe ich es gemacht."

Jean Cocteau

Die Etappen eines Messe-Aktionsprogramms

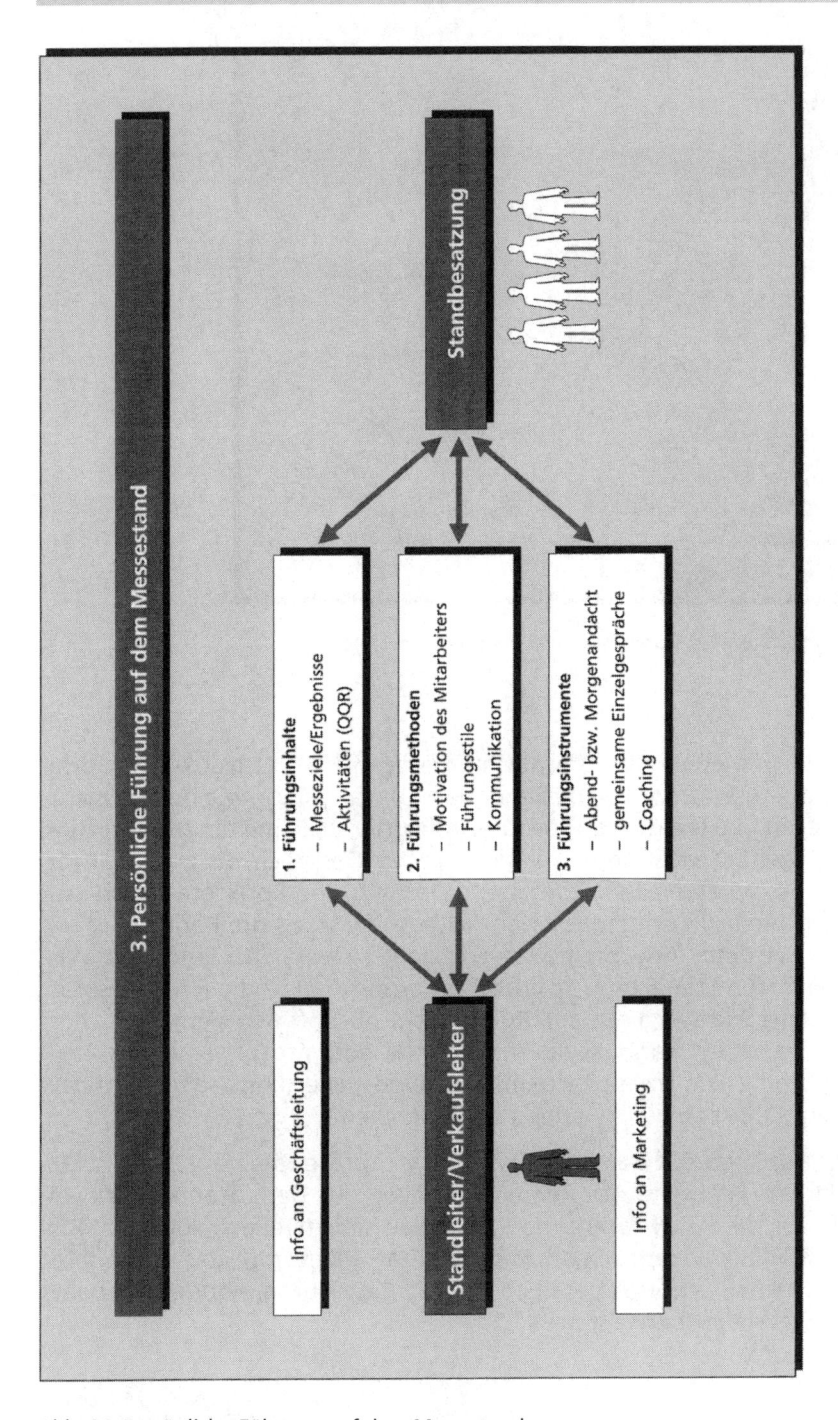

Abb. 84: Persönliche Führung auf dem Messestand

Erfolgspfad für ein Messe-Aktionsprogramm

Quantität
- Anzahl der Wettbewerbsbeobachtungen
- Anzahl der durchgeführten Kundenbefragungen
- Anzahl der Traumtermine

Richtung
- Standbesucher aus der Marktplattform
- Standbesucher aus der Verhandlungsplattform
- Standbesucher aus der Kundenplattform
- Beobachtete Unternehmen
- Befragte Kunden/Noch-Nicht-Kunden

Qualität
- Gesprächsziele/-inhalte
- Gestaltung der Kontaktatmosphäre
- Verkaufstaktisches Verhalten auf dem Messestand

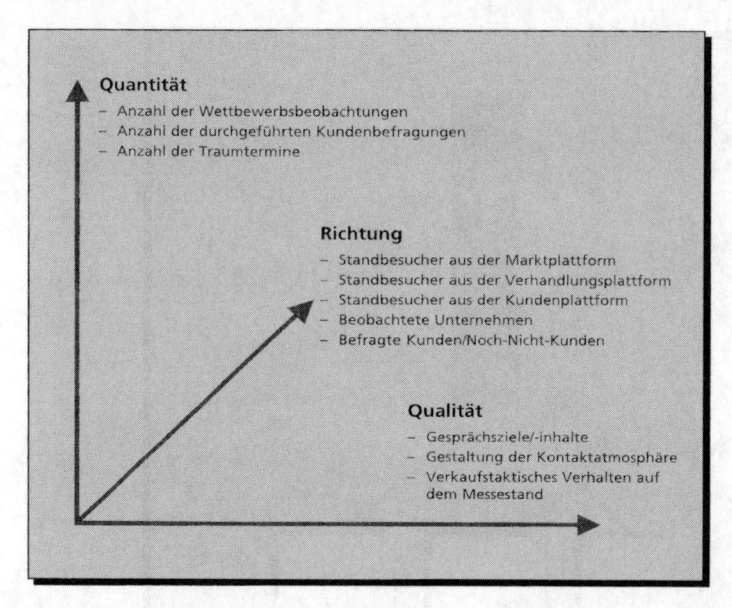

Abb. 85: Aktivitätensteuerung über QQR während einer Messe

Messeziele, wie etwa eine Umsatzsteigerung von X mit Neukunden oder eine Umsatzausweitung bei bestehenden Kunden, sind - wie bereits mehrfach erwähnt - in der Investitionsgüterindustrie i. d. R. mit einem zeitlichen Verzug (Timelag) versehen. Von dem ersten Gespräch bis zum Auftrag vergehen bis zu einem Jahr und mehr. Deshalb sind konkrete Abschlüsse oder Aufträge auf dem Stand eher die Ausnahme als die Regel. Und mit dieser einsichtigen Argumentation entzieht sich der Außendienst gern einer konkreten Steuerung. Er lässt Biss vermissen. Für die Führungskraft bedeutet dies, dass sich seine Aufgabe nicht nur auf den Veranstaltungszeitraum beziehen kann, sondern über die gesamte Laufzeit des Aktionsprogramms. Die Messe ist damit nur eine - allerdings sehr wichtige - Etappe zur Zielerreichung - eben ein Meilenstein.

Die Führungskraft auf dem Stand, meistens repräsentiert durch Verkaufs- oder Marketingleiter, kann keine Ergebnisse auf dem Stand managen, sondern nur die Aktivitäten, die Ergebnisse sicherstellen (vgl. Abb. 85). Nach dem QQRKonzept (Quantität, Qualität, Richtung), das an anderer Stelle in diesem Fachbuch bereits berücksichtigt wurde, können Sie dabei diverse „Stellschrauben justieren".

Die Etappen eines Messe-Aktionsprogramms

Sorgfältig geplant ist halb gewonnen

Ein Messestand, der mangels Attraktivität kaum Besucher anlockt, eine Standbesetzung, die gelangweilt und orientierungslos herumsteht und dem interessierten Besucher keine kompetente Gesprächsbereitschaft signalisiert, Aktionen und Events, die völlig planlos verlaufen, Exponate und wichtige Unterlagen, die am Stand fehlen oder zu spät angeliefert werden, Besucher, die noch Wochen nach Messeschluss auf die Zusendung der versprochenen Unterlagen warten - so oder ähnlich könnte der Super-GAU einer Messebeteiligung aussehen. Wer ein solches Desaster vermeiden möchte, muss bereits im Vorfeld einer Messe seine gesteckten Ziele und das zur Verfügung stehende Budget detailliert bestimmen sowie eine konkrete Projektplanung, die auch eine Messenacharbeit einbezieht, vornehmen.

Um einen Überblick über die mannigfaltigen zu bewältigenden Aufgaben zu behalten, ist der Einsatz eines Projektplanungstools sinnvoll, das hilft Aktionen, Termine, Materialien und Verantwortlichkeiten mit Hilfe von Checklisten zu koordinieren. Ein solches praxisorientiertes Werkzeug ist der m+a ExpoOrganiser, entwickelt und herausgegeben vom m+a Verlag, Frankfurt. Mit dem Einsatz dieses komplexen Datenbankprogramms wird Ihnen zwar keinesfalls das Denken, schon gar nicht das strategische, abgenommen, doch Sie erhalten eine schrittweise Führung durch alle Arbeitsschritte in der Vorbereitung, Durchführung und Auswertung einer Messebeteiligung.

Die detaillierte Anlage jedes einzelnen Vorganges, die exakte Bestimmung des jeweils Verantwortlichen, die Erfassung aller Ist- und Plankosten sowie die Fixierung von Terminen ermöglichen eine präzise und mit allen Beteiligten abgestimmte Vorgehensweise. Sind alle Aktivitäten und Verantwortlichkeiten - von den Verhandlungen mit dem Veranstalter, über Messebau und Standausstattung bis zur Organisation einer Pressekonferenz oder eines Events - einmal festgelegt, so kann sich niemand mehr aus der Verantwortung stehlen. Eine stets aktuelle Terminübersicht informiert zudem über den Status-Quo des Projektes. Und durch die direkte Gegenüberstellung von Plan- und Ist-Kosten können bei Gefahr der Budgetüberschreitung noch während der Planung gegebenenfalls Korrekturen vorgenommen werden.

Eine kostenlose Demo-Version kann beim m+a Verlag angefordert werden. E-Mail: mua@dfv.de

| Erfolgspfad für ein Messe-Aktionsprogramm |

Das Standpersonal benötigt Unterstützung, um die erforderliche Anzahl an Traumterminen, Wertpapieren, Wettbewerbsbeobachtungen oder Kundenbefragungen zu realisieren (Quantität der Aktivitäten). Zusätzlich müssen Sie sicherstellen, dass die knapp verfügbare Kontaktzeit auch tatsächlich für die definierten Zielgruppen (z. B. Neukunden) und nicht für „sympathische Zeitdiebe" eingesetzt wird. Hier liegt erfahrungsgemäß ein hoher Führungsbedarf, da es für das Team sehr schwierig ist, die Zeitvorgaben einzuhalten (Richtung der Aktivitäten). Zu guter Letzt muss die Qualität in den Kontakten und Gesprächen zwischen Besuchern und Mitarbeitern gemanagt werden. Leitfaden dazu ist der Messe-Knigge, in dem Tipps und Regeln für das Verhalten auf dem Messestand zusammengefasst sind (Qualität der Aktivitäten).

Für den Erfolg kommt es auch entscheidend auf das Führungsverhalten des Standleiters an. Die Motivation (Lob, Incentive bei Erreichen einer bestimmten Anzahl von Traumterminen, Blumenstrauß an die Ehepartner, internes Motto etc.) des Teams spielt dabei sicherlich eine Hauptrolle. Als Vorbild muss der Standmanager den Knigge natürlich auch selbst leben. In einer Morgen- oder Abendandacht oder bei Mitarbeitergesprächen sollten Sie offen über alle Optimierungsmöglichkeiten sowie Abweichungen von geplanten zu realisierten Aktivitäten diskutieren. Vorschläge für die nächsten Messen werden täglich schriftlich festgehalten, damit gute Ideen nicht verloren gehen. Coaching auf dem Stand hilft den Mitarbeitern, schwierige Gesprächssituationen zu meistern. Konsequente Führung führt zu wirklichen Verhaltensänderungen. Damit wird die Etappe „Messe" auf dem Weg zum späteren Umsatzziel erfolgreich gemanagt.

Messe dient der Zukunftssicherung des Unternehmens. Deshalb brauchen wir Vor-Denker, Visionäre, die Sehnsüchte wecken (aspirational) und dennoch emotionale Nähe ausstrahlen (closeness).... Aber einige Manager haben kaum Zeit, darüber nach-zudenken.

FOKUS

1. Führung bezieht sich nicht nur auf die Marketing- und Vertriebsarbeit am Stand, sondern auf die gesamte Laufzeit des Aktionsprogramms.
2. Es können keine Ergebnisse, sondern nur Aktivitäten gemanagt werden.
3. Die Steuerung der Aktivitäten erfolgt über das QQR-Modell (Quanit (Quantität, Qualität, Richtung).

Tadle nicht den Fluss, wenn du ins Wasser fällst.
McK

> Die Etappen eines Messe-Aktionsprogramms

Meckerliste

Um die nächste Messe für SIE noch optimaler zu gestalten, sagen Sie uns bitte, was Ihnen an dieser Messe nicht gefallen hat - das soll es ja geben

(01) Standaufbau/Standkonzept:

(02) Besucherbetreuung:

(03) Produktpräsentation/Nutzen

(04) Ablauforganisation/Personaleinsatz:

(05) Informationsaustausch/Konkurrenzbesuche:

(06) Bearbeitung von Messenotizen

(07) An- und Abreise/Unterbringung/Catering:

(08) Medien Einsatz

(09) Fällt Ihnen sonst noch etwas ein, das man verbessern könnte?

(10) ...und zum Schluss noch eine Frage: Was ist auf dieser Messe besonders gut?

Vielen Dank für Ihre Mitarbeit!
Sie helfen uns, Ihnen zu helfen.

| Erfolgspfad für ein Messe-Aktionsprogramm |

Formular für Ihr tägliches Feedback

Allgemeine Stimmung:

☺   ☺   😐   ☹

Welche Pannen gab es?

_____

Welche Verbesserungen und Korrekturen ergaben sich daraus?

_____
_____

Angaben zum Verlauf der Beratung:

Was waren die wichtigsten drei Gesprächs- und Besuchsanlässe von Neukunden nach Ihrer Schätzung?

Allgemeine technische Informationen ☐	Nur „Anlaufstelle" ☐ (haben sich bewirten lassen)	
Allgemeine kaufm. Informationen, (Konditionen, Preise, etc.) ☐	Kontakt ☐	
Gezielte Fragen nach neuen Problemlösungen ☐	_____ ☐ - andere -	

Welche ausgestellten Teile/DL fanden das meiste Interesse?

                                               Begründung

_____   _____
_____   _____
_____   _____

Welche Kritik wurde von Seiten der Besucher geäußert?

_____
_____

Was macht der Wettbewerb: ☐ besser _____
                                     ☐ schlechter _____

Akzeptanz der „Wertpapiere"?

_____

Datum: _____ Standleiter: _____

Abb. 86 Feedback-Formular

Die Etappen eines Messe-Aktionsprogramms

Gute Kondition

Obwohl inzwischen viele Aussteller den Stellenwert richtig ausgesuchten und geschulten Standpersonals für ihren Messeerfolg erkannt haben, sind es immer wieder „Kleinigkeiten", die große Ziele „zu Fall bringen".

Ein Verhaltenstraining - mit Rollenspiel natürlich - kann aber nur dann zu einer deutlichen Ergebnisverbesserung beitragen, wenn das Standpersonal belastbar und auch physisch in der Lage ist, den Messestress zu bewältigen. Denn der ist gewaltig.

Jeder Messetag ist Schwerstarbeit, deshalb hierzu einige praktische Tipps:

- Ruhiger und ausreichender Schlaf lässt sich i.a. durch ein Hotel außerhalb der Innenstadt bei gleichzeitigem Verzicht auf ausschweifende „Kneipentouren" sicherstellen.
  Lieber nach der Messe.
- Anfahrt zum Messegelände mit Bus und Bahn. Öffentliche Verkehrsmittel schonen die Nerven.
- „Auf Messen wird zu viel gegessen!" Vitaminreiche Kost belastet und ermüdet Sie nicht.
- An Zugluft, Hitze oder Kälte lässt sich nicht immer etwas ändern. Abhilfe schafft die passende Kleidung. (Mit Namensschild - versteht sich!)
- In warmen Hallen wird viel getrunken. Einverstanden! - So lange es kein Alkohol ist.
- Oberbekleidung soll nicht nur gut aussehen, sondern auch angenehm zu tragen sein.
  „Dress for success" Eigene Erfahrung: Neue Schuhe können einen Messetag zu Qual machen!
- Ihr Angebot ist nicht gut, es ist zu etwas gut.
  Argumentieren Sie aus der Sicht Ihrer Kunden, nicht aus der Sicht der System-Entwickler. Technische Details und Leistungsmerkmale sind pur nur für den Fachmann beeindruckend. Der potentielle Anwender interessiert sich für seinen persönlichen Nutzen. Darum müssen Sie seine Situation - zu Beginn - hinterfragen.
- Machen Sie kurze Pausen, dafür häufiger. Am besten ist ein Spaziergang an der frischen Luft.
- Für Ihre Fitness: Im bequemen geraden Stand werden nach und nach alle Muskeln von den Fingerspitzen über die Schultern bis zum Nacken angespannt, ein paar Sekunden gehalten und wieder

Erfolgspfad für ein Messe-Aktionsprogramm

> entspannt. Insgesamt dreimal wiederholen. Danach sind die beteiligten Muskeln gut durchblutet - verspricht Barbara Harbecke.
>
> ⇨ Unternehmen Sie abends gemeinsam etwas mit Ihren Kollegen. Gegen den Erfahrungsaustausch beim frisch gezapften Bier ist nichts einzuwenden, wenn Alkohol und Nikotin in Grenzen bleiben.
>
> ⇨ Übrigens:
> Ihre Familie freut sich, wenn Sie abends anrufen - notfalls mailen - und Sie wissen, dass zu Hause alles in Ordnung ist!
>
> ⇨ Und eigens für den Standchef:
> Legen Sie Ihren MitarbeiterInnen am ersten Tag einen Willkommensbrief auf's Kopfkissen:
> „Vielen Dank für Ihr Engagement............."

Merke:

Das gastfreundliche, besucherzentrierte Verhalten des Personals mag aus der Sicht des Unternehmens perfekter Ausdruck seiner Kundenorientierung sein; die Besucher jedoch werden eventuell die zuvorkommende Behandlung als Selbstverständlichkeit begreifen und nicht als bewusst verfolgte Kundenstrategie interpretieren. Erst im umgekehrten Fall - wenn etwa der Service zu wünschen übrig lässt - wird die Kundenorientierung dieses Unternehmens grundsätzlich in Frage gestellt.

Nach: Marquart a.a.O.

2.3. Separate Kundenveranstaltung

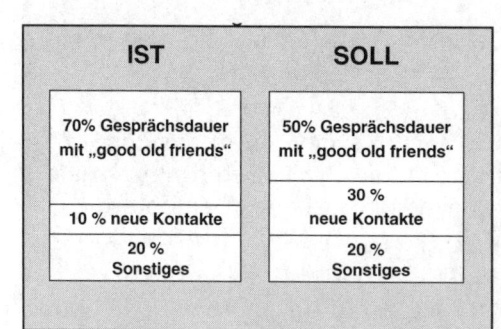

IST	SOLL
70% Gesprächsdauer mit „good old friends"	50% Gesprächsdauer mit „good old friends"
10 % neue Kontakte	30 % neue Kontakte
20 % Sonstiges	20 % Sonstiges

An dieser Stelle möchten wir die bereits mehrfach angesprochene und zugegebenermaßen vielleicht auch ein wenig ungewöhnliche Idee der separaten Kundenveranstaltung anlässlich der Messe vertiefen. Der Gedanke ist, möglichst viele Altkunden vom Messestand zu einem nahe gelegenen Ort zu bringen, sie dramatisch zu hofieren und zu pflegen, um Zeit für andere Zielgruppen (z. B. Neukunden) auf dem Stand zu gewinnen. Warum? Erfahrungsgemäß geht viel Zeit mit den guten alten Kunden „verloren". Seien wir ehrlich, oft genug haben Kunden das Bedürfnis, dass sich der Lieferant richtig um ihn küm-

Die Etappen eines Messe-Aktionsprogramms

mert. Und das ist zweifelsohne ein legitimes Anliegen! Oft genug handelt es sich dann aber um einen netten Plausch ohne konkrete Ergebnisse. Dafür muss die Zeit vielen Ausstellern zu kostbar sein, denn es gibt ja auch noch regelmäßige Besuche des Außendienstes. Natürlich kann und will man den Besuchswunsch der Kunden nicht abblocken und ihnen den Zugang zum Stand „verweigern". Zugegebenermaßen erwarten bestehende Kunden, dass der rote Teppich für sie ausgerollt wird.

Diesen Widerspruch, Anspruch des Kunden auf VIP-Behandlung und knappe Zeitreserven des Ausstellers, können Sie auflösen, indem Sie den wichtigen Bestands-Kunden ein exklusives Meeting an einem fixen Termin während der Messe anbieten. Welcher Nutzen entsteht dabei für den Kunden? Die Messe ist ein konzentriertes Treffen von Entscheidern und Führungskräften in der Industrie. Sie kommen oft genug nicht untereinander mit den Lieferanten zusammen, um ihre Erfahrungen austauschen zu können. Ein Aussteller, der die Idee einer Kundenveranstaltung verfolgt, bietet Interessenten die Möglichkeit, zeitsparend - gewissermaßen als „Info-Börse" - aktuelle Eindrücke aufzunehmen und zu vermitteln. Ein Angebot, um mit interessanten Gesprächspartnern und Branchenkennern Gedanken auszutauschen.

Sie schaffen dazu einen ansprechenden Rahmen: ein exklusives Buffet in der Mittagszeit, zu der viele Besucher auf die Stände gehen, um eine Mahlzeit zu sich zu nehmen, Moderation durch das Top-Management des Ausstellers und vielleicht vorher noch ein hochkarätiges Kurz-Referat zu einem aktuellen Insider-Thema aus erster Hand. Die Presse und das Top-Management sind anwesend. Wichtig ist es auch, einen Bezug zum eigenen Veranstaltungsmotto zu finden. Idealerweise ist der Ort der Veranstaltung außerhalb des Standes. Gute Erfahrungen haben wir mit Hotels inklusive Top-Gastronomie gemacht, die in der Nähe des Messegeländes liegen. Vereinbaren Sie mit den Eingeladenen einen fixen Termin, an dem von einer Sammelstelle aus ein gecharterter Bus losfährt. Die Wahl des Termins ist von entscheidender Bedeutung. Abends ist eine derartige Veranstaltung sicherlich nicht erfolgreich durchzuführen, da die meisten Top-Besucher sich nur einen Tag auf dem Messegelände aufhaltenund abends zurückfahren oder -fliegen. Es ist sicherlich illusorisch zu glauben, sie würden ihren Aufenthalt verlängern. Günstig ist die Mittagszeit mit einem Zeitrahmen von max. zwei Stunden mit An- und Abreise zum bzw. vom Veranstaltungsort.

Sicherlich haben Sie schon den Zusatznutzen für den Top-Manager des Ausstellers erkannt: Er ist das Nadelöhr. „Alle" wollen seine Zeit. Auf der Exklusiv-Veranstaltung ist es möglich, in einem „Rundumschlag" viele Kunden zu kontaktieren - und dies in kürzester Zeit und professionell. Mit anderen Worten: Der Manager des Ausstellers kann sich „multiplizieren". Er kann auch im Vorfeld Kundentermine zu dieser Veranstaltung

| Erfolgspfad für ein Messe-Aktionsprogramm |

bewusst verlegen, um dramatisch Zeit zu sparen - und um einem Gespräch auszuweichen. Er, der Manager, managt eben seine Zeit. Wer das nicht kann, kann auch nichts managen. In diesen direkten Kontakten erfährt das Management face to face auch Verbesserungsmöglichkeiten an der Vertriebsarbeit des eigenen Unternehmens.

Das Ergebnis wird traumhaft sein.

P Natürlich kommen nicht alle, die vom Außendienst eine persönliche Einladung der Geschäftsleitung oder des Vorstandes des Lieferanten überreicht bekommen. Aber es werden sich alle geehrt fühlen. Warum nicht den Aufsichtsrat einbinden? Und viele Kunden kommen und halten die Idee für ausgezeichnet. Vorausgesetzt, die Qualität stimmt. Hier kann das Motto gelten, das Beste ist für unsere Kunden gerade gut genug.

Welche Widerstände gilt es zu überwinden? Zunächst natürlich die des Vertriebs, der vielleicht seinen Einfluss schwinden sieht. „Mein Kunde, den ich seit vielen Jahren kenne, will mit mir sprechen. Deshalb geht er auf die Messe. " Dem Vertrieb muss verkauft werden, dass aus dieser Veranstaltung wirklicher Nutzen für ihn resultiert. Er erreicht eine höhere Kundenbindung, da der Kunde von höchster Stelle hofiert wird, und er hat mehr Zeit für andere interessante Gesprächspartner, die bisher teilweise vernachlässigt werden mussten, aber seine Zukunft sichern.

Denn: Nur tote Fische schwimmen mit dem Strom

Weiterhin wird manchmal gegen die Idee der separaten Kundenveranstaltung eingewandt, dass nicht mehr genug Kunden auf den Stand kommen. Die Antwortet lautet: dafür können mehr Noch-Nicht-Kunden kommen. Und wenn das eine der Messezielsetzungen für eine Messe ist, hat die Veranstaltung ihren Zweck mehr als erfüllt, denn so wird der rote Teppich für die Noch-Nicht-Kunden auf dem Messestand ausgebreitet- und für die Kunden erst recht: separat.

FOKUS

1. Solange man sich mit einem bestehenden Kunden unterhält, wird man keinen neuen Kunden kennen lernen. Die separate Kundenveranstaltung hilft, beide Zielgruppen besser und nachhaltiger zu managen, denn die Messezeit lässt sich nicht verlängern.

2. Der Nutzen für den Aussteller liegt in der Chance, mit einem "Rundumschlag" viele Kunden in kürzester Zeit und professionell zu kontaktieren.

In diesem Zusammenhang ein paar Statements zu anderen Beteiligungsformen als Ergänzung zur Messe:

Roadshow

Diese ist kein Jahrmarkttreff, sondern die Namensgebung für eine immer beliebter werdende Ausstellungsveranstaltung nach dem Motto: die Messen folgen den Märkten, nicht umgekehrt.

Sie kann eine ideale Ergänzung sein zu Ihren klassischen Messeauftritten. Dazu ein paar Statements:

- Sie bestimmen die Kosten, die Sie im Übrigen auch besser kalkulieren und justieren können.
- Sie sind Ihr eigener Organisator (mit Vor- und Nachteilen)
- Sie bestimmen den Ort, die Termine, den Rhythmus, die Intervalle nach Ihrer Firmenstrategie.
- Sie können idealerweise den Auftritt Ihrem eigenen CI und CD anpassen.
- Die Logistik können Sie heute an einen Spedititeur outsourcen.
- Sie stimmen Einladung und das Ereignis auf das lokale Interesse ab.
- Sie haben einen einzigartigen Approach und werden nicht von Wettbewerbern „gestört".
- Sie können so die z.T. horrenden Messeplatz-Nebenkosten (für die gerade in Tiefstlohnländern unanständig viel Geld gefordert wird) optimieren.

Das alles scheint den Autoren eine überdenkenswerte Alternative/ Ergänzung zu sein. Allerdings gibt es auf diesem Gebiet so recht keine nachvollziehbaren Erfahrungswerte. Viele Meinungen. Wenig konkretes. Allerdings geeignete öffentliche Plätze zu finden, ist oft schwer.

Sponsoring

Auch Sponsoring ist ein bewährtes Marketinginstrument und diente bisher vor allen Dingen der Geldmittelbeschaffung. Aber zunehmend - gewissermaßen als trojanisches Pferd - dient Sponsoring auch der Vermittlung von klassischen Werbebotschaften im Zeitalter des Zappings.

Aber auch hier gelten ein paar Regeln, die den Erfolg sicherstellen:

- Sponsoring gehört - wie Messen - integriert in den gesamten Kommunikationsmix des Unternehmens.
- Sponsoring ist - wie Messen - eine Investition langfristig angelegt.
- Sponsoring heißt - wie Messen - Erlebniswelten schaffen und emotionalisieren.

Erfolgspfad für ein Messe-Aktionsprogramm

„Durch Sponsoring kann ein Unternehmen zum > Zielgruppen-Virtuosen< mit hoher Identifikation und langfristiger Kundenpflege werden."

Brockes, St. Gallen

Fortbildungsveranstaltungen

Sehr beliebt bei Pharma-Unternehmen. Auf solchen Veranstaltungen können Sie Ihre Produkte & Dienstleistungen seriös promoten.

Hausmessen/Hotelmessen

Ohne Wettbewerb natürlich. Das ist „der Tag der Kundenpflege". (ggf. auch am Point of Sale)

Kongresse

Mit Präsenzausstellungen können Sie jetzt Ihr Publikum wirklich gezielt ansprechen............. allerdings nur in Pausen.

Oft frustrierend für die Mannschaft.

Kunden-Workshop

Im B2B-Bereich verbessert man gemeinsam die Ablaufprozesse

Kunstausstellung

Das ist eine sehr subtile Promotion

Round-Table-Gespräche und Jour-Fixe

Regelmäßiger Erfahrungsaustausch zwischen Kunden und Produzenten. Vorsicht: Kann zum „Beschwerdetable" mutieren

Symposien

Hier finden Sie viele Opinion Leader. Garniert mit wissenschaftlichen Vorträgen

Tag der offenen Tür

Oft gepaart mit attraktiven Sonderangeboten. Sie laden nicht nur Kunden und Nicht-Kunden ein, sondern auch die Nachbarschaft. So gesehen ist es eine raffinierte PR-Arbeit.

2.4. Der konzeptionelle Messestand II (vgl. CD-ROM „Cartoons" und S. 222)

Aus der Marketingkonzeption ergibt sich die Standkonzeption. Will ich z. B. viele neue Kunden erwischen, baue ich einen offenen Stand mit wenig Sitzplätzen, damit die Verweildauer kurz ist. Will ich dagegen an erster Stelle bestehende Kunden pflegen, werde ich mehr Kabinen planen und neige zum Zwei-Etagen-Stand. Welche Vor- und Nachteile die jeweilige Standkonzeption hat, zeigt die Abb. 87.

	Vorteile	Nachteile
Reihenstand Für Kleinstände Modulstände des Veranstalters	Einfach, günstig Schneller, 1-Mann-Aufbau	Eingeschränkte Präsentation Wenig Platz für die Infrastruktur Stark von der Besucherfrequenz eines Ganges abhängig
Eckstand Für kleinere Stände	Mehr Einblick, weniger Abhängigkeit von der Besucherfrequenz eines einzelnen Ganges Kabinen/Infrastruktur gut in den Ecken integrierbar	Beschränkte Platzverhältnisse
Kopfstand Mittelgroße Stände	Guter Standeinblick für die Besucher Große Gestaltungsfreiheit und gute Präsentation	Erfordert erhöhte Aufmerksamkeit des Personals Höherer Personalbedarf Wenig Wandfläche für Info
Blockstand/Inselstand Mittlere bis große Stände	Keine Abhängigkeit vom Besucherstrom eines einzelnen Ganges Ausgezeichnete Präsentationsmöglichkeiten Hohe Aufmerksamkeit	Hohe Anforderungen an die Gestaltung Hohe Aufmerksamkeit des Personals Bedeutender Personalbedarf
Hofstand Nur für Großstände	Noch mal erhöhter Aufmerksamkeitsgrad Ausgezeichnete Möglichkeit, Schwerpunkte zu bilden Gute Gliederungsmöglichkeiten für z. B. Kommunikation/Produktdemo	Großer Personalbedarf Schwieriger Überblick Hohe Anforderungen an die Gestaltung Verbindende Gestaltung allenfalls in Frage gestellt (Vorschriften)
2-Etagen-Stand Großstände	Gute, diskrete Kommunikationsmöglichkeiten (Besprechungen/Bewirtung)	Hohe Kosten Hoher Personalbedarf Messevorschriften Schwieriger Überblick
Pavillons (separater Pavillon auf dem Messegelände) ideal für Großunternehmen, die mit ihren Vertriebspartnern ausstellen	Größte Gestaltungsfreiheit Gut für CI/CD	Psychologische Eintrittsbarrieren Kosten
Stand im Freigelände	Gute Präsentationsmöglichkeiten für die Bereiche – Bau – Landwirtschaft – Freizeit	Den Witterungseinflüssen ausgesetzt Sep. Besprechungsräume müssen geschaffen werden

Abb. 87: Vor- und Nachteile der verschiedenen Standvarianten (nach Zotter)

Erfolgspfad für ein Messe-Aktionsprogramm

Messestände sind die Kathedralen der Gegenwart. 🏛

Ein professionelles Design basiert auf einigen wenigen klassischen Pfeilern. Seltsamerweise werden sie an Messen sehr häufig nicht eingesetzt. Wir zählen zu den Grundpfeilern eines wirkungsvollen Designs auf der Basis des gesunden Menschenverstandes: stimmige, vielleicht überraschende, „beglückende" Farbwahl, den Einsatz zeitgemäßer, form- und designschöner Materialien. Schaffung von einfach wahrnehmbaren Raumzonen - Erlebniswelten im weitesten Sinne und als Option: die Schaffung eines Wahrzeichens. Könner an Messen gelingt es immer wieder, ein architektonisches Zeichen zu setzen, mit überraschenden, auch subtilen, nicht protzigen Formen: gerichtet an die Zielgruppen.

Es sind heute in der Regel verschiedene Zielgruppen. Die man - verständlicherweise - auch mit heterogenen Botschaften ansprechen muss. Das Entscheidende ist deshalb, dass wir nicht versuchen, eine einzige Werbebotschaft in die 3. Dimension umzusetzen, sondern ein Firmenselbstverständnis. Es ist etwas anderes, als eine temporäre Firmenfiliale auf der Messe zu bauen.

Was muss der Aussteller machen, damit sein Unternehmen im Meer von durchwegs professionell gestalteten Messeständen etwas Spezielles bietet?

Innerhalb der durch eine Messe räumlich vorgegebenen Grenzen muss der Aussteller also stets von Neuem überraschende Zuordnungen schaffen. Wir müssen eine subtile Form der Irritation finden, die den Besucher aber nicht provoziert oder gar verärgert und mit der er sich länger als einen Sekundenbruchteil auseinandersetzt. Wir wollen also im positiven Sinne Erstaunen erwirken.

Auf dieser Suche lässt man sich von weitgehenden Inspirationen auch aus anderen Branchen leiten. Im Zentrum steht sich die Architektur, aber auch das Möbeldesign oder die Mode. Schließlich versucht man, Themen und Inhalte von bereits Dagewesenem so zu harmonisieren, dass sie sich in einer neuen Linie mit größerer Akzeptanz integrieren lassen. Dabei muss man sich wegbewegen von der klassischen Raum-Funktionsarchitektur hin zu einer neuartigen, zeitgemäßen Zeichensprache.

Das kostet Geld und Mut in der Anwendung von spezifischer Architektursprache sowie die Bereitschaft, einen Weg um den Prozess aktiv mitzumachen. Die Leidenschaft, ein Wahrzeichen setzen zu wollen, das alle Elemente eines solchen enthält, muss Programm sein: Auffälligkeit, ja Unerhörtheit! Es muss zudem noch als solches in seiner Einzigartigkeit wirken und als Blickfang rundherum sichtbar sein. Alles unter dem Dach der Unternehmensphilosophie, denn der Messestand ohne Konzept ist wie ein Blindflug ohne Instrumente.

2.5. Urheberrecht im Messebau

Das Problem des „Diebstahls" fremder geistiger Leistung hat bereits der römische Epigrammdichter Martial aufgezeigt, indem er einen Fidentus als „Plagiarius" bezeichnete. Das Problem ist uns über die Jahrhunderte hinweg treu geblieben:

Im Messebau tritt dieses Problem immer wieder im Zusammenhang mit Planungen auf, wenn der Auftrag nicht erteilt wird und das Messebauunternehmen später feststellt, dass der tatsächlich errichtete Stand seiner ursprünglichen Planung entspricht.

Generell ist zunächst festzuhalten, dass unsere Rechtsordnung von dem Grundsatz ausgeht, dass die Nachahmung fremder Leistung zulässig ist, soweit nicht spezielle gesetzliche Regelungen Leistungsschutz gewähren.

Während die Leistungsschutzrechte nach dem Patent-, Gebrauchs- und Geschmacksmusterrecht ein formales Registrierungsverfahren erfordern, entsteht das Urheberrecht ohne jegliche Registrierung mit der Herstellung des Werkes. Angaben wie „urheberrechtlich geschützt" haben daher lediglich Hinweisfunktion.

Wesentliche praktische Konsequenz des Urheberrechts ist einmal, dass mit der bloßen Übergabe des Plans/der Standskizze keine urheberrechtlichen Nutzungsrechte übertragen werden, und zum anderen, dass der Urheber jeden Dritten von der Nutzung ausschließen kann.

Um allerdings Urheberrechtsschutz zu erlangen, muss sich der Stand durch eine besondere Individualität auszeichnen. Eine praktikable Pauschaldefinition für diese geforderte Gestaltungshöhe gibt es nicht, darum ist auch die Entscheidung der Gerichte uneinheitlich und äußerst schwer vorhersehbar.

Nichtschutzfähig sind bloße Vorstellungen und Konzepte, abstrakte Ideen und Methoden. Auch die bloße Beschreibung eines Konzeptes genügt nicht. Zwar kann der beschreibende Text Urheberrechtsschutz genießen, nicht aber das Konzept als solches. Andererseits kann jedoch die Idee wiederum Schutzfähigkeit erlangen, wenn sie in irgendeiner Weise in Werkform verkörpert wird. Dies kann dann der Fall sein, wenn etwa die Idee zur Präsentation von Exponaten und deren Beleuchtung skizzenhaft oder durch einen Plan dargestellt wird.

Ist ein Urheberrecht entstanden, kann der Urheber die Unterlassung sowie Schadensersatz verlangen. Insbesondere der Unterlassungsanspruch kann nicht selten per einstweiliger Verfügung durchgesetzt werden, so dass der Messeauftritt gefährdet ist.

> Neben diesem urheberrechtlichen Leistungsschutz kann aber auch noch ein wettbewerbsrechtlicher Schutz bestehen. Dieser Schutz wird nach § 1 des Gesetzes gegen den unlauteren Wettbewerb beurteilt. Die wesentliche Bedeutung liegt darin, dass keine besondere Gestaltungshöhe erforderlich ist, vielmehr genügt es, wenn der Stand über eine wettbewerbsrechtliche Eigenart verfügt. Erforderlich ist lediglich, dass die gestalterische Leistung das rein Handwerksmäßige eines Durchschnittsgestalters überragt.
>
> Eine Sittenwidrigkeit wird nicht selten darin gesehen, dass aufgrund ausführlicher Besprechungen ein Vertrauenstatbestand geschaffen worden ist, der durch die Verwertung der fremden Leistung ohne Mitwirkung des Planers in sittenwidriger Weise verletzt wird. Auch in diesem Falle stehen dem Standbauer Schadensersatzansprüche zu.
>
> *Also vorab klären.*
>
> Dies gilt auch und insbesondere für den Aussteller, der damit der latenten Gefahr begegnen kann, vor oder während der Messe bzw. des Events mit Unterlassungsansprüchen, eventuell per einstweiliger Verfügung, überzogen zu werden.
>
> Die Vereinbarung einer Vergütung für solche (Planungs-) Leistungen mildert die dargestellte Problematik. Im Urheberrecht gilt die Auslegungsregel, dass mit der Vergütung für die schöpferische Tätigkeit auch die Verwertungsrechte übertragen werden.

2.6. Eine Demonstration braucht Dramaturgie & den Dialog

Sagst du es mir, so vergesse ich es wieder; zeigst du es mir, so merke ich es mir. Lässt du mich teilnehmen, so verstehe ich es. (Sinnspruch der OBI-Baumärkte)

Dass sich ein Stand besonders gut für eine Demonstration eignet, darüber brauchen wir gar nicht zu reden - wenn es nur richtig gemacht würde. „Richtig" heißt- um es vorweg zu nehmen - kunden- und nutzenorientiert.

Die Vorteile einer Demonstration:

- Die gleichzeitige Ansprache mehrerer Sinne: Sehen - Hören - Anfassen - vielleicht auch Riechen, z. B. auf Konsumgütermessen.
- Die Produkt-Vorteile können chronologisch nacheinander und logisch aufgebaut dargestellt werden. Der Nutzen ist besser durchschaubar.
- Dialogorientiert: Der Zuschauer kann/soll Fragen stellen.
- Erfüllt die Erwartung vieler Besucher. „Try BEFORE you buy" (Sony)

Die Etappen eines Messe-Aktionsprogramms

- Der Zuschauer kann sich selbst überzeugen. Der Berater muss weniger behaupten.
- Aktuelle Medientechnik, didaktisch professionell aufbereitet, lässt Zusammenhänge/Konstruktionsmerkmale besser visualisieren und begreifen.
- Die Wünsche und Motive des Besuchers können durch die Demo verstärkt werden.
- Der Interessent kann sich mit dem Produkt bzw. der Dienstleistung identifizieren. So wird der Kaufwunsch verstärkt.

Und das Wichtigste:

Im Dialog kann der Zuschauer Verständnisfragen stellen, denn: Die Leute wünschen nicht, dass man zu ihnen redet. Sie wünschen, dass man mit ihnen redet. Es genügt eben nicht, zur Sache zu reden. Man muss auch mit den Menschen reden. Das schafft Ankerpunkte im Gedächtnis und erhöht den Depotwert der Erinnerung.

Nicht nur die reinen Sachinformationen bestimmen den Gesprächserfolg, sondern Untersuchungen zeigen folgende allgemeine Ergebnisse (vgl. Abb. 88):

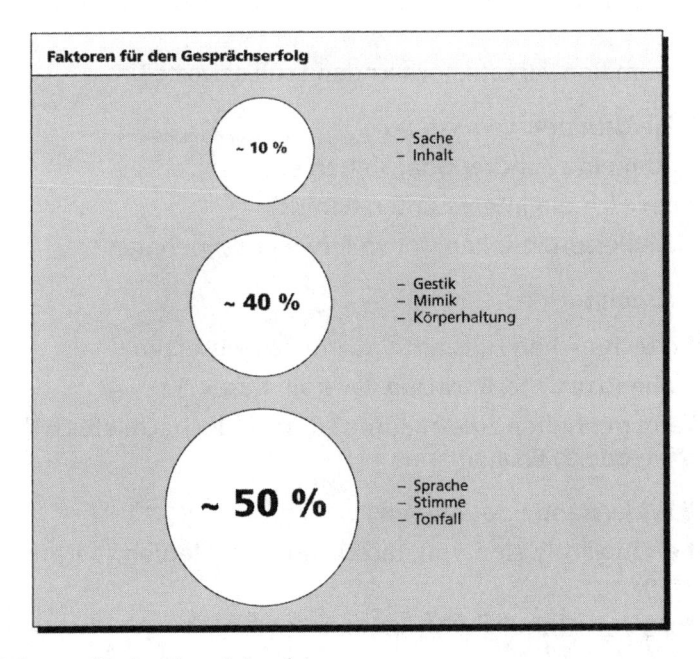

Faktoren für den Gesprächserfolg

- ~ 10 %
  - Sache
  - Inhalt
- ~ 40 %
  - Gestik
  - Mimik
  - Körperhaltung
- ~ 50 %
  - Sprache
  - Stimme
  - Tonfall

Abb. 88: Faktoren für den Gesprächserfolg

Ergo: Sachinformationen sind auch mit entsprechender Körpersprache zu übermitteln.

> Erfolgspfad für ein Messe-Aktionsprogramm

Konzeptionelle Vorbereitung in sechs Schritten

Wir sagen Ihnen sicher nichts neues, dass eine Präsentation nur so gut ist wie Ihre Vorbereitung. Das Verhältnis ist 1:10, d. h. für eine 15-minütige Vorführung brauchen Sie knapp 2 1/2 Stunden Vorbereitung, sofern Sie tief in der Materie stecken.

So wird es nützlich sein, die anliegenden Punkte wieder einmal abzuhaken:

Schritt 1: Ziele setzen
- Ziel der Demo?
- Wo, wann, wie oft und wie lange soll die Präsentation stattfinden?
- Zu welchen (richtigen) Zeiten?

Schritt 2: Inhalte und Form wählen
- Wie beginne ich? Sie wissen doch: „Start und Landung angeschnallt".
- Welche Publikumserwartung habe ich zu berücksichtigen? (Das mag übrigens an Wochentagen anders sein als an Feiertagen)
- Was will ich genau wie (Tonalität) sagen (wording) und zeigen?
- Welchen Nutzen will ich für wen und mit welchen Medien herausstellen?
- Was sind meine verkaufsfördernden Schlussworte?

Schritt 3: Zielgruppen herausfiltern
- Wer sind meine Zuhörer oder sollten es sein?
- Wie filtere ich die Interessenten heraus?
- Wie viele Personen sollen sinnvollerweise teilnehmen?

Schritt 4: Dramaturgie
- Welche technischen Hilfsmittel werde ich einsetzen?
- Was ziehe ich an? (z. B. Anzug, Overall, Kasak?)
- Wer kann mir helfen zu verkaufen? (Das ist doch schließlich das eigentliche Ziel, oder?) Ersatzmann?

Schritt 5: Widerstände optimieren
- Welche Einwände sind von Technikern, Kaufleuten, Beratern etc. zu erwarten?
- Wie reagiere ich auf Preisfragen? Fragen nach Lieferzeiten, Referenzen etc.?
- Von welcher Hierarchie ist besonderer Widerstand zu erwarten?
- Mit welchen Störungen ist zu rechnen? Wie kann ich sie im vorhinein „vermeiden"?

Schritt 6: Ergebnisse überprüfen
- War meine Vorführung erfolgreich?
- Welcher der o.a. Schritte kann und soll optimiert werden?

Ablauf einer Demonstration

Aktivitäten im Vorfeld
- Weisen Sie auf einer Demo-Uhr, neben der Info z. B., plakativ auf Ihre nächste Vorführung hin. Darunter klein auf die folgenden Vorführungen. Geben Sie die konkrete Dauer an: z. B. 8 Minuten.
- Das Demonstrationsmaterial muss gut geordnet sein, auf effektvollem Untergrund.
- Legen Sie die Demonstrationsobjekte nicht zu dicht nebeneinander. Je freier der Raum zwischen den Demonstrationsteilen ist, um so bedeutungsvoller und wertvoller erscheinen sie.
- Eröffnungssätze lernen. Der so genannte primacy effect. Die Einstimmungssätze sind von entscheidender Bedeutung.
- Stellen Sie sich dem Kunden möglichst nicht gegenüber, sondern treten Sie neben ihn. Sprechen Sie über eine Ecke oder eine Flanke des Tisches. Er, der Besucher, ist so weniger Zuschauer, sondern Beteiligter. Wir sprechen vom so genannten Kommunikationsdreieck.
- Bringen Sie die Punkte Ihrer Demonstration in eine natürliche, leicht fassbare Reihenfolge. Erklären Sie von innen nach außen. Von außen nach innen. Von rechts nach links oder umgekehrt. Dem Herstellungsprozess folgend oder besser dem Schritt bei der praktischen Anwendung gemäß.
- Üben Sie seitenverkehrt vor dem Spiegel.
- Nie auswendig lernen; schmeckt nach Konserve. Bei unvorhersehbaren Einwänden stecken Sie endgültig fest.
- 20 x mehr wissen als reden. Lassen Sie sich auf nichts ein, wovon Sie nichts verstehen.

Zuschauer da abholen wo sie sind - in ihrer Sprache
- Zeigen Sie dem Interessenten zuerst, in welcher Beziehung Ihr Produkt dem Hergebrachten entspricht. Erklären Sie dann, was neu an Ihrer Ware/ Dienstleistung ist.
- Führen Sie alle Handgriffe planmäßig und langsam aus, damit der Zuschauer genau folgen kann. Natürlich müssen Sie alle Handgriffe „im Schlaf" beherrschen. Sagen Sie dem Zuhörer, was Sie gerade tun. Vermeiden Sie Routine-Flüchtigkeiten und Technoslang. Jeder Besucher soll das Gefühl haben, eine Uraufführung zu erleben!

| Erfolgspfad für ein Messe-Aktionsprogramm |

- Nennen Sie die Vorteile für Ihren Kunden. Verzichten Sie auf langatmige Beschreibung und Begründungen. Der Interessent sucht auf Messen einen Überblick und soll einen bleibenden Eindruck bekommen vom Nutzen, den Ihre Produkte leisten.
- Gliedern Sie Ihre Demonstration so, dass Sie vom Bekannten zum Unbekannten, vom Einfachen zum Komplizierten fortschreiten.
- Das alles natürlich im Sie-Standpunkt: „Ihr Vorteil / Nutzen ist: ..."
- Finden Sie den didaktisch richtigen Rhythmus. Das heißt: Gehen Sie in der Demonstration schrittweise vor. Halten Sie diese Schritte so klein, dass der Besucher folgen kann, andererseits aber groß genug, dass er sich nicht langweilt.

Ziel: Der Zuhörer soll Ihren Vortrag nicht bewundern, sondern akzeptieren und anwenden.

Zuschauer fesseln

- Führen Sie zunächst eine in sich geschlossenen Demonstration durch. Zeigen Sie den roten Faden - am besten auf einem separaten Medium, Flip-Chart z. B.
- Fragen Sie Ihren Kunden oder Noch-Nicht-Kunden nach seinen speziellen Interessen. Sagen Sie Ihrem Zuhörer - bevor Sie mit der Demonstration beginnen - was Sie ihm zeigen und vorführen werden. Dadurch wächst seine Aufmerksamkeit.
- Halten Sie Teile des Vorführobjektes so, dass der Zuschauer diejenige Seite sieht, auf die es ankommt. Demonstrieren Sie nicht für sich, sondern für den Zuschauer.

Zuschauer führen

„Versuche keine Effekte zu erzielen, die nicht in Deinem Wesen liegen. Ein Podium ist eine unbarmherzige Sache - da steht der Mensch nackter als im Sonnenbad." (Kurt Tucholsky)

- Geben Sie dem Zuschauer das Demonstrationsobjekt - oder Teile davon - wenn möglich in die Hand. Fordern Sie ihn ggf. auf, wichtige Handgriffe selbst noch einmal zu vollziehen.
- Bauen Sie Ihre Demonstration dramaturgisch geschickt auf. Jede Demonstration sollte einen Höhepunkt beinhalten, der möglichst am Schluss liegt. „Hoher Ausstieg".
- Bieten Sie VIP's eine- im Rahmen Ihrer knappen Messezeit- „umfassendere" Produktdemonstration an. Aber nur wenn er sie ausdrücklich wünscht.
- Bei dem Bemühen, dem Zuhörer einen bleibenden Eindruck zu vermitteln, erweisen sich seriöse Schaueffekte als nützlich. Beispiel: Nicht sichtbare Vorgänge innerhalb des Produktes sichtbar machen; Details

Die Etappen eines Messe-Aktionsprogramms

vergrößern; Quiz; Puzzle-Aufgaben; audiovisuelle Spezialinformationen, Animationen, etc.

Eine Messe schafft Transparenz. Der Zuhörer will vergleichen und prüfen und er vergleicht und prüft. Die Aussagen müssen stimmen. Was nicht stimmt, kann blitzschnell als „Lüge" bzw. Unwissenheit entlarvt werden.

Ablauf einer Präsentation

(I.) **Höhepunkt** der Präsentation, d.h. am Schluss, damit das Wichtigste hängen bleibt

(II.) **Höhepunkt** kurz nach der Eröffnung der Präsentation, um die Zuhörer schnell zu fesseln

Höhepunkte

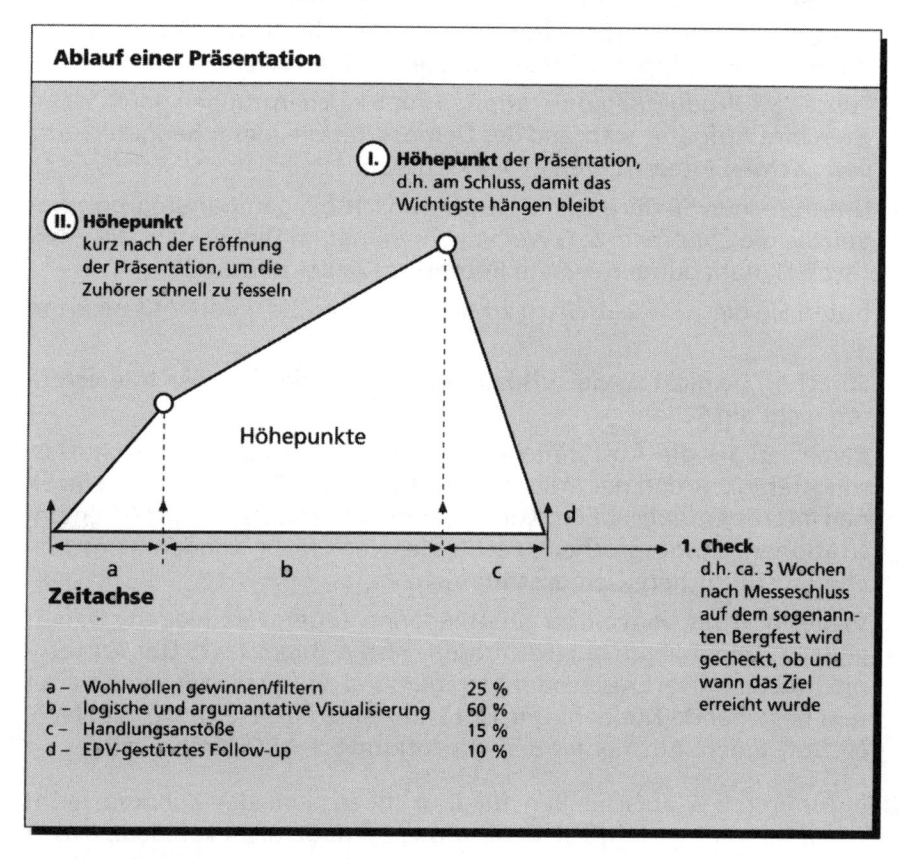

Zeitachse: a, b, c, d

1. Check d.h. ca. 3 Wochen nach Messeschluss auf dem sogenannten Bergfest wird gecheckt, ob und wann das Ziel erreicht wurde

a –	Wohlwollen gewinnen/filtern	25 %
b –	logische und argumantative Visualisierung	60 %
c –	Handlungsanstöße	15 %
d –	EDV-gestütztes Follow-up	10 %

Abb. 89: Ablauf einer Präsentation

Wohlwollen gewinnen/filtern

– Der Zuhörer muss erkennen, warum es sich lohnt, Ihnen seine volle Aufmerksamkeit zu widmen.

– Klären Sie den Zuhörer über Richtung und Dauer der gemeinsamen „Reise" auf.

– Überfordern Sie den Zuschauer nicht mit technischen produktionsorientierten Fachausdrücken. Was der Zuhörer nicht versteht, kann ihn nicht überzeugen und kann er auch nicht - was ja seine Aufgabesein soll - weitergeben.

| Erfolgspfad für ein Messe-Aktionsprogramm |

- Zeigen Sie, was Ihr Produkt leistet, nutzt, aushält. Wie man mit ihm umgeht und wie man den maximalen Nutzen erzielt.
- Darauf kommt es dem Interessenten an. Halten Sie keinen wissenschaftlichen Vortrag!
- Ihr Produkt oder Ihre Dienstleistung hat verschiedene Vorzüge, die Sie bei verschiedenen Kunden mit verschiedener Gewichtung bringen müssen. Prüfen Sie die Situation und die Mentalität der einzelnen Interessenten-Gruppen. Setzen Sie die richtigen Akzente.
- Führen Sie Produktdemonstrationen vor Besuchergruppen durch, dann ist es Ihre Aufgabe, während der Demonstration „das Schaupublikum" von „echten Interessenten" zu selektieren.
- Unterbrechen Sie Ihre Demonstration nach einigen Minuten und fragen Sie die Zuhörer z. B.: „Wer von Ihnen hat im Hinblick auf die praktische Handhabung in seinem Betrieb spezielles Interesse?"
- Bitten Sie diese Interessenten zu sich. Tauschen Sie vorab Visitenkarten aus.
- Sprechen Sie nicht zu viel. Visualisieren Sie. Hindern Sie den Interessenten nicht am Sehen.
- Bemessen Sie die Ausführlichkeit Ihrer Vorführung nach der Auffassungsfähigkeit und der Interessenlage bzw. dem Zeitvorrat der einzelnen Interessentengruppen. Kunden wünschen unterschiedliche Demonstrationen. Ausgesprochene Fachleute, Noch-Nicht-Kunden wünschen eher ausführlichere Demonstrationen.
- Vielleicht ist es sinnvoll, zu verschiedenen Zeiten verschiedene Demos je nach Zielpublikum durchzuführen: Also z. B. um 11:15 Uhr für technisch orientierte Entscheidungsträger und Entscheidungsvorbereiter und bestehende Kunden. Um 15:15 Uhr eine kürzere Demo für Noch-Nicht-Kunden. Auch unter Berücksichtigung der ROI/Amortisation.

Ziel: Zuhörer voll aufschließen für Ihre Ideen. Ihm das Zuhören leicht machen. Der Mensch lebt von dem, was er verdaut, nicht von dem, was er isst!

Logische und argumentative Visualisierung

- Demonstrieren und visualisieren Sie vor allen Dingen den Kunden-Nutzen.
- Führen Sie mehrere Produkte gleichzeitig vor, dann verwirren Sie den Besucher nicht. Wählen Sie für den Kunden das am interessantesten erscheinende Modell. Fragen Sie ihn vorher. Sorgen Sie dafür, dass er dieses auch versteht. Händigen Sie gezielt dem Besucher Prospekte, Kataloge, Betriebsanleitungen, Konstruktionsbeschreibungen erst nach der Demonstration aus.

Oder noch besser: Schicken Sie ihm die richtigen Unterlagen zu. So erhalten Sie gewichtetes Adressmaterial. Heften Sie Ihre Visitenkarten und/oder die des verantwortlichen Beraters an alle Prospekte, die Sie übergeben.

Wenn Sie ihm während der Demonstration die Unterlagen aushändigen, blättert er sonst in den Schriftstücken und versteht weder das eine noch das andere. Kreuzen Sie in den Prospekten, etc., die Sie dem Interessenten geben, die Punkte an, die für ihn wichtig sind. Sie ersparen ihm damit Zeit, sich die Rosinen herauszupicken, und Sie üben damit auf ihn einen zusätzlichen personalisierten Einfluss aus.

- Demonstrieren Sie nicht statisch, sondern dynamisch. Entwickeln Sie einen gewissen Schaueffekt, der Auge und Ohr des Besuchers anspricht, so dass die Demonstration bildhaft, lebendig wird. Farbe, Licht, Geräusche, alles das sind Hilfen. Benutzen Sie dicke, dunkle Filzstifte und großflächiges Papier. Skizzieren Sie (evtl. mit Bleistift leicht vorgezeichnete) Innenteile, Aufrisse, Abläufe, Konstruktionselemente während des Vortrages so, dass es für den Zuschauer leicht zu verfolgen ist.
- Stellen Sie die demonstrierten Vorzüge Ihres Produktes, Ihrer Dienstleistung eindrucksvoll dar. Stellen Sie immer wieder Fragen. Damit zwingen Sie den Zuhörer mitzudenken, Zusammenhänge zu begreifen.
- Seien Sie flexibel, wenn der Interessent von bestimmten Teilen Ihrer Demonstration mehr und von anderen weniger wissen will. Gehen Sie auf seine Wünsche ein. Pauken Sie kein Konzept durch. Es ist gleichgültig, von welcher Seite der Zuschauer zu Ihrem Produkt findet oder zu Ihrer Dienstleistung.
- Achten Sie auf Ihr Zeitbudget: Um 9:00 Uhr können Sie vermutlich mehr auf Zuschauerwünsche eingehen, als um 11:00 Uhr, wenn die Messe richtig brummt.
- Wiederholen Sie - vielleicht auch mit einem anderen Medium (Flipchart, Overhead z. B.) - entscheidende Abschnitte Ihrer Demonstration

Ziel: Das Wesentliche bleibt besser haften. Evtl. „auf der Strecke" gebliebene Gesprächspartner können wieder aufholen.

Follow-up

- Tauschen Sie beschädigte, unansehnliche und funktionsuntüchtige Muster aus.
- Räumen sie die Objekte nach Ihrer Demonstration sorgfältig wieder weg. Keine Hast.
- Leiten Sie das Follow-up - möglichst EDV-gestützt und per E-Mail - jetzt ein.

| Erfolgspfad für ein Messe-Aktionsprogramm |

- Nutzen Sie das Messeberichtsformular (Wertpapier) um wichtige Gespräche aufzuzeichnen und zu klassifizieren.

Noch einige Tipps:

- Vermeiden Sie Diskussionen mit reklamierenden Kunden.
- Versuchen Sie reklamierende Kunden von anderen Besuchern zu separieren.
- ✓ **Vermeiden Sie konkrete Preisdiskussionen auf dem Messestand.**

Prinzip einer Demo

K Kennzeichen - ein charakteristisches Merkmal Ihres Produkts oder Ihrer Dienstleistung, welches den Kundenbedürfnissen entgegenkommt. Zum Beispiel Computersoftware mit Pulldown-Menüs.

V Vorteil - ein von dem Produkt oder der Dienstleistung bezogener Wert. Zum Beispiel Zeitersparnis beim Zugriff auf wichtige Daten.

K Kaufneigung - die Meinung des Kunden. Zum Beispiel: „Inwiefern glauben Sie, wird sich dadurch die Abwicklung Ihrer Routineaufgaben vereinfachen?"

Checkliste 26 Vorbereitung Demo

- Hat schon ein Mitbewerber Demonstrationen durchgeführt?
- Falls ja: Name?
- Zu welchen Bedingungen? Wann, wie oft, vor und von wem? Wie lange?
- Können Lösungen demonstriert werden, die der Wettbewerber nicht kann?
- Ist das vorzustellende Produkt in einem einwandfreien Zustand? Haben Sie ein Ersatzgerät an Bord?
- Können die Kernfunktionen des Gerätes nachhaltig demonstriert werden?
- Kann der Interessent selber mit dem Produkt „arbeiten"?
- Wie können Kundenwünsche bezüglich des Anforderungsprofils in Erfahrung gebracht werden?
- Ist die Vorführung so aufgebaut, dass sie kundenorientiert und ein logischer Ablauf gewährleistet ist?
- Werden Sie mit den einfachen, wesentlichen Bedingungen Ihre Vorführung beginnen und den Dialog suchen?
- Haben Sie eine festgelegte Reihenfolge Ihrer Handgriffe, damit Sie und die Zuhörer nicht den Faden verlieren?
- Haben Sie einen Höhepunkt/Überraschungseffekt in Ihre Demo eingebaut?
- Machen Sie nach jedem „Aha-Effekt" eine kurze Pause?
- Zeigen Sie Kundenvorteile sichtbar, plakativ und mit aktueller Medientechnik?
- Sprechen Sie eine leicht verständliche Sprache und kurz?
- Fragen Sie nach jeder Demo nach einem sinnvollen Follow-up?
- Hilft Ihre Vorführung dem Verkauf?
- Binden Sie den Verkauf in/nach der Demo ein?
- Wie viel Leads haben Sie gebaggert?
- Stimmt Ihr Zeitetat?
- **War Ihre Demo aus Kundensicht ein Erfolg? (Warum?)**

| Erfolgspfad für ein Messe-Aktionsprogramm |

FOKUS

1. DEMO OR DIE
2. Demonstration ist kein Selbstzweck. Sie dient der Andockung des Verkaufs.
3. Sie hat Filterfunktion, den heißen Interessenten zu „baggern".
4. Sie muss kurz, kundennutzend und dialogorientiert sein.

2.7. Follow-up auf dem Messestand

Auf dem Stand sollte ein(e) Mitarbeiter/in oder vielleicht eine Aushilfe (z. B. Student) für die tägliche (!), EDV-gestützte Auswertung sorgen. Das gilt für die geführten Gespräche, Wettbewerbsbeobachtungen und Kundenbefragungen. Nur so kann der Standleiter seine Führungsaufgaben tatsächlich wahrnehmen und aus den Besprechungen konkrete Ergebnisse zum aktuellen Status und zum Delta, also zur Planabweichung, liefern. Gleichzeitig erhalten die Mitarbeiter konkrete Argumentationshilfen, wenn wieder einmal die Frage kommt: „Wie läuft die Messe?" Je exakter die Antwort, um so größer ist das Vertrauen des Besuchers in das Unternehmen, das ja offensichtlich sehr präzise und schnell arbeitet. Außerdem werden bereits Aufgaben erledigt, für die nach der Messe erfahrungsgemäß nur wenig Zeit zur Verfügung steht- und erreichbare Ziele motivieren. Frühzeitig eingeleitete Aktivitäten können das Ergebnis noch beeinflussen. Das Unternehmen lernt.

Analyse von Messeinvestitionen

Kategorie	Prozent
Nein	38%
Kostenermittlung pro Besucher	38%
Teilnahmekosten anderer Messen	28%
Besucherentwicklung anderer Messen	23%
Sonstiges	7%

info@avance-cologne.de - 2000 Zahlen sind aufgerundet

> Die Etappen eines Messe-Aktionsprogramms

Prospektversand vom Stand

Dank des skeye.pad, eines mobilen Internet-Computers der Höft & Wessel und der dazugehörigen Software der Accelio hat der Messebesucher seine Prospekte schon nach wenigen Minuten. Mit dem Gerät werden die Messe-Kontakte elektronisch erfasst und über Funk an einen Zentralrechner übermittelt. Dort erfolgt die automatische Generierung einer E-Mail, der die angeforderten Dokumente beigefügt sind. www.hoeft-wessel.de

> **FOKUS**
>
> Die tägliche EDV-gestützte Auswertung auf dem Stand ist die Pflicht, die Veranstaltung selbst ist die Kür

3. Die Ernte einfahren durch konsequente Nachmessearbeit

Das Vorbereiten auf die Nachmessearbeit haben wir weiter oben sehr ausführlich diskutiert, so dass wir Ihnen und uns in der Phase der Nachmessearbeit „leicht" machen könnten mit der saloppen Aufforderung: „Just do it". Dieser Appell soll aber nochmals - aufgrund vieler trauriger Erfahrungen aus der Praxis - vertieft und penetriert werden. Dieses Kapitel ist also vor allen Dingen ein „Reminder", mit der berechtigten Hoffnung verknüpft, dass die Leser die Nachmessearbeitwirklich ernst nehmen - allerdings nicht erst nach der Messe, sondern schon vorher.

Spätestens sobald die Messetore geschlossen sind, gilt es für die dynamischen Messeaussteller, die bestehenden Verpflichtungen Interessenten gegenüber einzulösen. Zur Wahrheit gehört, dass viele Besucher von manchen Ausstellern nie mehr etwas hören, obwohl man ihnen das Übersenden von Prospekten, Datenblättern und einem detaillierten Angebot zugesagt hatte. In anderen Fällen kommt in einigen Wochen eine Prospektsendung mit einem Formbrief, der auf den Besuch Bezug nimmt, aber sonst in keiner Weise auf die besonderen Belange des Besuchers eingeht. Hin und wieder meldet sich auch der zuständige Außendienst-Mitarbeiter telefonisch und verkündet forsch, dass der Interessent zwar wohl auf dem Stand gewesen sei, er ihm aber nochmals alle Details erläutern möchte. Die Erfolgschancen solcher und ähnlicher Nachfassmaßnahmen lassen sich leicht abschätzen. Ungeklärt bleibt in diesen Fällen immer die Frage, warum Messeaussteller erhebliche finanzielle Mittel aufwenden, wenn die begonnenen Verkaufsbemühungen anschließend nicht konsequent weitergeführt werden.

Nach der Messe liegen Traumtermine vor, die wahrgenommen werden müssen. Bekannt ist jetzt die Anzahl der Traumtermine insgesamt, pro

> Erfolgspfad für ein Messe-Aktionsprogramm

Mann, in welchen Zielgruppen (Plattformebenen), Regionen und für welche Produkte bzw. Dienstleistungen. Die Termine sind schon direkt vom Messestand aus bestätigt worden. Der Besucher hat gespürt, dass der Aussteller schnell ist. Jetzt wird dieser vorgewärmte Kontakt weiter gepflegt. Der Vertrieb hat sich dafür ausreichend Zeit reserviert, so dass kaum Engpässe entstehen. Trotzdem haben Sie Prioritäten gesetzt. Sie sind ja realistisch. A-Kontakte genießen höchste Priorität, B- und C-Kontakte versehen Sie mit Zwischenbescheiden und weiteren Informationen. Diese können z. B. einen kurzen Report über die Messe und Pressenotizen erhalten - mit der Visitenkarte des Außendienst-Mitarbeiters, was den späteren Telefonkontakt erleichtert.

Sie stellen heraus, welche brisanten Fragen im Mittelpunkt der meisten Besuchergespräche gestanden haben. Durch die Wiedergabe der zusammengefassten Antworten betonen Sie nochmals geschickt die Leistungskraft des Ausstellers. Mit etwas Kreativität lässt sich darüber hinaus das gesamte Geschehen in einige statistische Angaben fassen, die im Nachhinein einen Einblick in das Ausstellerunternehmen geben. All das lässt sich standardisieren und kann in größerem Umfang versendet werden.

P Weiterhin liegen schon die Ergebnisse der Kunden- und Noch-Nicht-Kundenbefragung vor. Auch hier warten Teilnehmer sehnsüchtig auf die kommentierte Auswertung. Es gibt genügend wichtige Informationen rund um den Aussteller, die das Interesse wachhalten und wachhalten müssen, gerade jetzt, wo andere Aussteller auch dran bleiben.

Die A-Kontakte werden schnell besucht und beraten. Dazu bestätigen Sie - wie vereinbart - einen Termin oder vereinbaren einen neuen. Gleichzeitig fordern Sie in diesem Telefonat die Produktunterlagen, die der Interessent zusenden wollte (wozu er aber aufgrund des hektischen Alltags noch nicht gekommen ist), neu an. Denn auch der Gesprächspartner sollte etwas tun. Das fördert sein Interesse und gibt uns weitere Informationen und VKF-Argumentationen. Den Termin bestätigen Sie schriftlich, und zwar mit Hilfe dieser Agenda (= Gesprächsablauf):

Sehr geehrter Herr/Frau,

am ... werden wir gemeinsam unseren auf der ... Messe begonnenen Dialog fortsetzen. Damit Sie sich darauf optimal vorbereiten können, erhalten Sie hier schon mal vorab einen Vorschlag zum Ablauf. Bei Fragen rufen Sie mich doch einfach an.

Auf unser Kennenlernen freut sich

P.S.: Senden Sie mir noch die versprochenen Informationen zu? Vielen Dank!

Agenda/Ablauf des Expertengesprächs

Teilnehmer:

Ort:

Uhrzeit: von ... Uhr bis ca. ... Uhr

Themen:
- Kurzvorstellung
- Anforderung an einen (neuen) Lieferanten
- Ansatzpunkte einer Zusammenarbeit
- Die nächsten Schritte/Termine

Übrigens: Nicht zu vergessen sind die Kontakte, die den Messestand nicht besucht haben. Sie haben entweder schon einen Traumtermin vor der Messe gegeben oder hatten den Messebesuch bestätigt, sind aber nicht gekommen. Für beide Zielgruppen heißt das Motto: „Wir bringen die Messe zu Ihnen."

Messbarkeit ist der Kern des Follow-up. Jeder der aufgezeichneten Schritte kann gemessen werden. Gewissenhaft erfasst, können zu jeder Phase des Aktionsprogramms Messe quantitative Angaben zu den einzelnen Aktivitäten gemacht werden. Messe ist damit messbar geworden. Niemand wird bei diesem Vorgehen bestreiten, dass die Messe eine sinnvolle Investition ist. Niemand wird mehr sagen: „Das war auch diesmal wieder ein voller Erfolg ... insbesondere der hohe ausländische Besucheranteil ... hohes Interesse für Produkt xy ..., lediglich die Unterbringung der Mannschaft im Hotel, Anfahrt und die Würstchen sind verbesserungswürdig." Konkrete messbare und damit nachvollziehbare Angaben sind möglich, wie das bei einer hohen Investition auch erwartet werden darf. Nicht alle Ergebnisse kann man direkt der Messe zuschreiben, aber sie wurden doch von ihr initiiert. Und das ist letztlich mitentscheidend für die Beurteilung.

Ein wichtiger Hinweis sei an dieser Stelle noch erlaubt: Befragen Sie Ihre Mitarbeiter, wie sie das Messe-Aktionsprogramm einschätzen. Die Ergebnisse und Erkenntnisse werden Ihnen weiterhelfen, da sie die Qualität der nächsten Veranstaltungen und die Motivation der Teilnehmer weiter erhöhen werden (vgl. Checkliste 27).

Erfolgspfad für ein Messe-Aktionsprogramm

Checkliste 27: Beurteilung des Messe-Aktionsprogramms durch die Mitarbeiter (Fallbeispiel)

☐ Marketing ☐ Vertrieb ☐ Controlling ☐ Mercuri International

THEMA	EINSCHÄTZUNG			BEGRÜNDUNG	VERBESSERUNGSVORSCHLAG
	gut	befriedigend	nicht ausreichend		
1. Vorbereitung					
● Ziele (VIP's): – Qualität der Adressen					
– Information/ Abstimmung/ Adressen an Vertrieb					
● Motto für die Messe					
● Standbesetzung: – Auswahl – Anzahl					

Die Etappen eines Messe-Aktionsprogramms

THEMA	EINSCHÄTZUNG			BEGRÜNDUNG	VERBESSERUNGSVORSCHLAG
	gut	befriedigend	mangelhaft		
● Anschreiben:					
– Brief					
– Zielpublikum					
– Organisation/Versand					
– Rückantwort/Fax/E-Mail:					
∗ Entwurf					
∗ Verteilung					
∗ Häufigkeit					
● Nachfass-Aktion (Telefonisch):					
– Organisation/Koordination					
– Durchführung					
– Auswertung					
– Infos an Vertrieb					

✓

Erfolgspfad für ein Messe-Aktionsprogramm

THEMA	EINSCHÄTZUNG			BEGRÜNDUNG	VERBESSERUNGSVORSCHLAG
	gut	befriedigend	nicht ausreichend		
● Vorbereitungsworkshop: – Inhalte – Dauer – Organisation					
● Idee: keine Prospekte					
● Idee: Korken/Gläser/Champagner					
● Sonstiges – Hotel – Logistik – Produkte – Dienstleistungen					

Die Etappen eines Messe-Aktionsprogramms

THEMA	EINSCHÄTZUNG			BEGRÜNDUNG	VERBESSERUNGSVORSCHLAG
	gut	befriedigend	nicht ausreichend		
2. Durchführung					
● Morgen-/Abendandacht					
● Wertpapier:					
– Umfang					
– Inhalt					
– Versand nach Essen					
● Verhalten Standpersonal:					
– Freundlichkeit					
– Verkaufsverhalten					
– Engagement/Motivation					
– Handhabung Wertpapier					
– An-/Abmeldung					

✓

373

Erfolgspfad für ein Messe-Aktionsprogramm

THEMA	EINSCHÄTZUNG			BEGRÜNDUNG	VERBESSERUNGSVORSCHLAG
	gut	befriedigend	nicht ausreichend		
● Wettbewerbsbeobachtung – Umfang – Informationsgehalt					
● Kunden-/Noch-Nicht-Kundenbefragung: – Umfang – Informationsgehalt – Akzeptanz bei Kunden – Präsent für Kunden					
● Empfang: – Organisation/Koordination – Service					

Die Etappen eines Messe-Aktionsprogramms

THEMA	EINSCHÄTZUNG			BEGRÜNDUNG	VERBESSERUNGSVORSCHLAG
	gut	befriedigend	nicht ausreichend		
– Freundlichkeit – Verkaufsverhalten – Integration					
● Service/Hostessen: – Organisation/ Koordination – Freundlichkeit – Verhalten – Integration					
● Stand: – Umsetzung des Mottos – Konzeption – Größe – Erreichbarkeit/Lage					

✓

375

| Erfolgspfad für ein Messe-Aktionsprogramm |

THEMA	EINSCHÄTZUNG			BEGRÜNDUNG	VERBESSERUNGSVORSCHLAG
	gut	befriedigend	nicht ausreichend		
– Aufteilung – Kabinen – Stehtische – –					
● Marketing: – Zauberer o. ä. – Give-aways/Präsente – PR-Arbeit – Catering – Einheitlicher Auftritt/Kleidung – Schreibutensilien – Aushang Messeerfolg (tägl. in der Kantine)					

Die Etappen eines Messe-Aktionsprogramms

THEMA	EINSCHÄTZUNG			BEGRÜNDUNG	VERBESSERUNGSVORSCHLAG
	gut	befriedigend	nicht ausreichend		
• Integration der Händler/Partner					
• Messe-Produkt: – Konzept – Getränke/Give-aways – Vermarktung am Stand					
• Sonstiges: I I I I I					

✓

Erfolgspfad für ein Messe-Aktionsprogramm

THEMA	EINSCHÄTZUNG			BEGRÜNDUNG	VERBESSERUNGSVORSCHLAG
	gut	befriedigend	nicht ausreichend		
3. Follow up:					
● Bestätigungsschreiben an Kunden/Presse:					
– Idee					
– Termineinhaltung					
– Qualität des Schreibens					
● Zuordnung der Wertpapiere					
● Information/ Berichtswesen/ Termintreue:					
– Zentrale → Vertrieb					
– Vertrieb → Zentrale					

Herzlichen Dank!!! Sie haben uns geholfen, Ihre nächste Messe noch weiter zu optimieren.

Die Etappen eines Messe-Aktionsprogramms

Manöverkritik FORD
1. VIENNA AUTOSHOW

01 Vorbereitung (4.000)	02 Standgestaltung	03 MAFO
– Konzept/Marketing/ Verkauf – Training mit Standbesichtigung – Presse/AD/Internet – WERTPAPIER – Zeitgerüst – Vorbereitung Händler	– Design/Größe – Logistik – Bewirtung – Exponate/Vorführung/ Nutzeninfo USP, Glücksrad – Animation/ Depotwirkung/ Simulator – Prospekte/Give-Aways/Foto – Kabine/Office/PC/ Anmutung	– Wettbewerb (Techn.-Kfm.Dok.) – KD-Befragung – MA-Befragung – „Stimmung" – Foto-Dokumentation
04 Besucher – Ansprache – WERTPAPIERE/Mappen/A,B,C – Quantität/Qualität (VIP's)	**05 Nachbearbeitung** – vor der Messe – nach der Messe: HQ/Händler	**07 Übertragbarkeit /Modell** – z.B. auf Hausmessen – International
Personal – Disziplin – Dress-Code/Sprache – Anzahl – Argumentation/Kompetenz Verhältnis Kunden : Noch-Nicht-Kunden	**06 Kosten ROI - Verglichen mit** – Hausmessen – Klassischen Medien – VKF	**08 Lerneffekte für 05** – (FORD/FORD-Gruppe)

fairdoctors 27.05.

„Controlling is to delight customers"

> Erfolgspfad für ein Messe-Aktionsprogramm

Prinzipien der Messevor- und -nachbereitung

(.01) Sehen Sie zu, dass jede Marktbeteiligung besser wird als die vorhergehende. Dokumentieren Sie.

(.02) Alle Mitglieder des Teams suchen ständig nach Optimierungen.

(.03) Geben Sie jedem Teammitglied volle Verantwortung für sein Tun und unterlassen Sie ständige Kontrollen.

(.04) Führen Sie Ihr Team durch Coaching.

(.05) Berücksichtigen Sie bei Lieferanten nicht ausschließlich die „niedrigsten" Angebote.

(.06) Suchen Sie laufend nach Abweichungen und ihren Ursachen.

(.07) Sorgen Sie für praxisorientierte Trainings. Mit Rollenspiele.

(.08) Achten Sie auf gute Kommunikation im Team.

(.09) Bauen Sie Abgrenzungen zu anderen Abteilungen ab.

(.10) Zwängen Sie Ihr Team nicht durch zu enge Vorgaben ein.

(.11) Schaffen Sie eine Atmosphäre, die jeden ermuntert, ständig zu lernen (statt verbaler Kraftmeierei).

(.12) Stellen Sie sicher, dass jeder Mitarbeiter auf seine Leistung stolz sein kann.

Nach W. E. Deming

Das klingt gut, ist aber ein wenig abstrakt. Gehen Sie aber davon aus, dass ein eingespieltes Team nach dieser allgemeinen Vorlage ein hohes Potential zu konkreten Verbesserungsvorschlägen hat.

Follow-up-Aktivitäten

- Jetzt beginnt die wichtigste Messephase
- Der Erfolg Ihrer Messeaktivitäten hängt von der Qualität Ihrer Nachbereitung ab
- Reservieren Sie genügend aktive Verkaufszeit
- Seien Sie schneller als der Wettbewerb: Bestätigen Sie z.B. Besuchstermine bereits während der Messe, z.B. per Mail
- Führen Sie einen Soll-/Ist-Vergleich je Mitarbeiter durch
- Legen Sie fest, was jetzt bis wann zu tun ist
- Erstellen Sie einen abgestimmten Maßnahmen-/Zeitplan
- Coachen Sie die Einhaltung regelmäßig
- Errechnen Sie regelmäßig das gewichtete Umsatzpotential pro Mitarbeiter, das mehr oder weniger Wertpapier aus der Messebeteiligung resultiert
- Setzen Sie dazu einen PC ein
- Geben sie regelmäßig kommentierte Zwischenergebnisse bekannt
- Sorgen sie dafür, dass die Messe bei Ihren Mitarbeitern und im Markt natürlich weiterhin ein Thema bleibt
- Entwickeln Sie ein Formular: „Ideen zur Verbesserung der nächsten Messe". Schreiben Sie evtl. einen kleinen Wettbewerb zu diesem Thema aus
- Loben Sie die Gruppen, die sich im Messeverlauf besonders engagiert haben
- Fordern Sie einen „Pressespiegel" vom Veranstalter
- Erstellen Sie einen Projektplan für ein systematisches Follow-up

Es hat keinen Wert, über Dinge zu reden, wenn man nicht auch beabsichtigt, den Reden die Tat folgen zu lassen.

Lu Chin-Yüan

> Erfolgspfad für ein Messe-Aktionsprogramm

Manchmal ist auch auf Messen oder nach denselben eine Haltung anzutreffen, bei der es heißt: „Im Ganzen gesehen ein Erfolg." Dies ist schon die halbe Lüge. Heute erlaubt die Wirtschaft keine Erfolge mehr, die nicht Wirkliche sind.

Gerade deshalb dürfen die Messen zweiten Ranges und die regionalen Messen nicht abgeschrieben werden. Sie haben ein enormes Verbesserungspotential.

Eine Gegenbewegung sucht die Holzbänke des alten Stils zu retten.

Natürlich stellt sich bei der Nachmessearbeit auch die Frage: Was passiert, wenn wir die Ziele nicht erreichen? Aber Sie erreichen sie, da Sie fleißig und konsequent Aktivitäten geplant und umgesetzt haben. Das Monitoring pro Phase des Messe-Aktionsprogramms bürgt dafür. Durch das Setzen von Meilensteinen machen Sie Auftragsvergaben kalkulierbarer.

FOKUS

1. Messbarkeit der einzelnen Aktivitäten während eines Messe-Aktionsprogramms ist der Schlüssel zum Erfolg. Follow-up ist keine Zauberei, sondern knallharte Arbeit.
2. Was Sie nicht messen können, können Sie auch nicht verbessern.
3. Nur wenn zwischen Messeende (nicht Aktionsende) und Nachmessearbeit kein Bruch entsteht, werden die Erwartungen erfüllt.
4. Das Geld verdienen Sie nach der Messe.

IV. Das Wesentliche auf einen Blick

Der 4. Teil des Buches führte Sie durch die Planungs-, Umsetzungs- und Follow-up-Phasen eines Messe-Aktionsprogramms. Dabei diskutierten wir einen „bunten Blumenstrauß" unterschiedlicher Marketing- und Vertriebsmaßnahmen, für deren erfolgreiches Anwenden Sie, unsere Leser, zunächst ein wenig Mut, Kreativität und Augenmaß und dann vor allen Dingen Konsequenz und Stehvermögen besitzen müssen. Der schönste Messestand, die spektakulärste Show oder die interessanteste Einladung werden in ihrer Wirkung verpuffen, wenn Sie die Messe nicht als straffes Aktionsprogramm interpretieren.

Ziele: Messbar und eindeutig.
Laufzeit: Länger als die Messe selbst.
Aktivitäten: Messbar und für jede Stufe exakt aufgelistet.

Follow-up: Von der ersten Minute an (Anmerkung: Deshalb ist das Wort Follow-up in diesem Zusammenhang auch nicht glücklich), auch schon in der Planung und auf dem Stand - permanent und penibel.

Führung: Die Mitarbeiter bei der Zielerreichung durch Steuerung von Quantität, Qualität und Richtung der Aktivitäten unterstützen. Kein Fußballtrainer wird in der Vorbereitung auf ein Bundesligaspiel nur das Ergebnis als Ziel vorgeben: gewinnt 2: 0. Das können Zuschauer auch. Nein, er muss sich schon die Mühe machen, Taktik, Aufstellung oder Raumaufteilung vorzugeben und die Einhaltung sicherzustellen. Im übertragenen Sinn ist das genau der Job einer Führungskraft. Hilfsmittel ist hierbei QQR. Mitarbeiter haben Führung verdient, denn das motiviert und schafft Willensstärke. Managen Sie Aktivitäten statt Ergebnisse vorzugeben - mit dem Ergebnis: traumhaft und in Euro und Cent nachrechenbar. Das ist ein Versprechen! Allerdings werden die großen Ergebnisse nur aus der mühevollen Kleinarbeit des Aktionsprogramms herauswachsen! Das riecht nach Hausaufgaben. Wer das nicht erfüllt und alles beim Alten lässt, kommt keinen Schritt weiter und glaubt an die folgenden Gesetzmäßigkeiten:

- Messen sind gesellschaftliche Ereignisse. Wer einmal teilgenommen hat, kann nicht mehr davon lassen. Verloren geht allerdings die kaufmännische Vernunft, mit der sonst Investitionen betrachtet werden.
- Es stellt sich Routine auf hohem Niveau ein. Motto: „same procedure as every year."
- Vorübergehend werden die Regeln des Geschäfts (z. B. Forecast) außer Kraft gesetzt.
- Es gibt eine stillschweigende Übereinkunft. Auf allen (!) Hierarchieebenen: Messen sind nicht rechenbar.

| Erfolgspfad für ein Messe-Aktionsprogramm |

Eine Warnung sei noch erlaubt:

Wer glaubt, die Anregungen dieses Fachbuches zu kennen und zu 98 % bereits anzuwenden, dem sei gesagt.

Auch 98 % sind nicht genug. 98 % hätten zur Folge, dass der Strom 30 Minuten pro Tag ausfiele, dass das Trinkwasser an 8 Tagen pro Jahr unsicher wäre, bei Federal Express 16 000 Pakete pro Tag verlorengingen - 10 Worte auf jeder Seite dieses Fachbuches falsch geschrieben wären ..., d. h. hier geht es um die zusätzlichen 12 %(richtig, wir müssen mehr als 100 % geben, damit wenigstens 100 % beim Kunden ankommen), die den Vollprofi ausmachen.

Zum Schluss noch etwas Nachdenkliches und auch Bekanntes ... oder?

Für den Außenstehenden zunächst kaum merklich, beginnt sich das normale Leben einer Branche zu verändern, sobald sich der Termin einer bedeutenden Messe nähert:

Entwicklungsabteilungen erhöhen die „Schlagzahl", in den Marketing- und Vertriebsabteilungen werden immer schneller Konzepte ent- und verworfen, ein Teil der laufenden Vertragsverhandlungen wird beschleunigt und einige Beschaffungsentscheidungen werden verschoben. Schließlich tauchen in den Fachmagazinen immer häufiger Meldungen über diese und jene Neuheiten auf, die - dieser Zusatz darf nicht fehlen - auf der kommenden Messe zu sehen sein werden.

Wie stets um diese Zeit stellen auch diesmal Messebauer ihre Kreativität, Leistungsfähigkeit, Flexibilität und vor allem Geduld unter Beweis, denn wieder können sich die Betriebsabteilungen, das Marketing, die Geschäftsleitungen und - nicht zu vergessen - die Controller nicht über den richtigen Auftritt und den angemessenen Aufwand einig werden.

Der Siedepunkt ist dann fast erreicht, wenn nur noch einige Tage bis zur Messe verbleiben. Ein Teil der vielen Überstunden, die jetzt - von den Betriebsräten solidarisch toleriert - geschoben werden, findet dafür Verwendung, die in der letzten Minute aufgenommenen pfiffigen Ideen zu realisieren bzw. improvisieren und die Lücken, die durch die ebenso kurzfristig widerrufenen Ideen entstehen, zu schließen. Nebenbei werden dann immer noch die einen oder anderen Planungsfehler ausgeglichen.

Schließlich käme am Vorabend der Messe ein unbeteiligter Beobachter, der über das Messegelände liefe, unweigerlich auf den Gedanken, dass in diesem Jahr die Messe auf keinen Fall pünktlich beginnen kann. Einige Messeteams sind gerade erst angekommen und stellen fest, dass wichtige Werkzeuge oder Baumaterialien zu Hause geblieben sind, andere sind noch auf dem Weg und insgesamt ist kein Messestand fertig. Ein paar Stunden später, wenn die ersten Besucher einströmen, ist - wie stets - das

Messewunder eingetreten und nur noch der aufmerksame Besucher wird den kleinen Standbaubedarf erkennen.

Am Ende der Messe geloben alle Beteiligten Besserung, doch jeder fühlt sich an seine Vorsätze zum neuen Jahr erinnert.

(Quelle: Sven Prüser: Messemarketing)

Im letzten Kapitel stellen wir einige Fallbeispiele aus der Praxis vor, in denen sich Unternehmen den Anforderungen eines Aktionsprogramms sehr mutig, kreativ und erfolgreich gestellt haben.

Unsinn der Psycho-Empowerments

Messen sind kein Glücksspiel ...

Vorsicht bei der populären Managementliteratur mit zum Teil abenteuerlicher Metaphorik, in der Mehrzahl geschrieben von Leuten, die noch nie ein Unternehmen von innen gesehen hatten:"....für Manager". Eine Hochrechnung ergab (lt. Prof. Rust) 2.700 deutschsprachige Titel dieser Ratgeber aus dem Genre: Wie hebe ich ein Telefon ab, ohne mir den Arm zu verstauchen.

Erfolgspfad für ein Messe-Aktionsprogramm

Was kann eine Messe nicht?

Sie kann nicht das ausbügeln, was im normalen Marketing-Alltag in der Firma versäumt wurde. Seitens des Unternehmens sind die marketingtechnischen Voraussetzungen für eine erfolgreiche Messe:

> Verantwortliche Projektleitung (Task-Force) bis zur nächsten Messe.
>
> Konkrete messbare Ziele für den Vertrieb unter ROI-Gesichtspunkten - abgeleitet aus der Unternehmensphilosophie. Dargestellt unter einem Leitthema.
>
> Gewichtete und schriftlich festgehaltene Kontaktberichte, besonders für Neukunden.
>
> Pressearbeit & systematisierte Wettbewerbsbeobachtungen.

Das alles präsentiert auf einem richtigen Stand. Groß oder klein? Entscheidend ist der Hauch von Kreativität und das Vermögen, dem Kunden das Ziel und die Botschaft klar und deutlich zu präsentieren. Was zählt, ist das geistige Potential. Nicht die große Münze.

Wenn sich die Unternehmensziele nicht messbar definieren lassen, dann spricht vieles dafür, dass die Grenze zwischen Wirklichkeit und Wunsch überschritten wurde.

Und natürlich gehört ein gewisser Grad spektakulärer Ausstrahlung zu je der Aktion dazu, denn ohne diese Prise Auffälligkeit würde der Auftritt versanden. Die gewinnbringende Chancen bei einer Messebeteiligung liegt weniger im lauten und kraftvollen „Hau-den-Lukas', sondern vielmehr im wohl überlegten und strategisch geplanten Schachmuster.

So verstanden, werden die virtuellen Messen den Messeplätzen keine ernste Konkurrenz machen, denn den Kunden „bekuscheln", das geht nur real vor Ort und nicht übers Internet. Sicher dagegen ist, dass sich via Internet enorme Vorteile der Vor- und Nachbearbeitung von Messen ergeben, die zu mehr Effizienz für Aussteller, Besucher und natürlich auch für die Messemacher führen.

Da gibt es Nachholbedarf. Reichlich!

Teil 5

Erfolgreiche Messeaktionsprogramme aus der Praxis

Auch für Messen gilt das Wort des Seneca*:
„Es ist dem Bogenschützen erlaubt,
gelegentlich sein Ziel zu verfehlen:
nicht erlaubt ist es ihm,
gelegentlich zu treffen. „
* Spanischer Philosoph um Christi Geburt

I. Aktionsprogramm: GKN Service GmbH: „Wir erzählen keine Märchen, wir rechnen mit Ihnen"

Programm
P roper
P lanning
P revents
P oor
P erformance

1. Ausgangssituation

Die GKN Service GmbH Rösrath (ehemals Uni-Cardan Service GmbH) gehört zur GKN-Gruppe, die weltweit führend in der Entwicklung, Konstruktion und Herstellung von Antriebssystemen für Kraftfahrzeuge und Industrieanlagen ist. Für Hans Podbregar, Leiter des Vertriebs Deutschland für den Bereich Industrie-Gelenkwellen, stand eine wichtige Frage im Raum: Was, so wurde laut nachgedacht, bringen Messen, zum Beispiel die Hannover Messe Industrie? Welche Erfolgsbeiträge liefern die Gemeinschaftsstände mit den Schwestergesellschaften? Wie können wir die Stärken einer kundenorientierten Beratungsund Vertriebsgesellschaft vermitteln? Und wie ist es zu schaffen, dass nicht nur Stammkunden, die sowieso permanent kontaktiert werden, auf den Stand kommen?

Mit diesen Fragen setzte sich Hans Podbregar auseinander, weil er mit seinem Verkaufsteam seit vielen Jahren auf der Hannover Messe präsent war und sich nach seinem Geschmack zu viel Lethargie breit gemacht hatte. Die kritische Betrachtung der zurückliegenden Messeteilnahmen ergab ein professionelles, aber auch zu eingefahrenes Auftreten. Auf dem Gemeinschaftsstand wurden vor allen Dingen Produkte auf edlen Plexiglasständern präsentiert. Die Stärke der GKN als kundenorientierte Vertriebs- und Servicegesellschaft kam nicht deutlich genug rüber. Treue Stammkunden gaben sich die Ehre. Zusätzlich war aufgrund der aktuellen Markt- und Nachfragesituation ein besonderes Kostenbewusstsein vonnöten. Also ein günstiger Zeitpunkt, um andere Denkweisen für den nächsten Messeauftritt zu entwickeln.

2. Messeplanung

Zielsetzung

Eine Potenzialanalyse (im Vorfeld der Messe mit Hilfe des Außendienstes erstellt) machte es ganz deutlich: Es gab (und gibt) Potenziale im Markt für Industriegelenkwellen, die die GKN Service GmbH bisher nicht betreute und die sie bis dahin ganz oder teilweise beim Wettbewerb bezogen hatte. Aus dieser Erkenntnis leitete man die quantitative Zielsetzung für die Messeteilnahme ab.

Messe-Aktionsprogramm in der Praxis

Das durchschnittliche Auftragsvolumen p. a. für A-/B-/C-Kunden betrug im Vorjahr 15 000 Euro, so dass bei einem Neukunden-Zielumsatz von 240 000 Euro ca.18 Neukunden gewonnen werden mussten. Das heißt, je nach effektivem Durchschnittsumsatz kann die Zahl der Neukunden auch über oder unter 18 liegen. Der Mehrumsatz sollte die entstandenen Messekosten abdecken und dem Unternehmen zusätzliche Marktanteile bringen.

Neukunden wurden fortan Wettbewerbskunden genannt, da allen Beteiligten klar war, dass sie Anteile von Wettbewerbern gewinnen mussten.

Darüber hinaus wollte sich die GKN Service als Serviceunternehmen präsentieren, das nach ganzheitlicher Betrachtung des Kundenproblems die wirtschaftlichste Lösung vorschlägt. Das im Markt vorherrschende Bewusstsein von der GKN Service als einer weiteren Produktionstochter im Verbund der gesamten Gruppe sollte verändert werden. Penetration im Markt als Service- und Beratungsunternehmen für Antriebstechnik war angesagt.

Konzeption

Messebesuche haben für viele Einkäufer und Konstrukteure aus der Branche an Reiz verloren, und wenn sie kommen, ist die Zeit knapp bemessen.

Die Schlüsselfrage: Wie bekommt man Ansprechpartner, die zu Neukunden werden können, auf den GKN-Stand?

Die Lösung: die Botschaft lukrativ und Interesse weckend verpacken.

Das Unternehmen wollte den Besuchern wirtschaftliche Lösungen aus der Antriebstechnik präsentieren und nicht „einfache" Gelenkwellen. (Wie können mit dem Einsatz der richtigen Gelenkwelle Kosten gespart werden?) Daraus entstand das Motto: „Wir erzählen Ihnen keine Märchen, sondern rechnen mit Ihnen". Das Rechnen war pfiffigerweise mit einer interessanten Doppelbedeutung versehen: Die GKN rechnet mit dem Kommen der eingeladenen Firmen und rechnet anhand konkreter Zahlenbeispiele.

Da die Empfänger auch in dieser Branche für Drucksachen - also z. B. Messeeinladungen - nur einen Bruchteil ihrer Aufmerksamkeit zur Verfügung stellen, musste die Messeeinladung mit höchster Sorgfalt geplant werden. Die Anwendung der altbewährten AIDA-Formel (Aufmerksamkeit, Interesse, Drang, Abschluss, oder auf „neudeutsch" Attention, Interest, Desire, Action) sollte den Weg der Einladung in den Papierkorb des Noch-Nicht-Kunden verhindern. Zu der reinen Sachinformation (Wirtschaftlichkeit) wurde die emotionale Botschaft gepackt (Märchen als Sympathiebringer).

Als besonderen Anreiz stellte GKN deshalb jedem (interessanten) Standbesucher mit der Einladung ein Märchenbuch in Aussicht. Dabei konnte zwischen drei unterschiedlichen Exemplaren gewählt werden. Das wiederum war ein guter Aufhänger für die späteren Follow-up-Telefonate: „Damit wir für Sie Ihr persönliches Märchenbuch reservieren können, welches Exemplar bevorzugen Sie?" Auch für den Fall, dass ein eingeladener Wunschpartner nicht zur Messe kommen sollte, war vorgesorgt: „Dann bringt der GKN-Beratungsingenieur die Ergebnisse der Messe (inklusive Buch) zu Ihnen und rechnet mit Ihnen." Die Einladung selbst war wiederum in einen aufmerksamkeitsstarken Umschlag eines Märchenbuches verpackt (vgl. Abb. 92).

Die Zielsetzung „Umsatz mit Wettbewerbskunden" erfordert ein anderes Zeitmanagement als bei den Stammkunden, die die Verkäufer in der Vergangenheit überwiegend zeitlich gebunden hatten, so dass kaum Zeit für Neukunden zur Verfügung stand. Lösung: Eine konzentrierte Veranstaltung, bei der möglichst an einem Tag „die guten alten Kunden" zusammenkommen. Geplant war ein exklusiver Empfang mit einem aktuellen Branchenbericht aus erster Hand zur Konjunkturlage. Anschließend sollte ein Erfahrungsaustausch stattfinden, in dem Möglichkeiten zur Überwindung der Konjunkturschwierigkeiten diskutiert werden sollten - und das alles bei einem „märchenhaften" Buffet in einem Restaurant am Rande der Messe (vgl. Abb. 93).

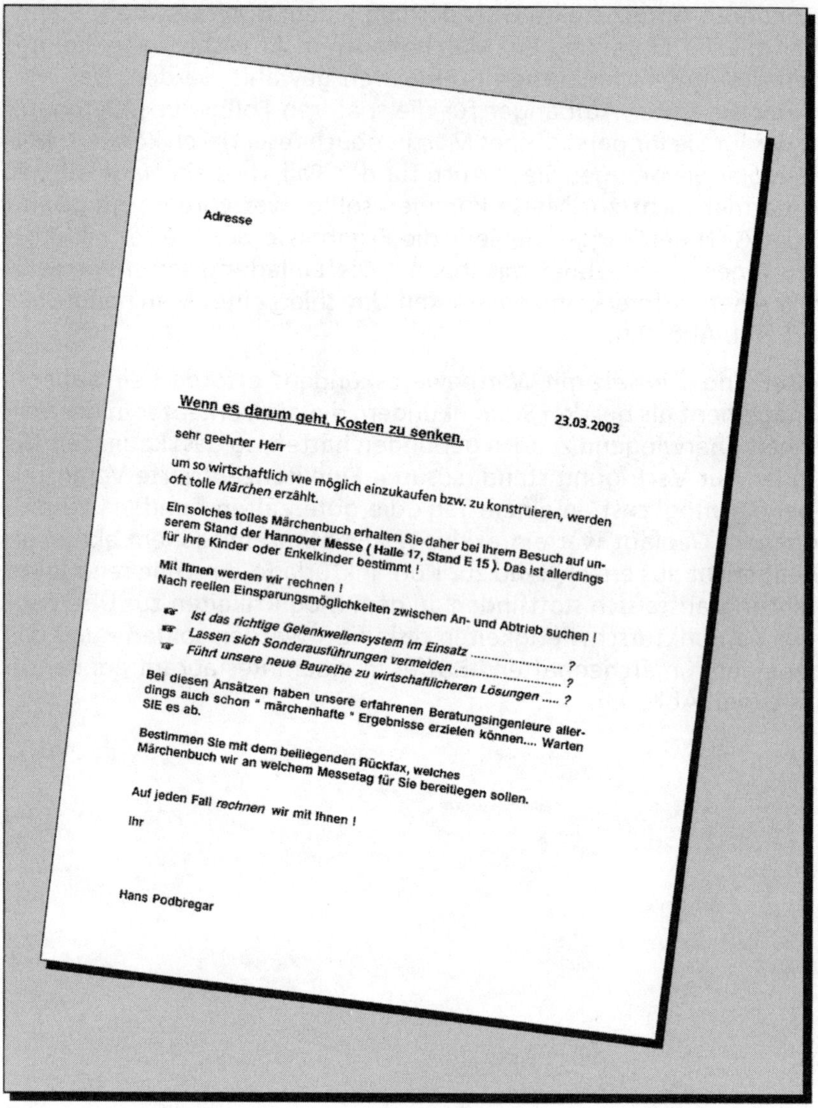

Messe-Aktionsprogramm in der Praxis

Adresse

Wenn es darum geht, Kosten zu senken. 23.03.2003

sehr geehrter Herr

um so wirtschaftlich wie möglich einzukaufen bzw. zu konstruieren, werden oft tolle *Märchen* erzählt.

Ein solches tolles Märchenbuch erhalten Sie daher bei Ihrem Besuch auf unserem Stand der Hannover Messe (Halle 17, Stand E 15). Das ist allerdings für Ihre Kinder oder Enkelkinder bestimmt !

Mit Ihnen werden wir rechnen !
Nach reellen Einsparungsmöglichkeiten zwischen An- und Abtrieb suchen !

- Ist das richtige Gelenkwellensystem im Einsatz .... ?
- Lassen sich Sonderausführungen vermeiden .... ?
- Führt unsere neue Baureihe zu wirtschaftlicheren Lösungen ..... ?

Bei diesen Ansätzen haben unsere erfahrenen Beratungsingenieure allerdings auch schon " märchenhafte " Ergebnisse erzielen können.... Warten SIE es ab.

Bestimmen Sie mit dem beiliegenden Rückfax, welches Märchenbuch wir an welchem Messetag für Sie bereitlegen sollen.

Auf jeden Fall *rechnen* wir mit Ihnen !

Ihr

Hans Podbregar

Abb.90: Einladungsschreiben

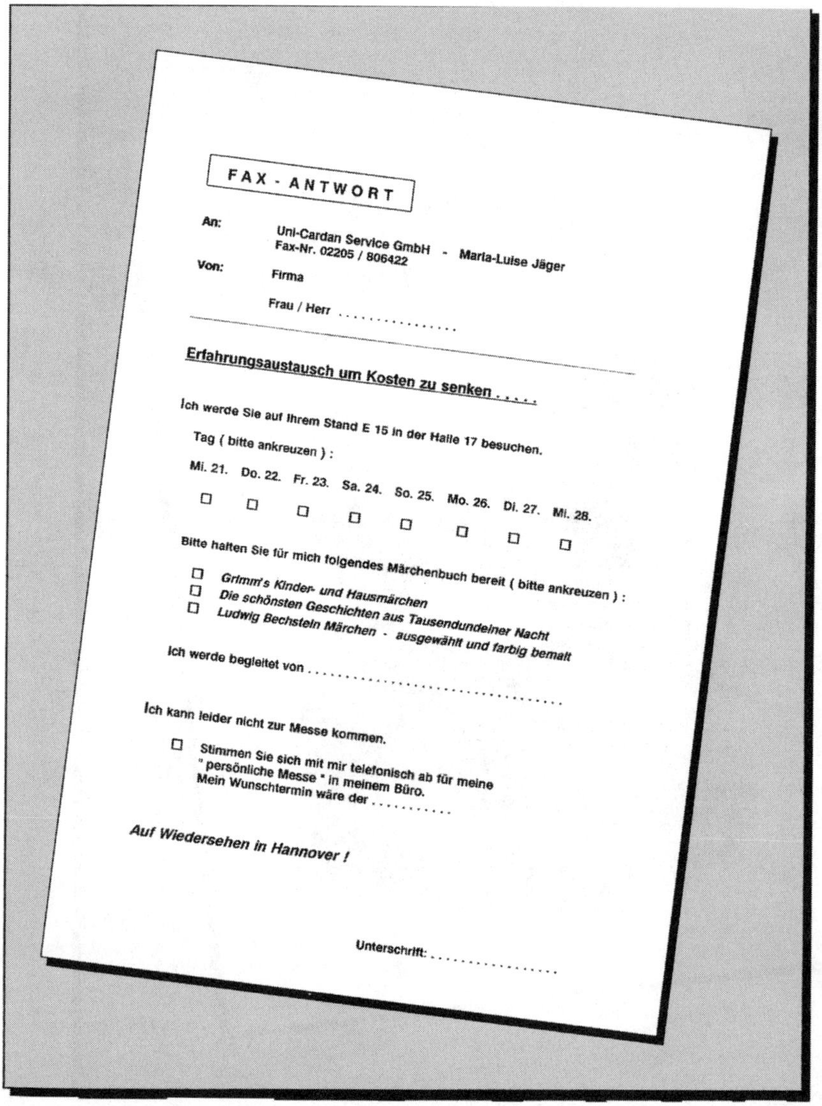

Aktionsprogramm: GKN Service GmbH

FAX - ANTWORT

An: Uni-Cardan Service GmbH - Maria-Luise Jäger
Fax-Nr. 02205 / 806422

Von: Firma

Frau / Herr ....

Erfahrungsaustausch um Kosten zu senken .....

Ich werde Sie auf Ihrem Stand E 15 in der Halle 17 besuchen.

Tag (bitte ankreuzen) :

Mi. 21. Do. 22. Fr. 23. Sa. 24. So. 25. Mo. 26. Di. 27. Mi. 28.
☐   ☐   ☐   ☐   ☐   ☐   ☐   ☐

Bitte halten Sie für mich folgendes Märchenbuch bereit (bitte ankreuzen) :

☐ Grimm's Kinder- und Hausmärchen
☐ Die schönsten Geschichten aus Tausendundeiner Nacht
☐ Ludwig Bechstein Märchen - ausgewählt und farbig bemalt

Ich werde begleitet von ....

Ich kann leider nicht zur Messe kommen.

☐ Stimmen Sie sich mit mir telefonisch ab für meine
" persönliche Messe " in meinem Büro.
Mein Wunschtermin wäre der ....

Auf Wiedersehen in Hannover !

Unterschrift: ....

Abb. 91 Faxantwort

Messe-Aktionsprogramm in der Praxis

Abb.92 Märchenhafte Einladung (farbig)

Aktionsprogramm: GKN Service GmbH

Geflügelcremesuppe Gänseliesel

*

Rinderfiletgeschnetzeltes Struwwelpeter mit Steinpilzrahm und Spätzle

*

Schweinemedaillons Hotzenplotz mit Sauce Bearnaise, Broccoli und Kartoffelkrusteln

*

Hausgebeizter Graved Lachs Captain Hook
Wacholdergeräucherte Forellenfilets Peter Pan
Rosa gebratene Medaillons vom Rind Goldtaler
Mastpoularde Max und Moritz garniert mit Früchten
Pikant angemachtes Tatar Tapferes Schneiderlein
Geeiste Melone mit Schinken Hans im Glück

*

Frische Salate Rübezahl
mit verschiedenen Dressings

*

Fleischsalat
Allgäuer Käsesalat
Muschelsalat
Waldorfsalat
Geflügelsalat

*

Reichhaltige Brotauswahl mit Butter und Schmalz Aschenputtel

*

Deutscher und französischer Käse vom Brett Rotkäppchen

*

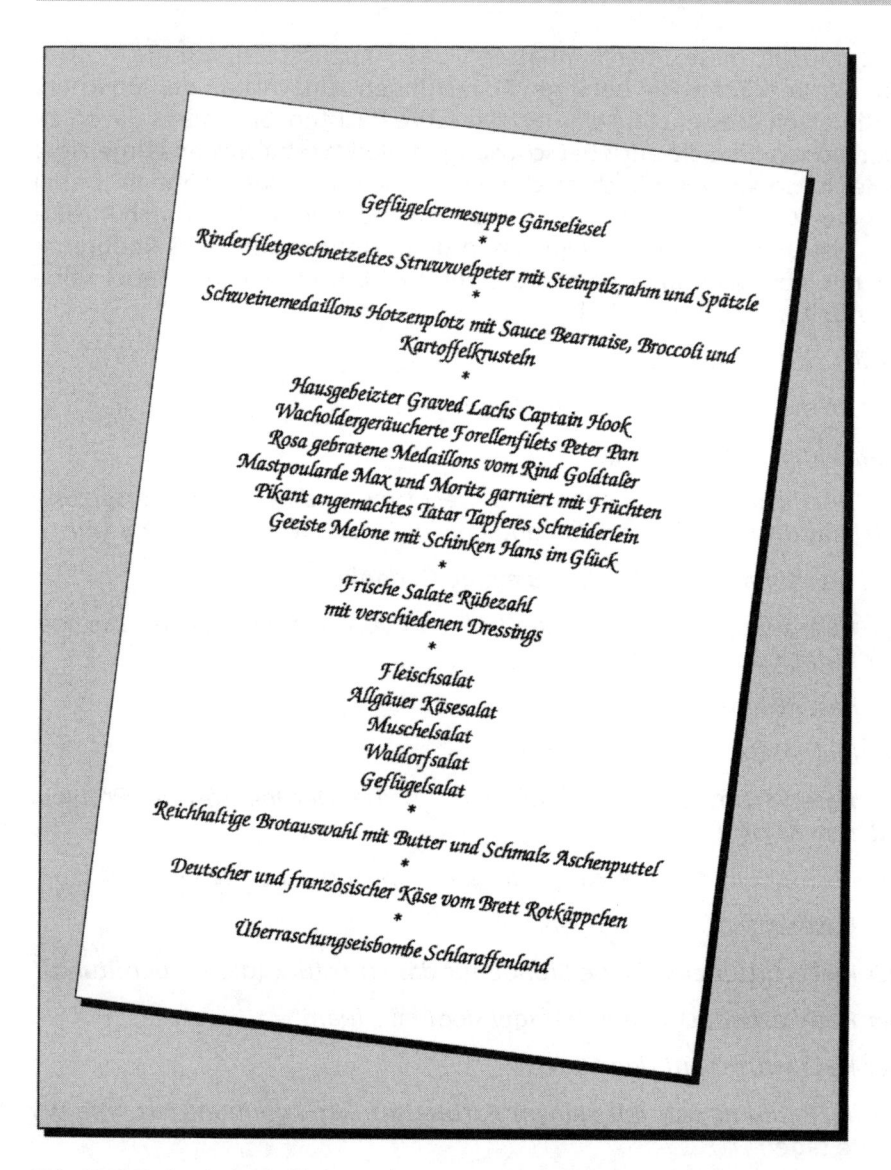

Überraschungseisbombe Schlaraffenland

Abb. 93 Märchenhafte Buffetkarte der separaten GKN-Kundenveranstaltung

Messe-Aktionsprogramm in der Praxis

Der Schlüssel, diese „märchenhaften" Ideen umzusetzen, war die Motivation der Verkäufer, die bei ihren Erwartungen zunächst an den üblichen, routinierten Messeablauf der letzten Jahre dachten. Sie galt es davon zu überzeugen, dass sie auch bei schwierigen Marktverhältnissen ehrgeizige, vielleicht sogar unmöglich erscheinende Ziele erreichen können. Dabei half die „Geschichte vom Hasen und Igel", bei der der Igel durch Pfiffigkeit, List und Teamarbeit dem Hasen den Erfolg ablief. Hans Podbregar hat mit der folgenden bemerkenswerten Übersetzung der Fabel seine Mitarbeiter „ins Boot geholt":

LOGO: „Ick bün all hier"

Warum die Story vom Hasen und vom Igel?

Lesen Sie in Ruhe nach!

Die Geschichte hat - bei genauer Betrachtung und richtiger Übersetzung - viel mit unseren Messezielen und der folgenden Marktarbeit zu tun!

Und sie ist märchenhaft! Hierzu einige Gedanken ...

Der Hase war „grausam hochmütig" und von sich eingebildet. Der Igel war höflich und freundlich.

Der Hase fühlte sich stärker.

Der Igel setzte auf einen Versuch.

Der Hase vertraute auf die Kraft seiner Beine. Der Igel löst das Problem mit dem Kopf.

Der Hase ist ein dummer Kerl, der Igel ein pfiffiges Schlitzohr.

Der Hase will sofort losrennen.

Der Igel erbittet eine halbe Stunde für das Frühstück (die Vorbereitung).

Der Hase "arbeitet" allein. Der Igel siegt im „Team".

Der Hase wartet auf den Start.

Der Igel stimmt sich mit seinem Partner ab - er kommuniziert, wie wir heute sagen.

Der Hase läuft, bis er umfällt.

Der Igel gewinnt in Ruhe und mit System.

So wird eine zunächst unlösbar erscheinende Aufgabe durch Kreativität, Teamarbeit und ruhige Ausdauer bewältigt. Und am Ende steht die Belohnung.

Aktionsprogramm: GKN Service GmbH

WIR wollen nicht Hase, sondern Igel sein!!

WIR wollen den Wettlauf um die Marktanteile ebenfalls durch Kreativität, Teamarbeit und ruhige Ausdauer gewinnen.

Und WIR wollen auch die Belohnung, nämlich ein Gipfelfest feiern!

Als besonderen Anreiz für die Verkäufer definierte Podbregar noch zusätzlich einen Verkaufswettbewerb unter dem Motto „Ick bün all hier". Die Laufzeit: Ein Jahr, unterteilt in die zwei Etappen Berg- und Gipfelfest.

Um die Service- und Beratungskompetenz der GKN noch stärker im Markt zu penetrieren, verbannte der Vertriebschef die Produkte vom Stand (zumindestens bei der Service GmbH). Damit sollte zusätzlich der Dialog mit den Besuchern verstärkt werden (vgl. Abb. 94). Nicht Einweg-Kommunikation, in dem die Beratungsingenieure die Produktvorteile aufzeigen, sondern das Erarbeiten von wirtschaftlichen und individuellen Lösungen am Flipchart war gefragt. Zur Unterstützung zog er vorbereitete Beispiele heran, bei denen die GKN erfolgreich für Kunden unterschiedlicher Branchen Einsparungen über den Einsatz der richtigen Antriebslösung realisiert hatte.

Abb. 94 Der „produktlose" GKN-Messestand

Um den Mitarbeitern, die das Fehlen von Produkten zunächst skeptisch aufnahmen, mehr Sicherheit zu verleihen, ließ Hans Podbregar ein detailliertes Gesprächsskript in einem Kick-Off-Workshop vor der Messe erarbeiten und einüben . . .

> Messe-Aktionsprogramm in der Praxis

3. Follow-up und Aktionssteuerung

Alle GKN-Mitarbeiter hatten die Messeveranstaltung selbst als eine Art „Durchlauferhitzer" verinnerlicht, der helfen sollte, die verabschiedeten Zielsetzungen Neukunden und Penetration des Service-Images schneller zu erreichen. Die Messe wurde als ein (wichtiger) Meilenstein zur Zielerreichung aufgefasst. Das Follow-up und die Aktionssteuerung konnte demnach nicht erst nach der Messe beginnen. Hans Podbregar beobachtete jede einzelne der nachfolgenden Aktivitäten von der ersten Minute des Programms an und konnte so in jeder Stufe je nach Bedarf ein Pipeline-Filling vornehmen lassen. Pipeline 1 steuert die Traumtermine und Pipeline 2 den fakturierten Umsatz mit Wettbewerbskunden. Die Aktionsteilnehmer wurden zusätzlich auf dem Stand gecoacht und erhielten nach Messeende eine monatliche Auswertung zum aktuellen Aktionsstand (vgl. Abb. 95 und 96).

Um mögliche Missverständnisse mit seinem Team früh auszuschließen, gab es deutliche Vorgaben, wie aus dem nachfolgenden Briefing zu entnehmen ist:

Motto: Ick bün all hier!

Ziel:	Mehrumsatz von wenigstens 240 000 Euro mit ca. 18 Neukunden (Grundlage: Durchschnittsumsatz 15 000 Euro p. a.), die bisher ganz oder teilweise beim Wettbewerb gekauft haben
Zeitraum:	01. 06. bis 31. 05. des Folgejahres
Erfassung:	Über ein Messe-Nachverfolgungs- und Frühwarnsystem Auswertung: Durch Mercuri International über PC
Erläuterung zum Ziel:	Der Mehrumsatz von wenigstens 240 000 Euro soll die entstandenen Messekosten abdecken und uns zusätzliche Marktanteile bringen. Der mit unseren A-/B-/C-Kunden erzielte Durchschnittsumsatz beträgt 15 000 Euro. Daraus ergibt sich, dass der erforderliche Mehrumsatz von 240 000 Euro mit ca. 18 Neukunden erzielt wird, die bisher ganz oder teilweise vom Wettbewerb bezogen haben.
	Das heißt, je nach effektivem Durchschnittsumsatz kann die Zahl der Neukunden auch über oder unter 18 liegen.

Aktionsprogramm: GKN Service GmbH

**GNK-Pipeline zur Aktivitätensteuerung
Hannover-Messe Industrie 1993**

„Ick bün all hier!!"

Pipeline 1

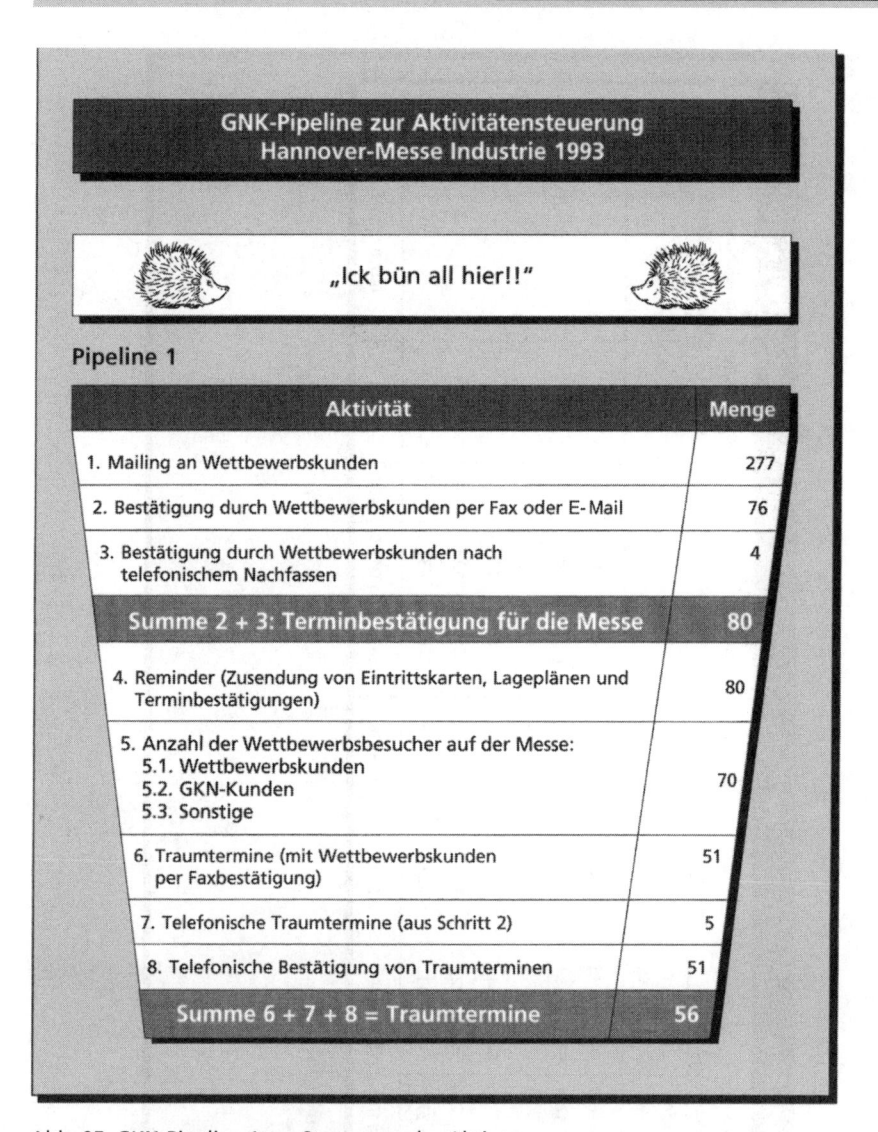

Aktivität	Menge
1. Mailing an Wettbewerbskunden	277
2. Bestätigung durch Wettbewerbskunden per Fax oder E-Mail	76
3. Bestätigung durch Wettbewerbskunden nach telefonischem Nachfassen	4
Summe 2 + 3: Terminbestätigung für die Messe	**80**
4. Reminder (Zusendung von Eintrittskarten, Lageplänen und Terminbestätigungen)	80
5. Anzahl der Wettbewerbsbesucher auf der Messe: 5.1. Wettbewerbskunden 5.2. GKN-Kunden 5.3. Sonstige	70
6. Traumtermine (mit Wettbewerbskunden per Faxbestätigung)	51
7. Telefonische Traumtermine (aus Schritt 2)	5
8. Telefonische Bestätigung von Traumterminen	51
Summe 6 + 7 + 8 = Traumtermine	**56**

Abb. 95 GKN-Pipeline 1 zur Steuerung des Aktionsprogramms

Messe-Aktionsprogramm in der Praxis

Pipeline 2 – Rennliste

VLI	Besucherstruktur							Bewertung				Gesprächsthemen *)			
	Kunden Anzahl % von Gesamt							Umsatz Gesamtperiode TMD	⌀ Chance geschätzt %	gewicht. Wert TDM	Ist Kumul. TDM	Plan Jahr TDM	Abweichung Plan-Ist TDM	Abweichung Plan-Gew. Wert TDM	Bemerkung
	A	B	C	A %	B %	C %									
	2	9	1	16,6	74,9	8,3	1202	0,52	434	100,7				
	2	8	4	14,3	57,1	28,6	325	0,63	208	154,5				
		6	4		66	44	60	0,40	19,5	101,0				
	2	5	2	22,22	55,55	22,22	333	0,53	168,3	130,5				
	4		3	57		43	195	0,64	131	123,0				
							432,1	0,66	326,5	438,2				
Gesamt	10	28	14	110,1	254	146	2.547,1	0,56	1.287	1.047,9	480	567,9	807,0	

12. Auswertung Mercuri International
Eingabe: 22. Juni
Datum: Ende Mai

Abb. 96 : GKN-Pipeline zur Steuerung des Aktionsprogramms

Ablauf: Aus den Kontaktgesprächen auf der Messe und den Beratungsgesprächen nach der Messe werden ermittelt:
- Das Zielpotenzial und
- die Einschätzung der Erfolgschance. Die Chance kann sich nur zwischen 30 und 80 % bewegen.

Die Werte werden über die ausgefüllten Bögen des Frühwarnsystems erfasst.

Die Anzahl der durchgeführten Beratungsgespräche (Messe-Kontakte) werden jeden Freitag per Fax gemeldet. Diese Besuche sollen spätestens bis zwei Monate nach dem Ende der Messe (bis 30. 06.) durchgeführt sein.

Die Summe aller gewichteten „Erwartungen" muss wenigstens 240 000 Euro ergeben.

Die Frühwarnbögen werden jeden Monat von den Teilnehmern aktualisiert und über die Zentrale an Mercuri International gesendet, die Teilnehmer erhalten dann jeweils im Laufe des Folgemonats die neue Auswertung.

Ist-Umsätze können dann eingetragen und gewertet werden, wenn unsere Auftragsbestätigung über den entsprechenden Umsatzwert erstellt wurde.

Es zählen nur Umsätze aus neuen Marktanteilen. Dies sind:
- Umsätze mit Firmen, die noch nicht gekauft haben. (Kontrolle: Anlage neuer Kundennummer)
- Umsätze mit Kunden, die seit 2 Jahren nicht mehr bei GKN gekauft haben und ihren Bedarf beim Wettbewerb decken (Kontrolle: Neue Kundennummer oder neue Zeichnungsnummer für Wellen eines neuen Projektes).
- Umsätze mit Kunden, die teilweise beim Wettbewerb kaufen und an die GKN Wellen liefern, die bisher beim Wettbewerb bezogen wurden (Kontrolle: neue Zeichnungsnummer für Wellen eines neuen Projektes).
- Die vorher beschriebenen Umsätze müssen auf Messe- bzw. Nachmessekontakte zurückgeführt werden können.

Incentives: Ist nach Ablauf von 6 Monaten ein Umsatz von 120 000 Euro aus Messekontakten erzielt, startet ein „Bergfest". Wird bis zum 31. 05. der Umsatz von 240 000 Euro aus Messekontakten erreicht, findet ein „Gipfelfest" statt (inklusive der Partner der Teilnehmer).

4. Ergebnisse

Durch konsequentes Follow-up in allen Phasen gelang es, aus 277 eingeladenen Wettbewerbskunden 70 (80 hatten vorher per Fax oder telefonisch zugesagt) zu einem Besuch auf dem GKN-Stand zu bewegen. Daraus wiederum resultierten 51 Traumtermine (eine sehr hohe Quote), 5 Traumtermine wurden aus den Telefonaten vor der Messe erzielt („wir bringen die Messe zu Ihnen"). Am Ende des Aktionszeitraums lagen folgende Resultate vor:

- GKN-Service erzielte mit neu gewonnen Kunden mehr als doppelt soviel Umsatz als ursprünglich geplant:
- Der Gelenkwellen-Hersteller baute eine wesentlich breitere Kontaktplattform für zusätzliche Geschäfte über den Aktionszeitraum hinaus auf.
- Podbregar konnte über eine Besucherbefragung auf der Messe ermitteln, dass das überarbeitete Standkonzept - viel Dialog und wenig Produkte - sehr gut ankam. Die Rechenbeispiele am Flipchart veranlassten Besucher zu Aussagen wie: „Gelenkwellen sind uns bekannt, aber welche Einsparungsmöglichkeiten mit unterschiedlichen Ausführungen und Antriebsvarianten erzielt werden können, ist eine neue Erkenntnis." Auch der Servicegedanke ist inzwischen laut der internen Umfrage wesentlich stärker in den Markt penetriert worden.
- Die separate Veranstaltung für Stammkunden nahmen 50 % der Teilnehmer wahr und führte zu der gewünschten und benötigten zeitlichen Entlastung auf dem Stand - eine Quote, die selbst die härtesten Skeptiker in der Mannschaft überzeugt hat.
- Die Verkäufer waren trotz anfänglicher Bedenken begeistert und fühlten sich richtig unterstützt. Ihre Einsatzbereitschaft und ihre konsequente Umsetzung hat den Erfolg des Aktionsprogramms sichergestellt.

Insgesamt war Hans Podbregar mit den Ergebnissen zufrieden. Trotz aller Schwierigkeiten wurden die Vertriebsziele mehr als deutlich erreicht, was das Gefühl vermittelt hat, auch in schwierigen Marktsituationen erfolgreich agieren zu können

Aktionsprogramm: GKN Service GmbH

Adresse

Ick bün all hier!

Hannover Messe / Messe-Nachverfolgung

Am Vorabend unseres Treffens in Hamburg (am 04.08.) wurde auch das Ergebnis der Verkaufsaktion zur Hannover Messe angesprochen.

Nehmen Sie vorab meinen Glückwunsch und herzlichen Dank für das Ergebnis entgegen. Wir haben unser Ziel von TDM 480 Mehrumsatz mit dem Ergebnis von TDM 1.048 um mehr als 100 % übertroffen.

Ihr Engagement und Einsatz hat zu diesem Erfolg geführt. Anbei finden Sie das detaillierte Endergebnis. Wie angekündigt, wird das Ergebnis in einem Gipfelfest gefeiert werden. Wann und wo dieses stattfinden wird, werden wir noch besprechen und bekanntgeben.

Mit freundlichen Grüßen
GKN Service GmbH

Hans Podbregar

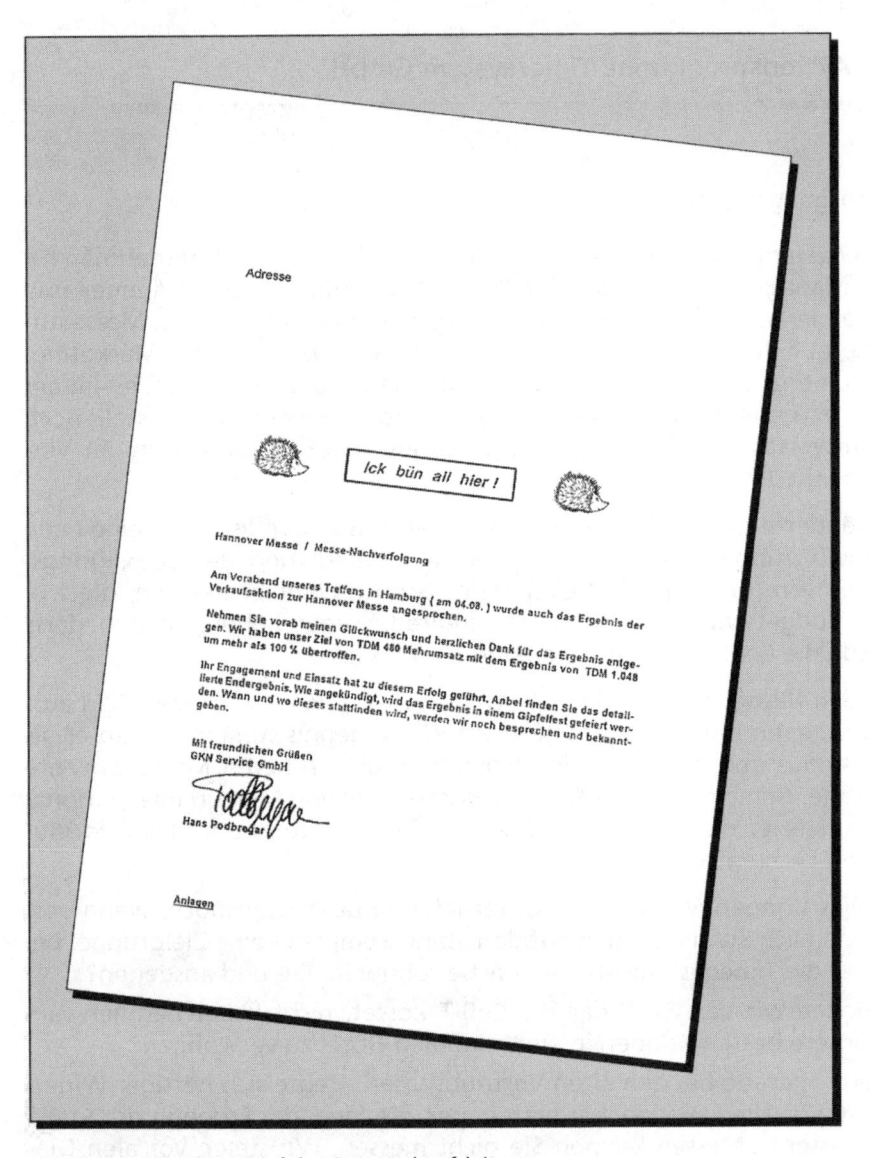

Anlagen

Abb. 97   Dankeschön-Brief der GKN-Verkaufsleitung

II. Aktionsprogramm: Time/system GmbH

1. Ausgangssituation

Time/system ist ein weltweit bekanntes skandinavisches Unternehmen für Zeit-Management-Systeme. Für Projektleiter Heinz Schutz-Wimmer und seine Marketing-Kollegin Petra Garling waren die jahrelangen Messeauftritte auf der CeBIT fast schon zur Routine geworden. Das Marketinginstrument hatte sich abgenutzt. Man stellte aus, weil man es immer schon so gemacht hatte. Die Sinnfrage wurde weder konkret gestellt noch beantwortet. Kontaktpflege mit guten alten Bekannten war in der Vergangenheit häufig das Hauptziel.

Das änderte sich, als Time/system den Plan fasste, auf der CeBIT eine neue Produktgruppe zu präsentieren. Bei der Kalkulation der Beteiligungskosten errechnete Projektleiter Heinz Schutz-Wimmer Beträge, die frühere Budgets weit in den Schatten stellten. Wegen höheren Platzbedarfs würde die CeBIT doppelt so teuer wie im Vorjahr.

Für den Messeprofi war dies ein Alarmsignal. „Wenn wir soviel Geld ausgeben, dann muss auch das geschäftliche Ergebnis stimmen", gab er als Devise aus und stellte damit automatisch alle früheren Messekonzepte in Frage. Gemeinsam mit Matthias Huckemann von Mercuri International krempelte er die Time/system-Messephilosophie total um. Beide formulierten zwei entscheidende Fragen:

1. Was bringen Messen dem Unternehmen überhaupt noch, wenn vornehmlich Stammkunden auf den Stand kommen - eine Zielgruppe, bei der die Time/system-Außendienstler ohnehin ein- und ausgehen?
2. Sollen wir das Geld, das die CeBIT kostet, nicht lieber nehmen, um unsere besten Kunden in einem noblen Hotel zu verwöhnen?

Intern - gerade bei den alten Vertriebshasen - regte sich heftiger Widerstand. Vor allen Dingen war man gegen die Idee, das Ergebnis der CeBIT zu messen! „Messen können Sie nicht messen. Wir stelen vor alen Dingen aus Imagegründen aus. Unsere Kunden erwarten eine Präsenz von Time/system auf der Messe." Nach zähen Diskussionen sahen die Außendienstler allerdings ein, dass eine Messe in der heutigen Zeit nur Sinn macht, wenn bestehende Kunden neue Produkte kennen lernen und/oder Neukunden gewonnen werden. Die CeBIT bot die Chance, diese Erkenntnis schnell umzusetzen. Mit der neuen Software Task Timer 3.0 wollte Time/system gezielt neue Kundengruppen ansprechen.

2. Messeplanung Zielsetzung

Am Anfang des Projekts stand die Definition messbarer Ziele. Hier hatte Time/system keinerlei Erfahrungswerte aus den vorherigen Messen. Also orientierte man sich zunächst ganz pragmatisch an den grob zu erwartenden Kosten für die Messe in Höhe von ca. 100 000 Euro. Bei dieser Basisgröße erschien ein Umsatzziel von ca. 200 000 Euro mit dem neuen Task Timer 3.0 als eine anspruchsvolle und erreichbare Vorgabe. Sie bedeutete: Bei einem durchschnittlichen Auftragswert von 2 000 Euro mussten ca. 100 neue Kunden gewonnen werden.

Petra Garling und Heinz Schulz-Wimmer wollten so auch wichtige Planungs-Erfahrungen für die nächsten Jahre erhalten. „Langsames Herantasten statt Komplett-Verzicht auf Planung" war das Motto. Allen Beteiligten war klar, dass die 200 000 Euro nicht auf der CeBiT selbst zu realisieren waren. Denn die wenigsten Time/system-Kunden oder Interessenten kaufen Software direkt auf der Messe. Insofern konnte die Veranstaltung nur dazu dienen, Interesse an der Fortsetzung des begonnenen Dialogs zu wecken und Traumtermine für die Zeit nach der Messe zu vereinbaren (der Leser wird sich gerne an dieses magische Etappenziel erinnern).

Konzeption

Die Erfahrungen von Time/system aus den vorangegangenen Messen verdeutlichten, dass es nicht um die Quantität der zu erwartenden Besucher ging (auf der CeBIT gibt es traditionell viele Gaffer und Gucker), vielmehr mussten die richtigen Ansprechpartner auf den Stand „gelockt" werden, wie z. B. große Industrieunternehmen, die Interesse an vernetzten Mehrplatzlösungen (= Groupware) haben und natürlich auch im Blickfeld der „zigtausend" anderen Aussteller stehen und extrem wenig Zeit haben. Aus einer umfangreichen Besucheranalyse war bekannt: Der übliche Industriebesucher reist für einen Tag morgens früh mit dem Intercity, Flugzeug oder Auto an. Er hat maximal 5 Nettostunden Besuchszeit, die üblicherweise eng verplant sind: 10.00 Uhr Start und 16.00 Uhr Rückfahrt. Die Zeiten des üppigen Messetourismus mit aufwendigen Übernachtungen sind lange vorbei.

Also musste eine aufmerksamkeitsstarke Einladung her, die Interesse an einem nutzbringenden Kontakt mit Time/system weckte. Das Messeteam war sich darüber im Klaren, damit nur Interessenten erreichen zu können, die ohnehin auf die Messe gehen wollten. Sie sollten einen Teil ihrer knappen und teuren Zeit für den Dialog mit dem Unternehmen investieren. Der Aufhänger der Einladung waren wertvolle, praxisnahe Tipps zur Zeitersparnis, pfiffig verpackt auf einem Video. Jeder Besucher konnte es sich per Gutschein auf dem Stand abholen.

Messe-Aktionsprogramm in der Praxis

Eine weitere Schlüsselfrage der Planung war: Wie konnten die vielen erwarteten Besucher gemanagt und betreut werden, die nicht unmittelbar zur Zielgruppe gehörten? Sie durften nicht einfach fortgeschickt werden. Deshalb planten die Messeexperten eine „Kinoecke" auf dem Stand. Hier sollten zu jeder vollen Stunde wertvolle Informationen über die neue Software und Time/ system mit Hilfe eines Films präsentiert und auf den Stühlen sollte ein Fragebogen ausgelegt werden. Jedes am Empfang abgegebene, vollständige Exemplar sollte mit einem kleinen Geschenk belohnt werden. Der Vorteil dieser Idee ist, dass die Verkäufer keine teure Messe-Verkaufszeit investieren müssen und sich auf ihre VIPs konzentrieren können. Gleichzeitig fühlt sich kein Besucher unfreundlich behandelt, und sein Bedürfnis nach allgemeiner Information wird schnell befriedigt. Der Empfang kann bei der Abgabe des Fragebogens entscheiden, ob ein Verkäufer ein vertiefendes Gespräch führen soll, und schließlich enthält die Erhebung wertvolle Informationen zu den Kundenanforderungen (vgl. Abb. 98).

> „Wenn die Neugier sich auf ernsthafte Dinge richtet,
> dann nennt man sie Wissendrang."
>
> Marie von Ebner-Eschenbach

Der Empfang hatte innerhalb dieser Konzeption eine Schlüsselposition. Er sollte alle Besucher begrüßen, identifizieren, klassifizieren und die Einsatzzeit des Standpersonals steuern. Dies war eine höchst anspruchsvolle Aufgabe, für die zwei Damen speziell und intensiv ausgebildet wurden. Natürlich war es auch für den Außendienst nicht einfach, die Einsatzplanung in anderen Händen zu sehen. Aber 5 000 Besucher in einer Woche auf der Messe müssen koordiniert werden.

Aktionsprogramm: Time/system GmbH

Herzlich Willkommen bei Time/system!
Die Beantwortung dieser 7 Fragen dauert nur 5 Minuten und wir bedanken uns bei Ihnen mit einem silbernen Time/system-Lesezeichen. Sie erhalten Ihr persönliches Exemplar, wenn Sie diesen Bogen ausgefüllt bei einem Time/system-Mitarbeiter oder an der Information abgeben.
Wir wünschen Ihnen eine gewinnbringende Zeit auf unserem Messestand!

1) Wieviele Tage verbringen Sie auf der diesjährigen CeBIT?
   ❏ 1 Tag   ❏ 2 Tage   ❏ länger

2) Wie entscheiden Sie hauptsächlich, welche Messestände Sie besuchen?
   ❏ Ich habe mir aus dem Messekatalog Stände herausgesucht, die ich besuchen möchte.
   ❏ Ich besuche Firmen, die mich eingeladen haben.
   ❏ Ich lasse mich von dem inspirieren, was ich hier sehe und informiere mich näher, wenn mich etwas interessiert.
   ❏ Sonstiges: _____

3) Wieviele Hallen und Messestände werden Sie ungefähr besuchen?
   _____ Hallen   _____ Messestände

4) Wie ist Ihr erster Eindruck auf dem Time/system-Messestand?

	gut	durchschnittlich	läßt zu wünschen übrig
Übersichtlichkeit	❏	❏	❏
Atmosphäre	❏	❏	❏
Farbgebung	❏	❏	❏

   Bemerkungen: _____

   Bitte stecken Sie hier einfach Ihre Visitenkarte ein oder füllen Sie die Felder aus:

   Name bzw. Firma

   Vorname (bitte unbedingt ausschreiben) bzw. Firmenzusatz

   c/o Firma bzw. zu Händen

   Straße/Hausnummer

   PLZ/Ort

   Telefon (tagsüber)   Telefax

5) Was veranlaßte Sie, auf den Time/system-Messestand zu kommen?
   ❏ Ich wurde eingeladen: ❏ per Brief   ❏ telefonisch
   ❏ Ich bin zufällig vorbeigekommen.
   ❏ Als Time/system-Kunde interessiert mich, was es Neues gibt.

6) Wie informieren Sie sich hauptsächlich über Neuheiten im Software-Bereich?
   ❏ Zeitschriften: ❏ PC-Magazine   ❏ andere
   ❏ Messen: ❏ CeBIT   ❏ andere
   ❏ Prospekte, die mir zugesandt werden.
   ❏ Fachhandel
   ❏ Empfehlungen von Kollegen/Bekannten.
   ❏ Sonstiges: _____

7) Möchten Sie auch nach der CeBIT über Neuheiten aus dem Hause Time/system informiert werden?
   ❏ ja   ❏ nein

Herzlichen Dank für Ihre Unterstützung, die dazu beiträgt, daß wir unser Handeln Ihren Wünschen entsprechend ausrichten können. Geben Sie diesen Bogen bitte an der Information oder bei einem Time/system-Mitarbeiter ab, damit Sie Ihre Time/system-Lesezeichen erhalten.

Abb. 98 Kundenbefragung auf der CeBIT

3. Follow-up und Aktionssteuerung

Das Follow-up war auf den vorherigen Messen für Time/system eine unbekannte Größe. Der Außendienst empfand es zunächst (vordergründig) als unnötigen bürokratischen Aufwand, die einzelnen Schritte des Aktionsprogramms zu messen. (Tatsächlich wurde es natürlich vor allen Dingen als Kontrolle der eigenen Aktivitäten empfunden.) Deshalb war es besonders wichtig, immer wieder auf die Notwendigkeit der Aktionssteuerung hinzuweisen. Ohne permanentes Monitoring fehlt, der Leser weiß das, jede Möglichkeit zu frühzeitigen Korrekturen. So kann eine zu geringe Anzahl an Einladungen schon das Scheitern der ehrgeizigen Messeziele bedeuten. Dass sich genügend VIPs auf dem Stand einfinden, kann das Unternehmen dann nicht mehr steuern. Es bleibt nur das Prinzip der Hoffnung. Wie wichtig diese Vorausplanung ist, zeigt auch die Messebilanz von Time/system: Der überwiegende Teil der auf dem Stand geführten Gespräche resultiert aus den schriftlichen Einladungen und der telefonischen Nachfassaktion.

Auf der CeBIT selbst waren die Wertpapiere wichtigstes Instrument des Followups. Es ist beinahe unnötig zu erwähnen, dass es erheblicher Diskussionen mit dem Standpersonal bedurfte, um komplett ausgefüllte Wertpapiere zu erhalten. Nur während der Gespräche ausgefüllte Wertpapiere sind auch wirklich wertvoll. Nach einem anstrengenden Messetag abends noch schnell nachzutragen, was tagsüber auf dem Stand passierte, ist, wie bereits erwähnt, sinnlos. In umfangreichen Trainings und Coaching wurde die dazu notwendige Qualität sichergestellt.

Mit Hilfe des Wertpapiers konnte Time/system die CeBIT professionell nacharbeiten. Dazu recherchierten die Mitarbeiter in den Gesprächen die wichtigsten Daten der Besucher und vereinbarten konkrete Termine für einen Besuch. Die Terminvereinbarung galt als Verpflichtung für den Vertrieb, die schriftlich bestätigten Zusagen auch einzuhalten. Ein Student wertete die einzelnen Wertpapiere permanent und tagesaktuell aus, so dass in der „Abendandacht" die Tagesergebnisse „taufrisch" verkündet und diskutiert werden konnten. Außerdem wurden die Ergebnisse online nach Hamburg geschickt. Von dort konnten vorbereitete Briefe an die Tagesbesucher versendet werden. Um die Vielzahl der Daten vernünftig managen zu können, sollten auf dem Wertpapier Prioritäten vergeben werden. Dazu galt es, die Kundenbedeutung und den Entscheidungsprozess einzuschätzen. Dieses Vorgehen signalisierte mehr als deutlich, dass Time/system auch die eigene Zeit effizient managen kann.

Nach der Messe ging die Arbeit für die Außendienstler erst richtig los. Sie hatten sich Zeit geblockt, die aus der CeBIT gewonnenen Kontakte nachzuverfolgen. Die daraus resultierenden Ergebnisse wie Muster, Testinstallationen, Angebote und Aufträge wurden fein säuberlich festgehalten.

Aktionsprogramm: Time/system GmbH

Vorschlag _____ Time/system® – Wertpapier

Messe: CeBIT   Datum: _____   Mitarbeiter: __Carl Tüchtig__

1. Allgemeine Daten

Firma:		Umsatz insgesamt:
Straße:		Umsatz Niederlassung:
PLZ/Ort:	Visitenkarte einheften	Mitarbeiter insgesamt:
Vorname/Name:		Mitarbeiter Niederlassung:
Funktion/Abteilung:		Installierte WS:
Vorwahl/Telefon/Fax:		Branche:

2. Segment

o Kunde   o Interessent

Software		Management	
Bereits im Einsatz	Interesse	Bereits im Einsatz	Interesse
Task-Timer	Task-Timer	A 5	A 5
ABC	ABC	A 6	A 6
AMV	AMV		
Seminar	Seminar	Seminar	Seminar

3. Entscheidungsprozeß

geplante Entscheidung: | sofort | bis 6 Monate | später |

weitere Entscheider: 1. _____
(Vorname/Name/Telefon) 2. _____
3. _____

Priorität: | hoch | mittel | niedrig |

4. Follow up

| 1. Produktunterlagen | 2. Präsentation/Dialog | 3. Telefontermin für Präsentation/Dialog |
| 4. Angebotsankündigung | 5. Fernbleib-Fax | 6. Sonstiges |

5. Bemerkungen

☞ **Nicht vergessen!** Gesprächsdauer

| weniger als 10 Minuten | 10 – 20 Minuten | 20 – 30 Minuten | 30 – 60 Minuten | länger |

Abb. 99 CeBIT-Wertpapier

| Messe-Aktionsprogramm in der Praxis |

4. Ergebnisse

Das Aktionsprogramm CeBIT von Time/system verdeutlicht: Messen sind messbar. Außerdem erkennt man auch hier, dass penetrantes Follow-up zum gewünschten quantitativen und qualitativen Erfolg führt.

Abbildung 71 zeigt dem Leser die Erfolgsquoten der einzelnen Etappen. Damit liegt ein konkretes Erfahrungsgerüst für die nächste CeBIT vor, mit dem sich noch genauer planen lässt. Noch wichtiger als die durch die Messe erzielten 400 000 Euro war für Heinz Schutz-Wimmer und Petra Garling die begeisterte und motivierte eigene Vertriebsmannschaft. „Die Mitarbeiter spüren, dass Planung und auch die Steuerung von Zielen unbedingte Voraussetzung für professionelle, erfolgreiche Vertriebsarbeit sind. Die CeBIT war unser Trojanisches Pferd."

VOR DER „CEBIT": WERBETROMMEL RÜHREN	
1. Etappe: 5 000 Mailings an mögliche Neukunden	
2. Etappe: Ergebnis waren 250 Besuchszusagen für die „CeBIT'96" per Fax	Erfolgsquote: ca. 5 %
3. Etappe: Nachfassaktion mit 200 Telefonanrufen. Ergebnis: zusätzlich 24 Besuchszusagen, 3 Zusagen für Besuchstermine nach der Messe bei Neukunden (die nicht auf die „CeBIT" kommen konnten)	Erfolgsquote ca.12 %
Zwischenergebnis: 277 Terminzusagen für die „CeBIT"	Erfolgsquote: ca 6 %
WÄHREND DER „CEBIT": GESPÄCHSPROTOKOLLE (SOGENANNTE WERTPAPIERE) SCHREIBEN	
4. Etappe: 497 „Wertpapiere" (Ergebnisberichte der Besuche von Neukunden auf dem Time-System-Messestand). Davon: 435 durch Einladung und 62 durch spontane Entscheidung auf der „CeBIT" selbst.	Erfolgsquote: ca.10 %
5. Etappe: Als Ergebnis der Gespräche auf der Messe 296 Besuchstermine nach der Messe vereinbart (per Fax vom Stand bestätigt)	Erfolgsquote: ca. 68 %
Zwischenergebnis: rund 300 Besuchstermine nach der Messe. Erfolgsquote: Mailing/Besuchstermine nach der Messe: 6 %	
NACH DER „CEBIT": GESCHÄFTE ABSCHLIESSEN	
6. Etappe: 240 durchgeführte Kundenbesuche	Erfolgsquote: ca. 80 %
7. Etappe: 319 000 Euro feste Aufträge als Ergebnis der Besuche (Messeziel waren 200 000 Euro)	Erfolgsquote: ca. 160 %

Abb. 100: Etappen der CeBIT

III. Aktionsprogramm: Pfiffig AG

1. Ausgangssituation

Die Pfiffig AG[1] ist Weltmarktführer für Präzisionsmaschinen. Alle 4 Jahre präsentieren sich die Hersteller dieser Branche auf der ITMA, der weltgrößten Spezialmesse dieser Art. Diese Wandermesse findet im Wechsel in Paris, Hannover und Mailand statt und damit 1995 wieder in Mailand. In dem Jahr wurde die Messe von 1 400 Ausstellern aus mehr als 30 Ländern beschickt und von 150 000 Besuchern besucht. Die Ausstellungsfläche von 170 000 qm in 36 Hallen zwingt den Besucher zum punktuellen Vorgehen.

Diese Bedingungen standen vor dem Hintergrund, dass sich die Nachfrage nach Präzisionsmaschinen auf dem tiefsten Stand stabilisiert hat, mit dem Trend der weiteren Erhöhung der Produktivität, des Vordringen der Automatik und einer Vorliebe für Systemlösungen. Die Branche weist weltweit weiterhin Überkapazitäten und eine starke Zurückhaltung bei den Investitionen auf. Dies war also eine nicht gerade euphorische Ausgangssituation.

In Mailand galt es für die Pfiffig AG, ein Reviersignal zu setzen, und zwar in einem verteilten Markt, wo jeder jeden kennt. Weiterhin war die Pfiffig AG auch gefordert, weil sie 1995 ihr 200jähriges Jubiläum feierte.

2. Messeplanung Zielsetzung

Messeziel war, mit weniger finanziellen Ressourcen mehr als 10 % neue potenzielle Kunden zu gewinnen und bestehende Geschäftsfreunde"pfiffig" (dem Leser bekannt unter dem Stichwort: touch and go) zu betreuen und dann ein schnelles Follow-up zu lancieren.

„Weniger finanzielle Mittel" ist natürlich leicht gesagt - aber wo genau einsparen? Man wagte den Rundumschlag: Das alte Messekonzept wurde vollständig in Frage gestellt. Sogar das Ausstellen der heiligen Kühe - der üblichen Riesenmaschinen mit dem entsprechenden Wartungsaufwand - wurde angezweifelt. Sollte man wirklich diese schweren Maschinen mit einem Stab von hochqualifizierten Ingenieuren nach Mailand transportieren, installieren, warten und zurücktransportieren?

[1] Name geändert!

Messe-Aktionsprogramm in der Praxis

Der Widerstand war natürlich heftig: „Die Welt kennt zwar den Marktführer und dessen Maschinen seit zig Jahren - aber die mächtige Konkurrenz kennt den Markt auch, und die stellt ihre Neuentwicklungen laufend vor." „Das ist auch die Erwartung unserer Kunden, dass wir Maschinen ausstellen." Dies ist sicherlich ein richtiger und schwerwiegender Einwand. Und nicht zuletzt bemühte man die normative Kraft des Faktischen: „Außerdem haben wir die 2 000 qm Fläche für die Messe schon angemietet."

Letztlich rang sich das Management zum entscheidenden Schluss durch: „Wir präsentieren keine Maschinen, stattdessen wollen wir im Sinne unserer Unternehmensphilosophie spürbar kundenorientiert agieren. Das bedeutet, dass wir in Mailand dem Kunden zuhören und seine Wünsche genau definieren wollen. Erst danach wird seine Maschine konzipiert und produziert. Diese Messe soll dazu prädestiniert sein, die Kundenwünsche zu erfragen, zu protokollieren und nach Mailand maßgeschneidert abzuarbeiten."

Konzeption

Folgende Kernpunkte wurden aus der Zielsetzung für die Konzeption abgeleitet:

- keine Maschinen ausstellen,
- Zuhören und Notieren der Kundenerwartungen,
- umgehendes, weltweites Follow-up, das bereits vor der Messe installiert wird,
- viele, nicht tiefe Kontakte erzielen.

Ausstellungskosten reduzierte die Pfiffig AG vor allem mit der bewussten Beschränkung auf Maschinenteile und Modelle, die neue technische Lösungen zeigten. Außerdem konzentrierte man sich darauf, Gesprächsmöglichkeiten mit Kunden nach der Messe zu schaffen. Um Gastfreundschaft zu demonstrieren, bot der Stand jede Menge Events: Slapstick-Einlagen, ausgesuchte, raffinierte, professionell gemixte Drinks, liebevolle Bewirtung sowie Live-Musik und CNN-Nachrichten, um nur einige Höhepunkte zu nennen.

Ein Auto - teilweise ausgerüstet vom Aussteller - sollte verlost werden. Der Einspruch der Messeleitung machte eine andere Lösung erforderlich: Das Auto wurde 1 Minute nach Messeschluss verlost.

Ein weiterer innovativer Anstoß kam (ungewollt) durch die Messegesellschaft. Diese verlangte überraschend und aus gutem (finanziellem) Grund, dass Maschinen zu präsentieren sind. Die Pfiffig AG reagierte wieder pfiffig und „verfremdete" drei Originalmaschinen durch Künstlerhand und präsentierte diese Design-Maschinen als Vernissage unter dem Motto:

„Pfiffig meets Art" und handsigniert, mit einer aufwendigen Kunstbroschüre, die wiederum in Acryl eingebettet war. Ein Katalog war aus juristischen Gründen notwendig, denn eine Maschine, die nicht laut Katalog verkauft werden kann, akzeptierte die Messeleitung nicht. Als Clou obendrauf wurden die Maschinen versteigert und erreichten damit mehr, als mit dem Listenpreis erzielt worden wäre - ganz zu schweigen von den reduzierten Kosten aufgrund des billigeren Transports, denn die Rückreise der Maschinen zur Pfiffig AG entfiel durch den Verkauf.

Ein ganz wichtiger Vorteil der kleineren und reduzierten Maschinen: den Ingenieuren wurde ihr „technisches Spielzeug" weggenommen. Die typische Einwegkommunikation „Ingenieur-Kunde" entfiel, ja, es wurde der Dialog eröffnet, denn die Ingenieure waren gezwungen, mit den Kunden zu reden. Das Fehlen laut laufender Maschinen hatte so neben der Ruhe die wichtige Aufgabe, die Dialogfähigkeit zu fördern.

Ganz ohne richtige Maschinen ging es letztlich dann doch nicht. Natürlich wusste das Management, dass besonders Kunden und Noch-Nicht-Kunden, die im Entscheidungsprozess stehen, laufende Maschinen sehen wollen. Darum mietete Pfiffig zwei Hubschrauber, die auf der Messe starteten und zu einer italienischen Referenzanlage flogen. Das Mieten der Hubschrauber war weitaus spektakulärer und auch billiger als der Transport der Maschinen. Somit wurde ein hoher Aufmerksamkeitswert geschaffen und eine Depotwirkung bei den Fluggästen erzielt. Für das technisch orientierte Middle-Management waren parallel dazu Busfahrten zu einer in der Nähe liegenden Fabrik vorgesehen.

Ein führender italienischer Designer kleidete die insgesamt 250 Personen starke Mannschaft zudem einheitlich sehr modisch in den neuen Corporate-Identity-Farben ein. Dies waren alle sehr gute Parameter, um auf der"Piazza Centrale" des Standes eine ansprechende Atmosphäre für aktive Kommunikation bereitzustellen. Eine Kundenorientierung, die auch dadurch demonstriert wurde, dass die Endprodukte im Rahmen einer italienischen Modeschau vorgestellt wurden.

Das war natürlich alles nicht für wenig Geld zu haben. Die Standkosten wurden auch bedeutend höher, aber der gesamte Messeauftritt war immer noch durch das Fehlen der schweren Maschinen bedeutend billiger. Über 500 000 Euro Einsparungen insgesamt sprechen eine deutliche Sprache.

3. Follow-up und Aktionssteuerung

Natürlich hatten die Mitarbeiter auf der Messe auch konkrete Ziele abzuarbeiten, um diese Messe wirklich messbar machen zu können. Dazu gehörten das penible Ausfüllen der „Wertpapiere" pro Tag und Mitarbeiter, die systematische Wettbewerbsbeobachtung, die professionelle

Kunden- und Noch-Nicht-Kunden-Befragung. Dahinter stand ein ganz bestimmtes Messe-Mengengerüst, das sich logischerweise von Sparte zu Sparte unterschied. Natürlich wurden Messeziele und die neue Gangart in einem Workshop (auch mit Rollenspielen) kommuniziert und das Verhalten für den Auftritt der Mannschaft intensiv trainiert. Konsequenterweise wurden auch alle Folgeaktivitäten hierbei berücksichtigt, so dass das Programm über genau ein Jahr lief.

4. Ergebnisse

Der Markt hat dieses Programm angenommen. Das war in einer sehr konservativen Branche überhaupt nicht selbstverständlich und hat auch die ärgsten Kritiker verstummen lassen. Denn natürlich erwarteten die weltweit angereisten Besucher zunächst Maschinen. Statt dessen durften sie über ihren Markt berichten, ja, man hörte ihnen endlich einmal zu. Informationen wurden fein säuberlich auf über 1 500 Wertpapieren erfasst und gewichtet.

Fazit: Es wurden nicht nur 43 % zusätzliche neue Kunden gewonnen (also noch deutlich mehr als die schon ehrgeizige Zielgröße, was die alten Fuhrleute im Vertrieb verständlicherweise doch sehr überrascht hat), sondern auch neue Namen bei bestehenden Kunden erfasst, Marktforschung betrieben und die Konkurrenz systematisch analysiert.

Bleibt noch zu berichten, dass die Presse, das Fernsehen und die Kunstwelt „gierig" über dieses Messe-Event berichtet haben. Die Pfiffig AG hat damit ihr Leadership ausgebaut und hat sich zum Champion weiterentwickelt. Während der gesamten Messezeit von 14 Tagen quoll der Stand phasenweise sogar über. Das Standpersonal hatte alle Ohren voll zu tun. Schließlich offerierte das Unternehmen zum 200. Geburtstag einen innovativen und dynamischen Stil. Das wurde von den Messebesuchern in dieser traditionsreichen und stagnationsgeplagten Branche als deutlich positives Zeichen gewertet. Für den Aussteller und für die Besucher und damit letztlich auch für die Messegesellschaft war die Messe ein voller Erfolg.

IV. Aktionsprogramm: EMO - Agie Charmilles Group

1. Ausgangssituation

Die Agie Charmilles Gruppe (AC) - die Unternehmensgruppe Fertigungstechnik des Mehrheitsaktionärs Georg Fischer- mit Hauptsitz in der Schweiz ist mit ihren Elektroerosionsmaschinen (EDM) und Hochgeschwindigkeitsbearbeitungszentren (HSM) der führende Systemanbieter für den Werkzeug- und Formenbau. Als global tätiges Unternehmen ist AC mit eigener Organisation und 3500 Mitarbeitern an 70 Standorten weltweit präsent. Insgesamt erzielt die Gruppe jetzt mit den Brands einen Umsatz von ca. 1.25 Mrd. CHF.

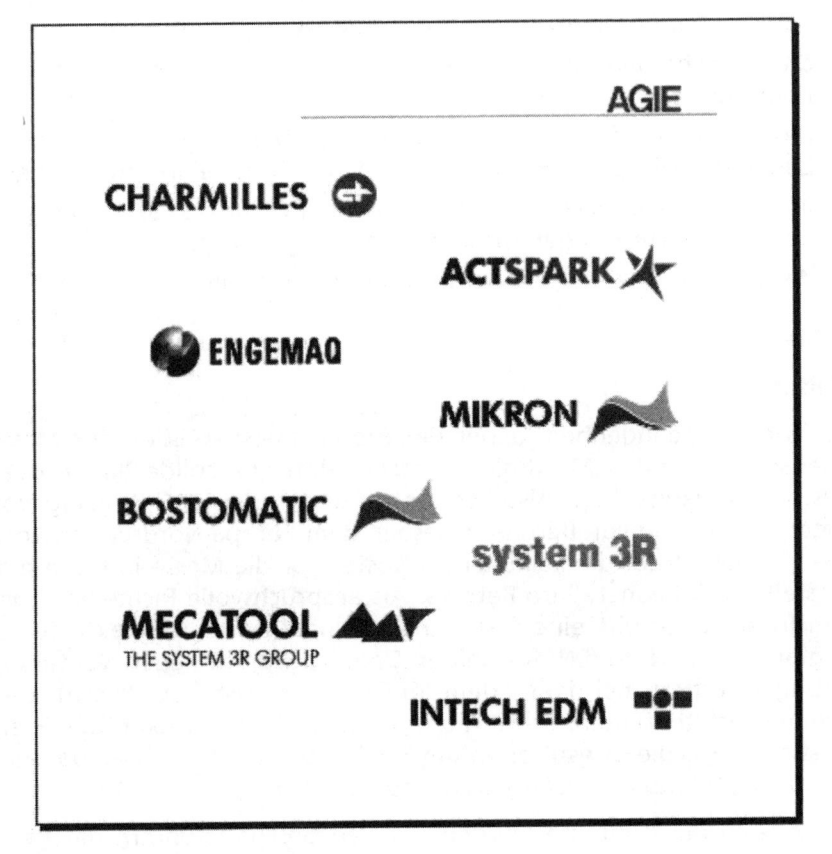

Quelle: Internetauftritt

Abb. 101: Brands der Agie Charmilles Group

Dem Unternehmen ist in den letzten Jahren durch strategische Akquisitionen und durch den Ausbau der regionalen Präsenz der entscheidende Durchbruch auf dem Weltmarkt gelungen. Per 1. August 2000 übernahm AC die Fräsmaschinenaktivitäten der Mikron Technologie-Gruppe. Insgesamt beinhalten die Akquisitionen neben einer Vielzahl von Marktchancen (z. B. das Zusammenlegen der einzelnen Kunden- und Kontaktplattformen) auch einige Herausforderungen. So überschneiden sich zum Beispiel bei einzelnen Brands die Produkte und damit auch die Kunden. Diese Situation kann leicht zu Missverständnissen in der Marktbearbeitung führen.

Weiterhin sind die einzelnen Gruppenmitglieder der Vergangenheit noch nie gemeinsam auf einer Messe aufgetreten. Sie standen im Gegenteil sogar im Wettbewerb.

Vor diesem Hintergrund bot die EMO 2001 als die Leitmesse der Branche die Chance,

- sich den Marktteilnehmern aus einem Guss zu präsentieren,
- die Kernbotschaft der Gruppe als „System Technology Provider" zu penetrieren,
- die partnerschaftliche Marktbearbeitung der Brands weiter aufzubauen und die Grundlage für ein gezieltes Cross Selling zu schaffen,
- im Hinblick auf die schwächer werdende Konjunktur aktiv und systematisch die ehrgeizigen Umsatz- und Ertragsziele zu erreichen,
- die Vertriebsorientierung der Mitarbeiter insgesamt zu erhöhen.

2. Messeplanung

Zielsetzung

Da in der Vergangenheit keiner der Brands messbare Ziele für Messen oder speziell für die EMO definiert hatte, fehlte eine solide Planungsbasis aus der Vergangenheit. Also konzentrierte sich die EMO-Projektgruppe unter der Leitung von Bernhard Kasper, dem Europa-Nord-Verantwortlichen, zunächst auf die kalkulierten Kosten für die Messe in Höhe eines einstelligen Millionen-Euro-Betrags. Als anspruchsvolle Richtschnur wurden in einem Schritt eine feste Anzahl qualifizierter Kontakte für die Region Europa Nord (EN) festgelegt. Damit würde für jeden Kontakt ein Betrag investiert, bei dem jedem im Team bewusst war, dass für diese Summe auch sehr interessante Alternativen wie z. B. hochkarätige Events existieren. Für die Investition in die EMO 2001 musste - soviel war klar - ein nachvollziehbarer ROI erwirtschaftet werden.

Die Anzahl der Kontakte wurden mit den Geschäftsführern der Regionen und Brands diskutiert und verabschiedet. Anschließend wurden sie verteilt und weiter nach Neukunden und Kunden sowie Angeboten und festen Aufträgen differenziert. Da die Messe in Hannover stattfand und viele deutsche Besucher erwartet wurden, sollten außerdem Deutschland und seine Brands den höchsten Anteil erzielen.

Als ein strategisch besonders wichtiges Ziel wurde weiterhin die Verteilung von Leads zwischen den Brands proklamiert, bei denen sich die jeweiligen Produktportfolios nicht überschnitten. In diesen Fällen gab es keinen internen Wettbewerb um identische Kunden mit stark vergleichbaren Produkten. Andererseits wäre es realitätsfremd gewesen, den Cross-Selling-Ansatz auch bei den beiden Brands Agie und Charmilles zu forcieren. Dazu überlappen sich die Sortimente und damit die Kunden zu stark. In allen anderen Fällen jedoch sollten die Brands ihre Kunden an die neuen Vertriebskollegen weiterempfehlen. Von diesem Ansatz sollte über die EMO die gesamte Gruppe profitieren und weiter zusammenwachsen.

Als ein weiteres qualitatives Ziel wurde die systematische Auswertung der EMO vorgegeben, um ein Muster für die zukünftigen Messeteilnahmen zu erhalten.

Konzeption Projektablauf

Die internationale Ausrichtung der AC-Gruppe sowie die unterschiedlichen Brands lassen schnell vermuten, wie komplex die Aufgabenstellung war. Eine zentrale Projektgruppe war für die gesamte Steuerung des Messeprojektes verantwortlich. Sie erstellte einen Projektablaufplan mit sechs Aktionsschritten und fünf Success-Quotes, die wiederum regelmäßig über alle Länder und Brands erfasst und ausgewertet wurden. Die EMO-Laufzeit wurde unter dem Motto „Die EMO 2001 dauert länger als sie dauert" verlängert. Mit Kosten von 2,5 Mio Euro bedeutete die Teilnahme eine erhebliche Investition, deren Erfolg durch eine konsequente ROI-Betrachtung fixiert werden sollte. Grundlage dafür waren die messbaren Ziele und die in der Abbildung dargestellten Erfolgsquoten, die einen permanenten Überblick über die Erfolgswahrscheinlichkeiten boten.

Einladung der Besucher

Sollten tatsächlich die qualifizierten Besucher auf den Stand kommen, galt es, eine wesentliche größere Anzahl einzuladen. Dies erfolgte mehrstufig und jeweils zeitversetzt, um die erforderliche Kontaktfrequenz zu erzielen. Dabei wurde bewusst in Kauf genommen, dass Adressen von mehreren Brands gleichzeitig personifiziert angesprochen wurden.

Ziel dieser Einladungsaktion war es, möglichst viele Kontaktpersonen, die sich auf der EMO in Hannover aufhalten würden, auch zum Agie-Charmilles-Stand zu bekommen. Mit interessanten Kunden, die keinen Messebesuch planten, sollten direkt Besuchertermine vereinbart werden. Die EMO diente dann „nur" als willkommener Aufhänger.

Messe-Aktionsprogramm in der Praxis

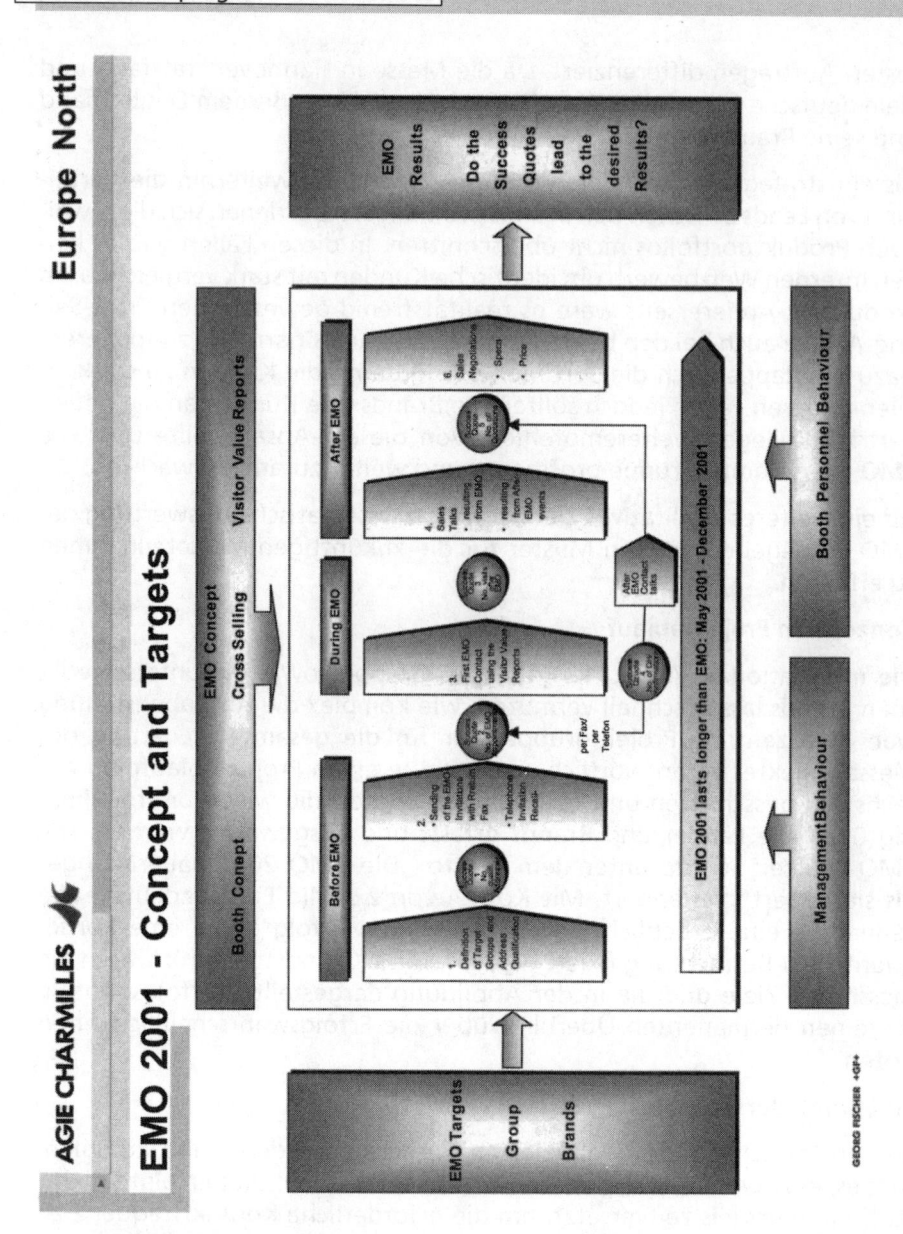

Quelle: Präsentation Robert Varonier

Abb. 102: EMO-Concept

Aktionsprogramm: EMO 2001 - Agie Charmilles Group

Cross Selling

In Workshops vor der EMO wurde gemeinsam mit den Mitarbeitern pro Land und Brand erarbeitet, wie Interesse an den jeweiligen Sister Brands geweckt und ein Nutzen für die Besucher verdeutlicht werden konnte. Dazu entstand ein exakter Ablaufplan, wie die Besucher an die Kollegen anderer Brands übergeben werden sollten.

Standkonzept

Es handelte sich um einen offenen Stand, auf dem alle Brands mit entsprechenden Flächen vertreten war. In der Mitte wurde die AGIE Charmilles Group platziert, darum waren die einzelnen Unternehmen angesiedelt. Dadurch blieb der Stand trotz der Komplexität überschaubar. Die Besucher sollten sich schnell orientieren können und dem Standpersonal das Cross Selling erleichtert werden.

Training der Mitarbeiter

Gerade die Komplexität des Projektes erforderte, dass die gesamte Standbesatzung vor der Messe geschult und gebrieft wurde. Dazu wurden in den Ländern die in Abb. 75 dargestellten Inhalte trainiert:

Content of Behaviour-Training

Trainings-Inhalte	Verantwortlich
• EMO-Konzept - Einladungs-Flow - Messe-Meßbar-Machen (inklusive Follow-Up) - EMO-Flow (vor/während/danach)	Mercuri International
• Status-Quo von Success-Quotes	Mercuri International/ Informationen kommen von Bernhard Kasper/Robert Varonier
• Messe-Behaviour - Aufbau eines Gesprächs => Neukunden => bestehende Kunden - Cross-Selling => Umgang mit Leads /Interessenten von anderen Brands - Rolle der Rezeptionistinnen - Umgang mit Zeitdieben-	Mercuri International
• Infrastruktur-Erklärung - Verhaltensregeln (CM)	Geschäftsführer
• Definition von Technology System Provider - Interne Kommunikation - Externe Kommunikation	Geschäftsführer
• Wertpapier - Erklären - Umsetzen während des Gesprächs	Mercuri International

Quelle: Mercuri International   Abb. 103: Inhalte des Trainings

3. Follow-up und Aktionssteuerung

Im Mittelpunkt aller Follow-up-Überlegungen stand das Wertpapier. Es musste über alle Brands einheitlich gestaltet werden, um es später zentral auswerten zu können. Es ist für jeden Praktiker schnell nachvollziehbar, welcher Aufwand damit verbunden war. Besonders wichtig in diesem Report die Messung der erforderlichen Zeit für die Gespräche auf der EMO, um für zukünftige Veranstaltungen die Kapazitäten des Standpersonals genauer planen zu können.

Ebenso spielten die Erfolgsquoten pro Meilenstein eine wichtige Rolle. Sie wurden während des gesamten Projektes monatlich ausgewertet und halfen, den Projektstatus systematisch zu erfassen. Dadurch entstand gleichzeitig ein „Erfahrungsschatz", welcher Aufwand zukünftig betrieben werden muss, um die gesteckten Ziele zu realisieren.

Weiterhin wurde definiert, dass während der Messe jeden Abend die Ergebnisse - erfasst durch die ausgefüllten Wertpapiere - in einen Rechner eingegeben und tagesaktuell ausgewertet werden. Sie sollten dann am nächsten Morgen während der so genannten Morgenandacht besprochen werden. Mit Hilfe dieses konsequentes Controllings gelang es, das EMO-Projekt 2001 genau und objektiv auszuwerten.

4. Ergebnisse

Die EMO war für die AC Group insgesamt ein guter Erfolg. Bis auf den Cross Selling-Ansatz wurden alle Ziele (Kontakte, Neukunden, Anzahl der Angebote und Aufträge) deutlich erreicht. Die Besucher waren von dem einheitlichen Messeauftritt und dem Konzept begeistert.

Die Projektgruppe verfügt nun über ein praxiserprobtes Modell, um Messen zu planen, durchzuführen und zu messen. Ebenso kann jedes Land und jeder Brand anhand der Erfolgsquoten den eigenen Aufwand realistisch einschätzen, um über eine Messe einen Auftrag mit einem Kunden oder Neukunden zu erzielen. Das erleichtert die Kapazitätsplanung. Weiterhin sind die Brands enger „zusammen gerückt". Das erleichtert den Kunden, den Nutzen des System-Provider-Ansatzes zu verstehen. Mit Hilfe des Wertpapieres konnten in der Nachbereitung zu allererst die Kontakte herausgesucht werden, für die innerhalb von drei Monaten eine Investition geplant war.

Natürlich zeigten sich auch Verbesserungsmöglichkeiten. Folgende Ansätze für die nächsten Messeteilnahmen werden gesehen:

| Aktionsprogramm: EMO 2001 - Agie Charmilles Group |

- ⌕ Der Cross Selling-Ansatz wurde nicht konsequent genug gelebt. Deshalb werden zukünftig
  - die Wertpapiere schneller verteilt und an den Verkaufsrepräsentanten der jeweiligen Brands übergeben.
  - gemeinsame Kundenbesuche der Brands geplant
  - die Verfügbarkeit der ausgefüllten Wertpapiere an der Rezeption sichergestellt
- ⌕ Das Management soll weniger in direkten Kundenkontakt involviert sein, sonder mehr Zeit einsetzen, um das Messeprojekt zu monitoren und zu steuern.
- ⌕ Das Management soll sich aktiv um die Erfolgsquoten zwischen den einzelnen Schritten kümmern.
- ⌕ Das Wertpapier soll noch gezielter während der Gespräche eingesetzt werden, um die Qualität der Informationen weiter zu erhöhen.

Gedanken eines erfahrenen Ausstellers

Yvonne Baumgartner, Head of Corporate Communication, Canon (Schweiz) AG

Die Kontakte, die wir an einer Messe machen, können interessant sein, sind jedoch nicht genug „steuerbar" und einem gewissen Zufall überlassen. Unsere Produkte werden immer komplexer, was bedeutet dass Berater- und Verkaufsgespräche aufwändiger werden und wenn möglich an den richtigen Adressaten gelangen sollen. Leider muss man sagen, dass der konkrete ROI mit Messen nicht erreicht wurde. Der Preis ist dabei nicht das Thema, sondern das mit dem eingesetzten Franken erreichte Resultat. Ich denke, dass es besonders im Bereich ITC schwierig ist, sich auf eine Plattform, die nur einmal im Jahr stattfindet, zu fixieren. Grundsätzlich sind Messen nicht „outdated", jedoch wartet man nicht eine Messe ab für einen „Big Bang".

Gibt es in Effizienz und Imagewirkung effizientere Marketing- und Kommunikationsinstrumente? Ich bin der Meinung, man sollte die Ressourcen nicht kanalisieren, d.h. sich nicht lediglich auf ein Instrument verlassen. Imagewirkung kann z.B. nicht nur durch teure Logopräsenz in Sponsoringverträgen stark sein. Sämtliche Massnahmen von der Werbung über Broschüren oder eben Messeausstellungen sollten geprägt sein durch eine integrierte Kommunikation, bis hin zu den Köpfen der Mitarbeiter: auch sie sind Imageträger.

Messbarkeit ist etwas vom Anspruchsvollsten in der Werbung. Wichtig ist eine Konstanz in der Werbebotschaft und im Auftritt, was eine hohe Wiedererkennung einbringt.

An der Orbit/IEX und an Messen generell wird Canon (Schweiz) AG wieder teilnehmen, wenn Messeplaner am Werk sind, die sich als „Servicestelle" und als Partner verstehen - was mir im Moment der Fall zu sein scheint - und es in unser Produkte - und Lösungsausstellungs-Konzept passt in Berücksichtigung von Zeitpunkt und Ortschaft.

Im übrigen halten wir es mit Oscar Wilde's Bemerkung: Unzufriedenheit ist der erste Schritt zum Erfolg.

Ein Nachwort: Messepolitik - eine kindliche Betrachtung

Die Gründe für die enorme Anziehungskraft einer Messe brachte ein Kind namens Moritz Messer auf einen einfachen Nenner:

„Das Wesen der Messe"

> Ohne die Messen gibt es überhaupt viel weniger Fortschritt. Das liegt an zweierlei: 1. Überblick und 2. Informazion. Der Überblick ist nähmlich der, das man so viele Sachen von einer Sorte zusammen siet, das kann man nur auf der Messe!
> Informazion nennt man, wenn sich die Kaufleute mit sich oder den Fabrieckbesitzern unterhalten. Die erzählen sich alles, was sie vom Handel wissen, wie sie Ihre Klamotten los werden und auf welche sie sitzen geblieben sind. Und was die Leute so wollen, was sie mögen und was sie nicht mögen und auf was sie ~~schei~~ schimfen. Da machen dann die Fabriekbesitzer ganz spitze Ohren. Aber die Kaufleute fragen die auch ganz schön aus. Warum das so teuer ist, wie lange die Aufertigung dauert, aus was denn der Kram gemacht ist und alles so peinliche Fragen.

Solche Besprächungen sind
aber für alle sehr wertvoll
und die gibt es nur auf
der Messe! Und das wissen
auch die Kaufleute und die
Fabriekbesitzer ganz genau
und darum kommen sie auch

was sie ~~schei~~ schimpfen.
Da machen dann die Fabriek=
besitzer ganz spitze Ohren.
Aber die Kaufleute fragen die
auch ganz schön aus. Wa=
rum das so teuer ist, wie
lange die Aufertigung dauert,
aus was denn der Kram
gemacht ist und alles so
peinliche Fragen.

Solche Besprächungen sind
aber für alle sehr wertvoll
und die gibt es nur auf
der Messe! Und das wissen
auch die Kaufleute und die
Fabriekbesitzer ganz genau
und darum kommen sie auch

Quelle: Eimkemeier, I: Funktionen und Entwicklung von Medemessen, Diplom-Arbeit Uni Siegen. Mit freundlicher Genehmigung Deutscher Großmessen e.V. (GDG)

Teil 6

Service

Neue Kunden sind wie Haustiere:
Erst will sie jeder haben
und dann will keiner
mit Ihnen Gassi gehen................

EXPOdata
Messe- und Eventmarketing International

■ Ich bestelle eine kostenlose Probeausgabe von «EXPOdata».

■ Ich bestelle ein Jahresabonnement von «EXPOdata» (neun Ausgaben), inkl. Jahrbuch «Messe & Event» und Sonderheft «Style» zum Preis von Fr. 110.–, Einzelpreis Fr. 12.–.

Talon bitte ausfüllen und einsenden an:

Künzler-Bachmann Direct AG, Zürcherstrasse 601, CH–9015 St. Gallen
Tel. 0041 71 314 04 44, Fax 0041 71 314 04 45, r.meyer@kueba.ch, www.kueba.ch

---

Zeitschrift Expodata. Drei Medien – Ihr Gewinn. Jetzt abonnieren!

Firma

Name und Vorname

Adresse

Unterschrift

I. Key-Words vgl. a. Glossar – Cd-Rom

AGABU Beliebte Ausrede, sobald der Vertrieb erkennt, dass es mit der Umsetzung ernst gemeint ist. „Alles ganz anders als bei uns. Das lässt sich in unserer Branche nicht durchführen. "

AI DA Aufmerksamkeit auf sich ziehen. Etwas Besonderes tun. Ein Bang. Mehr als „Grüß Gott!" Unerwartetes. Auf den Tisch springen. Oder: Einfach gar nichts sagen. Interesse wecken, Rahmen, Ziele, Übersicht. Rhetorische Fragen. An Probleme und Beispiele der Teilnehmer anknüpfen. Zuhörer mit Namen ansprechen. Problem übertrieben darstellen. Durst machen (Desire = Wunsch). Den idealen, zukünftigen Zustand farbig ausmalen. Über persönliche Vorteile sprechen. Plastisch. Bilder, Grafiken. Folgen der Zielerfüllung, Belohnungen. Aktionen fordern bzw. aufzeigen. So wird's gemacht. Direkt ansprechen. Power in die Sprache bringen. Aufforderung. Zuversicht, Optimismus ausstrahlen. „Ite missa est!" Gehet hin und tut es!

Aktionsprogramm Ziele, Verantwortlichkeiten und Budget werden für einen definierten Zeitraum festgelegt. → Meilensteine sind Checkpunkte zur Überprüfung des zeitlichen und inhaltlichen Fortschritts. Ein AP verzahnt einzelne Unternehmensabteilungen und konzentriert gleichzeitig die Kräfte durch ein straffes Aktionsmanagement.

Allokation von Kundenwissen Um den Kunden über die verschiedenen → Kommukationskanäle möglichst individuell beraten zu können, ist das Sammeln z.B. auf Messen von Wissen über den Kunden (und Kunden des Kunden!) maßgeblich. Die Informationen kommen in der Regel aus unterschiedlichen Systemen und müssen konsolidiert werden.

Arbeit Ist die einzige Entschuldigung für Erfolg. Helmar Nahr.

Benchmarking Unternehmen orientieren sich bei der Zielfestlegung an den Leistungen von erfolgreichen Marktführern unterschiedlichster Branchen, um deren Lösungsansätze zu adaptieren.

	Da Costumer Care ein fortlaufender Prozess ist, müssen die Zielvorgaben regelmäßig überprüft werden. Besonders Messen eignen sich dazu.
Bergfest	Bevor der Gipfel erreicht wird, gilt es Berge zu erklimmen. Das Zwischenhoch gibt Freiraum für das → Gipfelfest. Motivationsveranstaltung.
Botschaft	Die Festlegung der zu vermittelnden Botschaft ist Grundlage der Kommunikation und bestimmt in Folge der Strategie und die Art der Übermittlung in der Standgestaltung. Kern der Botschaft ist immer die Leistung und der Nutzen des Angebots im Umfeld des Besuchers.
Brand-Experience	Mehr als der Besuch einer Ausstellung: Marken-Erfahrung mit allen Sinnen. Wird im optimalen Fall zur biografischen Station.
Brand-Land	Dreidimensionale „Heimat" einer Marke
Business Process Reengineering	Ausgehend von einer ausgeprägten Kundenorientierung bedeutet BPR ein fundmentales Überdenken und radikales Redesign von wesentlichen Unternehmensprozessen. Als Resultat werden Verbesserungen in wichtigen und messbaren Leistungsgrößen wie Kosten, Qualität, Service und Follow-up auf Messen angestrebt. Im Gegensatz zu Total Quality Management geht es nicht um die kontinuierliche Verbesserung Schritt für Schritt, sondern um eine gänzliche Neugestaltung organisatorischer Prozesse.
Buying Center	Die Gesamtheit der an einem Kaufentscheidungsprozess für Investitionsgüter beteiligten Personen: • Initiator (initiator), z.B. Messebesucher • Verwender (user) • Einflussnehmer (influencer) • Einkäufer (buyer) • Entscheidungsträger (decider) • Billiger, Bestärkter (approver) • Informationsvermittler (gatekeeper)
Buying Cycle	Idealtypisch lässt sich jeder Kaufprozess in vier Phasen gliedern: Anregungs-, Evaluations-, Kauf- und Nachkaufsphase. In der Anregungsphase ist der Kunde daran interessiert, generelle Informationen auf Messen zu sammeln. Um die Auswahl einzugrenzen, konzentriert

sich der Kunde der Evaluationsphase auf wenige Produkte. Aufgrund der erhaltenen Informationen entscheidet er sich zum Kauf. Anschließend erwartet der Kunde eine kompetente Betreuung, vor allem die Nachkaufphase ist von entscheidender Bedeutung.

Change Leadership	... ist die Begleitung der Mitarbeiter um mit dem Wandel umzugehen. Durch Workshops u./o. Teamentwicklungsseminare werden die Mitarbeiter durch den Veränderungsprozess geführt. Äußerer Anlass z. B. ein Messeauftritt.
Coaching	Führungskräfte werden heute als Coach ihrer Mannschaft definiert. Sie sekundieren, harmonisieren, delegieren.
Continuity Management	... heißt die Verfügbarkeit aller Dienstleistungen zu sichern. Dazu werden die Risiken ermittelt und dann ein Continuity Plan erstellt, der dem Change Management unterstellt wird und regelmäßig getestet wird (z.B. auf Ausstellungen.)
Cross Selling	... ermöglicht die Ausdehnung des Kaufvolumens eines Kunden beim gleichen Anbieter durch den Erwerb von Zusatzleistungen. Gute Botschaft auf Messen
Customer Driven Company	... ein kundengetriebenes Unternehmen. Theoretische Modelle, wie sich das Unternehmen noch mehr auf die Bedürfnisse der Kunden ausrichtet
Customer Lifttime Value	... Value ist der potenzielle Wert der individuellen Kundenbeziehung über die ganze Dauer des Geschäftsverhältnisses. Dieser Wert ist kein statistischer sondern wird ständig neu gemessen. Messen sind dazu eine gute Gelegenheit
Customer Touch Points	... sind die Möglichkeiten, die ein Unternehmen hat, um mit den Kunden in Kontakt zu treten beziehungsweise umgekehrt. Es sind dies vor allem Telefon, Briefe, Fax, Internet, E-Mail, Messen, (Mutichanneling).
Data Warehousing	... ist die Erfassung (Messetypisch), Aufbereitung (Transformation, Konsolidierung, Filterung etc.) und Analyse von Kundeninformationen mit Hilfe elektronischer Datenbanksysteme. Als Grundregel gelten folgende drei Schritte:

	⇨ Keine Handlung ohne Sammeln von relevanten Daten
	⇨ Kein Sammeln von Daten ohne Auswerung
	⇨ Keine Auswertung ohne Entscheidung
Delphi	...ist eine Trendforschung. An Sachverständigen werden Fragenkataloge entwickelt, die dann von Sachkundigen bewertet und kommentiert werden. Diese Rückläufe werden ausgewertet, um auf dieser neuen Grundlage einen zweiten, verdichteten Katalog zu entwerfen, der den Sachverständigen erneut zugestellt wird. Und erneut nehmen sie Stellung, nun wissend, in welche Richtung sich die „volontè gènèrale" verdichtet hat, so dass sich die gemeinsame Anschauungsweise verdichtet. (Gelegentlich aber auch weiter polarisiert) Anlässlich einer Fachmesse z.B. werden die Ergebnisse veröffentlicht s.a. www.delphi-source.de
Durchlauferhitzer	Schnelle Identifikation des Messebesuchers und Vereinbarung eines Informationsaustausches nach der Messe, was in der Messehektik nicht möglich wäre. Die so gewonnene Zeit lässt sich für ein nächstes Gespräch reservieren.
E-Commerce	... ist die Erweiterung des Marktplatzes/der Messe in das Internet. Viele Unternehmen investieren massiv in ihre Internetpräsenz, während sich der über das Internet erzielte Umsatz noch eher bescheiden auswirkt. Das wird sich dramatisch ändern
E-Level	... ist ein Bestandteil von Software-Suiten, welche in der Lage sind, Beratungsleistungen über Inter- oder Intranet zu erbringen. Das Verstehen der Anfragen basiert auf semantischen Netzen oder künstlicher Intelligenz. Der E-Level wird als Mittel eingesetzt, um Standardfragen zu beantworten und somit den First Level für Spezialanliegen z.B. potenter Messekunde freizuhalten.
Fehler	Sind nützlich, aber nur, wenn man sie schnell findet. John Maynard Keynes
Follow-up	Dokumentierte Nachverfolgung verabredeter Aktivitäten. Oft lausig.
	„Tirez le Rideau; la Farce est jouée" (Reißt den Vorhang herunter; das Stück Messe ist aus)

	Key-Words
Frühwarnsystem	Indikator, der dem Coach noch frühzeitig genug anzeigt, wie die +/--Abweichungen aussehen, so dass er, falls nötig, geeignete Gegenmaßnahmen einleiten kann
Gipfelfest	Das Ziel ist erreicht
Good old friends	Alt-Kunden - mit denen der Außendienst lange und harmonische Beziehungen pflegt - im Gegensatz zu neuen Noch-Nicht-Kunden, die unbekannt (unbequem?) und fremd sind.
Incentives	Leistungsgerechte Bezahlung, wenn das Ziel erreicht wird. Oft in Sachwerten oder Reisen dargestellt. Der Erfolg wird sichtbar gemacht und spornt an.
	Motto: Mehr Leistung für Mehr-Leistung.
Informationsbörse	Messen sind ein Geben und Nehmen. Austausch von Erfahrungen zwischen Anwendern und Lieferanten. Beide lernen voneinander im Dialog. Die Messemannschaft darf also nicht (technisch orientiert) monologisieren
Innovation	Richtet sich gegen die korporative Eitelkeit: „Jede Innovation ist ausdrücklich erwünscht, sofern sie keine Veränderungen bringen."
Kommunikation	Der Besucher einer Messe bringt, im Gegensatz zur klassischen Werbung, die Bereitschaft zur Kommunikation und Informationsaufnahme mit. Der Messestand hat die Aufgabe, die Kommunikationsplattform hierfür zu bieten und darüber hinaus die Kommunikation mit dem Unternehmen visuell erlebbar zu machen durch ein Ereignis mit anhaltendem Erfahrungswert. Es reicht nicht aus, allein eine Botschaft oder Information zu übertragen. Durch positive Affirmationen ist sie dem Besucher nachhaltig einzuprägen. Daher hat der Messestand alle Informationen auch in plakativen Bildern zu vermitteln, die der Besucher schneller und stärker aufnimmt
Kosten pro Kunde/ Besucher/Gespräch	Verdeutlicht portionsweise die Notwendigkeit des → ROI. Die Messe ist eine teure VKF (Verkaufsförderungsmaßnahme), die sich auszahlen kann und muss
Kunde	Kunden sind Abnehmer, die ihre Rechnungen bezahlen. Die Kunden ihrerseits werden in A-B-C-Kunden, nach Umsatz und Potenzial klassifiziert. Abgesprungene Kunden können ein interessantes Zielpublikum gerade auf Messen sein.

	Noch-Nicht-Kunden sind potentielle Kunden im Wartestand: Sie passen zu unserer Unternehmensphilosophie, kaufen eher (noch) bei der Konkurrenz
Kundenerfahrung 1	Antwort auf die Frage: Wie stelle ich den Kunden und seine Wünsche ins Zentrum?
Kundenerfahrung 2	Besuchen Sie die USA!
Kundenökonomie	Einstellungsänderung vom Produkt- auf den Kundenfokus. Ideologischer Wandel
Kundenpflege	Den Aufbau von faktischen und psychologischen „Barrieren", um das Abwandern von Kunden zu verhindern. Kundenbindung hat für ein Unternehmen einen direkten Einfluss auf ökonomische Ziele. Der Umsatz steigt pro Kunde indem die Kauffrequenz erhöht wird und ➔ Cross-Selling-Potenziale bzw. Up-Selling-Potenziale genutzt werden. Dies führt zu höheren Deckungsbeiträgen und damit zu mehr Gewinn. Kundenpflege ist ein wichtiges Tool auf Messen
Kundenpipeline	Nicht alle Kontakte führen zu Aufträgen. Zwischen dem Erstkontakt, Angebot und schließlich dem Auftrag liegt zudem noch ein kürzerer oder längerer Zeitraum (➔ Sales lead time). Damit ein genügend großes Mengengerüst, Ressourcen zur Verfügung stehen, muss frühzeitig die Pipeline gefüllt und systematisch abgearbeitet werden. Nur so sind rechtzeitig Aktivitäten zu steuern. Sinnvollerweise wird die Pipeline mit der EDV verfolgt
Leistung	…allein genügt nicht. Man muss auch jemanden finden, der sie anerkennt. *Marcel Mart*
Lerntransfer	Natürlich werden nicht alle Ziele vor, auf und nach der Messe erreicht. Manchmal werden sie sogar überschritten. In beiden Fällen haben wir Lerneffekte: Das trojanische Pferd Messe-Marketing dringt in alle Abteilungen ein und bewirkt Verbesserungen
Lippenbekenntnis	= heiße Luft. Nichts wird passieren. Die Lösung heißt: TUN.
„Mehr Intelligenz"	Mehr-Wert
Meilensteine	Meilensteine sind Zwischensteps zum Schlusserfolg. Die gilt es zu überprüfen, um rechtzeitig Abweichungen zu erkennen

	Key-Words
Messbarkeit	Was man nicht messen kann, kann man nicht managen. Die Abweichungen vom Soll geben dem Management frühzeitig Hinweise zur Korrektur
Messen	Missio = senden, abschicken.
	Heiligenfest, Gottesdienst. Ordinarium Missae, geistliches Tonwerk. Schauveranstaltung mit Marktcharakter, „missa profana". Speiseraum auf Schiffen, engl. mess, franz. Mets = Mahlzeit, lat. missum = (aus der Küche) Geschicktes. Message = Botschaft. Messenger = Bote.
Messen dauern länger...	Messen enden nicht mit der Messe. Nach der Veranstaltung geht es richtig los mit dem fi Follow-up. Für den Vertrieb und das Marketing des Ausstellers beginnt jetzt eigentlich die Schularbeit. Das ➔ ROI wird jetzt gefordert. Bis es sich auszahlt, können viele Monate vergehen. Auf dem Wege sind überprüfbare Meilensteine zu setzen
Messevorarbeit	Eine gezielte Vorarbeit der Messe ist nicht nur entscheidende Grundlage der geplanten Ziele, sondern Steuerungsmechanismus für deren Erfolg. Zur Vorarbeit gehört auch, dass die Nacharbeit geplant wird
Messenacharbeit	Die Ernte einfahren. Es wird empfohlen, neben den Bewertungskriterien für die Leads-Verfolgung einige für die Kontrolle der Messezielübertragung wichtige Resonanzpunkte in den Besuchsbogen aufzunehmen
Messeziele	Die Messeziele definieren die Prioritäten der Unternehmensziele im besonderen Umfeld der Messe. Diese haben unmittelbare Konsequenzen in der gestalterischen Darstellung des Messestandes.
Mitarbeiter-Qualifikation	Erfahrungswerte zeigen, dass bei der Messekommunikation vom gesamten Auftreten eines Unternehmens ca. 40 % der Wirkung durch das Standpersonal erzeugt wird. Um eine effektive Vorbereitung auf den Kundenkontakt zu erreichen, sollte das gesamte Standpersonal durch ein zweitägiges Verkaufs- und Teamtraining vorbereitet werden. Aufgrund einer evtl. neuen Teamzusammensetzung und den besonderen Anforderungen auf der Messe wird dies dringlich empfohlen
Motivation	Zum gesamten Messeauftritt gehört nicht nur der gebaute Stand, sondern ganz wesentlich die Stand-

	besetzung. Der Messestand hat nicht nur die Aufgabe, den Besucher zu animieren, sondern ebenso die Mitarbeiter zu motivieren. Nur dann kann eine positive und erfolgreiche Kommunikation stattfinden
Neugier	Steht immer an erster Stelle eines Problems, das gelöst werden will. Galileo Galilei
Optimismus	Ist meistens eine Folge ungenügender Informationen. Burt Lancaster
Plattform	Kundenuniversum:
	Kundenplattform = kaufender Kunde in einem gewissen Zeitraum. Zur Definition können inaktive Kunden gehören.
	Verhandlungsplattform = gewichtete Interessenten in Bearbeitung, deren Auftragswahrscheinlichkeit z. B. über 40 % liegt.
	Marktplattform = definierte neue Kontakte, die zum Marketingziel des Unternehmens erklärt sind
	Darüber hinaus gibt es noch ein Kontaktreservoir von Noch-Nicht-Kunden, an deren Zusammenarbeit wir- zur Zeit - nicht interessiert sind (➔ Kunde).
	Diese klassifizierte Betrachtungsweise erlaubt eine systematische Marktbeobachtung, weil zu jeder einzelnen Plattform andere Bearbeitungsstrategien erwartet werden
QQR	Um Ergebnisse zu produzieren, effizient zu sein, bedarf es drei ausgewogener Parameter:
	Quantität der Arbeit = purer Fleiß.
	Qualität der Arbeit = d. h., das Richtige richtig tun. Richtung der Arbeit = Fischen, wo die Fische sind. Es hat keinen Sinn, wenn man fleißig ist und gut arbeitet, aber in die falsche Richtung läuft: sprich, mit dem falschen Entscheidungsträger mit falschen Argumenten spricht
3 R	Ein neues Marketingparadigma: Anstelle der Marketingstrategie über die 4 P. (Product, Place, Price, Promotion) versucht das Unternehmen diese über die Phasen Kundengewinnung (Recruiting) auf Messen ➔ Kundenbindung (Retention) und Kundenrückgewinnung (Recovery) zu definieren.

	Key-Words
Return on Investment	(ROI) Nach dem ökonomischen Prinzip will der Investor - in überschaubarer Zeit - sein Kapital zurückhaben. Die Messe muss sich also auch rechnen: Ein Teil wird als Image bildender Faktor zu verbuchen sein, ein Teil dient aber der Akquisition. Definiert ist das Planungs-, Steuerungs- und Kontrollinstrument ROI als Gewinn investiertes Kapital. Diese Kennzahl lässt sich in immer feinere Teilkennzahlen aufspalten.
Reviersignal	Messen verlangen einen standesgemäßen Auftritt, der Bedeutung des Unternehmens entsprechend. Duftnoten werden gesetzt
Refilling	Aus der Pipeline fallen Kontakte heraus, die sich nicht realisieren ließen. Dafür müssen wieder neue Kontakte gebaggert werden
Sales lead time	Zeit vom ersten Kontakt bis zum Auftrag
Standfläche/Lage	Lage und Fläche des Standes ist mitentscheidend für das Erreichen der Zielgruppe und deren Orientierung.
Tailor-Made	Maßgeschneidertes Messekonzept
To show the flag	→ Reviersignal
Total Customer Value	Der Wert eines Produkts für den Kunden (Customer Delivered Value) ist die Differenz zwischen dem Gesamtwert für den Kunden und den Gesamtkosten für den Kunden (Total Customer Cost.) Zum gesamten Wert tragen das Produkt, Dienstleistungen, das Personal und das Image bei. Die Kosten setzen sich zusammen aus monetären Kosten, Zeit-, Energie- und psychischen Kosten (zum Beispiel Risiko).
Touch, see & feel	Unterstützt die kompetente Demo
Touch & Go	Die Zeit auf der Messe ist knapp. D. h. für eine umfassende Beratung ist die Zeit zu teuer. Sobald die Messemannschaft feststellt, dass der Besucher interessant ist, wird eine solide Beratung vor Ort angeboten. So ist das für beide Gesprächspartner effektiver
TRAUMTERMIN	Ein fest vereinbarter Termin mit hochinteressanten Gesprächspartnern, der nach der Messe vereinbart ist, und der direkt von der Ausstellung per Fax oder E-Mail bestätigt wird: Datum, Ort, Teilnehmer, Themen, Zeitbudget. Erfahrungsgemäß kann der Vertrieb auf der Messe pro Mann, pro Tag zwei Traumtermine generieren

Trojanisches Pferd	Die Messe verzahnt viele „Schnittstellen" im Unternehmen. Sie wird „eingeschleust" in die Firma. Wie in der griechischen Sage, wo den Griechen während des Trojanischen Krieges mit Hilfe eines hölzernen Pferdes die Eroberung Trojas gelang. Wir „erobern" mit der Messe die Mitarbeiter und realisieren mehr Markt- und Kundenorientierung. Für diese ist sie ein „gewinnbringendes Weihegeschenk". Verschweigen wollen wir aber auch nicht, dass sie für alle, die nicht mitziehen, zum „todbringenden Danaergeschenk im klassischen Sinne" werden kann
Umsetzung	Intellektuell sind die mit ihr verbundenen Schwierigkeiten und Hindernisse nicht zu begreifen. Muss man vor Ort selbst erlebt haben
Up Selling	... ist die Ausdehnung des Kaufvolumens eines Kunden hin zu höherwertigen Dienstleistungen beim gleichen Anbieter z. B. ein definierbares Messeziel
„Waffentausch"	= Visitenkartenaustausch. Besucher und auch Aussteller wollen frühzeitig den Verantwortungsbereich des jeweiligen Gesprächspartners kundenorientiert kennenlernen
WERTPAPIER	Früher „Messebericht". Die neue Definition pointiert den Wert dieser Begegnung für beide Partner: Der Besucher erkennt die wertvolle Information, die er vom Aussteller erhält, der Aussteller hat in die Messeaktivitäten wertvolle Zeit und Budget investiert (➔ ROI).
Win-Win-Situation	Alle involvierten Parteien (Besucher, Aussteller, Veranstalter) sind mit dem Ergebnis zufrieden
Workflow	Ein Workflow ist eine endliche Folge von Aktivitäten, charakterisiert durch ⇨ einen Auslöser - z.B. die Messe - ⇨ Vorgangsschritte (Transaktionen + Meilensteine) ⇨ er kann ganz oder in Teilen alternativ ausgeführt werden; er kann parallel und sequenziell ausgeführte Vorgangsschritte umfassen er hat einen eindeutigen Abschluss
Zukunft	Vorauseilende Aktualität

II. Gebräuchliche englische und/ oder amerikanische Fachausdrücke im Messe- und Marketingwesen

Exhibit Industry Glossary of Terms, die so nicht im Wörterbuch stehen.

Access Panel	Abnehmbares Wandteil des Standes als Zugang zu elektrischen u./o. beweglichen Anlagen.
Advance Order	Vorab-Auftrag für Dienstleistungen oder Arbeiten an zugelassenen Firmen auf dem Messegelände.
Advisory Capacity	Einschränkung an die Spedition, ohne Genehmigung des Auftraggebers in seinem Namen verbindliche Zusagen an Dritte zu erteilen.
After sight, at sight	Vereinbarung zwischen Aussteller und Design- oder Messebaufirma, dass ein Teil der vereinbarten Kosten nach der akzeptierten Präsentation gezahlt wird. Üblich sind 30 % der Gesamtkosten.
AIME	Amount of Invested Mental Elaboration. Betrag der investierten mentalen Ausarbeitungsleistung. Ist der AIME-Wert hoch, fühlt man sich beschwingt.
Air Waybill	Luftfrachtbrief
Aisle	Gangfläche (zwischen den Ständen).
Aisle Carpet	Teppichauslegung der Gänge. Wird in der Regel vom Veranstalter auf seine Kosten vorgenommen.
Aisle Signs	Von der Hallendecke abgehängte Schilder mit der Gang-Nummer. Wird vom Veranstalter organisiert.
Antizipation	Auf ein Ziel gespannt werden. So entstehen Neugier und Spannung - z.B. bei einem Event.
Armorphy	Span- oder Holzplatten mit einem Metalleffekt.
Arousal	Physiologisches Aktivierungsniveau des Körpers, Grad der Erregung.
Assembly	Aufbau von Ausstellungsteilen in einem Stand.
Attendance, Attende	Anzahl der Besucher, die eine Messe besuchen
Baby spots	Halogenstrahler
Back light	Lichtquelle, die transparente Fotos oder Materialien von hinten anstrahlt.
Back wall	Hintere Abschlusswand eines Standes.
Baffle	Zwischenwand / Wände im Stand, um Licht, Strom oder Besucherströme zu beeinflussen.

Bigger than life	Der Schlachtruf Hollywoods hieß: „Mach es groß. Mach es richtig. Gib ihm Klasse!"
Blow-Up	Foto-Vergrößerung.
Blueprint	Fotomechanisch kopierte Pläne der Designgesellschaft mit Layout, Konstruktionsplänen und technischen Angaben.
Body-Scanning	...zieht die Leute in Bann: Per Laser wird der Besucher gescannt, und kann sein dreidimensionales Abbild als Bildschirmschoner auf Diskette mitnehmen.
Bonded Warehouse	Vorübergehende Einlagerung des Messematerials im zollfreien Gebiet, bis die Behörde das importierte Gut freigegeben hat.
Boney Card, Dump	Lagerhallen, in denen die leeren Container des Ausstellers zwischengelagert werden.
Booth	Stand (US)
Booth Area	Standfläche
Booth Personnel	Standbesatzung
Bootleg Wages	Stundenlöhne für Arbeiter, die aufgrund von erhöhter Nachfrage von den Gewerkschaften höher als im Tarif vereinbart, erhoben werden dürfen.
Brain Script	„Drehbuch im Kopf" Handlungsmuster, mit dem man sich eine Geschichte - z.B. für ein Event - zusammenreimt.
Brandland	Marken-Erlebniszentrum
Breakdown	Detailaufstellung von Kostenvoranschlägen und Rechnungen.
Bricks & Clicks	Verschmelzung von virtuellen und realen Räumen; virtuelle Angebote - die Clicks am Computer - bekommen eine Entsprechung in realen Räumen - den Bricks, den „Ziegeln" eines echten Standes.
Browsing	„Abgrasen" aller Möglichkeiten an einem Ort. (z.B. für Catering)
Business Entertainment	Auch „Experience Economy". Erlebnisgestaltung als strategisches Werkzeug in Werbung, PR und Verkauf.
C.I.F.	Im Kostenvoranschlag der Spedition sind Transport + Versicherung enthalten.
C.O.D.	Barzahlung bei Lieferung.
Cable trench	Kabelgraben

Canopy	Deckenabhängung im Stand aus Textilien.
Cantilever spotlight	Auslegestrahler
Carnet	Dokument für die vorübergehende zollfreie Einfuhr von Ausstellungsstücken. Die gleiche Anzahl von Packstücken muss wieder ausgeführt werden. Ausgenommen u.a. Werbegeschenke, die in der Regel verzollt werden müssen.
Carrier	Durchführendes Transport-Unternehmen.
Cartage	Transportgebühr für Fracht zwischen zwei Punkten. Auch: Transport von Ausstellungsgütern bei kurzen Entfernungen.
Cognitive Map	„Landkarte im Kopf". Inneres Bild eines Ortes/Messegeländes; man orientiert sich über Achsen, Knotenpunkte, Besucherströme und Merkpunkte und fühlt sich dadurch kompetent.
Column	Hallensäule
Community Feeling	Unser Gefühl für das ganz spezifische Leben am Stand. In der Psychologie als „generalisierter Bewusstseinshintergrund" bezeichnet.
Comp	Komplette detaillierte Standdesign-Unterlagen. 1. als Verb: Etwas gratis geben (to comp someone) z.B. Catering oder Hotelzimmer. 2. als Substantiv: Etwas zum Vergleichen (z.B. Preise) Es ist eine Verkürzung für „comparable" (vergleichbar)
Concept Line	„Roter Faden"
Concept Store	Kleiner Laden, oft Bestandteil einer Ladenkette, dessen Sortiment oder Warenpräsentation als smartes Spiel konzipiert ist. (Wiedererkennungswert auf der Messe)
Connected Load	Vertragsformen
Consignee	Empfänger einer Frachtsendung.
Consumer Benefit	Verbrauchernutzen
Consumer Show	Publikums-Messe
Contractor	Im Auftrag des Messeveranstalters oder Ausstellers tätiges Unternehmen für bestimmte Leistungen.
Convenience Entertainment	Maßnahme, die den Alltag bequemer machen und daher auch als Erlebnis empfunden werden.

| Service |

Copy Panel	Standwand für graphische Bild- oder Textdarstellungen.
Core Attraction	... ist jenes Element, das den Weg erst zum Spannungsweg macht. Beispiele: Im Supermarkt bei Billa (A) wiegt sich das projizierte Sonnenblumenfeld im Wind. Auf Weltausstellungen sind reine Mood-Pavillons, wie die nasse begehbare Wolke der Expo 02 (CH) oder die Halle mit den Liegewippen auf der Expo 2000 (D) die großen Hits.
Corporate Exhibit	Firmendarstellung ohne Produkte- oder Dienstleistungs-Präsentation.
Craftperson	Ein einer Gewerkschaft angehörender Facharbeiter.
Crate	Verschlag
Crating List	Inhaltsangabe / Packliste eines Containers.
Cross Aisle	Kreuzung der beiden Haupteingänge in einer Halle.
Cubic Content	Raum über dem angemieteten Stand bis zur Hallendecke zum Abhängen von Beleuchtung, Firmenfahnen o.ä.
Cue	Hinweissignal, eine Information, die rein emotional, ohne tieferen Gedankenprozess, verständlich ist.
Customhouse Broker	Lizenzierte Firma, die berechtigt ist, im Namen des Ausstellers die Zollabwicklung vorzunehmen.
Cycles	Elektrische Hertz-Zahl. In USA z.B. 60 cycles bei 110 Volt.
Decorator	Gewerkschafts-Mitglied, der hauptsächlich graphische Arbeiten am Stand durchführt; kann aber auch - nach den regional unterschiedlichen Gewerkschaftsregeln - andere Tätigkeiten ausführen. (US)
Déjà vu	„Schon mal gesehen".
Dismantle, Teardown	Abbau des Standes.
Display Rules and Regulations	Technische Unterlagen für eine Messebeteiligung (z.B. Standhöhe, Abstand etc.)
Double Decker	2-geschossiger Messebau.
Double-faced Panel	Ausstellungswand, die von beiden Seiten für Graphik benutzt wird.
Draper	Dekorateur für Textilien
Drayage	Transport auf dem Messegelände. (Kann teurer sein als Lieferung durch ganz USA.

	Lieferung der Ausstellungstücke vom Lagerhaus zum Stand und nach Ende der Messe wieder zurück. Transport der leeren Verpackungen.
Elevated platform	Erhöhte Plattform
Elevation:	1. Höhe. Wie hoch etwas ist.
	2. Ansicht (z.B. front elevation = Ansicht vorne)
Entrance Map	Karte des Messegeländes, die man im Eingangsbereich erhält und die räumliche Erschließung (cognitive map) auf einen Blick sichtbar macht.
Escape hatch	Notausstiegsöffnung
Etiketten-Effect	Unverwechselbare Charakteristika, wie etwa die typische Machart am P.O.S., rufen - z.B. am Stand - durch das Kontakt-Affekt-Phänomen das jeweils Ganze an Botschaft oder Emotion auf.
Event Acts	Events mit Schauspielern und Amateurtruppen.
Eye Catcher	Auffälliges visuelles Element, das die Aufmerksamkeit auf sich zieht und die Blicke (zum Stand) lenkt.
Fascia	Blende
FF (Finished Floor)	Fertiger Boden (Above Finished Floor z.B. „3 m AFF")
Flagpole	Fahnenmast
Flagship Stores	Hauptläden eines Handelsunternehmens. (Teile finden sich am Stand wieder)
Flat cord	Flachleitung
Floor Plan	Standplan, Grundrissplan
	2nd Floor = 1. OG
	3rd Floor = 2. OG
Foot	1 Foot (1') = 12 inches (12")
	= 30,48 cm
	1 inch (1") = 2,54 cm
	1 sq.m = 10,76 sq.ft.
Forklift	Gabelstapler
Four Hour Call	Für jeden Arbeiter müssen mindestens 4 Std. Arbeitszeit bezahlt werden. (US)
Freightdesk	Frachtbüro einer Spedition (im Messegelände).
Frontage	Länge des Standes an der Frontseite.
Full Booth Coverage	Teppichverlegung im gesamten Stand.

Service	
Golden Touch	Animation zur Demonstration eines Produktnutzens.
Grid Celling	Deckenraster
Grid System	Raster-System z.B. Ceiling Grid = Deckenraster Traversen-Abhängung vom Hallendach für Beleuchtung u./o. Deckenkonstruktion.
Gross Square Feet	Brutto-Standfläche. Im Gegensatz zu Net Square Feet (nach Abzug der nicht zu benutzenden Fläche wie z.B. Hallensäulen).
Hands-On	Interaktive Installation.
Hard Wall Booth	Standbau aus festen Materialien.
Hazardous waste	Sonderabfall
Header	Gebaute Schlagzeile, wie ein mittelalterliches Zunftzeichen (Brezel für Bäckerladen)
Hospitality Suite	Für VIP-Gäste.
Image Contrast	Die Ästhetik von Alt und Neu, Futuristisch und Traditionell u.s.w. prallen so aufeinander, dass daraus eine kontrastreiche, neue Ästhetik entsteht.
In-Transit	Zwischenablagerung
Industrial Health	Arbeitssicherheit
Inferentiel Beliefs	Man macht sich ein Bild, dadurch entstehen Image und Atmosphäre.
Infringement	Genehmigte Benutzung weiterer Hallenflächen außerhalb des Standes.
Installation Contractor	Verantwortlich als Supervisor für den gesamten Auf- und Abbau des Standes mit den Gewerkschaften.
International Attendees	Auslandsbesucher
Island Booth	Insel- oder Einzelstand, von 4 Gängen umgeben.
Itinerant	Mehrfach einsetzbares flexibles Standbau-System.
Job Foreman	Für einen bestimmten Arbeitsbereich zuständiger Vorarbeiter.
Key lighting	Akzentbeleuchtung
Labor Form	Stelle in den Messehallen, an der gewerkschaftlich organisierte Arbeiter bestellt werden können. Eigene Arbeiten des Ausstellers - in jeder Form - sind nicht erlaubt. (US)
Landmark	Merkpunkt, Wahrzeichen.
Limitation Period	Verjährungsfrist
Lit Pack	Prospektständer

Gebräuchliche englische und/ oder amerikanische Fachausdrücke

Logo	Firmenemblem i.a. ohne Firmennamen.
Lounging	Eine hochwertige „private" Atmosphäre wird mit entspannenden Zusatzangeboten verbunden.
Main fuse	Hauptsicherung
Main Stop Valve	Hauptabsperrventil
Malling	Promenieren, Flanieren.
Mandatory	Aufsichtspflicht
Marking, Marks	Kennzeichnung der Frachtsendungen.
Media Literacy	Sich mit den Medien, dem Konsum, dem modernen Leben geschickt anstellen.
Merchandising Shop	Laden, in dem man Dinge kauft, um Image mitzunehmen und Restspannungen abzufeiern.
Mood Management	Stimmungsmanagement, Seelenmassage (ab 3. Tag!)
Move-In, Move-Out	Datum des frühesten Termins für den Standauf- und -abbau.
One Ten / Sixty	Kurzform für 110 Volt / 60 Hertz - Elektrizität.
OT	Verkürzung für „overtime" - Überstunden.
OT Labor	Außerhalb der normalen Arbeitsstunden. Kostet extra (normalerweise Faktor x 1,5 - US)
Partition wall	Begrenzungswand
Prize draw	Verlosung
Placement	Die Kunst der (verkaufsfördernden) Verpackung und des Imagetransfers. Die Verpackung gibt einen Kommentar auf das Verpackte ab (und vice versa).
Point of Sale	Verkaufsort (POS)
Proposal	Vorschlag über Standkonzept & Kosten.
Pylon	Turmaufbau zur Identifizierung des Firmennamens und -emblems.
Quotation	Kosten-Voranschlag
Raised Letters	3-dimensionale Schriften oder Firmenemblems.
Reason Why	Verkaufsfördernde Behauptung
Refurbishing	Ausbesserung an Schäden.
Rental Booth	Stand auf Mietbasis.
Replikat	Stellt die Frage „echt oder nicht echt?". Wahrnehmungsspiel.
Return	Trennwand, die im rechten Winkel zu einer anderen Wand steht.

Riser	Erhöhte Plattform für Produktpräsentationen.
Scale Model	3-dimensionales maßstabgerechtes Modell des Standes.
„Seeing is Believing"	Überzeugungskraft des Augenscheins, mit eigenen Augen sehen. Die Kunst der Demonstration, die nachhaltige Glaubwürdigkeit herstellt.
Service Kit	Angebots-Unterlagen des Veranstalters über Service-Firmen.
Set of Plans	Gesamter Satz von Plänen für einen Stand.
Set-up Drawing	Aufbau-Plan des Standes.
Shell Scheme	System-Standbauweise.
Shop-o-tainment	Shopping und Entertainment verschmelzen an einem Ort.
Show Breaking	Ende der Messe. Beginn des Abbaus.
Show Office	Hallenmeister-Büro
Sign Service	Firma, die Beschriftungen vor Ort produziert.
Sketch Model	3-dimensional gezeichnete Skizze des Standes.
Skin Drawing	Vorläufiger Architekturplan und Seitenansichten mit Maßen des Standes und der Exponate.
Slice of Life Brain Scripts	(SOL) Kognitive Drehbücher - Situationen am Stand.
Space	Angemietete Ausstellungsfläche.
Space Rate	Mietpreis pro qm, bzw. square foot.
Staging Area	Fläche innerhalb des Standes für Produktpräsentationen.
Suspension	Abhängung
Talent, Presenter	Professioneller Moderator, der Produkt und dessen Nutzen vorführt.
Teaser	Lockt hinein, macht neugierig. Eine Antizipationsstrategie.
Third Places	DRITTE ORTE, halböffentliche Orte als persönlicher Lebensraum.
Three Wire	3-poliges Elektrokabel.
Time Line	Die Eigenzeit, subjektive Zeitempfindung.
Touch up	Ausbesserungsarbeiten.
Towing charge	Abschleppkosten
Traffic Flow	Besucherströme.

Trench	Bodenkanal
Turnkey Exhibit	„Schlüsselfertiger" Stand, der am Tage vor der Eröffnung vom Messebauer an den Aussteller verbindlich übergeben wird.
Unions	In USA alles bestimmende Gewerkschaften. Bei Messen kann der ausländische Aussteller oft verzweifeln, da jede anfallende Arbeit ausschließlich von gewerkschaftlich organisierten „craftpersons" ausgeführt werden dürfen. Die benötigten Handwerker werden am „Labor Desk" zugeteilt.
Union Steward	Offizieller Gewerkschaftsfunktionär, der darauf achtet, dass in den Messehallen nach den „Work Rules" gearbeitet wird.
USP	„Unique Selling Proposition", einzigartiges Verkaufsargument.
View sketch	Ansichtsskizze
Violations of structural integrity	Eingriffe in die Bausubstanz
Visitor-Center	Besucherzentrum
Waste Pipe	Abflussleitung
Waste Removal	Abfall-Entsorgung.
Work Rules	Richtlinien der Gewerkschaften.
Work Time	Zu bezahlende Stunden für Gewerkschaftsmitglieder vom Zeitpunkt der Übergabe an den Aussteller bis zur Rückgabe an das „Labor Desk".
WOW-Effekt	Lässt staunen.

Marketingleute sprechen gern ihre eigene Sprache. Einiges davon macht sogar Sinn. Bilden Sie sich Ihr eigenes Urteil.

Nach Rolf Müller-Martin, Königstein - erweitert

Service

Und auch in der US-Firmenhierarchie sollte sich ein Messemann auskennen:

Bei Unternehmen allgemein: (in hierarchischer Folge)

Chairman of the Board of Directors, Chairman an Chief Executive Officer (CEO)	Präsident des Verwaltungsrats, verantwortlich für die langfristige Politik eines Unternehmens
President and CEO, President and Chief Operating Officer (COO)	verantwortlich vorrangig für die tagesaktuellen Entscheidungen, stellt in Personalunion die Exekutive des Unternehmens
Executive Vice President	Generaldirektor
Senior Vice President	Direktor
First Vice President	stellvertretender Direktor
Vice President, Assistant Vice President	Vizedirektor

Bei der AG

Chairman of the Board of Directors, Chairman of the Board, Chairman	Präsident des Verwaltungsrats
Vice Chairman of the Board of Directors, Vice Chairman of the Board, Vice Chairman	Vizepräsident des Verwaltungsrats, bzw. Aufsichtsrats
Member of the Board of Directors	Delegierter
President and Chief Executive Officer	Konzernleitung Holdingstufe, Vorsitzender der Konzernleitung
Chief Financial Officer (CFO), Director Corporate Finance and Treasury, Treasurer, Head of Corporate F.	Leiter Finanzwirtschaft Konzern, Finanzdirektor

Quelle: Swiss American Chamber of Commerce

Gebräuchliche englische und/ oder amerikanische Fachausdrücke

General Terms of Participation	Allgemeine Teilnahmebedingungen
Application	Anmeldung
Application Law	Anwendungsrecht
Breach of duty	Pflichtverstöße
Circuit breaker	Ausschalter
Claims for liquidated Damages	Pauschalierte Schadensersatzansprüche
Compliance with the Technical Guidelines	Beachtung der Technischen Richtlinien
Contracts of choice	Vertragsformen
Culpably Caused	Schuldhaft verursacht
Damage Claims	Schadensersatzansprüche
Default of payment	Zahlungsverzug
Duty to make advance payment	Vorleistungspflicht
Failure to clean the stand	Nicht erfolgte Reinigung
Grossly Negligent Behaviour	Grobe Fahrlässigkeit
Infringment of Trade Mark	Schutzrechtsverletzung
Incidentals	Nebenkosten
Index of Exhibits	Warenverzeichnis
Industrial legal protection	Gewerblicher Rechtsschutz
Joint Participation	Gemeinschaftsteilnahme
Legal effect	rechtsverbindlich
Legal claim of admission	Anspruch auf Zulassung
Lessors's lien	Vermieterpfandrecht
Luminous column	Lichtsäule
Lump-sum contribution	Pauschalierter Verwaltungsbeitrag
Operating permits	Erlaubnis zum Betrieb
Over-the-counter sales	Verkauf auf dem Stand
Prohibition on political advertising	Unterlassung politischer Werbung
Proposal	(hier) Platzierungsvorschlag
Removing before official disassembly	Vorzeitiger Abbau
Removing by the due date	Termingerechte Räumung

Right of lien of lessor	Vermieterpfandrecht
Right of retention	Zurückbehaltungsrecht
Space assignment	Platzierung
Supplementary provisions	Ergänzende Bestimmungen
Temination for good cause Grund	Kündigung aus wichtigem
Unauthorized transfer of the exhibitionSpace	Unerlaubte Überlassung der Standfläche
Unauthorized approaching/ interviewing of Visitors	Unerlaubtes Ansprechen/ Befragen
Vacation of the stand within the timePrescribed	Nichtentfernen störender Gegenstände (Verzug)
Venue	Gerichtsstand
Vicarions agents	Erfüllungsgehilfen

III. Kaleidoskop, ein konzeptionelles Spiel

Konzentration: Lieber spitz als breit.
Konsequenz: Penetranz im Follow-up.
Kontinuität: Kein Zickzack-Kurs.
Kundenorientierung: Demonstrieren, Visualisieren.
Kompetenz: Es gibt keine Probleme, sondern nur Herausforderungen, die Sie professionell lösen.
Kreativität: Hat hohe Depotwirkung.
Kommunikation: Hautnah im face-to-face-Kontakt.
Klarheit: Sagen Sie, was Sie können. Und was nicht. Vermeiden Sie diffuse Botschaften.
Kultur: Ihr Besucher will Sie e r l e b e n.
Kampf: Setzen Sie sich für Ihre Visionen ein.
Kosteneffizienz: Investieren Sie dort, wo der Return stimmt. Definieren Sie auch ein Nach-Messe-Budget.
Katalysator: Bauen Sie ein Beziehungsnetz auf, das für Sie arbeitet.
Konglomerat: Suchen Sie Partner, mit denen Sie solide arbeiten können. Lösen Sie sich konsequent von Wirtschafts-Parasiten.
Kantig: Zeigen Sie Profil. Lieber einen guten Kunden zuwenig, als einen schlechten zuviel.
Kontrolle: Delegieren Sie artfremde Tätigkeiten und setzen Sie eine penible Kontrolle ein.
Klamauk: Erlauben Sie sich auch mal einen Scherz. Das kann sehr wohl tun. Kirmes für die Kundschaft: Ist out.
Kaffee: Es darf auch Espresso mit einem Amarettobisquit sein, um Gastfreundschaft zu demonstrieren.
Kabinen: Schotten ab.
Kalender: Für Nach-Messe-Termine - hat jeder mit.
Kamel: Ist, wer sich während der Messe besäuft.
Klasse-Stand: Verlangt der Auftritt vor kritischem Publikum.
Klotz am Bein: Sind time waster, z. B. HeadQuarterPeople.
Knapp: Ist die Zeit, besonders auf Messen.
Konkurrenzbeobachtung: Ist Pflicht.
Kriterium: Des Erfolgs ist der (Termin-)Verkauf.

Konklusion: Wenn Sie diese K-Strategie-Ansätze durcharbeiten, werden Sie bestimmt Ihre Kommunikation neu beurteilen. Suchen Sie nicht zu weit!

Das Gute liegt bei Ihnen.

Sie müssen es nur finden, wenn nicht mit dem K, dann vielleicht mit dem Z...?

IV. Infothek

1. Messeorganisation (s. a. CD-ROM)

AUMA

GF Dr. Hermann Kresse

Ausstellungs- und Messe-Ausschuss der Deutschen Wirtschaft e.V., Littenstraße 9, 10179 Berlin, Postfach: 021 281, 10124 Berlin, Tel.: 0 30/24 00 0-0, Fax: 0 30/24 00 0-263,

E-Mail: info@auma.de www.auma.de

EUROEXPO Messe- und Kongress

Joseph-Dollinger-Bogen 5, 80807 München,

Fon 089 32 391-253, 250 Fax -416

www.euroexpo.de Eurocargo@euroexpo.de

FAMA

Fachverband Messen und Ausstellungen e.V., Messezentrum, 90489 Nürnberg ,

Tel.: 09 11 /8 14 71 02, Fax: 09 11 /86 07 35, E-Mail: info@fama.de

FAMAB

Fachverband Messe- und Ausstellungsbau e.V.-Design-Service-Events, Berliner Straße 26, 33378 Rheda-Wiedenbrück,

Tel. 0 52 42/9 45 40, Fax 0 52 42/94 54 1 0,

www.famab.expobase.com

FKM

Gesellschaft zur freiwilligen Kontrolle von Messe- und Ausstellungszahlen, Littenstraße 9, 10179 Berlin,

Tel.: 0 30/24 000-141 /-145, Fax: 0 30/24 000-264,

E-Mail: info@fkm.de

FME

Forum Marketing-Eventagenturen,

Berliner Strasse 26, 33378 Rheda-Wiedenbrück, Tel. 0 52 42/94 54 24, Fax 0 52 42/94 54 10

GCB

German Convention Bureau,
Münchener Strasse 48, 60329 Frankfurt/Main, Tel. 0 69/2 42 93 00, Fax 0 69/24 29 30 26,

GHM Gesellschaft für Handwerksmessen

Willy-Brandt-Allee 1, 81829 München
Fon 089 94 955-0 Fax -239
www.ghm.de messe@ghm.de

Hinte Messe-und Ausstellungsgesellschaft

Beiertheimer Allee 6, 76137 Karlsruhe
Fon 07 21 93 133-0 Fax-11
www.hinte-messe.de info@hinte-messe.de

IDFA

Interessengemeinschaft Deutscher Fachmessen und Ausstellungsstädte, Postfach 10 01 65, 45001 Essen,
Tel.: 02 01 /72 44-4 44, Fax: 02 01 /72 44-8 21,
E-Mail: info@idfa.de

Intergem Messe

Mainzer Str. 34, 55743 Idar-Oberstein,
Fon 0 67 81 - 41 015 Fax - 42 418
intergem@t-online.de

Mercuri International Deutschland

Theodor-Hellmich-Str. 8, 40667 Meerbusch,
Tel.: 0 21 32/93 06-0, Fax: 0 21 32/2981,
http://www.mercuri-international.de

MGH Messe- und Ausstellungsges. Hansa GmbH

Bürgerweide, 28209 Bremen
Fon 04 21 - 35 05-260 Fax -681
www.fishinternational.com info@fishinternational.de

| Service |

P.E. Schall GmbH Messeunternehmen

Gustav-Werner-Str. 6, 72636 Frickenhausen
Fon 0 70 25 - 92 06-0 Fax -620
www.schall-messen.de info@schall-messen.de

EXPOdata

Molkenstr. 21, CH - 8026 Zürich
Tel.: 0041-1 296 1049
E-Mail: expodata@btconnect.com

fairdoctors

Agentur für internationales Messemanagement & Coaching GmbH
Olaf-Gulbranssonstr. 25, D-84684 Tegernsee (und Wien)
Fon: 00 49/(0) 80 22 / 93 030, Fax: 93 031
E-Mail: D.Weiler@fairdoctors.com

UFI

Global Association of the exhibition industries
35 bis, Rue Jouffroy d' Abbans, F - 75017 Paris
Fon 00 33 (0) 14 26 79 912, Fax 14 22 71 929
www.ufinet.org

ICA

Internationale Congress Akademie e.V.
Festplatz, D - 76137 Karlsruhe
Fon 07 21/37 20 196, Fax 37 20 197

Messe Institut

Für Forschung, Schulung und Beratung GmbH
Am Weltersberg 24, D - 55452 Laubenheim/Nahe
Fon 0 67 04/ 96 140
www.messe-institut.de

m + a Messe Akademie Frankfurt

Postfach 20 01 28, D - 60605 Frankfurt/Main
Fon 069/ 75 95 28 53, Fax 75 95 28 50
www.m-averlag.com

BDI

Bundesverband der Deutschen Industrie, Breite Straße 29, 10178 Berlin,
Tel. 0 30/20 28-14 63, Fax 0 30/20 28-24 63

bfai

Bundesstelle für Außenhandelsinformationen, Agrippastraße 87-93, 50445 Köln,
Tel. 02 21 /20 57-0, Fax 02 21 /20 57-2 12

Bundesministerium für Wirtschaft und Technologie

ReferatVA6 (Auslandsmessepolitik),
Villemombler Str. 76, 53123 Bonn,
Tel. 02 28/6 15 22 1 7, Fax 02 28/6 15 43 80

Das Bundesministerium für Wirtschaft & Technologie unterstützt weiterhin die Teilnahme kleiner und mittlerer Unternehmen aus den neuen Bundesländern. Förderfähig sind maximal3 Teilnahmen. Die förderfähige Summe liegt bei 4 500 E. www.auma-messen.de

DIHT

Deutscher Industrie- und Handelstag, Adenauerallee 148, 53113 Bonn,
Tel. 02 28/1 04-0, Fax 02 28/1 04-1 58

EVVC

Europäischer Verband der Veranstaltungs-Centren e.V.
Messedamm 22, 14055 Berlin
Fon 05 21 / 30 38 58 00 Fax 30 38 58 02

GEMA

Rosenheimer Str. 11, 81667 München
Fon 089/ 48 00 300 Fax 48 00 39 69
www.gema.de

| Service |

Standorte

- Messen und Ausstellungen
- ○ FKM-Gesellschafter
- ◉ Messen/Ausstellungen und FKM-Gesellschafter

Abb. 104 Standorte   Adressen mit eMail s. CD

s.a. www.messenweltweit.com Messen sortiert nach Datum, Ländern, Städten und Produkten. info@messenweltweit.com www.messevorschau.com Liefert umfassende Infos zu Messen in Deutschland und bietet die Möglichkeit, sich über die Aussteller zu informieren sowie Tipps zu Anreise und Unterkunft info@messevorschau.com

Messeplatz Deutschland

Vermietete Flächen, Aussteller, Besucher (turnusgewichtet) bei Überregionalen, internationalen Veranstaltungen

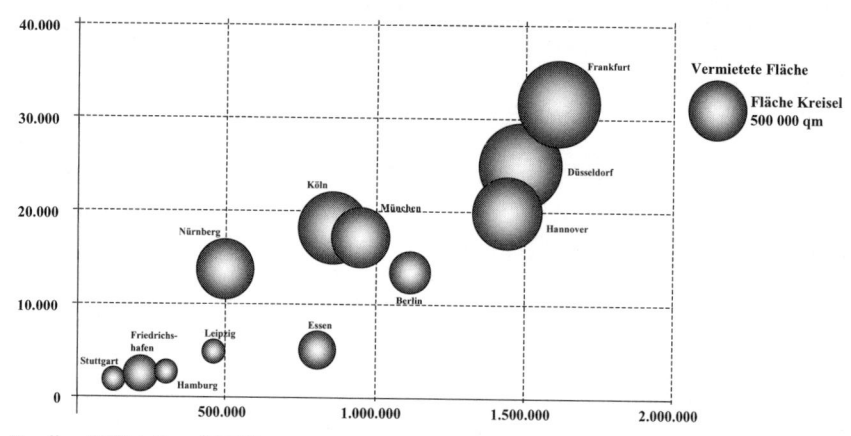

Quelle: AUMA Stand 2002

Ort	Fläche (m²)
Hannover	495000
Frankfurt/M.	324000
Köln	286000
Düsseldorf	234000
München + Berlin	160000
Nürnberg	152000
Essen	110000
Leipzig	101000
Friedrichshafen	69000
Hamburg	64000
Augsburg	58000
Stuttgart	54000
Karlsruhe (Neue Messe)	52000
Dortmund	48000
Pirmasens	45000
Sinsheim + Bremen	40000
München (M, O, C) + Saarbrücken	25000
Karlsruhe (Kongress) + Offenburg	22000
Wiesbaden	20000
Offenbach	18000
Freiburg	13000

Ausstellungskapazitäten (brutto in m²) Stand: 01.01.2004

* Plätze mit mindestens einer Veranstaltung der AUMA-Kategorie „Überregional/international" ohne Freigelände

Messeplätze weltweit

Ausstellungskapazitäten (brutto in 1000 m2)

Ort	Halle
Hannover	495000
Mailand	348000
Frankfurt	324000
Köln	286000
Düsseldorf	234000
Valencia	231000
Paris expo	220000
Chicago	204500
Orlando (Orange County)	195000
Paris-Nord +Birmingham	190000
Las Vegas	184000
München + Berlin	160000
Nürnberg +Bologna + Madrid + Guangzhou	150000
Utrecht (mit Trade Mart)	135000
Basel	133000
Atlanta	130000
Verona	125000
Housten (Reliant Park)	119000
Barcelona (Montjuic)	115000
Brüssel	114000
Brünn + Posen	113000
Essen	110000
Moskau (VVZ)	108000
Genf + New Orleans	102000
Leipzig + Rio de Janeiro +London (Earls Court)	100000

Stand: 01.01.2004
Die Zahlen beziehen sich - wenn nicht anders vermerkt - jeweils auf das Hauptmessegelände/Halle, nicht auf die Gesamtkapazitäten der Stadt

2. Externe Anbieter von Instrumenten zur PR-Wirkungskontrolle (Auswahl)

ABC-Eurocom Corporate & PR Agentur für Kommunikation GmbH & Co. KG

GrafenbergerAllee 125, 40237 Düsseldorf, Tel.: 02 11 /9 14 96, Fax: 02 11 /9 14 97 05

Deutsche Medienbeobachtungs Agentur GmbH

Gneisenaustraße 66, 10961 Berlin,
Tel.: 0 30/20 39 87-0, Fax: 0 30/20 39 87 77,
E-Mail: sales@ausschnitt.de

Deutscher Instituts-Verlag GmbH

Gustav-Heinemann-Ufer 84-88, 50968 Köln,
Tel.: 02 21 /49 81-0, Fax: 02 21 /49 81-5 93, Fax: 02 21 /4 98 14 45,
E-Mail: div@iwkoeln.de

Media Control GmbH

Medienzentrum, 76532 Baden-Baden,
Tel.: 0 72 21 /3 66-0, Fax: 0 72 21 /3 66-2 98, http://www. media-control.de

Observer Argus Media GmbH

Höhenstrasse 16, 70736 Fellbach,
Tel.: 07 11 /5 75 31-0, Fax: 07 11 /5 75 31-11, E-Mail: info@observer.de

Scheben Scheurer & Partner

Agenturfür Kommunikation GmbH
Kalscheurener Str. 6, 50354 Hürth bei Köln,
Tel.: 0 22 33/9 63 41-0, Fax:0 22 33/9 63 41-67, E-Mail: info@ssp-kk.de

Info FKM-geprüfte Veranstaltung

http://www.fkm.de

3. Internationale Organisationen (s. a. CD-Rom)

IAEM International Association for Exposition Management

8111 LBJ Freeway, Suite 750, USA-Dallas, TX 75251-1 31 3,
Tel.: 0 01 /9 72/4 58 80 02, Fax: 0 01 /4 58 81 19,
E-Mail: news@iaem.org
IAEM ist vor allem ein nationaler Verband für die USA.

IFES Interantional Federation of Exhibition Services

Av. des Paradisiers 28/16, 1160 Brussels, Belgium,
Tel.: 00 32 2 675 45 11, Fax: 00 32 2 675 23 19,
E-Mail: jan.deceuster@ifesnet.org
IFES ist der internationale Verband der Standbauunternehmen.

Interexpo c/o Netherlands Council for Trade Promotion

P.O. Box 10, NL-2501 The Hague,
Tel.: 00 31 /70/3 44 15 22, Fax: 00 31 /3 85 35 31
Inter Expo ist der Zusammenschluss der Organisationen, die mit der Durchführung offizieller Beteiligung ihrer jeweiligen Länder beauftragt.

UFI Union des Foires Internationales

35bis, rue Jouffroy-d'Abbans-F-75017 Paris,
Tel.: 00 33/1 /42 67 99 12, Fax: 00 33/1 /42 27 19 29,
E-Mail: info@ufinet.org
Der UFI gehören gegenwärtig 167 Messeveranstalter aus 67 Ländern an. 512 Messen sind als internationale anerkannt. In 1995 wurden AUMA und FKM als assoziierte Mitglieder aufgenommen.

EMECA European major Exhibition Centres Association

Zac Paris-Nord II, B.P. 60004,
F-95970 Roissy Charles de Gaulle, Cedex
Tel.: 0 03 31 /48 63 30 94, Fax: 0 03 31 /48 63 31 28
EMCA ist der europäische Verband großer technischer Messeplatzbetreiber. Ihr gehören 14 Gesellschaften an.

IDFA Interessengemeinschaft Deutscher Fachmessen und Ausstellungsstädte

Am Kochenhof 16, 70192 Stuttgart,

Tel.: 0711 /25 89-0, Fax: 07 11 /2 58 94 40

Wird von den Messeverbänden in Österreich, der Schweiz und der Interessengemeinschaft deutscher Fachmessen und Ausstellungsstädte (IDFA) veranstaltet.

IELA International Exhibition Logistics Associates Generalsekretariat, P.O. Box 1629, CH-1211 Genf 26, Tel.: 0 22/8 27 70 11, Fax: 0 22/3 43 88 74

Mack-Brooks Exhibitions Ltd.

Forum Place, Hatfield, Hertfordshire GB-AL 10 ORN

Fon ++44 17 07 27 56 41   Fax ++44 17 07 27 55 44

4. Prüfung von Messezahlen international

FKM

Gesellschaft zur freiwilligen Kontrolle von Messe- und Ausstellungszahlen Geschäftsführung,

Lindenstr. 8, D-50674 Köln,

Tel.: 02 21 /2 09 07-0, Fax: 02 21 /2 09 07-61

Teil 7

Anhang

*Nicht
mitmachen und dabei sein,
sondern
ausstellen und gewinnen.*

I. Literatur s.a. CD-ROM ~ 350 klassifizierte Titel

Matthias Huckemann
Dieter S. ter Weiler

Messen Messbar Machen

Mehr Intelligenz pro m²

3., erweiterte Auflage

„Ich kann im Lesen an sich noch nichts Positives sehen. Es kommt darauf an, was gelesen wird."

Marcel Reich-Ranicki

Spezial: Veröffentlichungen AUMA

„Die deutsche Messebibliothek" AUMA-Bericht
AUMA-Bilanz
Der AUMA - Im Dienst der Messewirtschaft
AUMA-Handbuch Messeplatz Deutschland
AUMA-Handbuch Regionale Ausstellungen Fachmessen Made in Germany, Erfolgreiche Messebeteiligung Made in Germany Overheadfolien „Erfolgreiche Messebeteiligung" Videofilm „Treffpunkte - Messeplatz Deutschland" AUMA-Infoblätter
Der umweltverträgliche Messeauftritt, AUMA-Handbuch International, Auslandsmesseprogramm, Erfolg auf Auslandsmessen - Ein Ratgeber für Auslandsmessebeteiligungen.
Messe-Kataloge: Vollständige Sammlung der Kataloge der überregionalen Inlandsmessen und eine Auswahl an Katalogen der für die deutsche Wirtschaft bedeutenden Auslandsmessen. www.auma.de
Wissenschaftliche Untersuchungen des AUMA

Das Messewesen im EG-Binnenmarkt, Ifo-Institut, München, 1991.

Umweltorientierte Ausstellungsbedingungen auf dem Messeplatz Deutschland, Fachgebiet Logistik, Universität Dortmund, 1994.

Die Messekosten der deutschen Aussteller, Gelszus Marktforschung GmbH, Hamburg 1994. Ziele und Nutzen von Messebeteiligungen, Institut für Marketing, Universität Münster 1996. Die Auslandsmesseförderung des Bundes, Finanzwissenschaftliches Forschungsinstitut, Uni Köln 1996.

www.messebuecher.de

Online-shopping ist wie ein Quickie.
(schnell, gut, befriedigend)

Anhang

Die deutsche Messebibliothek, die Spezialbibliothek der AUMA, verfügt über mehr als 5.000 Titel, eine Videosammlung und einen umfangreichen Bestand an Messekatalogen. Ein vergleichbares Angebot gibt es in anderen Messeländern bisher nicht. www.auma.de ist eine Präsenzbibliothek. Die Bestellung ausleihbarer Titel ist per E-Mail möglich. Bitte nennen sie dazu die vor dem Titel stehende IDENT-Nummer:

IDENT-Nummer	Medienart
0...	AUMA (Eigenpublikationen) Ausleihe oder kostenloser Versand
1...	Antiquariat (vor 1945) Ausleihe nur in Ausnahmefällen über den Leihverkehr der deutschen Bibliotheken
2...	Sachliteratur (nach 1945) Titel sind über den Buchhandel erhältlich oder über eine Bibliothek vor Ort. Im Einzelfall ist ein Kopierdienst möglich
3..	Fachartikel Bis zu 5 Artikeln in Kopie kostenlos
4...	Dokumentationen Wissenschaftliche Arbeiten

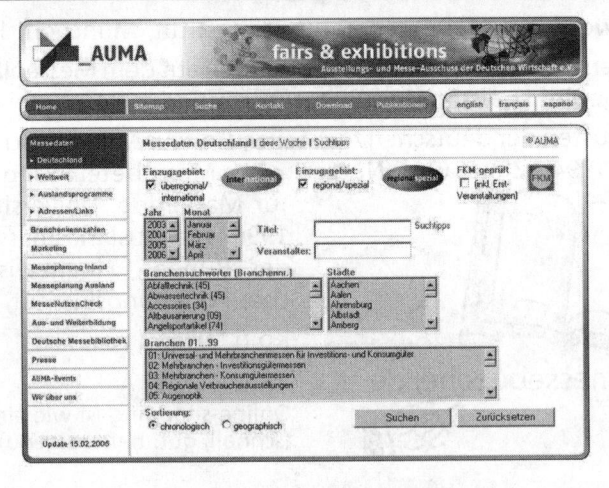

Literaturempfehlungen

Fachzeitschriften

Acquisa-premium.de
Die Wissensdatenbank für Marketing und Vertrieb

m+a Messen, Ausstellungen, Kongresse GmbH Mainzer Landstraße 251, 60326 Frankfurt Fon 0 69/75 95 02, Fax: 0 69/75 95-18 80 Chefredaktion Christiane Appel

Expodata (UK)
14 Alpine Road, GB-Hastings, East Sussex TN34 3JP
Fon 00 44 (14 24)44 46 04,
Chefredakteur Dr. Urs Seiler

Expodata (CH) Molken Str. 21 CH 8026 Zürich
Fon 00 41-12 40 41 50, Fax: 00 41-12 9610 49

Messe & Event (A)
Jenullgasse 4, A-1140 Wien
Fon 00 43 (1) 89 46 64 49, Fax: 00 43 (1) 89 46 449/27 Chefredaktion Christoph Berndl

Expo News (F)
5 Rue de Chazelles, F-75017 Paris
Fon 00 33/1 44 29 97 41, Portable 0 75 53 503, Fax: 00 33/47 66 11 64 Directeur de la Publication Jean Dominique

Periodika

„AIT" Architektur Innenarchitektur
Berichtet zweimal jährlich über Messestände www.ait-online.de
„AUMA-Mitteilungen + Edition" Monatlich
www.auma.de
„Design Report"
Hamburg, berichtet regelmäßig über Messestände Monatlich
www.design-report.de
FairCon
Kompetenter Newsletter der Messe- und Meeting-Industrie
www.faircon.de
„m+a MessePlaner"
Messen und Ausstellungen International www.m-averlag.com
„m+a ExpoData-Disk"
Die m+a Messedatenbank auf CD-ROM http://www.expobase.com, die m+a Messedatenbank im Internet

Anhang

„m+a newsline"
Frankfurt, Infodienstfürdie Messe- und Evententscheider Alle 14 Tage
www.m-averlag.com
„m+a report"
Frankfurt, berichtet über alle Themen rund um Messen 8 x p.a.
www.m-averlag.com
„Messedesign Jahrbuch" (dt./engl.)
www.avedition.de
„Messemonitor + Messe-Know-How" Spryß, W.
Messefachtagung des Messe-Instituts 1 x p.a.
„Workshop"
Darmstadt, berichtet regelmäßig über Messethemen 4 x p.a.
Ferner:
Die Welt, Impulse, Capital, FAZ; Süddeutsche Zeitung, Handelsblatt, Horizont, W & V, MK Marketing & Kommunikation, Zürich, Marketing Journal, Marketing Event London, Absatzwirtschaft

Messezeitungen

Galleria, Frankfurt
Paper World Journal, Frankfurt
Messe + Co., Nürnberg ORTEC Info, Dresden IPM-Journal, Essen
DEUBAU-MAIL
Messecontact für Schweißen & Schneiden
Message Stuttgart
photokina News, Köln
ispo daily news, München ICM, München
M, O, C, News, München
CPD profashional, Düsseldorf
Equitana Inside Reed Newsletter
Messemagazin, Düsseldorf
Servicemagazin für Messe & Stadt
news, Karlsruhe
Dortmunder Messebrief
messe news, Hannover
ICC Magazin, Berlin
Uniplan, Kerpen

Literaturempfehlungen

Die in den Messezeitungen behandelten Themen sind hauseigen, nicht kritisch und stehen im Allgemeinen online nicht zur Verfügung.

Seminarveranstalter

Business Circle,
Management Fortbildungs GmbH,
Maria-Hilfer-Straße 23, A-1070 Wien,
Fon ++43 - 1 - 5 22 58 20, Fax: Dw 18

Deutsches Messeforum
Fon (0 30) 24 000 - 1 04, Fax: -204, www.auma-messen.de
DVS Deutsche Verkaufsleiter-Schule
Stefan-George-Ring 24, 81929 München
Fon 089/ 99 35 50-0

EUROFORUM Deutschland GmbH,
Postfach 23 02 65,
40088 Düsseldorf
Fon (0211) 96 86 - 3, Fax: - 502

Faircom
Klaus Goschmann
Xaver-Fuchs-Str. 101, 68163 Mannheim

I.I.R.
InstitutforInternational Research, Otto-Volger-Straße 17, 65843 Sulzbach
Fon (0 61 96) 58 5- 460, Fax: - 485

International Business School ZfU Im Park 4, CH-8800 Thalwil
Fon (0041)1 - 1-7 22 85 85, Fax: -86, www.zfu.ch

ManagementCircle AG
Postfach 56 29, 65731 Eschborn/Ts.
Fon (0 61 96) 47 22 - 0, Fax: - 39
www.managementcircle.de

management forum,
Saalburgstraße 157, 61350 Bad Homburg Fon (0 61 72) 96 66 0, Fax: - 45

Anhang

Managementinstitut Herrnhausen
Berufsbegleitende Lehrgänge zur Vorbereitung auf den Abschluss „Fachwirt/in für die Tagungs- und Messewirtschaft" I
www.management-institut.de

Messe Institut
Wolf M. Spryß
Am Weltersberg 24, 55452 Laubenheim/Nahe

ESB Europäisches Sponsoring-Börse, St. Gallen, CH

Mercuri International
Theodor-Hellmich-Str. 8, 40667 Meerbusch

fair doctors.
Olaf Gulbransson-Straße 25, 83684 Tegernsee
Büro Wien: Kärtnerstraße 13-15, A-1010 Wien

Die Autoren waren Referenten bei allen o.g. Veranstaltern.

II. Online

Amco concept GmbH	www.amco-concept.de
	Dienstleistungen von Aufbau über Design bis zur Logistik
Blowout	www.blowout.de
	Verkauf und Vermietung von Möbeln
GPS	www.messe-promotion.de
	Vermittlung von Hostessen und Moderatoren, Catering und Aufbau
Konnertz & Schroers GbR	www.konnertz-schroers.de
	Gestaltung von Bodenflächen
m + a Expo-DataBase	www.expodatabase.de
	13.000 Messen weltweit mit 24.000 Terminen. Der Zugriff ist teilweise kostenpflichtig
Mawis Messeservice	www.mawis-messeservice.de
	Ausstatter mit Regalsystemen, Faltsystemen, Theken und Prospektständern
Messe- und Event-Newsletter	www.expodata.net
	News, Marketing, Anbieter
Messenweltweit	www.messenweltweit.com
	Sortiert nach Datum, Ländern, Städten und Produkten
Messewohnung-Online	www.messewohnung-online.de
	Suchdienst für private Messeunterkünfte nach Stadt, Standort, Zimmerkategorie, Preis und Entfernung
Messezimmervermietung.de	www.messezimmervermietung.de
	Private Messezimmervermietung ohne Provisionen

III. Verzeichnis der Checklisten

Checklisten mit zuviel Tiefe würde einige zig Seiten benötigen und sind deshalb sinnlos. Wir erwarten vom Leser, dass er selbst klug genug ist, zu planen

Checkliste	Vor der Messe	16
Checkliste 01:	Bewertungskriterien für die Auswahl von Messen	68
Checkliste 02:	Basisüberlegungen in der Planungsphase eines Unternehmens, ausgelöst durch die Messe	94
Checkliste 03:	Marktanalyse durch Wettbewerbsbeobachtung	102
Checkliste 04:	Marktanalyse durch Kunden- und Noch-Nicht-Kunden-Befragung	108
Checkliste 05:	Wie Sie Ihren aktuellen Messeauftritt analysieren	109
Checkliste 06:	Überprüfung bzw. Entwicklung einer Strategie	110
Checkliste 07:	Führung während eines Messe-Aktionsprogramms	115
Checkliste 08:	Messe und Unternehmensphilosophie	117
Checkliste 09:	Messe und Unternehmenskultur	121
Checkliste 10:	Messe und Marketingsysteme	125
Checkliste 11:	Messe und Marketingorganisation	129
Checkliste 12:	Messe und Produktpolitik	136
Checkliste 13:	Messe und Distributionspolitik	138
Checkliste 14:	Messe und Preispolitik	140
Checkliste 15:	Messe und Kommunikationspolitik	143
Checkliste 16:	Messe und Vertriebspolitik	147
Checkliste 17:	9 Regeln für den erfolgreichen Messeauftritt im Internet	161
Checkliste 18:	Konzeptschritte für Ihren Marken-Event	167
Checkliste 19:	Vor- und Nachkalkulation für ein Messe-Aktionsprogramm	196
Checkliste 20:	Regeln zum Standbau	227
Checkliste 21:	Umweltschutz beim Messebau	254
Checkliste 22:	Wie Sie Ihre Werbeartikel-Aktion mit System planen	266
Checkliste 23:	Zielgruppen bei der Pressearbeit	282
Checkliste 24:	Formale und inhaltliche Regeln der Pressemeldung	287
Checkliste 25:	Planung von Pressekonferenzen	293
Checkliste 26:	Vorbereitung Demo	365

Autoren-Kurzbiographie

Matthias Huckemann, promovierter Diplom-Kaufmann, Partner und Mitglied der Geschäftsführung Mercuri International Deutschland GmbH, Düsseldorf.

Huckemann ist seit 1987 Mitarbeiter und seit 1992 Partner der Unternehmensberatung Mercuri International. Er ist Mitglied der Geschäftsleitung und innerhalb der Mercuri Group weltweit für das Segment Sales Performance Consulting verantwortlich. Er hat inzwischen mehr als 200 Unternehmen dabei unterstützt, ihre Vertriebsarbeit produktiver zu gestalten. Die Zusammenarbeit mit diesen Kunden läuft in der Regel über viele Jahre.

Weiterhin ist er Autor der Fachbücher „Euro-Preis-Marketing" (Co-Autor Andreas Dinges von der 3M), „Verkaufs-Prozess-Management" (auch in englischer Sprache erhältlich) sowie dem Vertriebs-Guide 2003 und 2004, den er gemeinsam mit Prof. Ahlert von der Universität Münster herausgibt.

huckemann_matthias@mercuri-international.de

Urs Seiler lebt und arbeitet mit seiner englischen Frau in London und Zürich.

Nach der Erstausbildung als Kaufmann und einigen Jahren Praxis bei kleinen und großen Dienstleistungsunternehmen absolvierte er in Zürich die Matura (Abitur). Es folgte ein Studium in Germanistik, Anglistik und Psychologie mit Lizentiat 1989. Während dieser Zeit begann er seine Tätigkeit als freier Journalist für verschiedene schweizerische Tageszeitungen. Seine Erfahrungen als Journalist für Marketing und Werbung flossen in die 1998 von der Universität Zürich angenommene Dissertation in struktureller Textanalyse ein.

Nach dem Studium wechselte er als Wirtschaftsredaktor zur Finanzpresse. Seit 1992 ist er als Chefredaktor der Messe- und Eventzeitschrift EXPODATA und seit 2001 in der gleichen Funktion für das renommierte Jahrbuch Marketing Kommunikation tätig. Für die Süddeutsche Zeitung und das Handelsblatt, Düsseldorf schreibt er regelmäßig über Trends in der internationalen Veranstaltungswirtschaft. An der Berufsakademie Ravensburg lehrt er als Gastdozent für Kommunikation im Lehrgang Messe-, Kongress- und Eventwirtschaft.

Urs Seiler ist Match-Maker und Ratgeber in der Messe- und Eventwirtschaft. Für den jeweils im August in Zürich stattfindenden X-Kongress agiert er als Programmleiter und Trendscout.

ursseiler@btconnect.com

Dieter S. ter Weiler, promovierter Dipl.-Volkswirt, sammelte seine beruflichen Erfahrungen in den Werbeagenturen McCann, DDB, in der Unternehmensberatung Kienbaum und Mercuri International sowie bei der 3M.

Er ist Mitglied des institut messekultur & -design und ständiger Dozent der Bayerischen Akademie für Werbung und Marketing. Gründungsmitglied von fairdoctors, Wien, Publizist, Redaktionsmitglied bei EXPOdata, Zürich und DVVA, Celle, Buchautor im Luchterhand und Springer Verlag sowie Moderator und Key-Note-Speaker.

Er ist Berater von Messegesellschaften, Ausstellern und Messebauern im deutschsprachigen Raum. Er hat in den letzten 20 Jahren 150 Unternehmen für ihren Messeauftritt gecoacht.

Mitglied verschiedener Aufsichtsräte und Verwaltungsrat einer führenden Schweizer Messebaufirma in Zürich.

4 Kinder

Weiler_ter_Marketing-Tegernsee@t-online.de

Dank!

Wenn Sachbuchautoren einigermaßen ehrlich sind, müsste die Liste ihrer Danksagungen mindestens genauso lang sein wie das Buch selbst. Wenn das schon allgemein gilt, gilt es für uns erst recht. Dieses Buch besteht aus den Menschen, denen wir begegnet sind.

> *„Je leichter ein Buch zu lesen ist,*
> *desto schwieriger*
> *wurde es geschrieben."*
>
> Johannes Mario Simmel

Messen Messbar Machen®
Mehr Intelligenz
pro m²

Materialien
Frei nach Hermann Hesse-
Siddhartha, 1975/6

< 250 Seiten

MATERIALIEN

Messen Messbar Machen

I - Erster Abschnitt		07
Messen im Umbruch		08
Ausstellen heißt Vertrauen		11
Die Messe ist Dialog		12
Begriffsdefinition		13
Die Zukunft der Messen & die Messe der Zukunft		15
Marketinginstrument Messe		19
Entwicklungsphasen des traditionellen Marketing		22
Messelandschaft - heute		23
Messelandschaft - Zukunft		24
Was bringt TotalQualityManagement (TQM)		28
Ergebnisse einer Gruppenarbeit von Messeexperten		29
Messe ist kein Biennale-Kunstwerk...		30
Unternehmenskultur im Kontext mit dem Markt-Messe-Auftritt		34
II A - Strategie		40
Erfolgssicherung Ihrer Messeinvestition durch ein strategisches Konzept		40
TopDown		45
Ihr MesseMarktAuftritt		46

Anhang

Messen im Marketing-Mix	47
Stichwort Messe	48
Alternativen zur Industriemesse	49
Bestimmung der Kommunikationsziele	54
Messekommunikationskonzept	55
Professionelles Besuchermarketing	56
Standaussage	58
Spannungsbogen einer Messe	62
Schritte der Strategieumsetzung	63
Planungsführer Countdown	64
Messe-Netzplan (Fallbeispiel)	66
10 goldene Regeln für wirklich schlechte Messestände...	67
Die 4 wesentlichsten Punkte - Standbau	71
10 Thesen zu Fragen der Effektivitätssteigerung	72

II B - Event — 75
Messen in der integrierten Event-Kommunikation	75
Und nun zu Events......	77
Events für das Gemüt - Sidestep	86

III - Vor der Messe — 89
Prolog - In Search of Excellence	89
Wie gewinne ich neue Kunden	90
Messe-Einladungen... aber wie?	93
Eine richtige Einladungsaktion sichert eine erfolgreiche Messe	96
Mailing	99
Mitarbeiterauswahl	100
No problem → no sales	102

IV - Während der Messe — 110
In der großen weiten Welt - Der Messerundgang	110
Für den ersten Eindruck	111
Ihr Kunde muss gute Gefühle haben	112
Die 9 E's	113
Messeauftritt - 12 Fehler	114
Der Messebesucher - Konsequenzen	116

- Besucher-Typologie — 118
- Die Einordnung der Persönlichkeit — 119
- Einschätzung der Besuchertypen — 122
- Nonverbale Kommunikation — 124
- Wie verhalten Sie sich bei Messebesuchen — 126
- Checkliste Messen: (30 Pkte.) — 127
- Bedarfsermittlung A-B-C-Methode — 129
- FAZ-Ausschnitte — 134
- Das Frage- und Antwortspiel — 135
- Der Erfolg liegt im „Döschen" — 138
- Besuch der alten Dame — 140
- Aus dem Tagebuch eines Standmitarbeiters — 141
- Wann werden Gesprächsprotokolle erstellt? — 144
- Steigern Sie Ihre Kontakteffizienz — 145
- Befragung der Besucher — 146
- Service Report Card — 152
- Kleiner Knigge für Fachmessen — 153
- Verhalten auf dem Messestand — 156
- Macht BENCHMARKING für das Controlling Sinn — 161
- Wenn aber gar nichts laufen sollte... — 162

V - PR — 164
- Messe PR — 164
- E-Mail-Pressemeldung — 170
- Messe als Kommunikations-Extrem — 172
- Checkliste für eine Pressemitteilung — 173
- Tipps & Kniffs für eine erfolgreiche Pressearbeit — 176

VI - Nach der Messe — 179
- Brainstorming der Misserfolge — 179
- Beurteilung des Messeauftritts durch eigene Mitarbeiter — 180
- Schott Messekostenüberwachung (Fallbsp.) — 181
- Was kostet Werbung — 182
- Investment-Erfahrungswerte — 183
- Wettbewerbskontrolle — 184
- Sidestep (Satire) — 190

Anhang	
📄 Ich wette…	192
⇨ **VII - Fallbeispiele**	**194**
📄 Messeinszenierung SIEMENS	194
📄 Time to win - Mahr	197
📄 CRM - Reed	200
📄 Kostencheckliste FAMAB	201
📄 Messeziele - Anlagebau	203
📄 Diverses	204
⇨ **VIII - Service**	**212**
📄 So finden Sie die richtige Messe…..	212
📄 Auslandsmessebeteiligungen	214
📄 Messeförderung	218
📄 Zahlenticker	220
📄 Checklist für Messebesucher	221
📄 Messeanmeldung - Kleingedrucktes	224
📄 Wichtige Versicherungsratschläge	225
📄 Wie finde ich die richtige Messespedition	227
📄 Zum Schluss	228
⇨ **IX - Anhang**	**232**
📄 Was kann eine Messe nicht	232
📄 Besucher sind auch nur Menschen	233
📄 Voice of the Customer	237
📄 Ein Stadtbrief (Faksimile)	238

…und als extra Dokumente:

📁 Service
   📄 Aus- und Weiterbildung
   📄 Ausstellungs- und Messegesellschaften in D, CH, A
   📄 Fachbibliotheken und Buchhandel im Web
   📄 Glossar
   📄 Literaturempfehlungen (< 350 Titel)
   📄 Verbände und Weiterbildung

📁 Cartoons (< 70)

Anhang

„Voice of the Customer" FAX

Hier haben Sie die Möglichkeit, mir als Autor und Herausgeber dieses Buches

- Anregungen für Verbesserungen und Ihre Kritik,
- sinnvolle Ergänzungen und andere für Sie wichtige Themenbereiche
- Ihr Urteil und damit Ihre Zufriedenheit mitzuteilen
  Sie geben den Autoren damit die Möglichkeit,
- mehr über die Erwartungen ihrer Leser als Kunden zu erfahren
- noch besser auf Ihre Anforderungen einzugehen

Bitte kopieren Sie diese Seite und schicken sie direkt an mich. Wir freuen uns auf den Dialog mit Ihnen und versprechen, dass wir Ihnen antworten.
Fax: ++49-(0)8022-93031

✓
✓
✓
✓

Mein Name und meine Anschrift Fon/Faxnummer, e-Mail

Vielen Dank!

Anhang

*Das Problem mit den
„tollen Gelegenheiten"
ist immer,
dass sie im Endeffekt
harte Arbeit bedeuten . . .*

Anhang

Messen Messbar Machen®
Mehr Intelligenz pro m²

4. Aufl., 2005, 500 Seiten, CD-ROM

Gutschein

☐ huckemann-matthias@mercuri-international.de

☐ expodata@btconnect.com

☐ Weiler_ter_Marketing-Tegernsee@t-online.de

✂

Absender:

Firma................................

Name.................................

Fon/Fax.............................

E-Mail................................

Nächste Messe..................

in ....

am................................m²

Anhang

Sehr geehrte Herren,

ich habe Ihr Fachbuch **MessenMessbarMachen**® (4. Auflage) mit Interesse gelesen.

Zum Thema:

- ☐ Unternehmensberatung (M. Huckemann)
- ☐ Messe-Kommunikation / PR (U. Seiler)
- ☐ Messe-Consulting (D. ter Weiler)

habe ich noch Erklärungsbedarf. Bitte rufen/mailen Sie mich dazu an.

Vielen Dank!

Ihr Buch beurteile ich: ☺ 😐 ☹
Übrigens, wir beschicken pro Jahr rund .... Messen.

Druck und Bindung: Strauss GmbH, Mörlenbach